경찰채용
경찰간부
경찰승진
검찰직 9·7급

진신 형법

기출문제집
객관식 500제

독한공무원 | 독한경찰
dokgong.com | police.dokgong.com

진신형법 기출문제집 목차

제1편 서론 / 006

제1장 형법의 기본개념
제2장 형법의 기본이론
제3장 형법의 적용범위

제2편 범죄론 / 034

제1장 범죄론의 기초
제2장 구성요건론
제3장 위법성론
제4장 책임론
제5장 미수론
제6장 정범 및 공범론
제7장 죄수론

제3편 형벌론 / 196

제1장 형벌론

제1편 개인적 법익에 대한 죄 / 222

제1장 생명과 신체에 대한 죄
제2장 자유에 관한 죄
제3장 명예와 신용에 관한 죄
제4장 사생활의 평온에 관한 죄
제5장 재산에 대한 죄

제2편 사회적 법익에 대한 죄 / 393

제1장 공공의 안전과 평온에 대한 죄
제2장 공공의 건강에 관한 죄
제3장 공공의 신용에 관한 죄

제3편 국가적 법익에 대한 죄 / 444

제1장 국가의 존립에 대한 죄
제2장 국가의 기능에 대한 죄

진 신 형법 기출문제집

형법 총론

제1편 서 론

제2편 범죄론

제3편 형벌론

서론

제 1 장 형법의 기본개념

제 2 장 형법의 기본이론

01 유추해석(적용) 금지의 원칙에 관한 설명 중 가장 적절하지 않은 것은? (다툼이 있는 경우 판례에 의함)

2022년 경찰2차

① 위법성조각사유처럼 피고인에게 유리한 규정의 범위를 제한적으로 유추적용하게 되면 행위자의 가벌성의 범위가 확대되므로 이는 가능한 문언의 의미를 넘어 범죄구성요건을 유추적용하는 것과 같은 결과가 초래되어 허용될 수 없다.
② 형벌법규의 적용대상이 행정법규가 규정한 사항을 내용으로 하는 경우, 그 행정법규를 해석함에 있어서는 유추해석 금지의 원칙이 적용되지 아니한다.
③ 유추해석은 피고인에게 유리한 경우에는 가능한 것이나, 문리를 넘어서는 이러한 해석은 그렇게 해석하지 아니하면 그 결과가 현저히 형평과 정의에 반하거나 심각한 불합리가 초래되는 경우에 한하여 가능하다.
④ 「공직선거법」 제262조의 '자수'를 통상 관용적으로 사용되는 용례에서 갖는 개념 외에 '범행 발각 전'이라는 또 다른 개념을 추가하는 것은 형 면제 사유에 대한 제한적 유추를 통해 처벌범위를 실정법 이상으로 확대하게 되어 유추해석 금지의 원칙에 반한다.

해설

① **(O)** 유추해석금지의 원칙은 모든 형벌법규의 구성요건과 가벌성에 관한 규정에 준용되는데, 위법성 및 책임의 조각사유나 소추조건에 관하여 그 범위를 제한적으로 유추적용하게 되면 행위자의 가벌성의 범위는 확대되어 행위자에게 불리하게 되는바, 이는 가능한 문언의 의미를 넘어 범죄구성요건을 유추적용하는 것과 같은 결과가 초래되므로 죄형법정주의의 파생원칙인 유추해석금지의 원칙에 위반하여 허용될 수 없다(대판 1997.3.20. 96도1167 전원합의체).
② **(X)** 형벌법규의 해석은 엄격하여야 하고 명문규정의 의미를 피고인에게 불리한 방향으로 지나치게 확장 해석하거나 유추해석하는 것은 죄형법정주의의 원칙에 어긋나는 것으로서 허용되지 않으며, 이러한 법해석의 원리는 형벌법규의 적용대상이 행정법규가 규정한 사항을 내용으로 하고 있는 경우에 그 행정법규의 규정을 해석하는 데에도 마찬가지로 적용된다(대판 2021.11.25. 2021도10981).
③ **(O)** 형벌법규의 해석에 있어서 유추해석이나 확장해석도 피고인에게 유리한 경우에는 가능한 것이나, 문리를 넘어서는 이러한 해석은 그렇게 해석하지 아니하면 그 결과가 현저히 형평과 정의에 반하거나 심각한 불합리가 초래되는 경우에 한하

여야 할 것이고, 그렇지 아니하는 한 입법자가 그 나름대로의 근거와 합리성을 가지고 입법한 경우에는 입법자의 재량을 존중하여야 하는 것이다(대판 2004.11.11. 2004도4049).
④ [O] '공직선거법 제262조의 자수를 범행발각 전에 자수한 경우로 한정하는 풀이'는 형면제 사유에 대한 제한적 유추를 통하여 처벌범위를 실정법 이상으로 확대한 것으로서 죄형법정주의의 파생원칙인 유추해석금지의 원칙에 위반된다(대판 1997.3.20. 96도1167 전원합의체).

정답 ②

02 죄형법정주의에 대한 설명으로 가장 적절하지 않은 것은? (다툼이 있는 경우 판례에 의함)

2021년 제2차 경찰

① 「게임산업진흥에 관한 법률」 제28조 제3호에서 게임물 관련 사업자에 대하여 '경품 등의 제공을 통한 사행성 조장'을 원칙적으로 금지하면서 제공이 허용되는 경품의 종류·지급기준·제공방법 등에 관한 구체적인 내용을 하위법령에 위임한 것은 경품의 환전이나 재매입 등의 우려가 없는 등 사행성을 제거할 수 있는 방법이 될 것이라는 예측이 불가능하여 포괄위임금지의 원칙에 반한다.
② 「폭력행위등 처벌에 관한 법률」 제4조 제1항에서 규정하고 있는 범죄단체 구성원으로서의 '활동'은 명확성의 원칙에 반하지 아니한다.
③ 어떤 단체가 특정 후보자를 지지·추천하는지 여부를 「공직선거법」 제250조 제1항에서 규정한 허위사실공표죄의 '경력 등'에 관한 사실에 해당한다고 해석하는 것은 죄형법정주의에 반한다.
④ 〈삭제〉

해설

① [X] 이 사건 의무조항이 위임하는 '경품의 지급기준'에 관하여 대통령령으로 정하여질 내용은 게임물의 사행화는 억제하되 게임이용자의 흥미는 유발시킬 있는 정도의 최소한의 금액이 그 기준이 되고, '경품의 제공방법'은 경품의 환전이나 재매입 등의 우려가 없는 등 사행성을 제거할 수 있는 방법이 될 것이라는 점에 대한 대강의 예측이 가능하다. 따라서 이 사건 의무조항은 죄형법정주의 내지 포괄위임금지원칙에 위배되지 아니한다(헌재 2020.12.23. 2017헌바463).
② [O] 어떠한 행위가 위 "활동"에 해당할 수 있는지는 구체적인 사건에 있어서 위 규정의 입법 취지 및 처벌의 정도 등을 고려한 법관의 합리적인 해석과 조리에 의하여 보충될 수 있는 점 등을 종합적으로 판단하면, 이 사건 법률조항 중 "활동" 부분이 죄형법정주의의 명확성의 원칙에 위배된다고 할 수 없다(대판 2008.5.29. 2008도1857).
③ [O] 공직선거법 제250조 제1항에 규정한 허위사실공표죄에서 '경력등'이란 후보자의 '경력·학력·학위·상벌'을 말하고(같은 법 제64조 제5항), 그 중 '경력'은 후보자의 행동이나 사적(事跡) 등과 같이 후보자의 실적과 능력으로 인식되어 선거인의 공정한 판단에 영향을 미치는 사항을 말한다. 따라서 어떤 단체가 특정 후보자를 지지·추천하는지 여부는 후보자의 행동이나 사적 등에 관한 사항이라고 볼 수 없어 위에서 말하는 '경력'에 관한 사실에 포함되지 아니하고, 이와 달리 해석하는 것은 형벌법규를 지나치게 확장·유추해석하는 것으로서 죄형법정주의에 반하여 허용될 수 없다(대판 2011.3.10. 2010도16942).
④ 〈삭제〉

정답 ①

03 죄형법정주의에 대한 설명으로 옳은 것은? (다툼이 있는 경우 판례에 의함) 2022년 경찰간부

① 헌법재판소의 헌법재판은 법정이 아닌 심판정에서 이루어지므로 법정소동죄 등을 규정한 「형법」 제138조에서의 '법원의 재판'에 헌법재판소의 심판이 포함된다고 해석하는 것은 피고인에게 불리한 확장해석임과 동시에 유추해석이다.
② 행위시에 없던 보호관찰규정이 재판시에 신설되어 법원이 이를 근거로 보호관찰을 명할 경우, 형벌불소급의 원칙 또는 죄형법정주의에 위배된다.
③ 처벌법규의 구성요건은 명확하여야 하므로 처벌법규의 구성요건이 다소 광범위하여 어떤 범위에서는 법관의 보충적인 해석을 필요로 하는 개념을 사용한다면, 이는 헌법이 요구하는 처벌법규의 명확성 원칙에 배치된다.
④ 형을 종전보다 가볍게 형벌법규를 개정을 하면서 개정된 법의 시행 전의 범죄에 대하여 종전의 형벌법규를 적용하도록 부칙에 정하는 것은 형벌불소급의 원칙이나 신법우선주의에 반하지 아니한다.

해설

① **(X)** 법원의 재판 또는 국회의 심의를 방해 또는 위협할 목적으로 법정이나 국회회의장 또는 그 부근에서 모욕 또는 소동한 자를 처벌하는 형법 제138조(이하 '본조'라고 한다)의 규정은, (중략) 이는 본조의 적용대상으로 규정한 법원의 '재판기능'에 '헌법재판기능'이 포함된다고 보는 것이 입법 취지나 문언의 통상적인 의미에 보다 충실한 해석임을 나타낸다. 본조의 '법정'의 개념도 재판의 필요에 따라 법원 외의 장소에서 이루어지는 재판의 공간이 이에 해당하는 것과 같이(법원조직법 제56조 제2항) 법원의 사법권 행사에 해당하는 재판작용이 이루어지는 상대적, 기능적 공간 개념을 의미하는 것으로 이해할 수 있으므로, 헌법재판소의 헌법재판이 법정이 아닌 심판정에서 이루어진다는 이유만으로 이에 해당하지 않는다고 볼 수 없다. (중략) 결국, 본조에서의 법원의 재판에 헌법재판소의 심판이 포함된다고 보는 해석론은 문언이 가지는 가능한 의미의 범위 안에서 그 입법 취지와 목적 등을 고려하여 문언의 논리적 의미를 분명히 밝히는 체계적 해석에 해당할 뿐, 피고인에게 불리한 확장해석이나 유추해석이 아니라고 볼 수 있다(대판 2021.8.26. 2020도12017).
② **(X)** 보호관찰은 형벌이 아니라 보안처분의 성격을 갖는 것으로서, 과거의 불법에 대한 책임에 기초하고 있는 제재가 아니라 장래의 위험성으로부터 행위자를 보호하고 사회를 방위하기 위한 합목적적인 조치이므로, 그에 관하여 반드시 행위 이전에 규정되어 있어야 하는 것은 아니며, 재판시의 규정에 의하여 보호관찰을 받을 것을 명할 수 있다(대판 1997.6.13. 97도703).
③ **(X)** 헌법 제12조 및 제13조를 통하여 보장되고 있는 죄형법정주의의 원칙은 범죄와 형벌이 법률로 정하여져야 함을 의미하며, 이러한 죄형법정주의에서 파생되는 명확성의 원칙은 법률이 처벌하고자 하는 행위가 무엇이며 그에 대한 형벌이 어떠한 것인지를 누구나 예견할 수 있고, 그에 따라 자신의 행위를 결정할 수 있도록 구성요건을 명확하게 규정하는 것을 의미한다. 그러나 처벌법규의 구성요건이 명확하여야 한다고 하여 모든 구성요건을 단순한 서술적 개념으로 규정하여야 하는 것은 아니고, 다소 광범위하여 법관의 보충적인 해석을 필요로 하는 개념을 사용하였다고 하더라도 통상의 해석방법에 의하여 건전한 상식과 통상적인 법감정을 가진 사람이면 당해 처벌법규의 보호법익과 금지된 행위 및 처벌의 종류와 정도를 알 수 있도록 규정하였다면 헌법이 요구하는 처벌법규의 명확성에 배치되는 것이 아니다. 또한, 어떠한 법규범이 명확한지 여부는 그 법규범이 수범자에게 법규의 의미내용을 알 수 있도록 공정한 고지를 하여 예측가능성을 주고 있는지 여부 및 그 법규범이 법을 해석·집행하는 기관에 충분한 의미내용을 규율하여 자의적인 법해석이나 법집행이 배제되는지 여부, 다시 말하면 예측가능성 및 자의적 법집행 배제가 확보되는지 여부에 따라 이를 판단할 수 있는데, 법규범의 의미내용은 그 문언뿐만 아니라 입법 목적이나 입법 취지, 입법 연혁, 그리고 법규범의 체계적 구조 등을 종합적으로 고려하는 해석방법에 의하여 구체화하게 되므로, 결국 법규범이 명확성 원칙에 위반되는지 여부는 위와 같은 해석방법에 의하여 그 의미내용을 합리적으로 파악할 수 있는 해석기준을 얻을 수 있는지 여부에 달려 있다(대판 2006.5.11. 2006도920 판결 등).

④ **[O]** 형법 제1조 제2항 및 제8조에 의하면 범죄 후 법률의 변경에 의하여 형이 구법보다 경한 때에는 신법에 의한다고 규정하고 있으나 신법에 경과규정을 두어 이러한 신법의 적용을 배제하는 것도 허용되는 것으로서, 형을 종전보다 가볍게 형벌법규를 개정하면서 그 부칙으로 개정된 법의 시행 전의 범죄에 대하여 종전의 형벌법규를 적용하도록 규정한다 하여 헌법상의 형벌불소급의 원칙이나 신법우선주의에 반한다고 할 수 없다(대판 1999.7.9. 99도1695).

정답 ④

04 죄형법정주의에 관한 설명으로 옳지 않은 것을 모두 고른 것은? (다툼이 있는 경우 판례에 의함)

2022년 제1차 경찰

㉠ 법규범의 문언은 어느 정도 가치개념을 포함한 일반적·규범적 개념을 사용하지 않을 수 없는 것이기 때문에 기본적으로 최소한이 아닌 최대한의 명확성을 요구한다.
㉡ 유추해석금지의 원칙은 형벌법규의 구성요건과 가벌성에 관한 규정에 준용되므로 형벌법규의 적용대상이 행정법규가 규정한 사항을 내용으로 하고 있는 경우에 그 행정법규의 규정을 해석하는 데에도 마찬가지로 적용된다.
㉢ 대법원 양형위원회가 설정한 '양형기준'이 발효하기 전에 공소가 제기된 범죄에 대하여 위 '양형기준'을 참고하여 형을 양정한 경우, 소급효금지의 원칙에 위반된다.
㉣ 알 수 없는 경위로 가상자산을 이체 받은 자가 가상자산을 사용·처분한 경우 이를 형사처벌하는 명문의 규정이 없다고 하더라도 착오송금시 횡령죄 성립을 긍정한 판례를 유추하여 신의칙을 근거로 배임죄로 처벌하는 것은 죄형법정주의에 반하지 않는다.
㉤ 「형법」 제258조의2 특수상해죄의 신설로 「형법」 제262조, 제261조의 특수폭행치상죄에 대하여 그 문언상 특수상해죄의 예에 의하여 처벌하는 것이 가능하게 되었다는 이유만으로 「형법」 제258조의2 제1항의 예에 따라 처벌할 수 있다고 하는 것은 죄형법정주의에 반한다.

① ㉠, ㉡, ㉢
② ㉠, ㉢, ㉣
③ ㉠, ㉢, ㉤
④ ㉡, ㉣, ㉤

해설

㉠ **[X]** 법규범의 문언은 어느 정도 가치개념을 포함한 일반적, 규범적 개념을 사용하지 않을 수 없는 것이기 때문에 명확성의 원칙이란 기본적으로 최대한이 아닌 최소한의 명확성을 요구한다(대판 2008.10.23. 2008초기264).
㉡ **[O]** 형벌법규의 해석은 엄격하여야 하고 명문규정의 의미를 피고인에게 불리한 방향으로 지나치게 확장 해석하거나 유추해석하는 것은 죄형법정주의의 원칙에 어긋나는 것으로서 허용되지 않으며, 이러한 법해석의 원리는 형벌법규의 적용대상이 행정법규가 규정한 사항을 내용으로 하고 있는 경우에 그 행정법규의 규정을 해석하는 데에도 마찬가지로 적용된다(대판 2021.11.25. 2021도10981 등).
㉢ **[X]** 대법원 양형위원회의 양형기준은 법관이 합리적인 양형을 정하는 데 참고할 수 있는 구체적이고 객관적인 기준으로서 마련된 것이다. 위 양형기준은 법적 구속력을 가지지 아니하고, 단지 위와 같은 취지로 마련되어 그 내용의 타당성에 의하여 일반적인 설득력을 가지는 것으로 예정되어 있으므로 법관의 양형에 있어서 그 존중이 요구되는 것일 뿐이므로, 원심이 위 양형기준이 발효하기 전에 법원에 공소가 제기된 이 사건 범죄에 관하여 형을 양정함에 있어서 위 양형기준을 참고자료로 삼았다고 하여, 피고인에게 불리한 법률을 소급하여 적용한 위법이 있다고 할 수 없다(대판 2009.12.10. 2009도11448).

㉣ [X] [1] 가상자산 권리자의 착오나 가상자산 운영 시스템의 오류 등으로 법률상 원인관계 없이 다른 사람의 가상자산 전자지갑에 가상자산이 이체된 경우, 가상자산을 이체받은 자는 가상자산의 권리자 등에 대한 부당이득반환의무를 부담하게 될 수 있다. 그러나 이는 당사자 사이의 민사상 채무에 지나지 않고 이러한 사정만으로 가상자산을 이체받은 사람이 신임관계에 기초하여 가상자산을 보존하거나 관리하는 지위에 있다고 볼 수 없다.
[2] 원인불명으로 재산상 이익인 가상자산을 이체받은 자가 가상자산을 사용·처분한 경우 이를 형사처벌하는 명문의 규정이 없는 현재의 상황에서 착오송금시 횡령죄 성립을 긍정한 판례를 유추하여 신의칙을 근거로 피고인을 배임죄로 처벌하는 것은 죄형법정주의에 반한다(대판 2021.12.16. 2020도9789).

㉤ [O] 2016.1.6. 형법 개정으로 특수상해죄가 형법 제258조의2로 신설됨에 따라 문언상으로 형법 제262조의 '제257조 내지 제259조의 예에 의한다'는 규정에 형법 제258조의2가 포함되어 특수폭행치상의 경우 특수상해인 형법 제258조의2 제1항의 예에 의하여 처벌하여야 하는 것으로 해석될 여지가 생기게 되었다. 이러한 해석을 따를 경우 특수폭행치상죄의 법정형이 형법 제258조의2 제1항이 정한 '1년 이상 10년 이하의 징역'이 되어 종래와 같이 형법 제257조 제1항의 예에 의하는 것보다 상향되는 결과가 발생하게 된다. 그러나 형벌규정 해석에 관한 법리와 폭력행위 등 처벌에 관한 법률의 개정 경과 및 형법 제258조의2의 신설 경위와 내용, 그 목적, 형법 제262조의 연혁, 문언과 체계 등을 고려할 때, 특수폭행치상의 경우 형법 제258조의2의 신설에도 불구하고 종전과 같이 형법 제257조 제1항의 예에 의하여 처벌하는 것으로 해석함이 타당하다(대판 2018.7.24. 2018도3443).

(정답) ②

05 죄형법정주의에 대한 설명으로 가장 적절하지 않은 것은? (다툼이 있는 경우 판례에 의함)

2020년 제2차 경찰

① 「성폭력범죄의 처벌 등에 관한 특례법」 제13조는 성적 수치심을 일으킬 수 있는 내용의 말, 글, 물건 등을 통신매체를 이용하여 상대방에게 전달하는 행위를 처벌하고자 함이 명백하므로, 성적 수치심 등을 일으키는 내용의 편지를 피고인이 직접 상대방 주거지 출입문에 끼워 넣음으로써 상대방에게 전달한 행위는 본 규정을 통해 처벌할 수 있다.
② 「자동차관리법」 제80조 제7호의2는 구체적·한정적으로 '자동차 이력 및 판매자 정보를 허위로 제공한 자'만을 처벌하는 것이며 제58조 제3항 위반을 일괄적으로 처벌하는 의미가 아니므로 '허위 제공'의 의미를 '단순 누락'의 경우도 포함하는 것으로 해석하는 것은 죄형법정주의 원칙에 어긋나서 허용되지 않는다.
③ 무면허운전 등을 금지한 「도로교통법」 제43조는 운전자의 금지 사항으로 운전면허를 받지 아니한 경우와 운전면허의 효력이 정지된 경우를 구별하여 대등하게 나열하고 있다. 그렇다면 '운전면허를 받지 아니하고'라는 법률문언의 통상적인 의미에 '운전면허를 받았으나 그 후 운전면허의 효력이 정지된 경우'가 당연히 포함된다고는 해석할 수 없다.
④ 형벌법규는 문언에 따라 엄격하게 해석·적용하여야 하고 피고인에게 불리한 방향으로 지나치게 확장해석 하거나 유추해석 하여서는 안된다.

> 해설

① **(X)** 위 규정은 자기 또는 다른 사람의 성적 욕망을 유발하는 등의 목적으로 '전화, 우편, 컴퓨터나 그 밖에 일반적으로 통신매체라고 인식되는 수단을 이용하여' 성적 수치심 등을 일으키는 말, 글, 물건 등을 상대방에게 전달하는 행위를 처벌하고자 하는 것임이 문언상 명백하므로, 위와 같은 통신매체를 이용하지 아니한 채 '직접' 상대방에게 말, 글, 물건 등을 도달하게 하는 행위까지 포함하여 위 규정으로 처벌할 수 있다고 보는 것은 법문의 가능한 의미의 범위를 벗어난 해석으로서 실정법 이상으로 처벌 범위를 확대하는 것이다(대판 2016.3.10. 2015도17847).

② **(O)** 중고자동차 매매사원인 甲이 인터넷을 통하여 자동차 광고를 하면서 자신의 사원증번호의 기재를 누락하였을 뿐이고 자동차관리법 제58조 제3항, 같은 법 시행규칙 제120조 제4항 각호에서 정한 사항을 허위로 기재하지 않은 경우, 자동차관리법 제58조 제3항에서는 자동차 이력 및 판매자정보 등 국토교통부령으로 정하는 사항에 관한 일반적 게재의무를 규정하면서도, 벌칙조항인 자동차관리법 제80조 제7호의2에서는 벌칙의 적용대상을 단순히 '제58조 제3항을 위반한 자' 또는 '제58조 제3항에 따른 게재의무를 위반한 자'로 규정하지 아니하고, 보다 구체적·한정적으로 '자동차 이력 및 판매자정보를 허위로 제공한 자'만을 처벌하는 것으로 규정하고 있음은 문언상 명백하다. 이와 같은 자동차관리법령의 규정 형식 및 내용 등을 관련 법리에 비추어 보면, 자동차관리법 제80조 제7호의2의 '허위 제공'의 의미를 '단순 누락'의 경우도 포함하는 것으로 해석하는 것은 형벌법규의 의미를 피고인에게 불리한 방향으로 지나치게 확장하거나 유추하여 해석하는 것으로 죄형법정주의 원칙에 어긋나서 허용되지 않는다(대판 2017.11.14. 2017도13421). ☞ 甲은 무죄

③ **(O)** 甲이 '원동기장치자전거면허의 효력이 정지된 상태에서' 원동기장치자전거를 운전하였다고 하며 도로교통법 위반(무면허운전)으로 기소된 경우, 도로교통법 제43조 해석상 '운전면허를 받지 아니하고'라는 법률문언의 통상적 의미에 '운전면허를 받았으나 그 후 운전면허의 효력이 정지된 경우'가 당연히 포함된다고는 해석할 수 없는데, '자동차'의 무면허운전과 관련하여 도로교통법 제152조 제1호 및 제2호가 운전면허의 효력이 정지된 경우도 운전면허를 애초 받지 아니한 경우와 마찬가지로 형사처벌된다는 것을 명문으로 정하고 있는 반면, '원동기장치자전거'의 무면허운전죄에 대하여 규정한 제154조 제2호는 처벌의 대상으로 "제43조의 규정을 위반하여 제80조의 규정에 의한 원동기장치자전거면허를 받지 아니하고 원동기장치자전거를 운전한 사람"을 정하고 있을 뿐, 운전면허의 효력이 정지된 상태에서 원동기장치자전거를 운전한 경우에 대하여는 아무런 언급이 없으므로, 위 행위는 도로교통법 제154조 제2호, 제43조 위반(무면허운전)죄에 해당하지 않는다(대판 2011.8.25. 2011도7725). ☞ 甲은 무죄

④ **(O)** 대판 2011.8.25. 2011도7725 등 참조

정답 ①

06 죄형법정주의에 대한 설명으로 옳은 것은? (다툼이 있는 경우 판례에 의함)   2021년 경찰간부

① 「외국환거래법」 제30조가 규정하는 몰수·추징의 대상은 범인이 해당 행위로 인하여 취득한 외국환 기타 지급수단 등을 뜻하고, 여기서 취득이란 해당 범죄행위로 인하여 결과적으로 이를 취득한 때를 말한다고 제한적으로 해석할 필요는 없다.
② 「국가보안법」 제7조 제5항에서 규정하고 있는 '소지'에 블로그 등의 운영자가 그 사적(私的) 인터넷 게시공간에 게시된 타인의 글을 삭제할 권한이 있는데도 이를 삭제하지 아니하고 그대로 둔 경우를 포함하여 위 규정으로 처벌할 수 있다고 보는 것은 죄형법정주의 원칙 위반이라 할 수 없다.
③ 「공공기관의 운영에 관한 법률」 제53조가 공공기관의 임직원으로서 공무원이 아닌 사람은 「형법」 제129조의 적용에서는 이를 공무원으로 본다고 규정하고, 동법 제4조 제1항에서 구체적인 공공기관은 기획재정부장관의 고시에 의하도록 한 것은 죄형법정주의에 위반되지 않는다.
④ 「성폭력범죄의 처벌 등에 관한 특례법」 제13조는 '성적 수치심이나 혐오감을 일으키는 말, 음향, 글, 그림, 영상 또는 물건을 상대방에게 도달'하게 하는 경우를 처벌하고 있는바, 상대방에게 성적 수치심을 일으키는 그림 등이 담겨 있는 웹페이지의 인터넷 링크를 보내는 행위가 이에 해당된다고 해석하는 것은 죄형법정주의 원칙에 위반된다.

해설

① [X] 외국환거래법 제30조가 규정하는 몰수·추징의 대상은 범인이 해당 행위로 인하여 취득한 외국환 기타 지급수단 등을 뜻하고, 이는 범인이 외국환거래법에서 규제하는 행위로 인하여 취득한 외국환 등이 있을 때 이를 몰수하거나 추징한다는 취지로서, 여기서 취득이란 해당 범죄행위로 인하여 결과적으로 이를 취득한 때를 말한다고 제한적으로 해석함이 타당하다(대판 2017.5.31. 2013도8389).

② [X] 국가보안법 제7조 제1항은 "국가의 존립·안전이나 자유민주적 기본질서를 위태롭게 한다는 정을 알면서 반국가단체나 그 구성원 또는 그 지령을 받은 자의 활동을 찬양·고무·선전 또는 이에 동조하거나 국가변란을 선전·선동한 자는 7년 이하의 징역에 처한다."고 규정하고 있고, 같은 조 제5항은 "제1항·제3항 또는 제4항의 행위를 할 목적으로 문서·도화 기타의 표현물을 제작·수입·복사·소지·운반·반포·판매 또는 취득한 자는 그 각 항에 정한 형에 처한다."고 규정하고 있다. (중략), '블로그', '미니 홈페이지', '카페' 등의 이름으로 개설된 사적(私的) 인터넷 게시공간의 운영자가 그 사적 인터넷 게시공간에 게시된 타인의 글을 삭제할 권한이 있음에도 이를 삭제하지 아니하고 그대로 두었다고 하더라도, 그 사정만으로 사적 인터넷 게시공간의 운영자가 그 타인의 글을 국가보안법 제7조 제5항에서 규정하는 바와 같이 '소지'하였다고 볼 수는 없다고 할 것이다(대판 2012.1.27. 2010도8336).

③ [O] 공공기관의 운영에 관한 법률, 공공기관의 운영에 관한 법률 시행령 등의 취지와 내용에 더하여 법의 입법 목적과 경제상황이나 정책상 목적에 따라 공공기관의 사업 내용이나 범위 등이 계속적으로 변동할 수밖에 없는 현실, 국회가 공공기관의 재정상태와 직원 수의 변동, 수입액 등을 예측하기 어렵고 그러한 변화에 대응하여 그때마다 법률을 개정하는 것도 용이하지 아니한 점 등을 감안할 때 공무원 의제규정의 적용을 받는 공기업 등의 정의규정을 법률이 아닌 시행령이나 고시 등 그 하위규범에서 정하는 것에 부득이한 측면이 있고, (중략), 법 제53조가 공기업의 임직원으로서 공무원이 아닌 사람은 형법 제129조의 적용에 있어서는 이를 공무원으로 본다고 규정하고 있을 뿐 구체적인 공기업의 지정에 관하여는 그 하위규범인 기획재정부장관의 고시에 의하도록 규정하였다 하더라도 죄형법정주의에 위배되거나 위임입법의 한계를 일탈한 것으로 볼 수 없다(대판 2013.6.13. 2013도1685).

④ [X] 성폭력범죄의 처벌 등에 관한 특례법 제13조에서 '성적 수치심이나 혐오감을 일으키는 말, 음향, 글, 그림, 영상 또는 물건을 상대방에게 도달하게 한다'는 것은 '상대방이 성적 수치심을 일으키는 그림 등을 직접 접하는 경우뿐만 아니라 상대방이 실제로 이를 인식할 수 있는 상태에 두는 것'을 의미한다. 따라서 행위자의 의사와 그 내용, 웹페이지의 성격과 사용된 링크기술의 구체적인 방식 등 모든 사정을 종합하여 볼 때 상대방에게 성적 수치심을 일으키는 그림 등이 담겨 있는 웹페이

지 등에 대한 인터넷 링크(internet link)를 보내는 행위를 통해 '그와 같은 그림 등이 상대방에 의하여 인식될 수 있는 상태에 놓이고 실질에 있어서 이를 직접 전달하는 것과 다를 바 없다고 평가되고, 이에 따라 상대방이 이러한 링크를 이용하여 별다른 제한 없이 성적 수치심을 일으키는 그림 등에 바로 접할 수 있는 상태가 실제로 조성'되었다면, 그러한 행위는 전체로 보아 성적 수치심을 일으키는 그림 등을 상대방에게 도달하게 한다는 구성요건을 충족한다.

(정답) ③

07 죄형법정주의에 관한 설명으로 가장 적절하지 않은 것은? (다툼이 있는 경우 판례에 의함)

2019년 제2차 경찰

① 의료법 제41조가 "환자의 진료 등에 필요한 당직의료인을 두어야 한다."라고 규정하고 있을 뿐인데도 의료법 시행령 제18조 제1항이 당직의료인의 수와 자격 등 배치기준을 규정하고 이를 위반하면 의료법 제90조에 의한 처벌의 대상이 되도록 함으로써 형사처벌의 대상을 신설 또는 확장한 경우, 본 시행령 조항은 위임입법의 한계를 벗어나 무효이다.
② 과거에 이미 행한 범죄에 대하여 공소시효를 정지시키는 법률이라 하더라도 그 사유만으로 형벌불소급의 원칙에 언제나 위배되는 것은 아니다.
③ 청소년보호법 제30조 제8호 소정의 "풍기를 문란하게 하는 영업행위를 하거나 그를 목적으로 장소를 제공하는 행위"라는 문구는 "청소년에 대하여 이성혼숙을 하게 하거나 그를 목적으로 장소를 제공하는 행위" 등이라고 볼 수 있으므로 명확성 원칙에 반하지 않는다.
④ 도로교통법상 도로가 아닌 곳에서 운전면허 없이 운전한 행위를 무면허운전으로 처벌하는 것은 유추해석금지원칙에 반하지 않는다.

해설

① [O] 의료법 제41조는 각종 병원에 응급환자와 입원환자의 진료 등에 필요한 당직의료인을 두어야 한다고만 규정하고 있을 뿐 각종 병원에 두어야 하는 당직의료인의 수와 자격에 아무런 제한을 두고 있지 않고 이를 하위 법령에 위임하고 있지도 않음에도 불구하고 의료법 시행령 제18조 제1항에서 당직의료인의 수를 규정한 경우, 위임입법의 한계를 벗어난 것으로 무효이다(대판 2017.02.16. 2015도16014 전원합의체).
② [O] 형벌불소급의 원칙은 "행위의 가벌성" 즉 형사소추가 "언제부터 어떠한 조건하에서" 가능한가의 문제에 관한 것이고, "얼마동안" 가능한가의 문제에 관한 것은 아니므로, 과거에 이미 행한 범죄에 대하여 공소시효를 정지시키는 법률이라 하더라도 그 사유만으로 헌법 제12조 제1항 및 제13조 제1항에 규정한 죄형법정주의의 파생원칙인 형벌불소급의 원칙에 언제나 위배되는 것으로 단정할 수는 없다. 또한 공소시효가 완성되지 아니한 경우 이러한 법률조항은 단지 진행 중인 공소시효를 연장하는 법률로서 이른바 부진정 소급효를 갖게 되나, 공소시효 제도에 근거한 개인의 신뢰와 공소시효의 연장을 통하여 달성하려는 공익을 비교형량하여 공익이 개인의 신뢰보호이익에 우선하는 경우 소급효를 갖는 법률도 헌법상 정당화될 수 있다(대판 1997.4.17. 96도3376 전원합의체 등).
③ [O] 청소년보호법 소정의 "풍기를 문란하게 하는 영업행위를 하거나 그를 목적으로 장소를 제공하는 행위"의 의미는 청소년보호법의 입법 취지, 입법연혁, 규정형식에 비추어 볼 때 "청소년이 건전한 인격체로 성장하는 것을 침해하는 영업행위 또는 그를 목적으로 장소를 제공하는 행위"를 의미하는 것으로 보아야 할 것이고, 그 구체적인 예가 바로 위 규정에 열거된 "청소년에 대하여 이성혼숙을 하게 하거나 그를 목적으로 장소를 제공하는 행위" 등이라고 보이는바, 이는 건전한 상식과 통상적인 법감정을 통하여 판단할 수 있고, 구체적인 사건에서는 법관의 보충적인 해석을 통하여 그 규범내용이 확정될 수

있는 개념이라 할 것이어서 위 법률조항은 명확성의 원칙에 반하지 아니하여 실질적 죄형법정주의에도 반하지 아니한다(대판 2003.12.26. 2003도5980 등).

④ [X] 도로교통법 제2조 제26호가 '술이 취한 상태에서의 운전' 등 일정한 경우에 한하여 예외적으로 도로 외의 곳에서 운전한 경우를 운전에 포함한다고 명시하고 있는 반면, 무면허운전에 관해서는 이러한 예외를 정하고 있지 아니하다. 따라서 도로교통법 제152조, 제43조를 위반한 무면허운전이 성립하기 위해서는 운전면허를 받지 않고 자동차 등을 운전한 곳이 도로교통법 제2조 제1호에서 정한 도로, 즉 '도로법에 따른 도로', '유료도로법에 따른 유료도로', '농어촌도로 정비법에 따른 농어촌도로', '그 밖에 현실적으로 불특정 다수의 사람 또는 차마가 통행할 수 있도록 공개된 장소로서 안전하고 원활한 교통을 확보할 필요가 있는 장소' 중 하나에 해당해야 한다. 위에서 본 도로가 아닌 곳에서 운전면허 없이 운전한 경우에는 무면허운전에 해당하지 않는다. 도로에서 운전하지 않았는데도 무면허운전으로 처벌하는 것은 유추해석이나 확장해석에 해당하여 죄형법정주의에 비추어 허용되지 않는다(대판 2017.12.28. 2017도17762).

> **참고**
>
> **위 판결의 사실관계**
> 피고인이 자동차운전면허를 받지 않고 아파트 단지 안에 있는 지하주차장 약 50m 구간에서 승용차를 운전하여 도로교통법 위반(무면허운전)으로 기소된 사안에서, 위 주차장이 아파트 주민이나 그와 관련된 용건이 있는 사람만 이용할 수 있고 경비원 등이 자체적으로 관리하는 곳이라면 도로에 해당하지 않을 수 있는데, 도로교통법 제2조 제1호에서 정한 도로에 해당하는지가 불분명하여 피고인의 자동차 운행행위가 도로교통법에서 금지하는 무면허운전에 해당하지 않는다고 볼 여지가 있는데도, 아파트 단지와 주차장의 규모와 형태, 아파트 단지와 주차장의 진·출입에 관한 구체적인 관리·이용 상황 등에 관하여 심리하지 아니한 채 피고인의 자동차 운전행위가 무면허운전에 해당한다고 보아 유죄를 인정한 원심판결에 심리미진 및 도로교통법에서 정한 도로와 무면허운전에 관한 법리오해의 잘못이 있다고 한 사례(대판 2017.12.28. 2017도17762).

정답 ④

---

08 죄형법정주의에 대한 설명으로 가장 적절한 것은? (다툼이 있는 경우 판례에 의함) 2017년 제1차 경찰

① 공개명령 제도가 시행되기 전에 범한 범죄에도 공개명령 제도를 적용하도록 아동·청소년의 성보호에 관한 법률이 개정되었다면, 이는 소급입법금지의 원칙에 반한다.

② 위법성 및 책임의 조각사유나 소추조건, 또는 처벌조각사유인 형면제 사유에 관하여 그 범위를 제한적으로 유추적용하는 것은 유추해석금지의 원칙에 반하지 않는다.

③ '약국 개설자가 아니면 의약품을 판매하거나 판매 목적으로 취득할 수 없다'고 규정한 구 약사법 제44조 제1항의 '판매'에 무상으로 의약품을 양도하는 '수여'를 포함시키는 해석은 죄형법정주의에 위배된다고 볼 수 없다.

④ 폭력행위 등 처벌에 관한 법률 제4조 제1항에서 규정하고 있는 범죄단체 구성원으로서의 '활동'의 개념은 추상적이고 포괄적이므로 명확성의 원칙에 위배된다.

해설

① [X] 공개명령 제도가 시행된 2010.1.1. 이전에 범한 범죄에도 공개명령 제도를 적용하도록 아동·청소년의 성보호에 관한 법률이 개정되었다고 하더라도 그것이 소급입법금지의 원칙에 반한다고 볼 수 없다(대판 2011.03.24. 2010도14393).

② [X] 공직선거법 제262조의 '자수'를 '범행발각 전에 자수한 경우'로 한정하는 풀이는, 단순한 목적론적 축소해석에 그치는 것이 아니라, 형면제 사유에 대한 제한적 유추를 통하여 처벌범위를 실정법 이상으로 확대한 것으로서 죄형법정주의의 파생원칙인 유추해석금지의 원칙에 위반된다(대판 1997.03.20. 96도1167 전원합의체).
③ [O] 구 약사법 제2조 제1호가 약사법에서 사용되는 '약사'의 개념에 대해 정의하면서 '판매(수여를 포함한다. 이하 같다)'라고 규정함으로써 구 약사법 제44조 제1항을 포함하여 위 정의규정 이하 조항의 '판매'에는 '수여'가 포함됨을 명문으로 밝히고 있다(대판 2011.10.13. 2011도6287).
④ [X] "활동" 부분이 죄형법정주의의 명확성의 원칙에 위배된다고 할 수 없다(대판 2008.05.29. 2008도1857).

정답 ③

09 죄형법정주의에 대한 설명으로 가장 적절한 것은? (다툼이 있는 경우 판례에 의함) 2018년 제1차 경찰

① 행위 당시의 판례에 의하면 처벌대상이 되지 아니하는 것으로 해석되었던 행위를 재판시에 해석을 달리하여 처벌하는 것은 형벌불소급의 원칙에 반한다.
② 공직선거법 제262조의 '자수'를 통상 관용적으로 사용되는 용례와는 달리 범행발각 전에 자수한 경우로 한정하여 해석하여도 유추해석금지의 원칙에 위반되지 않는다.
③ "약국 개설자가 아니면 의약품을 판매하거나 판매 목적으로 취득할 수 없다"고 규정한 구 약사법 제44조 제1항의 '판매'에 무상으로 의약품을 양도하는 '수여'를 포함시키는 해석은 죄형법정주의에 위배된다.
④ 항공보안법 제42조(항공기 항로 변경죄)의 '항로'에 항공기가 지상에서 이동하는 경로도 포함된다고 해석하는 것은 죄형법정주의에 반한다.

해설

① [X] 형사처벌의 근거가 되는 것은 법률이지 판례가 아니고, 형법 조항에 관한 판례의 변경은 그 법률조항의 내용을 확인하는 것에 지나지 아니하여 이로써 그 법률조항 자체가 변경된 것이라고 볼 수 없으므로, 행위 당시의 판례에 의하면 처벌대상이 되지 아니하는 것으로 해석되었던 행위를 판례의 변경에 따라 확인된 내용의 형법 조항에 근거하여 처벌한다고 하여 그것이 헌법상 평등의 원칙과 형벌불소급의 원칙에 반한다고 할 수는 없다(대판 1999.9.17. 97도3349).
② [X] 공직선거법 제262조의 '자수'를 '범행발각 전에 자수한 경우'로 한정하는 풀이는 형면제 사유에 대한 제한적 유추를 통하여 처벌범위를 실정법 이상으로 확대한 것으로서 죄형법정주의의 파생원칙인 유추해석금지의 원칙에 위배된다(대판 1997.3.20. 96도1167 전원합의체).
③ [X] 구 약사법 제2조 제1호가 약사법에서 사용되는 '약사'의 개념에 대해 정의하면서 '판매(수여를 포함한다. 이하 같다)'라고 규정함으로써 구 약사법 제44조 제1항을 포함하여 위 정의규정 이하 조항의 '판매'에는 '수여'가 포함됨을 명문으로 밝히고 있다(대판 2011.10.13. 2011도6287).
④ [O] 항로가 공중의 개념을 내포한 말이고, 입법자가 그 말뜻을 사전적 정의보다 넓은 의미로 사용하였다고 볼 자료가 없다. 지상의 항공기가 이동할 때 '운항 중'이 된다는 이유만으로 그때 다니는 지상의 길까지 '항로'로 해석하는 것은 문언의 가능한 의미를 벗어난다(대판 2017.12.21. 2015도8335 전원합의체).

정답 ④

10 죄형법정주의에 대한 설명으로 가장 적절하지 않은 것은? (다툼이 있는 경우 판례에 의함)

2017년 경기북부 여경

① 행정상의 단속을 주안으로 하는 법규라 하더라도 '명문의 규정이 있거나 해석상 과실범도 벌할 뜻이 명확한 경우'를 제외하고는 형법의 원칙에 따라 고의가 있어야 벌할 수 있다.
② 「도로교통법」 제43조 해석상 '운전면허를 받지 아니하고'라는 법률문언의 통상적 의미에 '운전면허를 받았으나 그 후 운전면허의 효력이 정지된 경우'가 당연히 포함된다고는 해석할 수 없다.
③ '블로그', '미니 홈페이지', '카페' 등의 이름으로 개설된 사적(私的) 인터넷 게시공간의 운영자가 사적 인터넷 게시공간에 게시된 타인의 글을 삭제할 권한이 있는데도 이를 삭제하지 아니하고 그대로 둔 경우, 사적 인터넷 게시공간의 운영자가 타인의 글을 「국가보안법」 제7조 제5항에서 규정하는 바와 같이 '소지'하였다고 볼 수 있다.
④ 식품 판매자가 식품을 판매하면서 특정 구매자에게 그 식품이 질병의 치료에 효능이 있다고 설명하고 상담하였다고 하더라도 이를 가리켜 구 「식품위생법」 제13조 제1항에서 금지하는 '식품에 관하여 의약품과 혼동할 우려가 있는 광고'를 하였다고 볼 수 없다.

해설

① [O] 대판 2010.2.11. 2009도9807
② [O] '운전면허를 받지 아니하고'라는 법률문언의 통상적인 의미에 '운전면허를 받았으나 그 후 운전면허의 효력이 정지된 경우'가 당연히 포함된다고는 해석할 수 없다(대판 2011.08.25. 2011도7725).
③ [X] 사적 인터넷 게시공간의 운영자가 사적 인터넷 게시공간에 게시된 타인의 글을 삭제할 권한이 있는데도 이를 삭제하지 아니하고 그대로 두었다는 사정만으로 사적 인터넷 게시공간의 운영자가 타인의 글을 국가보안법 제7조 제5항에서 규정하는 바와 같이 '소지'하였다고 볼 수는 없다(대판 2012.1.27. 2010도8336).
④ [O] 식품 판매자가 식품을 판매하면서 '특정 구매자에게' 그 식품이 질병의 치료에 효능이 있다고 설명하고 상담하였다고 하더라도 이를 가리켜 법 제13조 제1항에서 금지하는 '광고'를 하였다고 볼 수 없다(대판 2014.4.30. 2013도15002).

정답 ③

11 죄형법정주의에 관한 다음 설명 중 옳은 것은 모두 몇 개인가? (다툼이 있으면 판례에 의함)

2015년 제2차 경찰 변형

㉠ 자신의 뇌물수수 혐의에 대한 결백을 주장하기 위하여 제3자로부터 사건 관련자들이 주고받은 이메일 출력물을 교부받아 징계위원회에 제출한 행위를 '정보통신망에 의하여 처리·보관 또는 전송되는 타인의 비밀'인 이메일의 내용을 누설하는 행위에 해당한다고 보는 것은 죄형법정주의 원칙에 반하는 확장해석이라고 할 수 없다.
㉡ 군형법 제64조 제1항의 상관면전모욕죄의 구성요건의 해석에 있어 '전화통화'를 면전에서의 대화라고 해석하여 처벌하는 것은 유추해석에 해당되어 죄형법정주의에 반한다.
㉢ 일반음식점 영업자인 피고인이 주로 술과 안주를 판매함으로써 구 식품위생법상 준수사항을 위반하였다는 내용으로 기소된 사안에서 위 준수사항 중 '주류만을 판매하는 행위'에 안주류와 함께 주로 주류를 판매하는 행위도 포함된다고 해석하는 것은 죄형법정주의에 위배되지 아니한다.

① 0개 ② 1개
③ 2개 ④ 3개

해설

㉠ [O] 이메일 출력물 그 자체는 정보통신망 이용촉진 및 정보보호 등에 관한 법률에서 말하는 '정보통신망에 의하여 처리·보관 또는 전송되는' 타인의 비밀에 해당하지 않지만, 이를 징계위원회에 제출하는 행위는 '정보통신망에 의하여 처리·보관 또는 전송되는 타인의 비밀'인 이메일의 내용을 '누설하는 행위'에 해당한다(대판 2008.4.24. 2006도8644).
㉡ [O] 군형법 제64조 제1항의 상관면전모욕죄의 구성요건은 '상관을 그 면전에서 모욕하는' 것인데, 여기에서 '면전에서'라 함은 얼굴을 마주 대한 상태를 의미하는 것임이 분명하므로, 전화를 통하여 통화하는 것을 면전에서의 대화라고는 할 수 없다(대판 2002.12.27. 2002도2539).
㉢ [X] '주류만을 판매하는 행위'에는 일반음식점영업 허가를 받고 안주류와 함께 주로 주류를 판매하는 행위도 포함된다고 해석하여 유죄를 인정한 원심판결에 관계 법령의 해석 및 죄형법정주의에 관한 법리오해의 위법이 있다고 한 사례(대판 2012.6.28. 2011도15097)

정답 ③

12 죄형법정주의에 관한 다음 설명 중 옳은 것은 모두 몇 개인가? (다툼이 있으면 판례에 의함)

2016년 제1차 경찰

㉠ 가정폭력범죄의 처벌 등에 관한 특례법상 사회봉사명령을 부과하면서, 행위시법상 사회봉사명령 부과시간의 상한인 100시간을 초과하여 상한을 200시간으로 올린 신법을 적용한 것은 위법하다.
㉡ 군사기밀 보호법 제11조가 군사기밀 탐지·수집행위의 법정형을 10년 이하의 징역으로 규정하고 있는 것과 달리 국가보안법 제4조 제1항 제2호 (나)목의 법정형이 사형·무기 또는 7년 이상의 징역으로 규정되어 있다는 등의 사정만으로 위 조항이 지나치게 무거운 형벌을 규정하여 책임주의 원칙에 반한다거나 법정형이 형벌체계상 균형을 상실하여 평등원칙에 위배되는 조항이라고 할 수 없으며, 법관의 양형 판단 및 결정권을 중대하게 침해하는 것이라고 볼 수도 없다.
㉢ 대법원 양형위원회가 설정한 '양형기준'이 발효하기 전에 공소가 제기된 범죄에 대하여 위 '양형기준'을 참고하여 형을 양정한 사안에서, 피고인에게 불리한 법률을 소급하여 적용한 위법이 있다고 할 수 없다.
㉣ 형벌법규의 해석에서 위법성 및 책임의 조각사유나 소추조건 또는 처벌조각사유인 형면제 사유에 관하여 그 범위를 제한적으로 유추적용하게 되면 행위자의 가벌성의 범위는 축소된다.

① 1개 ② 2개
③ 3개 ④ 4개

해설

㉠ [O] 가정폭력범죄의 처벌 등에 관한 특례법이 정한 보호처분 중의 하나인 사회봉사명령은 가정폭력범죄를 범한 자에 대하여 환경의 조정과 성행의 교정을 목적으로 하는 것으로서 형벌 그 자체가 아니라 보안처분의 성격을 가지는 것이 사실이다. 그러나 한편으로 이는 가정폭력범죄행위에 대하여 형사처벌 대신 부과되는 것으로서, 가정폭력범죄를 범한 자에게 의무적 노동을 부과하고 여가시간을 박탈하여 실질적으로는 신체적 자유를 제한하게 되므로, 이에 대하여는 원칙적으로 형벌불소급의 원칙에 따라 행위시법을 적용함이 상당하다(대판 2008.7.24. 2008어4).
㉡ [O] 대판 2013.7.26. 2013도2511
㉢ [O] 법원조직법 제81조의2 이하의 규정에 의하여 마련된 대법원 양형위원회의 양형기준은 법관이 합리적인 양형을 정하는 데 참고할 수 있는 구체적이고 객관적인 기준으로 마련된 것이다. 위 양형기준은 법적 구속력을 가지지 아니하고, 단지 위와 같은 취지로 마련되어 그 내용의 타당성에 의하여 일반적인 설득력을 가지는 것으로 예정되어 있으므로 법관의 양형에 있어서 그 존중이 요구되는 것일 뿐이다(대판 2009.12.10. 2009도11448).
㉣ [X] 유추해석금지의 원칙은 모든 형벌법규의 구성요건과 가벌성에 관한 규정에 준용되는데, 위법성 및 책임의 조각사유나 소추조건에 관하여 그 범위를 제한적으로 유추적용하게 되면 행위자의 가벌성의 범위는 확대되어 행위자에게 불리하게 되는바, 이는 가능한 문언의 의미를 넘어 범죄구성요건을 유추적용하는 것과 같은 결과가 초래되므로 죄형법정주의의 파생원칙인 유추해석금지의 원칙에 위반하여 허용될 수 없다(대판 1997.3.20. 96도1167 전원합의체).

정답 ③

13 죄형법정주의에 대한 다음 설명 중 옳은 것은 모두 몇 개인가? (다툼이 있으면 판례에 의함)

2016년 제2차 경찰

㉠ 의사가 환자와 대면하지 아니하고 전화나 화상 등을 이용하여 환자의 용태를 스스로 듣고 판단하여 처방전 등을 발급한 행위는 구 의료법상 '직접 진찰한 의사'가 아닌 자가 처방전 등을 발급한 경우에 해당한다.
㉡ 특정 범죄자에 대한 보호관찰 및 위치추적 전자장치 부착 등에 관한 법률 제5조 제1항 제3호는 검사가 전자장치 부착명령을 법원에 청구할 수 있는 경우 중의 하나로 '성폭력범죄를 2회 이상 범하여(유죄의 확정판결을 받은 경우를 포함한다) 그 습벽이 인정된 때'라고 규정하고 있는데, 피부착명령청구자가 2회 이상 성폭력범죄를 범하였는지를 판단할 때 소년보호처분을 받은 전력을 고려하는 것은 죄형법정주의에 위반되므로 허용되지 아니한다.
㉢ 형법(1953.9.18. 법률 제293호로 제정된 것) 제125조(폭행, 가혹행위) 중 '경찰에 관한 직무를 행하는 자 또는 이를 보조하는 자가 그 직무를 행함에 당하여 형사피의자 또는 기타 사람에 대하여 폭행을 가한 때'와 관련된 부분은 죄형법정주의의 명확성의 원칙에 위반된다.
㉣ '아동의 덕성을 심히 해할 우려가 있는 도서, 간행물, 광고물, 기타의 내용물의 제작 등의 행위'를 금지하고 이를 위반하는 자를 처벌하는 구 아동복지법 제18조 제11호, 제34조 제4호는 명확성의 원칙에 반한다.

① 1개
② 2개
③ 3개
④ 4개

해설

㉠ **[X]** 죄형법정주의 원칙, 특히 유추해석금지의 원칙상 전화 진찰을 하였다는 사정만으로 '자신이 진찰'하거나 '직접 진찰'을 한 것이 아니라고 볼 수는 없다(대판 2013.04.11. 2010도1388).
㉡ **[O]** 피부착명령청구자가 소년법에 의한 보호처분을 받은 전력이 있다고 하더라도, 이는 유죄의 확정판결을 받은 경우에 해당하지 아니함이 명백하므로, 피부착명령청구자가 2회 이상 성폭력범죄를 범하였는지를 판단할 때 소년보호처분을 받은 전력을 고려할 것이 아니다(대판 2012.03.22. 2011도15057 전원합의체).
㉢ **[X]** 죄형법정주의의 명확성원칙에 위반되지 않는다(헌재 2015.03.26. 2013헌바140).
㉣ **[O]** 이 사건 아동복지법 조항의 "어질고 너그러운 품성"을 뜻하는 '덕성'이라는 개념은 도덕이나 윤리가 품성으로 인격화된 것을 의미한다 할 것인바, 도덕이나 윤리는 국민 개개인마다 역사인식이나 종교관, 가치규범에 따라 자율적인 구속력을 지닌 내면적인 당위(當爲)로서 일의적으로 확정된 의미를 가진다고 보기 어려우므로 그 적용범위의 한계가 명확하다고 할 수 없고, 이에 덧붙인 "심히 해할 우려"라는 요소까지 고려하면 과연 무엇을 기준으로 그 덕성을 심히 해하는 경우와 다소 해하기는 하지만 심히 해하는 정도에까지 이르지 못하는 경우를 나눌 수 있을지 알 수 없다(헌재 2002.02.28. 99헌가8).

정답 ②

14 범죄의 본질에 관한 甲과 乙의 이론에 대한 설명 중 옳은 것은 모두 몇 개인가? 2022년 경찰2차

甲 : 형법적 평가의 중심은 외부적인 행위와 현실적으로 발생한 결과에 두고 책임과 형벌을 결정해야 한다.
乙 : 그렇지 않다. 외부적 행위와 현실적으로 발생한 결과가 아니라, 이를 발생시킨 행위자의 반사회적 성격에 두고 책임과 형벌을 결정해야 한다.

㉠ 甲은 미수범의 처벌근거를 구성요건적 결과 실현에 근접한 위험에 있다고 주장하고, 乙은 행위자의 법적 대적(法敵對的) 의사에 있다고 주장한다.
㉡ 甲은 공동정범의 본질을 행위 속에 표현된 의식적인 공동작용이라고 주장하고, 乙은 공동정범이 각자 최소한 하나의 객관적 구성요건 실현에 스스로 참여한 것이라고 주장한다.
㉢ 甲은 책임의 근거를 행위자의 반사회적 성격에 기인해 행위자가 사회방위처분을 받아야 하는 지위가 책임이라 주장하고, 乙은 행위자가 적법행위를 할 수 있었음에도 불구하고 위법행위를 했기 때문에 가해지는 도의적 비난이라 주장한다.
㉣ 甲은 공범의 종속성에 대해 타인으로 하여금 죄를 범하게 하려는 의사 자체가 외부로 표명되는 이상 정범의 실행행위와 상관없이 독자적으로 가벌성이 인정된다고 주장하고, 乙은 정범의 실행행위가 있어야 그 정범의 실행행위에 종속해서만 공범이 성립할 수 있다고 주장한다.

① 1개
② 2개
③ 3개
④ 4개

해설

甲은 고전학파의 입장을 취하고 있으며, 乙은 근대학파의 입장을 취하고 있다.

두문자 암기

이웅자객범 도의적 행위(正)

구 분	고전학파 (구파)	근대학파 (신파)
형벌과 보안처분의 관계	이원론	일원론
형벌의 본질	응보형주의	목적형주의
자유의사의 유무	자유의사(비결정론)	결정론
범죄의 본질	객관주의(범죄 ☞ 행위와 결과)	주관주의(범죄 ☞ 범죄인의 반사회적 성격의 외부적 징표)
책임능력	범죄능력	형벌능력(수형능력)
책임론	도의적 책임론	사회적 책임론
책임의 본질	행위책임	행위자책임
책임능력의 판단시기	행위시	재판시
부정기형의 인정여부	정기형주의	부정기형주의

㉠ **[O]** 고전학파(甲)는 범죄의 본질과 관련하여 객관주의를 취하고 있으므로, 미수범의 처벌근거를 구성요건적 결과실현에 근접한 위험에 있다고 보는 반면, 근대학파(乙)는 주관주의를 취하고 있으므로 범죄를 반사회적 성격의 외부적 징표로 이해하여 행위자의 법적대적 의사에서 미수범의 처벌근거를 구하고 있다.

㉡ **[X]** 乙(근대학파)은 공동정범의 본질을 행위 속에 표현된 의식적인 공동작용이라고 주장하고, 甲(고전학파)은 공동정범이 각자 최소한 하나의 객관적 구성요건 실현에 스스로 참여한 것이라고 주장한다.

㉢ **[X]** 乙(근대학파)은 책임의 근거를 행위자의 반사회적 성격에 기인해 행위자가 사회방위처분을 받아야 하는 지위가 책임이라 주장하고, 甲(고전학파)은 행위자가 적법행위를 할 수 있었음에도 불구하고 위법행위를 했기 때문에 가해지는 도의적 비난이라 주장한다.

㉣ **[X]** 乙(근대학파)은 주관주의를 취하므로 공범의 종속성에 대해 타인으로 하여금 죄를 범하게 하려는 의사 자체가 외부로 표명되는 이상 정범의 실행행위와 상관없이 독자적으로 가벌성이 인정된다고 주장하고, 甲(고전학파)은 객관주의를 취하므로 정범의 실행행위가 있어야 그 정범의 실행행위에 종속해서만 공범이 성립할 수 있다고 주장한다.

정답 ①

제 3 장 형법의 적용범위

01 형법의 시간적 적용범위에 대한 설명으로 옳지 않은 것은? (다툼이 있는 경우 판례에 의함)

2010년 검찰7급

① 가정폭력범죄의처벌등에관한특례법상의 사회봉사명령을 부과하면서 행위시법상 사회봉사명령 부과시간의 상한인 100시간을 초과하여 상한을 200시간으로 올린 신법을 적용하더라도 형법불소급의 원칙에 반하지 않는다.
② 〈삭제〉
③ 범죄 후 법률의 개정에 의하여 법정형이 가벼워진 경우에는 형법 제1조 제2항에 의하여 당해 범죄사실에 적용될 가벼운 법정형(신법의 법정형)이 공소시효기간의 기준이 된다.
④ 형법 제62조의2 제1항의 개정으로 도입된 보호관찰은 형벌이 아니라 보안처분의 성격을 가지므로 개정 형법 시행 이전에 죄를 범한 자에 대하여도 보호관찰을 명할 수 있다.

해설

① [X] 가정폭력범죄의 처벌 등에 관한 특례법상 사회봉사명령을 부과하면서, 행위시법상 사회봉사명령 부과시간의 상한인 100시간을 초과하여 상한을 200시간으로 올린 신법을 적용한 것은 위법하다(대결 2008.7.24. 2008어4).
② 〈삭제〉
③ [O] 대판 2008.12.11. 2008도4376
④ [O] 대판 1997.6.13. 97도703

정답 ①

02 소급효금지의 원칙에 관한 다음 설명 중 옳지 않은 것은 몇 개인가? (다툼이 있으면 판례에 의함)

2017년 경찰간부 변형

㉠ 게임산업진흥에 관한 법률 시행령 제18조의3의 시행일 이전에 위 시행령 조항 각 호에 규정된 게임머니를 환전, 환전 알선, 재매입한 영업행위를 처벌하는 것은 형벌법규의 소급효금지의 원칙에 위배된다.
㉡ 구성요건이 신설된 상습강제추행죄가 시행되기 이전의 범행을 상습강제추행죄로는 처벌할 수 없고 행위시법에 기초하여 강제추행죄로 처벌할 수 있을 뿐이다.
㉢ 공개명령 제도가 시행된 2010.1.1. 이전에 범한 범죄에도 공개명령 제도를 적용하도록 아동·청소년의 성보호에 관한 법률이 2010.7.23. 개정되었다면 소급입법금지의 원칙에 반한다.

① 0개
② 1개
③ 2개
④ 3개

해설

㉠ [O] 그 시행일 이전에 위 시행령 조항 각 호에 규정된 게임머니를 환전, 환전 알선, 재매입한 영업행위를 처벌하는 것은 형벌법규의 소급효금지 원칙에 위배된다(대판 2009.04.23. 2008도11017).

㉡ [O] 구성요건이 신설된 상습강제추행죄가 시행되기 이전의 범행은 상습강제추행죄로는 처벌할 수 없고 행위시법에 기초하여 강제추행죄로 처벌할 수 있을 뿐이며, 이 경우 그 소추요건도 상습강제추행죄에 관한 것이 아니라 강제추행죄에 관한 것이 구비되어야 한다(대판 2016.01.28. 2015도15669).

㉢ [X] 공개명령 제도가 시행된 2010.1.1. 이전에 범한 범죄에도 공개명령 제도를 적용하도록 아동·청소년의 성보호에 관한 법률이 2010.7.23. 법률 제10391호로 개정되었다고 하더라도 그것이 소급입법금지의 원칙에 반한다고 볼 수 없다(대판 2011.03.24. 2010도14393).

> 비교판례
>
> 아동·청소년 대상 성폭력범죄의 경우, 법률 제10260호 아동성보호법 제38조의2 규정이 시행된 2011.1.1. '이후'에 범죄를 저지른 자에 대하여만 '고지명령'을 선고할 수 있다(대판 2012.11.15. 2012도10410).

정답 ②

---

03 「형법」의 시간적 적용범위에 대한 설명으로 가장 적절하지 않은 것은? (다툼이 있는 경우 판례에 의함) 2017년 경기북부 여경

① 범죄 후 법률의 변경에 의하여 그 행위가 범죄를 구성하지 아니하거나 형이 구법보다 경한 때에는 신법에 의한다.
② 「형법」에 의하면 범죄 후 법률의 변경에 의하여 형이 구법보다 경한 때에는 신법에 의한다고 규정하고 있으나, 신법에 경과규정을 두어 이러한 신법의 적용을 배제하는 것도 허용된다.
③ 〈삭제〉
④ 포괄일죄로 되는 개개의 범죄행위가 법 개정의 전후에 걸쳐서 행하여진 경우에는 신·구법의 법정형에 대한 경중을 비교하여 신법과 구법 중 경한 법률을 적용하여야 한다.

해설

① [O]

> 형법 제1조(범죄의 성립과 처벌) ① 범죄의 성립과 처벌은 행위시의 법률에 의한다.
> ② 범죄후 법률의 변경에 의하여 그 행위가 범죄를 구성하지 아니하거나 형이 구법보다 경한 때에는 신법에 의한다.
> ③ 재판확정후 법률의 변경에 의하여 그 행위가 범죄를 구성하지 아니하는 때에는 형의 집행을 면제한다.

② [O] 형을 종전보다 가볍게 형벌법규를 개정하면서 그 부칙으로 개정 전의 범죄에 대하여는 종전의 형벌법규를 추급하여 적용하도록 규정한다 하여 죄형법정주의에 반하거나 범죄 후 형의 변경이 있는 경우라 할 수 없으므로 형법 제1조 제2항 소정의 신법우선주의가 적용될 여지가 없다(대판 1995.1.24. 94도2787).

③ 〈삭제〉

④ [X] 포괄일죄로 되는 개개의 범죄행위가 법 개정의 전후에 걸쳐서 행하여진 경우에는 신·구법의 법의 경중을 비교하여 볼 필요도 없이 범죄실행 종료시의 법이라고 할 수 있는 신법을 적용하여 포괄일죄로 처단하여야 한다(대판 1998.2.24. 97도183).

정답 ④

04 다음 설명 중 옳지 않은 것은 몇 개인가? (다툼이 있는 경우 판례에 의함) 2017년 경찰간부

㉠ 상해죄에서 상해는 피해자의 신체의 완전성을 훼손하거나 생리적 기능에 장애를 초래하였는지 객관적·일률적으로 판단하여야 한다.
㉡ 피고인이 피해자를 폭행하여 비골 골절 등의 상해를 가한 다음 강제추행한 사건에서, 폭력행위 등 처벌에 관한 법률 위반죄로 처벌한 상해를 다시 결과적 가중범인 강제추행치상죄의 상해로 처벌할 수 있다.
㉢ 의료사고에 있어서 의사의 그 과실의 유무를 판단함에는 같은 업무와 직무에 종사하는 보통인의 주의정도를 표준으로 하여야 하며, 이에는 사고 당시의 일반적인 의학의 수준과 의료환경 및 조건, 의료행위의 특수성 등이 고려되어야 하나, 이러한 법리는 한의사의 경우에는 적용되지 않는다.
㉣ 「특정강력범죄의 처벌에 관한 특례법」이 2010.3.31. 개정되기 전에 단순 강간행위에 의한 강간 등 상해·치상죄가 이루어진 경우, 위 죄는 위와 같이 개정된 같은 법 제2조 제1항 제3호에 규정된 '특정강력범죄'에 해당하지 않았으나, 같은 법이 2011.3.7. 다시 개정되면서 2010.3.31. 개정 전과 같은 내용이 되었다면 '특정강력범죄'에 해당한다.

① 1개 ② 2개
③ 3개 ④ 4개

해설

㉠ [X] 피해자에게 이러한 상해가 발생하였는지는 객관적, 일률적으로 판단할 것이 아니라 피해자의 연령, 성별, 체격 등 신체·정신상의 구체적인 상태, 약물의 종류와 용량, 투약방법, 음주 여부 등 약물의 작용에 미칠 수 있는 여러 요소를 기초로 하여 약물 투약으로 인하여 피해자에게 발생한 의식장애나 기억장애 등 신체, 정신상의 변화와 내용 및 정도를 종합적으로 고려하여 판단하여야 한다(대판 2017.6.29. 2017도3196).
㉡ [X] 피고인이 피해자를 폭행하여 비골 골절 등의 상해를 가한 다음 강제추행한 사안에서, 피고인의 위 폭행을 강제추행의 수단으로서의 폭행으로 볼 수 없어 위 상해와 강제추행 사이에 인과관계가 없다(대판 2009.7.23. 2009도1934). ☞ 강제추행치상죄 불성립
㉢ [X] 이러한 법리는 한의사의 경우에도 마찬가지라고 할 것이다(대판 2014.7.24. 2013도16101).
㉣ [X] 범죄행위시와 재판시 사이에 여러 차례 법령이 개정되어 형의 변경이 있는 경우에는 이 점에 관한 당사자의 주장이 없더라도 형법 제1조 제2항에 의하여 직권으로 그 전부의 법령을 비교하여 그 중 가장 형이 가벼운 법령을 적용하여야 하므로, 법률 제10209호 특강법 개정 전에 이루어진 단순 강간행위에 의한 상해·치상의 죄는 2011.3.7.의 개정에도 불구하고 여전히 '특정강력범죄'에 해당하지 않는다(대판 2012.9.13. 2012도7760).

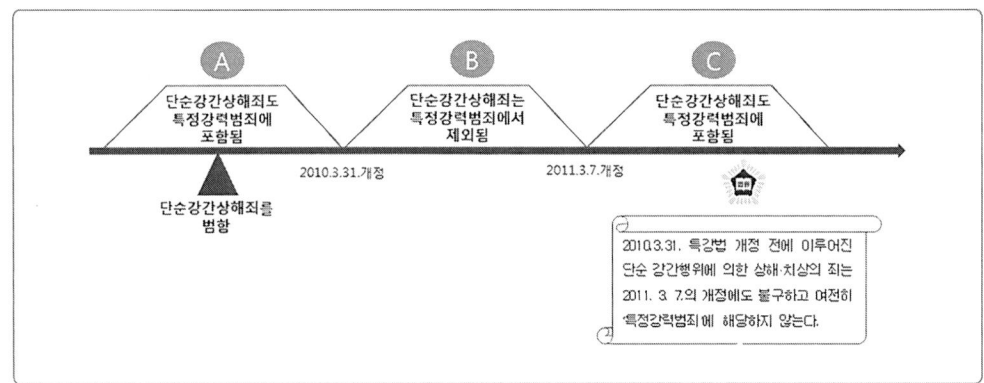

정답 ④

05 「형법」의 적용범위에 대한 설명으로 가장 적절하지 않은 것은? (다툼이 있는 경우 판례에 의함)

2018년 제2차 경찰

① 〈삭제〉
② 헌법재판소의 위헌결정으로 인하여 형벌에 관한 법률 또는 법률조항이 소급하여 그 효력을 상실한 경우에는 당해 법조를 적용하여 기소한 피고사건에 대해서는 면소판결이 아닌 무죄판결을 선고하여야 한다.
③ 미국인이 행사할 목적으로 미국에서 일본화폐인 엔화를 위조한 경우에는 대한민국 형법을 적용하여 처벌할 수 없다.
④ 한국인이 외국에서 죄를 지어 현지 법률에 따라 형의 전부 또는 일부의 집행을 받은 때에는 대한민국 법원은 그 집행된 형의 전부 또는 일부를 선고하는 형에 반드시 산입하여야 한다.

> **해설**

① 〈삭제〉
② **[O]** 대판 2006.6.9. 2006도1955
③ **[X]** 외국인의 국외범으로서 형법 제207조 제3항의 외국통용·외국화폐위조죄를 범한 경우에 해당하므로 형법 제5조 제4호, 형법 제207조 제3항에 의하여 대한민국 형법을 적용하여 처벌할 수 있다.

> **형법 제5조(외국인의 국외범)** 본법은 대한민국 영역 외에서 다음에 기재한 죄를 범한 외국인에게 적용한다.
> 4. 통화에 관한 죄
> **제207조(통화의 위조 등)** ③ 행사할 목적으로 외국에서 통용하는 외국의 화폐, 지폐 또는 은행권을 위조 또는 변조한 자는 10년 이하의 징역에 처한다.

④ **[O]** 형법 제7조(외국에서 집행된 형의 산입) 죄를 지어 외국에서 형의 전부 또는 일부가 집행된 사람에 대해서는 그 집행된 형의 전부 또는 일부를 선고하는 형에 산입한다.

정답 ③

06 「형법」의 적용범위에 대한 설명으로 옳지 않은 것은? (다툼이 있는 경우 판례에 의함) 2022년 경찰간부

① 「형법」은 범인의 국적과 범죄지 여하를 불문하고 우리나라 형벌법규를 적용하는 세계주의에 관한 조항을 두고 있다.
② 백지형법의 보충규범인 고시가 변경된 경우 변경의 동기를 따져 '애당초 잘못된 것이었다'는 법이념상의 반성적 고려에 의한 것이 아닌 한, 그 고시가 변경되기 이전에 범하여진 위반행위에 대한 가벌성이 소멸되는 것은 아니다.
③ 범죄행위시와 재판시 사이에 여러차례 법령이 개정되어 형의 변경이 있는 경우에는 「형법」제1조 제2항에 의하여 신법을 적용한다.
④ 외국에서 집행된 형은 그것이 형의 전부집행이든 형의 일부 집행이든 우리나라 법원이 선고하는 형에 반드시 산입하여야 한다.

해설

① **[O]** 약취와 유인 및 인신매매의 죄의 장에 세계주의가 명시적으로 규정되어 있다.

> **제296조의2(세계주의)** 제287조부터 제292조까지 및 제294조는 대한민국 영역 밖에서 죄를 범한 외국인에게도 적용한다.

② **[O]** 예컨대, 중립명령위반죄(백지형법)에서 중립명령(보충규범)이 발효된 이후에 중립명령을 위반하는 행위를 하였고 중립명령이 폐지된 이후 그 행위로 인하여 재판을 받는 경우, ⅰ) 보충규범의 변경은 법률이 아니라 행정처분 등의 변경에 불과하여 형법 제1조 제2항의 법률의 변경에 해당하지 않으므로, 형법 제1조 제1항의 행위시법에 따라 처벌될 수 있다는 입장과, ⅱ) 보충규범의 변경도 총체적 법률상태의 변경으로 볼 수 있어 형법 제1조 제2항의 법률변경에 해당하므로 면소판결을 하여야 한다는 입장 등으로 나뉜다. ⅲ) 판례는 백지형법에서 보충규범이 변경된 경우에도 동기설에 의하여 해결하고 있다(아래 판결 등 참조).

> 유해화학물질관리법 제6조 제1항의 신고대상에서 제외되는 화학물질에 관한 환경처 고시의 변경이, 법률이념의 변천으로 종래의 규정에 따른 처벌 자체가 부당하다는 반성적 고려에서 비롯된 것이라기보다는 통관절차의 간소화와 통관업무 부담의 경감 등 그때 그때의 특수한 필요에 대처하기 위한 조치에 따른 것이므로, 고시가 변경되기 이전에 범하여진 위반행위에 대한 가벌성이 소멸되는 것은 아니다(대판 1994.4.12. 94도221).

③ **[X]** 행위시와 재판시 사이에 수차 법령의 변경이 있는 경우에는 행위시법·중간시법·재판시법 중 행위자에게 가장 경한 법규정을 적용하여 심판하여야 한다(대판 1968.12.17. 68도1324).
④ **[O]** 제7조 (외국에서 집행된 형의 산입) 죄를 지어 외국에서 형의 전부 또는 일부가 집행된 사람에 대해서는 그 집행된 형의 전부 또는 일부를 선고하는 형에 산입한다.

정답 ③

07 형법의 해석과 적용에 관한 설명 중 옳지 않은 것은? (다툼이 있는 경우 판례에 의함) 2019년 제1차 경찰

① 「형법」의 총칙은 다른 법령에 정한 죄에 적용되지만, 그 법령에 특별한 규정이 있는 때에는 예외로 한다.
② 재판확정 후 법률의 변경에 의하여 그 행위가 범죄를 구성하지 아니하는 때에는 형의 집행을 면제한다.
③ 외국에서 미결구금되었다가 무죄판결을 받은 사람은 「형법」 제7조의 '외국에서 형의 전부 또는 일부가 집행된 사람'에 해당한다.
④ 특수폭행치상죄의 경우 「형법」 제258조의2의 특수상해죄의 신설에도 불구하고 종전과 같이 「형법」 제257조 제1항의 상해죄의 예에 의하여 처벌하는 것으로 해석하여야 한다.

해설

① (O) 형법 제8조(총칙의 적용) 본법 총칙은 타법령에 정한 죄에 적용한다. 단, 그 법령에 특별한 규정이 있는 때에는 예외로 한다.
② (O) 형법 제1조(범죄의 성립과 처벌) ③ 재판확정후 법률의 변경에 의하여 그 행위가 범죄를 구성하지 아니하는 때에는 형의 집행을 면제한다.
③ (X) 형사사건으로 외국 법원에 기소되었다가 무죄판결을 받은 사람은, 설령 그가 무죄판결을 받기까지 상당 기간 미결구금되었더라도 이를 유죄판결에 의하여 형이 실제로 집행된 것으로 볼 수는 없으므로, '외국에서 형의 전부 또는 일부가 집행된 사람'에 해당한다고 볼 수 없고, 그 미결구금 기간은 형법 제7조에 의한 산입의 대상이 될 수 없다(대판 2017.8.24. 2017도5977 전원합의체).
④ (O) 특수폭행치상의 경우 형법 제258조의2(특수상해죄 : 1년 이상 10년 이하의 징역)의 신설에도 불구하고 종전과 같이 형법 제257조 제1항(상해죄 : 7년 이하의 징역, 10년 이하의 자격정지 또는 1천만 원 이하의 벌금)의 예에 의하여 처벌하는 것으로 해석함이 타당하다(대판 2018.7.24. 2018도3443).

정답 ③

08 형법의 적용범위에 관한 설명으로 적절한 것은 모두 몇 개인가? (다툼이 있는 경우 판례에 의함)

2020년 제1차 경찰

㉠ 「형법」 제7조에서 규정하고 있는 '외국에서 형의 전부 또는 일부가 집행된 사람'이란 '외국 법원의 유죄판결에 의하여 자유형이나 벌금형 등의 전부 또는 일부가 실제로 집행된 사람'을 말한다.

㉡ 「형법」의 적용에 관하여 같은 법 제2조는 대한민국 영역 내에서 죄를 범한 내국인과 외국인에게 적용한다고 규정하고 있으며, 같은 법 제6조 본문은 대한민국 영역 외에서 대한민국 또는 대한민국 국민에 대하여 같은 법 제5조에 기재한 이외의 죄를 범한 외국인에게 적용한다고 규정하고 있는바, 중국 북경시에 소재한 대한민국 영사관 내부는 여전히 중국의 영토에 속할 뿐 이를 대한민국의 영토로서 그 영역에 해당한다고 볼 수 없다.

㉢ 독일인이 독일 내에서 북한의 지령을 받아 베를린 주재 북한 이익대표부를 방문하고 그곳에서 북한공작원을 만난 행위는 외국인의 국외범에 해당하여, 「형법」 제5조와 제6조에서 정한 요건에 해당하지 않는 이상 우리 「형법」으로 처벌할 수 없다.

㉣ 형사사건으로 외국 법원에 기소되었다가 무죄판결을 받은 사람은, 설령 그가 무죄판결을 받기까지 상당 기간 미결구금 되었더라도 이를 유죄판결에 의하여 형이 실제로 집행된 것으로 볼 수는 없으므로, '외국에서 형의 전부 또는 일부가 집행된 사람'에 해당한다고 볼 수 없다.

① 1개   ② 2개
③ 3개   ④ 4개

해설

㉠ [O] 형법 제7조는 "죄를 지어 외국에서 형의 전부 또는 일부가 집행된 사람에 대해서는 그 집행된 형의 전부 또는 일부를 선고하는 형에 산입한다."라고 규정하고 있다. 여기서 '외국에서 형의 전부 또는 일부가 집행된 사람'이란 문언과 취지에 비추어 '외국 법원의 유죄판결에 의하여 자유형이나 벌금형 등 형의 전부 또는 일부가 실제로 집행된 사람'을 말한다고 해석하여야 한다(대판 2017.8.24. 2017도5977 전원합의체).

㉡ [O] 외국인이 중국 북경시에 소재한 대한민국 영사관 내에서 여권발급신청서를 위조한 경우, 중국 북경시에 소재한 대한민국 영사관 내부는 여전히 중국의 영토에 속할 뿐 이를 대한민국의 영토로서 그 영역에 해당한다고 볼 수 없을 뿐 아니라, 사문서위조죄가 형법 제6조의 대한민국 또는 대한민국 국민에 대하여 범한 죄에 해당하지 아니하므로 외국인의 국외범으로서 그에 대하여 재판권이 없다(대판 2006.9.22. 2006도5010).

㉢ [O] 독일인이 독일 내에서 북한의 지령을 받아 베를린 주재 북한이익대표부를 방문하고 그곳에서 북한공작원을 만났다면 위 각 구성요건상 범죄지는 모두 독일이므로 이는 외국인의 국외범에 해당하여, 형법 제5조와 제6조에서 정한 요건에 해당하지 않는 이상 국가보안법상의 조항을 적용하여 처벌할 수 없다(대판 2008.4.17. 2004도4899 전원합의체).

㉣ [O] 형사사건으로 외국 법원에 기소되었다가 무죄판결을 받은 사람은, 설령 그가 무죄판결을 받기까지 상당 기간 미결구금 되었더라도 이를 유죄판결에 의하여 형이 실제로 집행된 것으로 볼 수는 없으므로, '외국에서 형의 전부 또는 일부가 집행된 사람'에 해당한다고 볼 수 없고, 그 미결구금 기간은 형법 제7조에 의한 산입의 대상이 될 수 없다(대판 2017.8.24. 2017도5977 전원합의체).

정답 ④

09 형법의 적용범위에 관한 다음 설명 중 가장 옳지 않은 것은? (다툼이 있는 경우 판례에 의함)

2017년 경찰간부

① 외국인 甲이 외국에서 서울지방경찰청장 명의의 운전면허증을 위조한 경우, 우리나라 형법을 적용할 수 없다.
② 외국인 甲이 공해상을 운항 중인 우리나라 배에서 다른 외국인 선원의 지갑을 훔친 경우 우리나라 형법을 적용할 수 있다.
③ 한국인 甲이 외국에서 외국인 乙을 살해한 경우, 甲에게 행위지의 형법과 우리나라 형법이 모두 적용될 수 있고, 이는 이중처벌금지의 원칙에 위반되지 아니한다.
④ 외국인 甲은 노동력 착취를 위해 자신의 나라에서 외국인 乙을 약취·유인하였다. 그 후 甲이 한국으로 들어와 여행을 하던 중 이 사실이 발각된 경우 우리나라 형법이 적용된다.

해설

① [X] 형법 제5조 제6호에서 정한 '문서에 관한 죄 중 제225조 내지 제230조'의 제225조(공문서위조)에 해당하므로 우리 형법을 적용할 수 있다.
② [O] 형법 제4조(기국주의)에서 정한 '본법은 대한민국영역외에 있는 대한민국의 선박 또는 항공기내에서 죄를 범한 외국인에게 적용한다.'에 해당하므로 우리 형법을 적용할 수 있다.
③ [O] 甲에게 형법 제3조(속인주의)에 의하여 우리 형법을 적용할 수 있으며, 외국에서 형의 집행을 받은 자에 대하여 다시 형을 선고하는 것이 일사부재리(一事不再理) 원칙에 반하는지 여부가 문제되나, 일사부재리의 원칙은 국내법상 원칙이므로 국내에서 다시 재판하여 형을 선고하더라도 일사부재리의 원칙에 반한다고 할 수 없다(대판 1988.01.19. 87도2287 등 참조).
④ [O] 형법 제296조의 2(세계주의)에서 정한 '제287조부터 제292조까지 및 제294조는 대한민국 영역 밖에서 죄를 범한 외국인에게도 적용한다.'의 형법 제288조 제2항(노동력착취목적약취·유인죄)에 해당하므로 우리 형법을 적용할 수 있다.

정답 ①

10 형법의 적용범위에 관한 설명으로 옳지 않은 것은? (판례에 의함)   2009년 법원행시 변형

① 외국인이 중국 북경시에 소재한 대한민국 영사관 내에서 여권발급신청서를 위조하였다면 외국인의 국외범에 해당하여 대한민국에 재판권이 없다.
② 필리핀국에서 카지노의 외국인 출입이 허용되어 있다 하여도, 형법 제3조에 따라, 필리핀국에서 도박을 한 대한민국 국적의 피고인에게 우리나라 형법이 적용된다.
③ 독일인이 독일 내에서 북한의 지령을 받아 베를린 주재 북한이익대표부를 방문하고 그곳에서 북한공작원을 만났다면 위 각 구성요건상 범죄지는 모두 독일이므로 이는 외국인의 국외범에 해당하여, 형법 제5조와 제6조에서 정한 요건에 해당하지 않는 이상 위 각 조항을 적용하여 처벌할 수 없다.
④ 미국 국적의 甲이 서울 강남구 역삼동 소재 A호텔에서 한국인인 乙, 丙, 丁과 공모하여 향정신성의 약품인 필로폰을 매수하기로 한 다음, 홍콩으로 건너가 홍콩인 戊로부터 필로폰을 매수한 경우, 甲이 필로폰을 매수한 행위는 외국인의 국외범에 해당하여 대한민국에 재판권이 없다.

해설

① **(O)** 중국 북경시에 소재한 대한민국 영사관 내부는 여전히 중국의 영토에 속할 뿐 이를 대한민국의 영토로서 그 영역에 해당한다고 볼 수 없을 뿐 아니라, 사문서위조죄가 형법 제6조의 대한민국 또는 대한민국 국민에 대하여 범한 죄에 해당하지 아니함은 명백하다(대판 2006.9.22. 2006도5010).
② **(O)** 대판 2001.9.25. 99도3337
③ **(O)** 독일인이 독일 내에서 북한의 지령을 받아 베를린 주재 북한이익대표부를 방문하고 그곳에서 북한공작원을 만났다면 위 각 구성요건상 범죄지는 모두 독일이므로 이는 외국인의 국외범에 해당하여, 형법 제5조와 제6조에서 정한 요건에 해당하지 않는 이상 위 각 조항을 적용하여 처벌할 수 없다(대판 2008.4.17. 2004도4899 전합).
④ **(X)** 미국 국적의 甲이 서울 강남구 역삼동 소재 A호텔에서 한국인인 乙, 丙, 丁과 공모하여 향정신성의약품인 필로폰을 매수하기로 한 다음, 홍콩으로 건너가 홍콩인 戊로부터 필로폰을 매수한 경우, 공모지도 범죄지에 해당하므로 우리 형법이 적용된다(대판 1998.11.27. 98도2734).

정답 ④

11 형법의 적용범위에 대한 설명으로 가장 옳지 않은 것은? (다툼이 있는 경우 판례에 의함)

2019년 경찰간부

① 구 형법의 같은 조항의 법정형이 "5년 이하의 징역"이었던 것이 "5년 이하의 징역 또는 1천만 원 이하의 벌금"이 되어 벌금형이 추가된 것은 형이 무겁게 변경되었음이 분명하다.
② 포괄일죄인 뇌물수수범행이 특정범죄가중처벌 등에 관한 법률 제2조 제2항의 시행 전후에 걸쳐 행하여진 경우 특가법 제2조 제2항에 규정된 벌금형 산정 기준이 되는 수뢰액은 위 규정이 신설된 이후에 수수한 금액으로 한정된다.
③ 〈삭제〉
④ 한국인이 한국 내에 있는 미국 문화원에서 방화죄를 범한 경우, 미국 문화원이 국제협정이나 관행에 의하여 치외법권지역이고 미국 본토의 연장으로 본다고 하더라도 대한민국의 형법이 적용된다.

해설

① [X] 신법에서 경한 벌금형의 선택이 가능하도록 변경된 것은 형이 경하게 변경된 경우에 해당한다(대판 2016.03.24. 2016도836 참조).
② [O] 개정·시행된 특정범죄 가중처벌 등에 관한 법률은 제2조 제2항에서 "형법 제129조, 제130조 또는 제132조에 규정된 죄를 범한 자는 그 죄에 대하여 정한 형(제1항의 경우를 포함한다)에 수뢰액의 2배 이상 5배 이하의 벌금을 병과한다."라고 규정하여 뇌물수수죄 등에 대하여 종전에 없던 벌금형을 필요적으로 병과하도록 하고 있는데, 헌법 제13조 제1항의 형벌법규 불소급 원칙과 형법 제1조 제1항의 "범죄의 성립과 처벌은 행위시의 법률에 의한다."는 규정에 비추어 보면, 포괄일죄인 뇌물수수 범행이 위 신설 규정의 시행 전후에 걸쳐 행하여진 경우 특가법 제2조 제2항에 규정된 벌금형 산정 기준이 되는 수뢰액은 위 규정이 신설된 이후에 수수한 금액으로 한정된다고 보아야 한다(대판 2011.6.10. 2011도4260).
③ 〈삭제〉
④ [O] 속인주의를 함께 채택하고 있는 우리나라의 재판권은 동인들에게도 당연히 미친다 할 것이다(대판 1986.6.24. 86도403).

정답 ①

12 다음 중 옳은 것(O)과 옳지 않은 것(X)을 바르게 연결한 것은? (다툼이 있으면 판례에 의함)

2014년 제1차 경찰

㉠ 카지노의 외국인 출입이 허용된 필리핀에서 카지노에 들어가 도박을 한 대한민국 국적자에게는 대한민국 형법이 적용될 수 없다.
㉡ 캐나다 시민권자가 캐나다에서 위조사문서를 행사하였다는 내용으로 기소된 경우 대한민국 법원은 그에 대해 재판권이 없다.
㉢ 중국 국적자가 중국에서 대한민국 국적 주식회사의 인장을 위조한 경우에는 외국인의 국외범으로 대한민국 법원은 그에 대해 재판권이 없다.
㉣ 외국인이 대한민국 공무원에게 알선한다는 명목으로 금품을 수수하는 행위가 대한민국 영역 내에서 이루어진 이상, 비록 금품수수의 명목이 된 알선행위를 하는 장소가 대한민국 영역 외라 하더라도 대한민국 영역 내에서 죄를 범한 것이라고 하여야 할 것이므로, 구 변호사법 제90조 제1호가 적용되어야 한다.

① ㉠ (O), ㉡ (O), ㉢ (O), ㉣ (O)
② ㉠ (X), ㉡ (O), ㉢ (O), ㉣ (O)
③ ㉠ (X), ㉡ (X), ㉢ (O), ㉣ (X)
④ ㉠ (X), ㉡ (O), ㉢ (X), ㉣ (X)

해설

㉠ **[X]** 한국인이 외국인의 출입이 허용되는 필리핀국 마닐라시에 있는 헤리티지호텔 카지노에서 상습적으로 도박을 한 경우, 속인주의에 의하여 우리 형법이 적용되므로 상습도박죄가 성립한다(대판 2001.9.25. 99도3337).
㉡ **[O]** 형법 제234조의 위조사문서행사죄는 형법 제5조 제1호 내지 제7호에 열거된 죄에 해당하지 않고, 위조사문서행사를 형법 제6조의 대한민국 또는 대한민국 국민의 법익을 직접적으로 침해하는 행위라고 볼 수도 없으므로 피고인의 행위에 대하여는 우리나라에 재판권이 없다(대판 2011.8.25. 2011도6507).
㉢ **[O]** 사인위조죄(제239조 제1항)는 형법 제6조의 대한민국 또는 대한민국 국민에 대하여 범한 죄에 해당하지 않으므로 외국인의 국외범으로서 그에 대하여 재판권이 없다(대판 2002.11.26. 2002도4929).
㉣ **[O]** 외국인이 대한민국 공무원에게 알선한다는 명목으로 금품을 수수하는 행위가 대한민국 영역 내에서 이루어진 이상, 비록 금품수수의 명목이 된 알선행위를 하는 장소가 대한민국 영역 외라 하더라도 대한민국 영역 내에서 죄를 범한 것이라고 하여야 할 것이므로, 형법 제2조에 의하여 대한민국의 형벌법규인 구 변호사법 제90조 제1호가 적용되어야 한다(대판 2000.4.21. 99도3403).

정답 ②

13 「형법」의 적용범위에 대한 설명으로 가장 적절하지 않은 것은? (다툼이 있는 경우 판례에 의함)

2021년 제1차 경찰

① 외국인이 대한민국 공무원에게 알선한다는 명목으로 금품을 수수하는 행위가 대한민국 영역 내에서 이루어진 이상, 비록 금품수수의 명목이 된 알선행위를 하는 장소가 대한민국 영역 외라 하더라도 대한민국 영역 내에서 죄를 범한 것이라고 하여야 한다.
② 대한민국 영역 외에서 외국인이 우리나라의 공문서를 위조한 경우, 그 행위가 행위지의 법률에 의하여 범죄를 구성하지 않는다면 우리나라 「형법」을 적용할 수 없다.
③ 내국 법인의 대표자인 외국인이 내국 법인이 외국에 설립한 특수목적법인에 위탁해 둔 자금을 정해진 목적과 용도 외에 임의로 사용하여 횡령한 경우, 그 행위가 외국에서 이루어졌다고 하더라도 행위지의 법률에 의하여 범죄를 구성하지 아니하거나 소추 또는 형의 집행을 면제할 경우가 아니라면 그 외국인에 대해서도 우리나라 「형법」이 적용된다.
④ 형사사건으로 외국 법원에 기소되었다가 무죄판결을 받은 사람은, 설령 그가 무죄판결을 받기까지 상당 기간 미결구금되었더라도 이를 유죄판결에 의하여 형이 실제로 집행된 것으로 볼 수는 없으므로, '외국에서 형의 전부 또는 일부가 집행된 사람'에 해당한다고 볼 수 없고, 그 미결구금 기간은 「형법」 제7조에 의한 산입의 대상이 될 수 없다.

> **해설**

① **[O]** 외국인이 대한민국 공무원에게 알선한다는 명목으로 금품을 수수하는 행위가 대한민국 영역 내에서 이루어진 이상, 비록 금품수수의 명목이 된 알선행위를 하는 장소가 대한민국 영역 외라 하더라도 대한민국 영역 내에서 죄를 범한 것이라고 하여야 할 것이므로, 형법 제2조에 의하여 대한민국의 형벌법규인 구 변호사법 제90조 제1호가 적용되어야 한다(대판 2000.4.21. 99도3403).
② **[X]** 외국인의 국외범으로서 공문서위조행위에 대하여 형법 제5조 제6호에 의하여 우리 형법을 적용할 수 있다. 행위지의 법률에 의하여 범죄를 구성하지 아니하는 경우 등에 우리 형법을 적용할 수 없는 경우는 제6조가 적용되는 사안이므로 위 설문에 해당하는 것은 아니다.
③ **[O]** 내국 법인의 대표자인 외국인이 내국 법인이 외국에 설립한 특수목적법인에 위탁해 둔 자금을 정해진 목적과 용도 외에 임의로 사용한 데 따른 '횡령죄의 피해자는 (특수목적법인이 아니라) 당해 금전을 위탁한 내국 법인'이다. 따라서 그 행위가 외국에서 이루어진 경우에도 행위지의 법률에 의하여 범죄를 구성하지 아니하거나 소추 또는 형의 집행을 면제할 경우가 아니라면 그 외국인에 대해서도 우리 형법이 적용되어(형법 제6조), 우리 법원에 재판권이 있다(대판 2017.3.22. 2016도17465).
④ **[O]** 피고인이 필리핀에서 살인죄를 범하였다가 무죄 취지의 재판을 받고 석방된 후 국내에서 다시 기소되어 제1심에서 징역 10년을 선고받게 되자 자신이 필리핀에서 미결 상태로 구금된 5년여의 기간에 대하여도 '외국에서 집행된 형의 산입' 규정인 형법 제7조가 적용되어야 한다고 주장하며 항소한 경우, 미결구금이 자유 박탈이라는 효과 면에서 형의 집행과 일부 유사하다는 점만을 근거로, 외국에서 형이 집행된 것이 아니라 단지 미결구금되었다가 무죄판결을 받은 사람의 미결구금일수를 형법 제7조의 유추적용에 의하여 그가 국내에서 같은 행위로 인하여 선고받는 형에 산입하여야 한다는 것은 허용되기 어렵다(대판 2017.8.24. 2017도5977 전원합의체).

정답 ②

제 2 편 범죄론

제 1 장 범죄론의 기초

01 친족간의 범행일지라도 「범죄의 성립이나 처벌에 영향을 미치지 않는 것」은 어느 것인가?

2000년 검찰9급

① 배임행위
② 범인을 은닉하는 행위
③ 재물을 강취하는 행위
④ 공갈행위

해설

①, ③, ④ 친족간의 범죄에 대해 형이 면제되는 것을 친족상도례라고 하는데 친족상도례는 강도죄, 손괴죄, 점유강취·준점유강취, 강제집행면탈죄를 제외한 재산죄에 적용되므로 ③의 경우에는 강도죄에 해당하는 것으로 친족상도례가 적용되지 않는다.
② 형법 제151조(범인은닉과 친족간의 특례) ① 벌금 이상의 형에 해당하는 죄를 범한 자를 은닉 또는 도피하게 한 자는 3년 이하의 징역 또는 500만원 이하의 벌금에 처한다. ② 친족 또는 동거의 가족이 본인을 위하여 전항의 죄를 범한 때에는 처벌하지 아니한다.

정답 ③

02 다음 중 목적범이 아닌 범죄가 포함된 것은?

2003년 법무사

① 허위공문서작성죄, 허위진단서작성죄
② 공문서위조죄, 음행매개죄
③ 도박개장죄, 영리목적 약취·유인죄
④ 출판물에 의한 명예훼손죄, 내란죄
⑤ 무고죄, 통화위조죄

해설

① 목적범은 각 구성요건에서 '~할 목적으로'라고 규정되어 있다. 허위공문서작성죄(제227조)의 성립에는 '행사할 목적'이 요구되나 허위진단서작성죄(제223조)는 목적범이 아니다.
② 공문서위조죄(제225조)의 성립에는 '행사할 목적'이, 음행매개죄(제242조)의 성립에는 '영리의 목적'이 필요하다.
③ 도박개장죄(제247조)와 영리목적 약취·유인죄(제288조)의 성립에는 '영리의 목적'이 필요하다.
④ 출판물 등에 의한 명예훼손죄(제309조)의 성립에는 '사람을 비방할 목적'이, 내란죄(제87조)의 성립에는 '국토참절 또는 국헌문란의 목적'이 필요하다.
⑤ 무고죄(제156조)의 성립에는 '형사처분 또는 징계처분을 받게 할 목적'이, 통화위조죄(제207조)의 성립에는 '행사할 목적'이 필요하다.

정답 ①

제 2 장 구성요건론

01 양벌규정에 대한 다음 설명 중 가장 적절하지 않은 것은? (다툼이 있으면 판례에 의함)

2016년 제2차 경찰

① 합병으로 인하여 소멸한 법인이 그 종업원 등의 위법행위에 대해 양벌규정에 따라 부담하던 형사책임은 그 성질상 이전을 허용하지 않는 것으로서 합병으로 인하여 존속하는 법인에 승계되지 않는다.
② 회사 대표자의 위반행위에 대하여 징역형의 형량을 작량감경하고 병과하는 벌금형에 대하여 선고유예를 한 이상 양벌규정에 따라 그 회사를 처단함에 있어서도 같은 조치를 취하여야 한다.
③ 형벌의 자기책임원칙에 비추어 보면, 종업원의 위반행위가 발생한 그 업무와 관련하여 법인이 상당한 주의 또는 관리감독 의무를 게을리한 때에 한하여 양벌규정을 적용한다.
④ 양벌규정에 의하여 법인이 처벌받는 경우, 법인에게 자수감경에 관한 「형법」 제52조 제1항의 규정을 적용하기 위해서는 법인의 이사 기타 대표자가 수사책임이 있는 관서에 자수한 경우에 한하고, 그 위반행위를 한 직원 또는 사용인이 자수한 것만으로는 위 규정에 의하여 형을 감경할 수 없다.

해설

① [O] 대판 2007.08.23. 2005도4471
② [X] 회사 대표자의 위반행위에 대하여 징역형의 형량을 작량감경하고 병과하는 벌금형에 대하여 선고유예를 한 이상 양벌규정에 따라 그 회사를 처단함에 있어서도 같은 조치를 취하여야 한다는 논지는 독자적인 견해에 지나지 아니하여 받아들일 수 없다(대판 1995.12.12. 95도1893).
③ [O] 형벌의 자기책임원칙에 비추어 보면 위반행위가 발생한 그 업무와 관련하여 법인이 상당한 주의 또는 관리감독 의무를 게을리한 때에 한하여 위 양벌조항이 적용된다고 봄이 상당하다(대판 2010.02.25. 2009도5824).
④ [O] 대판 1995.07.25. 95도391

정답 ②

02 법인의 형사책임에 관한 설명 중 가장 적절하지 않은 것은? (다툼이 있는 경우 판례에 의함)

2022년 경찰2차

① 법인격 없는 사단과 같은 단체는 법인과 마찬가지로 사법상의 권리의무의 주체가 될 수 있음은 별론으로 하더라도 법률에 명문의 규정이 없는 한 그 범죄능력은 없다.
② 양벌규정에 의해 법인이 처벌되는 경우, 공모한 수인의 사용인 가운데 A, B법인의 사용인은 직접 실행행위에 가담하지 않고 C법인의 사용인만 실행행위를 분담한 경우에도 A, B법인은 C법인과 공동정범이 될 수 있다.
③ 양벌규정에 따라 사용자인 법인 또는 개인을 처벌하기 위해서는 형벌의 자기책임 원칙에 비추어 위반행위가 발생한 그 업무와 관련하여 사용자인 법인 또는 개인이 상당한 주의 또는 감독 의무를 게을리한 과실이 있어야 한다.
④ 판례는 양벌규정의 적용대상자를 업무주가 아니면서 당해 업무를 실제 집행하는 자에게까지 확장하고 있어, 법인격 없는 공공기관도 「개인정보보호법」상 양벌규정에 의해 처벌될 수 있고, 해당 업무를 실제로 담당하는 소속 공무원도 양벌규정에 의해 처벌받을 수 있다.

해설

① **[O]** 법인격 없는 사단(비법인사단)과 같은 단체는 법인과 마찬가지로 사법상의 권리의무의 주체가 될 수 있음은 별론으로 하더라도 법률에 명문의 규정이 없는 한 그 범죄능력은 없다(대판 1997.1.24. 96도524).
② **[O]** 형법 제30조의 "2인 이상이 공동하여 죄를 범한 때"라 함은 반드시 범죄의 구성요건에 해당하는 행위의 전부 또는 일부의 실행에 공동 가공한 경우만을 가르키는 것이 아니고, 수인이 공동하여 범죄의 실행을 모의하고 그 공동의사를 실행하기 위하여 모의자 중의 일부만이 실행행위를 담당하여 범죄를 수행한 경우에도 공모자는 모두 그 정범이 된다(대판 1984.9.11. 84도1383 등).
③ **[O]** 양벌규정에 의하여 사용자인 법인을 처벌하는 것은 형벌의 자기책임원칙에 비추어 위반행위가 발생한 그 업무와 관련하여 사용자인 법인이 상당한 주의 또는 관리감독 의무를 게을리한 선임감독상의 과실을 이유로 하는 것인데, 법인이 설립되기 이전의 행위에 대하여는 법인에게 어떠한 선임감독상의 과실이 있다고 할 수 없으므로, 특별한 근거규정이 없는 한 법인이 설립되기 이전에 자연인이 한 행위에 대하여 양벌규정을 적용하여 법인을 처벌할 수는 없다고 봄이 타당하다(대판 2018.8.1. 2015도10388).
④ **[X]** 구 개인정보 보호법은 제2조 제5호, 제6호에서 공공기관 중 법인격이 없는 '중앙행정기관 및 그 소속 기관' 등을 개인정보처리자 중 하나로 규정하고 있으면서도, 양벌규정에 의하여 처벌되는 개인정보처리자로는 같은 법 제74조 제2항에서 '법인 또는 개인'만을 규정하고 있을 뿐이고, 법인격 없는 공공기관에 대하여도 위 양벌규정을 적용할 것인지 여부에 대하여는 명문의 규정을 두고 있지 않으므로, 죄형법정주의의 원칙상 '법인격 없는 공공기관'을 위 양벌규정에 의하여 처벌할 수 없고, 그 경우 행위자 역시 위 양벌규정으로 처벌할 수 없다고 봄이 타당하다(대판 2021.10.28. 2020도1942).

정답 ④

03 법인의 형사책임에 대한 설명이다. 이 중 가장 옳지 않는 것은? (다툼이 있는 경우 판례에 의함)

2014년 경찰간부

① 양벌규정에 의한 영업주의 처벌은 금지위반행위자인 종업원의 처벌에 종속하는 것이 아니라 독립하여 그 자신의 종업원에 대한 선임감독상의 과실로 인하여 처벌되는 것이므로 종업원의 범죄성립이나 처벌이 영업주 처벌의 전제조건이 될 필요는 없다.
② 법인의 직원 또는 사용인이 위반행위를 하여 양벌규정에 의하여 법인이 처벌받을 경우, 그 위반행위를 한 직원 또는 사용인이 자수하였다면 자수감경에 관한 형법 제52조 제1항의 규정을 법인에게 적용하여 형을 감경할 수 있다.
③ 헌법재판소는 양벌규정의 처벌근거를 과실책임설에서 구하고 있다.
④ 법인이 아닌 약국을 실질적으로 경영하는 약사가 다른 약사를 고용하여 그 고용된 약사를 명의상의 개설약사로 등록하게 해두고 약사 아닌 종업원을 직접고용하여 영업하던 중 그 종업원이 약사법위반 행위를 한 경우에 형사책임은 그 실질적 경영자가 진다.

해설

① [O] 대판 1987.11.10. 87도1213
② [X] 법인의 직원 또는 사용인이 위반행위를 하여 양벌규정에 의하여 법인이 처벌받는 경우, 법인에게 자수감경에 관한 형법 제52조 제1항의 규정을 적용하기 위하여는 법인의 이사 기타 대표자가 수사책임이 있는 관서에 자수한 경우에 한하고, 그 위반행위를 한 직원 또는 사용인이 자수한 것만으로는 위 규정에 의하여 형을 감경할 수 없다(대판 1995.7.25. 95도391).
③ [O] 헌재 2000.6.1. 99헌바73
④ [O] 대판 2000.10.27. 2000도3570

정답 ②

04 (가)와 (나)에 관한 설명으로 가장 적절하지 않은 것은? (다툼이 있는 경우 판례에 의함)

2022년 제1차 경찰

> (가) 일정한 기간 내에 잘못된 상태를 바로 잡으라는 행정청의 지시를 이행하지 않았다는 것을 구성요건으로 하는 범죄
> (나) 「형법」 제250조 제1항의 살인죄와 같이 그 규정 형식으로 보아 작위를 내용으로 하는 범죄를 부작위에 의하여 범하는 범죄

① (가)와 (나)의 구별에 있어 형식설에 의할 경우, 「형법」 제103조 제1항의 전시군수계약불이행죄와 「형법」 제116조의 다중불해산죄는 (가)의 경우에 해당한다.
② 유기죄에서의 보호의무를 법률상·계약상 보호의무로 국한하는 입장에 따르면 (나)에서의 보호의무는 유기죄의 보호의무보다 넓게 된다.
③ (나)는 고의에 의해서는 물론 과실범 처벌규정이 있는 한 과실에 의해서도 성립가능하다.
④ (나)의 요건으로 행위정형의 동가치성을 요구하는 것은 형사처벌을 확장하는 기능을 한다.

해설

① [O] 형식설에 의할 경우, (가)는 진정부작위범에 해당하고 (나)는 부진정부작위범에 해당하므로, 위 지문의 전시군수계약불이행죄 및 다중불해산죄 모두 부작위를 구성요건으로 하므로 진정부작위범에 해당한다.

> 2개월 내에 작위의무를 이행하라는 행정청의 지시(아파트 관리소장인 A가 경력미달로 자격이 없으니 2개월 내에 자격이 있는 자로 보하고 그 결과를 보고하라)를 이행하지 아니한 행위와 7개월 후 다시 같은 내용의 지시를 받고 이를 이행하지 아니한 행위는 성립의 근거와 일시 및 이행기간이 뚜렷이 구별되어 서로 양립이 가능한 전혀 별개의 범죄로서 동일성이 없다(대판 1994.4.26. 93도1731).

② [O] (나)와 같은 부진정부작위범의 경우, 보증인의무는 법령, 법률행위, 선행행위 및 사회상규, 신의성실, 조리에 의하여서도 발생하므로 유기죄에서의 보호의무발생 원인인 법률상·계약상 의무보다 넓게 된다.
③ [O] 예컨대, 공사현장에 웅덩이를 파놓음으로써 위험발생의 원인을 야기한 자(선행행위)가 안전조치를 취하지 아니하는 부작위로써 야간에 그 곳을 지나가던 행인이 추락하여 부상당한 경우 업무상과실치상죄의 성립(대판 86도915 참조)이 가능한 것처럼 부진정부작위범은 고의분만 아니라 과실에 의하여서도 그 성립이 가능하다.
④ [X] 보증인지위뿐만 아니라 행위정형의 동가치성을 인정할 수 있는 경우에 부진정부작위범의 성립을 인정할 수 있다고 보는 것은 형사처벌의 범위를 확장하는 것이 아니라 제한 내지 축소하는 것으로 평가된다.

정답 ④

05 부작위범에 관한 설명 중 옳지 않은 것은 모두 몇 개인가? (다툼이 있는 경우 판례에 의함)

2022년 경찰2차

㉠ 압류된 골프장 시설을 보관하는 회사의 대표이사 甲이 그 압류시설의 사용 및 봉인의 훼손을 방지할 수 있는 적절한 조치 없이 골프장 개장 및 압류시설 작동을 의도적으로 묵인 또는 방치하여 봉인이 훼손되게 한 경우, 甲에게는 부작위에 의한 공무상표시무효죄가 성립한다.

㉡ 국가연구개발사업의 연구책임자 甲이 처음부터 소속 학생 연구원들에게 학생연구비를 개별 지급할 의사 없이 공동관리 계좌를 관리하면서 사실상 그 처분권을 가질 의도 하에 이를 숨기고 산학협력단에 연구비를 신청하여 지급받은 경우, 甲의 행위는 산학협력단에 대한 관계에 있어서 기망에 의한 편취행위에 해당한다.

㉢ 위치추적 전자장치의 피부착자 甲이 그 장치의 구성 부분인 휴대용 추적장치를 분실한 후 3일이 경과하도록 보호관찰소에 분실신고를 하지 않고 돌아다닌 경우, 분실을 넘어서 상당한 기간 동안 휴대용 추적장치가 없는 상태를 방치한 부작위는 「전자장치 부착 등에 관한 법률」 제38조에 따른 전자장치의 효용을 해한 행위에 해당하지 아니한다.

㉣ 甲은 법무사가 아님에도 자신이 법무사로 소개되거나 호칭되는 상황에서 자신이 법무사가 아니라는 사실을 밝히지 않은 채 법무사 행세를 계속하면서 근저당권설정계약서를 작성해 준 경우, 甲에게는 부작위에 의한 법무사법 위반(법무사가 아닌 자에 대한 금지)죄가 성립한다.

㉤ 대출자금으로 빌딩을 경락받았으나 분양이 저조하여 자금 조달에 실패한 甲과 乙은 수분양자들과 사이에 대출금으로 충당되는 중도금을 제외한 계약금과 잔금의 지급을 유예하고 1년의 위탁기간 후 재매입하기로 하는 등의 비정상적인 이면 약정을 체결하고 점포를 분양하였음에도, 금융기관에 대해서는 그러한 이면약정의 내용을 감춘 채 분양 중도금의 집단적 대출을 교섭하여 중도금 대출 명목으로 금원을 지급받은 경우, 甲과 乙의 행위는 사기죄의 요건으로서의 부작위에 의한 기망에 해당하지 아니한다.

① 1개   ② 2개
③ 3개   ④ 4개

해설

㉠ **[O]** 이 사건 압류시설의 보관자 지위에 있는 공소외 회사로서는 위 압류시설을 선량한 관리자로서 보관할 주의의무가 있다 할 것이고(대법원 2002다44854 판결 참조), 그 대표이사로서 위 압류시설이 위치한 골프장의 개장 및 운영 전반에 걸친 포괄적 권한과 의무를 지닌 피고인으로서는 위와 같은 회사의 대외적 의무사항이 준수될 수 있도록 적절한 조치를 취할 위임계약 혹은 조리상의 작위의무가 존재한다고 보아야 할 것인데, 이러한 작위의무의 내용 중에 불특정의 고객 등 제3자에 의한 위 봉인의 훼손행위를 방지할 일반적 안전조치를 취할 의무까지 있다고 할 수는 없겠지만, 적어도 위 압류, 봉인에 의하여 사용이 금지된 골프장 시설물에 대하여 위 시설물의 사용 및 그 당연한 귀결로서 봉인의 훼손을 초래하게 될 골프장의 개장 및 그에 따른 압류시설 작동을 제한하거나 그 사용 및 훼손을 방지할 수 있는 적절한 조치를 취할 의무는 존재한다고 보아야 할 것이고, 그럼에도 피고인이 그러한 조치 없이 위 개장 및 압류시설 작동을 의도적으로 묵인 내지 방치함으로써 예견된 결과를 유발한 경우에는 부작위에 의한 공무상표시무효죄의 성립을 인정할 수 있다(대판 2005.7.22. 2005도3034).

㉡ **[O]** 연구책임자가 처음부터 소속 학생연구원들에 대한 개별 지급의사 없이 공동관리계좌를 관리하면서 사실상 그 처분권을 가질 의도하에 이를 숨기고 산학협력단에 연구비를 신청하여 이를 지급받았다면 이는 산학협력단에 대한 관계에 있어 기망에 의한 편취행위에 해당한다. 다만 연구책임자가 원래 용도에 부합하게 학생연구원들의 사실상 처분권 귀속하에 학생연구원들의 공동비용 충당 등을 위하여 학생연구원들의 자발적인 의사에 근거하여 공동관리계좌를 조성하고 실제로 그와 같이 운용한 경우라면, 비록 공동관리계좌의 조성 및 운영이 관련 법령이나 규정 등에 위반되더라도 그러한 사정만으로 불법영득의사가 추단되어 사기죄가 성립한다고 단정할 수 없다(대판 2021.9.9. 2021도8468).

ⓒ [X] [1] 특정 범죄자에 대한 위치추적 전자장치 부착 등에 관한 법률 제38조는 위치추적 전자장치(이하 '전자장치'라 한다)의 피부착자가 부착기간 중 전자장치를 신체에서 임의로 분리·손상, 전파 방해 또는 수신자료의 변조, 그 밖의 방법으로 그 효용을 해한 행위를 처벌하고 있는데, 효용을 해하는 행위는 전자장치를 부착하게 하여 위치를 추적하도록 한 전자장치의 실질적인 효용을 해하는 행위를 말하는 것으로서, 전자장치 자체의 기능을 직접적으로 해하는 행위뿐 아니라 전자장치의 효용이 정상적으로 발휘될 수 없도록 하는 행위도 포함되며, 부작위라고 하더라도 고의적으로 그 효용이 정상적으로 발휘될 수 없도록 한 경우에는 처벌된다고 해석된다.
[2] 위치추적 전자장치의 피부착자인 피고인이 구성 부분인 휴대용 추적장치를 분실한 후 3일이 경과하도록 보호관찰소에 분실신고를 하지 않고 돌아다니는 등 전자장치의 효용을 해하였다고 하여 특정 범죄자에 대한 위치추적 전자장치 부착 등에 관한 법률 위반으로 기소된 사안에서, 피고인이 휴대용 추적장치의 분실을 넘어서 상당한 기간 동안 휴대용 추적장치가 없는 상태를 임의로 방치하여 전자장치의 효용이 정상적으로 발휘될 수 없는 상태를 이룬 행위를 전자장치의 효용을 해한 행위로 보고, 위 행위에 고의가 있었음을 전제로 유죄를 인정한 원심판단을 정당하다고 한 사례(대판 2012.8.17. 2012도5862).

ⓔ [O] 피고인은 계약 당사자가 아니므로 적어도 등기위임장이나 근저당권설정계약서를 작성함에 있어 자신이 법무사가 아님을 밝힐 계약상 또는 조리상의 법적인 작위의무가 있다고 할 것임에도, 이를 밝히지 아니한 채 법무사 행세를 하면서 등기위임장 및 근저당권설정계약서를 작성함으로써 자신이 법무사로 호칭되도록 계속 방치한 것은 작위에 의하여 법무사의 명칭을 사용한 경우와 동등한 형법적 가치가 있는 것으로 볼 수 있다고 할 것이므로 부작위에 의한 법무사법 제3조 제2항 위반죄(법무사가 아닌 자는 법무사 또는 이와 비슷한 명칭을 사용하지 못한다)가 성립한다(대판 2008.2.28. 2007도9354).

ⓜ [X] 대출 금융기관에 대하여 비정상적인 이면약정의 내용을 알릴 신의칙상 의무가 있다고 보아 이를 알리지 않은 것은 사기죄의 요건으로서의 부작위에 의한 기망에 해당한다(대판 2006.2.23. 2005도8645).

정답 ②

06 부작위범에 대한 설명으로 옳지 않은 것은? (다툼이 있는 경우 판례에 의함) 2022년 경찰간부

① 작위의무가 법적으로 인정되는 부진정부작위범이라 하더라도 작위의무를 이행하는 것이 사실상 불가능한 상황이었다면, 부작위범이 성립할 수 없다.
② 하나의 행위가 부작위범인 직무유기죄와 작위범인 허위공문서 작성죄 및 허위작성공문서행사죄의 구성요건을 동시에 충족하는 경우, 공소제기권자는 작위범인 허위공문서작성죄 및 허위작성공문서행사죄로 공소를 제기하지 아니하고 부작위범인 직무유기죄로만 공소를 제기할 수 있다.
③ 진정부작위범은 미수 성립이 불가능하여 「형법」에서는 미수범 처벌규정이 존재하지 않는 반면, 부진정부작위범은 미수 성립이 가능하다.
④ 부작위에 의한 살인에 있어서 작위의무를 이행하였다면 사망의 결과가 발생하지 않았을 것이라는 관계가 인정될 경우, 부작위와 사망의 결과 사이에 인과관계가 인정된다.

해설

① [O] 특정한 행위를 하지 아니하는 부작위가 형법적으로 부작위로서의 의미를 가지기 위해서는, 보호법익의 주체에게 해당 구성요건적 결과발생의 위험이 있는 상황에서 행위자가 구성요건의 실현을 회피하기 위하여 요구되는 행위를 현실적·물리적으로 행할 수 있었음에도 하지 아니하였다고 평가될 수 있어야 한다(대판 2015.11.12. 2015도6809).
② [O] 하나의 행위가 부작위범인 직무유기죄와 작위범인 허위공문서작성·행사죄의 구성요건을 동시에 충족하는 경우, 공소제기권자는 '재량에 의하여' 작위범인 허위공문서작성·행사죄로 공소를 제기하지 않고 부작위범인 직무유기죄로만 공소를 제기할 수 있다(대판 2008.2.14. 2005도4202).

③ **(X)** ⅰ) 진정부작위범은 부작위가 있으면 구성요건이 충족되어 기수에 이르므로 이론적으로 미수를 인정할 수 없다. 그러나 형법은 진정부작위범인 퇴거불응죄와 집합명령위반죄에 대하여 미수처벌규정을 마련하고 있다. ⅱ) 부진정부작위범의 경우, 예컨대 甲이 자신의 아들 乙이 물에 빠져 익사의 위험에 처해있다는 사정을 인식하고서도 구조의무의 지체로 乙의 생명에 대한 위험을 증대시켜 부작위범의 실행착수가 인정되는 상황에서 해병대 출신의 丙이 乙을 발견하고 그를 구조하였다면 甲은 부작위에 의한 살인미수죄가 성립할 수 있다.

④ **(O)** 선박침몰 등과 같은 조난사고로 승객이나 다른 승무원들이 스스로 생명에 대한 위협에 대처할 수 없는 급박한 상황이 발생한 경우에는 선박의 운항을 지배하고 있는 선장이나 갑판 또는 선내에서 구체적인 구조행위를 지배하고 있는 선원들은 적극적인 구호활동을 통해 보호능력이 없는 승객이나 다른 승무원의 사망 결과를 방지하여야 할 작위의무가 있으므로, 법익침해의 태양과 정도 등에 따라 요구되는 개별적·구체적인 구호의무를 이행함으로써 사망의 결과를 쉽게 방지할 수 있음에도 그에 이르는 사태의 핵심적 경과를 그대로 방관하여 사망의 결과를 초래하였다면, 부작위는 작위에 의한 살인행위와 동등한 형법적 가치를 가지고, 작위의무를 이행하였다면 결과가 발생하지 않았을 것이라는 관계가 인정될 경우에는 작위를 하지 않은 부작위와 사망의 결과 사이에 인과관계가 있다(대판 2015.11.12. 2015도6809).

정답 ③

---

07 부작위범에 대한 설명으로 가장 적절한 것은? (다툼이 있는 경우 판례에 의함) 2017년 경기북부 여경

① 공무원이 어떠한 위법사실을 발견하고도 직무상 의무에 따른 적절한 조치를 취하지 아니하고 위법사실을 적극적으로 은폐할 목적으로 허위공문서를 작성·행사한 경우에는 작위범인 허위공문서작성, 허위작성공문서행사죄 외에 부작위범인 직무유기죄가 따로 성립한다.

② 부작위범의 작위의무는 법령, 법률행위, 선행행위로 인한 경우에 인정되고, 기타 신의성실의 원칙이나 사회상규 혹은 조리상의 의무가 기대되는 경우에는 인정되지 않는다.

③ 어떠한 범죄가 적극적 작위에 의하여 이루어질 수 있음은 물론 결과의 발생을 방지하지 아니하는 소극적 부작위에 의하여도 실현될 수 있는 경우에 있어서, 행위자가 자신의 신체적 활동이나 물리적·화학적 작용을 통하여 적극적으로 타인의 법익 상황을 악화시킴으로써 결국 그 타인의 법익을 침해하기에 이르렀다면, 이는 부작위에 의한 범죄로 봄이 원칙이다.

④ 부작위범 사이의 공동정범은 다수의 부작위범에게 공통된 의무가 부여되어 있고 그 의무를 공통으로 이행할 수 있을 때에만 성립한다.

해설

① **(X)** 공무원이 어떠한 위법사실을 발견하고도 직무상 의무에 따른 적절한 조치를 취하지 아니하고 위법사실을 적극적으로 은폐할 목적으로 허위공문서를 작성·행사한 경우에는 직무위배의 위법상태는 허위공문서작성 당시부터 그 속에 포함되는 것으로 작위범인 허위공문서작성, 동행사죄만이 성립하고 부작위범인 직무유기죄는 따로 성립하지 아니한다(대판 1993.12.24. 92도3334).

② **(X)** (부작위범의) 작위의무는 법적인 의무이어야 하므로 단순한 도덕상 또는 종교상의 의무는 포함되지 않으나 작위의무가 법적인 의무인 한 성문법이건 불문법이건 상관이 없고 또 공법이건 사법이건 불문하므로, 법령, 법률행위, 선행행위로 인한 경우는 물론이고 기타 신의성실의 원칙이나 사회상규 혹은 조리상 작위의무가 기대되는 경우에도 법적인 작위의무는 있다(대판 1996.9.6. 95도2551).

③ **(X)** 어떠한 범죄가 적극적 작위에 의하여 이루어질 수 있음은 물론 결과의 발생을 방지하지 아니하는 소극적 부작위에 의하여도 실현될 수 있는 경우에, 행위자가 자신의 신체적 활동이나 물리적·화학적 작용을 통하여 적극적으로 타인의 법익 상

황을 악화시킴으로써 결국 그 타인의 법익을 침해하기에 이르렀다면, 이는 '작위에 의한 범죄로 봄이 원칙'이고, 작위에 의하여 악화된 법익 상황을 다시 되돌이키지 아니한 점에 주목하여 이를 부작위범으로 볼 것은 아니며, 나아가 악화되기 이전의 법익 상황이, 그 행위자가 과거에 행한 또 다른 작위의 결과에 의하여 유지되고 있었다 하여 이와 달리 볼 이유가 없다(대판 2004.6.24. 2002도995).

④ [O] 부작위범 사이의 공동정범은 다수의 부작위범에게 공통된 의무가 부여되어 있고 그 의무를 공통으로 이행할 수 있을 때에만 성립한다(대판 2008.3.27. 2008도89).

(정답) ④

08 부작위범에 대한 설명으로 가장 적절한 것은? (다툼이 있는 경우 판례에 의함) 2021년 제2차 경찰

① 임대인 甲은 자신의 여관건물에 대하여 임차인 A와 임대차계약을 체결하면서 A에게 당시 그 건물에 관하여 법원의 경매개시결정에 따른 경매절차가 진행 중인 사실을 알리지 아니한 경우, A가 등기부를 확인 또는 열람하는 것이 가능하였다면 기망행위가 있었다고 볼 수 없어 甲은 사기죄로 처벌되지 아니한다.

② 甲이 특정 시술을 받으면 아들을 낳을 수 있을 것이라는 착오에 빠져 있는 A에게 그 시술의 효과와 원리에 관하여 사실대로 고지하지 아니하고 아들을 낳을 수 있는 시술인 것처럼 가장하여 일련의 시술 등을 행하고 의료수가 및 약값의 명목으로 금원을 교부받은 경우, 甲은 사기죄로 처벌된다.

③ 甲이 A와 토지 지상에 창고를 신축하는데 필요한 형틀공사 계약을 체결한 후 그 공사를 완료하였는데 A가 공사대금을 주지 않자 이를 받기 위해 토지에 쌓아 둔 건축자재를 치우지 않은 경우, 甲은 업무방해죄로 처벌된다.

④ 경찰공무원 甲이 지명수배 중인 범인 A를 발견하고도 직무상 의무에 따른 적절한 조치를 취하지 아니하고 오히려 A를 도피하게 하는 행위를 한 경우, 甲은 범인도피죄와 직무유기죄로 처벌된다.

해설

① [X] 임대차계약 당시 임차할 여관건물에 관하여 법원의 경매개시결정에 따른 경매절차가 이미 진행중인 사실을 알았더라면 그 건물에 관한 임대차계약을 체결하지 않았을 것임이 명백한 이상, 피고인은 신의칙상 피해자에게 이를 고지할 의무가 있다 할 것이고, 피해자 스스로 그 건물에 관한 등기부를 확인 또는 열람하는 것이 가능하다고 하여 결론을 달리 할 것은 아니다(대판 1998.12.8. 98도3263). ☞ 사기죄 성립

② [O] 위 병원에 내원할 당시 이미 착오에 빠져 있는 피해자들의 경우에도 만일 피고인이 사실대로 고지하였다면 그들이 피고인으로부터 그와 같은 시술을 받지 아니하였을 것임은 경험칙상 명백하므로, 이와 같은 경우 피고인으로서는 그들에게 위 시술의 효과와 원리에 관하여 사실대로 고지하여야 할 법률상 의무가 있다고 할 것임에도 불구하고, 피해자들이 착오에 빠져있음을 알면서도 이를 고지하지 아니한 채 마치 위와 같은 시술행위 전체가 아들을 낳을 수 있도록 하는 시술인 것처럼 가장하여 같은 시술을 한 것은 고지할 사실을 묵비함으로써 피해자들을 기망한 행위에 해당한다(대판 2000.1.28. 99도2884). ☞ 사기죄 성립

③ [X] 피고인이 일부러 건축자재를 A의 토지 위에 쌓아 두어 공사현장을 막은 것이 아니라 당초 자신의 공사를 위해 쌓아 두었던 건축자재를 공사 완료 후 치우지 않은 것에 불과하므로, 비록 공사대금을 받을 목적으로 건축자재를 치우지 않았더라도, 피고인이 자신의 공사를 위하여 쌓아 두었던 건축자재를 공사 완료 후에 단순히 치우지 않은 행위가 위력으로써 A의 추가 공사 업무를 방해하는 업무방해죄의 실행행위로서 A의 업무에 대하여 하는 적극적인 방해행위와 동등한 형법적 가치를 가진다고 볼 수 없다(대판 2017.12.22. 2017도13211). ☞ 행위정형의 동가치성을 인정할 수 없어 업무방해죄 불성립

④ **[X]** 그 직무위배의 위법상태는 범인도피행위 속에 포함되어 있다고 보아야 할 것이므로, 이와 같은 경우에는 작위범인 범인도피죄만이 성립하고 부작위범인 직무유기죄는 따로 성립하지 아니한다(대판 2017.3.15. 2015도1556).

정답 ②

09 부작위범에 관한 다음 설명 중 가장 적절하지 않은 것은? (다툼이 있으면 판례에 의함)

2016년 제1차 경찰

① 甲이 자신의 토지에 대하여 여객정류장시설 또는 유통업무설비시설을 설치하는 도시계획이 입안되어 있어 장차 위 토지가 수용될 것이라는 점을 알고 있으면서도, 이러한 사정을 모르고 위 토지를 매수하려는 乙에게 그 사정을 고지하지 아니하고 매도한 경우 甲에게는 乙에 대한 부작위에 의한 사기죄가 성립한다.
② 매수인이 매도인에게 매매잔금을 지급함에 있어 착오에 빠져 지급해야 할 금액을 초과하는 돈을 교부하는 경우, 매도인이 매매잔금을 받은 후 비로소 그 사실을 알게 되었음에도 불구하고 그 사실을 매수인에게 알리고 초과금액을 되돌려 주지 않은 경우에는 부작위에 의한 사기죄가 성립한다.
③ 출판사 경영자가 출고현황표를 조작하는 방법으로 실제출판부수를 속여 작가에게 인세의 일부만을 지급한 사안에서, 작가가 나머지 인세에 대한 청구권의 존재 자체를 알지 못하는 착오에 빠져 이를 행사하지 아니한 것이 사기죄에 있어 부작위에 의한 처분행위에 해당한다.
④ 형법이 금지하고 있는 법익침해의 결과발생을 방지할 법적인 작위의무를 지고 있는 자가 그 의무를 이행함으로써 결과발생을 쉽게 방지할 수 있었음에도 불구하고 그 결과의 발생을 용인하고 이를 방관한 채 그 의무를 이행하지 아니한 경우에, 그 부작위가 작위에 의한 법익침해와 동등한 형법적 가치가 있는 것이어서 그 범죄의 실행행위로 평가될 만한 것이라면, 작위에 의한 실행행위와 동일하게 부작위범으로 처벌할 수 있다.

해설

① **[O]** 대판 1993.7.13. 93도14
② **[X]** 매수인이 매도인에게 매매잔금을 지급함에 있어 착오에 빠져 지급해야 할 금액을 초과하는 돈을 교부하는 경우, 매도인이 사실대로 고지하였다면 매수인이 그와 같이 초과하여 교부하지 아니하였을 것임은 경험칙상 명백하므로, ⅰ) 매도인이 매매잔금을 '교부받기 전 또는 교부받던 중'에 그 사실을 알게 되었을 경우에는 특별한 사정이 없는 한 매도인으로서는 매수인에게 사실대로 고지하여 매수인의 그 착오를 제거하여야 할 신의칙상 의무를 지므로 그 의무를 이행하지 아니하고 매수인이 건네주는 돈을 그대로 수령한 경우에는 사기죄에 해당될 것이지만, ⅱ) 그 사실을 미리 알지 못하고 '매매잔금을 건네주고 받는 행위를 끝마친 후에야' 비로소 알게 되었을 경우에는 주고 받는 행위는 이미 종료되어 버린 후이므로 매수인의 착오 상태를 제거하기 위하여 그 사실을 고지하여야 할 법률상 의무의 불이행은 더 이상 그 초과된 금액 편취의 수단으로서의 의미는 없으므로, 교부하는 돈을 그대로 받은 그 행위는 점유이탈물횡령죄가 될 수 있음은 별론으로 하고 사기죄를 구성할 수는 없다(대판 2004.5.27. 2003도4531).
③ **[O]** 대판 2007.7.12. 2005도9221
④ **[O]** 대판 1996.9.6. 95도2551

정답 ②

10 甲은 乙의 양부(養父)이다. 어느 날 甲이 집에 와보니 乙이 연탄가스를 맡아 혼수상태에 있었다. 甲은 그대로 두면 乙이 사망할 것이라고 생각하였으나 자신은 양부이니 乙을 구할 의무는 없다고 생각하고 방치하여 사망케 하였다. 엄격책임설과 이원설에 의할 경우 甲의 죄책은? 2002년 입법고시

① 과실치사죄
② 고의살인죄
③ 유기죄
④ 유기치사죄

해설

甲은 가족적 보호관계에 있는 자로서 법령(민법 제913조)에 근거한 보증인이다. 이원설에 의할 경우에 보증인지위는 구성요건요소에 해당하지만, 보증인의무는 위법성의 요소이고, 甲이 구할 의무가 없다고 생각한 것은 보증인의무에 대한 착오이므로 이러한 착오는 법률의 착오가 된다(제16조). 따라서 엄격책임설에 의할 경우 착오에 정당한 이유가 인정되는 경우에 한하여 책임이 조각되어 무죄가 될 것이나 설문의 경우 구조의무불이행의 점에 대한 위법성인식이 결여된 부분에 정당한 이유를 인정할 수 없으므로 甲에게는 부작위에 의한 살인죄가 성립한다.

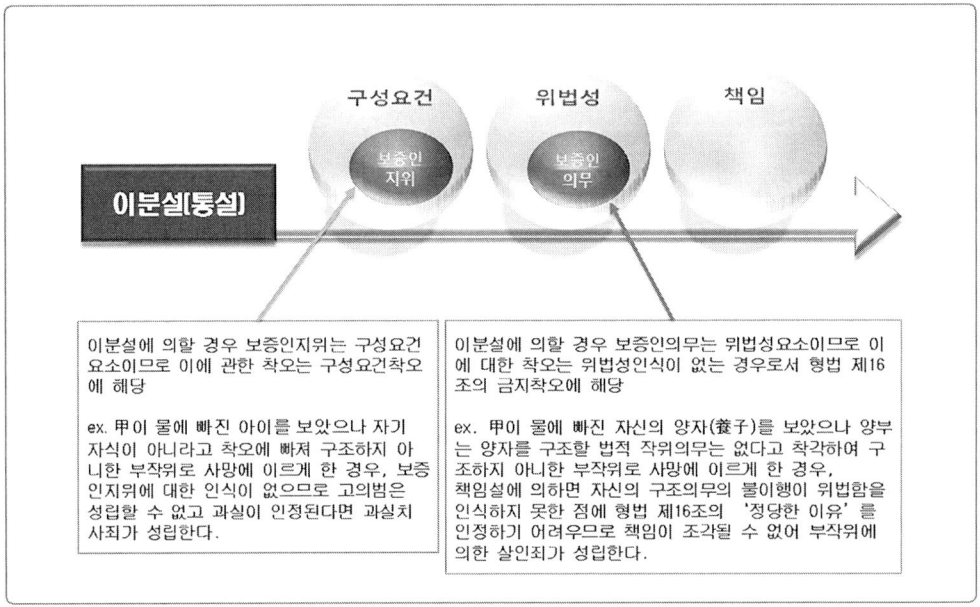

정답 ②

11 부작위범에 관한 설명으로 옳은 것을 모두 고른 것은? (다툼이 있는 경우 판례에 의함)

2019년 제2차 경찰

㉠ 형법은 부작위범의 성립요건을 별도로 규정하고 있다.
㉡ 진정부작위범은 그 속성상 미수가 불가능하며, 형법도 진정부작위범의 미수에 대한 처벌규정을 두고 있지 않다.
㉢ 부진정부작위범의 구성요건인 보증인적 지위(작위의무)는 신의칙이나 조리에 의해서도 발생한다.
㉣ 부진정부작위범을 작위범과 동일하게 평가하기 위해서는 보증인적 지위 외에 부작위와 작위의 동가치성(상응성)을 요하며, 이는 형법이 명문으로 규정하고 있다.
㉤ 부작위범의 공동정범은 성립할 수 있으나, 부작위에 의한 교사범은 성립할 수 없다.

① ㉠, ㉡, ㉣
② ㉠, ㉢, ㉤
③ ㉡, ㉢, ㉣
④ ㉢, ㉣, ㉤

해설

㉠ [O] 형법 제18조(부작위범) 위험의 발생을 방지할 의무가 있거나 자기의 행위로 인하여 위험발생의 원인을 야기한 자가 그 위험발생을 방지하지 아니한 때에는 그 발생된 결과에 의하여 처벌한다.
㉡ [X] 진정부작위범은 부작위가 있으면 바로 구성요건이 충족되어 기수가 되므로 원칙적으로 미수를 인정하기 곤란하다. 다만 형법은 진정부작위범임에도 불구하고 퇴거불응죄와 집합명령위반죄의 두 범죄에는 미수처벌규정을 마련하고 있다.
㉢ [O] 부진정부작위범에서의 작위의무는 법적인 의무이어야 하므로 단순한 도덕상 또는 종교상의 의무는 포함되지 않으나 작위의무가 법적인 의무인 한 성문법이건 불문법이건 상관이 없고 또 공법이건 사법이건 불문하므로, 법령, 법률행위, 선행행위로 인한 경우는 물론이고 기타 신의성실의 원칙이나 사회상규 혹은 조리상 작위의무가 기대되는 경우에도 법적인 작위의무는 있다(대판 1996.9.6. 95도2551).
㉣ [X] 그 부작위가 작위에 의한 법익침해와 동등한 형법적 가치가 있는 것이어서 그 범죄의 실행행위로 평가될 만한 것(행위정형의 동가치성)이라면, 작위에 의한 실행행위와 동일하게 부작위범으로 처벌할 수 있다(대판 1996.9.6. 95도2551 등). 다만, 행위정형의 동가치성은 형법 제18조(위 ㉠ 해설의 조문)에 명문으로 규정되어 있지는 아니하다.
㉤ [O] ⅰ) 부작위범 사이의 공동정범은 다수의 부작위범에게 '공통된 의무'가 부여되어 있고 그 의무를 '공통으로 이행'할 수 있을 때 성립이 가능(대판 2008.3.27. 2008도89 참조)한 반면, ⅱ) 교사행위는 적극적 작위에 의해서만 가능하고, 부작위에 의한 교사범은 성립이 불가능하다(다수설).

정답 ②

12   다음 설명 중 옳지 않은 것만을 모두 고른 것은? (다툼이 있는 경우 판례에 의함)   2014년 검찰7급

㉠ 甲이 자신의 아들 乙이 익사하는 것을 보았으나 乙이 아닌 다른 아이인 줄 알고 남의 자식을 구할 의무는 없다고 생각하여 구조하지 않은 경우 이분설에 따르면 보증인 의무에 대한 착오로 금지착오에 해당한다.
㉡ 부작위범의 작위의무는 법령·법률행위·선행행위뿐만 아니라 신의성실의 원칙이나 사회상규 혹은 조리에 의하여 발생한다.
㉢ 도로교통법 제54조 제1항의 사고운전자의 구호조치 의무와 같이 적법한 선행행위에 의해서도 작위의무가 발생할 수 있다.
㉣ 부작위범에 대한 교사·방조는 가능하지만 부작위에 의한 교사·방조는 불가능하다.

① ㉠, ㉢
② ㉠, ㉣
③ ㉡, ㉢
④ ㉡, ㉣

해설

㉠ [X] 보증인지위에 관한 착오로서 이분설에 의할 경우 구성요건착오가 되어, 구성요건고의가 조각되므로 살인죄는 성립할 수 없고, 타인의 자녀로 오인한 점에 대한 과실이 인정된다면 과실치사죄가 성립할 수 있다.
㉡ [O] 대판 1996.9.6. 95도2551
㉢ [O] 보증인의무의 발생근거로서의 선행행위는 원칙적으로 위법할 것을 요하지만 예외적으로 적법한 선행행위로부터도 법익침해의 결과를 방지할 법적 작위의무(보증인의무)가 발생할 수 있다고 본다.
㉣ [X] 부작위범에 대한 교사·방조는 가능하지만 부작위에 의한 교사는 불가능하다. 다만 보증인지위가 인정되는 경우라면 부작위에 의한 방조범의 성립은 가능하다.

정답 ②

13 다음 판례 중 인과관계를 인정하지 않은 경우는? 2017년 경찰간부

① 甲은 선단 책임선의 선장으로서 종선의 선장에게 조업상의 지시만 할 수 있을 뿐 선박의 안전관리는 각 선박의 선장이 책임지도록 되어있었던 경우, 甲이 풍랑 중에 종선에 조업 지시를 한 것과 종선의 풍랑으로 인한 매몰사고와의 사이
② 연탄가스 중독환자가 퇴원시 자신의 병명을 물었으나 의사가 아무런 요양방법을 지도하여 주지 아니하여 병명을 알지 못해 퇴원 즉시 재차 연탄가스에 중독된 경우, 의사의 업무상과실과 재차 연탄가스에 중독된 것과의 사이
③ 임차인이 자신의 비용으로 설치·사용하던 가스설비의 휴즈콕크를 아무런 조치 없이 제거하고 이사를 간 후 가스공급을 개별적으로 차단할 수 있는 주밸브가 열려져 가스가 유입되어 폭발사고가 발생한 경우, 임차인의 과실과 가스폭발사고 사이
④ 4일 가량 물조차 제대로 마시지 못하고 잠도 자지 아니하여 거의 탈진 상태에 이른 피해자의 손과 발을 17시간 이상 묶어 두고 좁은 차량 속에서 움직이지 못하게 감금한 행위와 묶인 부위의 혈액순환에 장애가 발생하여 혈전이 형성되고 그 혈전이 폐동맥을 막아 사망에 이르게 된 결과 사이

해설

① **[X]** 피고인이 선단의 책임선인 제1봉림호의 선장으로 조업중이었다 하더라도 피고인으로서는 종선의 선장에게 조업상의 지시만 할 수 있을 뿐 선박의 안전관리는 각 선박의 선장이 책임지도록 되어 있었다면 그 같은 상황하에서 피고인이 풍랑중에 종선에 조업지시를 하였다는 것만으로는 종선의 풍랑으로 인한 매몰사고와의 사이에 인과관계가 성립할 수 없다(대판 1989.09.12. 89도1084). ☞ 업무상과실선박매몰죄 불성립
② **[O]** 위 의사에게는 그 원인 사실을 모르고 병명을 문의하는 환자에게 그 병명을 알려주고 이에 대한 주의사항인 피해장소인 방의 수선이나 환자에 대한 요양의 방법 기타 건강관리에 필요한 사항을 지도하여 줄 요양방법의 지도의무가 있는 것이므로 이를 태만한 것으로서 의사로서의 업무상과실이 있고, 이 과실과 재차의 일산화탄소 중독과의 사이에 인과관계가 있다(대판 1991.02.12. 90도2547). ☞ 업무상과실치상죄 성립
③ **[O]** 임차인의 과실과 가스폭발사고 사이의 상당인과관계가 인정된다(대판 2001.06.01. 99도5086). ☞ 과실폭발성물건파열죄 및 과실치사상죄 성립
④ **[O]** 대판 2002.10.11. 2002도4315

정답 ①

14 인과관계에 대한 설명 중 옳은 것만을 모두 고른 것은? (다툼이 있는 경우 판례에 의함) 2022년 경찰간부

> 가. 과실범의 독립행위가 경합하여 결과발생의 원인된 행위가 판명되지 아니한 때에는 각 행위자를 미수범으로 처벌한다.
> 나. '그러한 행위가 없었더라면 그러한 결과도 발생하지 않았을 것'이라는 자연과학적 인과관계를 판단의 척도로 삼는 조건설은 각 조건들을 결과에 대한 동등한 원인으로 간주하여 인과관계의 범위가 지나치게 확장된다는 비판을 받는다.
> 다. 어느 행위로부터 어느 결과가 발생하는 것이 경험칙상 상당하다고 판단될 때 인과관계가 인정되는 상당인과관계설은 인과관계를 일상적인 생활경험으로 제한하여 형사처벌의 확장을 방지하는 장점이 있으나 '상당성'의 판단이 모호하여 법적 안정성을 해칠 우려가 있다는 비판을 받는다.
> 라. 甲에 의한 선행 교통사고와 乙에 의한 후행 교통사고로 A가 사망하였으나 사망의 원인된 행위가 밝혀지지 않은 경우, 乙의 과실과 A의 사망 간에 인과관계가 인정되기 위해서는 乙이 주의의무를 게을리하지 않았다면 A가 사망하지 않았을 것이라는 사실이 증명되어야 하고, 그 증명책임은 乙에게 있다.

① 가
② 나, 다
③ 가, 나, 다
④ 나, 다, 라

해설

가. **(X)** 과실범은 미수처벌규정이 마련되어 있지 않다.

> **제19조(독립행위의 경합)** 동시 또는 이시의 독립행위가 경합한 경우에 그 결과발생의 원인된 행위가 판명되지 아니한 때에는 각 행위를 미수범으로 처벌한다.
> **제263조(동시범)** 독립행위가 경합하여 상해의 결과를 발생하게 한 경우에 있어서 원인된 행위가 판명되지 아니한 때에는 공동정범의 예에 의한다.

나. **(O)** 소위 절대적 제약공식(conditio sine qua non 공식)을 적용하여 앞의 행위가 없었더라면 뒤의 결과가 발생하지 않았을 것이라는 조건관계만 있으면 인과관계를 인정하는 조건설은 인과관계가 부당하게 확대된다는 비판을 받는다. 예컨대, 甲이 乙녀를 강간하였는데, 乙녀가 집에 돌아가 장래에 대한 절망감, 수치심으로 인하여 음독자살한 경우, 甲의 강간행위가 없었더라면 乙녀의 사망이라는 결과가 발생하지 않았을 것이므로 조건설에 의하면 인과관계가 인정되어 甲은 강간치사죄의 형사책임을 질 수 있다.
다. **(O)** 상당인과관계설에 대한 비판으로 옳은 지문이다.
라. **(X)** 인과관계는 구성요건요소로서 乙이 아니라 검사에게 거증책임이 있다.

정답 ②

15 인과관계와 관련된 다음 기술 중 옳지 않은 것은?

2008년 경찰간부

① 피고인이 피해자의 머리를 경찰봉으로 때린 뒤 피해자가 약 20시간 후에 사망한 경우에도 피고인의 구타행위와 피해자의 사망 사이에 인과관계를 인정할 수 있다.
② 초지조성공사를 도급받은 수급인이 산불작업을 하도급 준 이후 그 작업을 감독하지 않던 중에 하수급인의 과실로 산림이 실화된 경우 수급인의 감독해태와 산림실화 사이에는 인과관계가 부정된다.
③ 주택수리공사에 관하여 전문적인 지식이 없는 도급인이 주택수리공사 전문업자에게 주택수리를 의뢰하면서 공사에 관한 모든 것을 일임하였는데, 보수공사 중에 사람이 사망한 사고가 발생한 경우 도급인의 행위와 사망사고 간에는 인과관계가 인정된다.
④ 트럭 운전사가 차의 시동을 끄고 1단 기어가 들어가 있는 상태에서 시동열쇠를 끼워놓은 채 11세 어린이를 조수석에 남겨두고 내린 동안 어린이가 시동열쇠를 돌리며 액셀레이터 페달을 밟아 차량이 진행하여 사고가 발생한 경우 인과관계가 인정된다.

해설

① **[O]** 피해자의 머리를 한번 받고 경찰봉으로 때린 구타행위와 피해자가 외상성 뇌경막하 출혈로 사망할 때까지 사이 약 20여시간이 경과하였다 하더라도 그 사이 피해자는 머리가 아프다고 누워 있었고 그 밖에 달리 사망의 중간요인을 발견할 자료가 없다면 위 시간적 간격이 있었던 사실만으로 피고인의 구타와 피해자의 사망 사이에 인과관계가 없다고 할 수 없다(대판 1984.12.11. 84도2347).
② **[O]** 초지조성공사를 도급받은 수급인이 불경운작업(산불작업)을 하도급을 준 이후에 계속하여 그 작업을 감독하지 아니한 잘못이 있다 하더라도 이는 도급자에 대한 도급계약상의 책임이지 위 하수급인의 과실로 인하여 발생한 산림실화에 상당인과관계가 있는 과실이라고는 할 수 없다(대판 1987.4.28. 87도297).
③ **[X]** 도급인이 공사를 관리하고 감독할 지위에 있다거나 주택수리업자 또는 분야별 공사업자나 인부들에 대하여 공사의 시공이나 개별 작업에 관하여 구체적으로 지시하고 감독할 지위에 있다고 볼 수 없으므로 도급인에게 공사상 필요한 안전조치를 취할 업무상 주의의무가 있다고 할 수 없다(대판 2002.4.12. 2000도3295).
④ **[O]** 운전자로서는 위 어린이를 먼저 하차시키던가 운전기기를 만지지 않도록 주의를 주거나 손 브레이크를 채운 뒤 시동열쇠를 빼는 등 사고를 미리 막을 수 있는 제반조치를 취할 업무상 주의의무가 있다 할 것이어서 이를 게을리 한 과실은 사고결과와 법률상의 인과관계가 있다(대판 1986.7.8. 86도1048).

정답 ③

16 인과관계에 대한 설명으로 가장 적절하지 않은 것은? (다툼이 있는 경우 판례에 의함)

2017년 경기북부 여경

① 교사가 제자의 잘못을 징계코자 왼쪽뺨을 때려 뒤로 넘어지면서 사망에 이르게 한 경우, 피해자는 비정상적인 얇은 두개골을 가지고 있었고 또 뇌수종을 가진 심신허약자로서 급성뇌압상승으로 넘어지게 된 것이라고 하더라도 위 소위와 피해자의 사망 간에는 이른바 인과관계가 있는 경우에 해당한다.

② 선행차량에 이어 피고인 운전차량이 피해자를 연속하여 역과하는 과정에서 피해자가 사망한 경우, 피고인 운전차량의 역과와 피해자의 사망 사이에는 인과관계가 인정된다.

③ 甲은 결혼을 전제로 교제하던 여성 乙의 임신 사실을 알고 수회에 걸쳐 낙태를 권유하였다가 거부당하자 乙에게 출산 여부는 알아서 하되 더 이상 결혼을 진행하지 않겠다고 통보하고, 이후에도 아이에 대한 친권을 행사할 의사가 없다고 하면서 낙태할 병원을 물색해 주기도 하였는데, 그 후 乙은 甲에게 알리지 아니한 채 자신이 알아본 병원에서 낙태시술을 받은 경우 甲의 낙태교사행위와 乙의 낙태결의 사이에 인과관계가 단절되는 것은 아니다.

④ 자동차운전자의 과실로 열차 건널목을 그대로 건너는 바람에 자동차와 열차가 충돌하였는데 자동차 왼쪽에서 열차가 지나가기를 기다리고 있던 피해자가 위 충돌사고로 놀라 넘어져 상해를 입었다면, 비록 위 자동차와 피해자가 직접 충돌하지는 아니 하였더라도 자동차 운전자의 위 과실과 피해자가 입은 상해 사이에는 상당한 인과관계가 있다.

해설

① [X] 고등학교 교사가 제자의 잘못을 징계코자 왼쪽뺨을 때려 뒤로 넘어지면서 사망에 이르게 한 경우 위 피해자는 두께 0.5미리 밖에 안되는 비정상적인 얇은 두개골이었고 또 뇌수종을 가진 심신허약자로서 좌측뺨을 때리자 급성뇌성압상승으로 넘어지게 된 것이라면 위 소위와 피해자의 사망간에는 이른바 인과관계가 없는 경우에 해당한다(대판 1978.11.28. 78도1961). ☞ 폭행치사죄 불성립

② [O] 피해자는 위 다발성 골절상 및 심장파열상 등의 손상을 입을 당시까지는 생존해 있었던 것으로 보이는 사실을 각 알 수 있는바, 사실관계가 이러하다면, 제1심 공동피고인에 이어 피고인이 다시 피해자를 역과함으로써 피해자의 심장 등 내부 장기가 파열되고 두부가 손상되었을 뿐만 아니라 신체의 여러 부위가 골절되는 등의 손상을 입게 된 것이라고 보아야 할 것이고, 피해자의 위 각 손상부위마다 생활반응이 나타난 이상, 피고인이 피해자를 역과하기 전에는 피해자는 아직 생존해 있었고, 피고인 운전차량의 역과에 의하여 비로소 사망하게 된 것으로 판단함이 상당하다고 할 것이다(대판 2001.12.11. 2001도5005).

③ [O] 피교사자가 교사자의 교사행위 당시에는 일응 범행을 승낙하지 아니한 것으로 보여진다 하더라도 이후 "그 교사행위에 의하여 범행을 결의한 것으로 인정되는 이상" 교사범의 성립에는 영향이 없다(대판 2013.9.12. 2012도2744).

④ [O] 대판 1989.9.12. 89도866 ☞ 교통사고처리특례법위반죄 성립

정답 ①

17 다음 설명 중 인과관계가 인정되지 않은 경우는 모두 몇 개인가? (다툼이 있는 경우 판례에 의함)

2013년 제1차 경찰

㉠ 피고인의 택시가 차량 신호등이 적색 등화임에도 횡단보도 앞 정지선 직전에 정지하지 않고 상당한 속도로 정지선을 넘어 횡단보도에 진입하였고, 횡단보도에 들어선 이후 차량 신호등이 녹색 등화로 바뀌자 교차로로 계속 직진하여 교차로에 진입하자마자 교차로를 거의 통과하였던 피해자의 승용차 오른쪽 뒤 문짝 부분을 피고인 택시 앞 범퍼 부분으로 충돌하여 피해자에게 상해를 입게 한 경우, 피고인의 신호위반행위와 피해자의 상해와의 관계

㉡ 한의사인 피고인이 피해자에게 문진할 때 과거 봉침을 맞고도 별다른 이상 반응이 없다는 답변을 듣고 알레르기 반응검사를 생략한 채 환부에 봉침시술을 하였는데, 피해자가 위 시술 직후 쇼크반응을 나타내는 등 상해를 입은 경우, 피고인이 알레르기 반응검사를 하지 않은 과실과 피해자의 상해와의 관계

㉢ 승용차로 피해자를 가로막아 승차하게 한 후 피해자의 하차 요구를 무시한 채 시속 약 60km 내지 70km의 속도로 진행하자, 피해자가 감금상태를 벗어날 목적으로 차량을 빠져나오려다가 길바닥에 떨어져 상해를 입고 그 결과 사망한 경우, 감금행위와 피해자의 사망과의 관계

㉣ 피고인이 제왕절개수술 후 대량출혈이 있었던 피해자를 전원 조치하였으나 전원 받은 병원 의료진의 조치가 다소 미흡하여 도착 후 약 1시간 20분이 지나 수혈이 시작된 사안에서, 피고인의 전원지체 등의 과실로 신속한 수혈 등의 조치가 지연되어 피해자가 사망한 경우, 전원지체의 과실로 인한 수혈지연과 사망과의 관계

① 1개 ② 2개
③ 3개 ④ 4개

해설

㉠ **[O]** 피고인이 적색 등화에 따라 정지선 직전에 정지하였더라면 교통사고는 발생하지 않았을 것임이 분명하여 피고인의 신호위반행위가 교통사고 발생의 직접적인 원인이 되었다고 보아야 한다(대판 2012.3.15. 2011도17117).

㉡ **[X]** 피고인이 알레르기 반응검사를 하지 않은 과실과 피해자의 상해 사이에 상당인과관계를 인정하기 어렵다(대판 2011.4.14. 2010도10104). ☞ 업무상과실치상죄 불성립

㉢ **[O]** 감금치사죄에 해당한다(대판 2000.2.11. 99도5286).

㉣ **[O]** 업무상과실치사죄가 성립한다(대판 2010.4.29. 2009도7070).

정답 ①

18 인과관계에 대한 설명으로 옳지 않은 것은? (다툼이 있는 경우 판례에 의함) 2021년 경찰간부

① 甲이 A의 뺨을 1회 때리고 오른손으로 목을 쳐 A가 뒤로 넘어지면서 머리 부분에 손상을 입은 후 병원에서 입원치료를 받다가 합병증으로 사망하였다면 甲의 범행과 A의 사망 사이에 인과관계가 인정된다.

② 수술 후 복막염에 대한 진단과 처치 지연 등 담당의사 甲의 과실이 있어 A가 제때 필요한 조치를 받지 못한 경우, A가 甲의 지시를 일부 따르지 않거나 퇴원한 사실은 A의 사망과 甲의 과실 사이의 인과관계를 단절한다.

③ 甲이 자동차를 운전하다 횡단보도를 걷던 보행자 A를 들이 받아 그 충격으로 횡단보도 밖에서 A와 동행하던 B가 밀려 넘어져 상해를 입은 경우, 구 「도로교통법」 제27조 제1항에 따른 주의의무를 위반하여 운전한 甲의 업무상 과실과 B의 상해 사이에는 인과관계가 인정될 수 있다.

④ 한의사인 甲이 A를 문진하여 과거 봉침을 맞고도 별다른 이상 반응이 없었다는 답변을 듣고 알레르기 반응검사를 생략한 채 환부에 봉침 시술을 하였는데 A가 시술 후 상해를 입은 경우, 甲이 알레르기 반응검사를 하지 않은 과실과 A의 상해 사이에 상당인과관계를 인정하기 어렵다.

해설

① [O] 사람을 아스팔트 도로 바닥에 넘어뜨려 머리를 강하게 부딪치게 하는 경우 두개골 골절, 뇌출혈 등으로 인하여 사망에 이르게 할 수 있는데, 피고인이 피해자의 뺨을 1회 때리고 오른손으로 피해자의 목을 쳐 피해자로 하여금 그대로 뒤로 넘어지면서 머리를 땅바닥에 부딪치게 하여 피해자에게 두개골 골절, 외상성 지주막하 출혈, 외상성 경막하 출혈 등의 상해를 가하였다면 사망의 결과에 대한 예견가능성이 있었다고 볼 여지가 충분하다(대판 2012.3.15. 2011도17648). ☞ 상해치사죄 성립

② [X] 피고인의 수술 후 복막염에 대한 진단과 처치 지연 등의 과실로 피해자가 제때 필요한 조치를 받지 못하였다면 피해자의 사망과 피고인의 과실 사이에는 인과관계가 인정된다. 비록 피해자가 피고인의 지시를 일부 따르지 않거나 퇴원한 적이 있더라도, 그러한 사정만으로는 피고인의 과실과 피해자의 사망 사이에 인과관계가 단절된다고 볼 수 없다(대판 2018.5.11. 2018도2844). ☞ 업무상과실치사죄 성립

③ [O] 위 사고는, 피고인이 횡단보도 보행자 A에 대하여 구 도로교통법 제27조 제1항에 따른 주의의무를 위반하여 운전한 업무상 과실로 야기되었고, B의 상해는 이를 직접적인 원인으로 하여 발생하였으므로, 피고인의 행위는 구 교통사고처리특례법 제3조 제2항 단서 제6호에서 정한 횡단보도 보행자 보호의무의 위반행위에 해당한다(대판 2011.4.28. 2009도12671). ☞ 교통사고처리특례법위반죄 성립

④ [O] 제반 사정에 비추어 피고인이 봉침시술에 앞서 설명의무를 다하였더라도 피해자가 반드시 봉침시술을 거부하였을 것이라고 볼 수 없어, 피고인의 설명의무 위반과 피해자의 상해 사이에 상당인과관계를 인정하기 어렵다(대판 2011.4.14. 2010도10104). ☞ 업무상과실치상죄 불성립

정답 ②

19 고의와 목적에 대한 설명으로 옳은 것은? (다툼이 있는 경우 판례에 의함) 2021년 경찰간부

① 방조범의 경우에 정범의 고의는 정범에 의하여 실현되는 범죄의 구체적 내용을 인식할 것을 요하는 것은 아니고 미필적 인식 또는 예견으로 족하다.
② 「공직선거법」 제93조 제1항의 '선거에 영향을 미치게 하기 위하여'는 목적범 규정으로서, 그 목적에 대하여는 미필적 인식으로는 부족하고 적극적 의욕이나 확정적 인식을 필요로 한다.
③ 「형법」 제305조의 미성년자의제강제추행죄의 성립에 필요한 주관적 구성요건요소는 고의만으로는 부족하며, 성욕을 자극·흥분·만족시키려는 주관적 동기 혹은 목적이 존재해야 한다.
④ 미필적 고의를 판단함에 있어 범죄사실이 발생할 가능성을 용인하고 있었는지의 여부는 외부에 나타난 행위의 형태와 행위의 상황 등 구체적인 사정을 기초로 삼아 일반인이라면 범죄사실의 발생 가능성을 어떻게 평가할 것인지를 고려하여 일반인의 입장에서 그 심리상태를 추인하여야 한다.

해설

① [O] 형법상 방조행위는 정범이 범행을 한다는 정을 알면서 그 실행행위를 용이하게 하는 직접·간접의 행위를 말하므로, 방조범은 ⅰ) 정범의 실행을 방조한다는 이른바 방조의 고의와 ⅱ) 정범의 행위가 구성요건에 해당하는 행위인 점에 대한 정범의 고의가 있어야 한다. 또한 방조범의 경우에 정범의 고의는 정범에 의하여 실현되는 범죄의 구체적 내용을 인식할 것을 요하는 것은 아니고 미필적 인식 또는 예견으로 족하다(대판 2012.6.28. 2012도2628 등).
② [X] 공직선거법 제93조 제1항 등에서 '선거에 영향을 미치게 하기 위하여'라는 전제 아래 그에 정한 행위를 제한하고 있는 것은 고의 이외에 초과주관적 요소로서 '선거에 영향을 미치게 할 목적'을 범죄성립요건으로 규정한 것이므로, 그 목적에 대한 적극적 의욕이나 확정적 인식을 요하지 아니하고 미필적 인식으로 충분하다(대판 2011.6.24. 2011도3447 등).
③ [X] [1] 형법 제305조의 미성년자의제강제추행죄는 '13세 미만의 아동이 외부로부터의 부적절한 성적 자극이나 물리력의 행사가 없는 상태에서 심리적 장애 없이 성적 정체성 및 가치관을 형성할 권익'을 보호법익으로 하는 것으로서, 그 성립에 필요한 주관적 구성요건요소는 고의만으로 충분하고, 그 외에 성욕을 자극·흥분·만족시키려는 주관적 동기나 목적까지 있어야 하는 것은 아니다.
[2] 초등학교 4학년 담임교사(남자)가 교실에서 자신이 담당하는 반의 남학생의 성기를 만진 행위는 미성년자의제강제추행죄에서 말하는 '추행'에 해당한다(대판 2006.1.13. 2005도6791).
④ [X] 고의의 일종인 미필적 고의는 중대한 과실과는 달리 범죄사실의 발생 가능성에 대한 인식이 있고 나아가 범죄사실이 발생할 위험을 용인하는 내심의 의사가 있어야 한다. 행위자가 범죄사실이 발생할 가능성을 용인하고 있었는지는 ⅰ) 행위자의 진술에 의존하지 않고 외부에 나타난 행위의 형태와 행위의 상황 등 구체적인 사정을 기초로 '일반인'이라면 범죄사실이 발생할 가능성을 어떻게 평가할 것인지를 고려하면서 ⅱ) '행위자의 입장'에서 그 심리상태를 추인하여야 한다(대판 2017.1.12. 2016도15470).

정답 ①

20 범죄의 주관적 요소에 관한 설명 중 가장 적절하지 않은 것은? (다툼이 있는 경우 판례에 의함)

2022년 경찰2차

① 고의의 본질에 관한 용인설(인용설)에 따르면 구성요건적 결과를 용인하는 의사만으로도 고의가 인정되어 미필적 고의는 고의에 포함되나, 인식 있는 과실은 고의에 포함되지 않는다.
② 회사의 노동조합 홍보이사가 노조 사무실에서 '새벽 6호'라는 책자를 집에 가져와 보관하고 있다가 「국가보안법」 제7조 제5항의 이적표현물소지죄로 체포된 경우, 그 홍보이사에게 목적범인 이적표현물소지죄가 성립하기 위해서는 이적 행위를 하려는 목적의 확정적 인식이 있어야 한다.
③ 살인예비죄가 성립하기 위해서는 살인죄를 범할 목적 외에도 살인준비에 관한 고의가 있어야 한다.
④ 피고인이 범죄구성요건의 주관적 요소인 고의를 부인하는 경우, 그 범의 자체를 객관적으로 증명할 수 없으므로 사물의 성질상 범의와 상당한 관련성 있는 간접사실 또는 정황사실을 증명하는 방법으로 이를 입증할 수 밖에 없다.

> **해설**

① **[O]** 미필적(未必的) 고의라 함은 범죄사실의 발생 가능성을 불확실한 것으로 표상하면서 이를 용인하고 있는 경우를 말하고, 미필적 고의가 있었다고 하려면 범죄사실의 발생 가능성에 대한 인식이 있음은 물론 나아가 범죄사실이 발생할 위험을 용인하는 내심의 의사가 있어야 한다(대판 2004.5.14. 2004도74). ☞ 용인설(容認說)
② **[X]** 목적은 같은 법 제1항 내지 제4항의 행위에 대한 적극적 의욕이나 확정적 인식까지는 필요없고 미필적 인식으로 족한 것이므로 표현물의 내용이 객관적으로 보아 반국가단체인 북한의 대남선전, 선동 등의 활동에 동조하는 등의 이적성을 담고 있는 것임을 인식하고, 나아가 그와 같은 이적행위가 될지도 모른다는 미필적 인식이 있으면 위 조항의 구성요건은 충족된다(대판 1992.3.31. 90도2033 전원합의체).
③ **[O]** 형법 제255조, 제250조의 살인예비죄가 성립하기 위하여는 형법 제255조에서 명문으로 요구하는 살인죄를 범할 목적 외에도 살인의 준비에 관한 고의가 있어야 하며, 나아가 실행의 착수까지는 이르지 아니하는 살인죄의 실현을 위한 준비행위가 있어야 한다(대판 2009.10.29. 2009도7150).
④ **[O]** 피고인이 공모의 점과 함께 범의를 부인하는 경우에는 이러한 주관적 요소로 되는 사실은 사물의 성질상 범의와 상당한 관련성이 있는 간접사실 또는 정황사실을 증명하는 방법에 의하여 이를 입증할 수밖에 없으며, 이 때 무엇이 상당한 관련성이 있는 간접사실에 해당할 것인가는 정상적인 경험칙에 바탕을 두고 치밀한 관찰력이나 분석력에 의하여 사실의 연결상태를 합리적으로 판단하는 방법에 의하여야 한다(대판 2006.2.23. 2005도8645 등).

정답 ②

21 고의에 관한 설명으로 옳지 않은 것을 모두 고른 것은? (다툼이 있는 경우 판례에 의함)

2022년 제1차 경찰

> ㉠ 행정상의 단속을 주안으로 하는 법규라 하더라도 명문규정이 있거나 해석상 과실범도 벌할 뜻이 명확한 경우를 제외하고는 형법의 원칙에 따라 고의가 있어야 벌할 수 있다.
> ㉡ 「형법」 제167조 제1항의 일반물건방화죄에서 '공공의 위험 발생'은 고의의 인식 대상이 아니다.
> ㉢ 「형법」 제136조 제1항의 공무집행방해죄에 있어서의 범의는 상대방이 직무를 집행하는 공무원이라는 사실과 이에 대하여 폭행 또는 협박을 한다는 인식, 그리고 그 직무집행을 방해할 의사를 내용으로 한다.
> ㉣ 방조범은 2중의 고의를 필요로 하므로 정범이 정하는 범죄의 일시, 장소, 객체 등을 구체적으로 인식하여야 하며, 나아가 정범이 누구인지 확정적으로 인식해야 한다.
> ㉤ 친족상도례가 적용되기 위하여는 친족관계가 객관적으로 존재하여야 하나, 행위자가 이를 인식할 필요는 없다.

① ㉠, ㉡, ㉢
② ㉠, ㉣, ㉤
③ ㉡, ㉢, ㉣
④ ㉢, ㉣, ㉤

해설

㉠ **[O]** 甲이 정기적성검사를 받지 않음으로 인하여 1종 보통 운전면허가 취소되어 자동차운전면허가 없는 상태에서 약 30km에 걸쳐 승용차를 운전하였는데 관할 경찰청장이 운전면허취소처분의 통지에 갈음하는 적법한 공고를 거쳤으나 甲이 그러한 사정을 몰랐던 경우, 도로교통법위반(무면허운전)죄는 유효한 운전면허가 없음을 알면서도 자동차를 운전하는 경우에만 성립하는 이른바 고의범이므로, 기존의 운전면허가 취소된 상태에서 자동차를 운전하였더라도 운전자가 면허취소사실을 인식하지 못한 이상 도로교통법위반(무면허운전)죄에 해당한다고 볼 수 없다(대판 2004.12.10. 2004도6480). ☞ 도로교통법위반(무면허운전)죄 불성립

㉡ **[X]** 일반물건방화죄는 구체적 위험범으로써 '공공의 위험 발생'이 객관적 구성요건요소이므로 구성요건적 고의의 인식대상이 된다.

> **제167조(일반물건 방화)** ① 불을 놓아 제164조부터 제166조까지에 기재한 외의 물건을 불태워 공공의 위험을 발생하게 한 자는 1년 이상 10년 이하의 징역에 처한다.

㉢ **[X]** 공무집행방해죄에 있어서의 범의는 상대방이 직무를 집행하는 공무원이라는 사실, 그리고 이에 대하여 폭행 또는 협박을 한다는 사실을 인식하는 것을 그 내용으로 하고, 그 인식은 불확정적인 것이라도 소위 미필적 고의가 있다고 보아야 하며, 그 직무집행을 방해할 의사를 필요로 하지 아니한다(대판 1995.1.24. 94도1949).

㉣ **[X]** 저작권법이 보호하는 복제권의 침해를 방조하는 행위란 정범의 복제권 침해를 용이하게 해주는 직접·간접의 모든 행위로서, 정범의 복제권 침해행위 중에 이를 방조하는 경우는 물론, 복제권 침해행위에 착수하기 전에 장래의 복제권 침해행위를 예상하고 이를 용이하게 해주는 경우도 포함하며, 정범에 의하여 실행되는 복제권 침해행위에 대한 미필적 고의가 있는 것으로 충분하고 정범의 복제권 침해행위가 실행되는 일시, 장소, 객체 등을 구체적으로 인식할 필요가 없으며, 나아가 정범이 누구인지 확정적으로 인식할 필요도 없다(대판 2007.12.14. 2005도872 등).

㉤ **[O]** 친족상도례와 같은 인적처벌조각사유 또는 소추조건은 객관적 구성요건요소가 아니므로 구성요건적 고의의 인식대상이 되지 아니한다. 따라서 친족상도례와 관련한 착오가 있는 경우 객관적 요소로써만 그 적용여부를 판단하면 충분하고 나아가 행위자의 주관적 인식을 고려할 필요는 없다. 예컨대, 甲이 지하철에서 앞에 서 있던 사람의 지갑을 훔쳤는데, 알고보니 그 사람이 甲의 아버지였던 경우 비록 甲이 친족상도례가 적용된다는 사정을 인식하지 못했더라도 객관적으로 범인과 피해자 사이에 형법 제328조 제1항의 직계존속의 친족관계가 존재하므로 형면제판결을 받게 된다.

정답 ③

22 고의에 관한 다음 설명 중 가장 적절하지 않은 것은? (다툼이 있으면 판례에 의함) 2015년 제2차 경찰

① 유흥업소 업주가 고용대상자가 성인이라는 말만 믿고, 타인의 건강진단결과서만 확인한 채 청소년을 청소년유해업소에 고용한 경우 청소년 고용에 관한 미필적 고의가 있다.
② 공무집행방해죄에 있어서의 범의는 상대방이 직무를 집행하는 공무원이라는 사실, 그리고 이에 대하여 폭행 또는 협박을 한다는 사실을 인식하는 것을 그 내용으로 하며, 그 직무집행을 방해할 의사를 필요로 하지 아니한다.
③ 새로 목사로 부임한 자가 전임목사에 관한 교회 내의 불미스러운 소문의 진위를 확인하기 위하여 이를 교회집사들에게 물어본 경우 명예훼손에 대한 미필적 고의가 있다.
④ 제1종 운전면허 소지자인 피고인이 정기적성검사기간 내에 적성검사를 받지 아니한 경우 피고인이 적성검사기간 도래 여부에 관한 확인을 게을리 하여 기간이 도래되었음을 알지 못하였더라도 적성검사기간 내에 적성검사를 받지 않는 데 대한 고의가 있다.

해설

① **[O]** 유흥업소의 업주가 다른 공적 증명력 있는 증거를 확인해 봄이 없이 단순히 건강진단결과서상의 생년월일 기재만을 확인하는 것만으로는 피고인들이 청소년유해업소 업주로서의 청소년연령확인에 관하여 필요한 조치를 다하였다고는 할 수 없고, 그렇다면 피고인들에게는 청소년임에도 이들을 고용한다는 점에 관하여 적어도 미필적 고의가 있었다고 볼 것이다(대판 2006.3.23. 2006도477).
② **[O]** 대판 1995.1.24. 94도1949
③ **[X]** 명예훼손의 고의 없는 단순한 확인에 지나지 아니하여 사실의 적시라고 할 수 없다 할 것이다(대판 1985.5.28. 85도588).
④ **[O]** 운전면허증 소지자가 운전면허증만 꺼내 보아도 쉽게 알 수 있는 정도의 노력조차 기울이지 않는 것은 적성검사기간 내에 적성검사를 받지 못하게 되는 결과에 대한 방임이나 용인의 의사가 존재한다고 봄이 타당하므로, 적성검사기간 내에 적성검사를 받지 않는 데 대한 미필적 고의는 있었다(대판 2014.4.10. 2012도8374). ☞ 도로교통법위반(정기적성검사불이행)죄 성립

정답 ③

23 다음 설명 중 가장 적절하지 않은 것은? (다툼이 있으면 판례에 의함)
2014년 제2차 경찰

① 미필적 고의라 함은 결과의 발생이 불확실한 경우, 즉 행위자에 있어서 그 결과발생에 대한 확실한 예견은 없으나 그 가능성은 인정하는 것으로, 이러한 미필적 고의가 있었다고 하려면 결과발생의 가능성에 대한 인식이 있음은 물론 나아가 결과발생을 용인하는 내심의 의사가 있음을 요한다.

② 피고인의 구타행위로 상해를 입은 피해자가 정신을 잃고 빈사상태에 빠지자 사망한 것으로 오인하고, 자신의 행위를 은폐하고 피해자가 자살한 것처럼 가장하기 위하여 피해자를 베란다 아래의 바닥으로 떨어뜨려 사망케 하였다면, 피고인의 행위는 포괄하여 단일의 상해치사죄에 해당한다.

③ 甲이 乙 등 3명과 싸우다가 힘이 달리자 식칼을 가지고 이들 3명을 상대로 휘두르다가 이를 말리면서 식칼을 뺏으려던 피해자 丙에게 상해를 입혔다면, 상해를 입은 사람이 목적한 사람이 아닌 다른 사람이므로 과실치상죄에 해당한다.

④ 행정상의 단속을 주안으로 하는 법규라 하더라도 '명문규정이 있거나 해석상 과실범도 벌할 뜻이 명확한 경우'를 제외하고는 형법의 원칙에 따라 '고의'가 있어야 벌할 수 있다.

해설

① **[O]** 대판 2004.5.14. 2004도74
② **[O]** 대판 1994.11.4. 94도2361
③ **[X]** 甲에게 상해의 범의가 인정되며 상해를 입은 사람이 목적한 사람이 아닌 다른 사람이라 하여 과실상해죄에 해당한다고 할 수 없다(대판 1987.10.26. 87도1745). ☞ 丙에 대한 상해죄 성립
④ **[O]** 甲이 정기적성검사를 받지 않음으로 인하여 1종 보통 운전면허가 취소되어 자동차운전면허가 없는 상태에서 약 30km에 걸쳐 승용차를 운전하였는데 관할 경찰청장이 운전면허취소처분의 통지에 갈음하는 적법한 공고를 거쳤으나 甲이 그러한 사정을 몰랐던 경우, 도로교통법위반(무면허운전)죄는 유효한 운전면허가 없음을 알면서도 자동차를 운전하는 경우에만 성립하는 이른바 고의범이므로, 기존의 운전면허가 취소된 상태에서 자동차를 운전하였더라도 운전자가 면허취소사실을 인식하지 못한 이상 도로교통법위반(무면허운전)죄에 해당한다고 볼 수 없다(대판 2004.12.10. 2004도6480). ☞ 도로교통법위반(무면허운전)죄 불성립

정답 ③

24 다음 설명 중 가장 적절하지 않은 것은? (다툼이 있으면 판례에 의함) 2016년 제1차 경찰

① 甲은 같이 사냥을 하던 동료 乙을 살해하려고 총을 쏘았는데 사격이 미숙하여 옆 자리의 丙이 총알에 맞아 사망하였다. 이 경우 구성요건적 착오에 관한 학설 중 구체적 부합설과 법정적 부합설의 결론은 다르다.
② 甲은 평소 乙의 심한 괴롭힘을 참을 수 없어서 늦은 밤에 乙을 뒤따라가 등을 칼로 찔렀으나 실제로는 乙과 비슷한 외모의 丙이 살해되었다. 이 경우 구성요건적 착오에 관한 구체적 부합설 및 법정적 부합설에 의하면 발생사실에 대하여 고의가 인정되어 丙에 대한 살인죄가 성립한다.
③ 甲이 살해의도로 丙을 향하여 발포하였으나 빗나가 옆에 있던 乙에게 명중하여 사망한 경우, 구성요건적 착오에 관한 어떤 학설에 의할 때도 乙에 대한 살인죄가 성립한다.
④ 피고인의 구타행위로 상해를 입은 피해자가 정신을 잃고 빈사상태에 빠지자 사망한 것으로 오인하고, 자신의 행위를 은폐하고 피해자가 자살한 것처럼 가장하기 위하여 피해자를 베란다 아래의 바닥으로 떨어뜨려 사망케 하였다면, 피고인의 행위는 포괄하여 단일의 상해치사죄에 해당한다.

해설

구분		구체적 부합설	법정적 부합설	추상적 부합설
구체적 사실의 착오	객체의 착오		발생사실에 대한 고의기수범 (고의의 전용 인정)	
	방법의 착오			
추상적 사실의 착오	객체의 착오	인식사실에 대한 미수범과 발생사실에 대한 과실범의 상상적 경합	1. 경죄의 고의로 중한 결과 발생 ☞ 경죄 기수와 중과실의 상상적 경합 2. 중죄의 고의로 경한 결과 발생 ☞ 경죄 기수와 중죄미수의 상상적 경합	
	방법의 착오			

① [O] 구체적 사실의 착오 중 방법의 착오에 해당하는 사례로서 구체적 부합설에 의할 경우, 乙에 대한 살인미수죄와 丙에 대한 과실치사죄의 상상적 경합범에 해당하는 반면, 법정적 부합설에 의할 경우 丙에 대한 살인죄의 기수범이 성립한다.
② [O] 구체적 사실의 착오 중 객체의 착오에 해당하는 사례로서 구체적 부합설, 법정적 부합설 및 추상적 부합설의 어느 학설의 입장에 의하더라도 고의의 전용(轉用)이 인정되어 발생사실에 대한 고의기수범이 성립한다.
③ [X] 구체적 사실의 착오 중 방법의 착오에 해당하는 사례로서, 구체적 부합설에 의할 경우 丙에 대한 살인미수죄와 乙에 대한 과실치사죄의 상상적 경합범이 성립하는 반면, 법정적 부합설 및 추상적 부합설에 의할 경우 乙에 대한 살인죄의 기수범이 성립한다.
④ [O] 대판 1994.11.4. 94도236

정답 ③

25 사실의 착오에 대한 설명으로 가장 적절한 것은?

2018년 제3차 경찰

① 甲이 A를 살해할 의사로 돌로 머리를 내리쳐 정신을 잃고 쓰러지자 A가 죽은 것으로 오인하고 죄적을 인멸하기 위해 A를 웅덩이에 묻었으나 사실은 A가 매장으로 인하여 질식사한 경우 판례에 따르면 甲에게 A에 대한 살인미수죄와 과실치사죄의 실체적 경합이 성립한다.

② 甲이 형 A를 살해하려고 기다리다가 아버지 B를 A로 오인하고 살해한 경우 판례에 따르면 甲에게 보통살인죄의 미수와 존속살해죄의 상상적 경합이 성립한다.

③ 甲이 형수 A를 살해하기 위하여 몽둥이를 휘둘렀으나 몽둥이가 빗나가서 형수 A가 업고 있던 조카 B가 맞고 사망한 경우 법정적 부합설에 따르면 甲에게 A에 대한 살인미수죄와 B에 대한 과실치사죄의 상상적 경합이 성립한다.

④ 甲이 A를 살해하기 위하여 총을 발사하였으나 빗나가 주차되어 있는 자동차 유리창만 깨뜨린 경우 구체적 부합설에 따르면 甲에게 A에 대한 살인미수죄가 성립한다.

해설

① **[X]** 피해자가 피고인들의 살해의 의도로 행한 구타행위에 의하여 직접 사망한 것이 아니라 죄적(罪迹)을 인멸할 목적으로 행한 매장행위에 의하여 사망하게 되었다 하더라도 전 과정을 개괄적으로 보면 피해자의 살해라는 처음에 예견된 사실이 결국은 실현된 것으로서 피고인들은 살인죄의 죄책을 면할 수 없다(대판 1988.6.28. 88도650). ☞ 살인죄의 기수범 성립

② **[X]** 甲의 착오는 형법 제15조 제1항의 특별히 중한 죄가 되는 사실을 인식하지 못한 경우로서 보통살인죄가 성립한다.

> 甲은 원수 乙을 살해하려고 하였으나 캄캄한 밤중에 사람이 많이 모여 혼잡한 상황에서 공범의 독촉을 받자 자신의 장모 丙을 원수 乙로 오인하고 칼로 찔러 살해한 경우, 배우자의 직계존속임을 인식하지 못하고 살인을 한 경우로서 형법 제15조 제1항의 '특별히 중한 죄가 되는 사실'을 인식하지 못한 경우로서 존속살해죄로 벌할 수 없다(대판 1960.10.31. 4293형상494). ☞ 보통살인죄(제250조 제1항) 성립

③ **[X]** 조카 B에 대한 살인죄가 성립한다(대판 1984.1.24. 83도2813).

④ **[O]** 추상적 사실의 착오로서 방법의 착오에 해당하는 사례이므로, 구체적 부합설에 의할 경우, 인식사실의 미수범과 발생사실의 과실범의 상상적 경합범이 성립하게 된다. 따라서 재물손괴죄는 과실범 처벌규정이 없으므로 A에 대한 살인미수죄만 성립한다.

정답 ④

26 착오에 대한 설명으로 옳지 않은 것은? (다툼이 있는 경우 판례에 의함) 2022년 경찰간부

① 甲이 A를 살해하고자 골프채로 A의 머리를 내리쳐 A가 실신하자 사망한 것으로 오인하여 범행을 은폐하기 위해 A를 자동차에 싣고 근처 바닷가 절벽으로 가 던졌는데 실제로는 익사로 판명된 경우, 甲에게는 살인기수의 죄책이 인정된다.

② 甲이 상해의 고의로 A의 머리를 벽돌로 내리쳐 A가 바닥에 쓰러진 채 실신하자 A가 사망한 것으로 오인하여 범행을 은폐하고 A가 자살한 것처럼 위장하기 위하여 A를 절벽 아래로 떨어뜨려 사망에 이르게 하였다면, 甲의 상해행위는 A에 대한 살인에 흡수되어 단일의 살인죄만 인정된다.

③ 甲은 옆집 개가 평소 시끄럽게 짖어 그 개에게 손괴의 고의로 돌을 던졌으나 마침 개가 있는 쪽으로 뛰어나온 어린아이를 맞춰 전치 2주의 상해를 입힌 경우, 구체적 부합설에 의하면 손괴죄의 미수범과 과실치상죄의 상상적 경합이 성립한다.

④ 甲이 乙에게 A에 대한 상해를 교사하여 乙이 이를 승낙하고 실행을 하였으나 A가 그 상해로 인해 사망한 경우, 甲에게 A의 사망에 대한 예견가능성이 인정된다면 상해치사죄의 교사범이 성립한다.

해설

① **[O]** 인과관계의 착오에 해당하는 사례로서 판례는 유사사건에서 살인죄의 기수범을 인정하였다.

> 피해자가 피고인들의 살해의 의도로 행한 구타행위에 의하여 직접 사망한 것이 아니라 죄적(罪迹)을 인멸할 목적으로 행한 매장행위에 의하여 사망하게 되었다 하더라도 전 과정을 개괄적으로 보면 피해자의 살해라는 처음에 예견된 사실이 결국은 실현된 것으로서 피고인들은 살인죄의 죄책을 면할 수 없다(대판 1988.6.28. 88도650). ☞ 살인죄의 기수범 성립

② **[X]** 판례는 유사사건에서 상해치사죄의 성립을 인정하였다.

> 피고인이 피해자에게 우측 흉골골절 및 늑골골절상과 이로 인한 우측 심장벽좌상과 심낭내출혈 등의 상해를 가함으로써, 피해자가 바닥에 쓰러진 채 정신을 잃고 빈사상태에 빠지자, 피해자가 사망한 것으로 오인하고, 피고인의 행위를 은폐하고 피해자가 자살한 것처럼 가장하기 위하여 피해자를 베란다로 옮긴 후 베란다 밑 약 13m 아래의 바닥으로 떨어뜨려 피해자로 하여금 현장에서 좌측 측두부 분쇄함몰골절에 의한 뇌손상 및 뇌출혈 등으로 사망에 이르게 한 경우(대판 1994.11.4. 94도2361). ☞ 상해치사죄 성립

③ **[O]** 추상적 사실의 착오 중 방법의 착오에 해당하는 사례로서 구체적 부합설에 의하면 재물손괴죄의 미수범과 과실치상죄의 상상적 경합범을 인정하게 된다.

④ **[O]** 일반적으로 교사자는 상해죄에 대한 교사범이 되는 것이고, 다만 교사자에게 피해자의 사망이라는 결과에 대하여 과실 내지 예견가능성이 있는 때에는 상해치사죄의 교사범으로서의 죄책을 지울 수 있다(대판 97도1075 등).

> 甲이 조직폭력배 乙의 집으로 전화를 하여 그에게 "丙이라는 애가 행패를 부려서 망신을 당했는데 나이 먹고 챙피해 죽겠다. 네가 알아서 혼(魂)을 내주어라"고 상해를 교사하였는데 이후 乙이 丙을 사망케 한 경우(대판 1992.2.25. 91도3192). ☞ 상해치사죄의 교사범 성립

정답 ②

27 甲은 乙에게 A를 살해하라고 교사하였다. 甲의 청부를 받아 들인 乙은 A라고 생각되는 사람이 골목길에 들어서는 것을 보고 그가 집에 들어가려는 순간을 기다려 총을 쏘았다. 사망을 확인하기 위하여 다가가서 보니 죽은 사람은 A가 아니라 A와 꼭 닮은 동생 B였다. 이 사례에 관한 설명으로 옳은 것은? (다툼이 있는 경우 판례에 의함) 2022년 제1차 경찰

① 乙의 착오를 객체의 착오로 보고 구체적 부합설을 따르는 견해에 의하면 乙에게는 살인미수죄와 과실치사죄의 상상적 경합이 인정된다.
② 만일 乙이 A가 오는 것을 보고 총을 쏘았으나 빗나가서 그 옆에 있던 C 소유의 자전거에 맞고 자전거의 일부가 손괴된 경우, 乙의 행위는 발생사실인 과실재물손괴죄로 처벌된다.
③ 乙의 착오를 객체의 착오로 보고 이에 기반을 둔 甲의 착오도 객체의 착오로 보는 경우, 구체적 부합설을 따르는 견해에 의하면 甲에게는 살인미수죄와 과실치사죄의 상상적 경합이 인정된다.
④ 乙의 착오를 객체의 착오로 보고 이에 기반을 둔 甲의 착오를 방법의 착오로 보는 경우, 법정적 부합설을 따르는 견해에 의하면 甲은 살인죄의 교사범으로 처벌된다.

해설

① **[X]** 乙의 착오는 구체적 사실의 착오로서 객체의 착오에 해당하므로 구체적 부합설에 의할 경우, B에 대한 살인죄의 기수범이 성립한다.
② **[X]** 乙의 착오는 추상적 사실의 착오로서 방법의 착오에 해당하므로 판례의 입장인 법정적 부합설에 의할 경우, A에 대한 살인미수죄와 C소유의 자전거에 대한 과실손괴에 해당하나, 손괴죄는 과실범 처벌규정이 없으므로 A에 대한 살인미수죄만 성립한다.
③ **[X]** 정범의 객체의 착오를 교사자의 입장에서도 객체의 착오로 파악하는 입장을 취하는 경우, 구체적 부합설에 의하면 교사자 甲에게 B에 대한 살인죄의 교사범이 성립하게 된다.
④ **[O]** 정범의 객체의 착오를 교사자의 입장에서 방법의 착오로 파악하는 입장을 취하는 경우, 법정적 부합설에 의하면 교사자 甲에게 B에 대한 살인죄의 교사범이 성립하게 된다.

정답 ④

28 형법상 착오에 관한 다음 설명 중 가장 적절하지 않은 것은? (다툼이 있으면 판례에 의함)

2015년 제1차 경찰

① 불능미수의 문제는 사실의 착오가 반전된 경우이지만, 환각범의 문제는 법률의 착오가 반전된 경우이다.
② 일반인이 현행범인을 체포하여 48시간 동안 감금하는 것이 허용되는 것으로 착오하고 감금하였더라도 책임설에 의하면 감금죄의 고의는 인정된다.
③ 공무원이 그 직무에 관하여 실시한 봉인 등의 표시를 손상 또는 은닉 기타의 방법으로 그 효용을 해함에 있어서 그 봉인 등의 표시가 법률상 효력이 없다고 믿은 경우, 그와 같이 믿은 데에 정당한 이유가 없는 이상 공무상표시무효죄의 죄책을 면할 수 없다.
④ 산모가 자기가 분만한 적출영아를 사생아로 오인하고 치욕을 은폐하기 위하여 분만 직후 살해한 경우는 보통살인죄로 처벌된다.

해설

① **[O]** 불능미수는 반전된 구성요건착오에 해당하고, 환각범은 반전된 금지착오에 해당한다.
② **[O]** 위법성인식의 체계적 지위에 관한 책임설에 의하면 설문의 경우 감금의 고의는 인정되고 다만 위법성인식이 없음에 정당한 이유가 인정되는 경우에 한하여 책임이 조각될 여지가 있을 뿐이다.
③ **[O]** 공무원이 그 직무에 관하여 실시한 봉인 등의 표시를 손상 또는 은닉 기타의 방법으로 그 효용을 해함에 있어서 그 봉인 등의 표시가 법률상 효력이 없다고 믿은 것은 법규의 해석을 잘못하여 행위의 위법성을 인식하지 못한 것이라고 할 것이므로 그와 같이 믿은 데에 정당한 이유가 없는 이상, 그와 같이 믿었다는 사정만으로는 공무상표시무효죄의 죄책을 면할 수 없다고 할 것이다(대판 2000.4.21. 99도5563).
④ **[X]** 특별한 책임감경표지에 해당하는 살해동기에 관한 행위자의 착오가 존재하는 경우일지라도 그 행위자의 주관적 동기를 기준으로 심정반가치를 논하므로, 설문의 경우 '치욕을 은폐하기 위하여 살해'한 점이 인정되므로 보통살인죄가 아니라 영아살해죄가 성립한다.

정답 ④

29 甲은 자기 부인을 희롱하는 乙을 살해의 고의로 돌로 내리쳤다. 乙이 뇌진탕 등으로 인하여 정신을 잃고 축 늘어지자 甲은 乙이 죽은 것으로 오인하고 증거를 인멸할 목적으로 乙을 개울가로 끌고 가 웅덩이를 파고 땅에 파묻었다. 그러나 부검 결과 乙의 사망은 질식에 의한 것임이 밝혀졌다. 사례의 해결에 대한 설명으로 옳지 않은 것은? 2014년 검찰9급

① 이른바 '개괄적 고의'의 개념을 이용하여 사례를 해결하려는 견해에 의하면, 제1행위와 제2행위를 개괄하는 단일한 고의가 인정되어 甲에게는 살인기수죄가 인정된다.

② 이 경우를 인과관계 착오의 한 형태로 보는 견해에 의하면, 인과과정의 차이가 본질적이지 않다고 인정되는 경우 甲에게는 살인기수죄가 인정된다.

③ 전 과정을 개괄적으로 보면 乙의 살해라는 처음에 예견된 사실이 결국 실현된 것으로서 甲은 살인 죄의 죄책을 면할 수 없다는 것이 판례의 입장이다.

④ 제1행위와 제2행위의 독립적 성격을 강조하는 견해에 의하면, 甲에게는 살인미수죄와 사체유기죄의 경합범이 인정된다.

> **해설**
>
> ④ **[X]** 제1행위와 제2행위의 독립적 성격을 강조하는 견해에 의하면, 甲에게는 살인미수죄와 과실치사죄의 경합범이 성립한다(미수와 과실의 경합범설).
>
> **정답** ④

30 고의와 과실에 대한 설명으로 가장 적절하지 않은 것은? (다툼이 있는 경우 판례에 의함)

2021년 제2차 경찰

① 채권자 A가 채무자 甲의 신용상태를 인식하고 있어 장래의 변제지체 또는 변제불능에 대한 위험을 예상하고 있거나 예상할 수 있었다면, 甲이 구체적인 변제의사, 변제능력, 거래조건 등 거래 여부를 결정지을 수 있는 중요한 사항을 허위로 말하였다는 등의 사정이 없는 한, 그 후 제대로 변제하지 못했다는 사실만으로 甲에게 사기죄의 고의가 있다고 볼 수 없다.

② 방조범은 정범의 실행을 방조한다는 방조의 고의와 정범의 행위가 구성요건에 해당하는 행위인 점에 대한 정범의 고의가 있어야 하나, 이 경우 정범의 고의는 적어도 정범에 의하여 실현되는 범죄의 구체적 내용을 인식할 것을 필요로 한다.

③ 전기배선이 벽 내부에 매립 설치되어 건물 구조의 일부를 이루고 있다면 그에 관한 관리책임은 일반적으로 소유자에게 있다고 보아야 하나, 그 전기배선을 임차인이 직접 하였으며 그 이상을 미리 알았거나 알 수 있었다는 등의 특별한 사정이 있는 때에는 임차인에게도 그 부분의 하자로 인한 화재를 예방할 주의의무가 인정될 수 있다.

④ 甲은 A와 함께 술을 마시고 중앙선에 서서 도로횡단을 중단한 상황에서 지나가는 차량의 유무를 확인하지 아니하고 고개를 숙인 채 서 있는 A의 팔을 갑자기 잡아끌어 무단횡단을 하다가 지나가던 차량에 A가 충격당하여 사망한 경우, 甲이 술에 취해 있었다 하더라도 甲에게는 A의 안전을 위하여 차량의 통행 여부 및 횡단 가능 여부를 확인하여야 할 주의의무가 인정된다.

해설

① [O] 피해자가 피고인의 신용상태를 인식하고 있어 장래의 변제지체 또는 변제불능에 대한 위험을 예상하고 있거나 예상할 수 있었다면, 피고인이 구체적인 변제의사, 변제능력, 거래조건 등 거래 여부를 결정지을 수 있는 중요한 사항을 허위로 말하였다는 등의 사정이 없는 한, 피고인이 그 후 제대로 변제하지 못하였다는 사실만 가지고 변제능력에 관하여 피해자를 기망하였다거나 사기죄의 고의가 있었다고 단정할 수 없다(대판 2016.6.9. 2015도18555).

② [X] 형법상 방조행위는 정범이 범행을 한다는 정을 알면서 그 실행행위를 용이하게 하는 직접·간접의 행위를 말하므로, 방조범은 정범의 실행을 방조한다는 이른바 방조의 고의와 정범의 행위가 구성요건에 해당하는 행위인 점에 대한 정범의 고의가 있어야 하나, (중략) 또한 방조범에 있어서 정범의 고의는 정범에 의하여 실현되는 범죄의 구체적 내용을 인식할 것을 요하는 것은 아니고 미필적 인식 또는 예견으로 족하다고 할 것이다(대판 2005.4.29. 2003도6056 등).

③ [O] 대판 2009.5.28. 2009도1040

④ [O] 중앙선에 서서 도로횡단을 중단한 피해자의 팔을 갑자기 잡아끌고 피해자로 하여금 도로를 횡단하게 만든 피고인으로서는 위와 같이 무단횡단을 하는 도중에 지나가는 차량에 충격당하여 피해자가 사망하는 교통사고가 발생할 가능성이 있으므로, 이러한 경우에는 피고인이 피해자의 안전을 위하여 차량의 통행 여부 및 횡단 가능 여부를 확인하여야 할 주의의무가 있다 할 것이므로, 피고인으로서는 위와 같은 주의의무를 다하지 않은 이상 교통사고와 그로 인한 피해자의 사망에 대하여 과실책임을 면할 수 없다(대판 2002.8.23. 2002도2800). ☞ 과실치사죄 성립

정답 ②

31 과실범에 대한 설명으로 가장 적절하지 않은 것은? (다툼이 있는 경우 판례에 의함) 2017년 경기북부 여경

① 정상의 주의를 태만함으로 인하여 죄의 성립요소인 사실을 인식하지 못한 행위는 법률에 특별한 규정이 있는 경우에 한하여 처벌한다.
② 산후조리원에 입소한 신생아가 계속하여 잦은 설사 등의 이상증세를 보임에도 불구하고 산후조리원의 신생아 집단관리를 맡은 책임자가 의사 등의 진찰을 받도록 하지 않아 신생아가 사망한 경우, 위 집단관리 책임자가 산모에게 신생아의 이상증세를 즉시 알리고 적절한 조치를 구하여 산모의 지시를 따른 것만으로는 업무상 주의의무를 다하였다고 볼 수 없다.
③ 폭발물사용죄는 과실범 처벌규정이 있으나, 폭발성물건파열죄는 과실범 처벌규정이 없다.
④ 피고인이 근무하는 병원에서는 인턴의 수가 부족하여 수혈의 경우 두 번째 이후의 혈액봉지는 인턴 대신 간호사가 교체하는 관행이 있었다고 하더라도, 위와 같이 혈액봉지가 바뀔 위험이 있는 상황에서 피고인이 그에 대한 아무런 조치도 취함이 없이 간호사에게 혈액봉지의 교체를 일임한 것이 관행에 따른 것이라는 이유만으로 정당화될 수는 없다.

해설

① [O]

> **형법 제14조(과실)** 정상의 주의를 태만함으로 인하여 죄의 성립요소인 사실을 인식하지 못한 행위는 법률에 특별한 규정이 있는 경우에 한하여 처벌한다.

② [O] 산후조리원에 입소한 신생아가 계속하여 잦은 설사 등의 이상증세를 보임에도 불구하고, 산후조리원의 신생아 집단관리를 맡은 책임자가 의사 등의 진찰을 받도록 하지 않아 신생아가 사망한 사안에서, 위 집단관리 책임자에게 업무상과실치사의 죄책을 인정한 사례(대판 2007.11.16. 2005도1796)
③ [X] 폭발물사용죄(제119조)는 과실범 처벌규정이 없는 반면, 폭발성물건파열죄(제172조)는 과실범 처벌규정이 마련되어 있다(제173조의2 과실폭발성물건파열죄).

> **관련판례**
> 임차인이 자신의 비용으로 설치·사용하던 가스설비의 휴즈콕크를 아무런 조치 없이 제거하고 이사를 간 후 가스공급을 개별적으로 차단할 수 있는 주뱉브가 열려져 가스가 유입되어 폭발사고가 발생한 경우, 그 휴즈콕크를 제거하면서 그 제거부분에 아무런 조치를 하지 않고 방치하면 주뱉브가 열리는 경우 유입되는 가스를 막을 아무런 안전장치가 없어 가스 유출로 인한 대형사고의 가능성이 있다는 것은 평균인의 관점에서 객관적으로 볼 때 충분히 예견할 수 있다(대판 2001.6.1. 99도5086). ☞ 종전 임차인에게 과실폭발성물건파열죄, 과실치사상죄 성립

④ [O] 대판 1998.2.27. 97도2812

정답 ③

32 과실범에 대한 설명으로 가장 적절한 것은? (다툼이 있는 경우 판례에 의함) 2021년 제1차 경찰

① 의사가 설명의무를 위반한 채 의료행위를 하였다가 환자에게 사망의 결과가 발생한 경우, 의사에게 업무상 과실로 인한 형사책임을 지우기 위해서는 의사의 설명의무 위반과 환자의 사망 사이에 상당인과관계가 존재할 필요는 없다.

② 농배양을 하지 않은 의사의 과실과 피해자의 사망 사이에 인과관계를 인정하려면, 농배양을 하였더라면 피고인이 투약해 온 항생제와 다른 어떤 항생제를 사용하게 되었을 것이라거나 어떤 다른 조치를 취할 수 있었을 것이고, 따라서 피해자가 사망하지 않았을 것이라는 점이 인정되어야 한다.

③ 과실이 있는 경우, 결과가 발생하지 않거나 과실과 결과 사이에 인과관계가 부정될 때에는 과실미수범으로 처벌된다.

④ 의사들의 주의의무 위반과 처방체계상의 문제점으로 인하여 수술 후 회복과정에 있는 환자에게 인공호흡 준비를 갖추지 않은 상태에서는 사용할 수 없는 약제가 잘못 처방되었고, 종합병원의 간호사로서 환자에 대한 투약 과정 및 그 이후의 경과 관찰 등의 직무 수행을 위하여 처방 약제의 기본적인 약효나 부작용 및 주사 투약에 따르는 주의사항 등을 미리 확인·숙지하였다면 과실로 처방된 것임을 알 수 있었음에도 그대로 주사하여 환자가 의식불명 상태에 이르게 된 사안에서, 간호사에게는 업무상과실치상의 형사책임은 인정되지 않는다.

해설

① **[X]** [1] 의사가 설명의무를 위반한 채 의료행위를 하여 피해자에게 상해가 발생하였다고 하더라도, 업무상 과실로 인한 형사책임을 지기 위해서는 피해자의 상해와 의사의 설명의무 위반 내지 승낙취득 과정의 잘못 사이에 상당인과관계가 존재하여야 하고, 이는 한의사의 경우에도 마찬가지이다.
[2] 한의사인 피고인이 피해자에게 문진하여 과거 봉침을 맞고도 별다른 이상반응이 없었다는 답변을 듣고 부작용에 대한 충분한 사전 설명 없이 환부인 목 부위에 봉침시술을 하였는데, 피해자가 위 시술 직후 쇼크반응을 나타내는 등 상해를 입은 경우, 제반 사정에 비추어 피고인이 봉침시술에 앞서 설명의무를 다하였더라도 피해자가 반드시 봉침시술을 거부하였을 것이라고 볼 수 없어, 피고인의 설명의무 위반과 피해자의 상해 사이에 상당인과관계를 인정하기 어렵다(대판 2011.4.14. 2010도10104). ☞ 업무상과실치상죄 불성립

② **[O]** [1] 피해자의 병명인 루드비히 안기나와 같이 이미 원인균이 알려진 경우라 할지라도 배농이 되었을 경우 원칙적으로 농에 대한 배양검사를 실시하여 적절한 약물을 선택하여야 한다는 것이므로, 피고인이 농배양을 하지 않은 것이 과실이라고 할 수는 있겠으나, 그것이 피해자의 사망에 기여한 인과관계 있는 과실이 된다고 하려면 원심으로서는 농배양을 하였더라면 피고인이 투약해 온 항생제와 다른 어떤 항생제를 사용하게 되었을 것이라거나 어떤 다른 조치를 취할 수 있었을 것이고, 따라서 피해자가 사망하지 않았을 것이라는 점을 심리·판단하였어야 한다.
[2] 그러나 기록상 그러한 점을 밝힐 수 있는 자료는 없고, 오히려 후에 밝혀진 바에 의하면, 피고인이 투약해 온 항생제는 원인균에 적절한 것으로 판명되었다는 것이므로 피고인의 과실이 피해자의 사망과 인과관계가 있다고 보기는 어렵다(대판 1996.11.8. 95도2710). ☞ 업무상과실치사죄 불성립

③ **[X]** 과실범에는 미수처벌규정이 마련되어 있지 않다.

④ **[X]** 피고인이 경력이 오래된 간호사라 하더라도 단지 잘 모르는 약제가 처방되었다는 등의 사유만으로 그 처방의 적정성을 의심하여 의사에게 이를 확인하여야 할 주의의무까지 있다고 보기는 어렵다 할 것이지만, 환자에 대한 투약 과정 및 그 이후의 경과를 관찰·보고하고 환자의 요양에 필요한 간호를 수행함을 그 직무로 하고 있는 종합병원의 간호사로서는 그 직무 수행을 위하여 처방 약제의 투약 전에 미리 그 기본적인 약효나 부작용 및 주사 투약에 따르는 주의사항 등을 확인·숙지하여야 할 의무가 있다 할 것인바, 이 사건 처방의 경위와 위 베큐로니움의 특수한 용도 및 그 오용의 치명적 결과 등을 감안할 때, 만일 베큐로니움이라는 약제가 수술 후 회복과정에 있는 환자에게는 사용할 수 없는 성질이며 특히 인공호흡의 준비 없

이 투여되어서는 아니된다는 등의 약효와 주의사항 및 그 오용의 치명적 결과를 미리 확인하였다면 위 처방이 너무나 엉뚱한 약제를 투약하라는 내용이어서 필시 착오 또는 실수에 기인한 것이라고 의심할 만한 사정이 있음을 쉽게 인식할 수 있었다 할 것이고, 그러한 사정이 있다면 간호사에게는 그 처방을 기계적으로 실행하기에 앞서 당해 처방의 경위와 내용을 관련자에게 재확인함으로써 그 실행으로 인한 위험을 방지할 주의의무가 있다고 봄이 상당하다(대판 2009.12.24. 2005도8980). ☞ 간호사에게 업무상과실치상죄 성립

(정답) ②

33 과실범에 대한 설명으로 가장 적절하지 않은 것은? (다툼이 있는 경우 판례에 의함) 2020년 제2차 경찰

① 함께 술을 마신 후 만취된 피해자를 촛불이 켜져 있는 방안에 혼자 눕혀 놓고 촛불을 끄지 않고 나오는 바람에 화재가 발생하여 피해자가 사망한 경우, 화재가 발생할 것은 예상할 수 없으므로 과실치사의 책임을 물을 수 없다.

② 육교 밑 차도를 주행하는 자동차 운전자가 전방 보도 위에 서 있는 피해자를 발견했다 하더라도 육교를 눈앞에 둔 피해자가 특히 차도로 뛰어들 거동이나 기색을 보이지 않는 한 일반적으로 차도로 뛰어들어 오리라고 예견하기 어렵다.

③ 고령의 간경변증 환자인 피해자에게 화상 치료를 위한 가피절제술과 피부이식수술을 실시하기 전에 출혈과 혈액량 감소로 신부전이 발생하여 생명이 위험할 수 있다는 점에 대해 피해자와 피해자의 보호자에게 설명을 하지 아니한 채 수술을 실시한 과실로 인하여 환자가 사망한 경우, 의사에게 업무상 과실로 인한 형사책임을 지우기 위해서는 의사의 설명의무 위반과 환자의 사망 사이에 상당인과관계가 존재하여야 한다.

④ 과실범의 불법은 객관적 주의의무위반을 통한 행위반가치 및 구성요건적 결과 발생을 통한 결과반가치에서 찾을 수 있다.

해설

① **[X]** 술에 취한 피해자가 정신없이 몸부림을 치다가 발이나 이불자락으로 촛불을 건드리는 경우 그것이 넘어져 불이 이불이나 비닐장판 또는 벽지 등에 옮겨 붙어 화재가 발생할 가능성이 있고, 또한 화재가 발생하는 경우 화재에 대처할 능력이 없는 피해자가 사망할 가능성이 있음을 예견할 수 있으므로 이러한 경우 피해자를 혼자 방에 두고 나오는 피고인들로서는 촛불을 끄거나 양초가 쉽게 넘어지지 않도록 적절하고 안전한 조치를 취하여야 할 주의 의무가 있다 할 것인바, 비록 피고인들이 직접 촛불을 켜지 않았다 할지라도 위와 같은 주의 의무를 다하지 않은 이상 피고인들로서는 이 사건 화재발생과 그로 인한 피해자의 사망에 대하여 과실책임을 면할 수는 없다(대판 1994.8.26. 94도1291). ☞ 과실치사죄 및 실화죄 성립

② **[O]** 각종 차량의 내왕이 번잡하고 보행자의 횡단이 금지되어 있는 육교 밑 차도를 주행하는 자동차운전자가 전방 보도 위에 서 있는 피해자를 발견했다 하더라도 육교를 눈앞에 둔 동인이 특히 차도로 뛰어들 거동이나 기색을 보이지 않는 한 일반적으로 동인이 차도로 뛰어들어 오리라고 예견하기 어려운 것이므로 이러한 경우 운전자로서는 일반보행자들이 교통관계 법규를 지켜 차도를 횡단하지 아니하고 육교를 이용하여 횡단할 것을 신뢰하여 운행하면 족하다 할 것이고 불의에 뛰어드는 보행자를 예상하여 이를 사전에 방지해야 할 조치를 취할 업무상 주의의무는 없다(대판 1985.9.10. 84도1572). ☞ 교통사고처리특례법위반죄 불성립

③ **[O]** 의사가 설명의무를 위반한 채 의료행위를 하였다가 환자에게 상해 또는 사망의 결과가 발생한 경우 의사에게 업무상 과실로 인한 형사책임을 지우기 위해서는 의사의 설명의무 위반과 환자의 상해 또는 사망 사이에 상당인과관계가 존재하여야 한다(대판 2015.6.24. 2014도113151 등). ☞ 피해자는 피고인이 수술의 위험성에 관하여 설명하였는지 여부에 관계없이 간경변증을 앓고 있는 피해자에게 이 사건 수술이 위험할 수 있다는 점을 이미 충분히 인식하고 있었던 것으로 보이므

로, 피고인이 피해자에게 수술의 위험성에 관하여 설명하였다고 하더라도 피해자가 수술을 거부하였을 것이라고 단정하기 어려우므로, 피고인의 설명의무 위반과 피해자의 사망 사이에 상당인과관계가 인정되지 않는다는 이유로 무죄 취지로 파기환송한 사안
④ [O] 이원적·인적불법론(통설)에 의할 경우, 결과반가치와 행위반가치는 동일한 서열에서 병존하는 불가피한 불법요소로 이해한다.

(정답) ①

34 과실에 대한 설명으로 옳지 않은 것은? (다툼이 있는 경우 판례에 의함)   2021년 경찰간부

① 간호사가 의사의 처방에 의한 정맥주사를 의사의 입회 없이 간호실습생에게 실시하도록 하여 발생한 의료사고에 대하여는 의사의 과실이 인정된다.
② 고속도로를 무단횡단하는 보행자를 충격하여 사고를 발생시킨 경우라도 운전자가 보행자의 무단횡단을 미리 예상할 수 있었고 필요한 조치를 취하였다면 보행자와의 충돌을 피할 수 있었던 경우, 자동차 운전자의 과실이 인정된다.
③ 차량의 운전자로서는 횡단보도의 신호가 적색인 상태에서 반대 차선에 정지해 있는 차량의 뒤로 보행자가 건너오지 않을 것이라고 신뢰하는 것이 당연하고 그렇지 않은 사태까지 예상하여 그에 대한 주의의무를 다하여야 한다고는 할 수 없다.
④ 내과의사가 신경과 전문의와 협진 결과 신경과 영역에서 이상이 없다는 회신을 받았고, 진료 경과에 비추어 그 회신 내용에 의문을 품을 만한 사정이 있다고 보이지 않자 이를 신뢰하여 내과 영역의 진료를 계속하다 피해자의 지주막하출혈을 발견하지 못한 경우, 내과의사의 업무상과실이 인정되지 않는다.

해설

① [X] 피해자(여, 70세)가 뇌출혈 증세로 부산 백병원에 입원하여 뇌실외배액술 등의 수술을 받은 후, 피해자의 몸에는 수술 직후부터 대퇴부 정맥에 주사침을 통하여 수액을 공급하기 위한 튜브가 연결되어 있었고 머리에는 뇌실 삼출액을 배출하기 위한 튜브(뇌실외배액관)가 연결되어 있었던 상황에서, 피고인(의사)은 항생제, 소염진통제 등을 정맥에 투여할 것을 당직 간호사에게 지시하였는데, 당직간호사가 간호학과 실습생을 병실에 대동하고 가서 그에게 주사기를 주면서 피해자의 정맥에 주사하라고 지시하고 자신은 그 병실의 다른 환자에게 주사를 하는 사이에 간호학과 실습생이 뇌실외배액관을 대퇴부 정맥에 연결된 튜브로 착각하여 그 곳에 주사액을 주입하는 것을 뒤늦게 발견하고 즉시 이를 제지한 다음 직접 나머지 주사액을 대퇴부 정맥에 연결된 튜브에 주입하였지만 피해자는 뇌압상승에 의한 호흡중추마비로 같은 날 사망한 경우, 피고인이 입회하지 않더라도 간호사가 주사의 부위 및 방법에 관하여 착오를 일으킬 만한 사정도 없었던 점, 신체에 직접 주사하여 주사액을 주입하는 것이 아니라 대퇴부정맥에 연결된 튜브를 통하여 주사액을 주입하는 행위는 투약행위에 가깝다는 점, (중략) 피고인으로서는 자신의 지시를 받은 간호사가 자신의 기대와는 달리 간호실습생에게 단독으로 주사하게 하리라는 사정을 예견할 수도 없었다는 점 등을 종합하여 보면, 피고인으로 하여금 그 스스로 직접 주사를 하거나 또는 직접 주사하지 않더라도 현장에 입회하여 간호사의 주사행위를 직접 감독할 업무상 주의의무가 있다고 보기 어렵다(대판 2003.8.19. 2001도3667). ☞ 의사에게 업무상과실치사죄 불성립
② [O] 대판 2000.9.5. 2000도2671 등
③ [O] 대판 1993.2.23. 92도2077 등
④ [O] 특히 피고인들이 신경과 전문의에 대한 협의진료 결과 피해자의 증세와 관련하여 신경과 영역에서 이상이 없다는 회신을 받았고, 그 회신 전후의 진료 경과에 비추어 그 회신 내용에 의문을 품을 만한 사정이 있다고 보이지 않자 그 회신을 신뢰

하여 뇌혈관계통 질환의 가능성을 염두에 두지 않고 내과 영역의 진료 행위를 계속하다가 피해자의 증세가 호전되기에 이르자 퇴원하도록 조치한 점 등에 비추어 볼 때, 내과의사인 피고인들이 피해자를 진료함에 있어서 지주막하출혈을 발견하지 못한 데 대하여 업무상과실이 있었다고 단정하기는 어렵다(대판 2003.1.10. 2001도3292). ☞ 내과의사에게 업무상과실치상죄 불성립

(정답) ①

35 甲의 행위를 과실범으로 처벌할 수 없는 경우만을 모두 고른 것은? (다툼이 있는 경우 판례에 의함)

2014년 검찰7급

㉠ 후행차량 운전자 甲이 선행차량에 이어 피해자를 연속하여 역과하는 과정에서 피해자가 사망한 경우
㉡ 의사 甲이 간호사에게 환자에 대한 수혈을 맡겼는데, 간호사가 다른 환자에게 수혈할 혈액을 당해 환자에게 잘못 수혈하여 환자가 사망한 경우
㉢ 안내원이 없는 시내버스의 운전사 甲이 버스정류장에서 일단의 승객을 하차시킨 후 통상적으로 버스를 출발시키던 중 뒤늦게 버스 뒤편 좌석에서 일어나 앞쪽으로 걸어 나오던 피해자가 균형을 잃고 넘어진 경우
㉣ 정신병동의 당직간호사 甲이 당직을 하던 중 그 정신병동에 입원 중인 환자가 완전감금병동의 화장실 창문을 열고 탈출하려다가 떨어져 사망한 경우
㉤ 고속도로상을 운행하는 자동차운전자 甲이 고속도로를 횡단 하려는 피해자를 그 차의 제동거리 밖에서 발견하였지만 제때에 제동하지 않아 피해자를 추돌하여 사망한 경우

① ㉠, ㉡
② ㉢, ㉣
③ ㉠, ㉢, ㉤
④ ㉡, ㉣, ㉤

해설

㉠ **[O]** 앞차를 뒤따라 진행하는 차량의 운전사로서는 앞차에 의하여 전방의 시야가 가리는 관계상 앞차의 어떠한 돌발적인 운전 또는 사고에 의하여서라도 자기 차량에 연쇄적인 사고가 일어나지 않도록 앞차와의 충분한 안전거리를 유지하고 진로 전방좌우를 잘 살펴 진로의 안전을 확인하면서 진행할 주의의무가 있다(대판 2001.12.11. 2001도5005).
㉡ **[O]** 의사 甲이 근무하는 병원에서는 인턴의 수가 부족하여 수혈의 경우 두 번째 이후의 혈액봉지는 인턴 대신 간호사가 교체하는 관행이 있었다고 하더라도, 위와 같이 혈액봉지가 바뀔 위험이 있는 상황에서 甲이 그에 대한 아무런 조치도 취함이 없이 간호사에게 혈액봉지의 교체를 일임한 것이 관행에 따른 것이라는 이유만으로 정당화될 수는 없다(대판 1998.2.27. 97도2812). ☞ 업무상과실치사죄 성립
㉢ **[X]** 위 운전사로서는 승객이 하차한 후 다른 움직임이 없으면 차를 출발시키는 것이 통례이고 특별한 사정이 없는 한 착석한 승객 중 더 내릴 손님이 있는지, 출발 도중 넘어질 우려가 있는 승객이 있는지 등의 여부를 일일이 확인하여야 할 주의의무가 없다(대판 1992.4.28. 92도56). ☞ 업무상과실치상죄 불성립
㉣ **[X]** 위 병동의 당직간호사인 피고인이 피해자가 화장실에 가는 시간을 기록하여 두고 10여 분 후에 간호보조사로부터 피해자가 병실 침대에 없다는 보고를 받은 즉시 그를 찾아 나섰다면 그것을 가리켜 환자동태관찰의무를 게을리 한 것이라고 단정할 수도 없다(대판 1992.4.28. 91도1346). ☞ 업무상과실치사죄 불성립
㉤ **[O]** 대판 1981.3.24. 80도3305

(정답) ②

36 판례가 甲에게 중과실치사상죄를 인정하지 않은 경우는? 2008년 경감

① 甲은 자신의 주차장 출입구 문주에 금이 가 있어 도괴될 위험성이 있었고, 동 주차장에는 어린이들이 근방에서 노는 경우가 많은데도 별다른 조치를 취하지 않은 결과 문주가 도괴되어 乙이 상처를 입었다.

② 점포 주인 甲은 농약을 평소에 신문지에 포장하여 판매하여 온 '중조'와 같은 모양으로 포장하여 점포 선반에 방치하고 가족에게 알리지 아니하여 가족 乙이 이를 '중조'로 알고 丙에게 판매하여 丙이 이를 먹고 사망하였다.

③ 甲은 乙녀(84세)와 丙녀(11세)에게 안수기도를 하면서 20분간 반복하여 그들의 배와 가슴부분을 세게 때리고 눌러 그들을 사망케 하였다.

④ 목사 甲은 매일 한차례 정신질환자 乙에 대하여 안수기도를 하던 중 주먹과 손바닥으로 乙의 가슴과 배를 누르거나 때려 乙을 사망케 하였다.

해설

① [O] 대판 1982.11.23. 82도2346
② [O] 대판 1961.11.16. 4294형상312
③ [O] 대판 1997.4.22. 97도538
④ [X] 폭행치사죄가 성립한다(대판 1994.8.23. 94도1484).

정답 ④

37 과실범에 관한 다음 설명 중 가장 옳지 않은 것은? (판례에 의함) 2011년 경감

① 요추 척추후궁절제 수술 도중에 수술용 메스가 부러지자 담당의사가 부러진 메스조각을 찾아 제거하기 위한 최선의 노력을 다하였으나 찾지 못하고 무리하게 제거할 경우의 위험성을 고려하여 부러진 메스조각을 그대로 둔 채 수술부위를 봉합한 경우, 담당의사에게 과실이 인정되지 않는다.
② 운전자가 음주운전 단속 중인 경찰관의 정지신호를 무시하고 상당한 속도로 계속 진행함으로써 정차시키기 위하여 차체를 치는 경찰관으로 하여금 상해를 입게 한 운전자에게는 업무상 주의의무를 다하지 못한 과실이 있다.
③ 골프경기를 하던 중 골프공을 쳐서 아무도 예상하지 못한 자신의 등 뒤편으로 보내어 등 뒤에 있던 경기보조원(캐디)에게 상해를 입힌 경우에는 과실치상죄가 성립하지 않는다.
④ 피해자를 감시하도록 업무를 인계받지 않은 간호사가 자기 환자의 회복처치에 전념하고 있었다면 회복실에 다른 간호사가 남아 있지 않은 경우에도 다른 환자의 이상증세가 인식될 수 있는 상황에서라야 이에 대한 조치를 할 의무가 있다고 보일 뿐 회복실 내의 모든 환자에 대하여 적극적, 계속적으로 주시, 점검을 할 의무가 있다고 할 수 없다.

해설

① [O] 대판 1999.12.10. 99도3711
② [O] 대판 1994.10.14. 94도2165
③ [X] 골프와 같은 개인 운동경기에 참가하는 자는 자신의 행동으로 인해 다른 사람이 다칠 수도 있으므로, 경기 규칙을 준수하고 주위를 살펴 상해의 결과가 발생하는 것을 미연에 방지해야 할 주의의무가 있다. 이러한 주의의무는 경기보조원에 대하여도 마찬가지로 부담한다(대판 2008.10.23. 2008도6940). ☞ 과실치상죄 성립
④ [O] 대판 1994.4.26. 92도3283

정답 ③

---

38 다음 중 형법상 처벌규정을 두고 있는 죄는? 2009년 경찰

① 과실교통방해죄
② 중과실낙태죄
③ 과실장물취득죄
④ 업무상과실일수죄

해설

② 과실낙태죄나 중과실낙태죄 처벌규정은 없다.
③ 업무상과실장물죄가 기본적구성요건이며, 과실장물취득죄는 없다.
④ 과실일수죄만 있을 뿐이며, 업무상과실일수죄 및 중과실일수죄는 없다.

정답 ①

39 다음 설명 중 판례의 태도와 다른 것은?
2014년 경찰간부

㉠ 피해자의 머리를 한번 받고 경찰봉으로 구타하자 피해자는 출항시부터 머리가 아프다고 배에 누워있다 입항할 즈음 외상성 뇌경막하 출혈로 사망하였다는 것이니, 범행시간과 피해자의 사망시간간에 20여시간 경과하였다 하더라도 그 사이에 사망의 중간원인을 발견할 자료가 없는 이상 위 시간적 간격이 있었던 사실만으로 피고인의 구타와 피해자의 사망사이에 인과관계가 없다고 할 수 없다.

㉡ 피고인이 자동차를 운전하다 횡단보도를 걷던 보행자 甲을 들이받아 그 충격으로 횡단보도 밖에서 甲과 동행하던 피해자 乙이 밀려 넘어져 상해를 입었다면 그 상해에 대해서까지 피고인은 책임이 없다.

㉢ 피고인이 야간에 오토바이를 운전하다가 도로를 무단횡단하던 피해자를 충격하여 피해자로 하여금 위 도로상에 전도케 하고, 그로부터 약 40초 내지 60초 후에 다른 사람이 운전하던 타이탄 트럭이 도로 위에 전도되어 있던 피해자를 역과하여 사망케 하였다면 그 사망에 책임이 있다.

㉣ 승용차로 피해자를 가로막아 승차하게 한 후 피해자의 하차 요구를 무시한 채 당초 목적지가 아닌 다른 장소를 향하여 시속 약 60km 내지 70km의 속도로 진행하여 피해자를 차량에서 내리지 못하게 한 행위는 감금죄에 해당하고, 피해자가 그와 같은 감금상태를 벗어날 목적으로 차량을 빠져 나오려다가 길바닥에 떨어져 상해를 입고 그 결과 사망에 이르렀다면 감금치사죄에 해당한다.

① ㉡, ㉢
② ㉠
③ ㉠, ㉢
④ ㉡

해설

㉠ [O] 대판 1984.12.11. 84도2347 ☞ 폭행치사죄 성립
㉡ [X] 피고인의 행위는 구 교통사고처리 특례법 제3조 제2항 단서 제6호에서 정한 횡단보도 보행자 보호의무의 위반행위에 해당하여 공소를 적법·유효하게 제기할 수 있다(대판 2011.4.28. 2009도12671). ☞ 교통사고처리특례법위반죄 성립
㉢ [O] 피고인의 과실행위는 피해자의 사망에 대한 직접적 원인을 이루는 것이어서 양자간에는 상당인과관계가 있다(대판 1990.5.22. 90도580). ☞ 교통사고처리특례법위반죄 성립
㉣ [O] 대판 2000.2.11. 99도5286

정답 ④

40 결과적 가중범에 대한 설명으로 옳은 것만을 모두 고르면? (다툼이 있는 경우 판례에 의함)

2014년 검찰9급

㉠ 甲이 음주단속을 피하기 위하여 경찰관의 하차요구에 불응하고 승용차를 계속 진행하는 과정에서 단속 경찰관이 자동차 범퍼에 부딪혀 전치 6주의 상해를 입었다면, 甲에게는 특수공무집행방해치상죄와 폭력 행위 등 처벌에 관한 법률 위반(집단·흉기 등 상해)죄의 상상적 경합범이 성립한다.
㉡ 여러 사람이 상해의 범의로 범행 중 한 사람이 중한 상해를 가하여 피해자가 사망에 이르게 된 경우, 나머지 사람들은 사망의 결과를 예견할 수 없는 때라도 상해치사죄의 책임을 진다.
㉢ 폭행치사죄는 결과적 가중범으로서 사망의 결과에 대한 예견가능성, 즉 과실이 있어야 하는 것 외에, 폭행과 사망의 결과 사이에 인과관계가 있어야 한다.
㉣ 강간이 미수에 그쳤으나 그 과정에서 상해의 결과가 발생하였다면 강간치상죄의 기수가 성립한다.

① ㉠, ㉡
② ㉡, ㉢
③ ㉢, ㉣
④ ㉠, ㉣

해설

㉠ **[X]** 피고인의 행위는 특수공무집행방해치상죄(3년 이상의 유기징역)를 구성할 뿐, 폭력행위 등 처벌에 관한 법률 위반죄(흉기휴대상해 3년 이상의 유기징역)는 특수공무집행방해치상죄에 흡수되어 별도로 죄를 구성하지 않는다(대판 2008.11.27. 2008도7311).
㉡ **[X]** 결과적 가중범인 상해치사죄의 공동정범은 폭행 기타의 신체침해 행위를 공동으로 할 의사가 있으면 성립되고 결과를 공동으로 할 의사는 필요 없으며, 여러 사람이 상해의 범의로 범행 중 한 사람이 중한 상해를 가하여 피해자가 사망에 이르게 된 경우 나머지 사람들은 사망의 결과를 예견할 수 없는 때가 아닌 한 상해치사의 죄책을 면할 수 없다(대판 2000.5.12. 2000도745 등).
㉢ **[O]** 대판 1983.1.18. 82도697 등
㉣ **[O]** 강간이 미수에 그친 경우라도 그로 인하여 피해자가 상해를 입었으면, 강간치상죄가 성립하는 것이고, 강간치상죄에 있어 상해의 결과는 강간의 수단으로 사용한 폭행으로부터 발생한 경우뿐만 아니라 간음행위 그 자체로부터 발생한 경우나 강간에 수반하는 행위에서 발생한 경우도 포함된다(대판 2003.5.30. 2003도1256).

정답 ③

41 다음 설명 중 옳고 그름의 표시(O, X)가 바르게 된 것은? (다툼이 있는 경우 판례에 의하되, 주거침입죄는 논외로 함)

2018년 제1차 경찰

㉠ 甲이 乙에 대하여 상해를 교사하였는데 乙이 이를 넘어 살인을 실행한 경우에, 甲에게 피해자의 사망이라는 결과에 대하여 과실 내지 예견가능성이 있는 때에는 상해치사죄가 성립한다.
㉡ 甲은 乙을 살해하기 위하여 乙의 집으로 갔으나, 乙은 집에 없고 乙의 처 丙이 자신을 알아보자 丙을 야구방망이로 강타하여 실신시킨 후 이불을 뒤집어 씌우고 석유를 뿌려 방화함으로써 乙의 집을 전소케 하고 丙을 사망케 한 경우, 甲은 현주건조물방화치사죄가 성립한다.
㉢ 甲은 현주건조물에 방화를 한 후 불이 붙은 집에서 빠져 나오려는 乙이 탈출하지 못하도록 방문 앞에 버티어 서서 지킨 결과 乙을 소사케 한 경우, 甲은 현주건조물방화죄와 살인죄의 실체적 경합이 성립한다.
㉣ 甲이 乙의 재물을 강취한 뒤 乙을 살해할 의사로 乙의 집에 방화하여 乙을 살해한 행위는 강도살인죄와 현주건조물방화치사죄의 실체적 경합이 성립한다.

① ㉠ (O), ㉡ (O), ㉢ (O), ㉣ (O)
② ㉠ (X), ㉡ (X), ㉢ (X), ㉣ (O)
③ ㉠ (O), ㉡ (X), ㉢ (X), ㉣ (X)
④ ㉠ (O), ㉡ (O), ㉢ (O), ㉣ (X)

해설

㉠ **[O]** 甲이 1989.6.9.경 乙의 집으로 전화를 하여 그에게 "丙이라는 애가 행패를 부려서 망신을 당했는데 나이 먹고 챙피해 죽겠다. 네가 알아서 혼을 내주어라"고 말함으로써 丙측한테 상해를 가할 것을 교사하였는데, 이 사건과 같은 조직폭력배들에 의한 보복폭행의 경우 그로 인한 상해의 결과 피해자가 사망에 이르게 될 수 있음은 교사자인 甲으로서도 이를 예견할 수 있었다고 보여지므로 상해치사죄의 교사범이 성립한다(대판 1992.2.25. 91도3192).
㉡ **[O]** 대판 1983.1.18. 82도2341
㉢ **[O]** 불을 놓은 집에서 빠져 나오려는 피해자들을 막아 소사케 한 것은 방화행위와 살인행위는 법률상 별개의 범의에 의하여 별개의 법익을 해하는 별개의 행위라고 할 것이니 현주건조물방화죄와 살인죄는 실체적 경합관계에 있다(대판 1983.1.18. 82도2341).
㉣ **[X]** 강도살인죄와 현주건조물방화치사죄의 상상적 경합범이 성립한다(대판 1998.12.8. 98도3416).

정답 ④

42 결과적 가중범에 대한 설명으로 옳지 않은 것은? (다툼이 있는 경우 판례에 의함) 2022년 경찰간부

① 교통방해치사죄의 경우 결과발생에 대한 예견가능성은 일반인을 기준으로 객관적으로 판단해야 하므로 일반인의 관점에서 결과 발생을 예견할 수 있었다면, 설령 행위자가 결과발생을 구체적으로 예견하지는 못하였다고 하더라도 실제로 발생한 사망의 결과에 대하여 교통방해치사죄가 성립한다.

② 결과적 가중범에서 공동정범이 성립하려면 행위를 공동으로 할 의사가 있으면 족하고 결과를 공동으로 할 의사는 필요하지 않다.

③ 부진정결과적 가중범에서 고의로 중한 결과를 발생하게 한 행위가 별도의 구성요건에 해당하고 그 고의범의 법정형이 결과적 가중범의 법정형보다 더 무겁게 처벌하는 규정이 없는 경우, 결과적 가중범이 고의범에 대하여 특별관계에 있으므로 결과적 가중범만 성립한다.

④ 甲이 A를 강간하려고 폭행하던 중 양심의 가책이 들어 강간행위를 중지하였으나 그 강간행위로 인해 A에게 상해의 결과가 발생한 경우, 강간죄의 중지미수와 과실치상죄의 상상적 경합이 성립한다.

해설

① **[O]** 甲이 고속도로 2차로를 따라 자동차를 운전하다가 1차로를 진행하던 乙의 차량 앞에 급하게 끼어든 후 곧바로 정차하여 乙의 차량 및 이를 뒤따르던 차량 두 대는 연이어 급제동하여 정차하였으나 그 뒤를 따라오던 丙의 차량이 앞의 차량들을 연쇄적으로 추돌케 하여 丙을 사망에 이르게 하고 나머지 차량 운전자 등 피해자들에게 상해를 입힌 경우, 형법 제188조에 규정된 교통방해에 의한 치사상죄는 결과적 가중범이므로, 위 죄가 성립하려면 교통방해 행위와 사상의 결과 사이에 상당인과관계가 있어야 하고 행위시에 결과의 발생을 예견할 수 있어야 한다. 그리고 교통방해 행위가 피해자의 사상이라는 결과를 발생하게 한 유일하거나 직접적인 원인이 된 경우만이 아니라, 그 행위와 결과 사이에 피해자나 제3자의 과실 등 다른 사실이 개재된 때에도 그와 같은 사실이 통상 예견될 수 있는 것이라면 상당인과관계를 인정할 수 있다. (중략) 예견가능성은 일반인을 기준으로 객관적으로 판단되어야 하는 것인데, 피고인이 한 것과 같은 행위로 뒤따르는 차량들에 의하여 추돌 등의 사고가 야기되어 사상자가 발생할 수 있을 것이라는 점은 누구나 쉽게 예상할 수 있다고 할 것이다. 설령 피고인이 정차 당시 사상의 결과 발생을 구체적으로 예견하지는 못하였다고 하더라도, 그와 같은 교통방해 행위로 인하여 실제 그 결과가 발생한 이상 교통방해치사상죄의 성립에는 아무런 지장이 없다(대판 2014.7.24. 2014도6206). ☞ 교통방해치사상죄 성립

② **[O]** 甲·乙 등이 丙의 패거리와 패싸움 중 甲이 칼을 가지고 와서 죽일 생각 없이 칼로 丙을 찔러 사망케 한 경우, 결과적 가중범인 상해치사죄의 공동정범은 폭행 기타의 신체침해행위를 공동으로 할 의사가 있으면 성립되고 결과를 공동으로 할 의사는 필요 없다 할 것이므로 패싸움 중 한 사람이 칼로 찔러 상대방을 죽게 한 경우에 다른 공범자가 그 결과 인식이 없다 하여 상해치사죄의 책임이 없다고 할 수 없다(대판 1978.1.17. 77도2193). ☞ 甲, 乙은 상해치사죄의 공동정범 성립

③ **[O]** 부진정결과적 가중범에서 고의로 중한 결과를 발생하게 한 행위가 별도의 구성요건에 해당하고 ⅰ) 그 고의범에 대하여 결과적 가중범에 정한 형보다 더 무겁게 처벌하는 규정이 있는 경우에는 그 고의범과 결과적 가중범이 상상적 경합관계에 있지만, ⅱ) 위와 같이 고의범에 대하여 더 무겁게 처벌하는 규정이 없는 경우에는 결과적 가중범이 고의범에 대하여 특별관계에 있으므로 결과적 가중범만 성립하고 이와 법조경합의 관계에 있는 고의범에 대하여는 별도로 죄를 구성하지 않는다(대판 2008.11.27. 2008도7311).

④ **[X]** 강간행위를 중지하였다 하더라도 이미 성기를 삽입한 사실이 인정된다면 강간죄는 기수에 이르렀고 강간의 기회에 상처를 입혔으므로 강간치상죄가 성립한다.

정답 ④

43 결과적 가중범에 대한 설명으로 옳은 것은? (다툼이 있는 경우 판례에 의함) 2021년 경찰간부

① 상해치사죄의 공동정범은 폭행 기타의 신체침해 행위를 공동으로 할 의사뿐만 아니라 결과를 공동으로 할 의사가 있어야 성립한다.
② 결과적 가중범은 과실로 인한 중한 결과가 발생하여야 성립하는 범죄이므로「형법」에는 결과적 가중범의 미수를 처벌하는 규정이 존재하지 않는다.
③ 상해를 교사하였는데 피교사자가 이를 넘어 살인을 한 경우 교사자에게 사망이라는 결과에 대하여 과실 내지 예견가능성이 있는 때에는 상해치사죄의 교사범이 성립할 수 있다.
④ 피고인들이 피해자들의 재물을 강취한 후 그들을 살해할 목적으로 현주건조물에 방화하여 사망에 이르게 한 경우, 피고인들의 행위는 강도살인죄와 현주건조물방화치사죄에 모두 해당하고 그 두 죄는 실체적 경합범관계에 있다.

해설

① **[X]** 결과적 가중범인 상해치사죄의 공동정범은 폭행 기타의 신체침해 행위를 공동으로 할 의사가 있으면 성립되고 '결과를 공동으로 할 의사는 필요 없으며', 여러 사람이 상해의 범의로 범행 중 한 사람이 중한 상해를 가하여 피해자가 사망에 이르게 된 경우 나머지 사람들은 사망의 결과를 예견할 수 없는 때가 아닌 한 상해치사의 죄책을 면할 수 없다(대판 2000.5.12. 2000도745).
② **[X]** 판례는 결과적 가중범의 미수를 부정하는 입장이나, 형법에는 현주건조물일수치사상죄, 인질치사상죄, 강도치사상죄 및 해상강도치사상죄에 미수처벌규정을 마련하고 있다.
③ **[O]** 교사자가 피교사자에 대하여 상해를 교사하였는데 피교사자가 이를 넘어 살인을 실행한 경우, ⅰ) 일반적으로 교사자는 상해죄에 대한 교사범이 되는 것이고, ⅱ) 다만 이 경우 교사자에게 피해자의 사망이라는 결과에 대하여 과실 내지 예견가능성이 있는 때에는 상해치사죄의 교사범으로서의 죄책을 지울 수 있다(대판 1997.6.24. 97도1075).
④ **[X]** 피고인들의 행위는 강도살인죄와 현주건조물방화치사죄에 모두 해당하고 그 두 죄는 상상적 경합범관계에 있다(대판 1998.12.8. 98도3416).

정답 ③

44 결과적 가중범에 관한 설명으로 가장 적절하지 않은 것은? (다툼이 있는 경우 판례에 의함) 2020년 제1차 경찰

① 부진정결과적 가중범이란 고의에 의한 기본범죄에 기하여 중한 결과를 과실뿐만 아니라 고의로 발생케 한 경우에도 성립하는 결과적 가중범을 말한다.
② 진정결과적 가중범만 인정하면 과실로 중한 결과를 발생시킨 경우가 고의로 중한 결과를 발생시킨 경우보다 형이 높아지는 경우가 있으므로 형량을 확보하여 형의 불균형을 시정하기 위해서 부진정결과적 가중범을 인정하고 있다.
③ 만약 부진정결과적 가중범의 개념을 인정하지 않는다면 현주건조물에 방화하여 사람을 살해할 고의가 있었던 경우 현주건조물방화죄와 살인죄의 상상적 경합범이 된다.
④ 자기의 존속을 살해할 목적으로 존속이 현존하는 건조물에 방화하여 사망에 이르게 한 경우는 현주건조물방화치사죄만 성립하고 고의범에 대하여는 별도로 죄를 구성하지 않는다.

해설

① [O] ② [O] 부진정결과적 가중범의 개념 및 인정근거로서 옳은 지문이다.
③ [O] 사람을 살해할 고의로 현주건조물에 방화하여 사망케 한 경우, ⅰ) 부진정결과적 가중범을 인정하면 현주건조물방화치사죄(사형, 무기 또는 7년 이상)만 성립하고 별도로 살인죄는 성립하지 않는 반면, ⅱ) 부진정결과적 가중범의 개념을 인정하지 않는다면, 중한 결과인 사망의 점에 대한 고의가 인정되는 경우 현주건조물방화치사죄를 인정할 수 없게 되어 현주건조물방화죄(무기 또는 3년 이상)와 살인죄(사형, 무기 또는 5년 이상)의 상상적 경합범을 인정할 수 밖에 없다.
④ [X] 甲이 불을 놓아 아버지와 동생을 사망에 이르게 한 경우, ⅰ) 사람을 살해할 목적으로 현주건조물에 방화하여 사망에 이르게 한 경우, 현주건조물방화치사죄로 의율하여야 하고 이와 더불어 살인죄와의 상상적 경합범으로 의율할 것은 아니며, ⅱ) 다만 존속살해죄와 현주건조물방화치사죄는 상상적 경합범 관계에 있으므로, 법정형이 중한 존속살해죄로 의율함이 타당하다(대판 1996.4.26. 96도485).

(정답) ④

45 다음 설명 중 가장 적절하지 않은 것은? (다툼이 있으면 판례에 의함) 2016년 제2차 경찰

① 형법 제144조 제2항 특수공무집행방해치상죄는 그 결과에 대한 예견가능성이 있었음에도 불구하고 예견하지 못한 경우뿐만 아니라 고의가 있는 경우까지도 포함하는 부진정결과적 가중범이다.
② 결과적 가중범인 상해치사죄의 공동정범은 폭행 기타의 신체침해행위를 공동으로 할 의사가 있으면 성립되고 결과를 공동으로 할 의사는 필요 없으며, 여러 사람이 상해의 범의로 범행 중 한 사람이 중한 상해를 가하여 피해자가 사망에 이르게 된 경우 나머지 사람들은 사망의 결과를 예견할 수 없는 때가 아닌 한 상해치사의 죄책을 면할 수 없다.
③ 형법 제168조 연소죄는 결과적 가중범에 해당한다.
④ 형법 제15조 제2항 결과적 가중범은 기본범죄와 중한 결과 사이의 인과관계에 대해서만 규정하고 있을 뿐, 예견가능성을 명시적으로 요구하고 있지는 않다.

해설

① [O] 대판 1990.06.26. 90도765 등
② [O] 결과적 가중범인 상해치사죄의 공동정범은 폭행 기타의 신체침해행위를 공동으로 할 의사가 있으면 성립되고 결과를 공동으로 할 의사는 필요없다 할 것이므로 패싸움 중 한 사람이 칼로 찔러 상대방을 죽게한 경우에 다른 공범자가 그 결과 인식이 없다 하여 상해치사죄의 책임이 없다고 할 수 없다(대판 1978.01.17. 77도2193).
③ [O] 연소죄(제168조)는 진정 결과적 가중범에 해당한다.
④ [X] 형법 제15조 제2항은 "결과로 인하여 형이 중할 죄에 있어서 그 결과의 발생을 예견할 수 없었을 때에는 중한 죄로 벌하지 아니한다."라고 규정함으로써, 결과적 가중범이 성립하기 위한 요건으로 중한 결과 발생에 대한 예견가능성을 명시적으로 요구하고 있다.

(정답) ④

46 甲, 乙, 丙은 등산용 칼을 이용하여 강도를 하기로 공모한 후 甲은 차안에서 망을 보고, 乙과 丙은 차에서 내려 행인 A로부터 금품을 강취하려는 중 우연히 범행현장을 목격하게 된 B를 丙은 소지하고 있던 등산용 칼로 찔러 살해하였다. 판례에 의할 때 甲, 乙, 丙의 죄책은? 2005년 경찰

① 甲·乙은 강도죄, 丙은 강도치사죄
② 甲·乙·丙은 모두 강도살인죄
③ 甲·乙은 강도치사죄, 丙은 강도살인죄
④ 甲·乙은 강도죄, 丙은 강도살인죄

해설

범행 당시 차안에서 망을 보고 있던 피고인 甲이나 등산용 칼을 휴대하고 있던 피고인 丙과 함께 차에서 내려 피해자로부터 금품을 강취하려 했던 피고인 乙로서는 그때 우연히 현장을 목격하게 된 다른 피해자를 피고인 丙이 소지 중인 등산용 칼로 살해하여 강도살인행위에 이를 것을 전혀 예상하지 못하였다고 할 수 없으므로 피고인 甲, 乙 을 강도치사죄로 의율처단함이 옳다 (대판 1990.11.27. 90도2262).

정답 ③

제 3 장 위법성론

01 甲은 층간소음문제로 평소 다툼이 있던 아파트 위층에 앙갚음을 할 마음으로 돌을 던져 유리창을 깨트렸다. 그런데 위층에 살던 A는 빚 독촉에 시달리다 자살하기로 마음먹고 창문을 닫은 채 연탄불을 피운 결과, 연탄가스에 중독되어 쓰러져 있던 상태였다. 유리창을 깨트린 甲의 행위로 인하여 A는 구조되었다. 이 사례에서 甲이 무죄라는 견해에 관한 설명으로 가장 적절하지 않은 것은?

2022년 제1차 경찰

① 범죄성립에 있어서 결과반가치만을 고려하는 입장에서 주장될 수 있다.
② 객관적으로 존재하는 정당화요건은 기수범 처벌에 대한 감경 가능성으로만 고려될 수 있다.
③ 객관적 정당화사정의 존재가 행위자에게 유리하게 작용하는 경우이다.
④ 주관적 정당화사정이 있는 경우와 없는 경우를 동일하게 취급한다는 비판이 가능하다.

해설

① **[O]** 위 설문은 객관적 정당화상황(현재의 위난)은 존재하나, 주관적 정당화요소(피난의사)가 결여된 사례로서 우연피난에 해당한다. 주관적 정당화요소 불요설의 입장은 위법성이 조각되어 처벌되지 않기 위해서는 객관적 정당화상황만 존재하면 된다는 태도를 취하므로 위 설문에서 甲의 유리창 손괴행위는 결과적으로는 사람의 생명을 구하게 된 것이므로 결과반가치를 인정할 수 없다. 따라서 甲의 재물손괴의 점은 위법성이 조각되어 무죄가 된다.
② **[X]** 이 지문은 우연피난에 관한 다수설의 입장인 불능미수범설에 대한 설명이다. 불능미수범설은 위 사례처럼 객관적 정당화상황이 존재하므로 결과반가치는 탈락되지만 주관적 정당화요소의 결여로 행위반가치는 그대로 존재하므로 그 구조가 유사한 불능미수규정을 유추적용함으로써, 甲의 재물손괴의 점은 재물손괴의 불능미수범에 해당하여 형법 제27조에 의하여 임의적 감·면사유를 인정하게 된다.
③ **[O]** A가 현재의 위난에 처해있다는 사정으로 인하여 행위자인 甲의 재물손괴의 점이 위법성이 조각되는 것이므로 객관적 정당화상황의 존재가 행위자에게 유리하게 작용하는 경우이다.
④ **[O]** 주관적 정당화요소불요설은 객관적 정당화상황만 인정되면 위법성을 조각하는 입장을 취하므로, A가 현재의 위난에 처한 상태에서 피난의사(구조의사)를 가지고 행동한 자와 피난의사 없이 행동한 자(설문의 甲)를 모두 위법성을 조각하여 둘 다 무죄를 인정하는 것은 부당하다는 비판을 받게 된다.

정답 ②

02 다음 사례에 대한 설명 중 옳은 것은 모두 몇 개인가? (다툼이 있는 경우 판례에 의함) 2022년 경찰간부

(1) 甲은 친구 乙이 돈을 벌고 싶으면 통장과 체크카드를 넘겨 달라고 하여 乙이 보이스피싱을 한다는 사실을 알면서 자신의 통장과 체크카드를 넘겨주었다. 여분의 체크카드를 가지고 있던 甲은 통장을 확인하던 중 1,300만 원이 입금된 사실을 확인하고 이를 모두 인출하여 임의로 소비하였는데, 이 돈은 乙로부터 기망당한 A가 송금한 것이었다.

(2) 이후 甲은 승용차를 운전하다가 단속 중인 경찰관으로부터 운전면허증 제시를 요구받고 자신의 휴대전화기에 저장된 乙의 운전면허증을 촬영한 이미지 파일을 마치 자신의 운전면허증인 것처럼 제시하였다.

(3) 집으로 돌아온 甲은 홧김에 평소 층간소음으로 다툼이 있던 B의 원룸을 향해 돌을 던져 창문을 깨버렸다. 그런데 마침 B는 주식투자 실패로 자살하려고 번개탄을 피워둔 채 실신해 있다가 창문이 깨지는 바람에 생명을 구하게 되었다.

(4) 한편 밤에 퇴근하던 丙(女)은 모자를 푹 눌러쓰고 뒤따라오던 甲을 수상하게 여기던 중 우연히 이를 본 乙이 이번 기회에 甲을 혼내줄 생각으로 丙에게 "甲이 추행범이니 한 대 쳐버려!"라고 부추겼고, 이에 丙은 길을 묻기 위해 갑자기 자신의 앞을 가로막은 甲을 추행범으로 오인하고 자신을 방어할 생각으로 甲을 밀어 넘어뜨렸다.

가. (1)에서 甲에게는 횡령죄가 성립한다.
나. (2)에서 甲에게는 공문서부정행사죄가 성립한다.
다. (3)에서 甲에게 무죄가 성립한다는 견해에 대해서는 주관적 정당화요소가 있는 경우와 없는 경우 모두 똑같이 취급한다는 비판이 제기된다.
라. (4)에서 엄격책임설에 의할 경우 丙의 오인에 정당한 이유가 있다면 丙은 무죄가 되고, 소극적 구성요건표지이론에 의할 경우 乙에게 교사범이 성립할 여지가 없다.
마. (1)의 사건을 수사하던 사법경찰관 P가 甲과 乙을 긴급체포한 후, 사건이 체포적부심에 계속되어 있던 중 乙의 변호인이 乙의 출석을 보증할만한 보증금을 납입한 경우, 법원은 결정으로 乙의 석방을 명할 수 있다.

① 1개
② 2개
③ 3개
④ 4개

해설

가. **(X)** 甲은 사기죄의 종범에 해당하므로 사기피해금을 인출한 행위는 별도로 사기피해자인 A에 대한 관계에서 횡령죄가 성립하지 않고, 또한 사기범인인 乙에 대한 관계에서는 보호할 만한 위탁·신임관계를 인정할 수 없으므로 횡령죄가 성립하지 않는다.

> 제3자 명의 사기이용계좌의 계좌명의인이 전기통신금융사기 피해금을 임의로 인출한 경우, i) 계좌명의인은 피해자와 사이에 아무런 법률관계 없이 송금·이체된 사기피해금 상당의 돈을 피해자에게 반환하여야 하므로, 피해자를 위하여 사기피해금을 보관하는 지위에 있다고 보아야 하고, 만약 계좌명의인이 그 돈을 영득할 의사로 인출하면 **피해자에 대한 횡령죄가 성립**한다. ii) 이때 **계좌명의인이 사기의 공범**이라면 자신이 가담한 범행의 결과 피해금을 보관하게 된 것일 뿐이어서 피해자와 사이에 위탁관계가 없고, 그가 송금·이체된 돈을 인출하더라도 이는 자신이 저지른 사기범행의 실행행위에 지나지 아니하여 새로운 법익을 침해한다고 볼 수 없으므로 사기죄 외에 **별도로 횡령죄를 구성하지 않는다**(대판 2018.7.19. 2017도17494 전원합의체).

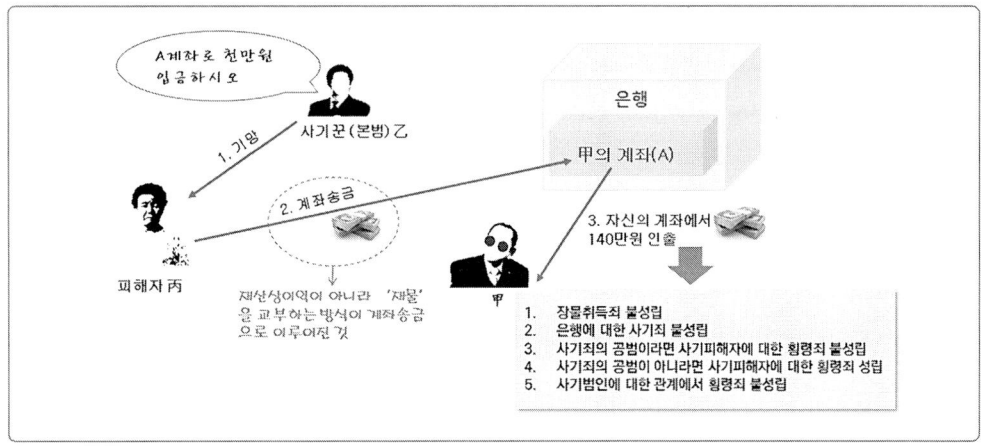

나. **[X]** 甲은 도로에서 승용차를 운전하던 중 음주 및 무면허운전으로 적발되어 경찰공무원으로부터 운전면허증의 제시를 요구받고, 자신의 휴대전화에 저장된 乙의 운전면허증을 촬영한 이미지파일을 마치 자신의 운전면허증인 것처럼 제시한 경우, 운전면허증의 특정된 용법에 따른 행사는 도로교통법 관계 법령에 따라 발급된 '운전면허증 자체'를 제시하는 것이라고 보아야 한다. 이 경우 자동차 등의 운전자가 경찰공무원에게 다른 사람의 운전면허증 자체가 아니라 이를 촬영한 이미지파일을 휴대전화 화면 등을 통하여 보여주는 행위는 운전면허증의 특정된 용법에 따른 행사라고 볼 수 없다(대판 2019.12.12. 2018도2560). ☞ 공문서부정행사죄 불성립

다. **[O]** 객관적 정당화상황(타인의 법익에 대한 현재의 위난)은 존재하나, 주관적 정당화요소(피난의사)가 결여된 사안으로서 우연피난에 해당한다. 위 지문의 '甲에게 무죄가 성립한다는 견해'는 주관적 정당화요소 불요설의 입장으로 객관적 정당화상황만 존재하면 주관적 정당화요소의 구비여부와 상관없이 위법성이 조각되어 무죄가 된다고 이해하므로, 주관적 정당화요소가 있는 경우와 없는 경우 모두 똑같이 취급한다는 비판이 제기된다.

라. **[O]** 객관적 정당화상황(자기의 법익에 대한 현재의 부당한 침해)이 없음에도 주관적 정당화요소(방위의사)를 가지고 행위한 경우로서 오상방위에 해당한다. ⅰ) 엄격책임설에 의하면 오인에 정당한 이유가 인정된다면 丙의 폭행은 책임이 조각되어 무죄가 된다. ⅱ) 소극적 구성요건표지이론에 의하면 丙의 폭행에 대하여 구성요건착오 규정이 직접 적용되어 폭행의 구성요건적 고의를 조각시키므로 乙의 행위는 제한적 종속형식에 의할 경우 폭행죄의 교사범의 성립을 부정하게 된다.

마. **[X]** 구속적부심과 달리 체포적부심에서는 보증금납입조건부 피의자 석방결정은 허용되지 않는다.

> **형사소송법 제214조의2(체포와 구속의 적부심사)** ⑤ 법원은 **구속된** 피의자(심사청구후 공소제기된 자를 포함한다)에 대하여 피의자의 출석을 보증할 만한 **보증금의 납입을 조건으로** 하여 결정으로 제4항의 석방을 명할 수 있다.

정답 ②

03 다음 정당방위에 관한 설명 중 가장 적절하지 않은 것은? (다툼이 있으면 판례에 의함) 2012년 경찰

① 국군보안사령부의 민간인에 대한 정치사찰을 폭로한다는 명목으로 군무를 이탈한 행위는 정당방위나 정당행위에 해당하지 않는다.
② 싸움을 함에 있어서 격투를 하는 자 중의 한 사람의 공격이 그 격투에서 당연히 예상할 수 있는 정도를 초과하여 살인의 흉기 등을 사용하여 온 경우에는 이를 '부당한 침해'라고 아니할 수 없으므로 이에 대하여는 정당방위를 허용하여야 한다고 해석하여야 할 것이다.
③ 乙이 술에 만취하여 누나 丙과 말다툼을 하다가 丙의 머리채를 잡고 때리자, 丙의 남편인 甲이 이를 목격하고 화가 나서 乙과 싸우게 되었는데, 그 과정에서 몸무게가 85kg 이상이나 되는 乙이 62kg의 甲을 침대 위에 넘어뜨리고 가슴 위에 올라타 목 부분을 누르자 호흡이 곤란하게 된 甲이 안간힘을 쓰면서 허둥대다가 침대 위에 놓여있던 과도로 乙에게 상해를 가한 경우, 甲의 행위는 자신의 신체에 대한 현재의 부당한 침해를 방위하기 위한 행위가 그 정도를 초과한 경우인 과잉방위행위에 해당한다.
④ 甲은 자신이 점유하던 공사현장에 乙이 실력으로 행사하여 들어와 현수막 및 간판을 설치하고 담장에 글씨를 쓰자 그 현수막을 찢고 간판 및 담장에 쓰인 글씨를 지운 것은 그 침해를 방어하기 위한 행위로서 정당방위에 해당한다.

해설

① **[O]** 대판 1993.6.8. 93도766
② **[O]** 대판 1968.5.7. 68도370
③ **[X]** 가해자의 행위가 피해자의 부당한 공격을 방위하기 위한 것이라기 보다는 서로 공격할 의사로 싸우다가 먼저 공격을 받고 이에 대항하여 가해하게 된 것이라고 봄이 상당한 경우, 그 가해행위는 방어행위인 동시에 공격행위의 성격을 가지므로 정당방위 또는 과잉방위행위라고 볼 수 없다(대판 2000.3.28. 2000도228).
④ **[O]** 乙이 그 현수막을 찢고 간판 및 담장에 씌어진 글씨를 지운 것은 그 침해를 방어하기 위한 행위로서 상당한 이유가 있다(대판 1989.3.14. 87도3674). ☞ 재물손괴죄 불성립

정답 ③

04 정당방위에 대한 설명으로 가장 적절하지 않은 것은? (다툼이 있는 경우 판례에 의함) 2019년 경찰승진

① 사용자가, 적법한 직장폐쇄 기간 중 일방적으로 업무에 복귀하겠다고 하면서 자신의 퇴거요구에 불응한 채 계속하여 사업장 내로 진입을 시도하는 해고 근로자를 폭행·협박한 행위는 사업장 내의 평온과 노동조합의 업무방해행위를 방지하기 위한 행위로서 정당방위 또는 정당행위에 해당한다.
② 불법체포에 대항하기 위하여 경찰관에게 상해를 가한 경우 이는 부당한 침해에서 벗어나기 위한 행위로서 정당방위에 해당한다.
③ 검사 甲이 검찰청에 자진출석한 乙변호사사무실 사무장 丙을 합리적 근거 없이 긴급체포하자 변호사 乙이 이를 제지하는 과정에서 검사 甲에게 상해를 가한 행위는 정당방위에 해당한다.
④ 공직선거 후보자 甲이 연설 중 유권자들의 적절한 투표권 행사를 위해 다른 후보자 乙의 과거 행적에 대한 신문에 게재된 자료를 제시하면서 후보자의 자질을 문제 삼자 乙이 물리력으로 甲의 연설을 중단시킨 것은 정당방위에 해당한다.

해설

① **[O]** 대판 2005.6.9. 2004도7218
② **[O]** 피고인이 경찰관의 불심검문을 받아 운전면허증을 교부한 후 경찰관에게 큰 소리로 욕설을 하였는데, 경찰관이 모욕죄의 현행범으로 체포하겠다고 고지한 후 피고인의 오른쪽 어깨를 붙잡자 반항하면서 경찰관에게 상해를 가한 경우, 피고인이 도망하거나 증거를 인멸할 염려가 있다고 보기는 어려우므로 적법한 공무집행이라고 볼 수 없다(대판 2011.5.26. 2011도3682). ☞ 공무집행방해의 점은 구성요건해당성이 배제되어 무죄, 상해의 점은 정당방위로서 위법성이 조각되어 무죄
③ **[O]** 대판 2006.9.8. 2006도148
④ **[X]** 후보자 甲의 연설 도중에 다른 후보자 乙이 마이크를 빼앗고 욕설을 하는 등 물리적으로 甲의 연설을 방해하였는데, 甲이 적시한 연설 내용이 乙에 대한 명예훼손 또는 후보자비방의 '요건에 해당되나 그 위법성이 조각'되는 경우, 乙의 행위는 甲의 '위법하지 않은 정당한 침해'에 대하여 이루어진 것일 뿐만 아니라 상당성을 결여하여 정당방위의 요건을 갖추지 못하였다(대판 2003.11.13. 2003도3606). ☞ 공직선거 및 선거부정방지법위반(선거의 자유방해)죄 성립

정답 ④

05 정당방위에 대한 설명으로 가장 적절한 것은? (다툼이 있는 경우 판례에 의함) 2018년 제2차 경찰

① 가해자의 행위가 피해자의 부당한 공격을 방위하기 위한 것이라기보다는 서로 공격할 의사로 싸우다가 먼저 공격을 받고 이에 대항하여 가해하게 된 것인 경우에는 「형법」 제21조 제2항의 과잉방위가 성립한다.
② 피고인이 피해자로부터 먼저 폭행·협박을 당하다가 이를 피하기 위하여 피해자를 칼로 찔러 즉사케 한 경우, 그 행위가 피해자의 폭행·협박의 정도에 비추어 방위행위로서의 한도를 넘어선 것으로서 사회통념상 용인될 수 없다고 판단될 때에는 「형법」 제21조 제2항의 과잉방위가 성립한다.
③ 생명·신체에 대한 현재의 부당한 침해를 방위하기 위한 상당한 행위가 있고, 이어서 정당방위의 요건인 상당성을 결여한 행위가 연속적으로 이루어진 경우 극히 짧은 시간 내에 계속하여 행하여진 가해자의 이와 같은 일련의 행위는 이를 전체로서 하나의 행위라고 보아 「형법」 제21조 제2항의 과잉방위가 성립한다고 볼 여지가 있다.
④ 경찰관이 적법절차를 준수하지 않은 채 실력으로 현행범인을 연행하려 한 경우 이에 저항하는 과정에서 경찰관에게 상해를 입힌 행위는 그것이 자신의 신체에 대한 현재의 부당한 침해를 방위하기 위한 행위로서 상당한 이유가 있는 것이었다 하더라도 정당방위가 되지 못한다.

해설

① **[X]** 싸움의 경우 원칙적으로 피해자의 부당한 공격을 방위하기 위한 것이라기보다는 서로 '공격할 의사'로 싸우다가 먼저 공격을 받고 이에 대항하여 가해하게 된 것으로, 그 가해행위는 방어행위인 동시에 공격행위의 성격을 가지므로 정당방위 또는 과잉방위행위라고 볼 수 없다(대판 2000.3.28. 2000도228).
② **[X]** 이혼소송 중인 남편이 찾아와 가위로 폭행하고 변태적 성행위를 강요하는 것에 격분하여 처가 칼로 남편의 복부를 찔러 사망케 한 경우, 그 행위는 방위행위로서의 한도를 넘어선 것으로 사회통념상 용인될 수 없어 정당방위나 과잉방위에 해당하지 않는다(대판 2001.5.15. 2001도1089). ☞ 상해치사죄 성립
③ **[O]** 사건당시 피해자가 피고인의 위와 같은 방위행위로 말미암아 뒤로 넘어져 피고인의 몸아래 깔려 더 이상 침해행위를 계속하는 것이 불가능하거나 또는 적어도 현저히 곤란한 상태에 빠졌음에도 피고인이 피해자의 몸위에 타고앉아 그의 목을 계속하여 졸라 누름으로써 결국 피해자로 하여금 질식하여 사망에 이르게 한 행위는 정당방위의 요건인 상당성을 결여한 행위라고 보아야 할 것이나, 극히 짧은 시간내에 계속하여 행하여진 피고인의 위와 같은 일련의 행위는 이를 전체로서 하나의 행위로 보아야 할 것이므로, 방위의사에서 비롯된 피고인의 위와 같이 연속된 전후행위는 하나로서 형법 제21조 제2항 소정의 과잉방위에 해당한다 할 것이고, 당시 야간에 흉포한 성격에 술까지 취한 피해자가 식칼을 들고 피고인을 포함한 가족들의 생명, 신체를 위협하는 불의의 행패와 폭행을 하여 온 불안스러운 상태하에서 공포, 경악, 흥분 또는 당황등으로 말미암아 저질러진 것이라고 보아야 할 것이다(대판 1986.11.11. 86도1862). ☞ 제21조 제3항의 과잉방위에 해당하여 살인죄의 책임이 조각되어 무죄(흉포한 오빠 사건)
④ **[X]** 형법 제136조가 규정하는 공무집행방해죄는 공무원의 직무집행이 적법한 경우에 한하여 성립하는 것이고, 여기서 적법한 공무집행이라 함은 그 행위가 공무원의 추상적 권한에 속할 뿐 아니라 구체적 직무집행에 관한 법률상 요건과 방식을 갖춘 경우를 가리키는 것이므로, 경찰관이 적법절차를 준수하지 아니한 채 실력으로 현행범인을 연행하려고 하였다면 적법한 공무집행이라고 할 수 없고, 현행범인이 그 경찰관에 대하여 이를 거부하는 방법으로써 폭행을 하였다고 하여 공무집행방해죄가 성립하는 것은 아니다(대판 2000.7.4. 99도4341 등).

정답 ③

06 정당방위에 관한 다음 설명 중 가장 적절하지 않은 것은? (다툼이 있으면 판례에 의함)

2015년 제1차 경찰

① 정당방위의 성립요건으로서의 방어행위는 순수한 수비적 방어뿐 아니라 적극적 반격을 포함하는 반격방어의 형태도 포함한다.
② 정당방위에 있어서는 반드시 방위행위에 보충의 원칙은 적용되지 않으나 방위에 필요한 한도 내의 행위로서 사회윤리에 위배되지 않는 상당성이 있는 행위임을 요한다.
③ 서로 공격할 의사로 싸우다가 먼저 공격을 받고 이에 대항하여 가해하게 된 경우 그 가해행위는 정당방위가 될 여지는 없으나 과잉방위가 될 수는 있다.
④ 이혼소송 중인 남편이 찾아와 가위로 폭행하고 변태적 성행위를 강요하는 데에 격분하여 처가 칼로 남편의 복부를 찔러 사망에 이르게 한 경우는 정당방위나 과잉방위에 해당되지 않는다.

해설

① [O] 정당방위의 성립요건으로서의 방어행위에는 순수한 수비적 방어뿐 아니라 적극적 반격을 포함하는 반격방어의 형태도 포함되나, 그 방어행위는 자기 또는 타인의 법익침해를 방위하기 위한 행위로서 상당한 이유가 있어야 한다(대판 1992.12.22. 92도2540).
② [O] 대판 1991.9.10. 91다19913
③ [X] 싸움의 경우 원칙적으로 피해자의 부당한 공격을 방위하기 위한 것이라기보다는 서로 공격할 의사로 싸우다가 먼저 공격을 받고 이에 대항하여 가해하게 된 것으로, 그 가해행위는 방어행위인 동시에 공격행위의 성격을 가지므로 정당방위 또는 과잉방위행위라고 볼 수 없다(대판 2000.3.28. 2000도228).
④ [O] 이혼소송 중인 남편이 찾아와 가위로 폭행하고 변태적 성행위를 강요하는 것에 격분하여 처가 칼로 남편의 복부를 찔러 사망케 한 경우, 그 행위는 방위행위로서의 한도를 넘어선 것으로 사회통념상 용인될 수 없어 정당방위나 과잉방위에 해당하지 않는다(대판 2001.5.15. 2001도1089). ☞ 상해치사죄 성립

정답 ③

07 다음 설명 중 위법성이 조각되는 경우는 모두 몇 개인가? (다툼이 있는 경우 판례에 의함)

2013년 제1차 경찰 변형

㉠ 전교조 소속 교사들이 학교운영의 공공성, 투명성의 보장을 요구하며 학교법인 이사장 및 교장의 거주지 앞에서 그들의 주소까지 명시하여 명예를 훼손한 경우
㉡ 사채업자인 피고인이 피해자에게 채무를 변제하지 않으면 피해자가 숨기고 싶어 하는 과거의 행적과 사채를 쓴 사실 등을 남편과 시댁에 알리겠다는 등의 문자메세지를 발송한 경우
㉢ 특정 상가건물관리회의 회장이 위 관리회의 결산보고를 하면서 전 관리회장이 체납관리비 등을 둘러싼 분쟁으로 자신을 폭행하여 유죄판결을 받은 사실을 알린 경우
㉣ 소유권의 귀속에 관한 분쟁이 있어 민사소송이 계속 중인 건조물에 관하여 현실적으로 관리인이 있음에도 그 건조물의 자물쇠를 쇠톱으로 절단하고 침입한 경우

① 1개 ② 2개
③ 3개 ④ 4개

해설

㉠ [X] 피해자들의 거주지 앞에서 그들의 '주소까지 명시'하여 명예를 훼손하였다면, 이는 공공의 이익을 위한 사실의 적시로 볼 수 없다(대판 2008.3.14. 2006도6049). ☞ 명예훼손죄 성립
㉡ [X] 정당행위에 해당하지 않는다(대판 2011.5.26. 2011도2412). ☞ 협박죄 성립
㉢ [O] 건물관리회원 전체의 관심과 이익에 관한 것으로서 형법 제310조에 의하여 위법성이 조각된다(대판 2008.11.13. 2008도6342). ☞ 명예훼손죄 불성립
㉣ [X] 상당한 이유가 있는 행위라고 할 수 없다(대판 1985.7.9. 85도707) ☞ 폭처법위반(건조물침입)죄 성립

정답 ①

08 다음 중 긴급피난의 성립여부에 대한 판례의 태도로서 부당한 것은?

2005년 경찰

① 경찰관 甲이 순순히 손을 들고 나오다가 그대로 도주하는 범인을 뒤따라 추격하면서 등 부위에 권총을 발사하여 사망하게 한 행위는 긴급피난에 해당하지 않는다.
② 의사 甲은 임신의 지속이 모체의 건강을 해칠 우려가 현저할뿐더러 기형아 내지는 불구아를 출산할 가능성마저도 없지 않다고 판단하여 임부 乙녀의 승낙을 받아 부득이 낙태수술을 하였고, 그 수술은 의사로서 통상적으로 요구되는 업무상의 주의의무를 다한 것이었다. 그러나 수술 후 乙녀가 사망한 경우에 긴급피난에 해당한다.
③ 甲이 乙에게 채무없이 단순히 잠시 빌려준 약속어음을 乙이 丙에게 배서양도하자 甲이 이를 찢어버린 경우는 긴급피난에 해당하지 않는다.
④ 군인 甲이 갑자기 기절한 모친을 치료하기 위하여 군무를 이탈한 행위는 긴급피난에 해당한다.

해설

① **[O]** 대판 1991.5.28. 91다10084
② **[O]** 대판 1976.7.13. 75도1205
③ **[O]** 대판 1975.5.27. 74도3559
④ **[X]** 상당성이 결여되어 긴급피난이 성립하지 않는다(대판 1969.6.10. 69도690).

정답 ④

---

09 범죄성립을 조각하는 사유에 관한 설명 중 옳은 것은? (다툼이 있는 경우 판례에 의함)

2019년 제1차 경찰

① 긴급피난의 본질을 위법성조각사유라고 볼 경우, 긴급피난행위에 대해서 정당방위는 인정되지 아니하나 긴급피난은 인정된다.
② '정당한 사유' 없이 입영에 불응하는 사람을 처벌하는 「병역법」 제88조의 범죄에서 '정당한 사유'는 위법성조각사유이다.
③ 자구행위가 야간이나 기타 불안스러운 상태하에서 공포, 경악, 흥분 또는 당황으로 인한 때에는 벌하지 아니한다.
④ 처분할 수 있는 자의 승낙에 의하여 그 법익을 훼손한 행위는 법률에 특별한 규정이 있는 경우에만 벌하지 아니한다.

해설

① **[O]** 예컨대, 乙의 차량이 고속도로를 1차로로 주행하던 중 갑자기 맞은 편에서 튀어오른 타이어를 피하기 위하여 급차선 변경을 하자 2차로를 주행하던 구급차 운전자 甲이 급정거를 시도하게 되면 중환자 丙에게 치명상을 입힐 우려가 있어 급정거하지 못하고 적당하게 속도를 줄여 乙의 차량을 충격하여 乙의 차량 후미부분을 손괴함과 동시에 경미한 상처를 입힌 경우, 정당방위는 제21조 제1항의 '현재의 부당한 침해'에 대하여 가능하므로 乙의 긴급피난행위는 부당한 침해가 아니라 적법한 침해에 해당하여 甲의 행위는 정당방위로 평가될 수는 없고, 다만 적법한 침해에 대하여도 인정되는 긴급피난에 해당하여 甲의 재물손괴와 상해부분의 위법성이 조각될 수 있다.
② **[X]** 위법성이 조각되는 것이 아니라 구성요건해당성이 배제된다.

> **참고**
> **병역법 제88조(입영의 기피 등)** ① 현역입영 또는 소집 통지서(모집에 의한 입영 통지서를 포함한다)를 받은 사람이 '정당한 사유 없이' 입영일이나 소집일부터 다음 각 호의 기간이 지나도 입영하지 아니하거나 소집에 응하지 아니한 경우에는 3년 이하의 징역에 처한다.

③ **[X]** 긴급피난과 달리 정당방위의 제21조 제3항(그 행위가 야간 기타 불안스러운 상태하에서 공포, 경악, 흥분 또는 당황으로 인한 때에는 벌하지 아니한다)은 자구행위에는 준용되지 않는다.
④ **[X]** 형법 제24조(피해자의 승낙) 처분할 수 있는 자의 승낙에 의하여 그 법익을 훼손한 행위는 법률에 특별한 규정이 없는 한 벌하지 아니한다.

정답 ①

10 위법성조각사유에 대한 설명으로 가장 적절한 것은? (다툼이 있는 경우 판례에 의함)

2020년 제2차 경찰

① 「형법」 제252조 제1항 촉탁·승낙살인죄는 피해자 승낙을 배제하는 효과를 그 내용으로 하고 있으므로 본 죄의 위법성 조각은 불가능하다.
② 무수혈 인공고관절 수술의 위험성을 충분히 설명 받았으나, 진지한 의사결정에 의한 수혈 거부 의사가 존재하여 무수혈 수술 동의 아래 수술을 진행하였는데 생명에 위험이 발생할 수 있는 응급상황이 발생하였음에도 환자의 자기결정권을 존중하여 수혈하지 않다가 환자가 과다출혈로 사망에 이른 경우, 의사는 업무상과실치사의 죄책을 진다.
③ 위법성의 본질을 결과반가치에서만 구하는 입장은 우연방위에 대해 위법성을 탈락시킨다.
④ 주식회사 대표이사로서 회사의 계산으로 사전투표와 직접투표를 한 주주들에게 무상으로 20만 원 상당의 상품교환권 등을 각 제공한 것은 주주총회 의결권 행사와 관련된 이익의 공여이지만 사회통념상 허용되는 범위를 넘지 않는 행위로서 위법성이 조각된다.

해설

① **[X]** 예컨대, 맹수의 습격을 받아 생존확률이 거의 없는 중상을 입고 극심한 고통을 겪고 있는 乙이 甲에게 자신을 총으로 쏘아 고통 없이 죽여 달라고 진지하게 부탁을 하자, 이에 甲이 乙을 살해한 경우, 甲의 행위는 촉탁·승낙살인죄의 구성요건해당성은 인정되지만 예외적으로 사회상규에 위배되지 아니하는 정당행위(제20조)로서 위법성이 조각될 수 있다.
② **[X]** 정형외과 의사인 피고인이 자신의 직업적 양심에 따라 망인(여호와의 증인)의 자기결정권을 존중하여 망인에게 타가수혈하지 아니하고 인공고관절 수술을 시행하다가 사망케 한 경우, 환자의 생명과 자기결정권을 비교형량하기 어려운 특별한 사정이 있다고 인정되는 경우에 의사가 자신의 직업적 양심에 따라 환자의 양립할 수 없는 두 개의 가치 중 어느 하나를 존중하는 방향으로 행위하였다면, 이러한 행위는 처벌할 수 없다고 할 것이다(대판 2014.6.26. 2009도14407). ☞ 업무상과실치사죄 불성립
③ **[O]** 예컨대, 乙과 丙녀가 어두운 골목길에서 애정행각을 벌이는 것에 격분하여 甲이 돌을 던져 乙의 머리를 맞추어 乙이 실신하고 丙녀가 피신하였는데, 알고 보니 乙이 丙녀를 강간하려고 시도하던 중이었던 경우(우연방위 상황), 甲은 공격의사로 행위한 것이므로 행위반가치는 인정되지만, 결과적으로는 丙녀의 성적 자유 또는 성적 자기결정권을 보호한 것이므로 결과반가치는 인정되지 않는다. ⅰ) 지문에서의 위법성의 본질을 결과반가치에서만 구하는 입장에 의할 경우, 위법성을 판단할 때 행위반가치는 고려하지 않고 결과반가치만 고려하는 태도를 취하므로 甲의 행위는 결과적으로는 丙녀를 구한 것으로 평가되어 상해죄의 위법성이 조각되어 무죄가 된다. ⅱ) 반면, 위법성의 본질을 행위반가치와 결과반가치의 결합에 의하여 구하는 입장(다수설)에 의할 경우, 甲의 행위반가치는 존재하나 결과반가치가 상쇄되므로 그 구조가 불능미수와 유사하다고 보아 상해죄의 불능미수(임의적 감·면)를 인정하게 된다.
④ **[X]** A 주식회사 대표이사인 피고인이 주주총회 등에서 특정 의결권 행사방법을 독려하기 위한 방법으로 A 회사의 주주총회 등에 참석하여 사전투표 또는 직접투표 방식으로 의결권을 행사한 주주들에게 A 회사에서 발행한 20만 원 상당의 상품교환권 등을 제공한 경우, 사회통념상 허용되는 범위를 넘어서는 것이어서 상법상 주주의 권리행사에 관한 이익공여의 죄에 해당한다(대판 2018.2.8. 2015도7397). ☞ 상법위반죄 성립

정답 ③

11 범죄의 성립요건 중 조각되는 사유가 다른 것은? (다툼이 있는 경우 판례에 의함) 2020년 제1차 경찰

① 피고인이 동거 중인 피해자의 지갑에서 현금을 꺼내 가는 것을 피해자가 현장에서 목격하고도 만류하지 아니한 경우(형법상 절도죄)
② 중대장의 지시에 따라 관사를 지키고 있던 당번병인 피고인이 중대장의 처가 마중 나오라는 지시를 정당한 명령으로 오인하고 관사를 무단이탈하였는데 당번병으로서의 그 임무범위 내에 속하는 일로 오인하고, 그 오인에 정당한 이유가 있는 경우(군형법상 무단이탈죄)
③ 「병역법」 제88조 제1항은 국방의 의무를 실현하기 위하여 현역입영 또는 소집통지서를 받고도 정당한 사유 없이 이에 응하지 않은 사람을 처벌하는데, 피고인에게 정당한 사유가 있는 경우(병역법상 입영 등 기피죄)
④ 사용자의 직장폐쇄가 정당한 쟁의행위로 인정되지 아니하고 다른 특별한 사정이 없어 근로자가 평소 출입이 허용되는 사업장 안에 들어가는 경우(형법상 주거침입죄)

해설

① 피해자가 이를 허용하는 묵시적 의사가 있었다고 봄이 상당하여 이는 절도죄를 구성하지 않는다(대판 1985.11.26. 85도1487). ☞ 의사에 반하여 절취한 것으로 볼 수 없으므로 절도죄의 구성요건해당성이 배제되어 무죄
② 위와 같은 당번병의 관사이탈 행위는 중대장의 직접적인 허가를 받지 아니 하였다 하더라도 당번병으로서의 그 임무범위 내에 속하는 일로 오인하고 한 행위로서 그 '오인에 정당한 이유가 있어 위법성이 없다'고 볼 것이다(대판 1986.10.28. 86도1406). ☞ 군형법위반(군무이탈)죄의 위법성이 조각되어 무죄
③ 여호와의 증인 신도인 피고인이 종교적 양심을 이유로 입영하지 않고 병역을 거부한 경우, 진정한 양심에 따른 병역거부라면 이는 병역법 제88조 제1항의 '정당한 사유'에 해당하므로 병역법위반죄가 성립하지 않는다(대판 2018.11.1. 2016도10912 전원합의체). ☞ 엄밀히 말하자면, 기대가능성이 없어 책임이 조각되는 것이 아니라, 병역법위반죄의 구성요건해당성이 배제되어 무죄
④ 사용자의 직장폐쇄가 정당한 쟁의행위로 인정되지 아니하는 때에는 다른 특별한 사정이 없는 한 근로자가 평소 출입이 허용되는 사업장 안에 들어가는 행위는 주거침입죄를 구성하지 아니한다(대판 2002.9.24. 2002도2243). ☞ 출입권한 있는 근로자가 사업장 안에 들어가는 행위는 주거침입죄의 구성요건인 '침입'이라고 볼 수 없으므로 주거침입죄의 구성요건해당성이 배제되어 무죄

정답 ②

12 형법 제24조의 피해자의 승낙에 관한 다음 설명 중 가장 옳지 않은 것은? (다툼이 있는 경우 판례에 의함)

2017년 경찰간부

① 사문서변조죄와 관련하여 행위 당시 명의자의 현실적인 승낙은 없었지만 명의자가 그 사실을 알았다면 당연히 승낙했을 것이라고 추정되는 경우에는 사문서변조죄가 성립하지 아니한다.
② 형법은 살인, 낙태에 대해서 피해자의 승낙이 있더라도 처벌하는 특별한 규정을 두고 있다.
③ 의사의 불충분한 설명에 근거하여 환자가 수술에 동의한 경우에는 피해자의 승낙으로 수술의 위법성이 조각되지 아니한다.
④ 피해자의 승낙은 언제든지 자유롭게 철회될 수 있고, 법익이 침해된 이후의 사후의 승낙으로도 위법성은 조각될 수 있다.

해설

① **[O]** ⅰ) 사문서를 작성·수정할 때 명의자의 명시적이거나 묵시적인 승낙이 있었다면 사문서의 위·변조죄에 해당하지 않고, ⅱ) 한편 행위 당시 명의자의 현실적인 승낙은 없었지만 행위 당시의 모든 객관적 사정을 종합하여 명의자가 행위 당시 그 사실을 알았다면 당연히 승낙했을 것이라고 (객관적으로) 추정되는 경우 역시 사문서의 위·변조죄가 성립하지 않는다고 할 것이나, ⅲ) 명의자의 명시적인 승낙이나 동의가 없다는 것을 알고 있으면서도 명의자가 문서작성 사실을 알았다면 승낙하였을 것이라고 '(주관적으로) 기대하거나 예측'한 것만으로는 그 승낙이 추정된다고 단정할 수 없다(대판 2011.09.29. 2010도14587 등).
② **[O]** 형법은 촉탁·승낙살인죄(제252조 제1항)와 동의낙태죄(제269조 제2항) 및 업무상동의낙태죄(제270조 제1항)의 처벌규정을 두고 있다.
③ **[O]** 위 승낙은 부정확 또는 불충분한 설명을 근거로 이루어진 것으로서 수술의 위법성을 조각할 유효한 승낙이라고 볼 수 없다(대판 1993.7.27. 92도2345). ☞ 업무상과실치상죄 성립
④ **[X]** 위법성조각사유로서의 피해자의 승낙은 언제든지 자유롭게 철회할 수 있다고 할 것이고, 그 철회의 방법에는 아무런 제한이 없다(대판 2011.05.13. 2010도9962). 반면, 판례는 '피해자의 사후승낙이 있는 경우에 판시 행위가 범죄를 구성하지 않게 되거나 벌할 수 없게 된다는 것은 독자적인 견해에 불과하다(대판 1991.03.27. 91도139)'라고 판시함으로써 피해자의 승낙은 행위시에 유효하게 존재하여야 함을 요하는 입장으로서 법익이 침해된 이후의 사후승낙으로는 위법성이 조각될 수 없다는 입장이므로 지문의 후단 부분이 틀린 것이다.

정답 ④

13 피해자의 승낙에 관한 다음 설명 중 옳고 그름의 표시(O, X)가 모두 바르게 된 것은? (다툼이 있는 경우 판례에 의함)

2022년 경찰2차

㉠ 「형법」 제24조에 따라 위법성이 조각되는 피해자의 승낙은 개인적 법익을 훼손하는 경우에 법률상 이를 처분할 수 있는 사람의 승낙을 말할 뿐만 아니라 그 승낙이 윤리적, 도덕적으로 사회상규에 반하는 것이 아니어야 한다.

㉡ 문서명의인이 문서의 작성일자 전에 이미 사망했어도 문서 명의인이 생존하고 있다는 점이 문서의 중요한 내용을 이루거나 그 점을 전제로 문서가 작성되어 공공의 신용을 해할 위험이 있는 경우에는 사문서위조죄가 성립하나 그 문서에 관하여 사망한 명의자의 승낙이 추정되는 경우에는 피해자의 승낙에 따라 위법성이 조각된다.

㉢ 「형법」 제24조 피해자의 승낙은 정당방위, 긴급피난, 자구행위와 같이 '상당한 이유'라는 명문의 규정을 두고 있다.

㉣ 의사의 불충분한 설명을 근거로 환자가 수술에 동의하였다면 피해자의 승낙으로 수술의 위법성은 조각되지 않는다.

① ㉠ (X), ㉡ (X), ㉢ (O), ㉣ (X)
② ㉠ (X), ㉡ (O), ㉢ (O), ㉣ (O)
③ ㉠ (O), ㉡ (X), ㉢ (X), ㉣ (X)
④ ㉠ (O), ㉡ (X), ㉢ (X), ㉣ (O)

해설

㉠ **[O]** 대판 1985.12.10. 85도1892

㉡ **[X]** [1] 문서위조죄는 문서의 진정에 대한 공공의 신용을 보호법익으로 하는 것이므로 행사할 목적으로 작성된 사문서가 일반인으로 하여금 당해 명의인의 권한 내에서 작성된 문서라고 믿게 할 수 있는 정도의 형식과 외관을 갖추고 있으면 사문서위조죄가 성립하고, 위와 같은 요건을 구비한 이상 명의인이 문서의 작성일자 전에 이미 사망하였더라도 그러한 문서 역시 공공의 신용을 해할 위험성이 있으므로 사문서위조죄가 성립한다. 위와 같이 사망한 사람 명의의 사문서에 대하여도 문서에 대한 공공의 신용을 보호할 필요가 있다는 점을 고려하면, 문서명의인이 이미 사망하였는데도 '문서명의인이 생존하고 있다는 점이 문서의 중요한 내용을 이루거나 그 점을 전제로 문서가 작성'되었다면 이미 문서에 관한 공공의 신용을 해할 위험이 발생하였다 할 것이므로, 그러한 내용의 문서에 관하여 사망한 명의자의 승낙이 추정된다는 이유로 사문서위조죄의 성립을 부정할 수는 없다.

[2] 피고인이 자신의 부(父) 甲에게서 甲 소유 부동산의 매매에 관한 권한 일체를 위임받아 이를 매도하였는데, 그 후 甲이 갑자기 사망하자 부동산 소유권 이전에 사용할 목적으로 甲이 자신에게 인감증명서 발급을 위임한다는 취지의 인감증명 위임장을 작성한 후 주민센터 담당직원에게 이를 제출한 경우, 甲의 사망으로 포괄적인 명의사용의 근거가 되는 위임관계 내지 포괄적인 대리관계는 종료된 것으로 보아야 하므로 특별한 사정이 없는 한 피고인은 더 이상 위임받은 사무처리와 관련하여 甲의 명의를 사용하는 것이 허용된다고 볼 수 없고, 피고인이 사망한 甲의 명의를 모용한 인감증명 위임장을 작성하여 인감증명서를 발급받아야 할 급박한 사정이 있었다고 볼 만한 사정도 없으며, 인감증명 위임장은 본래 생존한 사람이 타인에게 인감증명서 발급을 위임한다는 취지의 문서라는 점을 고려하면, 이미 사망한 甲이 '병안 중'이라는 사유로 피고인에게 인감증명서 발급을 위임한다는 취지의 인감증명 위임장이 작성됨으로써 문서에 관한 공공의 신용을 해할 위험성이 발생하였다 할 것이고, 피고인이 명의자 甲이 승낙하였을 것이라고 기대하거나 예측한 것만으로는 사망한 甲의 승낙이 추정된다고 단정할 수 없다(대판 2011.9.29. 2011도6223). ☞ 사문서위조죄 성립

ⓒ [X] '상당한 이유'를 명문으로 요구하는 것은 정당방위, 긴급피난 및 자구행위의 3가지에 한한다. 정당행위(제20조)와 피해자의 승낙(제24조)는 이를 명문으로 요구하고 있지는 아니하나, 이들 위법성조각사유도 상당한 이유가 있을 것을 해석에 의하여 요구하고 있다.

> **제24조(피해자의 승낙)** 처분할 수 있는 자의 승낙에 의하여 그 법익을 훼손한 행위는 법률에 특별한 규정이 없는 한 벌하지 아니한다.

ⓔ [O] 산부인과 의사가 정밀한 진단방법을 실시하지 아니한 채 피해자의 병명을 자궁근종을 오진하고 피해자의 승낙을 받아 자궁적출술을 시행한 경우, 위 승낙은 부정확 또는 불충분한 설명을 근거로 이루어진 것으로서 수술의 위법성을 조각할 유효한 승낙이라고 볼 수 없다(대판 1993.7.27. 92도2345). ☞ 업무상과실치상죄 성립

(정답) ④

14 피해자의 승낙에 대한 설명으로 가장 적절하지 않은 것은? (다툼이 있는 경우 판례에 의함)

2021년 제2차 경찰

① 甲이 동거 중인 A의 지갑에서 현금을 꺼내 가는 것을 A가 현장에서 목격하고도 만류하지 아니한 경우에는 이를 허용하는 A의 묵시적 의사가 있었다고 볼 수 있다.

② 건물의 소유자라고 주장하는 甲과 그것을 점유 관리하고 있는 A 사이에 건물의 소유권에 대한 분쟁이 계속되고 있는 상황에서 甲이 그 건물에 침입하는 경우에는 그 침입에 대한 A의 승낙이 있었다고 볼 수 없다.

③ 甲이 乙과 공모하여 교통사고를 가장하여 보험금을 편취할 목적으로 乙에게 승낙을 받고 상해를 가한 경우에는 피해자의 승낙에 의하여 위법성이 조각된다고 할 수 없다.

④ 甲은 자신의 아버지 A소유 부동산 매매에 관한 권한 일체를 위임받아 이를 매도한 후 갑자기 A가 사망하자 소유권이전에 사용할 목적으로 A가 자신에게 인감증명서 발급을 위임한다는 취지의 위임장을 작성하여, 주민센터 담당직원에게 제출한 경우에는 甲이 A가 승낙하였을 것이라고 기대하거나 예측한 것만으로도 사망한 A의 승낙이 추정된다.

해설

① [O] 피고인이 동거 중인 피해자의 지갑에서 현금을 꺼내가는 것을 피해자가 현장에서 목격하고도 만류하지 아니하였다면 피해자가 이를 허용하는 묵시적 의사가 있었다고 봄이 상당하여 이는 절도죄를 구성하지 않는다(대판 1985.11.26. 85도1487).

② [O] 건물의 소유자라고 주장하는 피고인과 그것을 점유관리하고 있는 피해자 사이에 건물의 소유권에 대한 분쟁이 계속되고 있는 상황이라면 피고인이 그 건물에 침입하는 것에 대한 피해자의 추정적 승낙이 있었다거나 피고인의 이 사건 범행이 사회상규에 위배되지 않는다고 볼 수 없다(대판 1989.9.12. 89도889). ☞ 주거침입죄 성립

③ [O] 형법 제24조의 규정에 의하여 위법성이 조각되는 피해자의 승낙은 개인적 법익을 훼손하는 경우에 법률상 이를 처분할 수 있는 사람의 승낙이어야 할 뿐만 아니라 그 승낙이 윤리적·도덕적으로 사회상규에 반하는 것이 아니어야 한다(대판 2008.12.11. 2008도9606).

④ [X] A의 사망으로 포괄적인 명의사용의 근거가 되는 위임관계 내지 포괄적인 대리관계는 종료된 것으로 보아야 하므로 특별한 사정이 없는 한 甲은 더 이상 위임받은 사무처리와 관련하여 A의 명의를 사용하는 것이 허용된다고 볼 수 없고, (중략) 甲이 명의자 A가 승낙하였을 것이라고 기대하거나 예측한 것만으로는 사망한 A의 승낙이 추정된다고 단정할 수 없다(대판 2011.9.29. 2011도6223). ☞ 사문서위조죄 및 동행사죄 성립

정답 ④

15 위법성조각사유에 대한 설명으로 옳은 것은? (다툼이 있는 경우 판례에 의함) 2021년 경찰간부

① 甲이 자신의 아버지 乙에게서 乙 소유 부동산 매매에 관한 일체의 권한을 위임받아 이를 매도하였는데, 그 후 乙이 사망하자 부동산 소유권 이전에 사용할 목적으로 乙이 甲에게 인감증명서 발급을 위임한다는 취지의 인감증명 위임장을 작성한 후 주민센터 담당 직원에게 제출한 경우, 사망한 명의자 乙의 승낙이 추정되므로 위법성이 조각된다.

② 경찰관의 불심검문을 받게 된 甲이 운전면허증을 교부한 후 경찰관에게 큰 소리로 욕설을 하였고 이에 경찰관이 모욕죄의 현행범으로 체포하겠다고 고지한 후 甲의 어깨를 잡자, 甲이 이를 면하려고 반항하는 과정에서 경찰관에게 상해를 입힌 행위는 정당방위에 해당한다.

③ 운전자가 자신의 차를 가로막고 서서 통행을 방해하는 피해자를 향해 차를 조금씩 전진시키고 피해자가 뒤로 물러나면 다시 차를 전진시키는 방식의 운행을 반복한 경우, 정당방위에 해당하여 폭행죄가 성립하지 않는다.

④ 피해자의 승낙은 언제든지 자유롭게 철회될 수 있고 그 방법에는 제한이 없으며, 법익이 침해된 이후의 사후승낙도 위법성을 조각할 수 있다.

해설

① [X] '乙의 사망으로 포괄적인 명의사용의 근거가 되는 위임관계 내지 포괄적인 대리관계는 종료된 것으로 보아야 하므로' 특별한 사정이 없는 한 피고인은 더 이상 위임받은 사무처리와 관련하여 乙의 명의를 사용하는 것이 허용된다고 볼 수 없고, (중략) 피고인이 명의자 乙이 승낙하였을 것이라고 기대하거나 예측한 것만으로는 사망한 乙의 승낙이 추정된다고 단정할 수 없다(대판 2011.9.29. 2011도6223). ☞ 사문서위조죄 및 동행사죄 성립

② [O] 피고인은 경찰관의 불심검문에 응하여 이미 운전면허증을 교부한 상태이고, 경찰관뿐 아니라 인근 주민도 욕설을 직접 들었으므로, 피고인이 도망하거나 증거를 인멸할 염려가 있다고 보기는 어렵고, 피고인의 모욕 범행은 불심검문에 항의하는 과정에서 저지른 일시적, 우발적인 행위로서 사안 자체가 경미할 뿐 아니라, 피해자인 경찰관이 범행현장에서 즉시 범인을 체포할 급박한 사정이 있다고 보기도 어려우므로, 경찰관이 피고인을 체포한 행위는 적법한 공무집행이라고 볼 수 없고, 피고인이 체포를 면하려고 반항하는 과정에서 상해를 가한 것은 불법체포로 인한 신체에 대한 현재의 부당한 침해에서 벗어나기 위한 행위로서 정당방위에 해당한다(대판 2011.5.26. 2011도3682). ☞ 상해죄는 정당방위에 해당하여 위법성이 조각되어 무죄가 되는 반면, 공무집행방해죄는 경찰관의 직무집행이 적법하지 아니하므로 구성요건해당성이 배제되어 무죄

③ [X] 자신의 차를 가로막는 피해자를 부딪친 것은 아니라고 하더라도, 피해자를 부딪칠 듯이 차를 조금씩 전진시키는 것을 반복하는 행위 역시 피해자에 대해 위법한 유형력을 행사한 것(폭행)이라고 보아야 한다. (중략) 피고인 주장의 사정만으로는 차 앞에 서 있는 사람을 향해 차를 전진시킨 행위가 정당방위나 정당행위에 해당하지 않는다(대판 2016.10.27. 2016도9302). ☞ 특수폭행죄 성립

④ [X] 위법성조각사유로서의 피해자의 승낙은 언제든지 자유롭게 철회할 수 있다고 할 것이고, 그 철회의 방법에는 아무런 제한이 없다(대판 2011.5.13. 2010도9962). 그러나, 법익이 침해된 이후의 사후승낙은, 행위시에 피해자의 승낙이 없어 행위반가치가 인정되므로 위법성을 조각할 수 없다.

> 피고인이 피해자 甲의 상가건물에 대한 임대차계약 당시 甲의 모(母) 乙에게서 인테리어 공사 승낙을 받았는데, 이후 乙이 임대차보증금 잔금 미지급을 이유로 '즉시 공사를 중단하고 퇴거할 것을 요구'하자 도끼를 집어 던져 상가 유리창을 손괴한 경우, 乙이 위 의사표시로써 시설물 철거에 대한 동의를 철회하였다고 보아야 한다(대판 2011.5.13. 2010도9962). ☞ 재물손괴죄 성립

정답 ②

16 정당행위에 대한 설명으로 적절하지 않은 것을 모두 고른 것은? (다툼이 있는 경우 판례에 의함)

2017년 경기북부 여경

㉠ 피고인이 소속한 교단협의회에서 조사위원회를 구성하여 피고인이 목사로 있는 교회의 이단성 여부에 대한 조사 활동을 하고 보고서를 그 교회 사무국장에게 작성토록 하자, 피고인이 조사보고서의 관련자료에 피해자를 명예훼손죄로 고소했던 고소장 사본을 첨부한 경우, 이는 자신의 주장의 정당성을 입증하기 위한 자료의 제출 행위로서 정당한 행위로 볼 수 없다.
㉡ 신문기자인 피고인이 고소인에게 2회에 걸쳐 증여세 포탈에 대한 취재를 요구하면서 이에 응하지 않으면 자신이 취재한 내용대로 보도하겠다고 말하며 협박한 경우, 사회상규에 반하는 행위로 위법성이 조각되지 않는다.
㉢ 甲정당의 당직자인 피고인들이 국회 외교통상 상임위원회 회의장 앞 복도에서 출입이 봉쇄된 회의장 출입구를 뚫을 목적으로 회의장 출입문 및 그 안쪽에 쌓여있던 책상, 탁자 등 집기를 손상하거나 국회의 심의를 방해할 목적으로 소방호스를 이용하여 회의장 내에 물을 분사한 경우, 위법성이 조각되는 정당행위나 긴급피난의 요건을 갖춘 행위로 평가하기 어렵다.
㉣ 골프클럽 경기보조원들의 구직편의를 위해 제작된 인터넷 사이트 내 회원 게시판에 특정 골프클럽의 운영상 불합리성을 비난하는 글을 게시하면서 위 클럽담당자에 대하여 한심하고 불쌍한 인간이라는 등 경멸적 표현을 한 경우, 게시의 동기와 경위, 모욕적 표현의 정도와 비중 등에 비추어 사회상규에 위배되지 않는다고 보아 모욕죄의 성립을 부정하였다.

① ㉠, ㉡
② ㉠, ㉢
③ ㉡, ㉣
④ ㉢, ㉣

해설

㉠ [X] 이는 자신의 주장의 정당성을 입증하기 위한 자료의 제출행위로서 정당한 행위로 볼 것이지, 고소장의 내용에 다소 피해자의 명예를 훼손하는 내용이 들어 있다 하더라도 이를 이유로 고소장을 첨부한 행위가 위법하다고 할 수 없다(대판 1995.3.17. 93도923). ☞ 출판물에 의한 명예훼손죄 불성립
㉡ [X] 甲이 고소인에게 취재를 요구하였다가 거절당하자 인터뷰 협조요청서와 서면질의 내용을 그 자리에 두고 나왔을 뿐 폭

언을 하거나 보도하지 않는 데 대한 대가를 요구하지 않은 점 등 제반 사정에 비추어, 위 행위가 설령 협박죄에서 말하는 해악의 고지에 해당하더라도 특별한 사정이 없는 한 기사 작성을 위한 자료를 수집하고 보도하기 위한 것으로서 신문기자의 일상적 업무 범위에 속하여 사회상규에 반하지 아니하는 행위라고 보는 것이 타당하다(대판 2011.7.14. 2011도639). ☞ 협박죄 불성립

ⓒ [O] 국민의 대의기관인 국회에서 서로의 의견을 경청하고 진지한 토론과 양보를 통하여 더욱 바람직한 결론을 도출하는 합법적 절차를 외면한 채 곧바로 폭력적 행동으로 나아가 방법이나 수단에 있어서도 상당성의 요건을 갖추지 못하여 이를 위법성이 조각되는 정당행위나 긴급피난의 요건을 갖춘 행위로 평가하기 어렵다(대판 2013.6.13. 2010도13609). ☞ 공용물건손상죄 및 국회회의장소동죄 성립

ⓔ [O] 게시의 동기와 경위, 모욕적 표현의 정도와 비중 등에 비추어 사회상규에 위배되지 않는다(대판 2008.7.10. 2008도1433). ☞ 모욕죄 불성립

(정답) ①

17 「형법」 제20조(정당행위)에 대한 설명으로 옳지 않은 것은? (다툼이 있는 경우 판례에 의함)

2022년 경찰간부

① 구성요건에 해당하는 행위가 「형법」 제20조에 따라 위법성이 조각되려면, 첫째 그 행위의 동기나 목적의 정당성, 둘째 행위의 수단이나 방법의 상당성, 셋째 보호법익과 침해법익의 균형성, 넷째 긴급성, 다섯째 그 행위 이외의 다른 수단이나 방법이 없다는 보충성의 요건을 모두 갖추어야 한다.

② 「형법」 제20조에서 '사회상규에 위배되지 아니하는 행위'라 함은 국가질서의 존중이라는 인식을 바탕으로 한 국민일반의 건전한 도의적 감정에 반하지 아니한 행위로서 초법규적인 기준에 의하여 이를 평가하여야 한다.

③ 집행관이 조합 소유 아파트에서 유치권을 주장하는 甲을 상대로 부동산인도집행을 실시하여 조합이 그 아파트를 인도받고 출입문의 잠금장치를 교체하는 등으로 그 점유가 확립된 이후에 甲이 아파트 출입문과 잠금장치를 훼손하며 강제로 개방하고 아파트에 들어간 경우, 甲의 행위는 민법상 자력구제에 해당하므로 「형법」 제20조에 따라 위법성이 조각된다.

④ 「민사소송법」 제335조에 따른 법원의 감정인 지정결정 또는 같은 법 제341조 제1항에 따라 법원의 감정촉탁을 받은 사람이 감정평가업자가 아니었음에도 그 감정사항에 포함된 토지 등의 감정평가를 한 행위는 법령에 근거한 법원의 적법한 결정이나 촉탁에 따른 것으로 「형법」 제20조에 따라 위법성이 조각된다.

해설

① [O] 대판 1984.5.22. 84도39
② [O] 사회상규에 반하지 않는 행위라 함은 국가질서의 존중이라는 인식을 바탕으로 한 국민일반의 건전한 도의적 감정에 반하지 아니한 행위로서 초법규적인 기준에 의하여 이를 평가할 것이다(대판 1983.11.22. 83도2224).
③ [X] 민법 제209조 제2항 전단은 '점유물이 침탈되었을 경우에 부동산일 때에는 점유자는 침탈 후 직시(直時) 가해자를 배제하여 이를 탈환할 수 있다'고 하여 자력구제권 중 부동산에 관한 자력탈환권에 관하여 규정하고 있다. 여기에서 '직시(直時)'란 '객관적으로 가능한 한 신속히' 또는 '사회관념상 가해자를 배제하여 점유를 회복하는 데 필요하다고 인정되는 범위

안에서 되도록 속히'라는 뜻으로, 자력탈환권의 행사가 '직시'에 이루어졌는지 여부는 물리적 시간의 장단은 물론 침탈자가 확립된 점유를 취득하여 자력탈환권의 행사를 허용하는 것이 오히려 법적 안정 내지 평화를 해하거나 자력탈환권의 남용에 이르는 것은 아닌지 함께 살펴 판단하여야 한다. 피고인이 아파트에 들어갈 당시에는 이미 집행채권자가 집행관으로부터 아파트를 인도받은 후 출입문의 잠금 장치를 교체하는 등으로 그 점유가 확립된 상태여서 점유권 침해의 현장성 내지 추적 가능성이 있다고 보기 어려워 점유를 실력에 의하여 탈환한 피고인의 행위는 민법상 자력구제에 해당하지 않는다(대판 2017.9.7. 2017도9999). ☞ 재물손괴죄 및 건조물침입죄 성립

④ [O] 감정평가업자가 아닌 피고인들이 법원 행정재판부로부터 수용 대상 토지상에 재배되고 있는 산양삼의 손실보상액 평가를 의뢰받고 감정서를 작성하여 제출한 경우, 감정신청의 채택 여부를 결정하고 감정인을 지정하거나 단체 등에 감정촉탁을 하는 권한은 법원에 있고(민사소송법 제335조, 제341조 제1항 참조), 행정소송사건의 심리절차에서 공익사업을 위한 토지 등의 취득 및 보상에 관한 법률상 토지 등의 손실보상액에 관하여 감정을 명할 경우 그 감정인으로 반드시 감정평가사나 감정평가법인을 지정하여야 하는 것은 아니다. (중략) 그렇다면 민사소송법 제335조에 따른 법원의 감정인 지정결정 또는 같은 법 제341조 제1항에 따른 법원의 감정촉탁을 받은 경우에는 감정평가업자가 아닌 사람이더라도 그 감정사항에 포함된 토지 등의 감정평가를 할 수 있고, 이러한 행위는 법령에 근거한 법원의 적법한 결정이나 촉탁에 따른 것으로 형법 제20조의 정당행위에 해당하여 위법성이 조각된다고 보아야 한다(대판 2021.10.14. 2017도10634). ☞ 부동산가격공시 및 감정평가에 관한 법률위반죄 불성립

(정답) ③

18 쟁의행위에 대한 다음 설명 중 판례의 태도와 어긋나는 것은? 2008년 경찰간부

① 쟁의행위의 여러 목적 중에서 부당한 요구사항을 뺏더라면 쟁의행위를 하지 않았을 것이라고 인정되는 경우 쟁의행위 전체가 정당성을 갖지 못한다.
② 노동쟁의는 원칙적으로 조정절차를 거쳐야 하는 것이지만, 조정기간이 경과하도록 노동위원회가 조정결정을 하지 못했다면 쟁의행위를 할 수 있다.
③ 조합원의 찬성결정을 거치지 않고 쟁의행위에 나아간 경우에도 조합원의 민주적 의사결정이 실질적으로 확보된 경우에는 정당행위로 볼 수 있다.
④ 09:00 이전에 출근하여 업무준비를 하고 09:00부터 업무를 시작하는 직원들에 대하여 적법절차 없이 집단으로 09:00 정각에 출근하도록 한 경우에는 업무방해죄를 구성한다.

해설

① [O] 대판 2001.6.26. 2000도2871
② [O] 대판 2001.6.26. 2000도2871
③ [X] 쟁의행위를 함에 있어 조합원의 직접·비밀·무기명투표에 의한 찬성결정이라는 절차를 거쳐야 한다는 노동조합및노동관계조정법 제41조 제1항의 규정은 노동조합의 자주적이고 민주적인 운영을 도모함과 아울러 쟁의행위에 참가한 근로자들이 사후에 그 쟁의행위의 정당성 유무와 관련하여 어떠한 불이익을 당하지 않도록 그 개시에 관한 조합의사의 결정에 보다 신중을 기하기 위하여 마련된 규정이므로 위의 절차를 위반한 쟁의행위는 그 절차를 따를 수 없는 객관적인 사정이 인정되지 아니하는 한 정당성이 상실된다(대판 2001.10.25. 99도4837 전원합의체).
④ [O] 대판 1996.5.10. 96도419

(정답) ③

19 판례에 의하면 사회상규에 위배되지 않는 행위에 관한 설명으로 옳지 않은 것은 모두 몇 개인가?

2004년 행시, 2011년·2019년 제2차 경찰 변형

㉠ 정신병원에서의 퇴원요구를 거절해 온 아내가 남편에 대하여 재산이전 요구를 한 경우, 아내는 재산이전 요구에 응하지 않으면 퇴원시켜 주지 않겠다고 말한 바 없더라도 이는 해악의 고지에 해당하고 이러한 해악의 고지가 권리의 실현수단으로 사용되었더라도 그 수단 방법이 사회통념상 허용되는 정도나 범위는 넘는 것으로서 공갈죄를 구성한다.
㉡ 지입차주들이 지입료 등을 연체하자 계약을 일방적으로 해지하고 차량을 회수할 수 있도록 한 계약내용에 따라 회사 직원이 지입차주인 피해자들이 점유하는 각 차량 또는 번호판을 피해자들의 의사에 반하여 무단으로 취거하였다 하더라도 정당행위로서 위법성이 조각된다.
㉢ 피해자가 먼저 멱살을 잡고 머리채를 잡아 늘어지는 등 덤벼들었기 때문에 이를 뿌리치는 과정에서 그 수단으로 여러 차례 밀고 당기거나 머리채를 잡았던 경우 사회상규에 반하지 않는 행위로서 위법성이 조각된다.
㉣ 후보자가 선거구 내 거주자에 대한 결혼축의금으로서 중앙선거 관리위원회규칙이 정한 금액인 금 30,000원을 초과하여 금 50,000원을 지급했더라도 사유가 후보자가 모친상을 당했을 때 그로부터 받은 같은 금액의 부의금에 대한 답례취지였다면 그것이 미풍양속으로서 사회상규에 위배되지 않는다.
㉤ 건설업체 노조원들이 '임단협 성실교섭 촉구 결의대회'를 개최하면서 차도의 통행방법으로 신고하지 아니한 삼보일배 행진을 하여 차량의 통행을 방해한 사안에서, 그 시위방법이 장소, 태양, 내용, 방법과 결과 등에 비추어 사회통념상 용인될 수 있는 다소의 피해를 발생시킨지 여부를 불문하고, (구) 집회 및 시위에 관한 법률에 정한 신고제도의 목적 달성을 심히 곤란하게 하는 정도에 이르기 때문에, 사회상규에 위배되지 않는 정당행위에 해당하지 않는다.
㉥ 실내 어린이 놀이터에서 자신의 딸(4세)에게 피해자가 다가와 딸이 가지고 놀고 있는 블록을 발로 차고 손으로 집어 들면서 쌓아놓은 블록을 무너뜨리고, 이에 딸이 울자 피고인이 피해자에게 "하지 마, 그러면 안 되는 거야"라고 말하면서 몇 차례 피해자를 제지하자 피해자가 갑자기 딸의 눈 쪽을 향해 오른손을 뻗었고 이를 본 피고인이 왼손을 내밀어 피해자의 행동을 제지하여 피해자가 바닥에 넘어져 충격방지용 고무매트가 깔린 바닥에 엉덩방아를 찧게끔 한 경우, 사회상규에 위배되지 않는 정당행위에 해당한다.

① 1개 ② 2개
③ 3개 ④ 4개

해설

㉠ [O] 대판 2001.2.23. 2000도4415
㉡ [X] 정당행위에 해당하지 않는다(대판 2010.10.14. 2008도6578).
㉢ [O] 대판 1986.10.14. 86도1129
㉣ [X] 그것이 미풍양속으로서 사회상규에 위배되지 않는다고 볼 수 없다(대판 1999.5.25. 99도983). ☞ 공직선거및선거부정방지법위반죄 성립
㉤ [X] 건설업체 노조원들이 '임·단협 성실교섭 촉구 결의대회'를 개최하면서 차도의 통행방법으로 신고하지 아니한 삼보일배 행진을 하여 차량의 통행을 방해한 사안에서, 그 시위방법이 장소, 태양, 내용, 방법과 결과 등에 비추어 사회통념상 용인될 수 있는 다소의 피해를 발생시킨 경우에 불과하고, 구 집회 및 시위에 관한 법률에 정한 신고제도의 목적 달성을 심히 곤

란하게 하는 정도에 이른다고 볼 수 없어, 사회상규에 위배되지 않는 정당행위에 해당한다고 한 사례(대판 2009.7.23. 2009도840)

ⓑ [O] 피고인의 이러한 행위는 피해자의 갑작스런 행동에 놀라서 자신의 어린 딸이 다시 얼굴에 상처를 입지 않도록 보호하기 위한 것으로 딸에 대한 피해자의 돌발적인 공격을 막기 위한 본능적이고 소극적인 방어행위라고 평가할 수 있고, 따라서 이를 사회상규에 위배되는 행위라고 보기는 어렵다(대판 2014.3.27. 2012도11204). ☞ 폭행죄 불성립

(정답) ③

20 다음 설명 중 옳게 설명한 것은 모두 몇 개인가?

2015년 법원직

㉠ 강간범행의 와중에 피해자가 가해자의 손가락을 깨물며 반항하자, 가해자가 물린 손가락을 비틀며 잡아뽑다가 피해자에게 치아결손의 상해를 입힌 경우, 긴급피난이 인정되지 않는다.
㉡ 사용자의 직장폐쇄가 정당한 쟁의행위로 인정되지 아니하는 경우, 적법한 쟁의행위로서 사업장을 점거 중인 근로자들이 직장폐쇄를 단행한 사용자로부터 퇴거요구를 받고 이에 불응한 채 직장점거를 계속하더라도 퇴거불응죄를 구성하지 아니한다.
㉢ 절도범으로 오인받은 자가 야간에 군중들로부터 무차별 구타를 당하자 이를 방위하기 위하여 소지하고 있던 손톱깎이에 달린 줄칼을 휘둘러 상해를 입힌 행위는 정당방위에 해당한다.
㉣ 시장번영회 회장이 이사회의 결의와 시장번영회의 관리규정에 따라서 관리비 체납자의 점포에 대하여 실시한 단전조치는 정당행위로서 업무방해죄를 구성하지 아니한다.

① 1개
② 2개
③ 3개
④ 4개

해설

㉠ [O] 甲이 스스로 야기한 강간범행의 와중에 乙녀에게 치아결손의 상해를 입힌 소위를 가리켜 법에 의하여 용인되는 피난행위라 할 수 없다(대판 1995.1.12. 94도2781). ☞ 강간치상죄 성립
㉡ [O] 사용자측의 노사간 교섭에 소극적인 태도, 노동조합의 파업이 노사간 교섭력의 균형과 사용자측 업무수행에 미치는 영향 등에 비추어 노동조합이 파업을 시작한 지 불과 4시간 만에 사용자가 바로 직장폐쇄 조치를 취한 것은 (사용자측의) 정당한 쟁의행위로 인정되지 아니하므로, 사용자측 시설을 정당하게 점거한 조합원들이 사용자로부터 퇴거요구를 받고 이에 불응하였더라도 퇴거불응죄가 성립하지 아니한다(대판 2007.12.28. 2007도5204).
㉢ [O] 정당방위에 해당한다(대판 1970.9.17. 70도1473).
㉣ [O] 제20조의 정당행위에 해당한다(대판 2004.8.20. 2003도4732).

(정답) ④

21 위법성조각사유에 대한 아래 ㉠부터 ㉣까지의 설명 중 옳고 그름의 표시(O, X)가 모두 바르게 된 것은? (다툼이 있는 경우 판례에 의함) 2021년 제1차 경찰

㉠ 정당방위상황은 존재하지만 방위의사 없이 행위한 경우, 위법성조각사유의 요건에 있어 주관적 정당화요소가 필요없다고 보는 견해에서는 여전히 행위반가치는 존재하므로 이를 불능미수범으로 취급하여야 한다고 본다.
㉡ 위법하지 않은 정당한 침해에 대한 정당방위는 인정되지 않는다.
㉢ 수급인 소속 근로자의 쟁의행위가 도급인의 사업장에서 일어나 도급인의 형법상 보호되는 법익을 침해한 경우, 사용자인 수급인에 대한 관계에서 쟁의행위의 정당성을 갖추었다면 사용자가 아닌 도급인에 대한 관계에서도 법령에 의한 정당한 행위로서 위법성이 조각된다.
㉣ 사용자가 당해 사업과 관계없는 자를 쟁의행위로 중단된 업무의 수행을 위하여 채용 또는 대체하는 경우, 쟁의행위에 참가한 근로자들이 위법한 대체근로를 저지하기 위하여 상당한 정도의 실력을 행사하는 것은 정당행위로서 위법성이 조각된다.

① ㉠ (X), ㉡ (O), ㉢ (X), ㉣ (O)
② ㉠ (O), ㉡ (X), ㉢ (O), ㉣ (X)
③ ㉠ (X), ㉡ (O), ㉢ (O), ㉣ (O)
④ ㉠ (O), ㉡ (O), ㉢ (X), ㉣ (X)

해설

㉠ **[X]** 예컨대, 심야에 귀가하는 甲은 생면부지의 乙이 자신을 계속 뒤따라오므로 짜증이 나서 상해의 고의로 갑자기 뒤돌아 머리를 발로 차서 실신시켰는데, 알고 보니 乙은 마침 주머니에서 칼을 꺼내어 甲을 살해하려고 하였던 상황이었던 경우, 객관적 정당화상황은 존재하지만 주관적 정당화요소가 결여된 것으로 우연방위 상황에 해당한다. 설문에서 주관적 정당화요소불요설의 입장에서는 객관적 정당화상황만 존재하면 위법성이 조각될 수 있다는 태도를 취하므로 甲의 상해행위는 위법성이 조각되어 무죄가 된다.

학설	내용 및 비판	甲의 죄책
주관적 정당화요소 불요설	객관적 정당화상황만 존재하면 위법성이 조각될 수 있다는 견해 ↔ 불법성의 판단을 오로지 결과반가치의 여부에 의하여만 결정하는 것은 잘못이라는 비판 존재	상해죄의 위법성이 조각되어 무죄
기수범설	객관적 정당화상황 및 주관적 정당화요소가 모두 구비되어야만 위법성이 조각될 수 있다는 견해 ↔ 객관적 정당화상황이 존재한다는 사정이 행위자의 입장에서 우연적인 사정에 속한다고 해서 객관적 법질서의 관점에서까지 우연으로 돌려버릴 수는 없다는 비판 존재	상해죄 성립
불능미수범설 (다수설)	객관적 정당화상황이 존재하므로 결과반가치는 탈락되지만 주관적 정당화요소의 결여로 행위반가치는 그대로 존재하므로 그 구조가 유사한 불능미수규정을 유추적용 ↔ 발생된 결과가 과실행위로 인한 경우에는 처벌의 흠결이 있을 수 있다는 비판 존재	상해죄의 불능미수범 성립 (제27조 : 임의적 감면)

ⓒ **[O]** 정당방위는 형법 제21조 제1항의 '현재의 부당한 침해'에 대하여 가능하므로 적법한 침해에 대하여는 정당방위가 허용되지 않는다.

> 후보자 乙의 연설 도중에 다른 후보자 甲이 마이크를 빼앗고 욕설을 하는 등 물리적으로 乙의 연설을 방해하였는데, 乙이 적시한 연설 내용이 甲에 대한 명예훼손 또는 후보자비방의 '요건에 해당되나 그 위법성이 조각'되는 경우, 甲의 행위는 乙의 '위법하지 않은 정당한 침해'에 대하여 이루어진 것일 뿐만 아니라 상당성을 결여하여 정당방위의 요건을 갖추지 못하였다(대판 2003.11.13. 2003도3606). ☞ 공직선거 및 선거부정방지법위반(선거의 자유방해)죄 성립

ⓒ **[X]** [1] 쟁의행위가 정당행위로 위법성이 조각되는 것은 사용자에 대한 관계에서 인정되는 것이므로, 제3자의 법익을 침해한 경우에는 원칙적으로 정당성이 인정되지 않는다. 그런데 도급인은 원칙적으로 수급인 소속 근로자의 사용자가 아니므로, 수급인 소속 근로자의 쟁의행위가 도급인의 사업장에서 일어나 도급인의 형법상 보호되는 법익을 침해한 경우에는 사용자인 수급인에 대한 관계에서 쟁의행위의 정당성을 갖추었다는 사정만으로 사용자가 아닌 도급인에 대한 관계에서까지 법령에 의한 정당한 행위로서 법익 침해의 위법성이 조각된다고 볼 수는 없다.
[2] 사용자인 수급인에 대한 정당성을 갖춘 쟁의행위가 도급인의 사업장에서 이루어져 형법상 보호되는 도급인의 법익을 침해한 경우, 그것이 항상 위법하다고 볼 것은 아니고, 법질서 전체의 정신이나 그 배후에 놓여있는 사회윤리 내지 사회통념에 비추어 용인될 수 있는 행위에 해당하는 경우에는 형법 제20조의 '사회상규에 위배되지 아니하는 행위'로서 위법성이 조각된다(대판 2020.9.3. 2015도1927).

ⓔ **[O]** 사용자는 쟁의행위 기간 중 그 쟁의행위로 중단된 업무의 수행을 위하여 '당해 사업과 관계없는 자'를 채용 또는 대체할 수 없다(노동조합 및 노동관계조정법 제43조 제1항). 사용자가 당해 사업과 관계없는 자를 쟁의행위로 중단된 업무의 수행을 위하여 채용 또는 대체하는 경우, 쟁의행위에 참가한 근로자들이 위법한 대체근로를 저지하기 위하여 상당한 정도의 실력을 행사하는 것은 쟁의행위가 실효를 거둘 수 있도록 하기 위하여 마련된 위 규정의 취지에 비추어 정당행위로서 (업무방해의 점은) 위법성이 조각된다(대판 2020.9.3. 2015도1927).

정답 ①

22 다음 중 위법성이 조각되는 경우(O)와 조각되지 않는 경우(X)를 바르게 연결한 것은? (다툼이 있으면 판례에 의함)

2014년 제2차 경찰

㉠ 행방불명된 남편에 대하여 불리한 민사판결이 선고된 경우 적법한 다른 방법을 강구하지 않고 남편명의의 항소장을 임의로 작성하여 법원에 제출하였다.
㉡ 공사수급인이 권리행사에 빙자하여 도급인측에 대하여 비리를 관계기관에 고발하겠다는 내용의 협박 내지 사무실의 장시간 무단점거 및 직원들에 대한 폭행 등의 위법수단을 써서 기성고 공사대금 명목으로 금품을 지급받았다.
㉢ 피고인이 그 소유건물에 인접한 대지 위에 건축허가 조건에 위반되게 건물을 신축·사용하는 소유자로부터 일조권 침해 등으로 인한 손해배상에 관한 합의금을 받았다.
㉣ 피해자로부터 범인으로 오인되어 경찰에 끌려가 구타당하여 입원한 경우에 피해자에게 그 치료비를 요구하고 응하지 않으면 무고죄로 고소하겠다고 언명하였다.

① ㉠ (O), ㉡ (X), ㉢ (X), ㉣ (X)
② ㉠ (O), ㉡ (O), ㉢ (X), ㉣ (O)
③ ㉠ (X), ㉡ (X), ㉢ (O), ㉣ (X)
④ ㉠ (X), ㉡ (X), ㉢ (O), ㉣ (O)

해설

㉠ **[X]** 행방불명된 남편에 대하여 불리한 민사판결이 선고되었다 하더라도 그러한 사정만으로써는 적법한 다른 방법을 강구하지 아니하고 남편 명의의 항소장을 임의로 작성하여 법원에 제출한 행위가 사회통념상 용인되는 극히 정상적인 생활형태의 하나로서 위법성이 없다 할 수 없다(대판 1994.11.8. 94도1657) ☞ 사문서위조죄 및 동행사죄 성립
㉡ **[X]** 정당한 권리가 있다 하더라도 그 권리행사에 빙자하여 사회통념상 허용되는 범위를 넘어 협박을 수단으로 상대방을 외포시켜 재물의 교부 또는 재산상의 이익을 받는 경우와 같이 그 행위가 정당한 권리행사라고 인정되지 아니하는 경우에는 공갈죄가 성립된다(대판 1991.12.13. 91도2127).
㉢ **[O]** 사회통념상 용인되는 범위를 넘지 않는 것이어서 공갈죄가 성립되지 않는다(대판 1990.8.14. 90도114).
㉣ **[O]** 공갈죄가 성립하지 않는다(대판 1971.11.9. 71도1629).

정답 ④

23 다음은 위법성조각사유에 관한 어떤 규정을 설명한 것이다. 이 규정을 적용할 때 甲을 벌하지 아니하는 경우에 해당하는 것은? (다툼이 있는 경우 판례에 의함) 2022년 제1차 경찰

> 이 규정은 사회상규라는 초법규적 위법성조각사유를 일반적·포괄적 위법성조각사유로 명문화해 놓은 것으로서, 다른 위법성조각사유에 대한 일반적·보충적 성격을 지니고 있는 것으로 볼 수 있다.

① A가 칼을 들고 찌르자 甲이 그 칼을 뺏어 반격을 가한 결과 A에게 상해를 입힌 경우
② 甲이 자신의 차를 가로막고 서서 통행을 방해하는 A를 향해 차를 조금씩 전진시키고 A가 뒤로 물러나면 다시 차를 전진시키는 방식의 운행을 반복한 경우
③ 甲과 A가 공모하여 교통사고를 가장해 보험금을 편취할 목적으로 A에게 상해를 입힌 경우
④ 甲이 방송국 시사프로그램을 시청한 후 방송국 홈페이지의 시청자 의견란에 "그렇게 소중한 자식을 범법행위의 변명의 방패로 쓰시다니 정말 대단하십니다."는 등의 표현이 담긴 글을 게시한 경우

해설

위 설문의 규정은 형법 제20조의 정당행위를 의미한다.
① **[X]** 피해자가 칼을 들고 피고인을 찌르자 그 칼을 뺏어 그 칼로 반격을 가한 결과 피해자에게 상해를 입게 하였다 하더라도 그와 같은 사실만으로는 피고인에 대한 현재의 부당한 침해를 방위하기 위한 행위로서 상당한 이유가 있는 경우에 해당한다고 할 수 없다(대판 1984.1.24. 83도1873). ☞ 정당방위에 해당하지 아니하여 폭처법위반(흉기휴대상해)죄 성립
② **[X]** 자신의 차를 가로막는 피해자를 부딪친 것은 아니라고 하더라도, 피해자를 부딪칠 듯이 차를 조금씩 전진시키는 것을 반복하는 행위 역시 피해자에 대해 위법한 유형력을 행사한 것이라고 보아야 한다(대판 2016.10.27. 2016도9302). ☞ 정당방위나 정당행위에 해당하지 아니하여 폭처법위반(흉기휴대폭행)죄 성립
③ **[X]** 피고인이 피해자와 공모하여 교통사고를 가장하여 보험금을 편취할 목적으로 피해자에게 상해를 가하였다면 피해자의 승낙이 있었다고 하더라도 이는 위법한 목적에 이용하기 위한 것이므로 피고인의 행위가 피해자의 승낙에 의하여 위법성이 조각된다고 할 수 없다(대판 2008.12.11. 2008도9606). ☞ 피해자의 승낙(제24조)에 해당하지 아니하여 상해죄 성립
④ **[O]** 피고인이 방송국 홈페이지의 시청자 의견란에 작성·게시한 글 중 일부의 표현은 이미 방송된 프로그램에 나타난 기본적인 사실을 전제로 한 뒤, 그 사실관계나 이를 둘러싼 문제에 관한 자신의 판단과 나아가 이러한 경우에 피해자가 취한 태도와 주장한 내용이 합당한가 하는 점에 대하여 자신의 의견을 개진하고, 피해자에게 자신의 의견에 대한 반박이나 반론을 구하면서, 자신의 판단과 의견의 타당함을 강조하는 과정에서 부분적으로 그와 같은 표현을 사용한 것으로서 사회상규에 위배되지 않는다고 봄이 상당하다(대판 2003.11.28. 2003도3972). ☞ 모욕죄의 구성요건해당성은 인정되나 정당행위에 해당하여 위법성 조각됨

정답 ④

24 위법성조각사유에 관한 설명으로 적절한 것을 모두 고른 것은? (다툼이 있는 경우 판례에 의함)

2020년도 제1차 경찰

㉠ 재건축조합의 조합장이 조합탈퇴의 의사표시를 한 자를 상대로 '사업시행구역 안에 있는 그 소유의 건물을 명도하고 이를 재건축사업에 제공하여 행하는 업무를 방해하여서는 아니된다'는 가처분의 판결을 받아 위 건물을 철거한 행위는 「형법」 제20조에 정한 업무로 인한 정당행위에 해당한다.
㉡ 인근 상가의 통행로로 이용되고 있는 토지의 사실상 지배권자가 위 토지에 철주와 철망을 설치하고 포장된 아스팔트를 걷어냄으로써 통행로로 이용하지 못하게 한 것은 자구행위로 위법성이 조각된다.
㉢ 피해자의 승낙에서의 사전적 승낙이 있었다 하더라도 행위 이전에 피해자는 언제든지 자유롭게 승낙을 철회할 수 있으며, 승낙을 철회한 경우에는 승낙은 더 이상 존재하지 않게 된다.
㉣ 사회상규에 반하지 않는 행위는 국가질서의 존중이라는 인식을 바탕으로 한 국민일반의 건전한 도의적 감정에 반하지 아니하는 행위를 가리키는 것으로, 초법규적인 기준에 의해 평가되어서는 안된다.

① ㉠, ㉡
② ㉠, ㉢
③ ㉡, ㉢
④ ㉡, ㉣

해설

㉠ **[O]** 재건축조합의 조합장이 조합탈퇴의 의사표시를 한 자를 상대로 '사업시행구역 안에 있는 그 소유의 건물을 명도하고 이를 재건축사업에 제공하여 행하는 업무를 방해하여서는 아니 된다'는 가처분의 판결을 받아 위 건물을 철거한 것은 형법 제20조에 정한 업무로 인한 정당행위에 해당한다(대판 1998.2.13. 97도2877).
㉡ **[X]** 인근 상가의 통행로로 이용되고 있는 토지의 사실상 지배권자가 위 토지에 철주와 철망을 설치하고 포장된 아스팔트를 걷어냄으로써 통행로로 이용하지 못하게 한 경우, 이는 일반교통방해죄를 구성하고 자구행위에 해당하지 않는다(대판 2007.12.28. 2007도7717). ☞ 일반교통방해죄 성립
㉢ **[O]** 위법성조각사유로서의 피해자의 승낙은 언제든지 자유롭게 철회할 수 있다고 할 것이고, 그 철회의 방법에는 아무런 제한이 없다(대판 2011.5.13. 2010도9962).

> 甲이 피해자 乙의 상가건물에 대한 임대차계약 당시 乙의 모(母) 丙에게서 인테리어 공사 승낙을 받았는데, 이후 丙이 임대차보증금 잔금 미지급을 이유로 즉시 공사를 중단하고 퇴거할 것을 요구하자 도끼를 집어 던져 상가 유리창을 손괴하였는데 그 이후 임대차계약 해지의 의사표시가 기재된 내용증명 우편이 甲에게 도달된 경우, 丙이 위 공사를 중단하고 퇴거할 것을 요구하는 의사표시로써 시설물 철거에 대한 동의를 철회하였다고 보아야 한다(대판 2011.5.13. 2010도9962). ☞ 재물손괴죄 성립

㉣ **[X]** 사회상규에 반하지 않는 행위라 함은 국가질서의 존중이라는 인식을 바탕으로 한 국민일반의 건전한 도의적 감정에 반하지 아니한 행위로서 초법규적인 기준에 의하여 이를 평가할 것이다(대판 1983.11.22. 83도2224). ☞ 초법규적인 기준에 의한다는 것의 의미는 법규정에 너무 얽매일 것이 아니라 비록 법규정에 저촉되는 행위를 하였더라도 그것이 국민일반의 도의적 감정에 비추어 용인될 수 있는 경우가 존재한다고 이해하면 된다.

> **참고**
> 이 사건 경화카제인은 관세율표상 세번 3907번 세율 60퍼센트에 해당되어 부산세관에서 그렇게 취급하고 있고 피고인이 그와 같은 사실을 알고 있었다고 하더라도, 서울세관에서 수입신고함에 있어서 동 세관에서 수년간 관행적으로 취급하여 온 바에 따라 이 사건 경화카제인을 세번 3904번 세율을 40퍼센트로 신고하였다면 피고인의 행위는 비록 그 행위 외관에 있어 설사 어떤 위법이 있다고 할지라도 국민일반의 도의적 감정에 있어 결코 비난할 수 없는 사회상규에 반하지 않은 행위에 해당한다고 할 것이다(대판 1983.11.22. 83도2224). ☞ 관세포탈죄 불성립

정답 ②

25 정당행위에 대한 설명 중 옳은 것은 모두 몇 개인가? (다툼이 있는 경우 판례에 의함) 2021년 경찰간부

가. 방송기자가 방송프로그램에서 약 8년 전에 이루어진 사적 대화의 불법녹음을 대화자의 실명과 구체적인 대화의 내용까지 공개한 것은, 그 내용이 공적 관심의 대상이 되기 어렵고 행위의 수단이나 방법이 상당성을 결여한 것으로 정당행위에 해당하지 않는다.

나. 기업의 구조조정 실시 여부는 원칙적으로 단체교섭의 대상이 될 수 없으나, 구조조정의 실시가 필연적으로 근로자들의 지위나 근로조건의 변경을 수반하기 때문에 이를 반대하기 위하여 진행한 노동조합의 쟁의행위는 목적의 정당성이 인정된다.

다. 1년 이상 관리비를 체납한 고액체납자의 점포에 대하여 이사회의 결의 및 시장번영회의 관리규정에 따라 행한 번영회장의 단전조치는 동기와 목적, 수단과 방법 등을 고려할 때 정당한 행위로 인정될 수 있다.

라. 노동조합이 쟁의행위의 일시·장소·참가인원 및 그 방법에 관한 서면신고를 하지 않고 쟁의를 한 경우에는 신고절차의 미준수로 인해 쟁의행위의 정당성이 부정된다.

마. 재건축조합 조합장이 조합탈퇴의 의사표시를 한 자를 상대로 '사업시행구역 안에 있는 그 소유의 건물을 명도하고 이를 재건축사업에 제공하여 행하는 업무를 방해하여서는 아니 된다'는 가처분의 판결을 받아 건물을 철거한 것은 「형법」 제20조의 업무로 인한 정당행위에 해당한다.

① 2개   ② 3개
③ 4개   ④ 5개

해설

가. [O] 방송사 기자인 피고인이, 구 국가안전기획부 내 정보수집팀이 대기업 고위관계자와 모 중앙일간지 사주 간의 사적 대화를 불법 녹음하여 생성한 녹음테이프와 녹취보고서로서, 1997년 제15대 대통령 선거를 앞두고 위 대기업의 여야 후보 진영에 대한 정치자금 지원 문제 및 정치인과 검찰 고위관계자에 대한 이른바 추석 떡값 지원 문제 등을 논의한 대화가 담겨 있는 도청자료를 입수한 후 그 내용을 자사의 방송프로그램을 통하여 공개한 경우, 피고인이 국가기관의 불법 녹음을 고발하기 위하여 불가피하게 위 도청자료에 담겨있던 대화 내용을 공개하였다고 보기 어렵고, 위 대화가 보도 시점으로부터 약 8년 전에 이루어져 그 내용이 보도 당시의 정치질서 전개에 직접적인 영향력을 미친다고 보기 어려운 사정 등을 고려할 때 위 대화 내용이 비상한 공적 관심의 대상이 되는 경우에 해당한다고 보기도 어려우며, 피고인이 위 도청자료의 취득에 적극적·주도적으로 관여하였다고 보는 것이 타당하고, 이를 보도하면서 대화 당사자들의 실명과 구체적인 대화 내용을 그대로 공개함으로써 수단이나 방법의 상당성을 결여하였으며, 위 보도와 관련된 모든 사정을 종합하여 볼 때 위 보도에 의하

여 얻어지는 이익 및 가치가 통신비밀이 유지됨으로써 얻어지는 이익 및 가치보다 우월하다고 볼 수 없으므로, 피고인의 위 공개행위가 형법 제20조의 정당행위에 해당하지 않는다(대판 2011.3.17. 2006도8839 전원합의체). ☞ 통신비밀보호법 위반죄 성립

나. [X] 정리해고나 사업조직의 통폐합 등 기업의 구조조정 실시 여부는 경영주체의 고도의 경영상 결단에 속하는 사항으로서 원칙적으로 단체교섭의 대상이 될 수 없어, 그것이 긴박한 경영상의 필요나 합리적 이유 없이 불순한 의도로 추진된다는 등의 특별한 사정이 없음에도 노동조합이 실질적으로 그 실시 자체를 반대하기 위하여 쟁의행위로 나아간다면, 비록 그러한 구조조정의 실시가 근로자들의 지위나 근로조건의 변경을 필연적으로 수반한다 하더라도, 그 쟁의행위는 목적의 정당성을 인정할 수 없다(대판 2014.8.20. 2011도468). ☞ 업무방해죄 성립

다. [O] 피고인이 단전조치를 하게 된 경위는 단전조치 그 자체를 목적으로 하는 것이 아니고 오로지 시장번영회의 관리규정에 따라 체납된 관리비를 효율적으로 징수하기 위한 제재수단으로서 이사회의 결의에 따라서 적법하게 실시한 것이고, (중략) 여러 가지 사정에 비추어 볼 때, 사회통념상 허용될 만한 정도의 상당성이 있는 위법성이 결여된 행위로서 형법 제20조에 정하여진 정당행위에 해당한다(대판 2004.8.20. 2003도4732). ☞ 업무방해죄 불성립

라. [X] 노동조합 및 노동관계조정법 시행령 제17조에서 규정하고 있는 쟁의행위의 일시·장소·참가인원 및 그 방법에 관한 서면신고의무는 쟁의행위를 함에 있어 그 세부적·형식적 절차를 규정한 것으로서 쟁의행위에 적법성을 부여하기 위하여 필요한 본질적인 요소는 아니므로, 신고절차의 미준수만을 이유로 쟁의행위의 정당성을 부정할 수는 없다(대판 2007.12.28. 2007도5204).

마. [O] 재건축조합의 사무를 총괄하는 조합장인 피고인으로서는 위 법률 및 조합규약에 따라 사업시행구역 안의 조합원들 소유의 건물 등 지장물을 철거할 수 있는 것이므로 피고인이 위 조합탈퇴의 의사표시에도 불구하고 여전히 조합원의 지위에 있는 공소외인을 상대로 사업시행구역 안에 있는 이 사건 건물을 명도하고 이를 재건축사업에 제공하여 행하는 업무를 방해하여서는 아니 된다는 가처분의 판결을 받아 이를 철거한 것은 형법 제20조에 정한 업무로 인한 정당행위라 할 것이다(대판 1998.2.13. 97도2877). ☞ 재물손괴죄 불성립

정답 ②

제 4 장 책임론

01 책임능력에 관한 다음 설명 중 옳지 않은 것은 모두 몇 개인가? (다툼이 있으면 판례에 의함)

2014년 제2차 경찰

㉠ 도의적 책임론은 책임능력을 형벌능력으로 파악하나, 사회적 책임론은 책임능력을 범죄능력이라고 한다.
㉡ 책임무능력자로 하기 위해서는 심신상실로 인하여 사물을 변별할 능력이 없으며 의사를 결정할 능력이 없어야 한다.
㉢ 심신장애로 인하여 사물을 변별할 능력이나 의사를 결정할 능력이 미약한 자의 행위는 형을 감면한다.
㉣ 법원이 심신장애 여부를 판단함에 있어서는 반드시 전문가의 감정을 거쳐야 한다.
㉤ 행위시 책임능력이 없는 자의 행위는 어떠한 경우에도 형벌을 부과할 수 없다.

① 2개　　　　　　　　　　② 3개
③ 4개　　　　　　　　　　④ 5개

해설

㉠ [X] 도의적 책임론은 책임능력을 범죄능력으로, 사회적 책임론은 책임능력을 형벌능력(수형능력)으로 이해하고 있다.
㉡ [X] 사물변별능력 또는 의사결정능력의 둘 중의 어느 하나만이라도 결여되어 있으면 책임무능력자인 심신상실자에 해당한다(제10조 제1항 참조).
㉢ [X] 제10조 제2항 심신장애로 인하여 전항의 능력(사물변별능력, 의사결정능력)이 미약한 자의 행위는 형을 감경할 수 있다. 〈개정 2018.12.18.〉
㉣ [X] 심신장애자의 행위인 여부는 반드시 전문가의 감정에 의하여만 결정할 수 있는 것이 아니고 그 행위의 전후 사정이나 기록에 나타난 제반자료와 공판정에서의 피고인의 태도 등을 종합하여 심신상실 또는 미약자의 행위가 아니라고 인정하여도 이를 위법이라 할 수 없다(대판 1984.4.24. 84도527).
㉤ [X] "제10조 제3항 위험의 발생을 예견하고 자의로 심신장애를 야기한 자의 행위에는 전2항(심신상실, 심신미약)의 규정을 적용하지 아니한다." 즉 원인에 있어서 자유로운 행위에 해당하는 경우 행위시에 책임능력이 없었다고 하더라도 심신상실을 이유로 무죄판결을 할 것이 아니라 형법 제10조 제3항에 의하여 완전한 책임능력자처럼 취급되므로 형벌의 부과가 가능하다.

정답 ④

02 책임능력에 대한 다음 설명 중 적절한 것만을 고른 것은 모두 몇 개인가?

2021년 제1차 경찰

㉠ 심신장애로 인하여 사물을 변별할 능력 또는 의사를 결정할 능력이 미약한 자의 행위는 형을 감경한다.
㉡ 심신장애의 유무 및 정도에 관한 판단은 전문감정인의 의견에 구속되며, 법원이 독자적으로 이를 판단하여서는 안 된다는 것이 판례의 태도이다.
㉢ 원인에 있어서 자유로운 행위의 가벌성의 근거를 원인설정행위에서 찾아 원인행위시를 실행의 착수시기로 파악하는 견해에 대해서는, 책임능력과 행위의 동시존재의 원칙이 인정될 수 없다는 비판이 제기되고 있다.
㉣ 원인에 있어서 자유로운 행위의 가벌성의 근거를 원인행위와 실행행위의 불가분적 연관에서 찾아 실행행위를 심신장애 상태하에서의 행위로 파악하는 견해에 대해서는, 실행행위의 정형성을 무시하여 예비행위와의 구별이 곤란하다는 비판이 제기되고 있다.

① 1개 ② 2개
③ 3개 ④ 없음

해설

㉠ **[X]** 제10조(심신장애인) ② 심신장애로 인하여 전항의 능력이 미약한 자의 행위는 형을 감경할 수 있다.
㉡ **[X]** 형법 제10조에 규정된 심신장애의 유무 및 정도의 판단은 '법률적 판단'으로서 반드시 전문감정인의 의견에 기속되어야 하는 것은 아니고, 정신질환의 종류와 정도, 범행의 동기, 경위, 수단과 태양, 범행 전후의 피고인의 행동, 반성의 정도 등 여러 사정을 종합하여 법원이 '독자적으로 판단'할 수 있다(대판 1999.8.24. 99도1194).
㉢ **[X]** 원인설정행위시를 실행의 착수시기로 파악하는 구성요건모델은 자신을 심신장애상태로 유발하는 원인행위를 개시할 당시에는 책임능력이 있으므로 이를 근거로 완전한 책임능력자로 처벌한다는 입장이므로 행위와 책임의 동시존재원칙에 충실하다는 장점이 있다. 반면, 행위와 책임의 동시존재원칙에 충실하지 못하다는 비판을 받는 입장은 불가분적 연관설이다.

학설	책임비난의 근거	무엇이 실행행위인가?
구성요건모델(일치설)	원인설정행위	원인설정행위
책임모델(예외설) = 불가분적연관설(다수설)	원인설정행위	심신장애상태하의 행위
반무의식상태설	심신장애상태하의 행위	심신장애상태하의 행위

㉣ **[X]** 구성요건모델은 원인설정행위시, 예컨대 甲이 乙을 살해하기 위한 용기를 얻기 위하여 음주하는 행위 자체를 乙에 대한 살인의 실행에 착수하였다고 보게 되는데, 음주 행위 그 자체를 살인의 실행행위로 파악될 수 없다는 비판, 즉 구성요건적 행위의 정형성을 무시하였다는 비판을 받게 된다.

정답 ④

03 원인에 있어서 자유로운 행위에 관한 설명으로 가장 적절하지 않은 것은? 2020년 제1차 경찰

① 원인행위를 실행행위로 보는 견해에 따르면 행위와 책임의 동시 존재의 원칙에 부합하고, 책임무능력상태에서의 실행행위는 책임이 없거나 행위라고 할 수도 없기 때문에 원인 행위 자체를 실행행위로 보지 않으면 원인에 있어서 자유로운 행위를 처벌할 수 없게 된다.
② 원인행위와 실행행위의 불가분적 연관에서 책임의 근거를 인정하는 견해에 따르면 원인설정행위는 실행행위 또는 그 착수행위가 될 수 없지만 책임능력 없는 상태에서의 실행행위와 불가분의 연관을 갖는 것이므로 원인설정행위에 책임비난의 근거가 있다.
③ 원인행위를 실행행위로 보는 견해에 따르면 원인설정행위를 실행행위로 파악하기 때문에 구성요건적 행위정형성을 중시하여 죄형법정주의의 보장적 기능에 부합한다.
④ 책임능력 결함상태에서의 실행행위를 책임의 근거로 인정하는 견해에 따르면 반무의식상태에서 실행행위가 이루어지는 한 그 주관적 요소를 인정할 수 있지만, 대부분의 경우에 책임능력이 인정되어 법적 안정성을 해하는 결과를 초래한다.

해설

① **[O]** 구성요건모델(일치설)에 관한 지문으로서 예컨대 원인행위이자 실행행위인 음주를 할 당시에는 책임능력이 있으므로 이를 이유로 처벌되는 것이므로 행위와 책임의 동시존재 원칙에 일치하는 장점이 있다.
② **[O]** 불가분적 연관설(책임모델, 예외설)에 관한 지문으로서 피해자를 살해하기 위한 용기를 얻기 위하여 자의로 심신장애를 유발한다는 점에 대하여 책임비난의 근거를 인정한다.
③ **[X]** 구성요건모델(일치설)은 음주를 살인의 실행행위라고 이해하므로, 음주하는 행위를 피해자를 살해하는 행위라고 볼 수 없다는 비판, 즉 구성요건적 행위의 정형성(定型性)을 무시하였다는 비판을 받게 되고, 또한 음주를 하다가 만취하여 깊은 잠에 빠진 경우를 살인의 실행착수를 인정하여 예비죄가 아니라 미수범으로 중하게 처벌하게 되므로 죄형법정주의의 보장적 기능을 침해하게 된다는 비판 역시 받게 된다.
④ **[O]** 반무의식상태설에 대한 비판으로서 옳은 지문이다.

정답 ③

04 책임에 대한 설명 중 옳은 것만을 모두 고른 것은? (다툼이 있는 경우 판례에 의함)   2022년 경찰간부

가. 책임비난의 근거를 행위자의 자유의사에서 찾는 도의적 책임론은 행위자책임을 형벌권 행사의 근거로 보기 때문에 책임무능력자에 대한 보안처분 부과를 옹호한다.

나. 사회적 책임론은 과거에 잘못 형성된 행위자의 성격에서 책임의 근거를 찾으므로 범죄는 행위자의 소질과 환경에 의해 결정된다고 이해한다.

다. 행위 당시 18세였던 甲이 제1심에서 부정기형을 선고받은 후 항소심 선고 이전에 19세에 도달한 경우, 항소심 법원은 甲에 대하여 정기형을 선고하여야 한다.

라. 「형법」제10조에 규정된 심신장애는 정신병 또는 비정상적 정신상태와 같은 정신적 장애가 있는 외에 정신적 장애로 말미암아 사물에 대한 변별능력과 그에 따른 행위통제능력이 결여되거나 감소되었음을 요하므로 정신적 장애가 있는 자라고 하여도 범행 당시 정상적인 사물변별능력이나 행위통제능력이 있었다면 심신장애로 볼 수 없다.

마. 음주습벽이 있는 甲이 음주운전을 할 의사를 가지고 음주만취하여 심신상실상태에서 운전을 결행하여 부주의로 보행자 A를 충격하여 현장에서 즉사시키고 도주하였다면, 이는 음주시에 교통사고를 일으킬 위험성을 예견하였는데도 자의로 심신장애를 야기한 경우에 해당하므로 甲에 대한 형사처벌이 가능하다.

① 가, 다, 라
② 나, 라, 마
③ 다, 라, 마
④ 나, 다, 라, 마

해설

가. [X] 도의적 책임론은 행위자책임이 아니라 행위책임을 형벌권 행사의 근거로 이해하므로 응보형주의와 결부되게 된다. 반면, 심각한 정신질환자로서의 심신상실자 등을 교화·개선시켜 성숙한 법치사회의 구성원으로 만들겠다는 목적형주의(근대학파)를 본질로 할 때 비로소 보안처분(예컨대 치료감호)을 옹호하고 받아들이게 된다.

頭문자 암기

이응자객범 도의적 행위(正)

구 분	고전학파 (구파)	근대학파 (신파)
형벌과 보안처분의 관계	이원론	일원론
형벌의 본질	응보형주의	목적형주의
자유의사의 유무	자유의사(비결정론)	결정론
범죄의 본질	객관주의(범죄 ☞ 행위와 결과)	주관주의(범죄 ☞ 범죄인의 반사회적 성격의 외부적 징표)
책임능력	범죄능력	형벌능력(수형능력)
책임론	도의적 책임론	사회적 책임론
책임의 본질	행위책임	행위자책임
책임능력의 판단시기	행위시	재판시
부정기형의 인정여부	정기형주의	부정기형주의

나. **[O]** 근대학파는 행위자에 대한 주관적 관심을 가지므로 행위자책임을 취하고, 범죄는 범죄인이 가진 반사회적 성격의 외부적 징표로 이해하여 성격책임으로 파악한다.

다. **[O]** 소년법은 인격이 형성되는 과정에 있기에 그 개선가능성이 풍부하고 심신의 발육에 따르는 특수한 정신적 동요상태에 놓여 있는 소년의 특수성을 고려하여 소년의 건전한 성장을 돕기 위해 형사처분에 관한 특별조치로서 제60조 제1항에서 소년에 대하여 부정기형을 선고하도록 정하고 있다. 다만 소년법 제60조 제1항에 정한 '소년'은 소년법 제2조에 정한 19세 미만인 자를 의미하는 것으로 이에 해당하는지는 사실심판결 선고시를 기준으로 판단하여야 하므로, 제1심에서 부정기형을 선고받은 피고인이 항소심 선고 이전에 19세에 도달하는 경우 정기형이 선고되어야 한다(대판 2020.10.22. 2020도4140 전원합의체).

> **소년법 제60조(부정기형)** ① 소년이 법정형으로 장기 2년 이상의 유기형에 해당하는 죄를 범한 경우에는 그 형의 범위에서 장기와 단기를 정하여 선고한다. 다만, 장기는 10년, 단기는 5년을 초과하지 못한다. ④ 소년에 대한 부정기형을 집행하는 기관의 장은 형의 단기가 지난 소년범의 행형 성적이 양호하고 교정의 목적을 달성하였다고 인정되는 경우에는 관할 검찰청 검사의 지휘에 따라 그 형의 집행을 종료시킬 수 있다.

라. **[O]** 대판 2018.9.13. 2018도7658 등
마. **[O]** 형법 제10조 제3항에 의하여 심신장애로 인한 감경 등을 할 수 없다(대판 1992.7.28. 92도999). ☞ 특정범죄가중처벌등에관한법률위반(도주차량)죄 성립

(정답) ④

---

05 심신장애에 관한 다음 설명 중 가장 적절하지 않은 것은? (다툼이 있으면 판례에 의함)

2015년 제1차 경찰

① 형법 제10조에 규정된 심신장애의 유무 및 정도의 판단은 사실적 판단으로서 반드시 전문감정인의 의견에 기속되어야 하는 것은 아니다.

② 정신적 장애가 있는 자라고 하여도 범행 당시 정상적인 사물판별능력 또는 행위통제능력이 있었다면 심신장애로 볼 수 없다.

③ 무생물인 옷 등을 성적 각성과 희열의 자극제로 믿고 이를 성적 흥분을 고취시키는 데 쓰는 성주물성애증이라는 정신질환이 있다고 하더라도 그러한 사정만으로는 절도 범행에 대한 형의 감면사유인 심신장애에 해당한다고 볼 수 없다.

④ 음주운전을 할 의사를 가지고 음주 만취한 후 운전을 결행하여 교통사고를 일으킨 경우 피고인은 음주시에 교통사고를 일으킬 위험성을 예견하였는데도 자의로 심신장애를 야기한 경우에 해당하므로 형법 제10조 제3항에 의하여 심신장애로 인한 감경 등을 할 수 없다.

해설

① **[X]** 형법 제10조에 규정된 심신장애의 유무 및 정도의 판단은 법률적 판단으로서 반드시 전문감정인의 의견에 기속되어야 하는 것은 아니고, 정신질환의 종류와 정도, 범행의 동기, 경위, 수단과 태양, 범행 전후의 피고인의 행동, 반성의 정도 등 여러 사정을 종합하여 법원이 독자적으로 판단할 수 있다(대판 1999.8.24. 99도1194).

② **[O]** 피고인이 평소 간질병 증세가 있었더라도 범행 당시에는 간질병이 발작하지 아니하였다면 이는 책임감면 사유인 심신장애 내지는 심신미약의 경우에 해당하지 아니한다(대판 1983.10.11. 83도1897).

③ [O] 무생물인 옷 등을 성적 각성과 희열의 자극제로 믿고 이를 성적 흥분을 고취시키는 데 쓰는 성주물성애증이라는 정신 질환이 있다고 하더라도 그러한 사정만으로는 절도 범행에 대한 형의 감면사유인 심신장애에 해당한다고 볼 수 없고, 다만 그 증상이 매우 심각하여 원래의 의미의 정신병이 있는 사람과 동등하다고 평가할 수 있거나, 다른 심신장애사유와 경합된 경우 등에는 심신장애를 인정할 여지가 있다(대판 2013.1.24. 2012도12689).
④ [O] 대판 1992.7.28. 92도999

정답 ①

06 원인에 있어서 자유로운 행위에 관한 다음 설명 중 옳지 않은 것은 몇 개인가? 2017년 경찰간부

㉠ 원인설정행위에 실행의 착수시기를 인정하는 견해에 대해서는 행위와 책임능력의 동시존재원칙이 유지되기 어렵다는 비판이 제기된다.
㉡ 구성요건적 결과실현행위에 실행의 착수시기를 인정하는 견해에서는 행위와 책임능력의 동시존재원칙에 대한 예외를 인정한다.
㉢ 원인에 있어서 자유로운 행위가 간접정범과 유사하다는 견해에서는 이용행위에 해당하는 원인설정행위시를 실행의 착수시기로 본다.
㉣ 판례는 형법 제10조 제3항이 고의에 의한 원인에 있어서의 자유로운 행위뿐만 아니라 과실에 의한 원인에 있어서의 자유로운 행위까지도 포함하는 것이라고 판시하였다.

① 0개
② 1개
③ 2개
④ 3개

해설
㉠ [X] 원인설정행위에 실행의 착수시기를 인정하는 견해는 구성요건모델(일치설)로서 이 견해에 의할 경우 원인설정행위시, 즉 실행의 착수 당시에 책임능력이 있으므로 행위와 책임의 동시존재원칙이 유지된다는 장점이 있다.
㉡ [O] 구성요건적 결과실현행위에 실행의 착수시기를 인정하는 견해는 책임모델(예외설 또는 불가분적 연관설)과 반무의식상태설로서, 이들 견해에 의할 경우 구성요건적 결과실현행위 당시에는 책임능력이 없음에도 불구하고 행위와 책임의 동시존재원칙에 대한 예외를 인정하여 처벌하게 된다.
㉢ [O] 원인에 있어서 자유로운 행위가 간접정범과 유사하다는 견해는 구성요건모델(일치설)로서 원인설정행위시를 실행의 착수시기로 본다.
㉣ [O] 형법 제10조 제3항은 "위험의 발생을 예견하고 자의로 심신장애를 야기한 자의 행위에는 전2항의 규정을 적용하지 아니한다"고 규정하고 있는 바, 이 규정은 고의에 의한 원인에 있어서의 자유로운 행위만이 아니라 과실에 의한 원인에 있어서의 자유로운 행위까지도 포함하는 것으로서 위험의 발생을 예견할 수 있었는데도 자의로 심신장애를 야기한 경우도 그 적용 대상이 된다(대판 1992.7.28. 92도999).

정답 ②

07 다음 설명 중 가장 적절한 것은? (다툼이 있는 경우 판례에 의함)　　2018년 제2차 경찰

① 14세 되지 아니한 자가 정상적인 사물변별능력과 의사결정능력을 갖추고 있다면 그에 대해 「소년법」에 따른 부정기형을 선고하여야 한다.
② 「소년법」상 부정기형의 선고 대상이 되는 '소년'인지의 여부는 사실심판결 선고시를 기준으로 삼아야 하므로 피고인이 항소심판결 선고일에 이미 19세에 달하여 「소년법」상의 소년에 해당하지 않게 되었다면, 항소심법원은 피고인에 대하여 정기형을 선고하여야 한다.
③ 「형법」 제10조 제3항은 위험의 발생을 예견하고도 자의로 심신장애를 야기한 자의 행위에는 동조 제1항 및 제2항을 적용하지 못하도록 규정하고 있는데, 법문이 명백히 그 범위를 위험의 발생을 '예견'한 경우로 한정하고 있는 이상 위험발생에 대한 '예견가능성'이 있었음에도 자의로 심신장애를 야기한 경우는 이에 포함되지 아니한다.
④ 음주운전을 할 의사를 가지고 음주만취한 후 운전을 하다가 교통사고를 일으킨 경우라도 피고인이 음주 당시에 장차 교통사고를 일으킬 위험성까지 미리 예견하고 있었다고는 볼 수 없어 「형법」 제10조 제3항이 적용되지 아니한다.

해설

① **(X)** 정상적인 사물변별능력과 의사결정능력을 갖추고 있더라도 행위 당시 만14세 미만자인 경우, 형법 제9조(형사미성년자)에 의하여 절대적 책임무능력자로 취급된다. 따라서 형사미성년자의 행위에 대하여는 책임을 조각하여 무죄판결을 하여야 할 것이지, 유죄판결에 해당하는 소년법상의 부정기형(不定期刑)을 선고할 수는 없다.

> **참고**
> **소년법 제60조(부정기형)** ① 소년이 법정형으로 장기 2년 이상의 유기형에 해당하는 죄를 범한 경우에는 그 형의 범위에서 장기와 단기를 정하여 선고한다. 다만, 장기는 10년, 단기는 5년을 초과하지 못한다.

② **(O)** 개정 소년법은 제2조에서 '소년'의 정의를 '20세 미만'에서 '19세 미만'으로 개정하였고, 이는 같은 법 부칙 제2조에 따라 위 법 시행 당시 심리 중에 있는 형사사건에 관하여도 적용된다. 제1심은 피고인을 구 소년법 제2조에 의한 소년으로 인정하여 구 소년법 제60조 제1항에 의하여 부정기형을 선고하였고, 그 항소심 계속 중 개정 소년법이 시행되었는데 항소심판결 선고일에 피고인이 이미 19세에 달하여 개정 소년법상 소년에 해당하지 않게 되었다면, 항소심법원은 피고인에 대하여 정기형을 선고하여야 한다(대판 2008.10.23. 2008도8090).
③ **(X)** 형법 제10조 제3항은 "위험의 발생을 '예견하고' 자의로 심신장애를 야기한 자의 행위에는 전2항의 규정을 적용하지 아니한다."고 규정하고 있는 바, 이 규정은 고의에 의한 원인에 있어서의 자유로운 행위만이 아니라 과실에 의한 원인에 있어서의 자유로운 행위까지도 포함하는 것으로서 위험의 발생을 '예견할 수 있었는데도' 자의로 심신장애를 야기한 경우도 그 적용 대상이 된다(대판 1992.7.28. 92도999).
④ **(X)** 피고인이 음주운전을 할 의사를 가지고 음주만취한 후 운전을 결행하여 교통사고를 일으키고 도주한 경우, 피고인은 음주시에 교통사고를 일으킬 위험성을 예견하였는데도 자의로 심신장애를 야기한 경우에 해당하므로 위 법조항에 의하여 심신장애로 인한 감경 등을 할 수 없다(대판 1992.7.28. 92도999). ☞ 특정범죄가중처벌등에 관한 법률위반(도주차량)죄 등 성립하고 완전한 책임능력자로 처벌가능

정답 ②

08 다음 중 법률의 착오에 정당한 이유가 있는 것을 모두 고른 것은? (다툼이 있는 경우 판례에 의함)

2017년 제1차 경찰

㉠ 변호사 자격을 가진 국회의원이 낙천대상자로 선정된 사유에 대한 해명을 넘어, 다른 동료의원들이나 네티즌의 낙천대상자 선정이 부당하다는 취지의 반론을 담은 의정보고서를 발간하는 과정에서, 보좌관을 통해 선거관리위원회 직원에게 문의하여 답변 받은 결과 선거법규에 저촉되지 않는다고 인식한 경우
㉡ 부동산중개업자가 부동산중개업협회의 자문을 통하여 인원수의 제한 없이 중개보조원을 채용하는 것이 허용된다고 믿고 구 부동산중개업법이 정하는 제한인원을 초과하여 중개보조원을 채용한 경우
㉢ 지방자치단체장이 관행적으로 간담회를 열어 업무추진비 지출 형식으로 참석자들에게 음식물을 제공해 오면서 법령에 의하여 허용되는 행위라고 오인한 경우
㉣ 중국 국적 선박을 구입한 피고인이 외환은행 담당자의 안내에 따라 매도인인 중국 해운회사에 선박을 임대하여 받기로 한 용선료를 재정경제부장관에게 미리 신고하지 아니하고 선박 매매대금과 상계함으로써 구 외국환거래법을 위반한 경우

① ㉠, ㉡
② ㉡, ㉢
③ ㉢, ㉣
④ 없음

해설

㉠ **[X]** 국회의원이 의정보고서를 발간하는 과정에서 선거법규에 저촉되지 않는다고 오인한 것에 형법 제16조의 정당한 이유가 없다(대판 2006.3.24. 2005도3717).
㉡ **[X]** 부동산중개업자가 부동산중개업협회의 자문을 통하여 인원수의 제한 없이 중개보조원을 채용하는 것이 허용되는 것으로 믿고서 제한인원을 초과하여 중개보조원을 채용함으로써 부동산중개업법 위반행위에 이르게 되었다고 하더라도 그러한 사정만으로 자신의 행위가 법령에 저촉되지 않는 것으로 오인함에 정당한 이유가 있는 경우에 해당한다거나 범의가 없었다고 볼 수는 없다(대판 2000.08.18. 2000도2973).
㉢ **[X]** 지방자치단체장이 관행적으로 간담회를 열어 업무추진비 지출 형식으로 참석자들에게 음식물을 제공해 오면서 법령에 의하여 허용되는 행위라고 오인하였다 하더라도, 그 오인에 정당한 이유가 없어 법률의 착오에 해당하지 않는다(대판 2007.11.16. 2007도7205).
㉣ **[X]** 피고인이 공소외인을 통하여 한국은행에 이 사건 선박의 매매대금 지급을 신고하는 과정에서 주식회사 한국외환은행의 담당자에게 이 사건 선박의 매매대금 일부를 상계한다는 취지를 설명한 다음 그 담당자의 안내에 따라 그대로 한국은행에 신고하였다고 볼 만한 자료가 없고, 설령 외환은행 담당자의 안내에 따라 그대로 신고를 하였다고 하더라도 그러한 사정만으로 이 사건 선박의 매매대금 지급의 신고에 관하여 피고인이 자신의 행위가 죄가 되지 아니하는 것으로 오인하였거나 그와 같은 오인에 정당한 이유가 있었다고 할 수 없다(대판 2011.07.14. 2011도2136).

정답 ④

09 법률의 착오에 대한 설명 중 옳고 그름의 표시(O, X)가 바르게 된 것은? (다툼이 있는 경우 판례에 의함)

2021년 경찰간부

가. 위법성의 인식에 필요한 노력의 정도는 일반인의 입장에서 판단되어야 하며, 구체적인 행위정황과 행위자 개인의 의사능력 그리고 행위자가 속한 사회집단 등에 따라 다르게 평가될 수 없다.

나. 정기간행물의 등록을 강제하는 법률규정이 있다는 것을 몰랐고 또 간행물이 발행될 당시뿐만 아니라 그 발행이 중단되고 오랜 기간이 지난 다음에도 이에 대하여 문제가 제기된 바 없었다면, 자신의 간행물 발행행위가 죄가 되지 아니한다고 믿는데 정당한 이유가 있다고 할 수 있다.

다. 甲이 변리사로부터 받은 A의 상표권을 침해하지 않는다는 취지의 회답과 감정결과 통보, 특허청의 상표출원등록 등을 근거로 자신의 행위가 상표권을 침해하는 것이 아니라고 믿은 데에는 정당한 이유가 인정되지 않는다.

라. 사립학교 운영자 甲이 A학교의 교비회계에 속하는 수입을 수회에 걸쳐 B외국인학교에 대여하는 과정에서 관할청의 소속 공무원들이 참석한 A학교 학교운영위원회에서 B학교에 대한 자금대여 안건을 보고하였기 때문에 대여행위가 법률상 죄가 되지 않는 것으로 오인하였다면 그와 같은 그릇된 인식에 정당한 이유가 있다.

① 가 (X), 나 (O), 다 (X), 라 (X)
② 가 (O), 나 (O), 다 (X), 라 (X)
③ 가 (X), 나 (X), 다 (O), 라 (X)
④ 가 (X), 나 (X), 다 (X), 라 (O)

해설

가. (X) 형법 제16조의 정당한 이유는 행위자에게 자기 행위의 위법 가능성에 대해 심사숙고하거나 조회할 수 있는 계기가 있어 자신의 지적능력을 다하여 이를 회피하기 위한 진지한 노력을 다하였더라면 스스로의 행위에 대하여 위법성을 인식할 수 있는 가능성이 있었는데도 이를 다하지 못한 결과 자기 행위의 위법성을 인식하지 못한 것인지에 따라 판단하여야 한다. 이러한 위법성의 인식에 필요한 노력의 정도는 '구체적인 행위정황'과 '행위자 개인의 인식능력' 그리고 '행위자가 속한 사회집단'에 따라 달리 평가되어야 한다(대판 2017.3.15. 2014도12773).

나. (X) 정기간행물을 등록하지 않고 발행한 피고인들이 정기간행물의 등록을 강제하는 법률규정이 있다는 것을 몰랐고 또 그 간행물이 발행될 당시뿐만 아니라 그 발행이 중단되고 오랜 기간이 지난 다음에도 이에 대하여 문제가 제기된 바 없었다는 사정만으로는 피고인들이 그 행위가 죄가 되지 아니한다고 믿은 데 정당한 이유가 있다고 할 수 없다(대판 1994.12.9. 93도3223). ☞ 정기간행물의 등록 등에 관한 법률위반죄 성립

다. (O) 피고인들이 변리사로부터 그들의 행위가 고소인의 상표권을 침해하지 않는다는 취지의 회답과 감정결과를 통보받았고, 피고인들의 행위에 대하여 3회에 걸쳐서 검사의 무혐의처분이 내려졌다가 최종적으로 고소인의 재항고를 받아들인 대검찰청의 재기수사명령에 따라 이 사건 공소가 제기되었으며, 피고인들로서는 이 사건과 유사한 대법원의 판례들을 잘못 이해함으로써 자신들의 행위는 죄가 되지 않는다고 확신을 하였고, 특허청도 피고인들의 상표출원을 받아들여서 이를 등록하여 주기까지 하였다는 등 피고인들이 주장하는 사유들만으로는 피고인이 자신의 행위가 고소인의 상표권을 침해하는 것이 아니라고 믿은 데에 정당한 이유가 있다고 볼 수 없다(대판 1998.10.13. 97도3337). ☞ 상표법위반죄 성립

라. (X) 피고인은 위와 같은 대여행위가 적법한지에 관하여 관할 도교육청의 담당공무원에게 정확한 정보를 제공하고 회신을 받거나 법률전문가에게 자문을 구하는 등의 조치를 취하지 않았고, 피고인이 외국인으로서 국어에 능숙하지 못하였다거나 A학교 설립·운영협약의 당사자에 불과한 관할청의 소속 공무원들이 참석한 A학교 학교운영위원회에서 B학교에 대한 자금 대여 안건을 보고하였다는 것만으로는 피고인이 자신의 지적능력을 다하여 행위의 위법 가능성을 회피하기 위한 진

지한 노력을 다하였다고 볼 수 없으므로, 피고인이 위와 같은 대여행위가 법률상 허용되는 것으로서 죄가 되지 않는다고 그릇 인식하고 있었더라도 그와 같이 그릇된 인식에 정당한 이유가 없다(대판 2017.3.15. 2014도12773). ☞ 사립학교법위반죄 성립

(정답) ③

10 법률의 착오에 대한 설명으로 옳은 것만을 모두 고른 것은? (다툼이 있는 경우 판례에 의함)

2014년 검찰7급

㉠ 행정청의 허가가 있어야 함에도 허가담당 공무원이 허가를 요하지 않은 것으로 잘못 알려 주었다면, 허가를 받지 않더라도 죄가 되지 않는 것으로 착오를 일으킨 데 대하여 정당한 이유가 있는 경우에 해당하여 처벌할 수 없다.
㉡ 위법성의 인식에 필요한 노력의 정도는 일반인의 입장에서 판단되어야 하며, 구체적인 행위정황과 행위자 개인의 인식능력 그리고 행위자가 속한 사회집단에 따라 달리 평가되어서는 안 된다.
㉢ 범죄의 성립에서 위법성에 대한 인식은 범죄사실이 사회정의와 조리에 어긋난다는 것을 인식하는 것뿐만 아니라 구체적인 해당 법조문까지 인식하여야 한다.
㉣ 임대업자가 임차인으로 하여금 계약상의 의무이행을 강요하기 위한 수단으로 계약서의 조항을 근거로 임차물에 대하여 일방적으로 단전·단수조치를 함에 있어 자신의 행위가 죄가 되지 않는다고 오인하더라도, 특별한 사정이 없는 한 그 오인에는 정당한 이유가 있다고 볼 수는 없다.

① ㉠, ㉢
② ㉠, ㉣
③ ㉡, ㉢
④ ㉡, ㉣

해설

㉠ [O] 건축허가 담당공무원의 답변을 듣고 건축허가를 받아 사용(私用)으로 국유지상에 건물을 신축한 경우(대판 1993.10.12. 93도1888), 허가를 담당하는 공무원이 허가를 요하지 않는다고 잘못 알려준 것을 믿고 채광작업을 위하여 허가 없이 산림을 훼손한 경우(대판 92도1560) 등
㉡ [X] 정당한 이유가 있는지 여부는 행위자에게 자기 행위의 위법 가능성에 대해 심사숙고하거나 조회할 수 있는 계기가 있어 자신의 지적능력을 다하여 이를 회피하기 위한 진지한 노력을 다하였더라면 스스로의 행위에 대하여 위법성을 인식할 수 있는 가능성이 있었음에도 이를 다하지 못한 결과 자기 행위의 위법성을 인식하지 못한 것인지 여부에 따라 판단하여야 할 것이고, 이러한 위법성의 인식에 필요한 노력의 정도는 구체적인 행위정황과 행위자 개인의 인식능력 그리고 행위자가 속한 사회집단에 따라 달리 평가되어야 한다(대판 2006.3.24. 2005도3717).
㉢ [X] 범죄의 성립에 있어서 위법의 인식은 그 범죄사실이 사회정의와 조리에 어긋난다는 것을 인식하는 것으로서 족하고 구체적인 해당 법조문까지 인식할 것을 요하는 것은 아니다(대판 1987.3.24. 86도2673).
㉣ [O] 임대를 업으로 하는 자가 임차인으로 하여금 계약상의 의무이행을 강요하기 위한 수단으로 계약서의 조항을 근거로 임차물에 대하여 일방적으로 단전·단수조치를 함에 있어 자신의 행위가 죄가 되지 않는다고 오인하더라도, 특별한 사정이 없는 한 그 오인에는 정당한 이유가 있다고 볼 수는 없다(대판 2006.4.27. 2005도8074 등).

(정답) ②

11 위법성조각사유의 전제사실의 착오에 관한 학설과 그에 제기되는 비판을 연결한 것 중 가장 옳지 않은 것은?

2017년 경찰간부

① 엄격고의설 - 과실범은 법률에 특별한 규정이 있는 때에만 예외적으로 처벌되기 때문에 처벌의 공백이 생길 수 있다.
② 소극적 구성요건표지이론 - 구성요건 해당성이 없는 행위와 구성요건에는 해당하나 위법성이 조각되는 행위 사이에 존재하는 가치 차이를 무시한다.
③ 엄격책임설 - 위법성조각사유의 전제사실의 착오에 빠져 자신의 행위에 위법성의 인식이 없는 자를 고의범으로 처벌하는 것은 일반인의 법감정에 반한다.
④ 법효과제한적 책임설 - 위법성조각사유의 전제사실의 착오에 빠진 자를 교사하여 죄를 범하게 한 경우 그 교사자를 교사범으로 처벌할 수 없다.

해설

① **[O]** 엄격고의설은 현실적 위법성 인식이 있는 경우에 한하여 고의를 인정하므로 현실적 위법성 인식이 없는 경우 고의범의 성립을 부정하게 되고 예외적으로 과실범 처벌규정이 있는 경우에 한하여 과실범으로의 처벌이 가능하므로 처벌의 공백이 생길 수 있다는 비판을 받는다.
② **[O]** 소극적 구성요건표지이론은 2단계 범죄체계론(총체적 불법구성요건 + 책임)을 취함으로써 통설의 3단계 범죄체계론(구성요건 + 위법성 + 책임)과 달리 별도로 위법성 단계를 인정하지 않음으로 인하여 범죄체계론에서 위법성이 가지는 독자적 기능을 무시하였다는 비판을 받게 된다.
③ **[O]** 위법성조각사유의 전제사실에 관한 착오에 빠진 자는 비록 객관적 정당화상황은 존재하지 아니하지만 방위의사와 같은 주관적 정당화요소가 인정되므로 이러한 자를 과실범이 아니라 고의범으로 중하게 처벌하는 것은 일반인의 법감정에 반한다는 비판을 받는다.
④ **[X]** 법효과제한적 책임설에 의할 경우, 착오에 빠져 행위하는 자는 고의범의 불법을 구비하고 있으므로(다만 책임고의가 조각되어 과실범이 성립가능), 제한적 종속형식에 의한다면 그와 같이 착오에 빠져 행위하는 자를 이용한 자에게 공범 성립의 인정이 가능하게 된다.

정답 ④

12 남편이 출장을 가고 혼자 잠을 자고 있던 주부 甲은 새벽녘 누군가 문을 열고 들어오는 소리를 듣고 이를 강도로 생각하여 폭행하였다. 그러나 불을 켜고 확인한 결과 그는 출장을 갔다가 일찍 돌아온 남편이었다. 甲이 남편을 강도로 오인한 점에 대하여 과실이 있었다. 甲의 행위에 대한 설명으로 옳은 것은?
2014년 검찰7급

① 엄격책임설에 따르면 금지착오로 본다. 따라서 甲에게 오인에 정당한 이유가 있더라도 고의는 조각되지 않고 폭행죄로 처벌된다.
② 소극적 구성요건요소이론에 따르면 구성요건적 착오가 되어 고의가 조각된다. 따라서 甲은 과실폭행으로 처벌된다.
③ 제한적 책임설 중 구성요건적 착오의 규정을 유추적용하자는 견해에 따르면 甲에게 구성요건적 고의가 조각되어 고의범으로 처벌할 수 없으며, 과실폭행으로 처벌된다.
④ 법효과제한적책임설은 고의의 이중적 기능을 인정하는 견해로 구성요건적 고의는 인정되지만 책임고의가 탈락된다. 따라서 甲은 무죄가 된다.

> 해설

① [X] 엄격책임설은 허용규범에 관한 착오이든 허용상황에 관한 착오이든 불문하고 위법성의 인식이 없는 경우를 모두 법률의 착오로 보아 형법 제16조의 적용을 검토하는 입장을 취하며, 동조의 "정당한 이유"를 인정할 수 있다면 폭행죄의 책임을 조각시켜 무죄를 인정하게 된다.
② [X] 소극적 구성요건요소이론에 따르면 허용규범의 전제사실에 관한 착오는 소극적 구성요건요소에 대한 착오로서 구성요건착오규정을 직접 적용하여 구성요건적 고의를 조각시키는 입장을 취한다. 사안의 경우 폭행의 고의가 조각되어 과실범의 성부가 문제되나 과실로 폭행하는 행위를 처벌하는 형사처벌규정이 없으므로 불가벌 무죄이다.
③ [X] 구성요건착오유추적용설의 입장에서는 위법성조각사유의 객관적 전제사실에 관한 착오의 경우 구성요건착오규정을 유추적용하여 구성요건적 고의를 조각시켜 과실범의 성부만을 논하게 된다. 사안의 경우 폭행의 고의가 조각되어 과실범의 성부가 문제되나 과실로 폭행하는 행위를 처벌하는 형사처벌규정이 없으므로 불가벌 무죄이다.
④ [O] 법효과제한적책임설은 합일태적범죄체계론에 가장 정합한 이론으로서 고의와 과실의 이중적 지위를 인정한다. 위법성조각사유의 객관적 전제사실에 관한 착오의 경우 구성요건적 고의는 조각되지 않으나 심정반가치로서의 책임고의가 조각되어 과실범의 성부만을 검토하게 된다. 사안의 경우 과실로 폭행하는 행위를 처벌하는 규정이 없으므로 불가벌 무죄이다.

정답 ④

13 다음 사례에 대한 설명으로 가장 적절한 것은?
2018년 제3차 경찰

> 甲은 늦은 밤 귀가하던 중 자신의 뒤편에서 다가오는 사람을 평소 자신을 살해하겠다고 협박하던 A로 오인하고, 이를 방위하기 위하여 소지하고 있던 전기충격기로 공격하여 상해를 가하였는데, 쓰러진 사람을 확인해 보니 甲을 마중하러 나온 아버지 B였다.

① 주관적 정당화요소를 결한 경우로 불능미수범설에 따르면, 행위반가치는 존재하지만 결과반가치는 존재하지 않으므로 상해죄의 불능미수가 된다.
② 위법성조각사유의 전제사실에 대한 착오의 경우로 엄격책임설에 따르면, 오인에 정당한 이유가 있으면 위법성이 조각된다.
③ 위법성조각사유의 전제사실에 대한 착오의 경우로 법효과제한적 책임설에 따르면, 위법성조각사유를 소극적 구성요건표지로 보므로 구성요건적 착오규정을 직접 적용하여 고의가 조각된다.
④ 오상방위의 경우로 제한적 책임설 중 유추적용설에 따르면, 구성요건적 착오규정을 유추적용하여 고의가 조각되고 다만 행위자에게 과실이 있으면 과실범으로 처벌된다.

해설
① **[X]** 주관적 정당화요소인 방위의사가 인정되는 반면, 객관적 정당화상황. 즉 현재의 부당한 침해가 없는 경우로서, 오상방위의 문제에 해당하는 사례이다.
② **[X]** 엄격책임설은 위법성조각사유의 전제사실에 대한 착오를 법률의 착오로 이해하므로, 오인에 정당한 이유가 있으면 책임을 조각시키게 된다.
③ **[X]** 위법성조각사유를 소극적 구성요건표지로 보는 입장은 소극적 구성요건표지이론으로서, 구성요건착오규정을 직접적용하여 구성요건 고의를 조각시킨다. 반면, 법효과제한적책임설은 구성요건 고의는 그대로 두고, 심정반가치로서의 책임고의를 조각시켜 과실범의 성부를 논하는 입장을 취한다.
④ **[O]** 구성요건착오유추적용설의 입장에서는 구성요건착오규정을 유추적용하여 구성요건 고의를 조각시키고 과실범의 성부를 논하는 태도를 취하고 있다.

정답 ④

14 甲은 야간에 악수를 청하는 이웃집 사람을 강도로 오인하고 방어할 생각으로 그를 때려 상해를 입혔으나, 오인에 정당한 이유가 없는 경우 어떠한 학설에 따르면 甲의 죄책이 가장 무겁게 되는가?
2016년 제2차 경찰

① 유추적용설
② 소극적 구성요건표지이론
③ 엄격책임설
④ 법효과제한적 책임설

해설
위법성조각사유의 객관적 전제사실에 관한 착오와 관련하여 ⅰ) 고의설, 소극적 구성요건표지이론, 구성요건착오 유추적용설 및 법효과제한적 책임설에 의할 경우, 오인에 정당한 이유가 없다면 과실범이 성립하게 된다. ⅱ) 반면 엄격책임설은 오인에 정당한 이유가 없다면 고의범의 성립을 인정하게 되므로, 엄격책임설에 의할 경우 甲의 죄책이 가장 무겁게 된다.

정답 ③

15 다음 사례에 대한 설명으로 가장 적절하지 않은 것은? (재물손괴죄는 논외로 함) 2021년 제1차 경찰

> 경찰관 甲은 가정폭력이 있다는 112 신고를 받고 현장에 출동하였다. 甲은 해당 주소를 확인하고 초인종을 수차례 눌렀으나 아무런 반응이 없었고, 집안에서 '살려달라'는 비명소리가 크게 들렸으며 신고자와의 통화도 연결되지 않았다. 사태의 급박함을 감지한 甲은 피해자를 구조하기 위하여 「경찰관 직무집행법」 제7조 제1항 및 「가정폭력범죄의 처벌 등에 관한 특례법」 제5조에 따라 해당 주소의 집 출입문을 강제로 개방하고 집안으로 진입하였다. 그런데 비명소리는 평소 귀가 어둡던 A가 즐겨보는 드라마에서 나오던 것으로 실제 가정폭력은 없었던 것으로 확인되었다.

① 甲에게 위법성의 인식이 없어 고의가 조각된다고 보는 견해에 따르면, 甲의 행위는 불가벌이다.
② 위의 사안을 법률의 착오(금지착오)의 문제로 파악하는 견해에 따르면, 甲의 오인에 정당한 이유가 있으면 벌하지 아니한다.
③ 고의의 이중적 지위를 인정하는 견해에 따르면, 甲에게 심정반가치적 요소가 없어 책임고의는 탈락되지만 구성요건적 고의는 인정되므로 주거침입죄가 성립한다고 본다.
④ 판례는 甲이 위와 같은 착오를 일으킨 경우, 그 오인에 정당한 이유가 있다면 위법성이 조각된다는 입장을 취하고 있다.

해설

형법 제21조 제1항의 '현재의 부당한 침해'가 없음에도 방위의사를 가지고 행위한 경우로서, 위법성조각사유의 객관적 전제사실에 관한 착오에 해당하는 사례이다.
① (O) 고의가 인정되기 위해서는 현실적 위법성인식이 필요하다고 보는 엄격고의설에 의할 경우, 甲은 위법성인식이 없으므로 주거침입의 고의가 부정되고, 주거침입은 과실범 처벌규정이 없으므로 불가벌 무죄이다.
② (O) 오상방위를 금지착오의 문제로 보는 학설은 엄격책임설이고, 이 견해에 의하면 甲의 오인에 정당한 이유가 인정된다면 주거침입의 점은 책임이 조각되어 무죄가 된다.
③ (X) 고의의 이중적 지위를 인정하는 견해는 법효과제한적책임설이고, 이 견해에 의하여 甲에게 주거침입의 구성요건적 고의는 인정되지만 심정반가치로서의 책임고의가 조각되므로 주거침입죄는 성립하지 않는다.
④ (O) 판례는 오상방위의 경우 그 오인에 정당한 이유가 인정된다면 위법성을 조각하는 입장을 취한다.

> 소속 중대장의 '당번병'이 외출나간 중대장의 처로부터 비가 오고 밤이 늦어 혼자 귀가할 수 없으니 관사로부터 1.5킬로미터 가량 떨어진 지점까지 우산을 들고 마중을 나오라는 연락을 받고 관사를 이탈한 경우, 위와 같은 당번병의 관사이탈행위는 중대장의 직접적인 허가를 받지 아니 하였다 하더라도 당번병으로서의 그 임무범위 내에 속하는 일로 오인하고 한 행위로서 그 '오인에 정당한 이유가 있어 위법성이 없다'고 볼 것이다(대판 1986.10.28. 86도1406). ☞ 군형법위반(군무이탈)죄 불성립

정답 ③

16 「형법」상 착오의 처리에 대한 다음 설명 중 적절하지 않은 것은 모두 몇 개인가? (다툼이 있는 경우 판례에 의함)   2020년 제2차 경찰

> ㉠ 행위자가 제1행위에 의하여 이미 의도한 결과가 발생했다고 믿었으나, 실제로는 연속된 제2행위에 의하여 그 결과가 발생된 사안은, 제1행위에 대한 미수범과 제2행위에 대한 과실범의 실체적 경합범으로 처리된다.
> ㉡ 정당방위 상황이 존재하지 않는데도 불구하고 그러한 상황이 존재한다고 오인한 상태에서 행한 방위행위에 대해서, 위법성인식을 독자적 책임요소로 파악하는 엄격책임설에 따르면 구성요건적 고의는 언제나 인정된다.
> ㉢ 위법하지 않은 행위를 행위자는 위법한 것으로 오인한 경우, 그 행위자는 금지규범에 대한 착오를 일으킨 것이며 그러한 법률의 무지에 대해서 형벌을 부여해야 한다.
> ㉣ 추상적 사실의 착오 중 객체의 착오 및 방법의 착오에 대한 구체적 부합설과 법정적 부합설의 결론은 동일하다.

① 없음   ② 1개
③ 2개   ④ 3개

해설

㉠ **[X]** 피해자가 피고인들의 살해의 의도로 행한 구타행위에 의하여 직접 사망한 것이 아니라 죄적(罪迹)을 인멸할 목적으로 행한 매장행위에 의하여 사망하게 되었다 하더라도 전 과정을 개괄적으로 보면 피해자의 살해라는 처음에 예견된 사실이 결국은 실현된 것으로서 피고인들은 살인죄의 죄책을 면할 수 없다(대판 1988.6.28. 88도650). ☞ 살인죄의 기수범 성립

㉡ **[O]** 오상방위의 경우, 엄격책임설에 따르면 구성요건적 고의는 인정되고 오인에 정당한 이유를 인정할 수 있는 경우에 한하여 책임이 조각되어 무죄가 되고, 그렇지 않다면 고의범의 성립을 인정하게 된다.

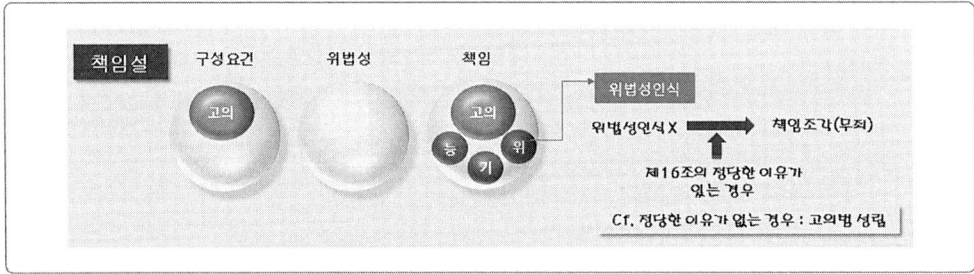

㉢ **[X]** '위법하지 않은 행위를 행위자는 위법한 것으로 오인한 경우'는 환각범을 의미하고, 환각범의 경우 처벌규정이 없으므로 불가벌·무죄이다.

ⓔ [O]

구분		구체적 부합설	법정적 부합설	추상적 부합설
구체적 사실의 착오	객체의 착오		발생사실에 대한 고의기수범 (고의의 전용 인정)	
	방법의 착오			
추상적 사실의 착오	객체의 착오	인식사실에 대한 미수범과 발생사실에 대한 과실범의 상상적 경합	1. 경죄의 고의로 중한 결과 발생 ☞ 경죄 기수와 중죄과실의 상상적 경합 2. 중죄의 고의로 경한 결과 발생 ☞ 경죄 기수와 중죄미수의 상상적 경합	
	방법의 착오			

(정답) ③

17 다음 중 기대가능성에 대한 설명으로 가장 옳지 않은 것은? (다툼이 있는 경우 판례에 의함)

2019년 경찰간부

① 통일원 장관의 접촉 승인 없이 북한 주민과 접촉한 행위는 적법행위에 대한 기대가능성이 없는 경우에 해당하지 아니한다.
② 입학시험에 응시한 수험생으로서 자기 자신이 부정한 방법으로 탐지한 것이 아니고 우연한 기회에 미리 출제될 시험문제를 알게 되어 그에 대한 답을 암기하였을 경우 그 암기한 답에 해당된 문제가 출제되었다 하여도 위와 같은 경위로서 암기한 답을 그 입학시험 답안지에 기재하여서는 아니된다는 것을 그 일반수험생에게 기대한다는 것은 보통의 경우 도저히 불가능하다 할 것이므로 업무방해죄를 구성하지 않는다.
③ 직장의 상사가 범법행위를 하는데 가담한 부하에게 직무상 지휘·복종관계에 있다 하여 범법행위에 가담하지 않을 기대가능성이 없다고 할 수 없다.
④ 자신의 강도상해 범행을 일관되게 부인하였으나 유죄판결이 확정된 피고인이 별건으로 기소된 공범의 형사사건에서 자신의 범행사실을 부인하는 증언을 한 경우에는 사실대로 진술할 기대가능성이 있다고 할 수 없다.

해설

① [O] 국가보안법위반죄가 성립한다(대판 2012.10.11. 2012도7455).
② [O] 대판 1966.3.22. 65도1164
③ [O] 대판 2007.5.11. 2007도1373
④ [X] 이미 유죄의 확정판결을 받은 경우에는 일사부재리의 원칙에 의해 다시 처벌되지 아니하므로 증언을 거부할 수 없고, 피고인에게 사실대로 진술할 것을 기대할 가능성이 없다고 볼 수는 없다(대판 2008.10.23. 2005도10101). ☞ 위증죄 성립

(정답) ④

18 기대가능성에 관한 설명 중 가장 적절하지 않은 것은? (다툼이 있는 경우 판례에 의함)   2022년 경찰2차

① 기대가능성의 판단기준을 국가에 두면 국가는 국민의 적법행위를 기대하므로 기대가능성이 없다는 이유로 책임이 조각되는 경우가 축소될 수 있다.
② 甲이 담배제조업 허가 없이 전자장치를 이용해 흡입할 수 있는 니코틴이 포함된 용액을 제조한 경우, 궐련담배제조업의 허가 기준은 존재하나 전자담배제조업에 관한 허가기준이 없는 이상 甲에게 담배제조업 관련 법령의 허가기준을 준수하거나 허가 기준이 새롭게 마련될 때까지 법 준수를 요구하는 것을 기대할 수 없다.
③ 「형법」 제12조의 '저항할 수 없는 폭력'은 심리적 의미에 있어서 육체적으로 어떤 행위를 절대적으로 할 수 밖에 없게 하는 경우와 윤리적 의미에서 강압된 경우를 의미한다.
④ 영업정지처분에 대한 집행정지 신청이 잠정적으로 받아들여졌다는 사정만으로는 구 음반·비디오물 및 게임물에 관한 법률 위반으로 기소된 피고인에게 적법행위의 기대가능성이 없다고 볼 수 없다.

해설

① [O] 국가표준설은 국가는 항상 국민에게 법질서 준수를 기대하고 있으므로 기대가능성이 없어 책임이 조각되는 경우란 거의 있을 수 없다는 비판을 받고 있다.
② [X] 피고인들이 공모하여, 고농도 니코틴 용액에 프로필렌글리콜(Propylene Glycol)과 식물성 글리세린(Vegetable Glycerin)과 같은 희석액, 소비자의 기호에 맞는 향료를 일정한 비율로 첨가하여 전자장치를 이용해 흡입할 수 있는 '니코틴이 포함된 용액'을 만드는 방법으로 담배제조업 허가 없이 담배를 제조하였다고 하여 담배사업법 위반으로 기소된 사안에서, 담배사업법의 위임을 받은 기획재정부가 전자담배제조업에 관한 허가기준을 마련하지 않고 있으나, 궐련담배제조업에 관한 허가기준은 이미 마련되어 있는 상황에서 담배제조업 관련 법령의 허가기준을 준수하거나 허가기준이 새롭게 마련될 때까지 법 준수를 요구하는 것이 죄형법정주의 원칙에 위반된다거나 기대가능성이 없는 행위를 처벌하는 것이어서 위법하다고 보기 어렵다(대판 2018.9.28. 2018도9828). ☞ 담배사업법위반죄 성립
③ [O] 대판 1983.12.13. 83도2276
④ [O] 영업정지처분에 대한 집행정지 결정은 피고인이 제기한 영업정지처분 취소사건의 본안판결 선고시까지 그 처분의 효력을 정지한 것으로서 행정청의 처분의 위법성을 확정적으로 선언하지도 않았으므로, 위 집행정지 신청이 잠정적으로 받아들여졌다는 사정만으로는, 구 음반·비디오물 및 게임물에 관한 법률 위반으로 기소된 피고인에게 적법행위의 기대가능성이 없다고 볼 수는 없다(대판 2010.11.11. 2007도8645). ☞ 음반·비디오물및게임물에관한법률위반죄 성립

정답 ②

19 책임에 관한 설명 중 옳지 않은 것은? (다툼이 있는 경우 판례에 의함) 2019년 제1차 경찰

① 「형법」 제12조의 강요된 행위 중 '저항할 수 없는 폭력'에는 윤리적 의미에 있어서 강압된 경우도 포함된다.
② 자신의 강도상해 범행을 일관되게 부인하였으나 유죄판결이 확정된 피고인이 별건으로 기소된 공범의 형사사건에서 자신의 범행을 시인하는 증언을 할 것이라는 기대가능성이 없다.
③ '위험의 발생을 예견하고 자의로 심신장애를 야기한 자의 행위'에 대해서는 심신장애에 관한 「형법」 총칙규정의 적용이 배제된다.
④ 심신장애로 인하여 사물을 변별할 능력이나 의사를 결정할 능력이 미약한 자의 행위는 형을 감경할 수 있다.

해설

① **[O]** 형법 제12조 소정의 저항할 수 없는 폭력은, '심리적인 의미'에 있어서 육체적으로 어떤 행위를 절대적으로 하지 아니할 수 없게 하는 경우와 '윤리적 의미'에 있어서 강압된 경우를 말한다(대판 1983.12.13. 83도2276).
② **[X]** 이미 유죄의 확정판결을 받은 피고인은 공범의 형사사건에서 그 범행에 대한 증언을 거부할 수 없을 뿐만 아니라 나아가 사실대로 증언하여야 한다(대판 2008.10.23. 2005도10101). ☞ 기대가능성이 있으므로 위증죄 성립
③ **[O]**

> **형법 제10조(심신장애인)** ① 심신장애로 인하여 사물을 변별할 능력이 없거나 의사를 결정할 능력이 없는 자의 행위는 벌하지 아니한다.
> ② 심신장애로 인하여 전항의 능력이 미약한 자의 행위는 형을 감경할 수 있다. 〈개정 2018.12.18.〉
> ③ 위험의 발생을 예견하고 자의로 심신장애를 야기한 자의 행위에는 전2항의 규정을 적용하지 아니한다.

④ **[O]** 위 형법 제10조 제2항 참조

정답 ②

20 책임조각에 대한 설명으로 가장 적절하지 않은 것은? (다툼이 있는 경우 판례에 의함)

2020년 제2차 경찰

① 야간에 자신의 방에 들어오는 룸메이트를 강도로 오인하고 상해의 고의는 없이 방어할 의사로 그를 폭행하였는데 강도로 오인한 과실이 회피 가능하였을 경우, 법률효과제한적 책임설에 따르면 행위자는 무죄가 된다.

② 엄청난 체력과 힘의 소유자인 체육선생이 연약한 만 16세 여학생 甲의 손목을 잡고 휘둘러 甲의 손으로 옆에 앉아 있던 乙에게 상해를 입힌 경우, 甲의 상해행위는 「형법」 제12조 강요된 행위에 의해 책임이 조각된다.

③ 경기 불황 상황에서 임금 지급을 위한 모든 성의와 노력을 다했으나 경영부진으로 인한 자금사정 등 도저히 지급기일 안에 임금을 지급할 수 없었다는 등의 피할 수 없는 사정이 인정된다면 「근로기준법」 제36조 위반범죄의 책임이 조각된다.

④ 수학여행을 온 대학교 3학년생들 중 일부만의 학생증을 제시 받아 성년임을 확인한 후 나이트클럽에 단체로 입장시켰으나 그들 중 1인이 미성년자인 경우, 미성년자가 섞여 있을지도 모른다는 것을 예상하여 그들의 증명서를 일일이 확인할 것을 요구하는 것은 사회통념상 기대가능성이 없으므로 책임이 조각된다.

해설

① [O] 오상방위로서, 법효과제한적책임설에 따르면 과실범의 성부를 논하게 된다. 설문의 경우, 상해의 고의가 없음을 전제로 하므로 단순폭행의 고의가 인정되고, 비록 강도로 오인한 과실이 인정되더라도 폭행의 죄는 과실범 처벌규정이 없으므로 무죄가 된다.

② [X] 형법 제12조 소정의 저항할 수 없는 폭력은, 심리적인 의미에 있어서 육체적으로 어떤 행위를 절대적으로 하지 아니할 수 없게 하는 경우와 윤리적 의미에 있어서 강압된 경우를 말한다(대판 83도2276 등). 그리고 형법 제12조에서의 '저항할 수 없는 폭력'은 강제적(심리적) 폭력(ex. 사채업자가 채권자로 하여금 채권포기각서에 날인하는 것을 강제하는 폭력)을 의미하는 것이지, 절대적 폭력(ex. 사채업자가 날인을 거부하는 채권자의 손을 잡아 억지로 채권포기각서에 날인하는 폭력)을 의미하는 것은 아니다. 설문의 경우, 절대적 폭력에 해당하는 사례로서, 甲은 형법상 의미 있는 인간의 행위를 한 것으로 평가되지 않으므로 행위론에 의하여 상해죄의 구성요건해당성의 판단으로 나아갈 필요도 없이 불가벌 무죄에 해당한다.

③ [O] 근로기준법에서 규정하는 퇴직금 등의 기일 내 지급의무 위반죄는 사용자가 퇴직금 등의 지급을 위하여 최선의 노력을 다하였으나 경영부진으로 인한 자금사정 등으로 지급기일 내에 퇴직금을 지급할 수 없었던 불가피한 사정이 인정되는 경우에만 면책되는 것이고, 단순히 사용자가 경영부진 등으로 자금압박을 받아 이를 지급할 수 없었다는 것만으로는 그 책임을 면할 수 없는 것이다(대판 1997.9.30. 97도1490 등).

④ [O] 피고인에게 위 학생들 중에 미성년자가 섞여 있을지도 모른다는 것을 예상하여 그들의 증명서를 일일이 확인할 것을 요구하는 것은 사회통념상 기대가능성이 없다고 봄이 상당하므로 이를 벌할 수 없다(대판 1987.1.20. 86도874). ☞ 식품위생법위반죄 불성립

정답 ②

21 기대가능성에 대한 설명으로 옳지 않은 것은? (다툼이 있는 경우 판례에 의함) 2021년 경찰간부

① 영업정지처분에 대한 집행정지 신청이 잠정적으로 받아들여졌다는 사정만으로는 구 음반·비디오물 및 게임물에 관한 법률 위반으로 기소된 피고인에게 적법행위의 기대가능성이 없다고 볼 수는 없다.
② 사용자가 근로자에 대한 퇴직금의 지급을 위해 최선의 노력을 다하였으나 경영부진으로 인한 자금사정으로 도저히 지급기일내에 퇴직금을 지급할 수 없었던 경우 적법행위에 대한 기대가능성이 없다.
③ 자신의 강도상해 범행을 일관되게 부인하였으나, 유죄판결이 확정된 자가 별건으로 기소된 공범의 형사사건에서 유죄가 확정된 자신의 강도상해 범행사실을 부인하는 증언을 한 경우에는 사실대로 진술할 기대가능성이 있다.
④ 교수가 출제교수들로부터 대학원입학전형시험 문제를 제출받아 알게 된 것을 틈타서 수험생 등에게 그 시험문제를 알려주었고, 그렇게 알게 된 위 수험생이 답안쪽지를 작성한 다음 이를 답안지에 그대로 베껴 써서 그 정을 모르는 시험감독관에게 제출하였다면 기대가능성이 없는 경우에 해당한다.

해설

① **[O]** 영업정지처분에 대한 집행정지 결정은 피고인이 제기한 영업정지처분 취소사건의 본안판결 선고시까지 그 처분의 효력을 정지한 것으로서 행정청의 처분의 위법성을 확정적으로 선언하지도 않았으므로, 위 집행정지 신청이 잠정적으로 받아들여졌다는 사정만으로는, 구 음반·비디오물 및 게임물에 관한 법률 위반으로 기소된 피고인에게 적법행위의 기대가능성이 없다고 볼 수는 없다(대판 2010.11.11. 2007도8645). ☞ 음반·비디오물 및 게임물에 관한 법률 위반죄 성립

② **[O]** 근로기준법 제112조, 제36조에서 정하는 임금 및 퇴직금 등의 기일 내 지급의무 위반죄는 사용자가 그 지급을 위하여 최선의 노력을 다하였으나, 경영부진으로 인한 자금사정 등으로 지급기일 내에 지급할 수 없었던 불가피한 사정이 사회통념에 비추어 인정되는 경우에만 면책되는 것이고, 단순히 사용자가 경영부진 등으로 자금압박을 받아 이를 지급할 수 없었다는 것만으로는 그 책임을 면할 수 없다(대판 2006.2.9. 2005도9230).

③ **[O]** 이미 유죄의 확정판결을 받은 경우에는 일사부재리의 원칙에 의해 다시 처벌되지 아니하므로 증언을 거부할 수 없는 바, 이는 사실대로의 진술, 즉 자신의 범행을 시인하는 진술을 기대할 수 있기 때문이다. 이러한 점 등에 비추어 보면, 이미 유죄의 확정판결을 받은 피고인은 공범의 형사사건에서 그 범행에 대한 증언을 거부할 수 없을 뿐만 아니라 나아가 사실대로 증언하여야 하고, 설사 피고인이 자신의 형사사건에서 시종일관 그 범행을 부인하였다 하더라도 이러한 사정은 위증죄에 관한 양형참작사유로 볼 수 있음은 별론으로 하고 이를 이유로 피고인에게 사실대로 진술할 것을 기대할 가능성이 없다고 볼 수는 없다(대판 2008.10.23. 2005도10101). ☞ 위증죄 성립

④ **[X]** 피고인 A가 출제교수들로부터 대학원신입생전형시험 문제를 제출받아 알게 된 것을 틈타서 피고인 D, E 등에게 그 시험문제를 알려주었고 그렇게 알게된 위 D, E 등이 그 답안쪽지를 작성한 다음 이를 답안지에 그대로 베껴써서 그 정을 모르는 시험감독관에게 제출하였다면 이는 위계로써 입시감독업무를 방해하였다 할 것이므로 이에 대하여 형법 제314조, 제313조를 적용한 것은 정당하고 거기에 지적하는 바와 같은 업무방해죄 내지 기대가능성에 대한 법리를 오해한 위법이 없다(대판 1991.11.12. 91도2211). ☞ 업무방해죄 성립

> **비교판례**
> 입학시험에 응시한 수험생으로서 자기 자신이 부정한 방법으로 탐지한 것이 아니고 우연한 기회에 미리 출제될 시험문제를 알게 되어 그에 대한 답을 암기하였을 경우 그 암기한 답에 해당된 문제가 출제되었다 하여도 위와 같은 경위로서 암기한 답을 그 입학시험 답안지에 기재하여서는 아니된다는 것을 그 일반수험생에게 기대한다는 것은 보통의 경우 도저히 불가능하다 할 것이다(대판 1966.3.22. 65도1164). ☞ 업무방해죄 불성립

정답 ④

22 강요된 행위에 대한 설명으로 옳은 것은? (다툼이 있는 경우 판례에 의함)   2021년 경찰간부

① 친족의 명예에 위해를 가하겠다는 협박을 받아 자유로운 의사결정을 하지 않은 경우에는 강요된 행위에 해당한다.
② 「형법」 제12조가 말하는 '저항할 수 없는 폭력'은 심리적 의미에 있어서 어떤 행위를 절대적으로 하지 아니할 수 없게 하는 경우와 윤리적 의미에 있어서 강압된 경우를 말한다.
③ 상관의 명령에 절대 복종하여야 한다는 것이 불문율로 되어 있다면 중대하고 명백하게 위법인 명령에 따르는 행위라도 이는 강요된 행위로 인정되어 적법행위에 대한 기대가능성이 없는 경우에 해당한다.
④ 「형법」 제12조에서 말하는 강요된 행위는 어떤 사람의 성장 교육과정을 통하여 형성된 내재적인 관념 내지 확신으로 인하여 행위자 스스로의 의사결정이 사실상 강제되는 결과를 낳게 하는 경우도 포함한다.

해설

① [X] 형법 제12조는 '생명, 신체에 대한 위해'를 요구하고, 명예에 대한 위해를 규정하고 있지 않다.

> 제12조(강요된 행위) 저항할 수 없는 폭력이나 자기 또는 친족의 생명, 신체에 대한 위해를 방어할 방법이 없는 협박에 의하여 강요된 행위는 벌하지 아니한다.

② [O] 대판 1983.12.13. 83도2276
③ [X] 공무원은 직무를 수행함에 있어서 소속 상관의 명백히 위법한 명령에 대해서까지 복종할 의무는 없을 뿐만 아니라, 중앙정보부직원은 상관의 명령에 절대 복종하여야 한다는 것이 불문율로 되어 있다는 점만으로는 이 사건에서와 같이 중대하고 명백한 위법명령에 따른 범법행위까지 강요된 행위이거나 적법행위에 대한 기대가능성이 없는 경우에 해당한다고는 도저히 볼 수 없다(대판 1980.5.20. 80도306 전원합의체).
④ [X] 피고인이 그 성장교육과정과 그 후 밀봉교육에서의 사상주입으로 사실상 인간도구화된 하수인이 된 상태에서 국제민간항공기를 남조선 해방과 조국통일이라는 정치적 목적 달성을 위하여 폭파한 경우, 형법 제12조에서 말하는 강요된 행위는 저항할 수 없는 폭력이나 생명, 신체에 위해를 가하겠다는 협박 등 '다른 사람'의 강요행위에 의하여 이루어진 행위를 의미하는 것이지 어떤 사람의 성장교육과정을 통하여 형성된 내재적인 관념 내지 확신으로 인하여 '행위자 스스로의 의사결정이 사실상 강제되는 결과를 낳게 하는 경우'까지 의미한다고 볼 수 없다(대판 1990.3.27. 89도1670). ☞ 항공기운항안전법위반죄 등 성립

정답 ②

제 5 장 미수론

01 예비와 미수에 관한 설명으로 옳은 것은 모두 몇 개인가? (다툼이 있는 경우 판례에 의함)

2022년 제1차 경찰

㉠ 미수범이란 행위를 종료했더라도 결과가 발생하지 아니한 경우를 말하는 것이므로 결과가 발생한 경우에는 미수범이 성립할 여지가 없다.
㉡ 강도치상죄와는 달리 강도상해죄는 강도가 미수에 그쳤다면 상해가 발생하였어도 강도상해죄의 미수에 해당한다.
㉢ 대법원은 예비죄의 실행행위성을 긍정하는 입장에 서 있으므로 예비죄의 공동정범뿐만 아니라 예비죄에 대한 종범의 성립도 긍정한다.
㉣ 저작권 침해 게시물을 인터넷 웹사이트 서버 등에 업로드 하여 공중의 구성원이 개별적으로 선택한 시간과 장소에서 접근할 수 있도록 이용에 제공하였더라도 공중에게 침해 게시물을 실제로 송신하지 않았다면 저작권법상 공중송신권 침해는 기수에 이르지 않는다.
㉤ 교사를 받은 자가 범죄의 실행 자체를 승낙하지 아니하거나 실행을 승낙하고 실행의 착수에 이르지 않은 경우, 교사자는 예비·음모에 준하여 처벌된다.

① 1개
② 2개
③ 3개
④ 4개

해설

㉠ **(X)** 비록 결과가 발생되었다고 하더라도 행위와 그 결과 사이에 인과관계를 인정할 수 없다면 미수범이 성립할 뿐 기수범이 성립할 수 없다.
㉡ **(X)** 강도치상죄와 마찬가지로 강도상해죄도 강도의 기회에 상해가 발생함을 요하므로 강도가 미수에 그친 경우라 할지라도 그로 인하여 상해가 발생하였다면 강도상해죄는 기수범이 성립한다(대판 2006.3.23. 2006도536 등 참조).
㉢ **(X)** 정범이 실행의 착수에 이르지 아니하고 예비단계에 그친 경우에는, 이에 가공한다 하더라도 예비의 공동정범이 되는 때를 제외하고는 종범으로 처벌할 수 없다(대판 1979.5.22. 79도552). ☞ 예비죄와 기본범죄의 관계를 발현형태설의 입장으로 이해하는 판례는 예비죄 자체의 실행행위성을 인정하지만, 예비죄의 종범의 성립을 부정하고 있다.
㉣ **(X)** 정범이 침해 게시물을 인터넷 웹사이트 서버 등에 업로드하여 공중의 구성원이 개별적으로 선택한 시간과 장소에서 접근할 수 있도록 이용에 제공하면, 공중에게 침해 게시물을 실제로 송신하지 않더라도 공중송신권 침해는 기수에 이른다(대판 2021.9.9. 2017도19025 전원합의체).
㉤ **(O)** 실패한 교사(제31조 제3항) 및 효과 없는 교사(제31조 제2항)로서 교사자는 예비·음모에 준하여 처벌된다.

> **형법 제31조(교사범)** ② 교사를 받은 자가 범죄의 실행을 승낙하고 실행의 착수에 이르지 아니한 때에는 교사자와 피교사자를 음모 또는 예비에 준하여 처벌한다.
> ③ 교사를 받은 자가 범죄의 실행을 승낙하지 아니한 때에도 교사자에 대하여는 전항과 같다.

정답 ①

02 「형법」상 예비죄에 대한 설명 중 옳지 않은 것만을 모두 고른 것은? (다툼이 있는 경우 판례에 의함)

2022년 경찰간부

가. 형법각칙의 예비죄를 처단하는 규정을 바로 독립된 구성요건 개념에 포함시킬 수는 없다고 하는 것이 죄형법정주의에 부합한다.
나. 예비와 미수는 각각 형법각칙에 처벌규정이 있는 경우에만 처벌할 수 있지만 구체적인 법정형까지 규정될 필요는 없다.
다. 예비죄를 처벌하는 범죄의 예비단계에서 자의로 중지를 하였다면, 예비죄의 중지미수가 성립한다.
라. 살인예비죄가 성립하기 위하여는 살인죄를 범할 목적이 있어야 할 뿐만 아니라 살인의 준비에 관한 고의도 있어야 한다.
마. 정범의 실행 착수 전에 장래의 실행행위를 예상하고 이를 용이하게 하는 행위를 하여 방조한 경우, 정범이 실행의 착수에 이르지 못했다면 방조자는 종범이 성립되지 않지만 정범이 그 실행행위로 나아갔다면 종범이 성립한다.

① 가, 나
② 나, 다
③ 가, 다, 마
④ 다, 라, 마

해설

가. **[O]** 범죄의 구성요건 개념상 예비죄의 실행행위는 무정형 무한정한 행위이고 종범의 행위도 무정형 무한정한 것이고 형법 제28조에 의하면 범죄의 음모 또는 예비행위가 실행의 착수에 이르지 아니한 때에는 법률에 특별한 규정이 없는 한 벌하지 아니한다고 규정하여 예비죄의 처벌이 가져올 범죄의 구성요건을 부당하게 유추 내지 확장해석하는 것을 금지하고 있기 때문에 형법각칙의 예비죄를 처단하는 규정을 바로 독립된 구성요건 개념에 포함시킬 수는 없다고 하는 것이 죄형법정주의의 원칙에도 합당하는 해석이라 할 것이기 때문이다. 따라서 형법전체의 정신에 비추어 예비의 단계에 있어서는 그 종범의 성립을 부정하고 있다고 보는 것이 타당한 해석이라고 할 것이다(대판 1976.5.25. 75도1549).

나. **[X]** 미수범은 그 형을 따로 정하여 놓지 아니하였다고 하더라도 형법 제25조(장애미수 : 임의적 감경), 제26조(중지미수 : 필요적 감·면) 및 제27조(불능미수 : 임의적 감·면)와의 결합에 의하여 그 처단형을 산정할 수 있는 반면, 예비·음모죄는 위와 같은 관련 법조항이 없으므로 그 형을 따로 정하여 놓아야 한다.

> 부정선거관련자처벌법 제5조 제4항에 '예비, 음모는 이를 처벌한다'라고 규정하였다 하더라도 **예비, 음모는 미수범의 경우와 달라서 그 형을 따로 정하여 놓지 아니한 이상** 처벌할 형을 함께 규정한 것이라고는 볼 수 없고 또 동법 제5조 제4항의 입법취지가 동법 제5조 제1항의 예비, 음모죄를 처벌한 의도이었다 할지라도 그 예비, 음모의 형에 관하여 특별한 규정이 없는 이상 이를 본범이나 미수범에 준하여 처벌한다고 해석함은 피고인의 불이익으로 돌아가는 것이므로 이는 죄형법정주의의 원칙상 허용할 수 없다 할 것이다(대판 1977.6.28. 77도251). ☞ 죄형법정주의의 원칙상 위 예비·음모를 처벌할 수 없다.

다. **[X]** 甲이 乙을 살해하기로 결심하고 흉기를 구입했다가 곧 후회하여 범행을 포기하고 그 흉기를 강물에 내버린 경우, 중지범은 범죄의 실행에 착수한 후 자의로 그 행위를 중지한 때를 말하는 것이고, 실행의 착수가 있기 전인 예비·음모의 행위를 처벌하는 경우에 있어서 중지범의 관념은 이를 인정할 수 없다(대판 1999.4.9. 99도424). ☞ 살인예비죄 성립

라. **[O]** 형법 제255조, 제250조의 살인예비죄가 성립하기 위하여는 형법 제255조에서 명문으로 요구하는 살인죄를 범할 목적 외에도 살인의 준비에 관한 고의가 있어야 하며, 나아가 실행의 착수까지에는 이르지 아니하는 살인죄의 실현을 위한 준비행위가 있어야 한다(대판 2009.10.29. 2009도7150).

마. **[O]** 종범은 정범이 실행행위에 착수하여 범행을 하는 과정에서 이를 방조한 경우뿐 아니라, 정범의 실행의 착수 이전에 장래의 실행행위를 미필적으로나마 예상하고 이를 용이하게 하기 위하여 방조한 경우에도 그 후 정범이 실행행위에 나아갔다면 성립할 수 있다(대판 2013.11.14. 2013도7494).

(정답) ②

03 다음 중 형법상 예비·음모를 처벌하지 않는 범죄는 모두 몇 개인가?

2010년 경감

(가) 유가증권위조죄
(나) 허위유가증권작성죄
(다) 자격모용에 의한 유가증권작성죄
(라) 인지·우표변조죄

① 1개
② 2개
③ 3개
④ 4개

해설

무형위조(허위작성)나 행사죄에 대한 예비 음모 처벌규정은 없다. 따라서 (나)는 예비 음모를 처벌하는 규정이 없다.

(정답) ①

04 형법상 예비·음모의 처벌규정이 있는 것을 모두 고른 것은?

2017년 경기북부 여경

㉠ 미성년자 약취·유인죄
㉡ 허위유가증권작성죄
㉢ 중립명령위반죄
㉣ 도주원조죄
㉤ 수도불통죄
㉥ 인질강요죄

① ㉠, ㉡, ㉢
② ㉠, ㉣, ㉥
③ ㉠, ㉣, ㉤
④ ㉡, ㉢, ㉥

해설

㉠ 미성년자약취·유인죄, ㉣ 도주원조죄 및 ㉤ 수도불통죄의 세 가지에 예비·음모처벌규정이 마련되어 있다. 반면, ㉡ 허위유가증권작성죄와 ㉥ 인질강요죄의 경우 미수처벌규정이 마련되어 있으나, 예비·음모처벌규정은 없으며, ㉢ 중립명령위반죄는 예비·음모 및 미수처벌규정 모두 마련되어 있지 않다.

(정답) ③

05 실행의 착수시기 또는 기수에 대한 설명 중 가장 적절하지 않은 것은? (다툼이 있는 경우 판례에 의함)
2018년 제1차 경찰

① 위장결혼의 당사자 및 중국 측 브로커와의 공모하에 허위로 결혼사진을 찍고, 혼인신고에 필요한 서류를 준비하여 위장결혼의 당사자에게 건네준 것만으로는 아직 공전자기록등불실기재죄에 있어서 실행에 착수한 것으로 볼 수 없다.

② 피고인이 방화의 의사로 뿌린 휘발유가 인화성이 강한 상태로 주택 주변과 피해자의 몸에 적지 않게 살포되어 있는 사정을 알면서도 라이터를 켜 불꽃을 일으킴으로써 피해자의 몸에 불이 붙은 경우, 비록 외부적 사정에 의하여 불이 방화 목적물인 주택 자체에 옮겨 붙지는 아니하였다 하더라도 현존건조물방화죄의 실행의 착수가 있었다고 볼 수 있다.

③ 금융기관 직원이 전산단말기를 이용하여 다른 공범들이 지정한 특정계좌에 돈이 입금된 것처럼 허위의 정보를 입력하는 방법으로 위 계좌로 입금되도록 한 경우, 그 후 그러한 입금이 취소되어 현실적으로 인출되지 못하였다면 컴퓨터 등 사용사기죄의 미수에 해당한다.

④ 피고인이 지하철 환승에스컬레이터 내에서 짧은 치마를 입고 있는 피해자의 뒤에 서서 카메라폰으로 성적 수치심을 느낄 수 있는 치마 속 신체 부위를 피해자 의사에 반하여 동영상 촬영 중 경찰관에게 발각되어 저장버튼을 누르지 않고 촬영을 종료하였더라도 동영상 촬영을 시작하여 일정한 시간이 경과하였다면 구 성폭력범죄의 처벌 및 피해자보호 등에 관한 법률상 '카메라 등 이용 촬영죄'의 기수에 해당한다.

해설

① **(O)** 공전자기록등부실기재죄에 있어서의 실행의 착수 시기는 공무원에 대하여 허위의 신고를 하는 때라고 보아야 할 것이므로, 아직 공전자기록등부실기재죄에 있어서 실행에 착수한 것으로 보기 어렵다(대판 2009.09.24. 2009도4998). ☞ 공전자기록등부실기재미수죄 불성립

② **(O)** 매개물을 통한 점화에 의하여 건조물을 소훼함을 내용으로 하는 형태의 방화죄의 경우에, 범인이 그 매개물에 불을 켜서 붙였거나 또는 범인의 행위로 인하여 매개물에 불이 붙게 됨으로써 연소작용이 계속될 수 있는 상태에 이르렀다면, 그것이 곧바로 진화되는 등의 사정으로 인하여 목적물인 건조물 자체에는 불이 옮겨 붙지 못하였다고 하더라도, 방화죄의 실행의 착수가 있었다고 보아야 할 것이다(대판 2002.3.26. 2001도6641).

③ **(X)** 이러한 입금절차를 완료함으로써 장차 그 계좌에서 이를 인출하여 갈 수 있는 재산상 이익을 취득하였다(대판 2006.9.14. 2006도4127). ☞ 컴퓨터등사용사기죄 성립

④ **(O)** 기계장치를 이용하여 동영상 촬영이 이루어졌다면 범행은 촬영 후 일정한 시간이 경과하여 영상정보가 기계장치 내 주기억장치 등에 입력됨으로써 기수에 이르는 것이고, 촬영된 영상정보가 전자파일 등의 형태로 영구저장되지 않은 채 사용자에 의해 강제종료되었다고 하여 미수에 그쳤다고 볼 수는 없다(대판 2011.6.9. 2010도10677).

정답 ③

06 예비·음모에 대한 다음 설명 중 옳지 않은 것은 모두 몇 개인가? (다툼이 있으면 판례에 의함)

2016년 제2차 경찰

㉠ 정범이 실행의 착수에 이르지 아니한 예비단계에 그친 경우에는 이에 가공한다 하더라도 예비의 공동정범이 되는 때를 제외하고는 종범으로 처벌할 수 없다.
㉡ 예비·음모의 행위를 처벌하는 경우에 있어서 예비행위를 자의로 중지했을 때에는 중지범에 관한 규정을 준용한다.
㉢ 강도예비·음모죄가 성립하기 위해서는 예비·음모 행위자에게 미필적으로라도 강도를 할 목적이 있음이 인정되어야 하고 그에 이르지 않고 단순히 준강도 할 목적이 있음에 그치는 경우에는 강도예비·음모죄로 처벌할 수 없다.
㉣ 형법 제147조 도주원조죄와 제185조 일반교통방해죄는 예비·음모의 처벌규정이 있다.
㉤ 내란음모죄에 해당하는 합의가 있다고 하기 위해서는 단순히 내란에 관한 범죄결심을 외부에 표시·전달하는 것만으로는 부족하고 객관적으로 내란범죄의 실행을 위한 합의라는 것이 명백히 인정되고, 그러한 합의에 실질적인 위험성이 인정되어야 한다.

① 1개
② 2개
③ 3개
④ 4개

해설

㉠ **[O]** 대판 1979.05.22. 79도552 등
㉡ **[X]** 중지범은 범죄의 실행에 착수한 후 자의로 그 행위를 중지한 때를 말하는 것이고 실행의 착수가 있기 전인 예비음모의 행위를 처벌하는 경우에 있어서 중지범의 관념은 이를 인정할 수 없다(대판 1999.04.09. 99도424).
㉢ **[O]** [1] 강도예비·음모죄가 성립하기 위해서는 예비·음모 행위자에게 미필적으로라도 '강도'를 할 목적이 있음이 인정되어야 하고 그에 이르지 않고 단순히 '준강도'할 목적이 있음에 그치는 경우에는 강도예비·음모죄로 처벌할 수 없다고 봄이 상당하다.
[2] 피고인이 휴대 중이던 등산용 칼을 그 주장하는 바와 같이 뜻하지 않게 절도 범행이 발각되었을 경우 체포를 면탈하는데 도움이 될 수 있을 것이라는 정도의 생각에서 더 나아가, 타인으로부터 물건을 강취하는 데 사용하겠다는 생각으로 준비하였다고 단정하기는 어렵고, 이와 같이 피고인에게 준강도할 목적이 인정되는 정도에 그치는 이상 피고인에게 강도할 목적이 있었다고 볼 수 없으므로 강도예비죄의 죄책을 인정할 수는 없다 할 것이다(대판 2006.09.14. 2004도6432).
㉣ **[X]** 도주원조죄와 간수자도주원조죄는 예비·음모 및 미수처벌규정이 마련되어 있는 반면 도주죄는 미수처벌규정만이 마련되어 있다. 그리고 일반교통방해죄는 예비·음모처벌규정은 마련되어 있지 아니하고 미수처벌규정만이 마련되어 있다. 반면, 기차·선박등교통방해죄는 예비·음모 및 미수처벌규정이 마련되어 있다.
㉤ **[O]** 내란음모가 단순히 내란에 관한 생각이나 이론을 논의 내지 표현한 것인지 실행행위로 나아간다는 확정적인 의미를 가진 합의인지를 구분하기가 쉽지 않다는 점을 고려하면, 내란음모죄에 해당하는 합의가 있다고 하기 위해서는 단순히 내란에 관한 범죄결심을 외부에 표시·전달하는 것만으로는 부족하고 객관적으로 내란범죄의 실행을 위한 합의라는 것이 명백히 인정되고, 그러한 합의에 실질적인 위험성이 인정되어야 한다(대판 2015.01.22. 2014도10978 전원합의체).

정답 ②

07 다음 중 형법상 미수범 처벌규정이 없는 범죄는 모두 몇 개인가?   2017년 제1차 경찰

㉠ 사인위조죄 ㉡ 불법체포죄
㉢ 특수도주죄 ㉣ 영아살해죄
㉤ 인질치사죄 ㉥ 점유이탈물횡령죄
㉦ 사문서부정행사죄

① 1개 ② 2개
③ 3개 ④ 4개

해설
점유이탈물횡령죄와 사문서부정행사죄의 두 개가 미수처벌규정이 마련되어 있지 않다.

정답 ②

08 다음 중 현행 「형법」상 미수범 처벌규정이 있는 범죄는 모두 몇 개인가?   2015년 제3차 경찰

㉠ 강제집행면탈죄 ㉡ 장물취득죄
㉢ 직무유기죄 ㉣ 감금죄
㉤ 퇴거불응죄 ㉥ 공무상보관물무효죄

① 2개 ② 3개
③ 4개 ④ 5개

해설
감금죄(㉣)와 퇴거불응죄(㉤), 공무상보관물무효죄(㉥)의 세 가지 범죄에 미수처벌규정이 마련되어 있다.

정답 ②

09 미수범에 대한 설명으로 가장 적절하지 않은 것은? (다툼이 있는 경우 판례에 의함) 2020년 제2차 경찰

① 소송비용을 편취할 의사로 소송비용의 지급을 구하는 손해배상 청구의 소를 제기한 사안에서, 재산 침해의 위험성을 법률적 지식을 가진 일반인이 아닌 행위자의 인식을 기초로 판단하여 그 위험성은 인정되나, 소송비용 지급청구는 소송비용액 확정 절차를 통해서만 가능하기 때문에 결과발생이 불가능하므로 소송사기죄의 불능범으로서 무죄가 된다.
② 위험한 물건인 전자충격기를 피해자의 허리에 대고 피해자를 폭행하여 강간하려다가 미수에 그치고 피해자에게 약 2주간의 치료를 요하는 안면부 좌상 등의 상해를 입힌 경우,「성폭력범죄의 처벌 등에 관한 특례법」상 특수강간치상죄의 기수범이 성립한다.
③ 절도죄의 실행의 착수시기는 재물에 대한 타인의 사실상의 지배를 침해하는 데에 밀접한 행위를 개시한 때라고 보아야 하므로, 야간이 아닌 주간에 절도의 목적으로 타인의 주거에 침입하였다고 하여도 아직 절취할 물건의 물색행위를 시작하기 전이라면 주거침입죄만 성립할 뿐 절도죄의 실행에 착수한 것으로 볼 수 없다.
④ 피고인이 피해자를 살해하려고 목과 왼쪽 가슴 부위를 칼로 수 회 찔렀으나 많은 피가 흘러나오는 것을 발견하고 겁을 먹고 그만두는 바람에 미수에 그쳤더라도 중지미수에 해당하지 않는다.

해설

① **(X)** 불능범의 판단 기준으로서 위험성 판단은 피고인이 행위 당시에 인식한 사정을 놓고 이것이 객관적으로 일반인의 판단으로 보아 결과 발생의 가능성이 있느냐를 따져야 하고(대판 77도4049 등 참조), 한편 민사소송법상 소송비용의 청구는 소송비용액 확정절차에 의하도록 규정하고 있으므로, 위 절차에 의하지 아니하고 손해배상금 청구의 소 등으로 소송비용의 지급을 구하는 것은 소의 이익이 없는 부적법한 소로서 허용될 수 없다고 할 것이다. 따라서 소송비용을 편취할 의사로 소송비용의 지급을 구하는 손해배상청구의 소를 제기하였다고 하더라도 이는 객관적으로 소송비용의 청구방법에 관한 법률적 지식을 가진 일반인의 판단으로 보아 결과 발생의 가능성이 없어 '위험성이 인정되지 않는다'고 할 것이다(대판 2005.12.8. 2005도8105). ☞ 설문의 '법률적 지식을 가진 일반인이 아닌 행위자의 인식을 기초로 판단하여 그 위험성은 인정되나' 부분이 옳지 않다.
② **(O)** 특수강간이 미수에 그쳤다고 하더라도 그로 인하여 피해자가 상해를 입었으면 특수강간치상죄가 성립한다(대판 2008.4.24. 2007도10058).
③ **(O)** 절도죄의 실행착수는 밀접행위시설(물색행위시설)이다(대판 1992.9.8. 92도1650 등).
④ **(O)** 살인죄의 장애미수범이 성립한다(대판 1999.4.13. 99도640).

정답 ①

10 실행의 착수 또는 기수시기에 대한 설명으로 옳은 것은? (다툼이 있는 경우 판례에 의함)

2021년 경찰간부

① 장애인단체의 지회장이 지방자치단체로부터 다음 해의 보조금을 더 많이 지원받기 위하여 지원금 지원결정의 참고자료로 이용되는 허위의 보조금 정산보고서를 제출한 경우에는 보조금 편취범행의 실행에 착수한 것으로 보기 어렵다.
② 금융기관 직원이 전산단말기를 이용하여 다른 공범들이 지정한 특정 계좌에 돈이 입금된 것처럼 허위의 정보를 입력하는 방법으로 위 계좌로 입금되도록 한 경우, 그 후 그러한 입금이 취소되어 현실적으로 인출하지 못한 경우에는 컴퓨터등사용사기미수죄에 해당한다.
③ 진정한 임차권자가 아니면서 허위의 임대차계약서를 법원에 제출하여 임차권등기명령을 신청한 것만으로는 소송사기의 실행행위에 착수한 것으로 볼 수 없고, 나아가 그 임차보증금 반환채권에 관하여 현실적으로 청구의 의사표시를 하여야 사기죄의 실행의 착수가 있다고 볼 것이다.
④ 법원을 기망하여 자기에게 유리한 판결을 얻고자 소송을 제기한 자가 상대방의 주소를 허위로 기재하여 소송을 제기함으로써 그 허위주소로 소송서류가 송달되어 그로 인하여 상대방 아닌 다른 사람이 그 서류를 받아 소송을 진행한 경우 소송사기죄의 실행의 착수가 인정되지 않는다.

해설

① **[O]** 보조금 정산보고서는 보조금의 지원 여부 및 금액을 결정하기 위한 참고자료에 불과하고 직접적인 서류라고 할 수 없으므로 보조금 편취범행(기망)의 실행에 착수한 것으로 보기 어렵다(대판 2003.6.13. 2003도1279). ☞ 사기미수죄 불성립
② **[X]** 이러한 입금절차를 완료함으로써 장차 그 계좌에서 이를 인출하여 갈 수 있는 재산상 이익을 취득하였으므로 형법 제347조의2에서 정하는 컴퓨터 등 사용사기죄는 기수에 이르렀고, 그 후 그러한 입금이 취소되어 현실적으로 인출하지 못하였다고 하더라도 이미 성립한 컴퓨터 등 사용사기죄에 어떤 영향이 있다고 할 수는 없다(대판 2006.9.14. 2006도4127). ☞ 컴퓨터등사용사기죄의 기수범 성립
③ **[X]** 법원의 임차권등기명령을 피해자의 재산적 처분행위에 갈음하는 내용과 효력이 있는 것으로 보고 그 집행에 의한 임차권등기가 마쳐짐으로써 신청인이 재산상 이익을 취득하였다고 보는 이상, 진정한 임차권자가 아니면서 허위의 임대차계약서를 법원에 제출하여 임차권등기명령을 신청하면 그로써 소송사기의 실행행위에 착수한 것으로 보아야 하고, 나아가 그 임차보증금 반환채권에 관하여 현실적으로 청구의 의사표시를 하여야만 사기죄의 실행의 착수가 있다고 볼 것은 아니다(대판 2012.5.24. 2010도12732). ☞ 사기미수죄 성립
④ **[X]** 소송사기는 법원을 기망하여 자기에게 유리한 판결을 얻고 이에 터잡아 상대방으로부터 재물의 교부를 받거나 재산상 이익을 취득하는 것을 말하는 것으로서 소송에서 주장하는 권리가 존재하지 않는 사실을 알고 있으면서도 법원을 기망한다는 인식을 가지고 소를 제기하면 이로써 실행의 착수가 있고 소장의 유효한 송달을 요하지 아니한다고 할 것인바, 이러한 법리는 제소자가 상대방의 주소를 허위로 기재함으로써 그 허위주소로 소송서류가 송달되어 그로 인하여 상대방 아닌 다른 사람이 그 서류를 받아 소송이 진행된 경우에도 마찬가지로 적용된다(대판 2006.11.10. 2006도5811).

정답 ①

11 범죄 실현단계에 대한 설명으로 옳지 않은 것은? (다툼이 있는 경우 판례에 의함) 2021년 경찰간부

① 부동산 이중양도에 있어서 매도인이 제2차 매수인으로부터 계약금만을 지급받고 중도금을 수령한 바 없다면 배임죄의 실행의 착수가 있었다고 볼 수 없다.
② 절도를 준비하면서 뜻하지 않게 절도 범행이 발각되었을 때 체포를 면탈하는 데 도움이 될 수 있을 것이라고 생각하며 칼을 휴대하고 있었더라도 강도예비죄가 성립하지 않는다.
③ 중지범은 범죄의 실행에 착수한 후 자의로 그 행위를 중지한 때를 말하는 것이고 실행의 착수가 있기 전인 예비·음모의 행위를 처벌하는 경우에 있어서 중지범의 관념은 이를 인정할 수 없다.
④ 살인예비죄가 성립하기 위하여는 살인죄를 범할 목적과 살인의 준비에 관한 고의가 있어야 할 뿐만 아니라 나아가 실행의 착수까지에는 이르지 아니하는 살인죄의 실현을 위한 준비행위가 있어야 하는데, 이 준비행위는 물적인 것에 한정되지 않고 특별한 정형이 있는 것이 아니므로 준비행위는 단순한 범행의 의사 또는 계획만으로도 인정된다.

해설

① **[O]** 피고인이 제1차 매수인으로부터 계약금 및 중도금 명목의 금원을 교부받은 후 제2차 매수인에게 부동산을 매도하기로 하고 계약금만을 지급받은 뒤 더 이상의 계약 이행에 나아가지 않았다면 배임죄의 실행의 착수가 있었다고 볼 수 없다(대판 2003.3.25. 2002도7134). ☞ 배임미수죄 불성립
② **[O]** 강도예비·음모죄가 성립하기 위해서는 예비·음모 행위자에게 미필적으로라도 '강도'를 할 목적이 있음이 인정되어야 하고 그에 이르지 않고 단순히 '준강도'할 목적이 있음에 그치는 경우에는 강도예비·음모죄로 처벌할 수 없다(대판 2006.9.14. 2004도6432).
③ **[O]** 대판 1999.4.9. 99도424
④ **[X]** 살인예비죄가 성립하기 위하여는 형법 제255조에서 명문으로 요구하는 살인죄를 범할 목적 외에도 살인의 준비에 관한 고의가 있어야 하며, 나아가 실행의 착수까지에는 이르지 아니하는 살인죄의 실현을 위한 준비행위가 있어야 한다. 여기서의 준비행위는 물적인 것에 한정되지 아니하며 특별한 정형이 있는 것도 아니지만, 단순히 범행의 의사 또는 계획만으로는 그것이 있다고 할 수 없고 객관적으로 보아서 살인죄의 실현에 실질적으로 기여할 수 있는 외적 행위를 필요로 한다(대판 2009.10.29. 2009도7150).

정답 ④

12 실행의 착수에 대한 설명으로 가장 적절하지 않은 것은? (다툼이 있는 경우 판례에 의함)

2017년 제1차 경찰

① 가압류는 강제집행의 보전방법에 불과하고 그 기초가 되는 허위의 채권에 의하여 실제로 청구의 의사표시를 한 것이라고 할 수 없으므로 소의 제기 없이 가압류신청을 한 것만으로는 사기죄의 실행에 착수한 것이라고 할 수 없다.

② 부동산 경매절차에서 피고인들이 허위의 공사대금채권을 근거로 유치권 신고를 한 경우, 소송사기의 실행의 착수가 인정된다.

③ 피고인이 히로뽕 제조원료 구입비로 금 3,000,000원을 제1심 공동피고인에게 제공하였는데 공동피고인이 그로써 구입할 원료를 물색 중 적발되었다면 피고인의 행위는 히로뽕 제조에 착수하였다고 볼 수 없다.

④ 부정경쟁방지 및 영업비밀보호에 관한 법률 제18조 제2항에서 정하고 있는 영업비밀부정사용죄에 있어서는, 행위자가 당해 영업비밀과 관계된 영업활동에 이용 혹은 활용할 의사 아래 그 영업활동에 근접한 시기에 영업비밀을 열람하는 행위를 하였다면 그 실행의 착수가 있다.

해설

① [O] 대판 1982.10.26. 82도1529

② [X] [1] 소송사기에 있어서 피기망자인 법원의 재판은 피해자의 처분행위에 갈음하는 내용과 효력이 있는 것이어야 하고 그렇지 않은 경우는 착오에 의한 재물의 교부나 재산상의 이익을 취득하는 행위가 있다고 할 수 없어 사기죄를 구성하지 않는다.
[2] 유치권자가 경매절차에서 유치권을 신고하는 경우 법원은 이를 매각물건명세서에 기재하고 그 내용을 매각기일공고에 적시하나, 이는 경매목적물에 대하여 유치권 신고가 있음을 입찰예정자들에게 고지하는 것에 불과할 뿐 처분행위로 볼 수는 없다(대판 2009.09.24. 2009도5900). ☞ (소송)사기미수죄 불성립

> **비교판례**
>
> 유치권에 의한 경매를 신청한 유치권자는 일반채권자와 마찬가지로 피담보채권액에 기초하여 배당을 받게 되는 결과 피담보채권인 공사대금 채권을 실제와 달리 허위로 크게 부풀려 유치권에 의한 경매를 신청할 경우 정당한 채권액에 의하여 경매를 신청한 경우보다 더 많은 배당금을 받을 수도 있으므로, 이는 법원을 기망하여 배당이라는 법원의 처분행위에 의하여 재산상 이익을 취득하려는 행위로서, 불능범에 해당한다고 볼 수 없고, 소송사기죄의 실행의 착수에 해당한다(대판 2012.11.15. 2012도9603). ☞ (소송)사기미수죄 성립

③ [O] 대판 1983.11.22. 83도2590

④ [O] 부정경쟁방지 및 영업비밀보호에 관한 법률 제18조 제2항에서 정하고 있는 영업비밀부정사용죄에 있어서는, 행위자가 당해 영업비밀과 관계된 영업활동에 이용 혹은 활용할 의사 아래 그 영업활동에 근접한 시기에 영업비밀을 열람하는 행위(영업비밀이 전자파일의 형태인 경우에는 저장의 단계를 넘어서 해당 전자파일을 실행하는 행위)를 하였다면 그 실행의 착수가 있다(대판 2009.10.15. 2008도9433).

정답 ②

13 실행의 착수에 관한 다음 설명 중 가장 적절하지 않은 것은? (다툼이 있으면 판례에 의함)

2015년 제2차 경찰

① 장애인단체의 지회장이 지방자치단체로부터 다음해의 보조금을 더 많이 지원받기 위하여 참고자료로 이용되는 허위의 보조금 정산보고서를 제출한 경우에는 보조금 편취범행의 실행에 착수한 것으로 보기 어렵다.
② 소매치기가 피해자의 양복 상의(上衣) 주머니에 있는 금품을 절취하려고 그 호주머니에 손을 뻗쳐 그 겉을 더듬은 경우 절도의 범행은 실행에 착수하였다고 봄이 상당하다.
③ 피고인이 노상에 세워 놓은 자동차 안에 있는 물건을 훔칠 생각으로, 유리창을 따기 위해 면장갑을 끼고 칼을 소지한 채 자동차의 유리창을 통하여 그 내부를 손전등으로 비추어 보았다면 절도의 실행의 착수에 이른 것이다.
④ 사기도박에서 사기적인 방법으로 도금을 편취하려고 하는 자가 상대방에게 도박에 참가할 것을 권유하는 때에는 실행에 착수하였다고 할 것이다.

해설

① [O] 보조금 정산보고서는 보조금의 지원 여부 및 금액을 결정하기 위한 참고자료에 불과하고 직접적인 서류라고 할 수 없다는 이유로 보조금 편취범행(기망)의 실행에 착수한 것으로 보기 어렵다(대판 2003.6.13. 2003도1279). ☞ 사기미수죄 불성립
② [O] 대판 1984.12.11. 84도2524
③ [X] 노상에 세워 놓은 자동차 안에 있는 물건을 훔칠 생각으로 자동차의 유리창을 통하여 그 내부를 손전등으로 비추어 본 것에 불과하다면 비록 유리창을 따기 위해 면장갑을 끼고 있었고 칼을 소지하고 있었다 하더라도 절도의 예비행위로 볼 수는 있겠으나 타인의 재물에 대한 지배를 침해하는데 밀접한 행위를 한 것이라고는 볼 수 없다(대판 1985.4.23. 85도464). ☞ 절도미수죄 불성립

> **비교판례**
> 야간에 손전등과 박스 포장용 노끈을 이용하여 도로에 주차된 차량의 문을 열고 현금 등을 훔치기로 마음먹고, 차량의 문이 잠겨 있는지 확인하기 위해 양손으로 운전석 문의 손잡이를 잡고 열려고 하던 중 경찰관에게 발각된 경우, 절도죄의 실행에 착수한 것으로 보아야 한다(대판 2009.9.24. 2009도5595). ☞ 절도미수죄 성립

④ [O] 피고인 등이 사기도박에 필요한 준비를 갖추고 그러한 의도로 피해자들에게 도박에 참가하도록 권유한 때 또는 늦어도 그 정을 알지 못하는 피해자들이 도박에 참가한 때에는 이미 사기죄의 실행에 착수하였다고 할 것이므로, 피고인 등이 그 후에 사기도박을 숨기기 위하여 얼마간 정상적인 도박을 하였더라도 이는 사기죄의 실행행위에 포함되는 것이어서 피고인에 대하여는 피해자들에 대한 사기죄만이 성립하고 도박죄는 따로 성립하지 아니한다(대판 2011.1.13. 2010도9330).

정답 ③

14
중지미수의 자의성 판단기준을 '자율적 동기와 타율적 동기'에 근거하여 판단할 때 다음 중 甲에게 자의성이 인정되는 경우만으로 짝지은 것은?
2017년 경찰간부

㉠ 甲이 기밀탐지 임무를 부여받고 대한민국에 입국하여 기밀을 탐지 수집 중 경찰관이 甲의 행적을 탐문하고 갔다는 말을 전해 듣고 지령사항 수행을 보류하고 있던 중 체포되었다.
㉡ 甲은 乙과 함께 丙이 경영하는 사무실의 금품을 절취하기로 공모한 후 甲은 그 부근 포장마차에 있고 乙은 사무실의 열려진 출입문을 통하여 안으로 들어가 물건을 물색하고 있는 동안 甲은 자신의 범행전력 등을 생각하여 가책을 느낀 나머지 丙에게 乙의 침입사실을 알려 丙과 함께 乙을 체포하였다.
㉢ 甲은 乙과 대지를 공유하는 자로서 乙의 승낙을 받지 않고 공유대지를 담보에 제공하고 가등기를 경료하였다가 그 후 가등기를 말소하였다.
㉣ 甲은 乙을 폭행한 다음 강간하려고 하다가 乙이 다음번에 만나 친해지면 응해주겠다는 취지의 간곡한 부탁을 하여 그 목적을 이루지 못한 후, 乙을 자신의 차에 태워 집에 데려다 주었다.

① ㉠, ㉢
② ㉠, ㉣
③ ㉡, ㉣
④ ㉢, ㉣

해설

㉠ [X] 피고인이 기밀탐지임무를 부여받고 대한민국에 입국 기밀을 탐지 수집 중 경찰관이 피고인의 행적을 탐문하고 갔다는 말을 전해 듣고 지령사항수행을 보류하고 있던 중 체포되었다면 피고인은 기밀탐지의 기회를 노리다가 검거된 것이므로 이를 중지범으로 볼 수는 없다(대판 1984.09.11. 84도1381).
㉡ [O] 대판 1986.03.11. 85도2831
㉢ [X] 타인의 재물을 공유하는 자가 공유자의 승낙을 받지 않고 공유대지를 담보에 제공하고 가등기를 경료한 경우 횡령행위는 기수에 이르고 그후 가등기를 말소했다고 하여 중지미수에 해당하는 것이 아니며 가등기말소 후에 다시 새로운 영득의사의 실현행위가 있을 때에는 그 두 개의 횡령행위는 경합범 관계에 있다(대판 1978.11.28. 78도2175).
㉣ [O] 피고인은 자의로 피해자에 대한 강간행위를 중지한 것이고 피해자의 다음에 만나 친해지면 응해주겠다는 취지의 간곡한 부탁은 사회통념상 범죄실행에 대한 장애라고 여겨지지는 아니하므로 피고인의 행위는 중지미수에 해당한다(대판 1993.10.12. 93도1851).

정답 ③

15 **불능범과 예비죄에 관한 설명 중 옳지 않은 것은? (다툼이 있는 경우 판례에 의함)** 2019년 제1차 경찰

① 불능범은 범죄행위의 성질상 결과발생 또는 법익침해의 가능성이 절대로 있을 수 없는 경우를 말한다.
② 불능범의 판단 기준으로서 위험성 판단은 피고인이 행위 당시에 인식한 사정을 놓고 이것이 객관적으로 일반인의 판단으로 보아 결과 발생의 가능성이 있느냐를 따지는 것이다.
③ 예비죄에 대해서는 방조범을 인정할 수 없으므로 예비죄의 공동정범도 성립할 수 없다.
④ 중지범은 범죄의 실행에 착수한 후 자의로 그 행위를 중지한 때를 말하는 것이므로 예비죄에 대해서는 중지범의 관념을 인정할 수 없다.

해설

① **[O]** 대판 2007.7.26. 2007도3687 등 ☞ 구 객관설(절대적불능·상대적불능설)의 입장을 취한 판례
② **[O]** 불능범의 판단기준으로서 위험성 판단은 피고인이 행위 당시에 인식한 사정을 놓고 이것이 객관적으로 일반인의 판단으로 보아 결과발생의 가능성이 있느냐를 따져야 하므로 히로뽕제조를 위하여 에페트린에 빙초산을 혼합한 행위가 불능범이 아니라고 인정하려면 위와 같은 사정을 놓고 객관적으로 제약방법을 아는 과학적 일반인의 판단으로 보아 결과발생의 가능성이 있어야 한다(대판 1978.3.28. 77도4049 등). ☞ 추상적 위험설을 취한 판례
③ **[X]** 형법 제32조 제1항 소정 타인의 범죄란 정범이 범죄의 실현에 착수한 경우를 말하는 것이므로 종범이 처벌되기 위하여는 정범의 실행의 착수가 있는 경우에만 가능하고 형법 전체의 정신에 비추어 정범이 실행의 착수에 이르지 아니한 예비의 단계에 그친 경우에는 이에 가공하는 행위가 예비의 공동정범이 되는 경우를 제외하고는 종범의 성립을 부정하고 있다고 보는 것이 타당하다(대판 1976.5.25. 75도1549). ☞ 판례는 예비죄의 종범은 부정하는 반면, 예비죄의 공동정범은 인정한다.
④ **[O]** 중지범은 범죄의 실행에 착수한 후 자의로 그 행위를 중지한 때를 말하는 것이고, 실행의 착수가 있기 전인 예비음모의 행위를 처벌하는 경우에 있어서는 중지범의 관념은 이를 인정할 수 없다(대판 1991.6.25. 91도436).

정답 ③

16 미수에 대한 설명 중 옳은 것을 모두 고른 것은? (다툼이 있는 경우 판례에 의함)   2018년 제1차 경찰

㉠ 甲은 乙과 합동하여 피해자를 텐트 안으로 끌고 간 후 甲, 乙 순으로 성관계를 하기로 하고 乙은 위 텐트 밖으로 나와 주변에서 망을 보고 甲은 피해자의 옷을 모두 벗기고 피해자의 반항을 억압한 후 피해자를 1회 간음하여 강간하고, 이어 乙이 위 텐트 안으로 들어가 피해자를 강간하려 하였으나 피해자가 반항을 하며 강간을 하지 말아 달라고 사정을 하여 강간을 하지 않았다면 乙에 대하여는 중지미수가 인정된다.
㉡ 피고인이 장롱 안에 있는 옷가지에 불을 놓아 건물을 소훼하려 하였으나 불길이 치솟는 것을 보고 겁이 나서 물을 부어 불을 끈 것이라면 중지미수라고 볼 수 없다.
㉢ 실행의 수단 또는 대상의 착오로 인하여 결과의 발생이 불가능하더라도 위험성이 있는 때에는 처벌한다. 단, 형을 감경 또는 면제한다.
㉣ 필로폰을 매수하려는 자에게서 필로폰을 구해 달라는 부탁과 함께 돈을 지급받았다고 하더라도, 당시 필로폰을 소지 또는 입수한 상태에 있었거나 그것이 가능하였다는 등 매매행위에 근접·밀착한 상태에서 대금을 지급받은 것이 아니라 단순히 필로폰을 구해 달라는 부탁과 함께 대금 명목으로 돈을 지급받은 것에 불과한 경우에는 필로폰 매매행위의 실행의 착수에 이른 것으로 볼 수 없다.

① ㉠, ㉡
② ㉠, ㉢
③ ㉡, ㉣
④ ㉢, ㉣

해설

㉠ **[X]** 다른 공범의 범행을 중지하게 하지 아니한 이상 자기만의 범의로 철회, 포기하여도 중지미수로는 인정될 수 없는 것이므로 甲이 乙과의 공모하에 강간행위에 나아간 이상 비록 乙이 강간행위에 나아가지 않았다 하더라도 중지미수에 해당하지는 않는다(대판 2005.2.25. 2004도8259). ☞ 甲, 乙 모두 성폭력범죄의 처벌 및 피해자보호 등에 관한 법률위반(특수강간)죄의 기수범 성립
㉡ **[O]** 치솟는 불길에 놀라거나 자신의 신체안전에 대한 위해 또는 범행 발각시의 처벌 등에 두려움을 느끼는 것은 일반 사회통념상 범죄를 완수함에 장애가 되는 사정에 해당한다고 보아야 할 것이므로, 이를 자의에 의한 중지미수라고는 볼 수 없다(대판 1997.6.13. 97도957).
㉢ **[X]** 제27조 (불능범) 실행의 수단 또는 대상의 착오로 인하여 결과의 발생이 불가능하더라도 위험성이 있는 때에는 처벌한다. 단, 형을 감경 또는 면제할 수 있다.
㉣ **[O]** 대판 2015.3.20. 2014도16920

정답 ③

17 다음 사례에서 불능미수의 학설에 관한 설명으로 가장 적절하지 않은 것은? 2020년 제1차 경찰

> 甲은 평소 맘에 들지 않던 乙이 동네 벤치에 누워있는 것을 발견하고 살해하기 위해 총을 발사하였다. 그러나 乙은 甲이 총을 발사하기 전에 이미 심장마비로 사망한 상태였다.

① 구객관설(절대적 불능·상대적 불능 구별설)에 의하면 결과발생이 어떠한 경우에도 개념적으로 불가능하여 위험성이 인정되지 않는다.
② 구체적 위험설에 의하면 일반인이 乙을 살아 있는 것으로 오인한 경우뿐만 아니라, 乙을 사망한 것으로 인식한 경우에도 행위자 甲의 인식이 우선시되므로 위험성이 인정된다.
③ 추상적 위험설에 의하면 甲은 乙을 살아 있는 사람으로 인식하고 있었으므로 위험성이 인정된다.
④ 주관설에 의하면 위 사례의 경우 위험성이 인정된다.

해설

① **[O]** 방탄복을 입은 자에 발포(상대적 불능)와 달리 사자에 대한 발포는 절대적 불능으로서 구객관설(절대적 불능·상대적 불능설)에 의할 경우, 위험성이 부정되어 불능범(무죄)이 된다.
② **[X]** 구체적 위험설에 의할 경우, 일반인이 인식할 수 있었던 사정 및 행위자가 인식한 사정을 기초로 위험성 유무를 판단한다. 이 경우 행위자가 인식한 사정과 일반인이 인식할 수 있었던 사정이 일치하지 않는 경우 해결이 곤란하다는 비판이 있으나, 이러한 경우 일반인이 인식할 수 있었던 사정을 기초로 행위자가 특별히 인식한 사정을 고려하여 위험성의 유무를 판단하면 된다는 입장을 취한다. 사례의 경우, 甲은 乙이 살아있다고 생각하였으나, 일반인의 입장에서 乙의 사망을 충분히 알 수 있었던 경우라면 '일반인의 입장을 우선'하여 위험성을 부정하여 불능범(무죄)을 인정하게 된다.
③ **[O]** 추상적 위험설은 행위자가 행위시에 인식한 사실을 기초로 행위자가 생각한 대로의 사실이 존재한다면 일반인의 입장에서 추상적으로 결과발생의 위험성이 있다고 인정된다면 불능미수라고 이해하는 입장이다. 다만, 추상적 위험설은 행위자가 경솔하게 사실을 인식한 경우에도 이러한 사실을 기초로 위험성의 유무를 판단하는 것은 타당하지 않다는 비판을 받게 된다. 사례의 경우, 甲은 乙이 살아있다고 생각하였으므로 甲의 생각대로 乙이 만약 당시에 살아있었다면 甲의 행위는 위험하다고 평가되어 불능미수를 인정하게 된다.
④ **[O]** 주관설은 주관적으로 범죄의사가 확실하게 표현된 이상 그것이 객관적으로 결과발생이 절대적으로 불능한 경우에도 위험성을 긍정하여 불능미수를 인정하는 입장이다. 이 학설은 위험성을 가장 쉽게 긍정하므로 불능미수의 범위를 가장 넓게 인정하게 된다. 다만 미신범은 실행행위의 정형성이 없으므로 불능미수에서 제외하는 태도를 취한다. 사례의 경우, 甲은 여하튼 주관적으로 사람을 살해할 의사로 발포한 이상, 위험성이 긍정되어 불능미수를 인정하게 된다.

정답 ②

18 불능미수에 관한 설명으로 가장 적절하지 않은 것은? (다툼이 있는 경우 판례에 의함)

2019년 제2차 경찰

① 불능미수는 행위자가 실제로 존재하지 않는 사실을 존재한다고 오인하였다는 측면에서 존재하는 사실을 인식하지 못한 사실의 착오와 다르다.
② 장애미수 또는 중지미수는 범죄의 실행에 착수할 당시 실행행위를 놓고 판단하였을 때 행위자가 의도한 범죄의 기수가 성립할 가능성이 있었으므로 처음부터 기수가 될 가능성이 객관적으로 배제되는 불능미수와 구별된다.
③ '결과 발생의 불가능'은 실행의 수단 또는 대상의 원시적 불가능성으로 인하여 범죄가 기수에 이를 수 없는 것을 의미한다.
④ 준강간죄가 성립하기 위해서는 피해자의 '심신상실 또는 항거불능의 상태를 현실적으로 이용'할 필요는 없고, 피해자가 사실상 심신상실 또는 항거불능 상태에 있기만 하면 족하며 피고인이 이를 알고 있을 필요도 없다.

> **해설**
>
> ① [O] 불능미수는 행위자가 실제로 존재하지 않는 사실을 존재한다고 오인하였다는 측면에서 존재하는 사실을 인식하지 못한 사실의 착오와 다르다(대판 2019.3.28. 2018도16002 전원합의체). ☞ 불능미수는 '반전(反轉)된 구성요건착오'에 해당한다.
> ② [O] 대판 2019.3.28. 2018도16002 전원합의체
> ③ [O] 형법 제27조에서 정한 '실행의 수단 또는 대상의 착오'는 행위자가 시도한 행위방법 또는 행위객체로는 결과의 발생이 처음부터 불가능하다는 것을 의미한다. 그리고 '결과 발생의 불가능'은 실행의 수단 또는 대상의 원시적 불가능성으로 인하여 범죄가 기수에 이를 수 없는 것을 의미한다고 보아야 한다(대판 2019.3.28. 2018도16002 전원합의체).
> ④ [X] 형법은 폭행 또는 협박의 방법이 아닌 심신상실 또는 항거불능의 상태를 이용하여 간음한 행위를 강간죄에 준하여 처벌하고 있으므로, 준강간의 고의는 피해자가 심신상실 또는 항거불능의 상태에 있다는 것과 그러한 상태를 이용하여 간음한다는 구성요건적 결과 발생의 가능성을 인식하고 그러한 위험을 용인하는 내심의 의사를 말한다(대판 2019.3.28. 2018도16002 전원합의체).

정답 ④

19 불능미수가 성립하는 사례는 모두 몇 개인가? (판례에 의함)   2007년 검찰7급

(가) 히로뽕 제조를 위해 그 원료들을 배합하였지만, 약품배합 미숙으로 인해 완제품을 제조하지 못한 경우
(나) 요구르트에 농약을 섞어 마시게 했지만 그 농약이 치사량에 달하지 않아서 살해하지 못한 경우
(다) 범행 당일 세관직원들이 범행장소 주변에 잠복근무를 하고 있는 것을 보고, 발각을 두려워 한 나머지 자신이 분담한 실행행위를 못한 경우
(라) 자동적으로 수입승인이 내려지도록 규정된 품목을 수입제한품목이나 수입금지품목으로 잘못 알고 반제품인 양 가장하여 수입허가 신청을 한 경우

① 1개 ② 2개
③ 3개 ④ 4개

해설

(가) **[O]** 피고인의 위 소위는 그 성질상 결과발생의 위험성이 있다고 할 것이므로 이를 습관성의약품제조미수범으로 처단한 조치는 옳고 거기에 소론의 불능범에 관한 법리오해의 위법이 있다고는 할 수 없다(대판 1985.3.26. 85도206).

(나) **[O]** 피고인이 요구르트 한 병마다 섞은 농약 1.6cc가 그 치사량에 약간 미달한다 하더라도 이를 마시는 경우 사망의 결과발생 가능성을 배제할 수는 없다고 할 것이다(대판 1984.2.28. 83도3331).

(다) **[X]** 이는 피고인의 자의에 의한 범행의 중지가 아니어서 형법 제26조 소정의 중지범에 해당한다고 볼 수 없다. 따라서 장애미수에 불과하다(대판 1986.1.21. 85도2339).

(라) **[X]** 무역거래법 제33조 제1호 소정의 "사위 기타 부정한 행위로써 수입허가를 받은 자"라 함은 정상적인 절차에 의하여는 수입허가를 받을 수 없는 물품임에도 불구하고 위계 기타 사회통념상 부정이라고 인정되는 행위로써 수입허가를 받은 자를 의미하므로, 수입자동승인품목을 가사 수입제한품목이나 수입금지품목으로 잘못알고 반제품인양 가장하여 수입허가신청을 하였더라도 그 수입물품이 수입자동승인품목인 이상 이를 사위 기타 부정한 행위로써 수입허가를 받은 경우에 해당한다고 볼 수 없다(대판 1983.7.12. 82도2114). ☞ 불능범에 해당

정답 ②

제 6 장 정범 및 공범론

01 ㉠부터 ㉤까지는 정범과 공범의 구별에 관한 학설에 대한 설명이다. 옳고 그름의 표시(O, X)가 바르게 된 것은?

2021년 제2차 경찰

㉠ '구성요건상의 실행행위의 전부 또는 일부를 스스로 하는 자'를 정범, '구성요건적 행위 이외의 행위로써 구성요건실현에 기여하는 자'를 공범으로 보는 형식적 객관설에 따르면, 간접정범을 정범으로 인정하기 어렵다.
㉡ '스스로 구성요건상의 정형적 행위를 한 자'만을 정범으로 이해하는 제한적 정범개념에 따르면, 「형법」 제31조, 제32조는 형벌확장사유로서 정범 이외에 특별히 공범의 처벌을 인정하는 규정이다.
㉢ '정범자의 의사로 행위한 자'는 정범, '공범자의 의사로 행위한 자'는 공범이라는 의사설에 따르면, 청부살인업자는 구성요건적 행위를 스스로 모두 수행하기에 항상 정범이 된다.
㉣ '자기 자신의 이익을 위한 목적으로 행위한 자'는 정범, '타인의 이익을 위한 목적으로 행위한 자'는 공범이라는 이익설에 따르면, 제3자를 위하여 강도행위를 한 자는 공범이 된다.
㉤ 행위지배설에 따르면, 이용자가 자신의 우월한 지위에 의하여 피이용자를 수중에 두고 도구처럼 그의 의사를 조종(지배)하여 그로 하여금 범죄를 행하게 하면 행위지배가 인정되어 정범이 된다.

① ㉠ (X), ㉡ (O), ㉢ (X), ㉣ (O), ㉤ (X)
② ㉠ (O), ㉡ (X), ㉢ (O), ㉣ (O), ㉤ (O)
③ ㉠ (O), ㉡ (O), ㉢ (X), ㉣ (O), ㉤ (O)
④ ㉠ (O), ㉡ (O), ㉢ (X), ㉣ (X), ㉤ (O)

> **해설**

㉠ **[O]** 예컨대, 집사 甲이 피이용자인 가정부 乙에게 독극물을 한약으로 속여 丙에게 먹이도록 하여 살해한 경우, 살인의 실행행위를 집사 甲이 직접 실행하지 않았으므로 형식적 객관설에 의한다면 甲을 정범으로 인정하기 어렵게 된다.
㉡ **[O]** 예컨대, 甲이 乙을 교사·방조하여 丙을 살해하도록 한 경우, 구성요건상의 행위를 직접 실행한 자만을 정범으로 파악하는 제한적 정범개념이론에 따르면 甲은 정범이 될 수 없으므로 살인죄의 정범으로 처벌될 수 없다. 그런데 형법은 제31조(교사범), 제32조(종범)의 규정을 마련함으로써 정범으로 처벌할 수 없는 甲을 교사범, 종범으로 처벌하는 것이 가능하게 되므로 동 규정은 형벌확장사유로 이해된다.

구 분	제한적 정범개념이론	확장적 정범개념이론
의 의	구성요건에 해당하는 행위를 스스로 행한 자만이 정범	구성요건결과 발생에 조건을 설정한 자는 모두 정범
정범과 공범의 구별기준	구성요건에 해당하는 객관적 행위를 한 자만이 정범이므로 '객관설'과 결합	모든 객관적 조건은 동가치이므로 정범으로 가공한다는 주관적 의사를 가진 자가 정범이라는 '주관설'과 결합
공범처벌규정의 성격	형벌확장사유	형벌축소사유
간접정범의 취급	구성요건적 행위를 직접 실행하지 않은 간접정범은 정범이 될 수 없어 공범에 불과하므로 별도로 간접정범이라는 개념이 필요	간접정범도 당연히 정범으로 평가되므로 별도로 간접정범의 개념은 불필요
평 가	① 장점 : 범죄참가형태를 분명히 구별하므로 죄형법정주의에 부합 ② 단점 : 구성요건적 행위의 일부 또는 전부를 직접 실행하지 아니한 공동정범과 간접정범의 정범성 인정이 곤란	① 장점 : 간접정범의 정범성 인정이 용이 ② 단점 : 범죄참가형태를 분명하게 구분하지 않으므로 죄형법정주의의 보장적 기능을 침해하고, 교사범과 종범의 규정을 둠으로써 정범과 공범을 구별하고 있는 현행 형법의 입장과도 일치하지 않는다.

ⓒ [X] 예컨대, 乙녀가 자신의 남편과 불륜관계에 있는 丙녀를 살해하기 위하여 청부살인업자 甲에게 부탁하여 그로 하여금 丙녀를 살해하도록 한 경우, 청부살인업자 甲은 乙녀를 위한 의사(공범의 의사)로 행위한 것이므로 의사설에 따르면 정범이 아니라 공범으로 이해된다.

ⓔ [O] 예컨대, 甲이 돈이 필요한 乙녀를 위하여 丙에게 폭행·협박을 하여 乙녀의 계좌로 1억을 송금하도록 한 경우, 甲은 제3자인 乙녀의 이익을 위할 의사로 강도범행을 한 것이므로 이익설에 따르면 甲은 공범으로 이해된다.

ⓜ [O] 행위지배설에 따르면 간접정범의 정범성의 표지는 의사지배이므로 타인의 의사를 지배하여 자신의 범죄를 실행하는 간접정범은 공범이 아니라 정범으로 이해된다.

행위지배설 (Roxin, 통설)	실행지배	단독정범의 정범성의 표지
	의사지배	간접정범의 정범성의 표지
	기능적 행위지배	공동정범의 정범성의 표지

정답 ③

02 다음 사례에 관한 설명으로 가장 적절하지 않은 것은? (다툼이 있는 경우 판례에 의함)

2020년 제1차 경찰

> 변호사가 아닌 甲은 변호사를 고용하여 법률사무소를 개설·운영하기 위해 평소 친분이 있는 회사원 丙을 찾아가 변호사를 소개해 달라고 부탁하였다. 이에 丙은 변호사 乙을 추천해 주었고, 변호사 乙은 甲의 제안을 승낙한 후 甲에게 고용되어 법률사무소를 개설하여 운영하는데 참여하였다.

① 「변호사법」제109조 제2호, 제34조 제4항은 변호사 아닌 자가 변호사를 고용하여 법률사무소를 개설·운영하는 행위를 처벌하도록 규정하고 있다.
② 甲이 변호사 乙을 고용하여 법률사무소를 개설·운영하는 행위에 있어서는 甲은 변호사 乙을 고용하고 乙은 甲에게 고용된다는 서로 대향적인 행위의 존재가 반드시 필요하다.
③ 甲에게 고용되어 법률사무소의 개설·운영에 관여한 변호사 乙의 행위가 일반적인 「형법」총칙상의 공범에 해당된다고 하더라도 乙을 甲의 변호사법위반죄의 공범으로 처벌할 수는 없다.
④ 丙이 변호사 아닌 甲을 교사·방조한 경우에도 丙은 「형법」총칙상의 공범규정이 적용될 여지가 없다.

해설

① **(O)** ② **(O)** ③ **(O)** 변호사인 乙이 변호사 아닌 甲에게 고용되어 법률사무소의 개설·운영에 관여한 경우, 변호사의 행위가 일반적인 형법 총칙상의 공모, 교사 또는 방조에 해당된다고 하더라도 변호사를 변호사 아닌 자의 공범으로서 처벌할 수는 없다(대판 2004.10.28. 2004도3994). ☞ 변호사 乙에게 변호사법위반(변호사가 아닌 자의 법률사무소를 개설·운영금지)죄의 공범 불성립

④ **(X)** 필요적 공범의 내부참가자(甲 및 乙)가 아니라 외부관여자인 丙에 대하여는 형법 총칙상의 공범규정이 적용될 수 있고, 처벌되는 대향자인 甲에 대하여 외부에서 교사·방조의 형태로 가공한 丙은 변호사법위반죄의 교사범·종범으로 처벌될 수 있다.

정답 ④

03 공범에 관한 설명이다. 다음 중 가장 적절하지 않은 것은? (다툼이 있으면 판례에 의함)

2015년 제3차 경찰

① 부작위범 사이의 공동정범은 다수의 부작위범에게 공통된 의무가 부여되어 있고 그 의무를 공통으로 이행할 수 있을 때에만 성립한다.
② 「형법」 제357조 제1항의 배임수재죄와 제2항의 배임증재죄는 통상 필요적 공범의 관계에 있기는 하나 이것은 반드시 수재자와 증재자가 같이 처벌받아야 하는 것을 의미하는 것은 아니고 증재자에게는 정당한 업무에 속하는 청탁이라도 수재자에게는 부정한 청탁이 될 수도 있다.
③ 공동정범은 행위자 상호간에 범죄행위를 공동으로 한다는 공동가공의 의사를 가지고 범죄를 공동 실행하는 경우에 성립하는데, 그 공동가공의 의사는 행위자 일방의 가공의사만으로도 인정될 수 있다.
④ 공무원을 함정에 빠뜨릴 의사로 직무와 관련되었다는 형식을 빌려 그 공무원에게 금품을 공여한 경우에도 공무원이 그 금품을 직무와 관련하여 수수한다는 의사를 가지고 받아들이면 뇌물수수죄가 성립한다.

해설

① **[O]** [1] 부작위범 사이의 공동정범은 다수의 부작위범에게 공통된 의무가 부여되어 있고 그 의무를 공통으로 이행할 수 있을 때에만 성립한다.
[2] 이 사건 (상호 생략) 케어코리아 각 지점의 실장직에 있었던 피고인들은 위 회사의 근로소득자에 불과하고 영업상의 권리의무의 귀속주체가 아니므로 위 규정에 의한 신고의무를 부담하는 자에 해당하지 않고, 나아가 피고인들에게 공통된 신고의무가 부여되어 있지 않은 이상 부작위범인 신고의무 위반으로 인한 공중위생관리법 위반죄의 공동정범도 성립할 수 없다(대판 2008.3.27. 2008도89).
② **[O]** 대판 1991.1.15. 90도2257
③ **[X]** 공동정범은 행위자 상호간에 범죄행위를 공동으로 한다는 공동가공의 의사를 가지고 범죄를 공동실행하는 경우에 성립하는 것으로서, 여기에서의 공동가공의 의사는 공동행위자 상호간에 있어야 하며 행위자 일방의 가공의사만으로는 공동정범관계가 성립할 수 없다(대판 1985.5.14. 84도2118).
④ **[O]** 뇌물공여죄와 뇌물수수죄는 필요적 공범관계에 있다고 할 것이나, 필요적 공범이라는 것은 법률상 범죄의 실행이 다수인의 협력을 필요로 하는 것을 가리키는 것으로서 이러한 범죄의 성립에는 행위의 공동을 필요로 하는 것에 불과하고 반드시 협력자 전부가 책임이 있음을 필요로 하는 것은 아니므로, 오로지 공무원을 함정에 빠뜨릴 의사로 직무와 관련되었다는 형식을 빌려 그 공무원에게 금품을 공여한 경우에도 공무원이 그 금품을 직무와 관련하여 수수한다는 의사를 가지고 받아들이면 뇌물수수죄가 성립한다(대판 2008.3.13. 2007도10804).

정답 ③

04 공범에 대한 설명으로 옳지 않은 것은? (다툼이 있는 경우 판례에 의함) 2022년 경찰간부

① 교사를 받은 자가 범죄의 실행을 승낙하지 아니한 때에는 교사자만을 음모 또는 예비에 준하여 처벌한다.
② 필요적 공범이라는 것은 법률상 범죄의 실행이 다수인의 협력을 필요로 하는 것을 가리키는 것으로서 이러한 범죄의 성립에는 행위의 공동을 필요로 하는 것에 불과하고 반드시 협력자 전부가 책임이 있음을 필요로 하는 것은 아니다.
③ 공모공동정범에 있어서의 공모는 범죄사실을 구성하는 것으로서 이를 인정하기 위해서는 엄격한 증명이 요구된다.
④ 정범에 의한 법익침해의 위험을 증대시키면 방조범이 성립하므로 방조범에서는 인과관계가 요구되지 아니한다.

해설

① [O]

> 제31조 (교사범) ② 교사를 받은 자가 범죄의 실행을 승낙하고 실행의 착수에 이르지 아니한 때에는 교사자와 피교사자를 음모 또는 예비에 준하여 처벌한다. ☞ 효과 없는 교사
> ③ 교사를 받은 자가 범죄의 실행을 승낙하지 아니한 때에도 교사자에 대하여는 전항과 같다. ☞ 실패한 교사

② [O] 뇌물공여죄와 뇌물수수죄는 필요적 공범관계에 있다고 할 것이나, 필요적 공범이라는 것은 법률상 범죄의 실행이 다수인의 협력을 필요로 하는 것을 가리키는 것으로서 이러한 범죄의 성립에는 행위의 공동을 필요로 하는 것에 불과하고 반드시 협력자 전부가 책임이 있음을 필요로 하는 것은 아니므로, 오로지 공무원을 함정에 빠뜨릴 의사로 직무와 관련되었다는 형식을 빌려 그 공무원에게 금품을 공여한 경우에도 공무원이 그 금품을 직무와 관련하여 수수한다는 의사를 가지고 받아들이면 뇌물수수죄가 성립한다(대판 2008.3.13. 2007도10804).
③ [O] 공모공동정범에 있어서의 공모나 모의는 범죄사실을 구성하는 것으로서 이를 인정하기 위해서는 엄격한 증명이 요구되지만, 피고인이 공모의 점과 함께 범의를 부인하는 경우 이러한 주관적 요소로 되는 사실은 사물의 성질상 범의와 상당한 관련성이 있는 간접사실 또는 정황사실을 증명하는 방법에 의하여 이를 입증할 수밖에 없고, 무엇이 상당한 관련성이 있는 간접사실에 해당할 것인가는 정상적인 경험칙에 바탕을 두고 치밀한 관찰력이나 분석력에 의하여 사실의 연결 상태를 합리적으로 판단하는 방법에 의하여야 하는 것이다(대판 2006.6.27. 2005도2626).
④ [X] 방조범은 정범에 종속하여 성립하는 범죄이므로 방조행위와 정범의 범죄 실현 사이에는 인과관계가 필요하다. 방조범이 성립하려면 방조행위가 정범의 범죄 실현과 밀접한 관련이 있고 정범으로 하여금 구체적 위험을 실현시키거나 범죄결과를 발생시킬 기회를 높이는 등으로 정범의 범죄 실현에 현실적인 기여를 하였다고 평가할 수 있어야 한다. 정범의 범죄 실현과 밀접한 관련이 없는 행위를 도와준 데 지나지 않는 경우에는 방조범이 성립하지 않는다(대판 2021.9.16. 2015도12632).

정답 ④

05 공동정범에 대한 설명으로 가장 적절하지 않은 것은? (다툼이 있는 경우 판례에 의함)

2021년 제2차 경찰

① 甲이 A를 살해하고자 A의 음료수 잔에 치사량의 독약을 넣고 사라진 후 그 사실을 알고 있는 乙이 독자적으로 A를 확실히 살해하고자 한 번 더 치사량의 독약을 넣어 A가 이를 마시고 사망한 경우, 甲과 乙은 상호간에 의사의 연락이 없어 공동정범이 성립되지 아니한다.
② 甲이 강도살인의 의사로 먼저 A를 살해한 직후 마침 그곳을 지나가던 乙이 이를 보고 甲의 양해하에 절취의 의사로 참가하여 甲은 A의 지갑과 현금을, 乙은 A의 시계와 금반지를 가져간 경우, 승계적 공동정범을 인정하더라도 乙은 살인에 대한 책임은 지지 아니한다.
③ 행동대원 甲, 乙, 丙은 조직의 두목으로부터 지시를 받고 상대 조직 행동대장 A를 살해하기로 공모하였으나, 甲은 쇠파이프 등을 들고 차량에 탑승하던 중 사태의 심각성을 실감하고 범행에 휘말리기 싫어서 조용히 혼자 빠져나와 택시를 타고 집으로 갔다. 이후 乙과 丙이 공모한 대로 A의 사무실로 가서 A를 살해한 경우, 甲에게는 살인죄의 공동정범이 성립한다.
④ 조직의 보스 甲은 부하인 乙과 반대조직의 보스 A를 살해하기로 공모하고, 甲은 자신의 사무실에서 진행 상황을 실시간으로 보고 받고 乙이 A의 사무실로 가서 A를 살해한 경우, 공모공동정범을 인정하는 견해에 따르면 甲에게는 살인죄의 공동정범이 성립한다.

> **해설**
>
> ① **[O]** 乙이 甲의 범행에 일방적으로 가공한 경우에 해당하여 편면적 공동정범의 성립을 부정하는 판례(대판 84도2118. 뱃놀이 사건)의 입장에 따를 경우, 甲과 乙은 공동정범이 될 수 없고 동시범이 될 뿐이다. 다만, 위 사례는 각각 치사량의 독약을 넣은 점이 인정되므로 이중적(택일적)인과관계에 해당하는 사례로서 합법칙적 조건설에 의할 경우, 양자 모두 인과관계 및 객관적 귀속이 인정되어(따라서 형법 제19조가 적용되지 않음) 甲과 乙 모두 살인죄 기수범의 죄책을 지게 된다(아래 표 참조).
>
> > **제19조(독립행위의 경합)** 동시 또는 이시의 독립행위가 경합한 경우에 그 결과발생의 원인된 행위가 판명되지 아니한 때에는 각 행위를 미수범으로 처벌한다.

유 형	내 용	사 례 (괄호 안은 합법칙적 조건설의 결론)
기본적 인과관계	다른 행위의 개입 없이 하나의 행위가 직접 구성요건적 결과를 발생시킨 경우	甲이 치사량의 독약을 丙의 음료수에 넣어 살해한 경우(살인죄 기수)
이중적(택일적) 인과관계	단독으로도 결과를 발생시키기에 충분한 원인들이 경합하여 결과가 발생한 경우	甲과 乙이 각각 치사량의 독약을 넣어 丙을 살해한 경우(인과관계 및 객관적 귀속이 모두 인정되어 甲, 乙 모두 살인죄 기수)
누적적(중첩적) 인과관계	단독으로는 결과를 발생시킬 수 없는 여러 조건들이 공동으로 작용하여 결과가 발생한 경우	甲과 乙이 각각 치사량에 못미치는 독약을 넣었으나 둘의 합이 치사량에 이르러 丙이 사망한 경우(합법칙적 조건설에 의한 인과관계는 인정되나, 객관적 귀속이 부정되어 甲, 乙 모두 살인미수죄)
경합적 인과관계	어느 행위에 의하더라도 결과가 동시에 발생하였을 것으로 예상되는 경우 현실적인 인과과정	甲이 사무실 밖으로 丙을 불러내어 사살하였으나, 그렇지 않아도 乙이 사무실에 설치한 시한폭탄으로 같은 시각에 사망하였을 것으로 인정되는 경우(甲은 살인죄 기수)
단절적 인과관계	기존의 조건이 후의 조건에 의하여 단절된 경우, 기존의 조건과 결과 사이의 인과관계	甲이 치사량의 독약을 丙에게 먹였으나, 약효가 나타나기 전에 乙이 丙을 사살한 경우(甲은 인과관계가 부정되어 살인미수죄)
추월적 인과관계	후의 조건이 기존의 조건을 추월하여 결과를 야기시킨 경우, 후의 조건과 결과 사이의 인과관계	위 사례에서 乙은 살인죄 기수

② [O] 승계적 공동정범의 경우 가담이후의 범행에 대해서만 공동정범으로서의 책임을 지므로(대판 82도884), 乙은 살인의 점에 대해서는 공동정범의 책임을 지지 않는다. 따라서 甲은 강도살인죄, 乙은 특수(합동)절도죄의 책임을 지게 된다.

③ [X] 甲은 다른 공범의 살인의 실행착수가 있기 전에 공모관계에서 이탈하였으므로, 이탈한 이후의 다른 공범의 범행에 대해서는 공동정범으로서의 책임을 지지 않는다. 따라서 살인죄의 공동정범이 될 수는 없고, 다만 살인을 공모한 점이 인정되므로 살인예비·음모죄의 죄책을 지게 된다.

> **시라소니파 사건**
> 甲은 乙 등과 같이 술을 마시고 있다가 같은 조직원으로부터 연락을 받고 무심천 롤러스케이트장에 가서 파라다이스파에게 보복을 하러 간다는 말을 듣고 다른 조직원들이 여러 대의 차에 분승하여 출발하려고 할 때 사태의 심각성을 실감하고 범행에 휘말리기 싫어서 그 곳에서 택시를 타고 집에 돌아온 경우, 甲에게 다른 조직원들과의 사이에 파라다이스파 조직원들을 공격하여 상해를 가하거나 살해하기로 하는 모의가 있었다고 보기 어렵고, 가사 甲에게도 그 범행에 가담하려는 의사가 있어 공모관계가 인정된다고 하더라도 다른 조직원들이 각 이 사건 범행에 이르기 전에 그 공모관계에서 이탈한 것이라 할 것이므로 甲은 위 공모관계에서 이탈한 이후의 행위에 대하여는 공동정범으로의 책임을 지지 않는다(대판 1996.1.26. 94도2654). ☞ 甲은 무죄(공모한 점을 인정하기 어려우므로)

④ [O] 공모에 의한 기능적 행위지배를 인정할 수 있으므로 비록 甲은 현장에서 직접 실행행위를 분담한 사실이 없더라도 살인죄의 공모공동정범이 인정된다(대판 2007도235 등 참조).

정답 ③

06 공동정범과 합동범에 대한 설명으로 옳지 않은 것은? (다툼이 있는 경우 판례에 의함) 2021년 경찰간부

① 공동정범에서 공모나 모의는 순차적·암묵적으로 상통하여 이루어질 수 있다.
② 포괄일죄의 일부에 공동정범으로 가담하면서 종전에 이루어진 범행을 알았다면, 가담 이후의 범행은 물론 전체 범죄에 대해 공동정범으로서의 책임을 진다.
③ 합동범이 성립하기 위하여는 주관적 요건으로서의 공모와 객관적 요건으로서의 실행행위의 분담이 있어야 하고, 그 실행행위에 있어서는 시간적·장소적 협동관계에 있어야 한다.
④ 공범자의 범인도피행위 도중에 그 범행을 인식하면서 그와 공동의 범의를 가지고 기왕의 범인도피상태를 이용하여 스스로 범인도피행위를 계속한 자에 대하여는 범인도피죄의 공동정범이 성립한다.

해설

① [O] 2인 이상이 공모하여 범죄에 공동 가공하는 공범관계에 있어서 공모는 법률상 어떤 정형을 요구하는 것이 아니고 범죄를 실현하려는 의사의 결합만 있으면 되는 것으로서, 비록 전체의 모의과정이 없었다고 하더라도 수인 사이에 순차적으로 또는 암묵적으로 상통하여 그 의사의 결합이 이루어지면 공모관계가 성립한다 할 것이다(대판 1994.3.8. 93도3154).
② [X] 포괄적일죄의 일부에 공동정범으로 가담한 자는 비록 그가 그때에 이미 이루어진 종전의 범행을 알았다 하여도 그 가담 이후의 범행에 대해서만 공동정범으로서 책임을 진다(대판 1982.6.8. 82도884).

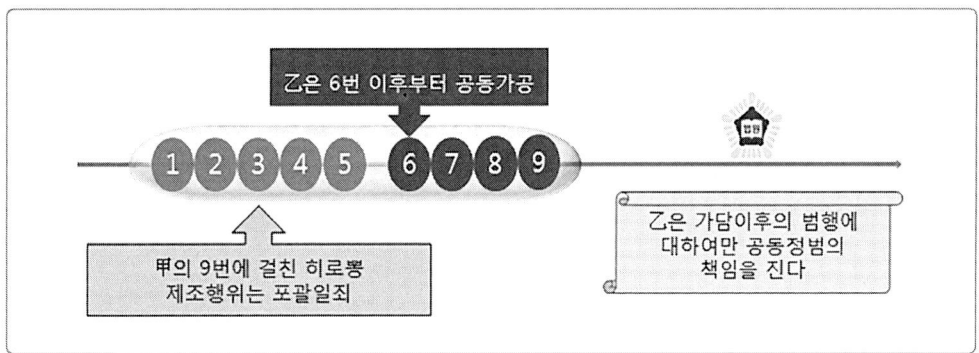

③ [O] 대판 1996.3.22. 96도313
④ [O] 범인도피죄는 범인을 도피하게 함으로써 기수에 이르지만, 범인도피행위가 계속되는 동안에는 범죄행위도 계속되고 행위가 끝날 때 비로소 범죄행위가 종료된다. 따라서 공범자의 범인도피행위 도중에 그 범행을 인식하면서 그와 공동의 범의를 가지고 기왕의 범인도피상태를 이용하여 스스로 범인도피행위를 계속한 경우에는 범인도피죄의 공동정범이 성립하고, 이는 공범자의 범행을 방조한 종범의 경우도 마찬가지이다(대판 2012.8.30. 2012도6027).

정답 ②

07 공동정범에 대한 설명으로 가장 적절한 것은? (다툼이 있는 경우 판례에 의함)   2017년 제1차 경찰

① 우연히 만난 자리에서 서로 협력하여 공동의 범의를 실현하려는 의사가 암묵적으로 상통하여 범행에 공동가공한 것이라면 공동정범은 성립하지 않는다.
② 타인의 범행을 인식하면서도 이를 제지하지 아니하고 용인하는 심리상태만으로 공동정범의 공동가공의 의사가 인정될 수 있다.
③ 딱지어음을 발행하여 매매하였더라도, 딱지어음의 전전유통경로나 중간 소지인들 및 그 기망방법을 구체적으로 몰랐던 경우라면 사기죄의 공모관계를 인정할 수 없다.
④ 업무상배임죄로 이익을 얻는 수익자 또는 그와 밀접한 관련이 있는 제3자를 배임의 실행행위자와 공동정범으로 인정하기 위해서는 실행행위자의 행위가 피해자 본인에 대한 배임행위에 해당한다는 것을 알면서도 소극적으로 배임행위에 편승하여 이익을 취득한 것만으로는 부족하고, 실행행위자의 배임행위를 교사하거나 또는 배임행위의 전 과정에 관여하는 등으로 배임행위에 적극 가담할 것이 필요하다.

해설

① **[X]** 공동정범이 성립하기 위하여는 반드시 공범자간에 사전에 모의가 있어야 하는 것은 아니며, 우연히 만난 자리에서 서로 협력하여 공동의 범의를 실현하려는 의사가 암묵적으로 상통하여 범행에 공동가공하더라도 공동정범은 성립된다(대판 1984.12.26. 82도1373).
② **[X]** 형법 제30조의 공동정범은 2인 이상이 공동하여 죄를 범하는 것으로서, 공동정범이 성립하기 위해서는 주관적 요건으로서 공동가공의 의사와 객관적 요건으로서 공동의사에 기한 기능적 행위지배를 통한 범죄의 실행사실이 필요하다. 공동가공의 의사는 타인의 범행을 인식하면서도 이를 제지하지 아니하고 용인하는 것만으로는 부족하고, 공동의 의사로 특정한 범죄행위를 하기 위해 일체가 되어 서로 다른 사람의 행위를 이용하여 자기의 의사를 실행에 옮기는 것을 내용으로 하는 것이어야 한다(대판 2015.10.29. 2015도5355).
③ **[X]** 이른바 딱지어음을 발행하여 매매한 이상 사기의 실행행위에 직접 관여하지 아니하였다고 하더라도 공동정범으로서의 책임을 면하지 못하고, 딱지어음의 전전유통경로나 중간 소지인들 및 그 기망방법을 구체적으로 몰랐다고 하더라도 공모관계를 부정할 수는 없다(대판 1997.09.12. 97도1706). ☞ 사기죄의 공동정범 성립
④ **[O]** 대판 2016.06.23. 2014도11876 등

정답 ④

08 공동정범에 대한 설명으로 적절한 것을 모두 고른 것은? (다툼이 있는 경우 판례에 의함)

2017년 경기북부 여경

㉠ 甲이 A회사의 직원으로서 경쟁업체에 유출하기 위해 회사의 영업비밀을 무단으로 반출함으로써 업무상배임죄의 기수에 이르렀고 그 이후 乙이 甲과 접촉하여 그 영업비밀을 취득하려고 하였다면 乙에 대해서 업무상배임죄의 공동정범이 된다.

㉡ 다른 3명의 공모자들과 강도모의를 주도한 甲이 함께 범행대상을 물색하다가 다른 공모자들이 강도 대상을 지목하고 뒤쫓아가자 단지 "어"라고만 하고 비대한 체격때문에 뒤따라가지 못한 채 범행현장에서 200m정도 떨어진 곳에 앉아 있었으나, 위 공모자들이 피해자를 쫓아가 강도상해의 범행을 한 경우 甲은 그 공모관계에서 이탈하였다고 볼 수 없다.

㉢ 甲이 부녀를 유인하여 성매매를 통해 수익을 얻을 것을 乙과 공모한 후 乙로 하여금 유인된 丙(여, 16세)의 성매매 홍보용 나체사진을 찍도록 하고 丙이 중도에 약속을 어길 경우에는 민·형사상 책임을 진다는 각서를 작성하도록 하였지만, 자신이 별건으로 체포되어 구치소에 수감 중인 동안 丙이 乙의 관리 아래 성매매의 대가로 받은 돈을 丙, 乙 및 甲의 처 등이 나누어 사용한 경우라면 甲에게는 공모관계에서의 이탈이 인정된다.

㉣ 甲과 乙이 칼을 들고 강도하기로 공모한 경우, 乙이 피해자의 거소에 들어가 피해자를 향하여 칼을 휘둘러 상해를 가하였다면 대문 밖에서 망을 본 甲은 상해의 결과에 대하여도 공동정범으로서의 책임을 면할 수 없다.

① ㉠, ㉡
② ㉡, ㉢
③ ㉡, ㉣
④ ㉢, ㉣

해설

㉠ [X] 회사직원이 영업비밀을 경쟁업체에 유출하거나 스스로의 이익을 위하여 이용할 목적으로 무단으로 반출한 때 업무상배임죄의 기수에 이르렀다고 할 것이고, 그 이후에 위 직원과 접촉하여 영업비밀을 취득하려고 한 자는 업무상배임죄의 공동정범이 될 수 없다(대판 2003.10.30. 2003도4382).

㉡ [O] 공모관계에서의 이탈은 공모자가 공모에 의하여 담당한 기능적 행위지배를 해소하는 것이 필요하므로 공모자가 공모에 주도적으로 참여하여 다른 공모자의 실행에 영향을 미친 때에는 범행을 저지하기 위하여 적극적으로 노력하는 등 실행에 미친 영향력을 제거하지 아니하는 한 공모관계에서 이탈하였다고 할 수 없다(대판 2008.4.10. 2008도1274). ☞ 강도상해죄의 공동정범 성립

㉢ [X] [1] 공모관계에서의 이탈은 공모자가 공모에 의하여 담당한 기능적 행위지배를 해소하는 것이 필요하므로 공모자가 공모에 주도적으로 참여하여 다른 공모자의 실행에 영향을 미친 때에는 범행을 저지하기 위하여 적극적으로 노력하는 등 실행에 미친 영향력을 제거하지 아니하는 한 공모관계에서 이탈하였다고 할 수 없다.
[2] 丙의 성매매 기간 동안 甲이 수감되어 있었다 하더라도 위 甲은 乙과 함께 미성년자유인죄, 구 청소년의 성보호에 관한 법률위반죄의 책임을 진다(대판 2010.09.09. 2010도6924).

㉣ [O] 행위자 상호간에 범죄의 실행을 공모하였다면 다른 공모자가 이미 실행에 착수한 이후에는 그 공모관계에서 이탈하였다고 하더라도 공동정범의 책임을 면할 수 없는 것이므로 피고인 등이 금품을 강취할 것을 공모하고 피고인은 집 밖에서 망을 보기로 하였으나, 다른 공모자들이 피해자의 집에 침입한 후 담배를 사기 위해서 망을 보지 않았다고 하더라도, 피고인은 강도상해죄의 공동정범의 죄책을 면할 수가 없다(대판 1984.1.31. 83도2941).

정답 ③

제2편 범죄론 | 153

09 공동정범에 대한 설명으로 가장 적절한 것은? (다툼이 있는 경우 판례에 의함)

2018년 제2차 경찰, 2016년 제2차 경찰 변형

① 甲, 乙, 丙 세 사람이 한 자리에 모여 절도 범행을 공모한 후, 공모한 바대로 甲과 乙 두 사람이 직접 A의 집에 들어가 안에 있는 물건을 훔쳐오고 丙은 A의 집에서 한참 떨어진 현장에서 트럭을 준비하고 대기하다 甲과 乙이 물건을 가져오자 트럭에 싣고 함께 도주한 사안에서, 丙이 甲과 乙의 행위를 자기 의사의 수단으로 하여 위의 범행을 저질렀다고 평가할 수 있는 정범성의 표지를 갖추고 있는 한 공동정범의 일반이론에 비추어 丙에게는 일반 절도죄의 공동정범이 성립한다.

② 甲이 한 달여에 걸쳐 연속적으로 마약류를 제조하고 있었는데, 뒤늦게 乙이 甲의 그 같은 제조행위를 알고 도중에 공동정범으로 범행에 가담하여 甲과 함께 마약류 제조행위를 계속하였다고 하는 사안에서 乙이 범행에 가담할 당시에 이미 이루어진 종전의 범행을 알고 있었던 이상, 乙은 가담 이전의 제조행위에 대해서까지 공동정범으로 책임을 져야 한다.

③ 공모공동정범에 있어서 공모자 중의 1인이 다른 공모자가 실행행위에 이르기 전에 그 공모관계에서 이탈한 때에는 그 이후의 다른 공모자의 행위에 관하여 공동정범으로서의 책임은 지지 않는다 할 것이고 그 이탈의 표시는 명시적이어야 한다.

④ 피해자 일행을 한 사람씩 나누어 강간하자는 피고인 일행의 제의에 아무런 대답도 하지 않고 따라 다니다가 자신의 강간 상대방으로 남겨진 甲에게 일체의 신체적 접촉도 시도하지 않은 채 다른 일행이 인근 숲 속에서 강간을 마칠 때까지 甲과 함께 이야기만 나누었고, 다른 일행이 甲 외 피해자들을 강간하려는 것을 보고도 이를 제지하지 아니하고 용인하였다면, 공모공동정범으로서의 죄책을 부담하지 않는다.

해설

① **[X]** 3인 이상의 범인이 합동절도의 범행을 공모한 후 적어도 2인 이상의 범인이 범행 현장에서 시간적, 장소적으로 협동관계를 이루어 절도의 실행행위를 분담하여 절도 범행을 한 경우, 공동정범의 일반 이론에 비추어 그 공모에는 참여하였으나 현장에서 절도의 실행행위를 직접 분담하지 아니한 다른 범인에 대하여도 그가 현장에서 절도 범행을 실행한 위 2인 이상의 범인의 행위를 자기 의사의 수단으로 하여 합동절도의 범행을 하였다고 평가할 수 있는 정범성의 표지를 갖추고 있다고 보여지는 한 그 다른 범인에 대하여 '합동절도의 공동정범'의 성립을 부정할 이유가 없다(대판 1998.5.21. 98도321 전원합의체). ☞ 甲과 乙에게는 합동절도죄가 성립하고, 나머지 丙은 일반절도죄의 공동정범이 아니라 합동절도죄의 공동정범이 성립함

② **[X]** 연속된 히로뽕 제조행위 도중에 공동정범으로 범행에 가담한 자는 비록 그가 그 범행에 가담할 때에 이미 이루어진 종전의 범행을 알았다 하더라도 '그 가담 이후의 범행에 대하여만' 공동정범으로 책임을 진다(대판 1982.6.8. 82도884).

③ **[X]** 다른 공모자의 실행착수 전의 이탈이 인정되기 위해서는 그 이탈의 의사표시는 반드시 명시적임을 요하지 아니하고, 묵시적 이탈의 의사표시만으로써도 가능하다(대판 1986.1.21. 85도2371).

④ **[O]** 피해자 일행을 한 사람씩 나누어 강간하자는 피고인 일행의 제의에 아무런 대답도 하지 않고 따라 다니다가 자신의 강간 상대방으로 남겨진 공소외인에게 일체의 신체적 접촉도 시도하지 않은 채 다른 일행이 인근 숲 속에서 강간을 마칠 때까지 공소외인과 함께 이야기만 나눈 경우, 피고인에게 다른 일행의 강간 범행에 공동으로 가공할 의사가 있었다고 볼 수 없다(대판 2003.03.28. 2002도7477).

정답 ④

10 공동정범에 관한 설명 중 가장 적절하지 않은 것은? (다툼이 있는 경우 판례에 의함) 2022년 경찰2차

① 甲이 A투자금융회사에 입사하여 다른 공범들과 특정 회사 주식을 허위매수 주문 등의 방법으로 시세조종 주문을 내기로 공모하고 시세조종 행위의 일부를 실행한 후 A회사로부터 해고를 당하여 공범관계에서 이탈한 경우, 甲이 다른 공범들의 범죄실행을 저지하지 않은 이상 그 이후 공범들이 행한 나머지 시세조종 행위에 대해서도 공동정범이 성립한다.

② 예인선 정기용선자의 현장소장 甲은 사고의 위험성이 높은 시점에 출항을 강행할 것을 지시하였고, 예인선 선장 乙은 甲의 지시에 따라 사고의 위험성이 높은 시점에 출항하는 등 무리하게 예인선을 운항한 결과 예인되던 선박에 적재된 물건이 해상에 추락하여 선박교통을 방해한 경우, 甲과 乙은 업무상과실일반교통방해죄의 공동정범이 성립한다.

③ 甲·乙·丙주식회사가 A주식회사의 주식 총수의 5/100 이상을 보유하여 「자본시장과 금융투자업에 관한 법률」상 주식 등 변경 보고의무를 공동으로 부담하게 되었고, 동법은 이러한 보고 의무를 이행하지 않는 자를 처벌하는 진정부작위범인 주식 등 변경 보고의무 위반죄를 규정하고 있음에도 불구하고 甲과 乙주식회사만이 공모하여 보고의무를 이행하지 않은 경우, 보고의무가 있는 甲주식회사, 乙주식회사, 丙주식회사에 주식 등 변경 보고의무 위반죄의 공동정범이 성립한다.

④ 강도를 모의한 甲, 乙, 丙이 A에게 칼을 들이댄 후 전화선으로 A의 손발을 묶고 폭행하여 반항을 억압한 후 甲이 다른 방에서 물건을 찾는 사이 乙과 丙이 공동으로 A를 강간하고 다같이 도주한 경우, 甲에게는 강도강간죄의 공동정범이 성립하지 않는다.

해설

① **[O]** 피고인이 다른 공범들의 범죄실행을 저지하지 않은 이상 그 이후 나머지 공범들이 행한 시세조정행위에 대하여도 공동정범으로서의 죄책을 부담한다(대판 2011.1.13. 2010도9927). ☞ 증권거래법위반죄 성립

② **[O]** 현장소장 甲에게는 사고의 위험이 높은 이 사건 해상에서 재킷 및 해상크레인 운반작업을 함에 있어 재킷의 선적작업이 지연되어 그대로 출항할 경우에는 정조시점을 맞출 수가 없는데도 출항을 연기시키거나 대책을 강구한 사실이 없었고, 나아가 선장 乙로부터 출항을 연기할 것을 건의받음에도 이를 받아들이지 아니하고 일정을 들어 출항을 강행하도록 지시한 업무상 과실이 인정되며, 乙에게는 甲의 지시에 따라 사고의 위험이 높은 시점에 출항하였고, 특히 물양장 앞 해상에 진도대교 방향으로 강조류가 흐르고 있었으므로 상황의 심각성을 인식하고 신중하게 예인선을 운항하여 물양장에 접근하여야 했음에도 무리하게 예인선을 운항한 업무상 과실이 인정된다(대판 2009.6.11. 2008도11784).

③ **[X]** 주권상장법인의 주식 등 변경 보고의무 위반으로 인한 자본시장법 위반죄는 구성요건이 부작위에 의해서만 실현될 수 있는 진정부작위범에 해당한다. 진정부작위범인 주식 등 변경 보고의무 위반으로 인한 자본시장법 위반죄의 공동정범은 그 의무가 수인에게 공통으로 부여되어 있는데도 수인이 공모하여 전원이 그 의무를 이행하지 않았을 때 성립할 수 있다(대판 2022.1.13. 2021도11110). ☞ 丙주식회사는 공모에 가담한 바 없으므로 공동정범에 해당하지 않음

④ **[O]** 공모의 점에 관하여는 피해자의 집에 들어가기 전에 서로 강간하기로 이야기한 일이 없었고, 특히 甲은 당시 복면을 하였고 물건을 뒤지느라 정신이 팔려 乙, 丙이 피해자를 강간하는 것을 못보았는데 물건을 챙겨 돌아서면서 보니까 乙이 강간을 하고 있어 빨리 가지고 재촉하여 그 집을 나온 점 (중략) 등을 고려할 때, 甲은 강간의 점에 대한 공모가 인정되지 않는다(대판 1988.9.13. 88도1114). ☞ 甲에게 강도강간죄 불성립

정답 ③

11 공동정범에 관한 다음 설명 중 가장 적절하지 않은 것은? (다툼이 있으면 판례에 의함) 2011년 경찰

① 공동정범의 본질에 관한 범죄공동설에 따르면, 공동의 가담자들 사이에 서로 고의의 내용이 다른 경우에는 각자의 개별적인 고의범의 동시범이 인정되게 된다.

② A가 위조된 부동산임대차계약서를 담보로 제공하고 피해자 B로부터 돈을 빌려 편취할 것을 계획하면서 B가 계약서상의 임대인에게 전화를 걸어 확인할 것에 대비하여 C에게 미리 전화를 해서 임대인 행세를 해달라고 부탁하였고, C는 이런 사정을 잘 알면서도 이를 승낙하여 실제로 B의 남편으로부터 전화를 받자 자신이 실제의 임대인인 것처럼 행세하여 전세금액 등을 확인해준 경우에 있어서 C의 행위는 A의 위조사문서행사죄의 공동정범으로 인정하기는 어렵다.

③ 상대방에게 오토바이를 훔쳐오면 그것을 자기가 사주겠다고 부추긴 경우에 부추긴 사람에게는 절도죄의 공동실행의 의사를 인정할 수가 없으므로 절도죄의 공동정범이 되지는 못한다.

④ 공모자들이 그 공모한 범행을 수행하거나 목적 달성을 위해 나아가는 도중에 부수적인 다른 범죄가 파생되리라고 예상하거나 충분히 예상할 수 있는데도 그러한 가능성을 외면한 채 이를 방지하기에 족한 합리적인 조치를 취하지 아니하고 공모한 범행에 나아갔다가 결국 그와 같이 예상되던 범행들이 발생하였다면, 당초의 공모자들 사이에 그 범행 전부에 대하여 암묵적인 공모는 물론 그에 대한 기능적 행위지배가 존재한다고 보아야 한다.

> **해설**
>
> ① [O] 범죄공동설에 의하면 공동정범의 주관적 요건인 공동가공의 의사는 특정 범죄에 대한 고의를 공동으로 할 것을 요하므로 공동의 가담자들 사이에 서로 고의의 내용이 다른 경우에는 공동정범이 성립하지 않고 각자의 개별적인 고의범의 동시범이 성립한다.
> ② [X] 피고인의 행위는 위조사문서행사에 있어서 기능적 행위지배의 공동정범 요건을 갖추었다(대판 2010.1.28. 2009도10139). ☞ 위조사문서행사죄의 공동정범 성립
> ③ [O] 대판 1997.9.30. 97도1940
> ④ [O] 대판 2007.4.26. 2007도428

정답 ②

12 다음 사례에 대한 설명으로 가장 적절하지 않은 것은? (다툼이 있는 경우 판례에 의함)

2021년 제2차. 경찰

> 甲은 상해의 의사로, 乙은 폭행의 의사로 상호의사 연락 없이 같은 날, 같은 장소에서 30분 간격으로 A를 때렸고, 이로 인해 A에게 상해의 결과가 발생하였다. 그러나 A의 상해의 결과가 甲의 행위로 인한 것인지, 乙의 행위로 인한 것인지가 밝혀지지 않았다.

① 이는 동시범의 문제로 「형법」 제19조가 아닌 「형법」 제263조가 적용되어야 한다.
② 만약 A의 상해가 甲의 행위가 아닌 乙의 폭행으로 인해 발생한 것으로 밝혀졌다면, 甲은 상해미수죄로 처벌된다.
③ 만약 乙이 폭행을 했다는 것 자체가 불분명하다면, 「형법」 제263조가 적용되지 아니한다.
④ 만약 A에게 甲과 乙의 행위로 상해가 아닌 사망의 결과가 발생하였다면, 「형법」 제263조가 적용되지 아니한다.

해설

① **[O]** 공동가공의 의사가 없으므로, 동시범의 문제로 귀결되고, 상해 내지 폭행의 고의로 행위한 점이 인정되므로 형법 제263조가 적용된다.

> **제19조(독립행위의 경합)** 동시 또는 이시의 독립행위가 경합한 경우에 그 결과발생의 원인된 행위가 판명되지 아니한 때에는 각 행위를 미수범으로 처벌한다.
> **제263조(동시범)** 독립행위가 경합하여 상해의 결과를 발생하게 한 경우에 있어서 원인된 행위가 판명되지 아니한 때에는 공동정범의 예에 의한다.

② **[O]** 인과관계가 판명된 경우이므로, 제263조가 적용될 수 없다. 따라서 乙은 폭행치상죄가 성립하고, 甲은 상해미수죄가 성립한다.
③ **[O]** 상해죄에 있어서의 동시범은 두 사람 이상이 가해행위를 하여 상해의 결과를 가져올 경우에 그 상해가 어느 사람의 가해행위로 인한 것인지가 분명치 않다면 가해자 모두를 공동정범으로 본다는 것이므로, 가해행위를 한 것 자체가 분명치 않은 사람에 대하여는 동시범으로 다스릴 수 없다(대판 1984.5.15. 84도488).
④ **[X]** 동시범의 특례를 규정한 형법 제263조는 상해치사죄에도 적용된다(대판 1985.5.14. 84도2118). ☞ 판례에 의할 경우, 제263조가 적용되므로, 甲은 상해치사죄, 乙은 폭행치사죄의 책임을 질 수 있다.

정답 ④

13 동시범에 관한 설명으로 옳은 것은 모두 몇 개인가? (다툼이 있는 경우 판례에 의함) 2022년 제1차 경찰

㉠ 시간적 차이가 있는 독립행위가 경합한 경우, 그 결과발생의 원인된 행위가 판명되지 아니한 때에 「형법」 제263조가 적용되는 경우를 제외하고는 「형법」 제19조가 적용된다.
㉡ 독립행위가 경합하여 상해의 결과를 발생하게 한 경우에 있어서 원인된 행위가 판명되지 아니한 때에는 각 행위자를 미수범으로 처벌한다.
㉢ 「형법」 제263조의 동시범은 강간치상죄에는 적용할 수 없다.
㉣ A가 甲으로부터 폭행을 당하고 얼마 후 함께 A를 폭행하자는 甲의 연락을 받고 달려 온 乙로부터 다시 폭행을 당하고 사망하였으나 사망의 원인행위가 판명되지 않았다면, 「형법」 제263조가 적용되어 甲과 乙은 폭행치사죄의 공동정범의 예에 의하여 처벌된다.

① 1개 ② 2개
③ 3개 ④ 4개

해설

㉠ [O] 동시범(독립행위의 경합)에서 그 결과발생의 원인된 행위가 판명되지 아니한 때에 제19조 또는 제263조의 적용여부가 문제되고, 이때 판례는 폭행치상죄, 폭행치사죄, 상해죄, 상해치사죄의 경우 제263조를 적용하고, 나머지는 제19조에 의하여 해결을 도모하고 있는 입장을 취하고 있다.

㉡ [X]

> 제263조(동시범) 독립행위가 경합하여 상해의 결과를 발생하게 한 경우에 있어서 원인된 행위가 판명되지 아니한 때에는 공동정범의 예에 의한다.
> 제19조(독립행위의 경합) 동시 또는 이시의 독립행위가 경합한 경우에 그 결과발생의 원인된 행위가 판명되지 아니한 때에는 각 행위를 미수범으로 처벌한다.

㉢ [O] 친구인 甲과 乙은 丙녀와 방에서 함께 이야기를 하던 중 甲은 乙이 밖으로 나간 사이에 丙녀를 강간하였고, 잠시 후 돌아온 乙은 甲이 화장실을 간 사이에 丙녀를 강간한 사실이 인정되며, 丙녀는 회음부찰과상을 입었으나 누구의 강간행위로 인한 것인지 판명할 수 없는 경우, 형법 제263조의 동시범은 상해와 폭행죄에 관한 특별규정으로서 동 규정은 그 보호법익을 달리하는 강간치상죄에는 적용할 수 없다(대판 1984.4.24. 84도372). ☞ 甲, 乙 각각 강간죄만 성립
㉣ [X] 甲과 乙은 공동가공의 의사가 있으므로 동시범의 문제가 제기될 여지가 없으므로(대판 1985.12.10. 85도1892 참조), 형법 제263조가 적용되지 않는다. 甲과 乙은 폭행치사죄의 공동정범이 성립가능하나, 지문의 '제263조가 적용되어' 부분이 옳지 않다.

정답 ②

14 다음 설명 중 가장 적절하지 않은 것은? (다툼이 있는 경우 판례에 의함) 2020년 제2차 경찰

① 甲, 乙, 丙은 사전 모의에 따라 피해자들을 야산으로 유인한 다음 암묵적인 합의에 따라 각자 마음에 드는 피해자들을 데리고 불과 100m 이내의 거리에 있는 곳으로 흩어져 동시 또는 순차적으로 피해자들을 각각 강간하였다면, 각 강간의 실행행위도 시간적으로나 장소적으로 협동관계에 있었다고 보아 특수강간죄가 성립한다.

② 자기에게 유리한 판결을 얻기 위하여 증거가 조작되어 있다는 사실을 인식하지 못하는 제3자를 이용하여 그로 하여금 소송의 당사자가 되게 하고 법원을 기망하여 소송 상대방의 재물 또는 재산상 이익을 취득하려 하였다면 간접정범의 형태에 의한 소송사기죄가 성립한다.

③ 간접정범의 피이용자가 甲을 乙로 오인하여 살해하였을 경우, 법정적 부합설에 따르면 간접정범은 살인의 고의 기수범에 해당한다.

④ 甲과 乙은 술집으로 가던 도중 앞서 가던 甲과 피해자가 부딪혀 시비가 붙고, 이에 甲은 피해자를 뒤로 밀어 피해자가 바닥에 뒷머리를 부딪치게 하고 술집을 향해 떠났다. 이에 뒤따라 오던 乙이 이 장면을 보고 달려와 피해자를 또다시 가격하여 피해자가 뇌저부경화동맥파열상으로 사망에 이른 경우, 甲과 乙은 상해치사의 공동정범으로 처벌된다.

해설

① [O] 그 각 강간의 실행행위도 시간적으로나 장소적으로 협동관계에 있었다(대판 2004.8.20. 2004도2870). ☞ 피고인들 모두 피해자 3명에 대한 특수강간죄 등 성립

② [O] 소송의 당사자 아닌 자도 간접정범의 형태로 소송사기죄를 범할 수 있다(대판 2006도3591 등 참조).

③ [O]

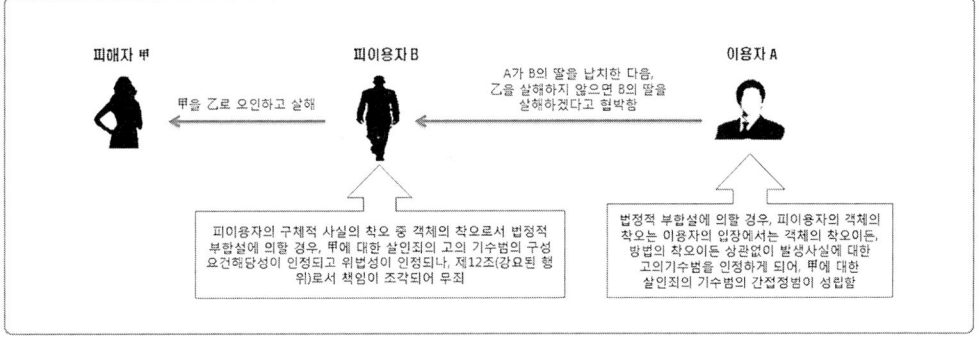

④ [X] 甲이 뱃놀이 후 술집으로 들어가다가 丙과 시비가 붙어 丙을 밀어 넘어뜨려 상해를 가하였고, 이후 뒤따라 들어오던 동료 乙이 '일방적으로 가세'하여 丙의 얼굴을 삽으로 때리는 등의 상해를 가하자 이때 甲은 오히려 乙의 범행을 만류하였는데 결국 丙은 뇌저부경화동맥파열상을 입어 사망에 이르게 된 경우, 공동가공의 의사는 공동행위자 상호간에 있어야 하며 행위자 일방의 가공의사만으로는 공동정범관계가 성립할 수 없다(대판 1985.5.14. 84도2118). ☞ 乙이 일방적으로 가공한 경우에 해당하므로 편면적 공동정범의 성립을 부정하는 이상, 甲과 乙은 상해치사죄의 공동정범이 성립하지 않는다.

정답 ④

15 간접정범에 대한 설명으로 가장 적절하지 않은 것은? (다툼이 있는 경우 판례에 의함)

2018년 제1차 경찰

① 인신구속에 관한 직무를 행하는 자 또는 이를 보조하는 자가 피해자를 구속하기 위하여 진술조서 등을 허위로 작성한 후 이를 기록에 첨부하여 구속영장을 신청하고, 진술조서 등이 허위로 작성된 정을 모르는 검사와 영장전담판사를 기망하여 구속영장을 발부받은 후 그 영장에 의하여 피해자를 구금하였다면 직권남용감금죄가 성립한다.

② 공무원 아닌 자가 관공서에 허위 내용의 증명원을 제출하여 그 내용이 허위인 정을 모르는 담당공무원으로부터 그 증명원 내용과 같은 증명서를 발급받은 경우, 공문서위조죄의 간접정범이 성립한다.

③ 범죄는 '어느 행위로 인하여 처벌되지 아니하는 자'를 이용하여서도 이를 실행할 수 있으므로, 내란죄의 경우에도 '국헌문란의 목적'을 가진 자가 그러한 목적이 없는 자를 이용하여 이를 실행할 수 있다.

④ 신용카드를 제시받은 상점점원이 그 카드의 금액란을 정정기재하였다 하더라도 그것이 카드소지인이 위 점원에게 자신이 위 금액을 정정기재할 수 있는 권리가 있는 양 기망하여 이루어졌다면 이는 간접정범에 의한 유가증권변조죄가 성립한다.

해설

① [O] 감금죄는 간접정범의 형태로도 행하여질 수 있는 것이므로 형법 제124조 제1항의 직권남용감금죄가 성립한다(대판 2006.5.25. 2003도3945). ☞ 불법감금죄의 간접정범 성립

② [X] 어느 문서의 작성권한을 갖는 공무원이 그 문서의 기재 사항을 인식하고 그 문서를 작성할 의사로써 이에 서명날인하였다면, 설령 그 서명날인이 타인의 기망으로 착오에 빠진 결과 그 문서의 기재사항이 진실에 반함을 알지 못한 데 기인한다고 하여도, 그 문서의 성립은 진정하며 여기에 하등 작성명의를 모용한 사실이 있다고 할 수는 없다(대판 2001.3.9. 2000도938). ☞ 공문서위조죄의 간접정범 불성립

③ [O] 대판 1997.4.17. 96도3376 전원합의체

④ [O] 유가증권변조죄는 정을 모르는 제3자를 통하여 간접정범의 형태로도 범할 수 있는 것인 바, 신용카드(한국외환은행 소비조합이 그 소속조합원에게 발행한 신용카드)를 제시받은 상점점원이 그 카드의 금액란을 정정기재하였다 하더라도 그것이 카드소지인이 위 점원에게 자신이 위 금액을 정정기재 할 수 있는 권리가 있는 양 기망하여 이루어졌다면 이는 간접정범에 의한 유가증권변조로 봄이 상당하다(대판 1984.11.27. 84도1862).

정답 ②

16 간접정범에 관한 설명 중 가장 적절하지 않은 것은? (다툼이 있는 경우 판례에 의함) 2022년 경찰2차

① 국헌문란의 목적을 달성하기 위해 그러한 목적이 없는 대통령을 이용하여 비상계엄 전국확대조치를 한 것은 간접정범의 방법으로 내란죄를 실행한 것이다.
② 처벌되지 아니하는 타인의 행위를 적극적으로 유발하고 이를 이용하여 자신의 범죄를 실현한 자는 간접정범의 죄책을 지게 되고, 그 과정에서 타인의 의사를 부당하게 억압하여야만 간접정범에 해당하는 것은 아니다.
③ 자기의 지휘·감독을 받는 자를 교사하여 범죄를 실행하게 한 때에는 정범에 정한 형의 장기 또는 다액의 2분의 1까지 가중한다.
④ 간접정범의 실행의 착수시기를 이용자의 이용행위시로 보는 경우, 이용자의 이용의사가 외부로 표현되기만 하면 실행의 착수가 인정되어 미수범의 처벌 범위가 축소될 수 있다.

해설

① **[O]** 범죄는 '어느 행위로 인하여 처벌되지 아니하는 자'를 이용하여서도 이를 실행할 수 있으므로, 내란죄의 경우에도 '국헌문란의 목적'을 가진 자가 그러한 목적이 없는 자를 이용하여 이를 실행할 수 있다(대판 1997.4.17. 96도3376 전원합의체).
② **[O]** [1] 처벌되지 아니하는 타인의 행위를 적극적으로 유발하고 이를 이용하여 자신의 범죄를 실현한 자는 형법 제34조 제1항이 정하는 간접정범의 죄책을 지게 되고, 그 과정에서 타인의 의사를 부당하게 억압하여야만 간접정범에 해당하는 것은 아니다.
[2] 정유회사 경영자의 청탁으로 국회의원이 위 경영자와 지역구 지방자치단체장 사이에 정유공장의 지역구 유치와 관련한 간담회를 주선하고 위 경영자는 정유회사 소속 직원들로 하여금 위 국회의원이 사실상 지배·장악하고 있던 후원회에 후원금을 기부하게 한 경우, 비록 형식적으로는 위 후원금이 후원회에 기부된 것이라고 하더라도 실질적으로는 후원회의 회계를 사실상 지배·장악하고 있던 국회의원 본인이 바로 후원금을 기부 받은 것으로 볼 수 있어 정치자금법 제32조 제3호가 금지하는 공무원이 담당·처리하는 사무에 관하여 청탁 또는 알선하는 일과 관련하여 정치자금을 수수한 것이라 할 것이고, 경영자는 자세한 내막을 알지 못하여 정치자금법 위반죄를 구성하지 않는 직원들의 기부행위를 유발하고 이를 이용하여 자신의 범죄를 실현한 것이어서 정치자금법 위반죄의 간접정범으로서의 죄책을 면할 수 없다(대판 2008.9.11. 2007도7204).
③ **[O]** 형법 제34조(특수한 교사, 방조에 대한 형의 가중) ② 자기의 지휘, 감독을 받는 자를 교사 또는 방조하여 전항의 결과를 발생하게 한 자는 교사인 때에는 정범에 정한 형의 장기 또는 다액에 그 2분의 1까지 가중하고 방조인 때에는 정범의 형으로 처벌한다.
④ **[X]** 예컨대, 집사 甲이 가정부 乙녀를 이용하여 丙을 살해할 목적으로 AM 10:00에 독이 든 한약을 乙녀에게 건네었고, 이러한 사정을 모르는 乙녀가 AM 10:20에 丙에게 한약을 먹이기 위하여 丙의 방으로 걸어가다가 넘어져서 한약을 쏟음으로써 丙이 다행히도 사망하지 않은 경우, 이용행위기준설에 의하면 집사 甲이 乙녀를 도구처럼 이용하기 시작한 시점인 AM 10:00에 살인의 실행착수를 인정하게 되어 甲은 살인미수죄의 간접정범의 죄책을 지게 된다고 판단한다. 따라서 이용행위기준설은 실행의 착수시기를 앞당김으로써 미수범의 처벌범위가 확대된다는 비판을 받게 된다.

정답 ④

17. 정범과 공범에 대한 아래 ㉠부터 ㉤까지의 설명 중 옳고 그름의 표시(O, X)가 모두 바르게 된 것은? (다툼이 있는 경우 판례에 의함)

2021년 제1차 경찰

㉠ 제한적 종속형식의 입장을 취하게 되면, 정범의 책임이 조각되는 경우 공범이 성립할 수 없다는 결론에 이른다.

㉡ 교사자가 피교사자에 대하여 상해 또는 중상해를 교사하였는데 피교사자가 이를 넘어 살인을 한 경우, 교사자에게 피해자의 사망이라는 결과에 대하여 고의가 없더라도 살인죄의 교사범이 된다.

㉢ 공범관계에 있어 공모는 공범자 상호간에 직접 또는 간접으로 범죄의 공동실행에 관한 암묵적인 의사의 연락이 있으면 족하고, 비록 전체의 모의과정이 없었다고 하더라도 수인 사이에 의사의 연락이 있으면 공동정범이 성립될 수 있다.

㉣ 실행의 착수 전에 장래의 실행행위를 예상하고 이를 용이하게 하는 행위를 하여 방조한 경우, 정범이 그 실행행위에 나아갔다면 종범이 성립할 수 있다.

㉤ 목적범에 있어서 목적 없는 고의 있는 도구를 이용한 경우, 피이용자에 대한 의사지배가 인정되지 않으므로 간접정범이 성립할 수 없다.

① ㉠ (O), ㉡ (X), ㉢ (X), ㉣ (X), ㉤ (X)
② ㉠ (X), ㉡ (O), ㉢ (O), ㉣ (O), ㉤ (X)
③ ㉠ (X), ㉡ (X), ㉢ (O), ㉣ (O), ㉤ (X)
④ ㉠ (X), ㉡ (X), ㉢ (O), ㉣ (O), ㉤ (O)

해설

㉠ **[X]** 제한적 종속형식의 입장에서는 정범이 실행에 착수하여 고의범의 구성요건해당성 및 위법성을 구비하고 있으면 비록 책임이 조각되어 무죄로 평가되는 경우라 할지라도 이에 종속하여 공범이 성립할 수 있다는 태도를 취한다. 반면, 극단적 종속형식은 정범의 행위가 책임까지 인정되어야 이에 종속하여 공범이 성립할 수 있다는 태도를 취한다.

㉡ **[X]** 교사자에게 피해자의 사망이라는 결과에 대하여 고의가 없다면 살인죄의 교사범이 성립할 여지는 없고, 사망의 결과에 대한 예견가능성, 즉 과실의 인정여부에 따라 상해죄의 교사범 내지 상해치사죄의 교사범의 성립여부가 문제될 뿐이다.

> 甲이 乙에게 "丙을 정신 차릴 정도로 때려주라."고 교사하였는데 乙이 이를 넘어 살인을 실행한 경우, 일반적으로 교사자는 상해죄에 대한 교사범이 되는 것이고, 다만 이 경우 교사자에게 피해자의 사망이라는 결과에 대하여 과실 내지 예견가능성이 있는 때에는 상해치사죄의 교사범으로서의 죄책을 지울 수 있는데, 甲이 丙의 사망이라는 결과를 예측하였다거나 또는 丙의 사망의 결과에 대하여 과실이 있었다고 인정하기 어렵다(대판 1997.6.24. 97도1075). ☞ 상해죄의 교사범 성립

㉢ **[O]** 2인 이상이 공모하여 범죄에 공동 가공하는 공범관계에 있어서 공모는 법률상 어떤 정형을 요구하는 것이 아니고 범죄를 실현하려는 의사의 결합만 있으면 되는 것으로서, 비록 전체의 모의과정이 없었다고 하더라도 수인 사이에 순차적으로 또는 암묵적으로 상통하여 그 의사의 결합이 이루어지면 공모관계가 성립한다(대판 1994.3.8. 93도3154).

㉣ **[O]** 종범은 ⅰ) 정범의 실행행위 중에 이를 방조하는 경우뿐만 아니라, ⅱ) 실행 착수 전에 장래의 실행행위를 예상하고 이를 용이하게 하는 행위를 하여 방조한 경우에도 '정범이 실행행위를 한 경우'에 성립한다(대판 1996.9.6. 95도2551). ☞ 반면, ⅱ)의 경우, 정범이 실행착수에 이르지 아니한 경우라면 기도된 방조로서 형법상 처벌규정이 없어 불가벌 무죄이다.

㉤ **[X]** 예컨대, 행사할 목적이 있는 甲이 행사할 목적이 없는 인쇄업자 乙을 이용하여 오만원권 지폐를 정교하게 인쇄하도록 한 경우, 인쇄업자 乙은 통화위조죄를 구성하지 않으나, 甲은 처벌되지 아니하는 인쇄업자 乙을 도구로 이용한 통화위조죄

의 간접정범이 성립할 수 있듯이, 목적범에 있어서 목적 없는 고의 있는 도구를 이용한 경우, 피이용자에 대한 의사지배를 인정할 수 있으므로 간접정범이 성립할 수 있다.

> [1] 비상계엄의 전국확대조치가 내란죄의 구성요건인 폭동의 내용으로서의 협박행위가 되므로 이는 내란죄의 폭동에 해당하고, 또한 그 당시 그와 같은 비상계엄의 전국확대는 우리나라 전국의 평온을 해하는 정도에 이르렀음을 인정할 수 있다.
> [2] 범죄는 '어느 행위로 인하여 처벌되지 아니하는 자'를 이용하여서도 이를 실행할 수 있으므로, 내란죄의 경우에도 '국헌문란의 목적'을 가진 자가 그러한 목적이 없는 자를 이용하여 이를 실행할 수 있다(대판 1997.4.17. 96도3376 전원합의체). ☞ 내란죄의 간접정범 성립

정답 ③

18 범죄관여(가담)형태에 관한 설명으로 가장 적절한 것은? (다툼이 있는 경우 판례에 의함)

2019년 제2차 경찰

① 극단적 종속형식에 따르면 정범의 행위가 구성요건에 해당하고 위법하면 유책하지 않은 때에도 공범은 성립할 수 있다.
② 사기의 공모공동정범은 순차적 암묵적으로 상통하여 그 의사의 결합이 이루어지면 공모관계가 성립하지만, 이러한 공모가 이루어졌다 하더라도 실행행위에 직접 관여하지 아니하여 기망방법을 구체적으로 몰랐다면 공모관계는 부정된다.
③ 업무상의 임무라는 신분관계가 없는 자가 신분관계 있는 자와 공모하여 업무상배임죄를 범한 경우, 신분관계가 없는 공범도 업무상배임죄에 정한 형으로 처벌한다.
④ 강제추행에 관한 간접정범의 의사를 실현하는 도구로서의 타인에는 피해자도 포함될 수 있으므로 피해자를 도구로 삼아 피해자의 신체를 이용하여 추행행위를 한 경우에도 강제추행죄의 간접정범이 성립할 수 있다.

해설

① [X] 위 지문은 제한적 종속형식의 입장이다. 극단적 종속형식은 정범의 행위가 구성요건에 해당하고, 위법하며, 유책한 경우에 한하여 공범의 성립이 가능하다는 입장이다.
② [X] 이른바 딱지어음을 발행하여 매매한 이상 사기의 실행행위에 직접 관여하지 아니하였다고 하더라도 공동정범으로서의 책임을 면하지 못하고, 딱지어음의 전전유통경로나 중간 소지인들 및 그 기망방법을 구체적으로 몰랐다고 하더라도 공모관계를 부정할 수는 없다(대판 1997.9.12. 97도1706). ☞ 사기죄의 공동정범 성립
③ [X] 은행원이 아닌 자가 은행원들과 공모하여 업무상 배임죄를 저질렀다 하여도, 이는 업무상 타인의 사무를 처리하는 신분관계로 인하여 형의 경중이 있는 경우이므로, 그러한 신분관계가 없는 자에 대하여서는 형법 제33조 단서에 의하여 형법 제355조 제2항에 따라 처단하여야 한다(대판 1986.10.28. 86도1517). ☞ 은행원 아닌 자에게 제33조 본문에 의하여 업무상배임죄의 공동정범이 성립하고, 제33조 단서에 의하여 단순배임죄의 형으로 처벌됨
④ [O] 피고인이 피해자들을 협박하여 겁을 먹은 피해자들로 하여금 어쩔 수 없이 나체나 속옷만 입은 상태가 되게 하여 스스로 촬영하게 하거나, 성기에 이물질을 삽입하거나 자위를 하는 등의 행위를 하게 한 경우, 강제추행죄는 사람의 성적 자유 내지 성적 자기결정의 자유를 보호하기 위한 죄로서 정범 자신이 직접 범죄를 실행하여야 성립하는 자수범이라고 볼 수 없

으므로, 처벌되지 아니하는 타인을 도구로 삼아 피해자를 강제로 추행하는 간접정범의 형태로도 범할 수 있다. 여기서 강제추행에 관한 간접정범의 의사를 실현하는 도구로서의 타인에는 피해자도 포함될 수 있으므로, 피해자를 도구로 삼아 피해자의 신체를 이용하여 추행행위를 한 경우에도 강제추행죄의 간접정범에 해당할 수 있다(대판 2018.2.8. 2016도17733).
☞ 아동·청소년의성보호에관한법률위반(강제추행)죄 성립

(정답) ④

19 교사범에 대한 설명 중 가장 옳지 않은 것은? (다툼이 있으면 판례에 의함) 2015년 경찰간부

① 피무고자의 교사·방조 하에 제3자가 피무고자에 대한 허위의 사실을 신고한 경우에는 제3자를 교사·방조한 피무고자는 교사·방조범의 죄책을 진다.
② 형법 제127조는 공무원 또는 공무원이었던 자가 법령에 의한 직무상 비밀을 누설하는 행위만을 처벌하고 있을 뿐 직무상 비밀을 누설받은 상대방을 처벌하는 규정이 없으므로, 직무상 비밀을 누설받은 자를 공무상비밀누설죄의 교사범 또는 방조범으로 처벌할 수 없다.
③ 甲이 乙을 교사하여 丙을 살해하려 하였으나 乙이 살인의 실행에 착수하지 않은 경우, 甲은 살인죄의 예비·음모에 준하여 처벌된다.
④ 甲이 乙에게 A의 자동차를 강취할 것을 교사하였으나 乙이 A의 자동차를 절취한 경우 甲은 절도죄의 교사범으로 처벌된다.

해설

① [O] 형법 제156조의 무고죄는 국가의 형사사법권 또는 징계권의 적정한 행사를 주된 보호법익으로 하는 죄이나, 스스로 본인을 무고하는 자기무고는 무고죄의 구성요건에 해당하지 아니하여 무고죄를 구성하지 않는다. 그러나 피무고자의 교사·방조 하에 제3자가 피무고자에 대한 허위의 사실을 신고한 경우에는 제3자의 행위는 무고죄의 구성요건에 해당하여 무고죄를 구성하므로, 제3자를 교사·방조한 피무고자도 교사·방조범으로서의 죄책을 부담한다(대판 2008.10.23. 2008도4852).
② [O] 변호사사무실 직원인 甲이 법원공무원 乙에게 부탁하여 수사 중인 사건의 체포영장 발부자 53명의 명단을 누설받은 경우, 乙이 직무상 비밀을 누설한 행위와 甲이 이를 누설받은 행위는 대향범 관계에 있으므로 공범에 관한 형법총칙 규정이 적용될 수 없다(대판 2011.4.28. 2009도3642). ☞ 乙(공무상비밀누설죄 성립), 甲(공무상비밀누설죄의 교사범 불성립)
③ [O] 제31조(교사범) ② 교사를 받은 자가 범죄의 실행을 승낙하고 실행의 착수에 이르지 아니한 때에는 교사자와 피교사자를 음모 또는 예비에 준하여 처벌한다(효과없는 교사).
④ [X] 강도예비·음모죄(제31조 제2항)와 절도죄의 교사범의 상상적 경합범이 성립하고, 형법 제40조에 의하여 형이 중한 강도예비·음모의 형으로 처벌된다.

(정답) ④

20 교사범에 관한 다음 설명 중 가장 적절하지 않은 것은? (다툼이 있으면 판례에 의함) 2015년 제1차 경찰

① 교사자의 교사행위에도 불구하고 피교사자가 범행을 승낙하지 아니하거나 피교사자의 범행결의가 교사자의 교사행위에 의하여 생긴 것으로 보기 어려운 경우에는 이른바 실패한 교사로서 형법 제31조 제3항에 의하여 교사자를 음모 또는 예비에 준하여 처벌할 수 있을 뿐이다.
② 교사범이 공범관계로부터 이탈하기 위해서는 피교사자가 범죄의 실행행위에 나아가기 전에 교사범에 의하여 형성된 피교사자의 범죄 실행의 결의를 해소하는 것이 필요하다.
③ 당초의 교사행위에 의하여 형성된 피교사자의 범죄 실행의 결의가 더 이상 유지되지 않는 것으로 평가할 수 있다면, 설사 그 후 피교사자가 범죄를 저지르더라도 이는 당초의 교사행위에 의한 것이 아니라 새로운 범죄 실행의 결의에 따른 것이므로 교사자는 형법 제31조 제2항에 의한 죄책을 부담함은 별론으로 하고 형법 제31조 제1항의 교사범으로서의 죄책을 부담하지는 않는다.
④ 교사범이 성립하기 위해서는 교사자가 피교사자에게 범행의 일시, 장소, 방법 등의 세부적인 사항까지를 특정하여 교사하여야 한다.

해설

① [O] 제31조(교사범) ② 교사를 받은 자가 범죄의 실행을 승낙하고 실행의 착수에 이르지 아니한 때에는 교사자와 피교사자를 음모 또는 예비에 준하여 처벌한다. ③ 교사를 받은 자가 범죄의 실행을 승낙하지 아니한 때에도 교사자에 대하여는 전항과 같다.

② [O] 교사범이란 정범인 피교사자로 하여금 범죄를 결의하게 하여 그 죄를 범하게 한 때에 성립하는 것이고, 교사범을 처벌하는 이유는 이와 같이 교사범이 피교사자로 하여금 범죄 실행을 결의하게 하였다는 데에 있다. 따라서 교사범이 그 공범관계로부터 이탈하기 위해서는 피교사자가 범죄의 실행행위에 나아가기 전에 교사범에 의하여 형성된 피교사자의 범죄 실행의 결의를 해소하는 것이 필요하다(대판 2012.11.15. 2012도7407).

③ [O] 교사범이 피교사자에게 교사행위를 철회한다는 의사를 표시하고 이에 피교사자도 그 의사에 따르기로 하거나 또는 교사범이 명시적으로 교사행위를 철회함과 아울러 피교사자의 범죄 실행을 방지하기 위한 진지한 노력을 다하여 당초 피교사자가 범죄를 결의하게 된 사정을 제거하는 등 제반 사정에 비추어 객관적·실질적으로 보아 교사범에게 교사의 고의가 계속 존재한다고 보기 어렵고 당초의 교사행위에 의하여 형성된 피교사자의 범죄 실행의 결의가 더 이상 유지되지 않는 것으로 평가할 수 있다면, 설사 그 후 피교사자가 범죄를 저지르더라도 이는 당초의 교사행위에 의한 것이 아니라 새로운 범죄 실행의 결의에 따른 것이므로 교사자는 형법 제31조 제2항에 의한 죄책을 부담함은 별론으로 하고 형법 제31조 제1항에 의한 교사범으로서의 죄책을 부담하지는 않는다고 할 수 있다(대판 2012.11.15. 2012도7407).

> **형법 제31조(교사범)** ① 타인을 교사하여 죄를 범하게 한 자는 죄를 실행한 자와 동일한 형으로 처벌한다.
> ② 교사를 받은 자가 범죄의 실행을 승낙하고 실행의 착수에 이르지 아니한 때에는 교사자와 피교사자를 음모 또는 예비에 준하여 처벌한다.
> ③ 교사를 받은 자가 범죄의 실행을 승낙하지 아니한 때에도 교사자에 대하여는 전항과 같다.

④ [X] 교사범이 성립하기 위하여는 범행의 일시, 장소, 방법 등의 세부적인 사항까지를 특정하여 교사할 필요는 없는 것이고, 정범으로 하여금 일정한 범죄의 실행을 결의할 정도에 이르게 하면 교사범이 성립된다(대판 1991.5.14. 91도542).

정답 ④

21. 교사와 방조에 대한 설명 중 옳은 것은 모두 몇 개인가? (다툼이 있는 경우 판례에 의함)

2021년 경찰간부

가. 간호보조원이 무면허 진료를 했다고 하더라도 그 내용을 의사가 진료부에 기재하는 행위는 정범의 실행행위 종료 후의 사후행위에 불과하여 의사는 무면허 진료행위의 방조 책임을 지지 않는다.

나. 교사자의 교사행위에도 불구하고 피교사자가 범행을 승낙하지 아니하거나 피교사자의 범행결의가 교사자의 교사행위에 의하여 생긴 것으로 보기 어려운 경우에는 교사자를 음모 또는 예비에 준하여 처벌한다.

다. 甲이 무면허운전을 하던 중 교통사고를 내자 동거하던 동생 乙을 경찰서에 대신 출석시키고 자신을 위하여 허위자백을 하게 한 경우, 甲에게 범인도피죄의 교사범의 죄책을 물을 수 없다.

라. 백화점 직원이 자신이 관리하는 점포에 가짜 상표가 새겨진 상품이 진열·판매되는 사실을 발견하고도 적절한 조치를 취하지 않아 계속 판매되도록 방치한 행위는 상표법위반 및 부정경쟁방지법위반행위를 방조한 것에 해당한다.

마. 甲이 고발을 당하자 乙에게 증거를 변조하도록 교사하였는데 乙이 甲과 공범관계에 있는 형사사건의 증거를 변조한 것에 해당하여 乙이 증거변조로 처벌되지 않는 경우, 甲도 증거변조죄의 교사범으로 처벌받지 않는다.

① 1개 ② 2개
③ 3개 ④ 4개

해설

가. **(X)** 진료부는 환자의 계속적인 진료에 참고로 공하여지는 진료상황부이므로 간호보조원의 무면허 진료행위가 있은 후에 이를 의사가 진료부에다 기재하는 행위는 정범의 실행행위종료 후의 단순한 사후행위에 불과하다고 볼 수 없고 무면허 의료행위의 방조에 해당한다(대판 1982.4.27. 82도122).

나. **(O)** 교사범이란 정범인 피교사자로 하여금 범죄를 결의하게 하여 그 죄를 범하게 한 때에 성립하므로, 교사자의 교사행위에도 불구하고 피교사자가 범행을 승낙하지 아니하거나 피교사자의 범행결의가 교사자의 교사행위에 의하여 생긴 것으로 보기 어려운 경우에는 이른바 실패한 교사로서 형법 제31조 제3항에 의하여 교사자를 음모 또는 예비에 준하여 처벌할 수 있을 뿐이다(대판 2013.9.12. 2012도2744).

> **형법 제31조(교사범)** ② 교사를 받은 자가 범죄의 실행을 승낙하고 실행의 착수에 이르지 아니한 때에는 교사자와 피교사자를 음모 또는 예비에 준하여 처벌한다.
> ③ 교사를 받은 자가 범죄의 실행을 승낙하지 아니한 때에도 교사자에 대하여는 전항과 같다.

다. **(X)** 범인이 자신을 위하여 타인으로 하여금 허위의 자백을 하게 하여 범인도피죄를 범하게 하는 행위는 방어권의 남용으로 범인도피교사죄에 해당한다(대판 2000.3.24. 2000도20).

라. **(O)** 백화점에서 바이어를 보조하여 특정매장에 관한 상품관리 및 고객들의 불만사항 확인 등의 업무를 담당하는 직원은 자신이 관리하는 특정매장의 점포에 가짜 상표가 새겨진 상품이 진열·판매되고 있는 사실을 발견하였다면 고객들이 이를 구매하도록 방치하여서는 아니되고 점주나 그 종업원에게 즉시 그 시정을 요구하고 바이어 등 상급자에게 보고하여 이를 시정하도록 할 근로계약상·조리상의 의무가 있다(대판 1997.3.14. 96도1639).

마. **(O)** 노동조합 지부장인 甲이 업무상횡령 혐의로 조합원들로부터 고발을 당하자 乙과 공동하여 조합 회계서류를 무단 폐기한 후 폐기에 정당한 근거가 있는 것처럼 乙로 하여금 조합 회의록을 조작하여 수사기관에 제출하도록 교사한 경우, 회의록의 변조·사용은 피고인들이 공범관계에 있는 문서손괴죄 형사사건에 관한 증거를 변조·사용한 것으로 볼 수 있어 乙에 대

한 증거변조죄 및 변조증거사용죄가 성립하지 않으며, 피교사자인 乙이 증거변조죄 및 변조증거사용죄로 처벌되지 않은 이상 甲에 대하여 공범인 교사범은 물론 그 간접정범도 성립하지 않는다(대판 2011.7.14. 2009도13151).

> **참조판례**
>
> 증거인멸죄는 타인의 형사사건 또는 징계사건에 관한 증거를 인멸하는 경우에 성립하는 것으로서, 피고인 자신이 직접 형사처분이나 징계처분을 받게 될 것을 두려워한 나머지 '자기의 이익을 위하여' 그 증거가 될 자료를 인멸하였다면, ⅰ) 그 행위가 동시에 다른 공범자의 형사사건이나 징계사건에 관한 증거를 인멸한 결과가 된다고 하더라도 이를 증거인멸죄로 다스릴 수 없고, ⅱ) 이러한 법리는 그 행위가 피고인의 공범자가 아닌 자의 형사사건이나 징계사건에 관한 증거를 인멸한 결과가 된다고 하더라도 마찬가지이다(대판 1995.9.29. 94도2608).

(정답) ③

22 종범에 대한 설명으로 가장 적절하지 않은 것은? (다툼이 있는 경우 판례에 의함) 2019년 경찰승진

① 종범은 정범이 실행행위에 착수하여 범행을 하는 과정에서 이를 방조한 경우뿐 아니라, 정범의 실행의 착수 이전에 장래의 실행행위를 미필적으로나마 예상하고 이를 용이하게 하기 위하여 방조한 경우에도 그 후 정범이 실행행위에 나아갔다면 성립할 수 있다.
② 의사인 피고인이 입원치료를 받을 필요가 없는 환자들이 보험금 수령을 위하여 입원치료를 받으려고 하는 사실을 알면서도 입원을 허가하여 형식상으로 입원치료를 받도록 한 후 입원확인서를 발급하여 준 경우, 사기방조죄가 성립한다.
③ 피고인들이, 자신들이 개설한 인터넷 사이트를 통해 회원들로 하여금 음란한 동영상을 게시하도록 하고, 다른 회원들로 하여금 이를 다운받을 수 있도록 하는 방법으로 정보통신망을 통한 음란한 영상의 배포·전시를 방조한 행위가 단일하고 계속된 범의 아래 일정기간 계속하여 이루어졌고 피해법익도 동일한 경우, 방조행위는 포괄일죄의 관계에 있다.
④ 과실범에 대한 교사범은 성립할 수 있으나 과실범에 대한 방조범은 성립할 수 없다.

해설

① [O] 대판 2013.11.14. 2013도7494
② [O] 대판 2006.1.12. 2004도6557
③ [O] 단일하고 계속된 범의 아래 일정기간 계속하여 이루어졌고 피해법익도 동일한 경우 포괄일죄가 성립한다(대판 2010.11.25. 2010도1588).
④ [X] 예컨대, 화주 甲이 운전사 乙에게 교사하여 초과적재하여 화물을 운송하도록 하였다가 화물이 쏟아져 피해자에게 상해를 입혔다면, 甲에게 업무상과실치상죄의 교사범이 아니라, 甲과 乙은 업무상과실치상죄의 공동정범이 성립하는 것처럼, 우리 형법상 과실범의 경우 구성요건적 결과실현에 조건을 설정한 자는 모두 과실범의 정범이 성립하는 단일정범체계를 취하고 있다고 해석된다. 따라서 과실범에 대한 교사범 및 과실범에 대한 방조범 모두 인정되지 않는다.

(정답) ④

23 공범과 신분에 대한 설명 중 옳은 것만을 모두 고른 것은? (다툼이 있는 경우 판례에 의함)

2022년 경찰간부

가. 비신분자가 신분관계로 인하여 성립될 범죄에 가공한 경우 비신분자에게 공동가공의 의사와 이에 기초한 기능적 행위 지배를 통한 범죄의 실행이라는 주관적·객관적 요건이 충족되면 신분자와 공동정범이 성립한다.

나. 甲이 친구 乙과 공모하여 자신의 아버지를 살해한 경우, 乙은 존속살해죄의 공동정범이 성립하나 보통살인죄에 정한 형으로 처단된다.

다. 도박의 습벽이 있는 甲이 도박을 하고 또한 도박의 습벽이 없는 A의 도박을 방조한 경우, 甲은 상습도박죄와 도박방조죄가 성립하고 양죄는 실체적 경합관계에 있다.

라. 甲이 공무원인 자신의 남편 A에게 채무변제로 받는 돈이라고 속여 A로 하여금 뇌물을 받게 한 경우, 甲은 「형법」제33조에 의해 수뢰죄의 간접정범으로 처벌된다.

① 가, 나
② 나, 라
③ 다, 라
④ 가, 나, 라

해설

가. **[O]** 형법 제33조에 의하여 비신분자에게도 제30조(공동정범)가 적용된다.

> **제33조(공범과 신분)** 신분이 있어야 성립되는 범죄에 신분 없는 사람이 가담한 경우에는 그 신분 없는 사람에게도 제30조부터 제32조까지의 규정을 적용한다. 다만, 신분때문에 형의 경중이 달라지는 경우에 신분이 없는 사람은 무거운 형으로 벌하지 아니한다.

나. **[O]** 형법 제33조 본문에 의하여 乙은 존속살해죄의 공동정범이 성립하고, 제33조 단서에 의하여 보통살인죄의 형으로 처벌된다.

> 처인 甲이 아들 乙과 더불어 남편을 살해한 경우, 甲은 존속살해죄의 공동정범이 성립하나 보통살인죄로 처벌된다(대판 1961.8.2. 4294형상284). ☞ 제33조 본문에 의하여 존속살해죄의 공동정범이 성립하고, 제33조 단서에 의하여 보통살인죄로 처벌됨

다. **[X]** 상습도박의 죄나 상습도박방조의 죄에 있어서의 상습성은 행위의 속성이 아니라 행위자의 속성으로서 도박을 반복해서 거듭하는 습벽을 말하는 것인 바, 도박의 습벽이 있는 자가 타인의 도박을 방조하면 '상습'도박방조의 죄에 해당하는 것이며, 도박의 습벽이 있는 자가 도박을 하고 또 도박방조를 하였을 경우 상습도박방조의 죄는 무거운 상습도박의 죄에 포괄시켜 1죄로서 처단하여야 한다(대판 1984.4.24. 84도195). ☞ 상습도박죄만 성립

라. **[X]** 형법 제33조는 공동정범, 교사범, 방조범에 대하여 적용되고, 간접정범(제34조 제1항)에 대해서는 적용되지 않는다. 따라서 ⅰ) 비신분자는 신분자를 이용하더라도 진정신분범의 간접정범이 성립할 수 없다. 예컨대, 공무원 아닌 甲이 뇌물인 사정을 모르는 공무원 乙을 사주하여 뇌물을 수수하게 한 경우, 甲은 뇌물수수죄의 간접정범이 성립할 수 없다. 반면, ⅱ) 신분자는 비신분자를 이용하는 경우 진정신분범의 간접정범이 성립할 수 있다. 예컨대, 공무원 甲이 뇌물인 사정을 모르는 자신의 처 乙을 사주하여 뇌물을 받게 한 경우, 수뢰죄의 간접정범이 성립할 수 있다.

정답 ①

24 공범과 신분에 관한 설명으로 가장 적절하지 않은 것은? (다툼이 있는 경우 판례에 의함)

2020년 제1차 경찰

① 甲이 증인 乙을 사주하여 법정에서 위증하게 한 경우 甲은 위증죄의 교사범이 성립한다.
② 공무원 甲이 뇌물공여자로 하여금 뇌물수수죄의 공동정범 관계에 있는 생계를 같이 하는 아내 乙에게 뇌물을 공여하게 한 경우 甲은 뇌물수수죄의 공동정범이 성립한다.
③ 비신분자인 아내 甲과 신분자인 아들 乙이 공동하여 남편을 살해한 경우 아내 甲과 아들 乙에게는 존속살해죄의 공동정범이 성립하고, 아내 甲은 보통살인죄의 형으로 처벌된다.
④ 도박의 습벽이 있는 甲이 도박을 하고 또 상습성 없는 乙의 도박을 방조한 경우, 甲은 도박죄로 처벌된다.

해설

① **(O)** 비신분자인 甲은 형법 제33조(공범과 신분)에 의하여 위증죄의 교사범이 성립하고, 제31조에 의하여 위증죄의 형으로 처벌된다. 다만, 형법 제33조는 간접정범에 대하여는 적용되지 아니하므로, 甲은 위증죄의 간접정범은 될 수 없다(위증죄는 자수범에 해당).
② **(O)** 공무원이 직접 뇌물을 받지 아니하고, 증뢰자로 하여금 다른 사람에게 뇌물을 공여하도록 하고 그 다른 사람으로 하여금 뇌물을 받도록 한 경우, 사회통념상 그 다른 사람이 뇌물을 받은 것을 공무원이 직접 받은 것과 같이 평가할 수 있는 관계가 있는 경우에는 제3자 뇌물공여죄(제130조)가 아니라 형법 제129조 제1항의 단순수뢰죄가 성립한다(대판 1998.9.22. 98도1234 등).
③ **(O)** 처인 甲이 아들 乙과 더불어 남편을 살해한 경우, 甲은 존속살해죄의 공동정범이 성립하나 보통살인죄로 처벌된다(대판 1961.8.2. 4294형상284). ☞ 제33조 본문에 의하여 존속살해죄의 공동정범이 성립하고, 제33조 단서에 의하여 보통살인죄로 처벌됨
④ **(X)** 상습도박의 죄나 상습도박방조의 죄에 있어서의 상습성은 행위의 속성이 아니라 행위자의 속성으로서 도박을 반복해서 거듭하는 습벽을 말하는 것인 바, 도박의 습벽이 있는 자가 타인의 도박을 방조하면 '상습'도박방조의 죄에 해당하는 것이며, 도박의 습벽이 있는 자가 도박을 하고 또 도박방조를 하였을 경우 상습도박방조의 죄는 무거운 상습도박의 죄에 포괄시켜 1죄로서 처단하여야 한다(대판 1984.4.24. 84도195). ☞ 상습도박죄만 성립

정답 ④

25 공범과 신분에 관한 다음 설명 중 옳지 않은 것은 모두 몇 개인가? (다툼이 있으면 판례에 의함)

2014년 제2차 경찰

㉠ 판례는 「형법」제33조의 해석과 관련하여 본문은 진정신분범과 부진정신분범에 대한 공범성립의 문제를, 단서는 부진정신분범에 한하여 과형의 문제를 각각 규정한 것으로 이해한다.
㉡ 치과의사가 환자의 대량유치를 위해 치과기공사들로 하여금 내원환자들에게 진료행위를 하도록 지시하여 동인들이 각 단독으로 진료행위를 하였다면 무면허 의료행위의 교사범에 해당한다.
㉢ 의료인일지라도 의료인 아닌 자의 의료행위에 공모하여 가공하면 의료법상의 무면허의료행위의 공동정범에 해당된다.
㉣ 공직선거법 제257조 제1항 제1호에서 규정하는 각 기부행위제한위반의 죄와 관련하여, 각 기부행위의 주체로 인정되지 아니하는 자가 기부행위의 주체자 등과 공모하여 기부행위를 한 경우, 기부행위 주체자에 해당하는 법조 위반의 공동정범으로 처벌할 수 있다.

① 없음 ② 1개
③ 2개 ④ 3개

해설

㉠ [O] 통설은 제33조 본문은 진정신분범에서의 공범의 성립과 과형을, 단서는 부진정신분범에서의 공범의 성립과 과형을 다루고 있다고 본다. 반면, 판례는 제33조 본문은 진정신분범과 부진정신분범에서의 공범의 성립을, 단서는 부진정신분범에서의 공범의 과형을 다루고 있다고 이해한다.
㉡ [O] 대판 1986.7.8. 86도749
㉢ [O] 대판 2001.11.30. 2001도2015
㉣ [X] 위 각 법조항을 구분하여 기부행위의 주체 및 그 주체에 따라 기부행위제한의 요건을 각기 달리 규정한 취지는 각 기부행위의 주체자에 대하여 그 신분에 따라 각 해당 법조로 처벌하려는 것이고, 각 기부행위의 주체로 인정되지 아니하는 자가 기부행위의 주체자 등과 공모하여 기부행위를 하였다고 하더라도 그 신분에 따라 각 해당법조로 처벌하여야 하지 기부행위의 주체자의 해당법조의 공동정범으로 처벌할 수도 없다(대판 1997.12.26. 97도2249).

정답 ②

26 공범에 관한 설명으로 가장 적절하지 않은 것은? (다툼이 있는 경우 판례에 의함) 2022년 제1차 경찰

① 신분관계로 인하여 형의 경중이 있는 경우에 신분이 있는 자가 신분이 없는 자를 교사하여 죄를 범하게 한 때에는 「형법」 제33조(공범과 신분) 단서가 「형법」 제31조(교사범) 제1항에 우선하여 적용된다.
② 교사범이 성립하기 위해 교사범의 교사가 정범의 범행에 대한 유일한 조건일 필요는 없다.
③ 종범은 정범의 실행행위 중에 이를 방조하는 경우는 물론이고 실행의 착수 전에 장래의 실행행위를 예상하고 이를 용이하게 하는 행위를 하여 방조한 경우에도 성립할 수 있고, 이 경우 정범이 실행에 착수하지 않았다 하더라도 종범 성립에는 영향이 없다.
④ 형법상 방조행위는 정범의 실행행위를 용이하게 하는 직접, 간접의 모든 행위를 가리키는 것으로서 작위에 의한 경우뿐만 아니라 부작위에 의하여도 성립된다.

해설

① **[O]** [1] 형법 제31조 제1항은 협의의 공범의 일종인 교사범이 그 성립과 처벌에 있어서 정범에 종속한다는 일반적인 원칙을 선언한 것에 불과하고, 신분관계로 인하여 형의 경중이 있는 경우에 신분이 있는 자가 신분이 없는 자를 교사하여 죄를 범하게 한 때에는 형법 제33조 단서가 형법 제31조 제1항에 우선하여 적용됨으로써 신분이 있는 교사범이 신분이 없는 정범보다 중하게 처벌된다.
[2] 甲이 丙을 모해할 목적으로 모해할 목적이 없는 증인 乙에게 위증하도록 교사하여 乙이 기억에 반하는 허위의 증언을 한 경우, 정범인 乙에게 모해의 목적이 없었다고 하더라도, 형법 제33조 단서의 규정에 의하여 甲을 모해위증교사죄로 처단할 수 있다(대판 1994.12.23. 93도1002).

② **[O]** 피고인이 甲, 乙, 丙이 절취하여 온 장물을 상습으로 매수하여 취득하여 오다가, 甲, 乙에게 일제 드라이버를 사주면서 "丙이 구속되어 도망다니려면 돈도 필요할텐데 열심히 일을 하라."고 말하여 절도를 실행하게 한 경우, 교사범의 교사가 정범이 죄를 범한 유일한 조건일 필요는 없으므로, 교사행위에 의하여 정범이 실행을 결의하게 된 이상 비록 정범에게 범죄의 습벽이 있어 그 습벽과 함께 교사행위가 원인이 되어 정범이 범죄를 실행한 경우에도 교사범의 성립에 영향이 없다(대판 1991.5.14. 91도542). ☞ 특수절도죄의 교사범 성립

③ **[X]** 종범은 정범의 실행행위 중에 이를 방조하는 경우는 물론이고 실행의 착수 전에 장래의 실행행위를 예상하고 이를 용이하게 하는 행위를 하여 방조한 경우에도 '정범이 그 실행행위에 나아갔다면' 성립한다(대판 1997.4.17. 96도3377 전원합의체 등). ☞ 제한적 종속형식에 의할 경우 교사범이나 종범이 성립하기 위해서는 정범의 실행착수가 인정되어야 한다.

④ **[O]** 형법상 방조는 작위에 의하여 정범의 실행을 용이하게 하는 경우는 물론, 직무상의 의무가 있는 자가 정범의 범죄행위를 인식하면서도 그것을 방지하여야 할 제반 조치를 취하지 아니하는 부작위로 인하여 정범의 실행행위를 용이하게 하는 경우에도 성립된다(대판 1996.9.6. 95도2551). ☞ 보증인지위가 인정되는 자의 부작위에 의한 종범 성립가능

정답 ③

27 공범과 신분에 대한 설명으로 가장 적절하지 않은 것은? (다툼이 있는 경우 판례에 의함)

2018년 제3차 경찰

① 형법 제33조의 신분관계라 함은 남녀의 성별, 내·외국인의 구별, 친족관계, 공무원인 자격과 같은 관계뿐만 아니라 널리 일정한 범죄행위에 관련된 범인의 인적관계인 특수한 지위 또는 상태를 말한다.
② 비신분자가 신분자와 공모하여 업무상 횡령죄를 범한 경우 비신분자에게 업무상 횡령죄가 성립하고 처벌에 있어서도 업무상 횡령죄에 정한 형으로 처벌해야 한다.
③ 의료인일지라도 의료인 아닌 자의 의료행위에 공모하여 가공하면 의료법위반(무면허의료)죄의 공동정범으로서의 책임을 진다.
④ 공무원이 아닌 자는 공정증서원본등불실기재의 경우를 제외하고는 허위공문서작성죄의 간접정범으로 처벌할 수 없으나, 공무원이 아닌 자가 공무원과 공동하여 허위공문서작성죄를 범한 때에는 공무원이 아닌 자도 허위공문서작성죄의 공동정범이 된다.

해설

① [O] 대판 1994.12.23. 93도1002
② [X] 판례의 입장에 의할 경우, 비신분자는 형법 제33조 본문에 의하여 업무상횡령죄의 공동정범이 성립하고, 형법 제33조 단서에 의하여 단순횡령죄의 형으로 처벌된다.
③ [O] 대판 1986.2.11. 85도448
④ [O] ⅰ) 사인(私人)이 작성권한 있는 공무원에게 허위신고 등의 행위를 하고 이것이 허위인 정을 알지 못하는 공무원이 그러한 허위내용이 기재된 공문서를 작성한 경우, 사인은 단독으로 허위공문서작성죄를 범할 수 있는 정범적격이 없으므로 원칙적으로 허위공문서작성죄의 간접정범이 성립할 수 없다(대판 4292형상647 전원합의체). ⅱ) 반면, 공동정범·교사범·방조범의 형태로 가공한 경우에는 형법 제33조(공범과 신분)에 의하여 허위공문서작성죄의 공동정범·교사범·방조범의 성립은 가능하다.

정답 ②

제 7 장 죄수론

01 죄수(罪數)결정 기준에 관한 설명으로 가장 적절한 것은? (다툼이 있는 경우 판례에 의함)

2020년 제1차 경찰

① 행위표준설은 죄수의 판단을 위한 기본요소를 행위자의 행위에서 구하여 행위가 하나일 때 하나의 죄를, 행위가 다수일 때 수개의 죄를 인정하는 견해로 판례는 연속범의 경우 이 견해를 취하고 있다.
② 법익표준설은 한 사람의 행위자가 실현시킨 범죄실현의 과정에서 몇 개의 보호법익이 침해 또는 위태롭게 되었는가를 기준으로 죄의 개수를 인정하는 견해로 판례는 강간, 공갈죄의 경우 이 견해를 취하고 있다.
③ 의사표준설은 행위자가 실현하려는 범죄의사의 개수에 따라서 죄의 개수를 결정하려는 견해로 행위자에게 1개의 범죄의사가 있으면 1죄를, 수개의 범죄의사가 있으면 수개의 죄를 각각 인정하게 되며, 판례는 연속범의 경우를 제외하고는 원칙적으로 이 견해를 취하고 있다.
④ 구성요건표준설은 구성요건에 해당하는 회수를 기준으로 죄수를 결정하는 견해로 죄수의 결정은 법률적인 구성요건충족의 문제로 해석하여 구성요건을 1회 충족하면 일죄이고, 수개의 구성요건에 해당하면 수죄를 인정하게 되며, 판례는 조세포탈범의 죄수는 위반사실의 구성요건 충족 회수를 기준으로 1죄가 성립하는 것이 원칙이라고 하여 이 견해를 따르는 경우도 있다.

해설

① **[X]** 판례는 강간죄 등의 경우 행위표준설을 취하고 있다고 해석된다.

> 피해자를 1회 강간하여 상처를 입게 한 후 약 1시간 후에 장소를 옮겨 같은 피해자를 다시 1회 강간한 행위는 그 범행시간과 장소를 달리하고 있을 뿐만 아니라 각 별개의 범의에서 이루어진 행위로서 형법 제37조 전단의 실체적 경합범에 해당한다(대판 1987.5.12. 87도694). ☞ 강간치상죄와 강간죄의 실체적 경합범 성립

② **[X]** 판례는 강간죄의 경우 행위표준설을 취하고 있다고 해석되고, 공갈죄의 경우 의사표준설을 취한 것으로 해석되는 판례가 있다.

> 피고인이 투자금의 회수를 위해 피해자를 강요하여 물품대금을 횡령하였다는 자인서를 받아낸 뒤 이를 근거로 돈을 갈취한 경우, 피고인의 주된 범의가 피해자로부터 돈을 갈취하는 데에 있었던 것이라면 피고인은 단일한 공갈의 범의하에 갈취의 방법으로 일단 자인서를 작성케 한 후 이를 근거로 계속하여 갈취행위를 한 것으로 보아야 할 것이므로 위 행위는 포괄하여 공갈죄 일죄만을 구성한다고 보아야 한다(대판 1985.6.25. 84도2083).

③ **[X]** 범의의 단일성과 계속성이 인정되는 연속범의 경우, 범죄의사가 단일하므로 포괄일죄를 인정하므로 판례는 원칙적으로 연속범의 경우 의사표준설을 취하고 있다고 해석된다.

> 타인의 사무를 처리하는 자가 i) '동일인'으로부터 그 직무에 관하여 부정한 청탁을 받고 여러 차례에 걸쳐 금품을 수수한 경우, 그것이 단일하고도 계속된 범의 아래 일정기간 반복하여 이루어진 것이고 그 피해법익도 동일한 때에는 이를 포괄일죄로 보아야 한다. ii) 다만, '여러 사람'으로부터 각각 부정한 청탁을 받고 그들로부터 각각 금품을 수수한 경우에는 비록 그 청탁이 동종의 것이라고 하더라도 단일하고 계속된 범의 아래 이루어진 범행으로 보기 어려워 그 전체를 포괄일죄로 볼 수 없다(대판 2008.12.11. 2008도6987).

④ [O] 조세포탈범의 죄수와 관련하여 구성요건표준설을 취한 것으로 해석되는 판례가 있다.

> 원래 조세포탈범의 죄수는 위반사실의 구성요건 충족 회수를 기준으로 하여 예컨대, 소득세포탈범은 각 과세년도의 소득세마다, 법인세포탈범은 각 사업년도의 법인세마다, 그리고 부가가치세의 포탈범은 각 과세기간인 6월의 부가가치세마다 1죄가 성립하는 것이 원칙이다(대판 2000.4.20. 99도3822 전원합의체).

정답 ④

02 (가)와 (나)사례에 관한 죄수의 기초이론에 따른 설명 중 가장 적절하지 않은 것은? 2022년 경찰2차

(가) 공무원 甲은 직무와 관련하여 乙로부터 매월 1일 100만 원씩 10회에 걸쳐 뇌물을 수수하였다.
(나) 甲이 A를 살해하기 위하여 A의 음료수에 치사량의 독약을 한 번 넣고 가버린 후 그 음료수를 나누어 마신 A와 그의 비서가 사망하였다.

① 자연적 행위표준설에 따르면 (가)는 수죄, (나)는 일죄가 된다.
② 법익표준설에 따르면 (나)는 전속적 법익인 생명을 침해한 것으로 법익주체마다 1개의 죄가 성립한다.
③ (가)에서 구성요건표준설로는 甲의 10회에 걸친 뇌물수수 행위가 일죄인지, 수죄인지 명확하게 결정할 수 없다는 비판이 있다.
④ 의사표준설에 따르면 (가)의 경우 甲이 10회의 뇌물수수 과정에서 단일한 범의를 가졌는지를 불문하고 일죄가 된다.

해설
① [O] 행위표준설에 따르면, (가)는 10회에 걸쳐 뇌물을 수수하는 행위를 하였으므로 수죄(10개), (나)는 치사량의 독약을 넣는 행위는 하나의 행위로 평가되므로 일죄가 된다.
② [O] 법익표준설에 따르면 (나)는 전속적 법익인 생명을 침해한 것으로 법익주체의 수, 즉 피해자의 수만큼 범죄가 성립하게 되어 2개의 살인죄가 성립한다고 본다.
③ [O] 구성요건표준설에 대한 비판으로서 옳은 지문이다. 행위자의 의사를 고려하지 않고서는 일죄인지, 수죄인지를 평가하기 곤란하기 때문이다.
④ [X] 의사표준설에 따르면 범죄의사의 단일성과 계속성이 인정되어야 甲의 10회에 걸친 뇌물수수 행위는 포괄하여 일죄로 평가될 수 있고, 범의의 단일성과 계속성이 인정되지 않는다면 수죄로 평가될 수 있다.

정답 ④

03 다음 중 불가벌적 사후행위에 해당하는 것으로 가장 적절한 것은? (다툼이 있으면 판례에 의함)

2014년 제1차 경찰

① 절취한 자기앞수표를 음식대금으로 교부하고 거스름돈을 환불받은 행위
② 사람을 살해한 다음 그 범죄의 흔적을 은폐하기 위하여 그 시체를 다른 장소로 옮겨 유기한 행위
③ 절취한 전당표를 제3자에게 교부하면서 자기 누님의 것이니 찾아 달라고 거짓말을 하여 이를 믿은 제3자가 전당포에 이르러 그 종업원에게 전당표를 제시하여 기망케 하고 전당물을 교부받은 행위
④ 부정한 이익을 얻을 목적으로 타인의 영업비밀이 담긴 CD를 절취하여 그 영업비밀을 부정사용한 행위

해설

① **(O)** 대판 1987.1.20. 86도1728
② **(X)** 사람을 살해한 다음 그 범죄의 흔적을 은폐하기 위하여 그 시체를 다른 장소에 옮겨 유기하였을 때에는 살인죄와 사체유기죄의 경합범이 성립하고 사체유기를 불가벌적 사후행위라 할 수 없다(대판 1984.11.27. 84도2263).
③ **(X)** 절취한 전당표를 제3자에게 교부하면서 자기 누님의 것이니 찾아 달라고 거짓말을 하여 이를 믿은 제3자가 전당포에 이르러 그 종업원에게 전당표를 제시하여 기망케 하고 전당물을 교부받게 하여 편취하였다면 이는 사기죄를 구성하는 것이다(대판 1980.10.14. 80도2155).
④ **(X)** 부정한 이익을 얻을 목적으로 타인의 영업비밀이 담긴 CD를 절취하여 그 영업비밀을 부정사용한 경우, 영업비밀의 부정사용행위는 새로운 법익의 침해로 보아야 하므로 위와 같은 부정사용행위가 절도범행의 불가벌적 사후행위가 되는 것은 아니다(대판 2008.9.11. 2008도5364). ☞ 절도죄와 부정경쟁방지 및 영업비밀보호에 관한 법률위반(영업비밀부정사용)죄의 실체적 경합범 성립

정답 ①

04 다음 설명 중 가장 적절하지 않은 것은? (다툼이 있으면 판례에 의함)

2016년 제2차 경찰

① 불가벌적 수반행위란 법조경합의 한 형태인 흡수관계에 속하는 것으로서, 행위자가 특정한 죄를 범하면 비록 논리 필연적인 것은 아니지만 일반적·전형적으로 다른 구성요건을 충족하고 이때 그 구성요건의 불법이나 책임 내용이 주된 범죄에 비하여 경미하기 때문에 처벌이 별도로 고려되지 않는 경우를 말한다.
② 피해자에 대한 폭행행위가 동일한 피해자에 대한 업무방해죄의 수단이 되었다면, 그러한 폭행행위는 이른바 불가벌적 수반행위에 해당하여 업무방해죄에 대하여 흡수관계에 있다.
③ 수수한 메스암페타민을 장소를 이동하여 투약하고서 잔량을 은닉하는 방법으로 소지한 행위는 사회통념상 수수행위와는 독립된 별개의 행위를 구성한다고 보아야 한다.
④ 국회의원 선거에서 정당의 공천을 받게 하여 줄 의사나 능력이 없음에도 이를 해줄 수 있는 것처럼 기망하여 공천과 관련하여 금품을 받은 경우, 공직선거법상 공천 관련 금품수수죄와 사기죄가 모두 성립하고 양자는 상상적 경합의 관계에 있다.

해설

① [O] 대판 2012.10.11. 2012도1895
② [X] 업무방해죄와 폭행죄는 구성요건과 보호법익을 달리하고 있고, 업무방해죄의 성립에 일반적·전형적으로 사람에 대한 폭행행위를 수반하는 것은 아니며, 폭행행위가 업무방해죄에 비하여 별도로 고려되지 않을 만큼 경미한 것이라고 할 수도 없으므로, 설령 피해자에 대한 폭행행위가 동일한 피해자에 대한 업무방해죄의 수단이 되었다고 하더라도 그러한 폭행행위가 이른바 '불가벌적 수반행위'에 해당하여 업무방해죄에 대하여 흡수관계에 있다고 볼 수는 없다(대판 2012.10.11. 2012도1895). ☞ 폭처법위반(공동폭행)죄와 업무방해죄의 상상적 경합범 성립
③ [O] 피고인이 수수한 메스암페타민을 장소를 이동하여 투약하고서 잔량을 은닉하는 방법으로 소지한 행위는 그 소지의 경위나 태양에 비추어 볼 때 당초의 수수행위에 수반되는 필연적 결과로 볼 수는 없고, 사회통념상 수수행위와는 독립된 별개의 행위를 구성한다(대판 1999.08.20. 99도1744).
④ [O] 대판 2013.09.26. 2013도7876

정답 ②

05 다음 중 불가벌적 사후행위에 해당하는 것으로만 조합된 것은? (다툼이 있는 경우 판례에 의함)

2017년 제1차 경찰, 2017년 경찰간부 변형

㉠ 흡연할 목적으로 대마를 매입한 후 흡연할 기회를 포착하기 위하여 2일 이상 하의주머니에 넣고 다님으로써 매입한 대마를 소지한 행위
㉡ 부정한 이익을 얻을 목적으로 타인의 영업비밀이 담긴 CD를 절취하여 그 영업비밀을 부정 사용한 행위
㉢ 절도범인으로부터 장물보관의뢰를 받은 자가 그 정을 알면서 이를 인도받아 보관하고 있다가 임의처분한 행위
㉣ 자동차를 절취한 후 절취한 자동차에서 자동차등록번호판을 떼어내는 행위
㉤ 공동상속인 중 1인이 상속재산인 임야를 보관 중 다른 상속인들로부터 매도 후 분배 또는 소유권이전등기를 요구받고도 그 반환을 거부하였다가, 그 후 그 임야에 관하여 다시 제3자 앞으로 근저당권설정등기를 경료해 준 행위

① ㉠, ㉤
② ㉡, ㉢
③ ㉢, ㉤
④ ㉠, ㉣

해설

㉠ [X] 매입한 대마를 처분함이 없이 계속 소지하고 있는 경우에 있어서 그 소지행위가 매매행위와 불가분의 관계에 있는 것이라거나, 매매행위에 수반되는 필연적 결과로서 일시적으로 행하여진 것에 지나지 않는다고 평가되지 않는 한 그 소지행위는 매매행위에 포괄 흡수되지 아니하고 대마매매죄와는 달리 대마소지죄가 성립한다고 보아야 할 것인바, 흡연할 목적으로 대마를 매입한 후 흡연할 기회를 포착하기 위하여 이틀 이상 하의주머니에 넣고 다님으로써 소지한 행위는 매매행위의 불가분의 필연적 결과라고 평가될 수 없다(대판 1990.07.27. 90도543). ☞ 대마매매죄와 대마소지죄의 실체적 경합범 성립
㉡ [X] 영업비밀의 부정사용행위는 새로운 법익의 침해로 보아야 하므로 위와 같은 부정사용행위가 절도범행의 불가벌적 사후행위가 되는 것은 아니다(대판 2008.09.11. 2008도5364). ☞ 절도죄와 부정경쟁방지 및 영업비밀보호에 관한 법률위반(영업비밀부정사용)죄의 실체적 경합범 성립
㉢ [O] 절도범인으로부터 장물보관의뢰를 받은 자가 그 정을 알면서 이를 인도받아 보관하고 있다가 임의처분하였다 하여도 장물보관죄가 성립되는 때에는 이미 그 소유자의 소유물추구권을 침해하였으므로 그 후의 횡령행위는 불가벌적 사후행위에 불과하여 별도로 횡령죄가 성립하지 않는다(대판 1976.11.23. 76도3067).

> **비교판례**
> 피고인이 업무상 과실로 장물(고려청자 원앙형 향로)을 보관하고 있다가 처분한 행위는 업무상과실장물보관죄의 가벌적 평가에 포함되고 별도로 횡령죄를 구성하지 않는다(대판 2004.04.09. 2003도8219).

ⓔ **(X)** 자동차를 절취한 후 자동차등록번호판을 떼어내는 행위는 새로운 법익의 침해로 보아야 하므로 위와 같은 번호판을 떼어내는 행위가 절도범행의 불가벌적 사후행위가 되는 것은 아니다(대판 2007.09.06. 2007도4739). ☞ 절도죄와 자동차관리법위반죄의 실체적 경합범 성립

ⓜ **(O)** 공동상속인 중 1인인 甲이 상속재산인 임야를 보관 중 다른 상속인들로부터 매도 후 분배 또는 소유권이전등기를 요구받고도 반환을 거부하고 그 후 그 임야에 관하여 다시 제3자 앞으로 근저당권설정등기를 경료해 준 경우, 불가벌적 사후행위에 해당한다(대판 2010.2.25. 2010도93). ☞ 후행처분행위는 별개의 횡령죄 불성립

정답 ③

---

06 포괄일죄에 관한 다음 설명 중 가장 옳지 않은 것은? (다툼이 있으면 판례에 의함) 2018년 법원직

① 같은 심급에서 선서는 한 번 하고 그 최초한 선서의 효력을 유지시킨 후 증언하였더라도, 변론기일을 달리하여 수차 증인으로 나가 수 개의 허위진술을 하면 각 증인신문기일별로 위증죄의 경합범이 될 뿐 위증죄의 포괄일죄에 해당하지 않는다.

② 음주상태로 자동차를 운전하다가 제1차 사고를 내고 그대로 진행하여 제2차 사고를 낸 경우, 제1차 사고시의 음주운전죄와 제2차 사고시의 음주운전죄는 포괄일죄에 해당한다.

③ 사기죄에 있어서 동일한 피해자에 대하여 수회에 걸쳐 기망행위를 하여 금원을 편취한 경우, 그 범의가 단일하고 범행 방법이 동일하다면 사기죄의 포괄일죄만이 성립한다.

④ 뇌물을 여러 차례에 걸쳐 수수함으로써 그 행위가 여러 개이더라도 그것이 단일하고 계속적 범의에 의하여 이루어지고 동일법익을 침해한 때에는 포괄일죄로 처벌함이 상당하다.

해설

① **(X)** 행정소송사건의 같은 심급에서 변론기일을 달리하여 수차 증인으로 나가 수 개의 허위진술을 하더라도 최초 한 선서의 효력을 유지시킨 후 증언한 이상 1개의 위증죄를 구성함에 그친다(대판 2005.3.25. 2005도60).

② **(O)** 음주상태로 자동차를 운전하다가 제1차 사고를 내고 그대로 진행하여 제2차 사고를 낸 후 음주측정을 받아 도로교통법 위반(음주운전)죄로 약식명령을 받아 확정되었는데, 그 후 제1차 사고 당시의 음주운전으로 기소된 사안에서 위 공소사실이 약식명령이 확정된 도로교통법 위반(음주운전)죄와 포괄일죄 관계에 있다고 본 사례(대판 2007.7.26. 2007도4404)

③ **(O)** 사기죄에 있어 동일한 피해자에 대하여 수회에 걸쳐 기망행위를 하여 금원을 편취한 경우 ⅰ) 범의가 단일하고 범행방법이 동일하다면 사기죄의 포괄1죄만이 성립한다고 할 것이나, ⅱ) 범의의 단일성과 계속성이 인정되지 아니하거나 범행방법이 동일하지 않은 경우에는 각 범행은 실체적 경합범에 해당한다(대판 1997.6.27. 97도508).

④ **(O)** 甲이 1977.4.15. 경 사무실에서 乙로부터 아파트보존등기신청사건을 접수처리함에 있어서 신속히 처리해달라는 부탁조로 금원을 교부받은 것을 비롯하여 같은 해 9.10.경까지 전후 7회에 걸쳐 각종 등기사건을 접수처리하면서 乙로부터 같은 명목으로 도합 금 828,000원을 교부받아 그 직무에 관하여 뇌물을 수수한 경우, 이는 甲이 뇌물수수의 단일한 범의의 계속하에 일정기간 동종행위를 같은 장소에서 반복한 것이 분명하므로 甲의 수회에 걸친 뇌물수수행위는 포괄일죄를 구성한다(대판 1982.10.26. 81도1409).

정답 ①

07 죄수에 대한 설명으로 옳은 것은? (다툼이 있는 경우 판례에 의함) 2021년 경찰간부

① 포괄일죄의 관계에 있는 범행의 일부에 대하여 약식명령이 확정된 경우, 그 약식명령 발령시를 기준으로 그 이전에 이루어진 범행에 대해서는 면소판결을 선고해야 한다.
② 경합범 중 판결을 받지 아니한 죄가 있는 때에는 그 죄와 판결이 확정된 죄를 동시에 판결할 경우와 형평을 고려하여 그 죄에 대하여 형을 선고한다. 이 경우 그 형을 감경 또는 면제한다.
③ 경찰공무원이 지명수배 중인 범인을 발견하고도 직무상 의무에 따른 적절한 조치를 취하지 아니하고 오히려 범인을 도피하게 한 경우, 범인도피죄와 직무유기죄가 모두 성립하고 양 죄는 상상적 경합관계에 있다.
④ 건물제공행위와 성매매알선행위의 경우 성매매알선행위가 건물제공행위의 결과에 해당하고 반대로 건물제공행위는 성매매 알선행위에 수반되는 수단으로 볼 수 있으므로 별개의 죄를 구성하지 않고 위 각 행위를 통틀어 법정형이 더 무거운 성매매 알선행위의 포괄일죄를 구성한다.

해설

① **(O)** 포괄일죄의 일부에 대한 약식명령이 정식재판청구기간의 도과로 확정된 경우에는 그 약식명령의 발령시를 기준으로 하여 그 때까지 행하여진 행위에 대하여는 공소의 효력과 약식명령의 확정력이 미치므로 이에 대하여는 면소판결을 하여야 한다(대판 1981.6.23. 81도1437).
② **(X)** 제39조는 필요적 감·면이 아니라 임의적 감·면사유로 규정되어 있다.

> 제39조(판결을 받지 아니한 경합범, 수개의 판결과 경합범, 형의 집행과 경합범) ① 경합범 중 판결을 받지 아니한 죄가 있는 때에는 그 죄와 판결이 확정된 죄를 동시에 판결할 경우와 형평을 고려하여 그 죄에 대하여 형을 선고한다. 이 경우 그 형을 감경 또는 면제할 수 있다.

③ **(X)** 경찰공무원이 지명수배 중인 범인을 발견하고도 직무상 의무에 따른 적절한 조치를 취하지 아니하고 오히려 범인을 도피하게 하는 행위를 하였다면, 그 직무위배의 위법상태는 범인도피행위 속에 포함되어 있다고 보아야 할 것이므로, 이와 같은 경우에는 작위범인 범인도피죄만이 성립하고 부작위범인 직무유기죄는 따로 성립하지 아니한다(대판 2017.3.15. 2015도1456 등).
④ **(X)** 구 성매매알선 등 행위의 처벌에 관한 법률 제2조 제1항 제2호는 '성매매알선등행위'로 (가)목에서 '성매매를 알선·권유·유인 또는 강요하는 행위'를, (다)목에서 '성매매에 제공되는 사실을 알면서 자금·토지 또는 건물을 제공하는 행위'를 규정하는 한편, 구 성매매알선 등 처벌법 제19조는 '영업으로 성매매알선등행위를 한 자'에 대한 처벌을 규정하고 있는데, 성매매알선행위와 건물제공행위의 경우 비록 처벌규정은 동일하지만, 범행방법 등의 기본적 사실관계가 상이할 뿐 아니라 주체도 다르다고 보아야 한다. 또한 수개의 행위태양이 동일한 법익을 침해하는 일련의 행위로서 각 행위 간 필연적 관련성이 당연히 예상되는 경우에는 포괄일죄의 관계에 있다고 볼 수 있지만, 건물제공행위와 성매매알선행위의 경우 성매매알선행위가 건물제공행위의 필연적 결과라거나 반대로 건물제공행위가 성매매알선행위에 수반되는 필연적 수단이라고도 볼 수 없다. 따라서 '영업으로 성매매를 알선한 행위'와 '영업으로 성매매에 제공되는 건물을 제공하는 행위'는 당해 행위 사이에서 각각 포괄일죄를 구성할 뿐, 서로 독립된 가벌적 행위로서 별개의 죄를 구성한다고 보아야 한다(대판 2011.5.26. 2010도6090). ☞ 포괄일죄 불성립(기본적 사실관계가 다르므로 실체적 경합범이 성립한다는 취지로 파기환송한 사안)

정답 ①

08 포괄일죄에 대한 설명으로 옳은 것은? (다툼이 있는 경우 판례에 의함) 2021년 경찰간부

① 「공직선거법」 제106호 제1항이 규정하고 있는 호별방문죄는 집집을 중단 없이 방문하거나 동일한 일시 및 기회에 방문할 것을 요하지 않으므로, 선거운동이라는 단일한 범의 하에 수인의 집을 방문한 경우 시간적 근접성 및 연속성에 대한 판단 없이 포괄일죄가 성립한다.
② 단일한 범의 하에 동일한 방법으로 수인의 피해자에 대하여 각 피해자별로 기망행위를 하여 재물을 편취한 경우, 사기죄의 포괄일죄가 성립한다.
③ 같은 심급에서 1회 선서한 이후 그 선서의 효력이 유지된 상태에서 변론기일을 달리하여 수차 증인으로 출석하여 수 개의 허위진술을 한 경우 1개의 위증죄가 성립한다.
④ 수 개의 등록상표에 대하여 상표권 침해행위가 계속된 경우 등록상표를 달리하는 수 개의 상표권 침해행위는 포괄하여 하나의 죄가 성립한다.

해설

① **(X)** [1] 공직선거법 제106조 제1항 소정의 호별방문죄는 연속적으로 두 집 이상을 방문함으로써 성립하고, 또 타인과 면담하기 위하여 그 거택 등에 들어간 경우는 물론 타인을 면담하기 위하여 방문하였으나 피방문자가 부재중이어서 들어가지 못한 경우에도 성립한다.
[2] 공직선거법 제106조 제1항 소정의 호별방문죄에 있어서 각 집의 방문이 '연속적'인 것으로 인정되기 위해서는 반드시 집집을 중단 없이 방문하여야 하거나 동일한 일시 및 기회에 각 집을 방문하여야 하는 것은 아니지만, 각 방문행위 사이에는 어느 정도의 시간적 근접성이 있어야 할 것이고, 이러한 시간적 근접성이 없다면 '연속적'인 것으로 인정될 수는 없다(대판 2007.3.15. 2006도9042).
② **(X)** 사기죄에 있어서 수인의 피해자에 대하여 각 피해자별로 기망행위를 하여 각각 재물을 편취한 경우에 그 범의가 단일하고 범행방법이 동일하다고 하더라도 포괄1죄가 성립하는 것이 아니라 피해자별로 1개씩의 죄가 성립하는 것으로 보아야 한다(대판 1997.6.27. 97도508).
③ **(O)** 하나의 사건에 관하여 한 번 선서한 증인이 같은 기일에 여러 가지 사실에 관하여 기억에 반하는 허위의 진술을 한 경우 이는 하나의 범죄의사에 의하여 계속하여 허위의 진술을 한 것으로서 포괄하여 1개의 위증죄를 구성하는 것이고 각 진술마다 수 개의 위증죄를 구성하는 것이 아니므로, 당해 위증 사건의 허위진술 일자와 같은 날짜에 한 다른 허위진술로 인한 위증 사건에 관한 판결이 확정되었다면, 비록 종전 사건 공소사실에서 허위의 진술이라고 한 부분과 당해 사건 공소사실에서 허위의 진술이라고 한 부분이 다르다 하여도 종전 사건의 확정판결의 기판력은 당해 사건에도 미치게 되어 당해 위증죄 부분은 면소되어야 한다. 나아가 행정소송사건의 같은 심급에서 변론기일을 달리하여 수차 증인으로 나가 수 개의 허위진술을 하더라도 최초 한 선서의 효력을 유지시킨 후 증언한 이상 1개의 위증죄를 구성함에 그친다(대판 2007.3.15. 2006도9463).
④ **(X)** 수 개의 등록상표에 대하여 상표법 제93조에서 정한 상표권침해 행위가 계속하여 행하여진 경우에는 '각 등록상표 1개마다' 포괄하여 1개의 범죄가 성립하므로, 특별한 사정이 없는 한 상표권자 및 표장이 동일하다는 이유로 등록상표를 달리하는 수 개의 상표권침해 행위를 포괄하여 하나의 죄가 성립하는 것으로 볼 수 없다(대판 2011.7.14. 2009도10759).

정답 ③

09 **죄수에 관한 설명으로 가장 적절한 것은? (다툼이 있는 경우 판례에 의함)** 2022년 제1차 경찰

① 예금주인 현금카드 소유자를 협박하여 그 카드를 갈취한 다음 피해자의 승낙에 의하여 현금카드를 사용할 권한을 부여받아 이를 이용하여 현금자동지급기에서 현금을 인출한 행위는 공갈죄와는 별도로 절도죄를 구성한다.
② 음주로 인한 특정범죄 가중처벌 등에 관한 법률 위반(위험운전치사상)죄는 중한 형태의 도로교통법 위반(음주운전)죄를 기본 범죄로 하는 결과적 가중범으로 그 행위유형과 보호법익을 이미 모두 포함하고 있으므로, 특정범죄 가중처벌 등에 관한 법률 위반(위험운전치사상)죄가 성립하면 도로교통법 위반(음주운전)죄는 이에 흡수되어 따로 성립하지 아니한다.
③ 공무원이 직무관련자에게 제3자와 계약을 체결하도록 요구하여 계약체결을 하게 한 행위가 제3자뇌물수수죄의 구성요건과 직권남용권리행사방해죄의 구성요건에 모두 해당하는 경우에는 제3자뇌물수수죄와 직권남용권리행사방해죄가 각각 성립하고 두 죄는 상상적 경합관계에 있다.
④ 업무방해죄와 폭행죄의 관계에 있어 피해자에 대한 폭행행위가 동일한 피해자에 대한 업무방해죄의 수단이 된 경우, 그러한 폭행행위는 이른바 불가벌적 수반행위에 해당하여 업무방해죄에 대하여 흡수관계에 있다.

해설

① [X] 피고인은 같은 학원에 다니면서 알게 된 피해자와 부산 등지로 여행하던 중 "현금카드를 빌려주지 않으면 부산에 있는 아는 깡패를 동원하여 가루로 만들어 버리겠다."고 말하여 이에 겁을 먹은 피해자로부터 즉석에서 현금카드를 교부받고, 현금자동지급기에서 도합 17회에 걸쳐 금원을 인출한 경우, 피해자의 예금을 갈취하고자 하는 피고인의 단일하고 계속된 범의 아래에서 이루어진 일련의 행위로서 포괄하여 하나의 공갈죄를 구성한다(대판 95도1728). ☞ 예금주에 대한 공갈죄의 포괄일죄가 성립하고, 반면 현금자동지급기관리자에 대한 절도죄는 불성립
② [X] 음주로 인한 특정범죄가중처벌 등에 관한 법률 위반(위험운전치사상)죄와 도로교통법 위반(음주운전)죄는 입법 취지와 보호법익 및 적용영역을 달리하는 별개의 범죄이므로, 양 죄가 모두 성립하는 경우 두 죄는 실체적 경합관계에 있다(대판 2008.11.13. 2008도7142).

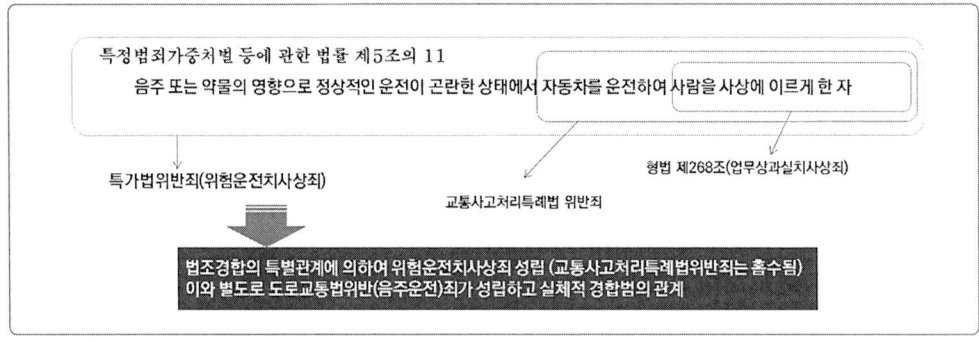

③ [O] 이천시의 건축 관련 민원을 담당하는 공무원인 甲이 이천시에서 아파트시행사업을 하는 乙에게 그의 사업체가 관내 업체가 아니라는 지적을 하고 구체적인 이유에 관한 설명 없이 인허가절차가 지연될 수 있다는 말을 하면서 乙에게 용역계약 체결의 상대방으로 A 엔지니어링 한 업체만을 소개하고 그 운영자인 丙의 명함을 직접 건네주어 乙로 하여금 丙을 찾아가서 다소 비싼 가격으로 용역계약을 체결하게 하는 등으로 관여한 경우(대판 2017.03.15. 2016도19659). ☞ 제3자뇌물수수죄와 직권남용권리행사방해죄의 상상적 경합범 성립
④ [X] 피고인들이 공동폭행의 방법으로 피해자들의 택시 운행업무를 방해한 사실은 있으나 그 외의 방법으로 택시 운행업무를

방해한 사정은 보이지 아니하는 경우, 피해자에 대한 폭행행위가 동일한 피해자에 대한 업무방해죄의 수단이 되었다고 하더라도 그러한 폭행행위가 이른바 '불가벌적 수반행위'에 해당하여 업무방해죄에 대하여 흡수관계에 있다고 볼 수는 없다(대판 2012.10.11. 2012도1895). ☞ 폭력행위 등 처벌에 관한 법률위반(공동폭행)죄와 업무방해죄의 상상적 경합범 성립

(정답) ③

10 죄수에 관한 설명 중 가장 적절하지 않은 것은? (다툼이 있는 경우 판례에 의함)   2022년 경찰2차

① 주거침입강간죄는 사람의 주거 등을 침입한 자가 피해자를 강간한 경우에 성립하는 것으로서 주거침입죄를 범한 후에 사람을 강간하여야 하는 일종의 신분범이고, 선후가 바뀌어 강간죄를 범한 자가 그 피해자의 주거에 침입한 경우에는 강간죄와 주거침입죄의 실체적 경합범이 된다.

② 피해견인 로트와일러가 묶여 있던 자신의 진돗개를 공격하자, 진돗개 주인이 피해견을 쫓아버리기 위해 엔진톱으로 위협하다가 피해견의 등 쪽을 절단하여 죽게 한 행위는 구 동물보호법 위반죄(잔인한 방법으로 죽이는 행위)와 재물손괴죄가 성립하고, 양자는 상상적 경합의 관계에 있다.

③ 「공직선거법」 제18조 제3항(「형법」 제38조에도 불구하고 제1항 제3호에 규정된 죄와 다른 죄의 경합범에 대하여는 이를 분리 선고하여야 한다)은 선거범이 아닌 다른 죄가 선거범의 양형에 영향을 미치는 것을 최소화하기 위하여 「형법」상 경합범 처벌례에 관한 조항의 적용을 배제하고 분리하여 형을 따로 선고하여야 한다는 취지이기에, 선거범과 상상적 경합 관계에 있는 모든 죄는 통틀어 선거범으로 취급하여서는 아니된다.

④ 수 개의 등록상표에 대하여 「상표법」 제230조의 상표권 침해행위가 계속하여 이루어진 경우에는 등록상표마다 포괄하여 1개의 범죄가 성립하나, 하나의 유사상표 사용행위로 수 개의 등록상표를 동시에 침해하였다면 각각의 상표법 위반죄는 상상적 경합의 관계에 있다.

해설

① [O] 주거침입강제추행죄 및 주거침입강간죄 등은 사람의 주거 등을 침입한 자가 피해자를 간음, 강제추행 등 성폭력을 행사한 경우에 성립하는 것으로서, 주거침입죄를 범한 후에 사람을 강간하는 등의 행위를 하여야 하는 일종의 신분범이고, 선후가 바뀌어 강간죄 등을 범한 자가 그 피해자의 주거에 침입한 경우에는 이에 해당하지 않고 강간죄 등과 주거침입죄 등의 실체적 경합범이 된다. 그 실행의 착수시기는 주거침입 행위 후 강간죄 등의 실행행위에 나아간 때이다(대판 2021.8.12. 2020도17796).

② [O] 피고인의 행위는 동물보호법 제8조 제1항 제1호에 의하여 금지되는 '목을 매다는 등의 잔인한 방법으로 죽이는 행위'에 해당한다고 봄이 상당할 뿐 아니라, 나아가 피고인의 행위에 위법성조각사유 또는 책임조각사유가 있다고 보기도 어렵다(대판 2016.1.28. 2014도2477).

③ [X] 공직선거및선거부정방지법 제18조 제3항은 선거범과 다른 죄의 경합범에 대하여는 형법 제38조의 규정에 불구하고 이를 분리 심리하여 따로 선고하여야 한다고 규정하고 있는바, 그 취지는 선거범이 아닌 다른 죄가 선거범의 양형에 영향을 미치는 것을 최소화하기 위하여 단지 형법 제38조의 적용을 배제하고 분리 심리하여 형을 따로 선고하여야 한다는 것이므로, 선거범과 상상적 경합관계에 있는 다른 범죄에 대하여는 여전히 형법 제40조에 의하여 그 가장 중한 죄에 정한 형으로 처벌해야 하고, 이때 공직선거및선거부정방지법에서 선거범을 달리 취급하는 입법 취지와 그 조항의 개정 연혁에 비추어 볼 때 그 처벌받는 가장 중한 죄가 선거범인지 여부를 묻지 않고 선거범과 상상적 경합관계에 있는 모든 죄는 통틀어 선거범으로 취급하여야 할 것이다(대판 1999.4.23. 99도636).

④ [O] 대판 2020.11.12. 2019도11688

(정답) ③

11 죄수에 대한 설명으로 옳은 것은? (다툼이 있는 경우 판례에 의함)   2022년 경찰간부

① 징역형만 규정된 A죄와 징역형과 벌금형의 임의적 병과규정이 있는 B죄가 상상적 경합관계에 있는 경우, A죄에 정해진 징역형의 상한이 B죄에 정해진 징역형의 상한보다 높다면 A죄에서 정한 징역형으로 처벌해야 하고 벌금형은 병과할 수 없다.

② 甲이 상습절도죄(A죄)로 X법원으로부터 징역형을 선고받고 확정된 후 동일한 습벽이 있는 별개의 B죄를 저질러 Y법원에서 심리 중이었는데 확정된 A죄에 대한 X법원의 적법한 재심 심판절차에서 징역형이 선고되어 확정된 경우, 별개로 기소된 B죄를 심판하는 Y법원은 B죄에 대하여 「형법」 제39조 제1항에 의한 형의 감경 또는 면제를 할 수 없다.

③ 甲이 A를 살해할 목적으로 흉기를 구입하여 A의 집 앞에서 A를 기다렸으나 만나지 못하였고 다음 날 A의 맥주잔에 독약으로 오인한 제초제를 몰래 넣었으나 복통만 일으키게 하다가 며칠 뒤 A를 자동차로 치어 사망하게 한 경우, 甲에게는 살인예비 내지 미수죄와 동 기수죄의 경합죄가 성립한다.

④ 운전면허시험에 계속 불합격하였으나 운전을 잘하던 甲이 영업을 하기 위해 자동차를 구입하여 일주일 동안 매일 매일 운전 해오다가 적발된 경우, 甲에게는 포괄하여 도로교통법위반(무면허운전)의 일죄가 성립한다.

해설

① **[X]** 상상적 경합관계에 있는 업무상배임죄와 영업비밀 국외누설로 인한 부정경쟁방지 및 영업비밀보호에 관한 법률 위반죄에 대하여, 형이 더 무거운 업무상배임죄에 정한 형으로 처벌하기로 하면서도, 영업비밀 국외누설로 인한 부정경쟁방지 및 영업비밀보호에 관한 법률 위반죄에 대하여 징역형과 벌금형을 병과할 수 있도록 규정한 구 부정경쟁방지 및 영업비밀보호에 관한 법률 제18조 제4항에 의하여 벌금형을 병과한 조치는 정당하다(대판 2008.12.24. 2008도9169). ☞ 전체적 대조주의(형법 제40조)

② **[O]** 유죄의 확정판결을 받은 사람이 그 후 별개의 후행범죄를 저질렀는데 유죄의 확정판결에 대하여 재심이 개시되었고, 후행범죄가 그 재심대상판결에 대한 재심판결 확정 전에 범하여진 경우, 아직 판결을 받지 아니한 후행범죄와 재심판결이 확정된 선행범죄 사이에는 후단 경합범이 성립하지 않는다(대판 2019.6.20. 2018도20698 전원합의체).

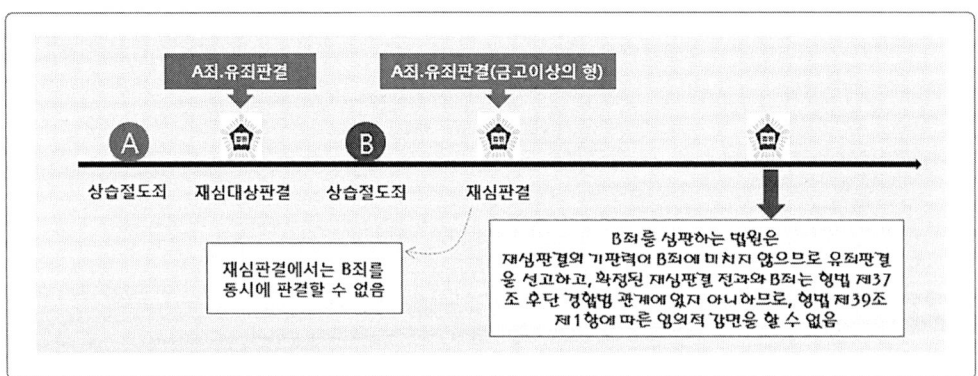

③ **[X]** 살해의 목적으로 동일인에게 일시 장소를 달리하고 수차에 걸쳐 단순한 예비행위를 하거나 또는 공격을 가하였으나 미수에 그치다가 드디어 그 목적을 달성한 경우, 단순한 한 개의 살인기수죄로 처단할 것이지 살인예비 내지 미수죄와 동 기수죄의 경합죄로 처단할 수 없다(대판 1965.9.28. 65도695).

④ **[X]** 무면허운전으로 인한 도로교통법위반죄에 있어서는 어느 날에 운전을 시작하여 다음날까지 동일한 기회에 일련의 과정에서 계속 운전을 한 경우 등 특별한 경우를 제외하고는 사회통념상 운전한 날을 기준으로 운전한 날마다 1개의 운전행위가 있다고 보는 것이 상당하므로 운전한 날마다 무면허운전으로 인한 도로교통법위반의 1죄가 성립한다고 보아야 할 것이고, 비록 계속적으로 무면허운전을 할 의사를 가지고 여러 날에 걸쳐 무면허운전행위를 반복하였다 하더라도 이를 포괄하여 일죄로 볼 수는 없다(대판 2002.7.23. 2001도6281).

정답 ②

12 죄수(罪數)에 대한 다음 설명 중 적절한 것만을 모두 고른 것은? (다툼이 있는 경우 판례에 의함)

2020년 제2차 경찰

㉠ 피고인이 강취한 현금카드를 사용하여 현금자동지급기에서 현금을 인출한 행위는 강도죄와 별도로 절도죄가 성립한다.
㉡ 전기통신금융사기(이른바 보이스피싱 범죄)의 범인이 피해자를 기망하여 피해자의 돈을 사기이용계좌로 송금·이체 받은 후 그 계좌에서 현금을 인출하였다면 송금·이체행위에 대해서는 사기죄가, 현금을 인출한 행위에 대해서는 횡령죄가 성립하며 양 죄는 실체적 경합관계에 있다.
㉢ 음주로 인한 특정범죄 가중처벌 등에 관한 법률위반(위험운전치사상)죄와 도로교통법위반(음주운전)죄가 모두 성립하는 경우, 두 죄는 실체적 경합관계에 있다.
㉣ 신용카드를 절취한 후 이를 사용하는 경우, 신용카드의 부정사용행위는 선행 절도범행의 불가벌적 사후행위에 해당한다.

① ㉠, ㉡
② ㉡, ㉢
③ ㉠, ㉢
④ ㉢, ㉣

해설

㉠ **[O]** 강취한 현금카드를 사용하여 현금자동지급기에서 예금을 인출한 행위는 피해자의 승낙에 기한 것이라고 할 수 없으므로, 현금자동지급기 관리자의 의사에 반하여 그의 지배를 배제하고 그 현금을 자기의 지배하에 옮겨 놓는 것이 되어서 강도죄와는 별도로 절도죄를 구성한다(대판 2007.5.10. 2007도1375).
㉡ **[X]** i) 계좌명의인은 피해자와 사이에 아무런 법률관계 없이 송금·이체된 사기피해금 상당의 돈을 피해자에게 반환하여야 하므로, 피해자를 위하여 사기피해금을 보관하는 지위에 있다고 보아야 하고, 만약 계좌명의인이 그 돈을 영득할 의사로 인출하면 피해자에 대한 횡령죄가 성립한다. ii) 이때 계좌명의인이 '사기의 공범'이라면 자신이 가담한 범행의 결과 피해금을 보관하게 된 것일 뿐이어서 피해자와 사이에 위탁관계가 없고, 그가 송금·이체된 돈을 인출하더라도 이는 자신이 저지른 사기범행의 실행행위에 지나지 아니하여 새로운 법익을 침해한다고 볼 수 없으므로 사기죄 외에 별도로 횡령죄를 구성하지 않는다(대판 2018.7.19. 2017도17494 전원합의체).

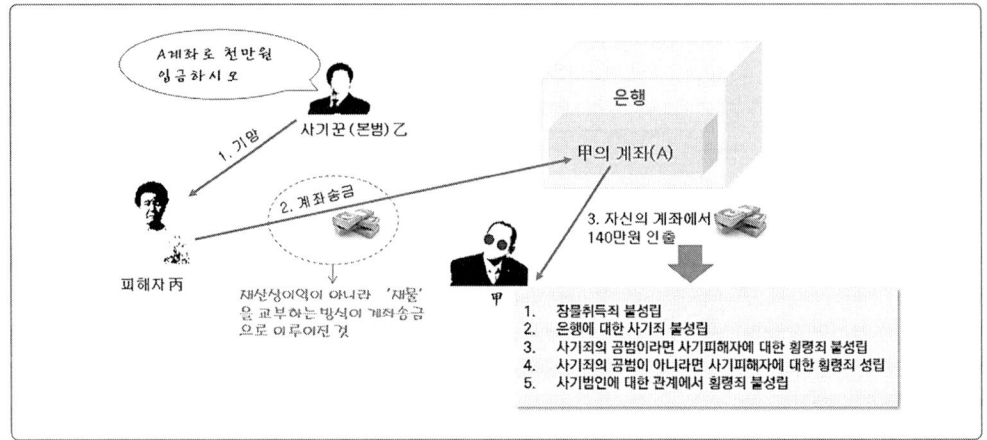

ⓒ [O] 음주로 인한 특정범죄가중처벌 등에 관한 법률 위반(위험운전치사상)죄와 도로교통법 위반(음주운전)죄는 입법 취지와 보호법익 및 적용영역을 달리하는 별개의 범죄이므로, 양 죄가 모두 성립하는 경우 두 죄는 실체적 경합관계에 있다(대판 2008.11.13. 2008도7143).

> **특정범죄가중처벌 등에 관한 법률 제5조의11(위험운전 등 치사상)** ① 음주 또는 약물의 영향으로 정상적인 운전이 곤란한 상태에서 자동차(원동기장치자전거를 포함한다)를 운전하여 사람을 상해에 이르게 한 사람은 1년 이상 15년 이하의 징역 또는 1천만원 이상 3천만원 이하의 벌금에 처하고, 사망에 이르게 한 사람은 무기 또는 3년 이상의 징역에 처한다.

ⓓ [X] 신용카드를 절취한 후 이를 사용한 경우 신용카드의 부정사용행위는 새로운 법익의 침해로 보아야 하고 그 법익침해가 절도범행보다 큰 것이 대부분이므로 위와 같은 부정사용행위가 절도범행의 불가벌적 사후행위가 되는 것은 아니다(대판 1996.7.12. 96도1181). ☞ 신용카드에 대한 절도죄와 신용카드부정사용죄의 실체적 경합범 성립

정답 ③

13 죄수에 대한 설명으로 가장 적절한 것은? (다툼이 있는 경우 판례에 의함)

2017년 제1차 경찰, 2016년 제1차 경찰 변형

① 경찰관이 검사로부터 범인을 검거하라는 지시를 받고서도 그 직무상의 의무에 따른 적절한 조치를 취하지 아니하고 오히려 범인에게 전화로 도피하라고 권유하여 그를 도피케 한 경우, 범인도피죄와 직무유기죄의 상상적 경합이다.
② 상습성이 있는 자가 같은 종류의 죄를 반복하여 저질렀다 하더라도 상습범을 별도의 범죄유형으로 처벌하는 규정이 없는 한, 각 죄는 원칙적으로 별개의 범죄로서 경합범으로 처단하여야 한다.
③ 사기의 수단으로 발행한 수표가 지급거절된 경우, 부정수표단속법위반죄와 사기죄는 그 행위의 태양과 보호법익을 달리하므로 상상적 경합범의 관계에 있다.
④ 계속적으로 무면허운전을 할 의사를 가지고 여러 날에 걸쳐 무면허운전행위를 반복하였다면 이를 포괄일죄로 보아야 한다.

해설

① **[X]** 피고인이 검사로부터 범인을 검거하라는 지시를 받고서도 그 직무상의 의무에 따른 적절한 조치를 취하지 아니하고 오히려 범인에게 전화로 도피하라고 권유하여 그를 도피케 하였다는 범죄사실만으로는 직무위배의 위법상태가 범인도피행위 속에 포함되어 있는 것으로 보아야 할 것이므로, 이와 같은 경우에는 작위범인 범인도피죄만이 성립하고 부작위범인 직무유기죄는 따로 성립하지 아니한다(대판 1996.05.10. 96도51).
② **[O]** 대판 2012.05.10. 2011도12131
③ **[X]** 부정수표단속법위반죄와 사기죄는 그 행위의 태양과 보호법익을 달리하므로 실체적 경합범의 관계에 있다(대판 2004.06.25. 2004도1751).
④ **[X]** 무면허운전으로 인한 도로교통법위반죄에 있어서는 어느 날에 운전을 시작하여 다음날까지 동일한 기회에 일련의 과정에서 계속 운전을 한 경우 등 특별한 경우를 제외하고는 사회통념상 운전한 날을 기준으로 운전한 날마다 1개의 운전행위가 있다고 보는 것이 상당하므로 운전한 날마다 무면허운전으로 인한 도로교통법위반의 1죄가 성립한다고 보아야 할 것이고, 비록 계속적으로 무면허운전을 할 의사를 가지고 여러 날에 걸쳐 무면허운전행위를 반복하였다 하더라도 이를 포괄하여 일죄로 볼 수는 없다(대판 2002.7.23. 2001도6281). ☞ 실체적 경합범이 성립한다는 취지

정답 ②

14 죄수에 대한 설명으로 가장 적절하지 않은 것은? (다툼이 있는 경우 판례에 의함) 2018년 제3차 경찰

① 저작권자가 같더라도 각각의 저작물에 대한 저작재산권 침해행위는 원칙적으로 각 별개의 죄를 구성하지만 단일하고도 계속된 범의 아래 동일한 저작물에 대한 침해행위가 일정기간 반복하여 행하여진 경우에는 포괄하여 하나의 범죄가 성립한다고 볼 수 있다.
② 강도범인이 체포를 면탈할 목적으로 경찰관에게 폭행을 가한 때에는 강도죄와 공무집행방해죄는 실체적 경합관계에 있다.
③ 피해자에 대한 폭행행위가 동일한 피해자에 대한 업무방해죄의 수단이 된 경우 그러한 폭행행위는 이른바 '불가벌적 수반행위'에 해당하여 업무방해죄에 대하여 흡수관계에 있다고 볼 수는 없다.
④ 경찰공무원이 지명수배 중인 범인을 발견하고도 직무상 의무에 따른 적절한 조치를 취하지 아니하고 오히려 범인을 도피하게 하는 행위를 한 경우 범인도피죄와 직무유기죄는 상상적 경합관계에 있다.

해설

① **[O]** 대판 2012.5.10. 2011도12131
② **[O]** ⅰ) 절도범인이 체포를 면탈할 목적으로 경찰관에게 폭행 협박을 가한 때에는 준강도죄와 공무집행방해죄를 구성하고 양죄는 상상적 경합관계에 있으나, ⅱ) 강도범인이 체포를 면탈할 목적으로 경찰관에게 폭행을 가한 때에는 강도죄와 공무집행방해죄는 실체적 경합관계에 있다(대판 1992.7.28. 92도917).
③ **[O]** 피고인들이 공동폭행의 방법으로 피해자들의 택시 운행업무를 방해한 사실은 있으나 그 외의 방법으로 택시 운행업무를 방해한 사정은 보이지 아니하는 경우, 피해자에 대한 폭행행위가 동일한 피해자에 대한 업무방해죄의 수단이 되었다고 하더라도 그러한 폭행행위가 이른바 '불가벌적 수반행위'에 해당하여 업무방해죄에 대하여 흡수관계에 있다고 볼 수는 없다(대판 2012.10.11. 2012도1895). ☞ 폭력행위 등 처벌에 관한 법률위반(공동폭행)죄와 업무방해죄의 상상적 경합범 성립
④ **[X]** 경찰공무원이 지명수배 중인 범인을 발견하고도 직무상 의무에 따른 적절한 조치를 취하지 아니하고 오히려 범인을 도피하게 하는 행위를 하였다면, 그 직무위배의 위법상태는 범인도피행위 속에 포함되어 있다고 보아야 할 것이므로, 이와 같은 경우에는 작위범인 범인도피죄만이 성립하고 부작위범인 직무유기죄는 따로 성립하지 아니한다(대판 2017.3.15. 2015도1546).

정답 ④

15 죄수에 대한 설명으로 가장 적절하지 않은 것은? (다툼이 있는 경우 판례에 의함)   2021년 제2차 경찰

① 「형법」 제131조 제1항 수뢰후부정처사죄에 있어서 단일하고도 계속된 범의 아래 일정 기간 반복하여 일련의 뇌물수수 행위와 부정한 행위가 행하여졌고 뇌물수수 행위와 부정한 행위 사이에 인과관계가 인정되며 피해법익도 동일한 경우에는 최후의 부정한 행위 이후에 저질러진 뇌물수수 행위도 최후의 부정한 행위 이전의 뇌물수수 행위 및 부정한 행위와 함께 수뢰후부정처사죄의 포괄일죄가 된다.

② 미성년자를 약취한 후 강간 목적으로 가혹한 행위 및 상해를 가하고 나아가 강간 및 살인미수를 범한 경우에는 약취한 미성년자에 대한 상해 등으로 인한 특정범죄가중처벌등에관한법률 위반죄와 미성년자에 대한 강간 및 살인미수행위로 인한 성폭력 범죄의 처벌 등에 관한 특례법 위반죄가 성립하고, 상해의 결과가 피해자에 대한 강간 및 살인미수행위 과정에서 발생한 것이라면 각 죄는 상상적 경합관계에 있다.

③ 공무원이 직무관련자에게 제3자와 계약을 체결하도록 요구하여 계약을 체결하게 한 행위가 제3자뇌물수수죄와 직권남용권리행사방해죄의 구성요건에 모두 해당하는 경우에 제3자뇌물수수죄와 직권남용권리행사방해죄는 상상적 경합관계에 있다.

④ 택시운전을 방해하는 과정에서 택시운전사를 폭행한 경우에는 피해자에 대한 폭행행위가 동일한 피해자에 대한 업무방해죄의 수단이 되었다 하더라도 그 폭행행위를 불가벌적 수반행위라 볼 수 없다.

해설

① [O] 수뢰후부정처사죄를 정한 형법 제131조 제1항은 공무원 또는 중재인이 형법 제129조(수뢰, 사전수뢰) 및 제130조(제3자뇌물제공)의 죄를 범하여 부정한 행위를 하는 것을 구성요건으로 하고 있다. 여기에서 '형법 제129조 및 제130조의 죄를 범하여'란 반드시 뇌물수수 등의 행위가 완료된 이후에 부정한 행위가 이루어져야 함을 의미하는 것은 아니고, 결합범 또는 결과적 가중범 등에서의 기본행위와 마찬가지로 뇌물수수 등의 행위를 하는 중에 부정한 행위를 한 경우도 포함하는 것으로 보아야 한다. 따라서 단일하고도 계속된 범의 아래 일정 기간 반복하여 일련의 뇌물수수 행위와 부정한 행위가 행하여졌고 그 뇌물수수 행위와 부정한 행위 사이에 인과관계가 인정되며 피해법익도 동일하다면, 최후의 부정한 행위 이후에 저질러진 뇌물수수 행위도 최후의 부정한 행위 이전의 뇌물수수 행위 및 부정한 행위와 함께 수뢰후부정처사죄의 포괄일죄로 처벌함이 타당하다(대판 2021.2.4. 2020도12109).

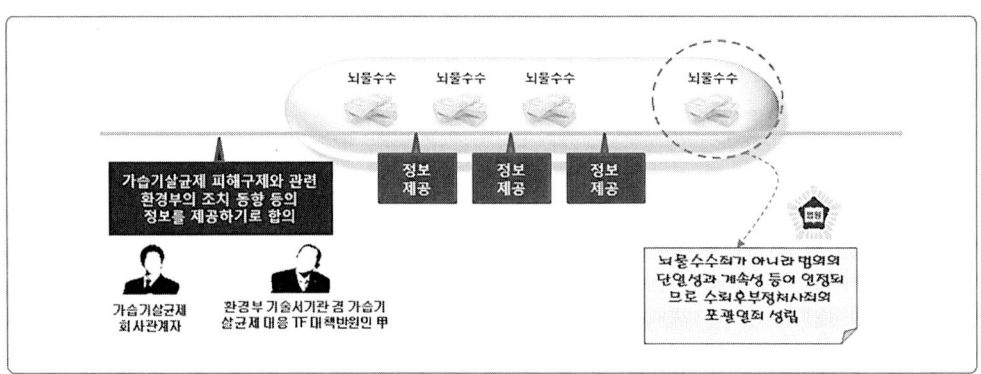

② **[X]** 미성년자인 피해자를 약취한 후에 강간을 목적으로 피해자에게 가혹한 행위 및 상해를 가하고 나아가 그 피해자에 대한 강간 및 살인미수를 범하였다면, 이에 대하여는 약취한 미성년자에 대한 상해 등으로 인한 특정범죄 가중처벌 등에 관한 법률 위반죄 및 미성년자인 피해자에 대한 강간 및 살인미수행위로 인한 성폭력범죄의 처벌 등에 관한 특례법 위반죄가 각 성립하고, 설령 상해의 결과가 피해자에 대한 강간 및 살인미수행위 과정에서 발생한 것이라 하더라도 위 각 죄는 서로 형법 제37조 전단의 실체적 경합범 관계에 있다(대판 2014.2.27. 2013도12301).

③ **[O]** 제3자뇌물수수죄와 직권남용권리행사방해죄가 각각 성립하되, 이는 사회 관념상 하나의 행위가 수 개의 죄에 해당하는 경우이므로 두 죄는 형법 제40조의 상상적 경합관계에 있다(대판 2017.3.15. 2016도19659).

> ▶ 이천시의 건축 관련 민원을 담당하는 공무원인 甲이 이천시에서 아파트시행사업을 하는 乙에게 그의 사업체가 관내 업체가 아니라는 지적을 하고 구체적인 이유에 관한 설명 없이 인허가절차가 지연될 수 있다는 말을 하면서, 乙에게 용역계약체결의 상대방으로 A 엔지니어링 한 업체만을 소개하고 그 운영자인 丙의 명함을 직접 건네주어 乙로 하여금 丙을 찾아가서 다소 비싼 가격으로 용역계약을 체결하게 하는 등으로 관여하였다면 甲에게 제3자뇌물수수죄 및 직권남용권리행사방해죄의 상상적 경합범이 성립한다(대판 2016도19659).

④ **[O]** 업무방해죄와 폭행죄는 구성요건과 보호법익을 달리하고 있고, 업무방해죄의 성립에 일반적·전형적으로 사람에 대한 폭행행위를 수반하는 것은 아니며, 폭행행위가 업무방해죄에 비하여 별도로 고려되지 않을 만큼 경미한 것이라고 할 수도 없으므로, 설령 피해자에 대한 폭행행위가 동일한 피해자에 대한 업무방해죄의 수단이 되었다고 하더라도 그러한 폭행행위가 이른바 '불가벌적 수반행위'에 해당하여 업무방해죄에 대하여 흡수관계에 있다고 볼 수는 없다(대판 2012.10.11. 2012도1895). ☞ 폭력행위등처벌에 관한 법률위반(공동폭행)죄와 업무방해죄의 상상적 경합범 성립

정답 ②

16 죄수 및 경합에 관한 설명 중 옳은 것은? (다툼이 있는 경우 판례에 의함) 2019년 제1차 경찰

① 허위공문서작성죄와 동행사죄가 수뢰후부정처사죄와 각각 상상적 경합관계에 있을지라도 허위공문서작성죄와 동행사죄 상호 간은 실체적 경합범관계에 있으므로 따로이 경합가중을 해야 한다.
② 감금행위가 단순히 강도상해 범행의 수단이 되는 데 그치지 아니하고 강도상해의 범행이 끝난 뒤에도 계속된 경우에는 1개의 행위가 감금죄와 강도상해죄에 해당하는 경우라고 볼 수 있다.
③ 건물관리인이 건물주로부터 월세임대차계약 체결업무를 위임받고도 임차인들을 속여 전세임대차계약을 체결하고 그 보증금을 편취한 경우, 사기죄와 업무상배임죄의 상상적 경합관계에 해당한다.
④ 신용협동조합의 전무가 그 조합의 담당직원을 기망하여 예금인출금 또는 대출금 명목으로 금원을 교부받은 경우, 사기죄와 업무상배임죄의 상상적 경합관계에 해당한다.

해설

① **[X]** 예비군 중대장이 소속예비군으로부터 금원을 교부받고 그 예비군이 예비군훈련에 불참하였음에도 불구하고 참석한 것처럼 허위내용의 중대학급편성명부를 작성·행사한 경우, 허위공문서작성죄와 동행사죄가 수뢰후부정처사죄와 각각 상상적 경합관계에 있을 때에는 허위공문서작성죄와 동행사죄 상호간은 실체적 경합관계에 있다고 할지라도 상상적 경합관계에 있는 수뢰후부정처사죄와 대비하여 '가장 중한 죄에 정한 형으로 처단하면 족한 것'이고 따로이 경합가중을 할 필요가 없다(대판 1983.7.26. 83도1378). ☞ 형이 가장 중한 수뢰후부정처사죄의 형(1년 이상의 유기징역)으로 처벌

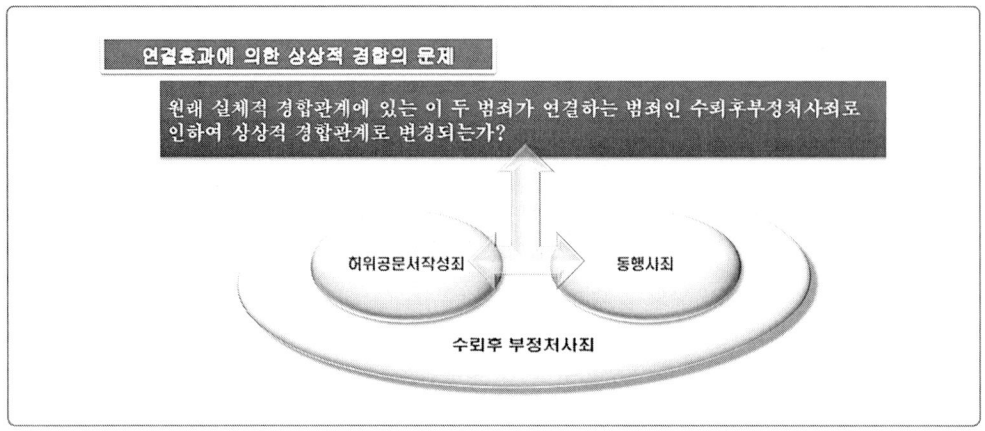

② [X] 甲은 乙 등과 피해자로부터 돈을 빼앗자고 공모한 다음 그를 강제로 승용차에 태우고 가면서 공소사실과 같이 돈을 빼앗고 상해를 가한 뒤에도 계속하여 상당한 거리를 진행하여 가다가 교통사고를 일으켜 감금행위가 중단된 경우, 감금행위가 단순히 강도상해 범행의 수단이 되는 데 그치지 아니하고 강도상해의 범행이 끝난 뒤에도 계속된 경우에는 1개의 행위가 감금죄와 강도상해죄에 해당하는 경우라고 볼 수 없고, 이 경우 감금죄와 강도상해죄는 형법 제37조의 경합범 관계에 있다(대판 2003.1.10. 2002도4380). ☞ 감금죄와 강도상해죄의 실체적 경합범 성립

③ [X] 임차인에 대한 사기죄와 건물주에 대한 업무상배임죄의 실체적 경합범이 성립한다(대판 2010.11.11. 2010도10690).

④ [O] 1개의 행위에 관하여 사기죄와 업무상배임죄의 각 구성요건이 모두 구비된 때에는 양 죄를 법조경합 관계로 볼 것이 아니라 상상적 경합관계로 봄이 상당하다(대판 2002.7.18. 2002도669 전원합의체). ☞ 사기죄와 업무상배임죄의 상상적 경합범 성립

(정답) ④

17 다음 중 상상적 경합관계에 해당하는 경우는? (다툼이 있으면 판례에 의함) 2015년 경찰간부

① 강도범행의 실행에 착수하였으나 강취할 만한 재물이 없어 미수에 그치자, 그 자리에서 항거불능의 상태에 빠진 피해자를 간음할 것을 결의하고 실행에 착수하였으나 역시 미수에 그쳤지만 반항을 억압하기 위한 폭행으로 피해자에게 상해를 입힌 경우, 강도강간미수죄와 강도치상죄

② A에게 수표금액을 지급할 의사나 능력이 없는 상태에서 부도가 예상되는 당좌수표를 발행하여 주고 A로부터 금원을 차용하였으며, 그 당좌수표가 지급기일에 부도처리된 경우, 사기죄와 부정수표단속법위반죄

③ 초병이 일단 그 수소를 이탈한 후 다시 부대에 복귀하기 전에 별도로 군무를 기피할 목적을 일으켜 그 직무를 이탈한 경우, 초병의 수소이탈죄와 군무이탈죄

④ 위조통화를 행사하여 재물을 불법영득한 경우, 위조통화행사죄와 사기죄

해설

① [O] 상상적 경합범 성립(대판 1988.6.28. 88도820).

② [X] 사기의 수단으로 발행한 수표가 지급거절된 경우 부정수표단속법위반죄와 사기죄는 그 행위의 태양과 보호법익을 달리하므로 실체적 경합범의 관계에 있다(대판 2004.6.25. 2004도1751).

③ [X] 군형법 제28조 소정의 초병의 수소이탈죄는 초병의 경계, 정찰 등 임무의 중요성에 비추어 초병이 수소를 이탈하는 행위 자체를 처벌하기 위한 것으로서 그 이탈행위와 동시에 완성되고 이는 군무이탈죄에서와 같은 군무기피 목적이라든가 부대 또는 직무를 이탈한다는 개념과는 전혀 무관하므로 위 두 죄는 각 그 설치의 근거나 필요성, 그 요건 등에 있어 서로 확연히 구별되는 별개 성질의 죄라 할 것이고, 따라서 만약 초병이 일단 그 수소를 이탈한 후 다시 부대에 복귀하기 전이라도 별도로 군무를 기피할 목적을 일으켜 그 직무를 이탈하였다면 초병의 수소이탈죄와 군무이탈죄가 각각 독립하여 성립하고, 그 두 죄는 서로 실체적 경합범의 관계에 있다(대판 1981.10.13. 81도2397).
④ [X] 위조통화행사죄와 사기죄의 실체적 경합범이 성립한다(대판 1979.7.10. 78도840).

(정답) ①

18 다음 중 옳은 것은 모두 몇 개인가? (다툼이 있으면 판례에 의함) 2009년 경찰 변형

㉠ 자동차 운전면허 없이 혈중알콜농도 0.06퍼센트 상태에서 자기 소유인 승용차를 운전한 경우 도로교통법상의 무면허운전죄와 주취운전죄의 실체적 경합범이 성립한다.
㉡ 컴퓨터로 음란동영상을 제공하는 행위를 하였다가 음란동영상이 저장되어 있던 서버 컴퓨터 2대를 압수당한 후 새로운 장비와 프로그램을 갖추어 다시 동일한 행위를 저지른 경우 정보통신망 이용촉진 및 정보보호 등에 관한 법률 위반죄의 포괄일죄가 성립한다.
㉢ 직계존속인 피해자를 폭행하고 상해를 가한 것이 존속에 대한 동일한 폭력습벽의 발현에 의한 것으로 인정되는 경우 상습존속상해죄의 포괄일죄가 성립한다.
㉣ 상관으로부터 집총을 하고 군사교육을 받으라는 명령을 수회 받고도 그때마다 이를 거부한 경우에는 집총거부의사가 단일하고 계속된 것이며 피해법익이 동일하므로 항명죄의 포괄일죄가 성립한다.

① 1개 ② 2개
③ 3개 ④ 4개

해설

㉠ [X] 상상적 경합이다(대판 1987.2.24. 86도2731).
㉡ [X] 컴퓨터로 음란동영상을 제공한 제1범죄행위로 서버컴퓨터가 압수된 이후 다시 장비를 갖추어 동종의 제2범죄행위를 하고 제2범죄행위로 인하여 약식명령을 받아 확정된 사안에서, 피고인에게 범의의 갱신이 있어 제1범죄행위는 약식명령이 확정된 제2범죄행위와 실체적 경합관계에 있다고 보아야 할 것이다(대판 2005.9.30. 2005도4051).
㉢ [O] 직계존속인 피해자를 폭행하고, 상해를 가한 것이 존속에 대한 동일한 폭력습벽의 발현에 의한 것으로 인정되는 경우, 그 중 법정형이 더 중한 상습존속상해죄에 나머지 행위들을 포괄시켜 하나의 죄만이 성립한다(대판 2003.2.28. 2002도7335).
㉣ [X] 상관으로부터 집총을 하고 군사교육을 받으라는 명령을 수회 받고도 그때마다 이를 거부한 경우에는 그 명령 횟수만큼의 항명죄가 즉시 성립하는 것이지, 집총거부의 의사가 단일하고 계속된 것이며 피해법익이 동일하다고 하여 수회의 명령거부행위에 대하여 하나의 항명죄만 성립한다고 할 수는 없다(대판 1992.9.14. 92도1534). ☞ 실체적 경합범 성립

(정답) ①

19 죄수관계에 대한 설명이다. 아래 ㉠부터 ㉣까지의 설명 중 옳고 그름의 표시(O, X)가 바르게 된 것은? (다툼이 있는 경우 판례에 의함) 2017년 경기북부 여경

㉠ 공직선거후보자를 추천하기 위한 정당의 당내 경선과 관련하여 경선운동 또는 교통을 방해하거나 위계·사술 그 밖의 부정한 방법으로 당내 경선의 자유를 방해하는 행위를 처벌하는 「공직선거법」 제237조 제5항 제2호의 선거의 자유방해죄와 「형법」 제314조 제1항의 업무방해죄는 위 선거의 자유방해죄가 성립할 경우 업무방해죄가 이에 흡수되는 법조경합관계이다.

㉡ 2개의 인터넷 파일공유 사이트를 운영하는 피고인들이 이를 통해 저작재산권 대상인 디지털 콘텐츠가 불법 유통되고 있음을 알면서도 다수 회원들로 하여금 불법 디지털 콘텐츠를 업로드하게 한 후 이를 다운로드하게 함으로써 저작재산권 침해를 방조한 경우, 위 사이트를 통해 유통된 다수 저작권자의 다수 저작물에 대한 피고인들의 범행 전체가 하나의 포괄일죄를 구성한다.

㉢ 절도범이 甲의 집에 침입하여 그 집의 방안에서 그 소유의 재물을 절취하고 그 무렵 그 집에 세들어 사는 乙의 방에 침입하여 재물을 절취하려다 미수에 그쳤다면 위 두 범죄는 그 범행장소와 물품의 관리자를 달리하고 있어서 별개의 범죄를 구성한다.

㉣ 음주로 인한 특정범죄가중처벌 등에 관한 법률 위반(위험운전치사상)죄가 성립하는 때에는 차의 운전자가 「형법」 제268조의 죄를 범한 것을 내용으로 하는 교통사고처리특례법위반죄는 상상적 경합의 관계에 있다.

① ㉠ (O), ㉡ (X), ㉢ (O), ㉣ (O)
② ㉠ (X), ㉡ (X), ㉢ (O), ㉣ (X)
③ ㉠ (X), ㉡ (O), ㉢ (O), ㉣ (X)
④ ㉠ (O), ㉡ (X), ㉢ (X), ㉣ (O)

해설

㉠ **[X]** 공직선거후보자를 추천하기 위한 정당의 당내 경선과 관련하여 경선운동 또는 교통을 방해하거나 위계·사술 그 밖의 부정한 방법으로 당내 경선의 자유를 방해하는 행위를 처벌하는 공직선거법 제237조 제5항 제2호의 선거의 자유방해죄와 형법 제314조 제1항의 업무방해죄는 그 보호법익과 구성요건을 서로 달리하는 것이므로, 위 양죄의 관계를 위 선거의 자유방해죄가 성립할 경우 업무방해죄가 이에 흡수되는 법조경합 관계라고 볼 수는 없고, 또한 이와 같이 위 양죄가 서로 별개의 죄인 이상 업무방해죄로 공소가 제기된 후에 공직선거법에 정당의 당내 경선의 자유방해행위에 대한 위 제237조 제5항 제2호의 처벌규정이 신설되었다고 하여 이를 범행 후 법령개폐로 인하여 형이 폐지된 때에 해당한다고 보아 처벌할 수 없다고 할 것은 아니다(대판 2006.06.15. 2006도1667).

㉡ **[X]** 피고인들에게 '영리 목적의 상습성'이 인정된다고 하더라도 이는 고소 없이도 처벌할 수 있는 근거가 될 뿐 피고인들의 각 방조행위는 원칙적으로 서로 경합범 관계에 있고, 다만 동일한 저작물에 대한 수회의 침해행위에 대한 각 방조행위가 포괄하여 하나의 범죄가 성립할 여지가 있을 뿐인데도, 이와 달리 위 사이트를 통해 유통된 다수 저작권자의 다수 저작물에 대한 피고인들의 범행 전체가 하나의 포괄일죄를 구성한다고 본 원심판결에 저작권법 위반죄의 죄수에 관한 법리오해의 위법이 있다고 한 사례(2012.5.10. 2011도12131).

㉢ **[O]** 절도범 甲이 乙의 집에 침입하여 그 집의 방안에서 그 소유의 재물을 절취하고 그 무렵 그 집에 세들어 사는 丙의 방에 침입하여 재물을 절취하려다 미수에 그친 경우, 위 두 범죄는 그 범행장소와 물품의 관리자를 달리하고 있어서 별개의 범죄를 구성한다(대판 1989.8.8. 89도664). ☞ 乙에 대한 절도죄와 丙에 대한 절도미수죄의 실체적 경합범이 성립하고 별도로 주거침입죄도 성립

㉣ **[X]** 특가법위반(위험운전치사상)죄가 성립하는 때에는 차의 운전자가 형법 제268조(업무상과실치사상)의 죄를 범한 것을 내용으로 하는 교통사고처리특례법위반죄는 그 죄에 흡수되어 별죄를 구성하지 아니한다(대판 2008.12.11. 2008도9182).

정답 ②

20 형의 가중·감경에 대한 설명으로 옳지 않은 것은 모두 몇 개인가? (다툼이 있는 경우 판례에 의함)

2021년 제2차 경찰

㉠ 임의적 감경사유의 존재가 인정되고 법관이 그에 따라 징역형에 대해 법률상 감경을 하는 경우에는 법정형의 하한만 2분의 1로 감경한다.

㉡ 경합범에 대하여 「형법」 제38조 제1항 제3호에 의하여 징역형과 벌금형을 병과하는 경우 징역형에만 작량감경을 하고 벌금형에는 작량감경을 하지 아니하는 것은 위법하다.

㉢ 법정형에 하한이 설정된 「형법」 제37조 후단 경합범에 대하여 「형법」 제39조 제1항 후문에 따라 형을 감경할 때에는 「형법」 제55조 제1항이 적용되지 아니하여 유기징역의 경우에는 그 형기의 2분의 1 미만으로도 감경할 수 있다.

㉣ 절도죄로 3차례에 걸쳐 징역형을 선고받고 그 형의 집행을 종료한 후, 누범기간 내에 수회의 절도 범행을 저지른 경우에는 반복적으로 범행을 저지르는 절도 사범에 관한 법정형을 강화한 「특정범죄 가중처벌 등에 관한 법률」(2016.1.6. 법률 제13717호로 개정·시행) 제5조의4 제5항 제1호가 적용되므로 별도로 「형법」 제35조의 누범가중한 형기범위 내에서 처단형을 정할 필요는 없다.

㉤ 반복된 음주운전행위에 대해 「도로교통법」(2011.6.8. 법률 제10790호로 개정) 제148조의2 제1항 제1호를 적용하고 다시 「형법」 제35조에 의한 누범가중을 하는 것은 헌법상 일사부재리나 이중처벌금지에 반하지 아니한다.

① 1개 ② 2개
③ 3개 ④ 4개

해설

㉠ **[X]** 필요적 감경의 경우에는 감경사유의 존재가 인정되면 반드시 형법 제55조 제1항에 따른 법률상 감경을 하여야 함에 반해, 임의적 감경의 경우에는 감경사유의 존재가 인정되더라도 법관이 형법 제55조 제1항에 따른 법률상 감경을 할 수도 있고 하지 않을 수도 있다. 나아가 임의적 감경사유의 존재가 인정되고 법관이 그에 따라 징역형에 대해 법률상 감경을 하는 이상 형법 제55조 제1항 제3호에 따라 상한과 하한을 모두 2분의 1로 감경한다. 이러한 현재 판례와 실무의 해석은 여전히 타당하다(대판 2021.1.21. 2018도5475 전원합의체).

▶ 이러한 다수의견에 대하여, 임의적 감경의 처단형은 형을 감경한 범위와 감경하지 않은 범위를 모두 합한 범위로 봄이 타당하고, 이는 결국 법정형의 하한만 2분의 1로 감경한 것으로 당연확정된다는 대법관 이기택의 별개의견과 별개의견에 대한 대법관 이기택의 보충의견이 있음

㉡ **[X]** 형법 제38조 제1항 제3호에 의하여 징역형과 벌금형을 병과하는 경우에는 각 형에 대한 범죄의 정상에 차이가 있을 수 있으므로 징역형에만 작량감경을 하고 벌금형에는 작량감경을 하지 아니하였다고 하여 이를 위법하다고 할 수 없다(대판 2006.3.23. 2006도1076).

㉢ **[X]** 형법 제37조 후단 경합범에 대하여 형법 제39조 제1항에 의하여 형을 감경할 때에도 법률상 감경에 관한 형법 제55조 제1항이 적용되어 유기징역을 감경할 때에는 그 형기의 2분의 1 미만으로는 감경할 수 없다(대판 2019.4.18. 2017도14609 전원합의체).

▶ '형평을 고려하여 형을 선고한다.'는 것은 형평을 고려하여 적절한 범위에서 형을 감경하여 선고형을 정하거나 형을 면제할 수 있다는 것이고, 이때 형법 제55조 제1항은 적용되지 않는다고 보아야 한다는 반대의견이 있음

> **제37조(경합범)** 판결이 확정되지 아니한 수 개의 죄 또는 금고 이상의 형에 처한 판결이 확정된 죄와 그 판결확정 전에 범한 죄를 경합범으로 한다.
> **제39조(판결을 받지 아니한 경합범)** ① 경합범 중 판결을 받지 아니한 죄가 있는 때에는 그 죄와 판결이 확정된 죄를 동시에 판결할 경우와 형평을 고려하여 그 죄에 대하여 형을 선고한다. 이 경우 그 형을 감경 또는 면제할 수 있다.
> **제55조(법률상의 감경)** ① 법률상의 감경은 다음과 같다.
> 3. 유기징역 또는 유기금고를 감경할 때에는 그 형기의 2분의 1로 한다.

ⓔ [X] 특정범죄 가중처벌 등에 관한 법률 제5조의4 제5항은 "형법 제329조부터 제331조까지, 제333조부터 제336조까지 및 제340조·제362조의 죄 또는 그 미수죄로 세 번 이상 징역형을 받은 사람이 다시 이들 죄를 범하여 누범으로 처벌하는 경우에는 다음 각 호의 구분에 따라 가중처벌한다."라고 규정하면서, 같은 항 제1호는 '형법 제329조부터 제331조까지의 죄(미수범을 포함한다)를 범한 경우에는 2년 이상 20년 이하의 징역에 처한다'고 규정하고 있다. 이 사건 법률 규정은 그 입법취지가 반복적으로 범행을 저지르는 절도 사범에 관한 법정형을 강화하기 위한 데 있고, 조문의 체계가 일정한 구성요건을 규정하는 형식으로 되어 있으며, 적용요건이나 효과도 형법 제35조와 달리 규정되어 있다. 이러한 이 사건 법률 규정의 입법취지, 형식 및 형법 제35조와의 차이점 등에 비추어 보면, 이 사건 법률 규정은 형법 제35조(누범) 규정과는 별개로 '형법 제329조부터 제331조까지의 죄(미수범 포함)를 범하여 세 번 이상 징역형을 받은 사람이 그 누범 기간 중에 다시 해당 범죄를 저지른 경우에 형법보다 무거운 법정형으로 처벌한다'는 내용의 새로운 구성요건을 창설한 것으로 해석해야 한다. 따라서 이 사건 법률 규정에 정한 형에 다시 형법 제35조의 누범가중한 형기범위 내에서 처단형을 정하여야 한다(대판 2020.5.14. 2019도18947). ☞ 특정범죄 가중처벌 등에 관한 법률 제5조의4 제5항 제1호가 형법 제35조의 특별규정에 해당한다고 보아 형법 제35조의 누범가중을 하지 아니한 원심판결을 파기한 사례

ⓜ [O] 도로교통법 제148조의2 제1항 제1호는 입법취지가 반복적 음주운전행위에 대한 법정형을 강화하기 위한 데 있다고 보이고, 조문의 체계가 일정한 구성요건을 규정하는 형식으로 되어 있으며, 적용요건이나 효과도 형법 제35조와 달리 규정되어 있는 점, 누범을 가중 처벌하는 이유는 전범에 대한 형벌에 의하여 주어진 기왕의 경고를 무시하고 다시 범죄를 저질렀다는 점에서 비난가능성 및 책임이 높기 때문이지 전범에 대하여 처벌을 받았음에도 다시 범행을 하는 경우에 전범도 후범과 일괄하여 다시 처벌한다는 것은 아닌 점 등에 비추어 보면, 이 사건 법률조항을 적용하고 다시 형법 제35조에 의한 누범가중을 허용한다고 하더라도 헌법상의 일사부재리나 이중처벌금지에 반한다고 볼 수 없다(대판 2014.7.10. 2014도5868).

> **도로교통법[법률 제12345호, 시행 2014.4.29.] 제148조의2(벌칙)** ① 다음 각 호의 어느 하나에 해당하는 사람은 1년 이상 3년 이하의 징역이나 500만원 이상 1천만원 이하의 벌금에 처한다.
> 1. 제44조 제1항을 2회 이상 위반한 사람으로서 다시 같은 조 제1항을 위반하여 술에 취한 상태에서 자동차등을 운전한 사람

정답 ④

21 다음 설명 중 가장 옳은 것은? (다툼이 있으면 판례에 의함) 2014년 법원직

① 피고인에게 이 사건 공소제기된 범죄의 범행 이후에 금고 이상의 형을 선고받아 판결이 확정된 전과가 있으나, 위 범행 당시에는 벌금형 외에 처벌받은 전력이 없었다면 피고인에 대한 형의 선고를 유예한 조치는 정당하다.

② 피고인을 금고 이상의 형에 처한 甲죄에 대한 판결이 확정되고, 그 후에 甲죄 판결확정일 이전에 저질러진 乙죄에 대하여 금고 이상의 형에 처하는 판결이 확정되었는데, 피고인에게 공소제기된 본건 범행이 甲죄 판결확정일과 乙죄 판결확정일 사이에 저질러진 경우, 위 본건 범행에 대한 법령의 적용에서 乙 전과의 죄와 동시에 판결을 할 경우와의 형평을 고려하여 형을 선고한 조치는 위법하다.

③ 형법 제37조 후단 경합범에 해당하는 甲죄에 대하여 형을 감경 또는 면제할 것인지는 원칙적으로 그 죄에 대하여 심판하는 법원이 재량에 따라 판단할 수 있으나, 이때 위 판결이 확정된 죄와 甲죄에 대한 선고형의 총합이 위 두 죄에 대하여 형법 제38조를 적용하여 산출한 처단형의 범위 내에 속하도록 甲죄에 대한 형을 정하여야 한다.

④ 무기징역에 처하는 판결이 확정된 죄와 형법 제37조 후단 경합범의 관계에 있는 죄에 대하여 공소가 제기된 경우, 형법 제38조 제1항 제1호가 형법 제37조 전단 경합범 중 가장 중한 죄에 정한 처단형이 무기징역인 때에는 흡수주의를 취하고 있는 점을 고려하여, 법원은 뒤에 공소제기된 범죄에 대한 형을 필요적으로 면제하여야 한다.

해설

① **(X)** 피고인에 대한 형의 선고를 유예한 원심판단에 형법 제59조 제1항 단서에 관한 법리오해의 위법이 있다(대판 2010.7.8. 2010도931).

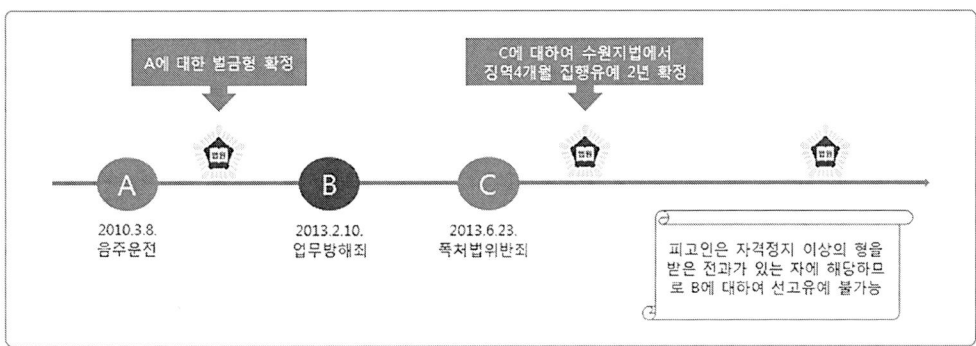

② [O] 정보통신망법 위반죄와 판결이 확정된 乙죄는 처음부터 동시에 판결을 선고할 수 없었으므로 제1심이 정보통신망법 위반죄에 대하여 형법 제39조 제1항에 따라 乙죄와 동시에 판결할 경우와 형평을 고려하여 형을 선고한 것은 위법하다(대판 2012.9.27. 2012도9295).

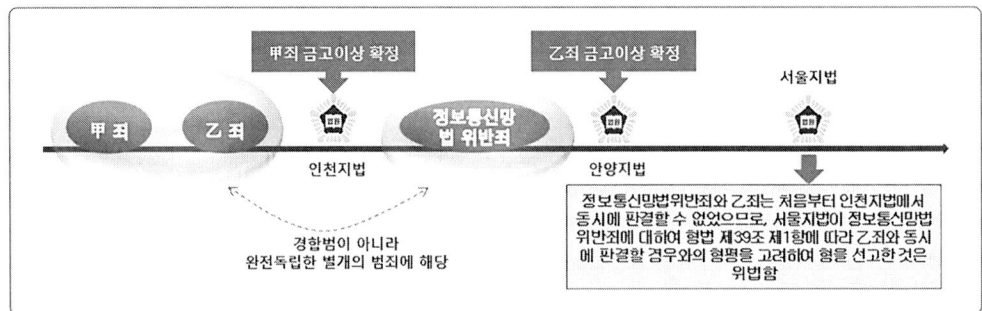

③ [X] 형법 제37조의 후단 경합범에 대하여 심판하는 법원은 판결이 확정된 죄와 후단 경합범의 죄를 동시에 판결할 경우와 형평을 고려하여 후단 경합범의 처단형의 범위 내에서 후단 경합범의 선고형을 정할 수 있는 것이고, 그 죄와 판결이 확정된 죄에 대한 선고형의 총합이 두 죄에 대하여 형법 제38조를 적용하여 산출한 처단형의 범위 내에 속하도록 후단 경합범에 대한 형을 정하여야 하는 제한을 받는 것은 아니며, 후단 경합범에 대한 형을 감경 또는 면제할 것인지는 원칙적으로 그 죄에 대하여 심판하는 법원이 재량에 따라 판단할 수 있다(대판 2008.9.11. 2006도8376).

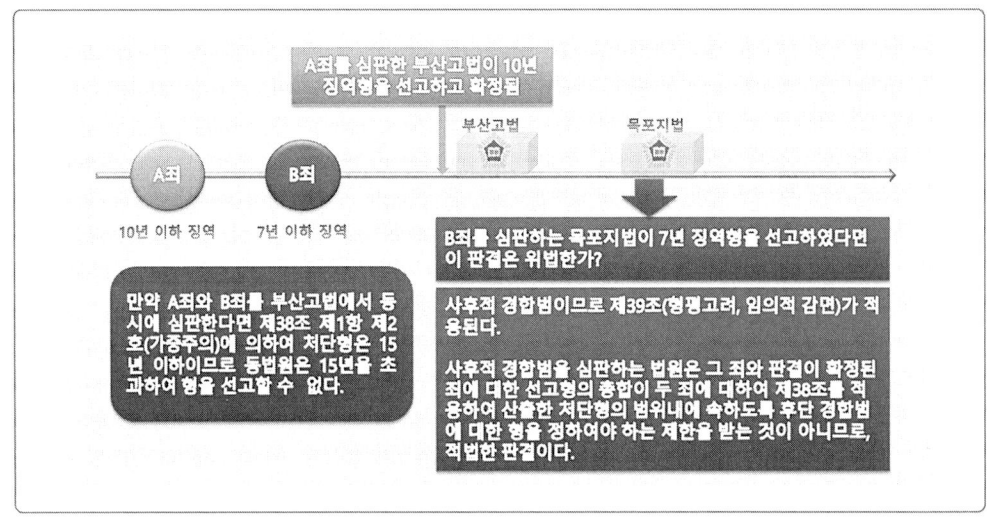

④ [X] 뒤에 공소제기된 후단 경합범에 대한 형을 필요적으로 면제하여야 하는 것은 아니다(대판 2008.9.11. 2006도8376).

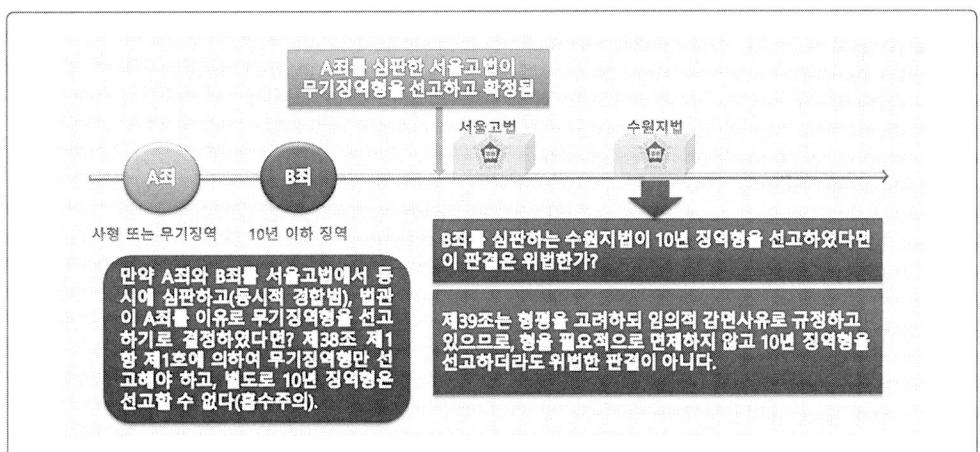

정답 ②

제3편 형벌론

제1장 형벌론

01 다음 사례 중 형의 임의적 감경·면제사유에 해당하는 것을 모두 고른 것은? 2021년 경찰간부

가. 죄를 범한 후 수사책임이 있는 관서에 자수한 경우
나. 심신장애로 인하여 사물변별능력 또는 의사결정능력이 미약한 경우
다. 실행의 수단 또는 대상의 착오로 인하여 결과의 발생이 불가능하더라도 위험성이 있는 경우
라. 미성년자약취죄를 범한 사람이 약취된 미성년자를 안전한 장소로 풀어준 경우
마. 범죄에 의하여 외국에서 형의 전부 또는 일부의 집행을 받은 경우

① 가, 다
② 가, 나, 다
③ 가, 다, 마
④ 나, 라, 마

해설

가. **(O)** 자수는 임의적 감·면사유에 해당(제52조 제1항)
나. **(X)** 심신미약자는 임의적 감경사유에 해당(제10조 제2항)
다. **(O)** 불능미수는 임의적 감·면사유에 해당(제27조)
라. **(X)** 해방감경은 임의적 감경사유에 해당(제295조의 2)
마. **(X)** 구 형법의 경우 임의적 감·면사유에 해당하였으나, 개정 형법(2016.12.20.)에 의할 경우 더 이상 임의적 감·면사유에 해당하지 않음(아래 조문 참조)

> **구 형법 제7조(외국에서 받은 형의 집행)** 범죄에 의하여 외국에서 형의 전부 또는 일부의 집행을 받은 자에 대하여는 형을 감경 또는 면제할 수 있다.
> **현행 형법 제7조(외국에서 집행된 형의 산입)** 죄를 지어 외국에서 형의 전부 또는 일부가 집행된 사람에 대해서는 그 집행된 형의 전부 또는 일부를 선고하는 형에 산입한다.

정답 ①

02 현행 형법상 형벌에 관한 다음 설명 중 가장 옳은 것은?   2014년 법원직

① 금고는 최장 45년까지 선고할 수 있다.
② 구류 20일의 선고유예는 불가능하다.
③ 자격정지는 최장 20년까지 가능하다.
④ 과료는 1,000원 이상 50,000원 미만의 금전적 형벌을 가하는 재산형이다.

해설

① [X] 제42조(징역 또는 금고의 기간) 징역 또는 금고는 무기 또는 유기로 하고 유기는 1개월 이상 30년 이하로 한다. 단, 유기징역 또는 유기금고에 대하여 형을 가중하는 때에는 50년까지로 한다.
② [O] 제59조(선고유예의 요건) ① 1년 이하의 징역이나 금고, 자격정지 또는 벌금의 형을 선고할 경우에 제51조의 사항을 참작하여 개전의 정상이 현저한 때에는 그 선고를 유예할 수 있다. 단, 자격정지 이상의 형을 받은 전과가 있는 자에 대하여는 예외로 한다.
③ [X] 제44조(자격정지) ① 전조에 기재한 자격의 전부 또는 일부에 대한 정지는 1년 이상 15년 이하로 한다.
④ [X] 제47조(과료) 과료는 2천원 이상 5만원 미만으로 한다.

정답 ②

03 형벌에 관한 설명 중 가장 적절하지 않은 것은?   2022년 경찰2차

① 징역 10년 형을 선고받은 甲은 그 형의 집행이 종료하거나 면제될 때까지 다른 법률에 특별한 규정이 있는 경우를 제외하고는 공무원이 되는 자격, 공법상의 선거권과 피선거권, 법률로 요건을 정한 공법상의 업무에 관한 자격이 정지된다.
② 甲에게 징역 12년 형이 확정된 후 그 집행을 받지 아니하고 15년이 경과했다면, 그 기간 내에 형의 집행을 면할 목적으로 국외에 3년 동안 나가 있던 것이 확인된 경우라도 형의 시효는 완성된다.
③ 법원이 중상해죄(1년 이상 10년 이하의 징역)로 유죄가 인정된 甲에게 형의 가중감경사유 중 「형법」제10조 제2항(심신미약)과 제35조(누범)만을 적용하여 형을 선고할 경우, 甲에게 선고할 수 있는 형의 최하한은 징역 6월이다.
④ 법원이 피고인 甲에게 30억 원의 벌금을 선고하는 경우, 이를 납입하지 아니하는 것을 대비하여 500일 이상의 노역장 유치 기간을 정하여 동시에 선고하여야 한다.

해설

① **[O]**

> **형법 제43조(형의 선고와 자격상실, 자격정지)** ① 사형, 무기징역 또는 무기금고의 판결을 받은 자는 다음에 기재한 자격을 상실한다.
> 1. 공무원이 되는 자격
> 2. 공법상의 선거권과 피선거권
> 3. 법률로 요건을 정한 공법상의 업무에 관한 자격
> 4. 법인의 이사, 감사 또는 지배인 기타 법인의 업무에 관한 검사역이나 재산관리인이 되는 자격
> ② 유기징역 또는 유기금고의 판결을 받은 자는 그 형의 집행이 종료하거나 면제될 때까지 전항 제1호 내지 제3호에 기재된 자격이 정지된다. 다만, 다른 법률에 특별한 규정이 있는 경우에는 그 법률에 따른다.

② **[X]**

> **제78조(형의 시효의 기간)** 시효는 형을 선고하는 재판이 확정된 후 그 집행을 받지 아니하고 다음 각 호의 구분에 따른 기간이 지나면 완성된다.
> 3. 10년 이상의 징역 또는 금고 : 15년
> **제79조(시효의 정지)** ① 시효는 형의 집행의 유예나 정지 또는 가석방 기타 집행할 수 없는 기간은 진행되지 아니한다.
> ② 시효는 형이 확정된 후 그 형의 집행을 받지 아니한 자가 형의 집행을 면할 목적으로 국외에 있는 기간 동안은 진행되지 아니한다. 〈신설 2014.5.14.〉

③ **[O]** 형법 제56조에 의하여 누범가중을 먼저하고, 법률상 감경을 하여야 한다. 따라서 중상해죄의 법정형에서 제35조 제2항의 누범가중(장기의 2배까지 가중)한 처단형은 1년 이상 20년 이하의 징역이고, 이후 법률상 감경, 즉 심신미약(제10조 제2항 임의적 감경)으로 인한 감경을 한 처단형은 제55조 제3호에 의하여 형기의 2분의 1로 감경하게 되므로 6월 이상 10년 이하의 징역이 된다.

④ **[O]**

> **제70조(노역장 유치)** ① 벌금이나 과료를 선고할 때에는 이를 납입하지 아니하는 경우의 노역장 유치기간을 정하여 동시에 선고하여야 한다.
> ② 선고하는 벌금이 1억원 이상 5억원 미만인 경우에는 300일 이상, 5억원 이상 50억원 미만인 경우에는 500일 이상, 50억원 이상인 경우에는 1천일 이상의 노역장 유치기간을 정하여야 한다.

정답 ②

04 몰수와 추징에 관한 설명이다. 다음 중 가장 적절하지 않은 것은? (다툼이 있으면 판례에 의함)

2015년 제3차 경찰

① 몰수나 추징이 공소사실과 관련이 있다 하더라도 그 공소사실에 관하여 이미 공소시효가 완성되어 유죄의 선고를 할 수 없는 경우에는 몰수나 추징도 할 수 없다.
② 몰수의 취지가 범죄에 의한 이득의 박탈을 그 목적으로 하는 것이고 추징도 이러한 몰수의 취지를 관철하기 위한 것이라는 점을 고려하면 몰수하기 불능할 때에 추징하여야 할 가액은 범인이 그 물건을 보유하고 있다가 몰수의 선고를 받았더라면 잃었을 이득 상당액을 의미한다고 보아야 할 것이므로 그 가액 산정은 재판선고시의 가격을 기준으로 하여야 할 것이다.
③ 히로뽕을 수수하여 그 중 일부를 직접 투약한 경우에는 수수한 히로뽕의 가액뿐만 아니라 직접 투약한 부분에 대한 가액을 별도로 추징하여야 한다.
④ 범인이 배임수재에 의하여 취득한 재물은 현행 형법상 필요적 몰수 대상이다.

해설

① (O) 대판 1992.7.28. 92도700
② (O) 대판 2008.10.9. 2008도6944
③ (X) 히로뽕을 수수하여 그 중 일부를 직접 투약한 경우에는 수수한 히로뽕의 가액만을 추징할 수 있고 직접 투약한 부분에 대한 가액을 별도로 추징할 수 없다(대판 2000.9.8. 2000도546).
④ (O) 형법 제357조 제3항

정답 ③

05 몰수와 추징에 대한 설명으로 가장 적절하지 않은 것은? (다툼이 있는 경우 판례에 의함)

2018년 제3차 경찰

① 행위자에게 유죄의 재판을 아니할 때에도 몰수의 요건이 있는 때에는 몰수만을 선고할 수 있다.
② 마약류 관리에 관한 법률 제67조의 몰수나 추징을 선고하기 위하여는 몰수나 추징의 요건이 공소가 제기된 범죄사실과 관련되어 있어야 하므로, 법원으로서는 범죄사실에서 인정되지 아니한 사실에 관하여는 몰수나 추징을 선고할 수 없다.
③ 형법 제134조에 의한 필요적 몰수의 경우 뇌물에 공할 금품이 특정되지 않았던 것은 몰수할 수 없고 그 가액을 추징할 수도 없다.
④ 형법 제357조에 의한 필요적 몰수의 경우 배임수재자가 배임증재자로부터 받은 재물을 그대로 가지고 있다가 증재자에게 반환하였더라도 수재자로부터 이를 몰수하거나 그 가액을 추징하여야 한다.

해설

① [O] 형법 제49조(몰수의 부가성) 몰수는 타형에 부가하여 과한다. 단, 행위자에게 유죄의 재판을 아니할 때에도 몰수의 요건이 있는 때에는 몰수만을 선고할 수 있다.
② [O] 대판 2016.12.15. 2016도16170
③ [O] 피고인이 공무원에게 승용차대금 명목으로 1,400만원을 뇌물로 제공하기로 약속한 경우, 몰수는 특정된 물건에 대한 것이고 추징은 본래 몰수할 수 있었음을 전제로 하는 것임에 비추어 뇌물에 공할 금품이 특정되지 않았던 것은 몰수할 수 없고 그 가액을 추징할 수도 없다(대판 1996.5.8. 96도221). ☞ 1,400만원은 추징 불가능
④ [X] 수재자가 증재자로부터 받은 재물을 그대로 가지고 있다가 증재자에게 반환하였다면 '증재자로부터' 이를 몰수하거나 그 가액을 추징하여야 한다(대판 2017.04.07. 2016도18104).

(정답) ④

06 다음 설명 중 옳지 않은 것은? (다툼이 있는 경우 판례에 의함)

2016년 경찰간부

① 몰수의 대상이 되는 물건은 반드시 압수되어 있는 물건에 대하여서만 하는 것이 아니므로, 몰수대상물건이 압수되어 있는가 하는 점은 몰수의 요건이 아니다.
② 추징은 일종의 형으로서 검사가 공소를 제기함에 있어 관련 추징규정의 적용을 빠뜨렸다 하더라도 법원이 직권으로 이를 적용하여야 하는 것은 아니다.
③ 피해자로 하여금 사기도박에 참여하도록 유인하기 위하여 고액의 수표를 제시해 보인 경우, 위 수표가 직접적으로 도박 자금으로 사용되지 아니하였다 할지라도 이를 몰수할 수 있다.
④ 대형할인매장에서 수회 상품을 절취하여 자신의 승용차에 싣고 간 경우, 위 승용차는 범죄행위에 제공한 물건으로 보아 몰수할 수 있다.

해설

① [O] 몰수는 반드시 압수되어 있는 물건에 대하여서만 하는 것이 아니므로, 몰수대상물건이 압수되어 있는가 하는 점 및 적법한 절차에 의하여 압수되었는가 하는 점은 몰수의 요건이 아니다(대판 2003.05.30. 2003도705).
② [X] 추징은 일종의 형으로서 검사가 공소를 제기함에 있어 관련 추징규정의 적용을 빠뜨렸다 하더라도 법원은 직권으로 이

를 적용하여야 하는 것이므로, 같은 취지에서 원심이 공무원범죄에 관한 몰수 특례법 제6조를 적용하여 피고인으로부터 불법재산의 가액을 추징한 조치는 정당하다(대판 2007.01.25. 2006도8663).

③ [O] 피해자로 하여금 사기도박에 참여하도록 유인하기 위하여 고액의 수표를 제시해 보인 경우, 형법 제48조 소정의 몰수가 임의적 몰수에 불과하여 법관의 자유재량에 맡겨져 있고, 위 수표가 직접적으로 도박자금으로 사용되지 아니하였다 할지라도, 위 수표가 피해자로 하여금 사기도박에 참여하도록 만들기 위한 수단으로 사용된 이상, 이를 몰수할 수 있다(대판 2002.09.24. 2002도3589).

④ [O] [1] 형법 제48조 제1항 제1호의 "범죄행위에 제공한 물건"은, 가령 살인행위에 사용한 칼 등 범죄의 실행행위 자체에 사용한 물건에만 한정되는 것이 아니며, 실행행위의 착수 전의 행위 또는 실행행위의 종료 후의 행위에 사용한 물건이더라도 그것이 범죄행위의 수행에 실질적으로 기여하였다고 인정되는 한 위 법조 소정의 제공한 물건에 포함된다.
[2] 대형할인매장에서 수회 상품을 절취하여 자신의 승용차에 싣고 간 경우, 위 승용차는 형법 제48조 제1항 제1호에 정한 범죄행위에 제공한 물건으로 보아 몰수할 수 있다(대판 2006.09.14. 2006도4075).

정답 ②

07 몰수·추징에 대한 설명으로 옳지 않은 것은? (다툼이 있으면 판례에 의함)   2014년 검찰7급

① 징역형의 집행유예와 추징의 선고를 받은 사람에 대하여 징역형의 선고의 효력을 상실케 하는 동시에 복권하는 특별 사면이 있는 경우에 추징에 대하여도 형 선고의 효력이 상실된다.
② 범죄행위로 인하여 물건을 취득하면서 그 대가를 지급하였다고 하더라도 범죄행위로 취득한 것은 물건 자체이고 이는 몰수되어야 할 것이나, 이미 처분되어 없다면 그 가액 상당을 추징할 것이고, 그 가액에서 이를 취득하기 위한 대가로 지급한 금원을 뺀 나머지를 추징해야 하는 것은 아니다.
③ 수뢰자가 뇌물을 그대로 보관하였다가 증뢰자에게 반환한 때에는 증뢰자로부터 몰수·추징할 것이므로 수뢰자로부터 추징함은 위법하다.
④ 형법 제48조 제1항의 범인에 해당하는 공범자는 반드시 유죄의 죄책을 지는 자에 국한된다고 볼 수 없고 공범에 해당하는 행위를 한 자이면 족하다. 따라서 유죄의 죄책을 지지 않는 공범자의 소유물을 몰수할 수 있다.

해설

① [X] 추징은 부가형이지만 징역형의 집행유예와 추징의 선고를 받은 사람에 대하여 징역형의 선고의 효력을 상실케 하는 동시에 복권하는 특별사면이 있은 경우에 추징에 대하여도 형 선고의 효력이 상실된다고 볼 수는 없다(대판 1996.5.14. 자 96모14).
② [O] 범죄행위로 인하여 물건을 취득하면서 그 대가를 지급하였다고 하더라도 범죄행위로 취득한 것은 물건 자체이고 이는 몰수되어야 할 것이나, 이미 처분되어 없다면 그 가액 상당을 추징할 것이고, 그 가액에서 이를 취득하기 위한 대가로 지급한 금원을 뺀 나머지를 추징해야 하는 것은 아니다(대판 2005.7.15. 2003도4293).
③ [O] ⅰ) 수뢰자가 받은 뇌물을 그대로 보관하다가 뇌물 그 자체를 증뢰자에게 반환한 경우라면 증뢰자로부터 몰수·추징할 것이고, ⅱ) 반면 수뢰자가 뇌물을 소비·은행에의 입금 등의 행위를 한 후 동액 상당의 금원을 증뢰자에게 반환한 경우에는 뇌물 그 자체를 반환한 것이 아니므로 수뢰자로부터 추징하여야 한다(대판 1986.10.14. 86도1189 등).
④ [O] 형법 제48조 제1항의 '범인'에 해당하는 공범자는 반드시 유죄의 죄책을 지는 자에 국한된다고 볼 수 없고 공범에 해당하는 행위를 한 자이면 족하므로 이러한 자의 소유물도 형법 제48조 제1항의 '범인 이외의 자의 소유에 속하지 아니하는 물건'으로서 이를 피고인으로부터 몰수할 수 있다(대판 2006.11.23. 2006도5586).

정답 ①

08 몰수와 추징에 관한 설명 중 옳은 것끼리 묶인 것은? (다툼이 있으면 판례에 의함) 2011년 제1차 경찰

(가) 히로뽕 2g을 매수하여 그 중 0.18g을 6회에 걸쳐 직접 투약한 것으로 기소되어 히로뽕 2g의 매매죄와 6회의 투약죄가 실체적 경합범 관계에 있는 별죄를 구성하는 것으로 인정된 경우, 피고인이 매수한 히로뽕 2g에 관하여 몰수·추징을 선고하고 투약된 히로뽕의 시가 상당액에 관하여도 별도로 추징을 명해야 한다.

(나) 체포될 당시에 미처 송금하지 못하고 소지하고 있던 자기앞수표나 현금은 장차 실행하려고 한 외국환거래법 위반의 범행에 제공하려는 물건이므로 몰수할 수 있다.

(다) 「밀항단속법」 제4조 제3항의 취지와 위 법의 입법 목적에 비추어 보면, 밀항단속법상의 몰수와 추징은 일반 형사법과 달리 범죄사실에 대한 징벌적 제재의 성격을 띠고 있으므로, 여러 사람이 공모하여 죄를 범하고도 몰수대상인 수수 또는 약속한 보수를 몰수할 수 없을 때에는 공범자 전원에 대하여 그 보수액 전부의 추징을 명하여야 한다.

(라) 「형법」 제48조 제1항의 '범인'에는 공범자도 포함되므로 피고인의 소유물은 물론 공범자의 소유물도 그 공범자의 소추 여부를 불문하고 몰수할 수 있고, 여기에서의 공범자에는 공동정범, 교사범, 방조범에 해당하는 자는 물론 필요적 공범관계에 있는 자도 포함된다.

(마) 공무원의 직무에 속한 사항의 알선에 관하여 금품을 받고 그 금품 중의 일부를 실제로 금품을 받은 취지에 따라 청탁과 관련하여 관계 공무원에게 뇌물로 공여하거나 다른 알선행위자에게 청탁의 명목으로 교부한 경우에는 그 부분의 이익은 실질적으로 범인에게 귀속된 것이 아니므로 그 부분을 제외한 나머지 금품만을 몰수하거나 그 가액을 추징하여야 한다.

① (가), (다), (마)
② (나), (라), (마)
③ (가), (나), (라)
④ (다), (라), (마)

해설

(가) **[X]** 히로뽕을 수수하여 그 중 일부를 직접 투약한 경우에는 수수한 히로뽕의 가액만을 추징할 수 있고 직접 투약한 부분에 대한 가액을 별도로 추징할 수 없다(대판 2000.9.8. 2000도546).

(나) **[X]** [1] 어떠한 물건을 '범죄행위에 제공하려고 한 물건'으로서 몰수하기 위하여는 그 물건이 유죄로 인정되는 당해 범죄행위에 제공하려고 한 물건임이 인정되어야 한다.
[2] 체포될 당시에 미처 송금하지 못하고 소지하고 있던 자기앞수표나 현금은 장차 실행하려고 한 외국환거래법 위반의 범행에 제공하려는 물건일 뿐, 그 이전에 범해진 외국환거래법 위반의 '범죄행위에 제공하려고 한 물건'으로는 볼 수 없으므로 몰수할 수 없다(대판 2008.2.14. 2007도10034).

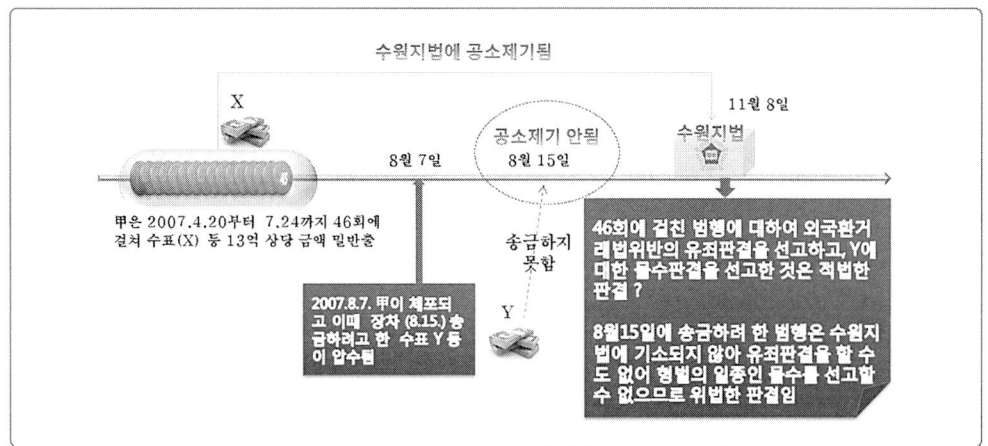

(다) **[O]** 대판 2008.10.9. 2008도7034
(라) **[O]** 대판 2006.11.23. 2006도5586
(마) **[O]** ⅰ) 공무원의 직무에 속한 사항의 알선에 관하여 금품을 받고 그 금품 중의 일부를 '받은 취지에 따라' 청탁과 관련하여 관계 공무원에게 뇌물로 공여하거나 다른 알선행위자에게 청탁의 명목으로 교부한 경우에는 그 부분의 이익은 실질적으로 범인에게 귀속된 것이 아니어서 이를 제외한 나머지 금품만을 몰수하거나 그 가액을 추징하여야 하지만, ⅱ) 공무원의 직무에 속한 사항의 알선에 관하여 금품을 받은 자가 그 금품 중의 일부를 다른 알선행위자에게 청탁의 명목으로 교부하였다 하더라도, '범인의 독자적인 판단에 따라' 경비로 사용한 것이라면 이는 범인이 받은 금품을 소비하는 방법의 하나에 지나지 아니하므로, 그 가액 역시 범인으로부터 추징하지 않으면 안된다(대판 1999.6.25. 99도1900).

(정답) ④

09 몰수에 관한 다음 설명 중 가장 옳지 않은 것은? (다툼이 있으면 판례에 의함) 2018년 법원직

① 주형을 선고유예하는 경우에 몰수의 선고유예도 가능하다.
② 행위자에게 유죄의 재판을 아니할 때에도 몰수의 요건이 있는 때에는 몰수만을 선고할 수 있다.
③ 주형의 선고를 유예하는 경우에 몰수의 요건이 있는 때에는 몰수만을 선고할 수도 있다.
④ 주형의 선고를 유예하지 않으면서 몰수와 추징에 대하여만 선고를 유예할 수도 있다.

해설

① **[O]** 형법 제59조에 의하더라도 몰수는 선고유예의 대상으로 규정되어 있지 아니하고 다만 몰수 또는 이에 갈음하는 추징은 부가적 성질을 띠고 있어 ⅰ) 그 주형에 대하여 선고를 유예하는 경우에는 그 부가할 몰수 추징에 대하여도 선고를 유예할 수 있으나, ⅱ) 그 주형에 대하여 선고를 유예하지 아니하면서 이에 부가할 몰수 추징에 대하여서만 선고를 유예할 수는 없다(대판 1988.6.21. 88도551).
② **[O]** 형법 제49조(몰수의 부가성) 몰수는 타형에 부가하여 과한다. 단, 행위자에게 유죄의 재판을 아니할 때에도 몰수의 요건이 있는 때에는 몰수만을 선고할 수 있다.
③ **[O]** 형법 제59조에 의하여 형의 선고를 유예하는 경우에 그 몰수의 요건이 있는 때에는 몰수형만의 형을 선고할 수 있다고 함이 당원의 견해(73.12.11. 73도1133호 전원합의체판결 참조)인 바, 추징은 그 성질상 몰수와 달리 취급할 것이 못되므로 주형을 선고유예하고 추징을 선고한 조치에 위법이 없다(대판 1981.4.14. 81도614).
④ **[X]** 위 해설 ① 참조

(정답) ④

10 몰수와 추징에 대한 설명으로 옳은 것은? (다툼이 있는 경우 판례에 의함)   2021년 경찰간부

① 甲 주식회사 대표이사가 금융기관에 청탁하여 乙 주식회사의 대출을 알선하고 그 대가로 용역대금 명목의 수수료를 받아 특정경제범죄 가중처벌 등에 관한 법률 위반죄를 범한 경우, 수수료에 대한 권리는 甲 회사에 귀속되기 때문에 수수료로 받은 금품을 몰수 또는 그 가액을 추징할 수 없다.
② 몰수는 범죄에 의한 이득을 박탈하는데 그 취지가 있고 추징도 이러한 몰수의 취지를 관철하기 위한 것이라는 점에서 추징 가액의 산정은 재판선고시의 가격이 기준이 된다.
③ 형법 제48조 제1항의 '범인'에 해당하는 공범자는 유죄의 죄책을 지는 자에 국한되므로, 유죄의 죄책을 지지 않는 공범자의 물건은 몰수할 수 없다.
④ 효력을 상실한 압수·수색영장에 기하여 다시 압수를 실시하여 압수해 온 물건을 몰수하였다면, 해당 몰수는 위법한 것으로 효력이 없다.

해설

① [X] 피고인이 甲 회사의 대표이사로서 같은 법 제7조에 해당하는 행위를 하고 당해 행위로 인한 대가로 수수료를 받았다면, 수수료에 대한 권리가 甲 회사에 귀속된다 하더라도 행위자인 피고인으로부터 수수료로 받은 금품을 몰수 또는 그 가액을 추징할 수 있으므로, 피고인이 개인적으로 실제 사용한 금품이 없더라도 마찬가지이다(대판 2015.1.15. 2012도7571).

② [O] 몰수할 수 없는 때 추징하여야 할 가액은 범인이 그 물건을 보유하고 있다가 몰수의 선고를 받았더라면 잃었을 이득상당액을 의미한다고 보아야 하므로 그 가액산정은 재판선고시의 가격을 기준으로 하여야 하며, 몰수, 추징의 대상이 되는지 여부나 추징액의 인정은 엄격한 증명을 필요로 하지 아니한다(대판 2007.3.15. 2006도9314 등).

③ [X] [1] 형법 제48조 제1항의 '범인'에는 공범자도 포함되므로 피고인의 소유물은 물론 공범자의 소유물도 그 공범자의 소추 여부를 불문하고 몰수할 수 있고, 여기에서의 공범자에는 공동정범, 교사범, 방조범에 해당하는 자는 물론 필요적 공범관계에 있는 자도 포함된다.
[2] 형법 제48조 제1항의 '범인'에 해당하는 공범자는 반드시 유죄의 죄책을 지는 자에 국한된다고 볼 수 없고 공범에 해당하는 행위를 한 자이면 족하므로 이러한 자의 소유물도 형법 제48조 제1항의 '범인 이외의 자의 소유에 속하지 아니하는 물건'으로서 이를 피고인으로부터 몰수할 수 있다(대판 2006.11.23. 2006도5586).

④ [X] [1] 몰수는 반드시 압수되어 있는 물건에 대하여서만 하는 것이 아니므로, 몰수대상물건이 압수되어 있는가 하는 점 및 적법한 절차에 의하여 압수되었는가 하는 점은 몰수의 요건이 아니다.
[2] 이미 그 집행을 종료함으로써 효력을 상실한 압수·수색영장에 기하여 다시 압수·수색을 실시하면서 몰수대상물건을 압수한 경우, 압수 자체가 위법하게 됨은 별론으로 하더라도 그것이 위 물건의 몰수의 효력에는 영향을 미칠 수 없다(대판 2003.5.30. 2003도705).

정답 ②

11 甲에게 임의적 감면사유가 존재하는 것은? (다툼이 있으면 판례에 의함) 2011년 제1차 경찰

① 甲이 피해자 외 2인에게 깨진 병과 벽돌 등으로 집단 구타당하는 상황에서 이에 대항하기 위해 곡괭이 자루를 마구 휘두른 결과 피해자가 머리 뒷부분을 맞고 사망한 경우
② 甲이 피해자를 강간할 마음을 먹고 폭행한 후 강간하려 하였으나 피해자가 다음에 만나 친해지면 응해 주겠다는 취지의 간곡한 부탁으로 인해 그 이상 강간의 실행 행위에 나아가지 아니한 경우
③ 통화위조죄를 범할 목적으로 예비 또는 음모한 甲이 그 목적한 죄의 실행에 이르기 전에 자수한 경우
④ 甲은 A에게 자동차 운전면허가 없다는 사실을 알면서도 A의 부탁에 따라 승용차를 제공하였고, A가 이를 운전한 경우

> **해설**
> ① **(O)** 집단구타에 대한 반격행위로서 형법 제21조 제2항의 과잉방위에 해당한다(대판 1985.9.1. 85도1370).
> ② **(X)** 피해자의 다음에 만나 친해지면 응해 주겠다는 취지의 간곡한 부탁은 사회통념상 범죄실행에 대한 장애라고 여겨지지는 아니하므로 피고인의 행위는 중지미수에 해당한다(대판 1993.10.1. 93도1851). 중지미수는 필요적 감면사유이다.
> ③ **(X)** 통화위조죄를 범할 목적으로 예비 또는 음모한 甲이 그 목적한 죄의 실행에 이르기 전에 자수한 경우 그 형을 감경 또는 면제한다(필요적 감면사유).
> ④ **(X)** 자동차운전면허가 없는 자에게 승용차를 제공하여 그로 하여금 무면허운전을 하게 하였다면 이는 도로교통법위반(무면허운전) 범행의 방조행위에 해당한다(대판 2000.8.18. 2000도1914). 종범은 필요적 감경사유이다.

정답 ①

12 형의 감경사유가 되는 자수에 관한 기술로서 옳은 것을 모두 고른 것은? (판례에 의함) 2010년 법원행시

(가) 피고인이 검찰의 소환에 따라 자진 출석하여 검사에게 범죄사실에 관하여 자백함으로써 형법상 자수의 효력이 발생하였다면, 그 후에 검찰이나 법정에서 범죄사실을 일부 부인하였다고 하더라도 일단 발생한 자수의 효력이 소멸하는 것은 아니다.
(나) 법인의 직원 또는 사용인이 위반행위를 하여 양벌규정에 의하여 법인이 처벌받는 경우, 법인에게 자수감경에 관한 형법 제52조 제1항의 규정을 적용하기 위하여는 법인의 이사 기타 대표자가 수사책임이 있는 관서에 자수한 경우에 한하고, 그 위반행위를 한 직원 또는 사용인이 자수한 것만으로는 위 규정에 의하여 형을 감경할 수 없다.
(다) 법률상의 형의 감경사유가 되는 자수를 위하여는, 범인이 자기의 범행으로서 범죄성립요건을 갖춘 객관적 사실을 자발적으로 수사관서에 신고하여 그 처분에 맡기는 것으로 족하고, 더 나아가 법적으로 그 요건을 완전히 갖춘 범죄행위라고 적극적으로 인식하고 있을 필요까지는 없다.
(라) 자수란 범인이 자발적으로 자신의 범죄사실을 수사기관에 신고하여 그 소추를 구하는 의사표시로서 이를 형의 감경사유로 삼는 주된 이유는 범인이 그 죄를 뉘우치고 있다는 점에 있으므로, 혐의를 받고 있는 수 개의 범죄사실 중 일부에 관하여만 자수한 경우에는 그 일부에 대하여도 자수로서의 효력이 없다.
(마) 범죄사실과 범인이 누구인가가 발각된 후라 하더라도 범인이 자발적으로 자기의 범죄사실을 수사기관에 신고한 경우에는 이를 자수로 보아야 한다.

① (가), (나), (다), (라), (마) ② (가), (나), (다), (마)
③ (가), (다), (마) ④ (나), (다), (마)

해설

(가) [O] 대판 2002.8.23. 2002도46
(나) [O] 대판 1995.7.25. 95도391
(다) [O] 대판 1995.6.30. 94도1017
(라) [X] 수 개의 범죄사실 중 일부에 관하여만 자수한 경우에는 그 부분 범죄사실에 대하여만 자수의 효력이 있다(대판 1994.10.14. 94도2130).
(마) [O] 대판 1965.10.5. 65도597

정답 ②

13 자수에 대한 다음 설명 중 가장 적절하지 않은 것은? (다툼이 있으면 판례에 의함) 2016년 제2차 경찰

① 수사기관에 뇌물수수의 범죄사실을 자발적으로 신고하였으나 그 수뢰액을 실제보다 적게 신고함으로써 적용법조와 법정형이 달라지게 된 경우 자수가 성립하지 않는다.
② 범죄사실과 범인이 누구인가가 발각된 후라 하더라도 범인이 자발적으로 자기의 범죄사실을 수사기관에 신고한 경우에는 이를 자수로 보아야 한다.
③ 형법상 피해자의 의사에 반하여 처벌할 수 없는 죄에 있어서 피해자에게 자복한 경우에는 필요적 감면사유이다.
④ 피고인이 수사기관에 자진 출석하여 처음 조사를 받으면서는 돈을 차용하였을 뿐이라며 범죄사실을 부인하다가 제2회 조사를 받으면서 비로소 업무와 관련하여 돈을 수수하였다고 자백한 행위를 자수라고 할 수 없다.

해설

① **[O]** 대판 2004.06.24. 2004도2003
② **[O]** 대판 1965.10.05. 65도597
③ **[X]** 제52조(자수, 자복) ① 죄를 범한 후 수사책임이 있는 관서에 자수한 때에는 그 형을 감경 또는 면제할 수 있다. ② 피해자의 의사에 반하여 처벌할 수 없는 죄에 있어서 피해자에게 자복한 때에도 전항과 같다. ☞ 형법 총칙상의 자수와 자복의 경우 임의적 감·면 사유로 규정되어 있다.
④ **[O]** 대판 2011.12.22. 2011도12041

정답 ③

14 다음 설명 중 가장 적절하지 않은 것은? (다툼이 있는 경우 판례에 의함)　　2020년 제2차 경찰

① 형사사건으로 외국 법원에 기소되었다가 무죄판결을 받은 사람은, 설령 그가 무죄판결을 받기까지 상당기간 미결구금 되었더라도 이를 유죄판결에 의하여 형이 실제로 집행된 것으로 볼 수는 없으므로, '외국에서 형의 전부 또는 일부가 집행된 사람'에 해당한다고 볼 수 없고, 그 미결구금 기간은 「형법」 제7조에 의한 산입의 대상이 될 수 없다.

② 피고인이 수사기관에 자진 출석하여 처음 조사를 받으면서는 돈을 차용하였을 뿐이라며 범죄사실을 부인하다가 제2회 조사를 받으면서 비로소 업무와 관련하여 돈을 수수하였다고 자백한 행위를 자수라고 할 수 없다.

③ 법관은 양형을 함에 있어 법정형에서 형의 가중·감면 등을 거쳐 형성된 처단형의 범위 내에서 양형의 조건을 참작하여 선고형을 정하여야 한다.

④ 작량감경이란 법률상 특별한 감경사유가 없는 경우에도 피고인에게 정상참작의 여지가 있을 때 법원이 재량으로 하는 형의 감경이고, 법률상 감경사유가 있을 때에는 항상 작량감경이 우선해야 한다.

해설

① **[O]** 피고인이 필리핀에서 살인죄를 범하였다가 무죄 취지의 재판을 받고 석방된 후 국내에서 다시 기소되어 제1심에서 징역 10년을 선고받게 되자 자신이 필리핀에서 미결 상태로 구금된 5년여의 기간에 대하여도 '외국에서 집행된 형의 산입' 규정인 형법 제7조가 적용되어야 한다고 주장하며 항소한 경우, 미결구금이 자유 박탈이라는 효과 면에서 형의 집행과 일부 유사하다는 점만을 근거로, 외국에서 형이 집행된 것이 아니라 단지 미결구금되었다가 무죄판결을 받은 사람의 미결구금일수를 형법 제7조의 유추적용에 의하여 그가 국내에서 같은 행위로 인하여 선고받는 형에 산입하여야 한다는 것은 허용되기 어렵다(대판 2017.8.24. 2017도5977 전원합의체).

> **형법 제7조 (외국에서 집행된 형의 산입)** 죄를 지어 외국에서 형의 전부 또는 일부가 집행된 사람에 대해서는 그 집행된 형의 전부 또는 일부를 선고하는 형에 산입한다.

② **[O]** 형법 제52조 제1항에서 말하는 '자수'란 범인이 스스로 수사책임이 있는 관서에 자기의 범행을 자발적으로 신고하고 그 처분을 구하는 의사표시이므로, 수사기관의 직무상의 질문 또는 조사에 응하여 범죄사실을 진술하는 것은 자백일 뿐 자수로는 되지 아니한다(대판 2011.12.22. 2011도12041).

③ **[O]** 형의 양정은 법정형 확인, 처단형 확정, 선고형 결정 등 단계로 구분된다. 법관은 형의 양정을 할 때 법정형에서 형의 가중·감경 등을 거쳐 형성된 처단형의 범위 내에서만 양형의 조건을 참작하여 선고형을 결정하여야 하고, 이는 후단 경합범의 경우에도 마찬가지이다(대판 2019.4.18. 2017도14609 등 참조).

④ **[X]** 법률상 감경사유가 있을 때에는 작량감경보다 우선하여야 할 것이고, 작량감경은 이와 같은 법률상 감경을 다하고도 그 처단형의 범위를 완화하여 그보다 낮은 형을 선고하고자 할 때에 하는 것이 옳다(대판 1991.6.11. 91도985).

> **형법 제56조 (가중감경의 순서)** 형을 가중감경할 사유가 경합된 때에는 다음 순서에 의한다.
> 1. 각칙본조에 의한 가중
> 2. 제34조 제2항(특수교사·방조)의 가중
> 3. 누범가중
> 4. 법률상감경
> 5. 경합범가중
> 6. 작량감경

정답 ④

15 누범에 관한 다음 설명 중 가장 옳지 않은 것은? (다툼이 있으면 판례에 의함) 2018년 법원직

① 금고 이상의 형을 받아 그 집행을 종료하거나 면제를 받은 후 3년 내에 금고 이상에 해당하는 죄를 범한 자는 누범으로 처벌한다.
② 금고 이상의 형을 받고 그 형의 집행유예기간 중에 금고 이상에 해당하는 죄를 범하였다면 누범으로 처벌할 수 있다.
③ 포괄일죄의 일부 범행이 누범기간 내에 이루어진 이상 나머지 범행이 누범기간 경과 후에 이루어졌더라도 그 범행 전부가 누범에 해당한다고 보아야 한다.
④ 구성요건상 상습범에 해당하는 경우라도 누범가중을 할 수 있다.

해설

① [O] 형법 제35조 제1항
② [X] 금고 이상의 형을 받고 "그 형의 집행유예기간 중"에 금고 이상에 해당하는 죄를 범한 경우, 이는 누범가중의 요건을 충족시킨 것이라 할 수 없다(대판 1983.8.23. 83도 1600).
③ [O] 대판 1985.7.9. 85도1000
④ [O] 상습범 중 일부가 누범기간 내에 이루어졌다면 나머지가 누범기간 경과 후 행해졌더라도 "전부"가 누범관계에 있다(대판 1985.7.9. 85도1000).

정답 ②

16 누범에 대한 다음의 설명 중 옳지 않은 것은? (다툼이 있으면 판례에 의함) 2015년 경찰간부

① 누범에 해당하더라도 그 법정형에서 무기징역을 선택하였다면 무기징역형으로만 처벌하고 따로 누범가중을 할 수 없다.
② 포괄일죄의 일부 범행이 누범기간 내에 이루어진 이상 나머지 범행이 누범기간 경과 이후에 이루어졌더라도 그 범행 전부가 누범에 해당한다고 보아야 한다.
③ 누범이 경합범인 경우에는 각 죄에 대하여 먼저 누범가중을 한 후에 경합범가중을 하여야 한다.
④ 형법 제35조는 누범에 대하여 형의 장기 및 단기 모두 2배까지 가중하도록 규정하고 있다.

해설

① [O] 형법 제35조 제1항에 규정된 "금고 이상에 해당하는 죄"라 함은 유기금고형이나 유기징역형으로 처단할 경우에 해당하는 죄를 의미하는 것(대판 1982.9.14. 82도1702)이므로 법정형 중 무기징역형이나 벌금형을 선택한 경우에는 누범가중을 할 수 없다.
② [O] 상습범(포괄일죄) 중 일부가 누범기간 내에 이루어졌다면 나머지가 누범기간 경과 후 행해졌더라도 전부가 누범관계에 있다(대판 1985.7.9. 85도1000).

③ [O]

> **제56조(가중감경의 순서)** 형을 가중감경할 사유가 경합된 때에는 다음 순서에 의한다.
> 1. 각칙 본조에 의한 가중
> 2. 제34조 제2항의 가중
> 3. 누범가중
> 4. 법률상감경
> 5. 경합범가중
> 6. 작량감경

④ [X] 제35조(누범) ② 누범의 형은 그 죄에 정한 형의 장기의 2배까지 가중한다.

정답 ④

17. 선고유예와 집행유예에 대한 설명으로 옳은 것은? (다툼이 있는 경우 판례에 의함) 2021년 경찰간부

① 형의 선고를 유예하는 경우 보호관찰을 명할 수 있고, 보호관찰의 기간은 법원이 「형법」 제51조의 사항을 참작하여 정할 수 있다.

② 형의 선고를 유예하는 판결을 할 경우에도 선고가 유예된 형에 대한 판단을 해야 하기 때문에 그 선고형을 정해 놓아야 하고, 벌금의 경우에는 벌금액을 정해야 하지만 환형유치처분까지 할 필요는 없다.

③ 「형법」 제62조 제1항은 '형'의 집행을 유예할 수 있다고 규정하고 있는데 이는 하나의 형의 전부에 대한 집행유예에 관한 규정으로 해석하여야 하고, 따라서 하나의 형의 일부에 대한 집행유예는 불가능하다.

④ 형의 집행유예를 선고받은 자가 유예기간을 무사히 경과하여 형의 선고가 효력을 잃게 되는 경우, 형의 선고가 있었다는 사실 자체까지 없어지므로 선고유예 결격사유인 '자격정지 이상의 형을 받은 전과가 있는 자'에 해당되지 않는다.

해설

① [X] 집행유예시 보호관찰 기간을 법원이 정할 수 있는 경우가 있으나(아래 제62조의2 제2항 참조), 선고유예시 보호관찰 기간은 1년으로 법정되어 있다.

> **형법 제59조의2(보호관찰)** ① 형의 선고를 유예하는 경우에 재범방지를 위하여 지도 및 원호가 필요한 때에는 보호관찰을 받을 것을 명할 수 있다.
> ② 제1항의 규정에 의한 보호관찰의 기간은 1년으로 한다.
> **제62조의2(보호관찰, 사회봉사·수강명령)** ① 형의 집행을 유예하는 경우에는 보호관찰을 받을 것을 명하거나 사회봉사 또는 수강을 명할 수 있다.
> ② 제1항의 규정에 의한 보호관찰의 기간은 집행을 유예한 기간으로 한다. 다만, 법원은 유예기간의 범위내에서 보호관찰기간을 정할 수 있다.

② **[X]** 형법 제59조에 의하여 형의 선고를 유예하는 판결을 할 경우에도 선고가 유예된 형에 대한 판단을 하여야 하는 것이므로 선고유예 판결에서도 그 판결이유에서는 선고할 형의 종류와 양, 즉 선고형을 정해 놓아야 하고 그 선고를 유예하는 형이 벌금형일 경우에는 그 벌금액 뿐만 아니라 환형유치처분까지 해 두어야 한다(대판 1988.1.19. 86도2654).

③ **[O]** 집행유예의 요건에 관한 형법 제62조 제1항이 '형'의 집행을 유예할 수 있다고만 규정하고 있다고 하더라도, 이는 같은 조 제2항이 그 형의 '일부'에 대하여 집행을 유예할 수 있는 때를 형을 '병과'할 경우로 한정하고 있는 점에 비추어 보면, 조문의 체계적 해석상 하나의 형의 전부에 대한 집행유예에 관한 규정이라 할 것이고, 또한 하나의 자유형에 대한 일부집행유예에 관하여는 그 요건, 효력 및 일부 실형에 대한 집행의 시기와 절차, 방법 등을 입법에 의해 명확하게 할 필요가 있어, 그 인정을 위해서는 별도의 근거 규정이 필요하므로 하나의 자유형 중 일부에 대해서는 실형을, 나머지에 대해서는 집행유예를 선고하는 것은 허용되지 않는다(대판 2007.2.22. 2006도8555).

④ **[X]** 형법 제59조 제1항 단행에서 정한 "자격정지 이상의 형을 받은 전과"라 함은 자격정지 이상의 형을 선고받은 범죄경력 자체를 의미하는 것이고, 그 형의 효력이 상실된 여부는 묻지 않는 것으로 해석함이 상당하다고 할 것이고, 따라서 형의 집행유예를 선고받은 자는 형법 제65조에 의하여 그 선고가 실효 또는 취소됨이 없이 정해진 유예기간을 무사히 경과하여 형의 선고가 효력을 잃게 되었다고 하더라도 형의 선고의 법률적 효과가 없어진다는 것일 뿐, 형의 선고가 있었다는 기왕의 사실 자체까지 없어지는 것은 아니므로, 형법 제59조 제1항 단행에서 정한 선고유예 결격사유인 "자격정지 이상의 형을 받은 전과가 있는 자"에 해당한다고 보아야 한다(대판 2003.12.26. 2003도3768).

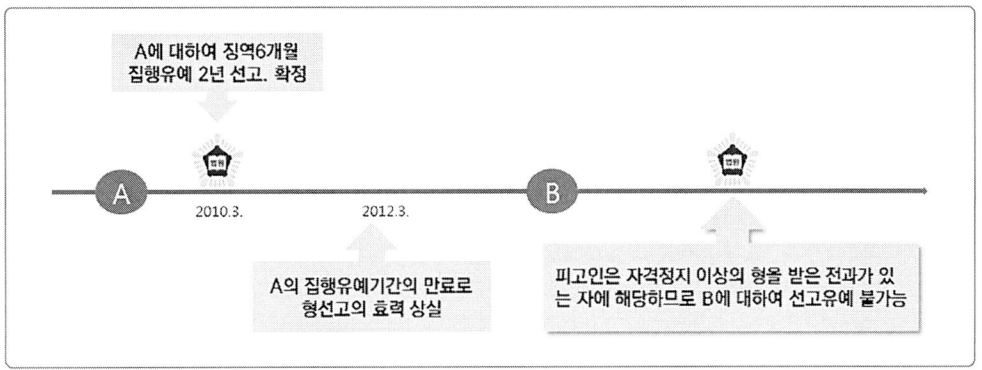

정답 ③

18 집행유예에 관한 다음 설명 중 가장 적절하지 않은 것은? (다툼이 있으면 판례에 의함)

2015년 제1차 경찰

① 집행유예시 받은 사회봉사명령 또는 수강명령은 집행유예기간 내에 집행한다.
② 형의 집행유예를 선고받은 사람이 형법 제65조에 의하여 그 선고가 실효 또는 취소됨이 없이 정해진 유예기간을 무사히 경과하여 형의 선고가 효력을 잃게 되었더라도 이는 형의 선고의 법률적 효과가 없어진다는 것일 뿐, 형의 선고가 있었다는 기왕의 사실 자체까지 없어지는 것은 아니므로 형법 제59조 제1항 단행에서 정한 선고유예 결격사유인 '자격정지 이상의 형을 받은 전과가 있는 자'에 해당한다고 보아야 한다.
③ 집행유예 선고를 받은 자가 유예기간 중 고의로 범한 죄로 금고 이상의 실형을 선고받아 그 판결이 확정된 때에는 집행유예의 선고를 취소할 수 있다.
④ 하나의 자유형 중 일부에 대해서는 실형을, 나머지에 대해서는 집행유예를 선고하는 것은 허용되지 않는다.

해설

① [O] 제62조의2(보호관찰, 사회봉사·수강명령) ③ 사회봉사명령 또는 수강명령은 집행유예기간 내에 이를 집행한다.
② [O] 형법 제59조 제1항 단행에서 정한 "자격정지 이상의 형을 받은 전과"라 함은 자격정지 이상의 형을 선고받은 범죄경력 자체를 의미하는 것이고, 그 형의 효력이 상실된 여부는 묻지 않는 것으로 해석함이 상당하다고 할 것이고, 따라서 형의 집행유예를 선고받은 자는 형법 제65조에 의하여 그 선고가 실효 또는 취소됨이 없이 정해진 유예기간을 무사히 경과하여 형의 선고가 효력을 잃게 되었다고 하더라도 형의 선고의 법률적 효과가 없어진다는 것일 뿐, 형의 선고가 있었다는 기왕의 사실 자체까지 없어지는 것은 아니므로, 형법 제59조 제1항 단행에서 정한 선고유예 결격사유인 "자격정지 이상의 형을 받은 전과가 있는 자"에 해당한다고 보아야 한다(대판 2003.12.26. 2003도3768). ☞ 선고유예 불가
③ [X] 제63조(집행유예의 실효) 집행유예의 선고를 받은 자가 유예기간 중 고의로 범한 죄로 금고 이상의 실형을 선고받아 그 판결이 확정된 때에는 집행유예의 선고는 효력을 잃는다.
제64조(집행유예의 취소) ① 집행유예의 선고를 받은 후 제62조 단행의 사유가 발각된 때에는 집행유예의 선고를 취소한다. ② 제62조의2의 규정에 의하여 보호관찰이나 사회봉사 또는 수강을 명한 집행유예를 받은 자가 준수사항이나 명령을 위반하고 그 정도가 무거운 때에는 집행유예의 선고를 취소할 수 있다.
④ [O] 대판 2007.2.22. 2006도8555

정답 ③

19 집행유예에 관한 다음 설명 중 가장 옳지 않은 것은? (다툼이 있는 경우 판례에 의함) 2017년 경찰간부

① 집행유예의 선고를 받은 자가 유예기간 중 고의로 범한 죄로 금고 이상의 실형을 선고 받아 그 판결이 확정된 때에는 집행유예의 선고는 효력을 잃는다.
② 집행유예를 선고할 경우에는 보호관찰을 받을 것을 명하거나 사회봉사 또는 수강을 명할 수 있으나, 보호관찰과 사회봉사 또는 수강을 동시에 명할 수는 없다.
③ 집행유예기간 중에 범한 범죄라고 할지라도 집행유예가 실효 또는 취소됨이 없이 그 유예기간이 경과한 경우에는 이에 대해 다시 집행유예의 선고가 가능하다.
④ 형의 집행유예를 선고받은 사람이 형법 제65조에 의하여 그 선고가 실효 또는 취소됨이 없이 정해진 유예기간을 무사히 경과하여 형의 선고가 효력을 잃게 되었더라도, 그는 형법 제59조 제1항 단서에서 정한 선고유예 결격사유인 '자격정지 이상의 형을 받은 전과가 있는 자'에 해당한다.

해설

① **(O)** 형법 제63조
② **(X)** 형법 제62조의2 제1항은 "형의 집행을 유예하는 경우에는 보호관찰을 받을 것을 명하거나 사회봉사 또는 수강을 명할 수 있다."고 규정하고 있는바, 그 문리에 따르면, 보호관찰과 사회봉사는 각각 독립하여 명할 수 있다는 것이지, 반드시 그 양자를 동시에 명할 수 없다는 취지로 해석되지는 아니할 뿐더러, (중략) 형법 제62조에 의하여 집행유예를 선고할 경우에는 같은 법 제62조의2 제1항에 규정된 보호관찰과 사회봉사 또는 수강을 동시에 명할 수 있다고 해석함이 상당하다(대판 1998.4.24. 98도98).
③ **(O)** 집행유예 기간 중에 범한 죄에 대하여 형을 선고할 때에, ⅰ) 집행유예의 결격사유를 정하는 형법 제62조 제1항 단서 소정의 요건에 해당하는 경우란, 이미 집행유예가 실효 또는 취소된 경우와 그 선고 시점에 미처 유예기간이 경과하지 아니하여 형 선고의 효력이 실효되지 아니한 채로 남아 있는 경우로 국한되고, ⅱ) 집행유예가 실효 또는 취소됨이 없이 유예기간을 경과한 때에는, 형의 선고가 이미 그 효력을 잃게 되어 '금고 이상의 형을 선고'한 경우에 해당한다고 보기 어려울 뿐 아니라, 집행의 가능성이 더 이상 존재하지 아니하여 집행종료나 집행면제의 개념도 상정하기 어려우므로 위 단서 소정의 요건에 해당하지 않는다고 할 것이므로, 집행유예 기간 중에 범한 범죄라고 할지라도 집행유예가 실효 취소됨이 없이 그 유예기간이 경과한 경우에는 이에 대해 다시 집행유예의 선고가 가능하다(대판 2007.2.8. 2006도6196).

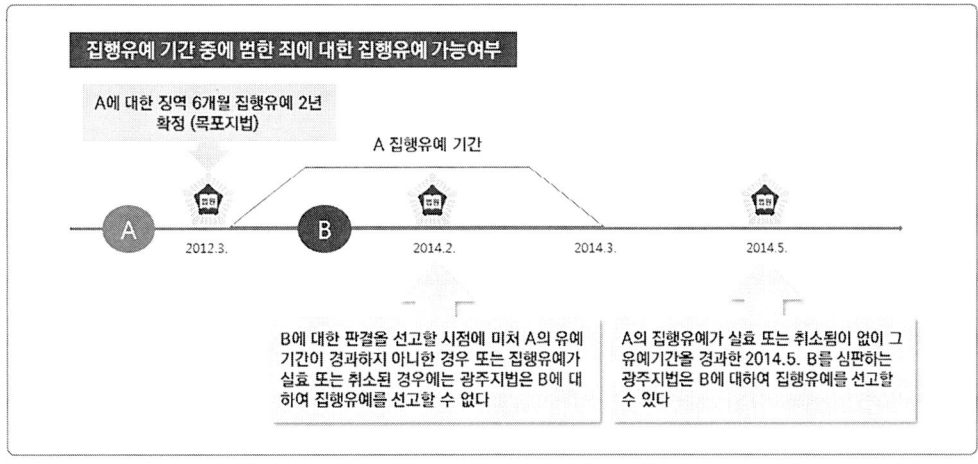

④ [O] 형법 제59조 제1항 단행에서 정한 "자격정지 이상의 형을 받은 전과"라 함은 자격정지 이상의 형을 선고받은 범죄경력 자체를 의미하는 것이고, 그 형의 효력이 상실된 여부는 묻지 않는 것으로 해석함이 상당하다고 할 것이고, 따라서 형의 집행유예를 선고받은 자는 형법 제65조에 의하여 그 선고가 실효 또는 취소됨이 없이 정해진 유예기간을 무사히 경과하여 형의 선고가 효력을 잃게 되었다고 하더라도 형의 선고의 법률적 효과가 없어진다는 것일 뿐, 형의 선고가 있었다는 기왕의 사실 자체까지 없어지는 것은 아니므로, 형법 제59조 제1항 단행에서 정한 선고유예 결격사유인 "자격정지 이상의 형을 받은 전과가 있는 자"에 해당한다고 보아야 한다(대판 2003.12.26. 2003도3768). ☞ 선고유예 불가

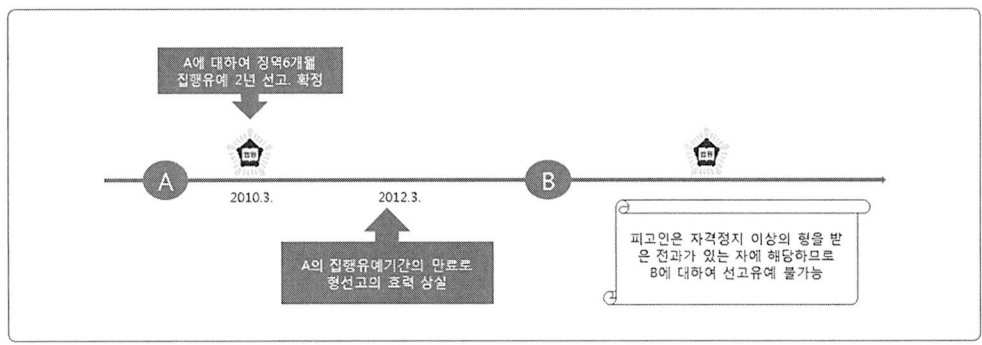

정답 ②

20 다음은 형법상의 집행유예에 관한 기술이다. 그 중 옳은 것만을 모두 모은 것은? (판례에 의함)

2010년 법원행시 변형

(가) 집행유예기간이 경과한 후에는 선고유예를 할 수 있다.
(나) 집행유예기간 중 범한 죄에 대하여도 집행유예가 실효·취소됨이 없이 그 유예기간이 경과하면 다시 집행유예를 선고할 수 있다.
(다) 형법 제37조 후단의 경합범(금고 이상의 형에 처한 판결이 확정된 죄와 그 판결 확정 전에 범한 죄)에 대하여는 하나의 판결로 두 개의 자유형을 선고하는 경우 하나의 자유형에 대하여 실형을 선고하면서 다른 자유형에 대하여 집행유예를 선고할 수도 있으나, 형법 제37조 전단의 경합범(판결이 확정되지 아니한 수 개의 죄)에 대하여 하나의 판결로 1개의 죄에 대하여 자유형의 실형을 선고하고 그 나머지 다른 죄에 대하여 자유형의 집행유예를 선고할 수는 없다.
(라) 형법 제64조의 규정에 의하면 집행유예의 선고를 받은 후 형법 제62조 단행의 결격사유(금고 이상의 형의 선고를 받아 집행을 종료한 후 또는 집행이 면제된 후로부터 5년을 경과하지 아니한 자인 사실)가 발각된 때에는 집행유예의 선고를 취소한다고 규정되어 있으나, 다만 그 결격사유가 집행유예 선고의 판결이 확정되기 전에 발각된 경우에는 집행유예의 선고를 취소할 수 없다.
(마) 종전의 형법을 적용하면 형의 집행을 종료한 후 이미 5년이 경과되어 집행유예 결격사유에 해당하지 아니하지만, 현행 형법을 적용하면 형의 집행을 종료한 후 3년까지의 기간 중에 범한 죄이어서 집행유예 결격사유에 해당하는 경우 피고인에게는 종전 형법을 적용하는 것이 유리하므로 그 법률을 적용하여야 한다.

① (나), (다), (라), (마) ② (가), (나), (마)
③ (가), (다), (마)   ④ (가), (라)
⑤ (나), (라)

해설

(가) [X] 형법 제59조 제1항 단행에서 정한 "자격정지 이상의 형을 받은 전과"라 함은 자격정지 이상의 형을 선고받은 범죄경력 자체를 의미하는 것이고, 그 형의 효력이 상실된 여부는 묻지 않는 것으로 해석함이 상당하다고 할 것이고, 따라서 형의 집행유예를 선고받은 자는 형법 제65조에 의하여 그 선고가 실효 또는 취소됨이 없이 정해진 유예기간을 무사히 경과하여 형의 선고가 효력을 잃게 되었다고 하더라도 형의 선고의 법률적 효과가 없어진다는 것일 뿐, 형의 선고가 있었다는 기왕의 사실 자체까지 없어지는 것은 아니므로, 형법 제59조 제1항 단행에서 정한 선고유예 결격사유인 "자격정지 이상의 형을 받은 전과가 있는 자"에 해당한다고 보아야 한다(대판 2003.12.26. 2003도3768).

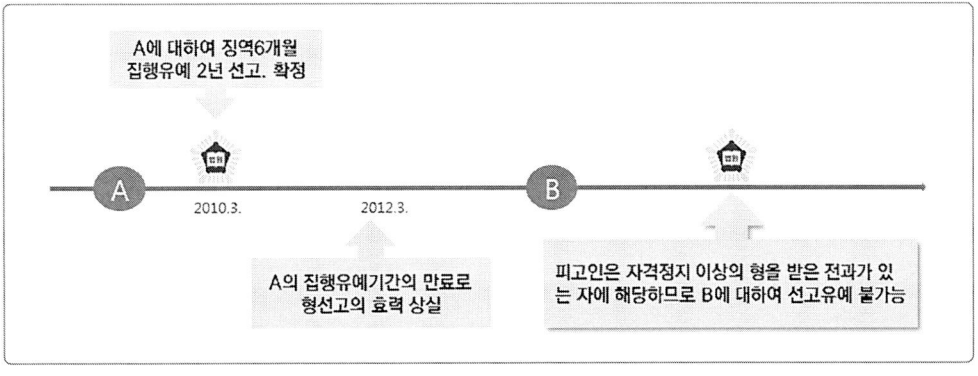

(나) [O] 대판 2007.2.8. 2006도6196

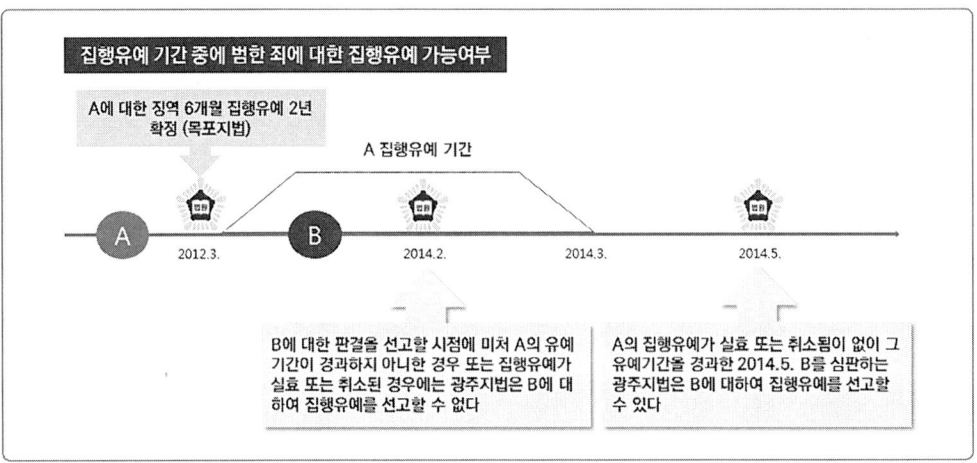

(다) [O] 대판 2002.2.26. 2000도4637 / 대판 2007.2.22. 2006도8555
(라) [O] 대결 2001.6.27. 2001모135
(마) [O] 대판 2008.3.27. 2007도7874

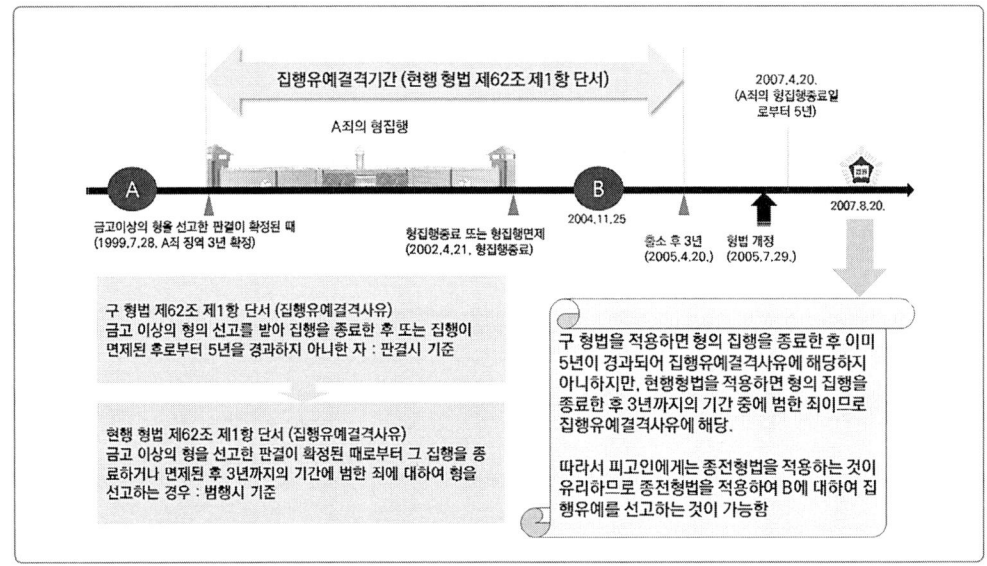

정답 ①

21 현행 형법상 집행유예에 관한 다음 설명 중 가장 옳지 않은 것은? (다툼이 있으면 판례에 의함)

2014년 법원직

① 금고 이상의 형을 선고한 판결이 확정된 때부터 그 집행을 종료하거나 면제된 후 3년까지의 기간에 범한 죄에 대하여는 집행유예를 선고할 수 없다.
② 집행유예기간 중에 범한 범죄라고 할지라도 집행유예가 실효·취소됨이 없이 그 유예기간이 경과한 경우에는 이에 대해 다시 집행유예의 선고가 가능하다.
③ 집행유예기간이 경과함으로써 형의 선고가 효력을 잃은 후에는 형법 제62조 단행의 사유가 발각되었다고 하더라도 그와 같은 이유로 집행유예를 취소할 수 없고 그대로 유예기간의 효과가 발생한다.
④ 집행유예의 선고를 받은 자가 유예기간 중 고의 또는 과실로 범한 죄로 금고 이상의 실형을 선고받아 그 판결이 확정된 때에는 집행유예의 선고는 효력을 잃는다.

해설

① **[O]** 형법 제62조 제1항 단서
② **[O]** 집행유예 기간 중에 범한 죄에 대하여 형을 선고할 때에, 집행유예의 결격사유를 정하는 형법 제62조 제1항 단서 소정의 요건에 해당하는 경우란, i) 이미 집행유예가 실효 또는 취소된 경우와 ii) 그 선고 시점에 미처 유예기간이 경과하지 아니하여 형 선고의 효력이 실효되지 아니한 채로 남아 있는 경우로 국한되고, 집행유예가 실효 또는 취소됨이 없이 유예기간을 경과한 때에는, 형의 선고가 이미 그 효력을 잃게 되어 '금고 이상의 형을 선고'한 경우에 해당한다고 보기 어려울 뿐 아니라, 집행의 가능성이 더 이상 존재하지 아니하여 집행종료나 집행면제의 개념도 상정하기 어려우므로 위 단서 소정의 요건에 해당하지 않는다고 할 것이므로, 집행유예기간 중에 범한 범죄라고 할지라도 집행유예가 실효·취소됨이 없이 그 유예기간이 경과한 경우에는 이에 대해 다시 집행유예의 선고가 가능하다(대판 2007.2.8. 2006도6196).
③ **[O]** 집행유예의 선고를 받은 후 그 선고의 실효 또는 취소됨이 없이 유예기간을 경과한 때에는 형법 제65조가 정하는 바에 따라 형의 선고는 효력을 잃는 것이고, 그와 같이 유예기간이 경과함으로써 형의 선고가 효력을 잃은 후에는 형법 제62조 단행의 사유가 발각되었다고 하더라도 그와 같은 이유로 집행유예를 취소할 수 없고 그대로 유예기간 경과의 효과가 발생한다(대판 1999.1.12. 자 98모151).

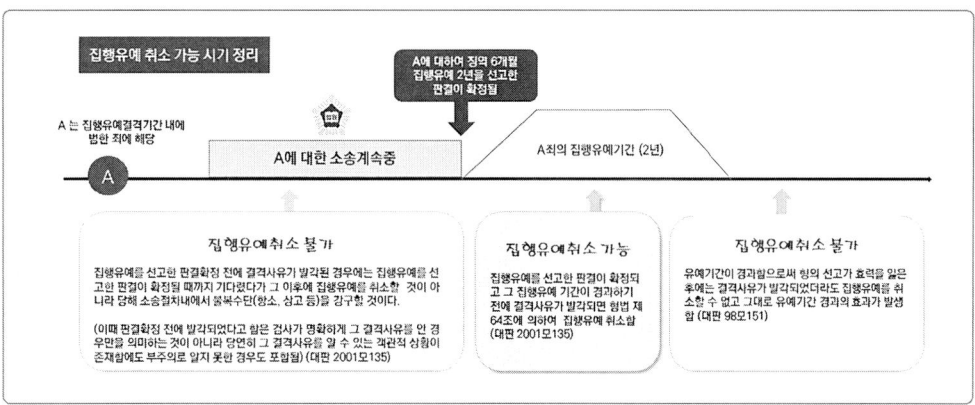

④ **[X]** 제63조(집행유예의 실효) 집행유예의 선고를 받은 자가 유예기간 중 "고의"로 범한 죄로 금고 이상의 실형을 선고받아 그 판결이 확정된 때에는 집행유예의 선고는 효력을 잃는다.

정답 ④

22 선고유예제도에 대한 설명으로 옳은 것을 모두 고른 것은? (다툼이 있는 경우 판례에 의함)

2018년 제1차 경찰

㉠ 선고유예는 집행유예와 마찬가지로 법원이 유예기간을 정하여야 한다.
㉡ 주형에 대하여 선고를 유예하는 경우에는 그 부가할 몰수 추징에 대하여도 선고를 유예할 수 있으나, 그 주형에 대하여 선고를 유예하지 아니하면서 이에 부가할 몰수 추징에 대하여서만 선고를 유예할 수는 없다.
㉢ 피고인이 범죄사실을 자백하지 않고 부인한 경우에는 선고유예의 요건 중 '개전의 정상이 현저한 때'에 해당하지 않으므로 언제나 선고유예를 할 수 없다.
㉣ 선고유예의 실효사유인 '형의 선고유예를 받은 자가 자격정지 이상의 형에 처한 전과가 발견된 때'란 형의 선고유예의 판결이 확정된 후에 전과가 발견된 경우를 말한다.

① ㉠, ㉡
② ㉡, ㉣
③ ㉠, ㉢
④ ㉢, ㉣

해설

㉠ **[X]** 집행유예의 경우 법원이 1년 이상 5년 이하의 기간 내에서 정해야 하는 반면(형법 제62조 제1항 참조), 선고유예의 경우 그 기간이 2년으로 법정되어 있으므로 법원이 정할 수 있는 것이 아니다(형법 제60조 참조).

> **형법 제60조(선고유예의 효과)** 형의 선고유예를 받은 날로부터 2년을 경과한 때에는 면소된 것으로 간주한다.
> **형법 제62조(집행유예의 요건)** ① 3년 이하의 징역 또는 금고 또는 500만원 이하의 벌금의 형을 선고할 경우에 제51조의 사항을 참작하여 그 정상에 참작할 만한 사유가 있는 때에는 1년 이상 5년 이하의 기간 형의 집행을 유예할 수 있다. 다만, 금고 이상의 형을 선고한 판결이 확정된 때부터 그 집행을 종료하거나 면제된 후 3년까지의 기간에 범한 죄에 대하여 형을 선고하는 경우에는 그러하지 아니하다.

㉡ **[O]** 형법 제59조에 의하더라도 몰수는 선고유예의 대상으로 규정되어 있지 아니하고 다만 몰수 또는 이에 갈음하는 추징은 부가형적 성질을 띠고 있어 ⅰ) 그 주형에 대하여 선고를 유예하는 경우에는 그 부가할 몰수 추징에 대하여도 선고를 유예할 수 있으나, ⅱ) 그 주형에 대하여 선고를 유예하지 아니하면서 이에 부가할 몰수 추징에 대하여서만 선고를 유예할 수는 없다(대판 1988.6.21. 88도551).

㉢ **[X]** 선고유예의 요건 중 '개전의 정상이 현저한 때'라고 함은, 반성의 정도를 포함하여 널리 형법 제51조가 규정하는 양형의 조건을 종합적으로 참작하여 볼 때 형을 선고하지 않더라도 피고인이 다시 범행을 저지르지 않으리라는 사정이 현저하게 기대되는 경우를 가리킨다고 해석할 것이고, 이와 달리 여기서의 '개전의 정상이 현저한 때'가 반드시 피고인이 죄를 깊이 뉘우치는 경우만을 뜻하는 것으로 제한하여 해석하거나, 피고인이 범죄사실을 자백하지 않고 부인할 경우에는 언제나 선고유예를 할 수 없다고 해석할 것은 아니다(대판 2003.2.20. 2001도6138 전원합의체).

㉣ **[O]** 형법 제61조 제1항에서 말하는 '형의 선고유예를 받은 자가 자격정지 이상의 형에 처한 전과가 발견된 때'란 형의 선고유예의 판결이 확정된 후에 비로소 위와 같은 전과가 발견된 경우를 말하고 그 판결확정 전에 이러한 전과가 발견된 경우에는 이를 취소할 수 없으며, 이때 판결확정 전에 발견되었다고 함은 검사가 명확하게 그 결격사유를 안 경우만을 말하는 것이 아니라 당연히 그 결격사유를 알 수 있는 객관적 상황이 존재함에도 부주의로 알지 못한 경우도 포함한다(대결 2008.2.4. 2007모845).

정답 ②

23 형벌에 관한 설명 중 옳지 않은 것은? (다툼이 있는 경우 판례에 의함)   2019년 제1차 경찰

① 「형법」 제55조 제1항 제6호에서 벌금을 감경할 때의 다액의 2분의 1이라는 문구는 그 상한과 함께 하한도 2분의 1로 내려가는 것으로 해석하여야 한다.
② 무죄의 판결을 선고하는 경우, 피고인이 무죄판결공시 취지의 선고에 동의하지 아니하거나 피고인의 동의를 받을 수 없는 경우를 제외하고 무죄판결공시의 취지를 선고하여야 한다.
③ 500만 원의 벌금형을 선고할 경우, 금고 이상의 형을 선고한 판결이 확정된 때부터 그 집행을 종료한 후 3년까지의 기간에 범한 죄가 아니고 「형법」 제51조의 사항을 참작하여 그 범죄의 정상에 참작할 만한 사유가 있더라도 그 형의 집행을 유예할 수 없다.
④ 1천만 원의 벌금형을 선고할 경우, 「형법」 제51조의 사항을 참작하여 개전의 정상이 현저하고 자격정지 이상의 형을 받은 전과가 없다면, 그 선고를 유예할 수 있다.

해설

① **[O]** 각종 특별법에 규정되어 있는 벌금의 형태를 보면 기준액의 "2배 내지 5배" 등의 해당액을 벌금한도로 규정한 경우가 많은데 이러한 경우에 법률상 감경과 작량감경 등 감경을 거듭해야 할 사유가 있을 때에 그 감경에 의하여 그 상한만이 내려갈 뿐 하한은 변함이 없다고 한다면 그 벌금기준액의 "2배 이상 1.25배 이하" 등으로 당해 벌금해당액으로 되어 이 경우 해석여하에 따라서는 벌금액의 범위가 존재하지 아니하여 벌금형을 선고할 수 없게 되는 기이한 결과로 되므로, (중략) 형법 제55조 제1항 제6호의 벌금을 감경할 때의 「다액」의 2분의 1이라는 문구는 「금액」의 2분의 1이라고 해석하여 그 상한과 함께 하한도 2분의 1로 내려가는 것으로 해석하여야 한다(대판 1978.4.25. 78도246 전원합의체).
② **[O]** 형법 제58조(판결의 공시) ② 피고사건에 대하여 무죄의 판결을 선고하는 경우에는 무죄판결공시의 취지를 선고하여야 한다. 다만, 무죄판결을 받은 피고인이 무죄판결공시 취지의 선고에 동의하지 아니하거나 피고인의 동의를 받을 수 없는 경우에는 그러하지 아니하다.
③ **[X]** 형법 제62조(집행유예의 요건) ① 3년 이하의 징역이나 금고 또는 500만원 이하의 벌금의 형을 선고할 경우에 제51조의 사항을 참작하여 그 정상에 참작할 만한 사유가 있는 때에는 1년 이상 5년 이하의 기간 형의 집행을 유예할 수 있다. 다만, 금고 이상의 형을 선고한 판결이 확정된 때부터 그 집행을 종료하거나 면제된 후 3년까지의 기간에 범한 죄에 대하여 형을 선고하는 경우에는 그러하지 아니하다.
④ **[O]** 형법 제59조(선고유예의 요건) ① 1년 이하의 징역이나 금고, 자격정지 또는 벌금의 형을 선고할 경우에 제51조의 사항을 참작하여 개전의 정상이 현저한 때에는 그 선고를 유예할 수 있다. 단, 자격정지 이상의 형을 받은 전과가 있는 자에 대하여는 예외로 한다.

정답 ③

24 가석방에 관한 설명 중 옳지 않은 것은? (다툼이 있는 경우 판례에 의함) 2009년 검찰7급

① 가석방은 법원에 의하여 확정된 형기를 소멸시키는 것이 아니라 형의 집행을 포기하는 행정처분이다.
② 가석방의 기간은 무기형에 있어서는 10년으로 하고 유기형에 있어서는 남은 형기로 하되 그 기간은 10년을 초과할 수 없다.
③ 가석방 중 금고 이상의 형의 선고를 받아 그 판결이 확정된 때에는 가석방처분은 효력을 잃지만, 과실범으로 형의 선고를 받은 경우에는 그러하지 아니하다.
④ 사형이 무기징역으로 특별감형된 경우, 처음부터 무기징역을 받은 경우와 동일하게 사형집행대기기간을 가석방요건 중의 하나인 형의 집행기간에 산입할 수 있다.

해설
① [O] 가석방은 법무부장관의 행정처분에 의해 시행된다.
② [O] 형법 제73조의2
③ [O] 형법 제74조
④ [X] 사형집행대기기간을 처음부터 무기징역을 받은 경우와 동일하게 가석방요건 중의 하나인 형의 집행기간에 다시 산입할 수는 없다(대결 1991.3.4. 90모59).

정답 ④

형법 각론

제1편 개인적 법익에 대한 죄

제2편 사회적 법익에 대한 죄

제3편 국가적 법익에 대한 죄

제1편 개인적 법익에 대한 죄

제1장 생명과 신체에 대한 죄

01 살인죄에 대한 설명으로 가장 적절하지 않은 것은? (다툼이 있는 경우 판례에 의함)

2017년 경기북부 여경

① 자살을 결의한 후 자살 도중에 있는 자라 할지라도 이에 가공하여 살해의 목적을 달성한 경우에는 살인죄가 성립한다.
② 조산원이 분만 중인 태아를 질식사에 이르게 한 경우 업무상과실치사죄가 성립한다.
③ 남녀가 사실상 동거한 관계가 있고 그 사이에 영아가 분만되었다 하여도 그 남자와 영아와의 사이에 법률상 직계존속·비속의 관계가 있다 할 수 없으므로 그 남자가 영아를 살해한 경우에는 보통살인죄에 해당한다.
④ 피고인이 생활고에 못 이겨 가족을 모두 죽이고 자신도 자살할 생각으로 쇠망치로 잠자고 있는 피고인의 처, 장녀, 장남의 머리를 차례로 서너 차례씩 강타하여 각 그들로 하여금 두개골파열 및 뇌수일탈 등으로 즉사케 하여 살인한 경우, 동일한 장소에서 동일한 방법에 의하여 시간적으로 접착된 행위로서 포괄적인 1죄라고 할 수 있다.

해설

① [O] 자살 도중에 있는 자라 할지라도 살인죄의 객체인 사람에 해당하므로 이에 가공하여 살해의 목적을 달성하는 경우에는 살인죄가 성립한다.
② [O] 사람의 생명과 신체의 안전을 보호법익으로 하고 있는 형법상의 해석으로서는 사람의 시기는 규칙적인 진통을 동반하면서 태아가 태반으로부터 이탈하기 시작한 때 다시 말하여 분만이 개시된 때(소위 진통설 또는 분만개시설)라고 봄이 타당하며 이는 형법 제251조(영아살해)에서 분만 중의 태아도 살인죄의 객체가 된다고 규정하고 있는 점을 미루어 보아도 그 근거를 찾을 수 있는 바이니 조산원이 분만 중인 태아를 질식사에 이르게 한 경우에는 업무상과실치사죄가 성립한다(대판 1982.10.12. 81도2621).
③ [O] 판례에 의하면 영아살해죄에서의 행위주체인 '직계존속'이란 법률상의 직계존속만을 의미하고 사실상의 직계존속은 제외된다(대판 1970.3.10. 69도2285).
④ [X] 이와 같은 경우에는 피해법익이 다르고, 각 피해자를 살해하려는 의사가 각각 성립한 것이어서 단일한 범의하의 행위라고는 할 수 없으니, 동일한 장소에서 동일한 방법에 의하여 시간적으로 접착된 행위라고 하더라도 이를 포괄적인 1죄라고는 할 수 없다(대판 1969.12.30. 69도2062). ☞ 3개의 살인죄의 경합범이 성립한다는 취지

정답 ④

02 살인죄에 관한 다음 설명 중 가장 적절하지 않은 것은? (다툼이 있으면 판례에 의함) 2015년 제1차 경찰

① 제왕절개 수술의 경우 '의학적으로 제왕절개 수술이 가능하였고 규범적으로 수술이 필요하였던 시기'를 분만의 시기로 볼 수 없다.
② 사람을 살해한 다음 이를 은폐하기 위하여 사체를 유기한 경우에는 살인죄와 사체유기죄의 경합범에 해당한다.
③ 강도가 베개로 피해자의 머리부분을 약 3분간 누르던 중 피해자가 저항을 멈추고 사지가 늘어졌음에도 계속 눌러 사망하게 한 경우 살인죄의 고의가 인정되지 않는다.
④ 간첩이 간첩행동을 저해하는 자를 살해할 의도로 권총을 휴대하고 남하하였다 하더라도 살해대상 인물이 결정되지 않은 이상 살인예비죄로 처단할 수 없다.

해설

① **(O)** 제왕절개 수술의 경우 '의학적으로 제왕절개 수술이 가능하였고 규범적으로 수술이 필요하였던 시기(始期)'는 판단하는 사람 및 상황에 따라 다를 수 있어, 분만개시 시점, 즉 사람의 시기(始期)도 불명확하게 되므로 이 시점을 분만의 시기(始期)로 볼 수는 없다(대판 2007.6.29. 2005도3832).
② **(O)** 대판 1984.11.27. 84도2263
③ **(X)** 강도가 베개로 피해자의 머리부분을 약 3분간 누르던 중 피해자가 저항을 멈추고 사지가 늘어졌음에도 계속하여 누른 행위는 살해의 고의가 인정된다(대판 2002.2.8. 2001도6425). ☞ 강도살인죄 성립
④ **(O)** 대판 1959.9.1. 4282형상387

정답 ③

03 다음 중 甲에게 살인죄를 인정할 수 있는 경우는 모두 몇 개인가? (다툼이 있으면 판례에 의함)

2011년 경찰

㉠ 甲은 형수인 A를 죽일 의도로 A를 향하여 소나무 몽둥이를 양손에 집어 들고 힘껏 후려쳤다. A가 피를 흘리며 마당에 고꾸라지자 甲은 A를 내리치고자 다시 몽둥이로 힘껏 내리쳤는데, A가 등에 업고 있던 甲의 조카인 2세된 B의 머리부분이 맞아 B가 현장에서 두개골절 및 뇌좌상으로 사망하였다.

㉡ 甲은 낫과 쇠파이프로 닥치는대로 乙의 머리와 팔, 다리를 내리찍어 중상해를 입혔다. 병원에서 치료를 받던 乙은 자상으로 인해 급성심부전증이 발생하였는데, 음식을 조절하지 않아 사망하였다.

㉢ 체육교사인 甲은 중학생 乙을 자신의 아파트에 감금한 후, 乙이 박카스도 마시지 못할 정도로 쇠약해져 있음에도 乙을 방치하고 외출을 하였다. 외출에서 돌아온 甲은 乙이 사망하였음을 발견하였다.

㉣ 甲은 조카인 A(8세)를 살해할 것을 마음먹고, A를 불러내어 미리 물색하여 둔 저수지로 데리고 가서 인적이 드물고 경사가 급하여 미끄러지기 쉬운 제방쪽으로 유인하여 함께 걷다가, A로 하여금 가파른 물가에서 미끄러져 수심이 약 2미터나 되는 저수지 물속으로 빠지게 하고, 그를 구호하지 아니하여 A를 익사하게 하였다.

① 1개
② 2개
③ 3개
④ 4개

해설

㉠ [O] 소위 방법의 착오가 있는 경우라 할지라도 행위자의 살인의 범의 성립에 방해가 되지 않는다(대판 1984.1.24. 83도2813).

㉡ [O] 살인의 실행행위가 피해자의 사망이라는 결과를 발생하게 한 유일한 원인이거나 직접적인 원인이어야만 되는 것은 아니므로, 살인의 실행행위와 피해자의 사망과의 사이에 다른 사실이 개재되어 그 사실이 치사의 직접적인 원인이 되었다고 하더라도 그와 같은 사실이 통상 예견할 수 있는 것에 지나지 않는다면 살인의 실행행위와 피해자의 사망과의 사이에 인과관계가 있는 것으로 보아야 한다(대판 1994.3.22. 93도3612). ☞ 살인죄의 기수범 성립

㉢ [O] 피해자를 아파트에 유인하여 양 손목과 발목을 노끈으로 묶고 입에 반창고를 두 겹으로 붙인 다음 양손목을 묶은 노끈은 창틀에 박힌 시멘트 못에, 양발목을 묶은 노끈은 방문손잡이에 각각 잡아매고 얼굴에 모포를 씌워 감금한 후 수차 아파트를 출입하다가 마지막 들어갔을 때 피해자가 이미 탈진 상태에 이르러 박카스를 마시지 못하고 그냥 흘려버릴 정도였고 피고인이 피해자의 얼굴에 모포를 덮어씌워 놓고 그냥 나오면서 피해자를 그대로 두면 죽을 것같다는 생각이 들었다면, 피고인이 위와 같은 결과발생의 가능성을 인정하고 있으면서도 피해자를 병원에 옮기지 않고 사경에 이른 피해자를 그대로 방치한 소위는 피해자가 사망하는 결과에 이르더라도 용인할 수 밖에 없다는 내심의 의사 즉 살인의 미필적 고의가 있다고 할 것이다(대판 1982.11.23. 82도2024).

㉣ [O] 살인예비단계에 있었던 피고인으로서는 피해자가 물에 빠져 익사할 위험을 방지하고 피해자가 물에 빠지는 경우 그를 구호하여 주어야 할 법적인 작위의무가 있다고 보아야 할 것이고, 피해자가 물에 빠진 후에 피고인이 살해의 범의를 가지고 그를 구호하지 아니한 채 그가 익사하는 것을 용인하고 방관한 행위는 피고인이 그를 직접 물에 빠뜨려 익사시키는 행위와 다름없다고 형법상 평가될 만한 살인의 실행행위라고 보는 것이 상당하다(대판 1992.2.11. 91도2951). ☞ 부작위에 의한 살인죄 성립

정답 ④

04 살인의 죄에 대한 설명이다. 아래 ㉠부터 ㉣까지의 설명 중 옳고 그름의 표시(O, X)가 바르게 된 것은? (다툼이 있는 경우 판례에 의함)

2018년 제3차 경찰

㉠ 살인죄에 있어 고의는 반드시 살해의 목적이나 계획적인 의도가 있어야 하며, 사망의 결과에 대한 예견 또는 인식이 불확정적이라면 살인의 범의를 인정할 수 없다.
㉡ 피고인이 피해자를 살해하기 위하여 사람들을 고용하면서 그들에게 대가지급을 약속한 행위만으로는 살인죄의 실현을 위한 준비행위에 이르렀다고 볼 수 없으므로 살인예비죄의 성립을 인정할 수 없다.
㉢ 직계존비속관계는 법률상의 관계를 의미하므로 혼인 외의 출생자가 인지하지 않은 생모를 살해하더라도 존속살해죄가 성립하지 않는다.
㉣ 남녀가 사실상 동거한 관계가 있고, 그 사이에 영아가 분만되었다면 그 남자와 영아와의 사이에 법률상의 직계존비속 관계가 없으므로 그 남자는 영아살해죄의 주체인 직계존속에 해당하지 않는다.

① ㉠ (O), ㉡ (O), ㉢ (X), ㉣ (X)
② ㉠ (X), ㉡ (X), ㉢ (O), ㉣ (O)
③ ㉠ (X), ㉡ (X), ㉢ (X), ㉣ (O)
④ ㉠ (X), ㉡ (O), ㉢ (X), ㉣ (X)

해설

㉠ **(X)** 살인의 고의는 반드시 살해의 목적이나 계획적인 살해의 의도가 있어야만 인정되는 것은 아니고, 자기의 폭행 등 행위로 인하여 타인의 사망이라는 결과를 발생시킬 만한 가능성 또는 위험이 있음을 인식하거나 예견하였다면 고의가 있다고 할 수 있다(대판 2015.10.29. 2015도5355).
㉡ **(X)** 甲이 乙을 살해하기 위하여 丙, 丁 등을 고용하면서 그들에게 대가의 지급을 약속한 경우, 甲에게는 살인죄를 범할 목적 및 살인의 준비에 관한 고의뿐만 아니라 살인죄의 실현을 위한 준비행위를 하였음을 인정할 수 있다(대판 2009.10.29. 2009도7150). ☞ 살인예비죄 성립
㉢ **(X)** 혼인 외의 출생자가 생모를 살해한 경우, 혼인 외의 출생자와 생모간에는 생모의 인지나 출생신고를 기다리지 않고 자(子)의 출생으로 당연히 법률상의 친족관계가 생기는 것이다(대판 1980.09.09. 80도1731). ☞ 존속살해죄 성립
㉣ **(O)** 법률혼이 아니라 동거관계에 불과한 경우, 산모와 영아 사이에서는 출산이라는 자연적 사실관계가 있음으로써 법률상의 친자관계가 발생하게 되므로 인지가 필요 없으나, 사실상의 부(父)와의 사이에서는 인지가 필요하다. 그러므로 부(父)가 출산직후의 영아를 살해하더라도 법률상의 직계존속이라고 볼 수 없어 영아살해죄가 아니라 보통살인죄에 해당하게 된다.

정답 ③

05 자살교사·방조죄에 관한 다음의 설명 중 가장 옳지 않은 것은? (다툼이 있는 경우 판례에 의함)

2014년 경찰간부

① 피고인이 7세, 3세 남짓 된 어린자식들에 대하여 함께 죽자고 권유하여 물속에 따라 들어오게 하여 결국 익사하게 하였다면, 비록 피해자들을 물속에 직접 밀어서 빠뜨리지는 않았다고 하더라도 자살의 의미를 이해할 능력이 없고 피고인의 말이라면 무엇이나 복종하는 어린 자식들을 권유하여 익사하게 한 이상 자살교사죄에 해당한다.

② 피고인과 말다툼을 하다가 죽고 싶다 또는 같이 죽자고 하며 피고인에게 기름을 사오라는 말을 하였고, 이에 따라 피고인이 피해자에게 휘발유 1병을 사다주었는데 그 직후에 피해자가 몸에 휘발유를 뿌리고 불을 붙여 자살하였고 피해자의 자살경위가 피고인과 피해자 사이의 가정불화 등이었다면, 피고인이 휘발유를 이용하여 자살할 수도 있다는 것을 충분히 예상할 수 있었으므로 자살방조죄가 성립한다.

③ 자살방조죄가 성립하기 위해서는 그 방조 상대방의 구체적인 자살의 실행을 원조하여 이를 용이하게 하는 행위의 존재 및 그 점에 대한 행위자의 인식이 요구된다.

④ 피고인이 인터넷 사이트 내 자살 관련 카페 게시판에 청산염 등 자살용 유독물의 판매광고를 하였더라도 그것이 단지 금원 편취 목적의 사기행각의 일환으로 이루어졌고, 변사자들이 다른 경로로 입수한 청산염을 이용하여 자살하였다면, 피고인의 행위는 자살방조에 해당하지 않는다.

해설

① **(X)** 피고인이 7세, 3세 남짓된 어린자식들에 대하여 함께 죽자고 권유하여 물속에 따라 들어오게 하여 결국 익사하게 하였다면 비록 피해자들을 물속에 직접 밀어서 빠뜨리지는 않았다고 하더라도 자살의 의미를 이해할 능력이 없고 피고인의 말이라면 무엇이나 복종하는 어린 자식들을 권유하여 익사하게 한 이상 살인죄의 범의는 있었음이 분명하다(대판 1987.1.20. 86도2395). ☞ 자살교사·방조죄가 아니라 살인죄가 성립
② **(O)** 대판 2010.4.29. 2010도2328
③ **(O)** 대판 2005.6.10. 2005도1373
④ **(O)** 대판 2005.6.10. 2005도1373

정답 ①

06 상해와 폭행의 죄에 관한 다음 설명 중 가장 적절한 것은? (다툼이 있으면 판례에 의함)

2015년 제2차 경찰

① 상해죄의 성립에는 상해의 원인인 폭행에 대한 인식만으로는 부족하고 상해를 가할 의사의 존재까지 필요하다.
② 1~2개월간 입원할 정도로 다리가 부러진 상해 또는 3주간의 치료를 요하는 우측흉부자상은 중상해에 해당하지 않는다.
③ 피고인의 구타행위로 상해를 입은 피해자가 정신을 잃고 빈사상태에 빠지자 사망한 것으로 오인하고 자신의 행위를 은폐하고 피해자가 자살한 것처럼 가장하기 위하여 피해자를 베란다 아래의 바닥으로 떨어뜨려 사망케 한 경우 포괄하여 단일의 살인죄에 해당한다.
④ 난소의 제거로 이미 임신불능 상태에 있는 피해자의 자궁을 적출했다 하더라도 그 경우 자궁을 제거한 것이 신체의 완전성을 해한 것이거나 생활기능에 아무런 장애를 주는 것이 아니고 건강상태를 불량하게 변경한 것도 아니라고 할 것이므로 상해에 해당한다고 볼 수 없다.

해설

① [X] 상해죄의 성립에는 상해의 원인인 폭행에 대한 인식이 있으면 충분하고 상해를 가할 의사의 존재까지는 필요하지 않다(대판 2000.7.4. 99도4341).
② [O] 안부(眼部)에 폭력을 가하여 실명(失明)케 한 경우(대판 1960.4.6. 4292형상395)는 중상해에 해당하나, 1~2개월 간 입원할 정도로 다리가 부러진 상해 또는 3주간의 치료를 요하는 우측흉부자상(대판 2005.12.9. 2005도7527) 또는 하구치 2개를 부러뜨린 정도(대판 1960.2.29. 4292형상413) 등은 중상해에 해당하지 않는다.
③ [X] 피고인의 행위는 포괄하여 단일의 상해치사죄에 해당한다(대판 1994.11.4. 94도2361).
④ [X] 난소의 제거로 이미 임신불능 상태에 있는 피해자의 자궁을 적출했다 하더라도 그 경우 자궁을 제거한 것이 신체의 완전성을 해한 것이 아니라거나 생활기능에 아무런 장애를 주는 것이 아니라거나 건강상태를 불량하게 변경한 것이 아니라고 할 수 없고 이는 업무상 과실치상죄에 있어서의 상해에 해당한다(대판 1993.7.27. 92도2345).

정답 ②

07 상해와 폭행에 관련된 설명으로 옳은 것은? (다툼이 있는 경우 판례에 의함)   2022년 경찰간부

① 甲이 자신의 차를 가로막는 A를 부딪히지는 않은 채 부딪칠 듯이 차를 조금씩 전진시키는 것을 반복하는 행위는 A에 대해 위법한 유형력을 행사한 것으로 보기 어렵다.
② 특수폭행치상의 경우 「형법」 제258조의2(특수상해)가 신설되었으므로 특수상해죄의 예에 의하여 처벌해야 한다.
③ 甲과 乙이 공동하여 A를 폭행한 경우 A의 명시한 의사에 반하여 甲과 乙에 대한 공소를 제기할 수 없다.
④ 강간범죄의 피해자가 겪은 불안, 불면, 악몽, 자책감, 우울감정, 대인감정 회피 등의 증상은 외상후 스트레스 장애(PTSD)로서 강간치상죄의 상해에 포함된다.

해설

① **[X]** 폭행죄에서 말하는 폭행이란 사람의 신체에 대하여 육체적·정신적으로 고통을 주는 유형력을 행사함을 뜻하는 것으로서 반드시 피해자의 신체에 접촉함을 필요로 하는 것은 아니고, 그 불법성은 행위의 목적과 의도, 행위 당시의 정황, 행위의 태양과 종류, 피해자에게 주는 고통의 유무와 정도 등을 종합하여 판단하여야 한다. 따라서 자신의 차를 가로막는 피해자를 부딪친 것은 아니라고 하더라도, 피해자를 부딪칠 듯이 차를 조금씩 전진시키는 것을 반복하는 행위 역시 피해자에 대해 위법한 유형력을 행사한 것이라고 보아야 한다(대판 2016.10.27. 2016도9302). ☞ 폭처법위반(흉기등폭행)죄 성립

② **[X]** 특수폭행치상죄의 경우 법정형은 형법 제257조 제1항에 의하여 '7년 이하의 징역, 10년 이하의 자격정지 또는 1천만원 이하의 벌금'이었다. 그런데 2016.1.6. 형법 개정으로 특수상해죄가 형법 제258조의2로 신설됨에 따라 문언상으로 형법 제262조의 '제257조 내지 제259조의 예에 의한다'는 규정에 형법 제258조의2가 포함되어 특수폭행치상의 경우 특수상해인 형법 제258조의2 제1항의 예에 의하여 처벌하여야 하는 것으로 해석될 여지가 생기게 되었다. 이러한 해석을 따를 경우 특수폭행치상죄의 법정형이 형법 제258조의2 제1항이 정한 '1년 이상 10년 이하의 징역'이 되어 종래와 같이 형법 제257조 제1항의 예에 의하는 것보다 상향되는 결과가 발생하게 된다. 그러나 형벌규정 해석에 관한 법리와 폭력행위 등 처벌에 관한 법률의 개정 경과 및 형법 제258조의2의 신설 경위와 내용, 그 목적, 형법 제262조의 연혁, 문언과 체계 등을 고려할 때, 특수폭행치상의 경우 형법 제258조의2의 신설에도 불구하고 종전과 같이 형법 제257조 제1항의 예에 의하여 처벌하는 것으로 해석함이 타당하다(대판 2018.7.24. 2018도3443).

③ **[X]** 폭처법위반(공동폭행)죄는 반의사불벌죄가 아니다(아래 조문 참조).

> **폭력행위 등 처벌에 관한 법률 제2조(폭행 등)** ② 2명 이상이 공동하여 다음 각 호의 죄를 범한 사람은 「형법」 각 해당 조항에서 정한 형의 2분의 1까지 가중한다.
> 1. 「형법」 **제260조 제1항(폭행)**, 제283조 제1항(협박), 제319조(주거침입, 퇴거불응) 또는 제366조(재물손괴 등)의 죄
> ④ 제2항과 제3항의 경우에는 「형법」 **제260조 제3항** 및 제283조 제3항을 적용하지 아니한다.
> **형법 제260조(폭행, 존속폭행)** ① 사람의 신체에 대하여 폭행을 가한 자는 2년 이하의 징역, 500만원 이하의 벌금, 구류 또는 과료에 처한다.
> ② 자기 또는 배우자의 직계존속에 대하여 제1항의 죄를 범한 때에는 5년 이하의 징역 또는 700만원 이하의 벌금에 처한다.
> ③ **제1항 및 제2항의 죄는 피해자의 명시한 의사에 반하여 공소를 제기할 수 없다.**

④ **[O]** 정신과적 증상인 외상 후 스트레스 장애가 성폭력범죄의처벌및피해자보호등에관한법률 제9조 제1항 소정의 상해에 해당한다(대판 1999.1.26. 98도3732).

정답 ④

08 상해와 폭행의 죄에 관한 설명으로 가장 적절하지 않은 것은? (다툼이 있는 경우 판례에 의함)

2022년 제1차 경찰

① 형법은 태아를 임산부 신체의 일부로 보거나, 낙태행위가 임산부의 태아양육, 출산 기능의 침해라는 측면에서 임산부에 대한 상해죄를 구성하는 것으로 보지는 않는다고 해석된다.

② 다방 종업원 숙소에 이르러 종업원들 중 1인이 자신을 만나주지 않는다는 이유로 시정된 탁구장문과 주방문을 부수고 주방으로 들어가 방문을 열어주지 않으면 모두 죽여버린다고 폭언하면서 시정된 방문을 단순히 수회 발로 찬 甲의 행위도 종업원들의 신체에 대한 유형력의 행사로 볼 수 있어 폭행죄에 해당한다.

③ 식당의 운영자인 甲이 식당 밖에서 당겨 열도록 표시되어 있는 출입문을 열고 음식 배달차 밖으로 나가던 중 이웃 가게 손님으로 마침 위 식당 출입문 앞쪽 길가에 서 있던 A의 오른발 뒤꿈치 부위를 위 출입문 모서리 부분으로 충격하여 상해를 입게 한 행위는 업무상과실치상죄의 성립을 인정할 수 없다.

④ 甲이 상습으로 A를 폭행하고, 어머니 B를 존속폭행하였다는 내용으로 기소된 사안에서, 甲에게 폭행 범행을 반복하여 저지르는 습벽이 있고 이러한 습벽에 의하여 단순폭행, 존속 폭행 범행을 저지른 사실이 인정된다면 단순폭행, 존속폭행의 각 죄별로 상습성을 판단할 것이 아니라 포괄하여 그 중 법정형이 가장 중한 상습존속폭행죄만 성립할 여지가 있다.

해설

① [O] 대판 2007.6.29. 2005도3832
② [X] 방문을 열어주지 않으면 모두 죽여버린다고 폭언하면서 시정된 방문을 수회 발로 찬 피고인의 행위는 재물손괴죄 또는 숙소안의 자에게 해악을 고지하여 외포케 하는 단순 협박죄에 해당함은 별론으로 하고, 단순히 방문을 발로 몇 번 찼다고 하여 그것이 피해자들의 신체에 대한 유형력의 행사로는 볼 수 없어 폭행죄에 해당한다 할 수 없다(대판 1984.2.14. 83도3186).
③ [O] 출입문을 여닫는 행위는 음식을 배달하기 위한 경우 이외에도 일상생활에서 얼마든지 자연적으로 행하여질 수 있는 일이라는 점에서 단순히 일상생활상의 주의의무를 위반한 경우에 불과하다(대판 2009.10.29. 2009도575). ☞ 업무상과실치상죄 불성립
④ [O] 폭행죄의 상습성은 폭행 범행을 반복하여 저지르는 습벽을 말하는 것으로서, 동종 전과의 유무와 그 사건 범행의 횟수, 기간, 동기 및 수단과 방법 등을 종합적으로 고려하여 상습성 유무를 결정하여야 하고, 단순폭행, 존속폭행의 범행이 동일한 폭행 습벽의 발현에 의한 것으로 인정되는 경우, 그중 법정형이 더 중한 상습존속폭행죄에 나머지 행위를 포괄하여 하나의 죄만이 성립한다고 봄이 타당하다(대판 2018.4.24. 2017도10956).

정답 ②

09 상해와 폭행의 죄에 관한 설명으로 가장 적절한 것은? (다툼이 있는 경우 판례에 의함)

2019년 제2차 경찰

① 피해자의 신체에 대한 접촉이 없다 하더라도 부딪칠 듯이 자동차를 조금씩 반복적으로 전진시키는 행위는 폭행죄의 폭행에 해당한다.
② 상해죄의 동시범 특례(형법 제263조)는 상해의 결과가 발생하였으나 그 상해가 어느 사람의 가해행위로 인한 것인지가 분명치 않은 경우뿐만 아니라, 가해행위를 한 것 자체가 분명치 않은 경우에도 적용된다.
③ 상해는 신체의 완전성을 훼손하거나 생리적 기능에 장애를 초래하는 것을 의미하므로, 피고인의 협박과 폭행으로 피해자가 실신하였더라도 외부적으로 어떤 상처가 발생하지 않았다면 상해가 있다고 볼 수 없다.
④ 피고인이 폭력행위 당시 과도를 범행현장에서 호주머니 속에 지니고 있었더라도 그 사실을 피해자가 몰랐다거나 실제로 범행에 사용하지 않았다면 '위험한 물건의 휴대'에 해당하지 않는다.

해설

① [O] 폭행죄에서 말하는 폭행이란 사람의 신체에 대하여 육체적·정신적으로 고통을 주는 유형력을 행사함을 뜻하는 것으로서 반드시 피해자의 신체에 접촉함을 필요로 하는 것은 아니므로, 자신의 차를 가로막는 피해자를 부딪친 것은 아니라고 하더라도, 피해자를 부딪칠 듯이 차를 조금씩 전진시키는 것을 반복하는 행위 역시 피해자에 대해 위법한 유형력을 행사한 것이라고 보아야 한다(대판 2016.10.27. 2016도9302). ☞ 특수폭행죄 성립
② [X] 가해행위를 한 것 자체가 분명치 않은 사람에 대하여는 동시범으로 다스릴 수 없다(대판 1984.5.15. 84도488).
③ [X] 오랜 시간 동안의 협박과 폭행을 이기지 못하고 실신하여 범인들이 불러온 구급차 안에서야 정신을 차리게 되었다면, 외부적으로 어떤 상처가 발생하지 않았다고 하더라도 생리적 기능에 훼손을 입어 신체에 대한 상해가 있었다고 보아야 한다(대판 1996.12.10. 96도2529).
④ [X] 범행 현장에서 범행에 사용하려는 의도 아래 흉기 등 위험한 물건을 소지하거나 몸에 지닌 이상 그 사실을 피해자가 인식하거나 실제로 범행에 사용하였을 것까지 요구되는 것은 아니다(대판 2004.6.11. 2004도2018 등).

정답 ①

10 폭행죄에 대한 설명으로 가장 적절하지 않은 것은? (다툼이 있는 경우 판례에 의함) 2020년 제2차 경찰

① 흉기 기타 위험한 물건을 휴대하여 폭행을 저지르는 경우 그 범죄와 전혀 무관하게 우연히 이를 소지하게 된 경우까지를 포함하는 것은 아니지만, 범행현장에서 범행에 사용하려는 의도 아래 흉기 등 위험한 물건을 소지하거나 몸에 지닌 이상 그 사실을 피해자가 인식하거나 실제로 범행에 사용하였을 것까지 요구되지 않는다.
② 특수폭행죄에서 다중의 위력을 보인다는 것은 위력을 상대방에게 인식시키는 것을 말하고 상대방의 의사가 현실적으로 제압될 것을 요하지 않으며 상대방의 의사를 제압할 만한 세력을 인식 시킬 정도에 이르지 않아도 족하다.
③ 단순폭행, 존속폭행의 범행이 동일한 폭행 습벽의 발현에 의한 것으로 인정되는 경우, 그 중 법정형이 더 중한 상습존속폭행죄에 나머지 행위를 포괄하여 하나의 죄만 성립한다.
④ 甲은 경륜장 사무실에서 소화기들을 던지며 소란을 피웠는데 특정인을 겨냥하여 던진 것으로는 보이지 아니하는 점, 피해자들이 상해를 입지 않은 점 등의 여러 사정을 종합하면, 이때 '소화기'는 '위험한 물건'에 해당하지 않는다.

해설

① **[O]** 피고인은 피해자를 강간하기 위하여 피해자의 주거 부엌에 있던 칼과 운동화 끈을 들고 피해자가 자고 있던 방안으로 들어가서, 소리치면 죽인다며 손으로 피해자의 입을 틀어막고 운동화 끈으로 피해자의 손목을 묶어 반항을 억압한 다음 간음을 하였고, 부엌칼은 굳이 사용할 필요가 없어 이를 범행에 사용하지 않은 경우, 피고인의 부엌칼 휴대 사실을 피해자가 알지 못하였다고 하더라도 피고인은 '흉기 기타 위험한 물건을 휴대하여' 피해자를 강간한 것이라고 보아야 할 것이다(대판 2004.6.11. 2004도2018). ☞ 성폭력범죄의 처벌 및 피해자보호등에 관한 법률 위반(특수강간등)죄 성립
② **[X]** 다중의 '위력'이라 함은 다중의 형태로 집결한 다수 인원으로 사람의 의사를 제압하기에 족한 세력을 지칭하는 것으로서 그 인원수가 다수에 해당하는가는 행위 당시의 여러 사정을 참작하여 결정하여야 할 것이며, 이 경우 상대방의 의사가 현실적으로 제압될 것을 요하지는 않는다고 할 것이지만 상대방의 의사를 제압할 만한 세력을 인식시킬 정도는 되어야 한다 (대판 2006.2.10. 2005도174 등).
③ **[O]** 단순폭행, 존속폭행의 범행이 동일한 폭행 습벽의 발현에 의한 것으로 인정되는 경우, 그중 법정형이 더 중한 상습존속폭행죄에 나머지 행위를 포괄하여 하나의 죄만이 성립한다고 봄이 타당하다. 그리고 상습존속폭행죄로 처벌되는 경우에는 형법 제260조 제3항이 적용되지 않으므로, 피해자의 명시한 의사에 반하여도 공소를 제기할 수 있다(대판 2018.4.24. 2017도10956).
④ **[O]** 어떤 물건이 폭력행위 등 처벌에 관한 법률 제3조 제1항에 정한 '위험한 물건'에 해당하는지 여부는 구체적인 사안에서 사회통념에 비추어 그 물건을 사용하면 상대방이나 제3자가 생명 또는 신체에 위험을 느낄 수 있는지 여부에 따라 판단하여야 한다. (중략) 피고인이 위 소화기들을 던진 행위로 인하여 사회통념상 피해자들이나 제3자가 생명 또는 신체에 위험을 느꼈던 것으로는 보기 어렵다(대판 2010.4.29. 2010도930). ☞ 폭력행위등처벌에관한법률위반(흉기등폭행)죄 불성립

정답 ②

11 상해와 폭행의 죄에 대한 설명으로 가장 적절하지 않은 것은? (다툼이 있는 경우 판례에 의함)

2021년 제1차 경찰

① 태아를 사망에 이르게 하는 행위가 곧바로 임산부에 대한 상해죄를 구성하는 것은 아니다.
② 甲이 길이 140cm, 지름 4cm의 대나무로 A의 머리를 여러 차례 때려 그 대나무가 부러지고, A의 두피에 표재성 손상을 입혀 사건 당일 병원에서 봉합술을 받은 경우, 甲이 사용한 대나무는 특수상해죄에서의 '위험한 물건'에 해당한다.
③ 상해에 관한 동시범 규정은 가해행위를 한 것 자체가 분명하지 않은 사람에게도 적용되므로 상해에 대한 인과관계를 개별적으로 판단할 필요는 없다.
④ 어떤 물건이 구「폭력행위 등 처벌에 관한 법률」제3조제1항에 정한 '위험한 물건'에 해당하는지 여부는 구체적인 사안에서 사회통념에 비추어 그 물건을 사용하면 상대방이나 제3자가 생명 또는 신체에 위험을 느낄 수 있는지 여부에 따라 판단하여야 한다.

해설

① **(O)** 우리 형법은 태아를 임산부 신체의 일부로 보거나, 낙태행위가 임산부의 태아양육, 출산 기능의 침해라는 측면에서 낙태죄와는 별개로 임산부에 대한 상해죄를 구성하는 것으로 보지는 않는다고 해석된다. 따라서 태아를 사망에 이르게 하는 행위가 임산부 신체의 일부를 훼손하는 것이라거나 태아의 사망으로 인하여 그 태아를 양육, 출산하는 임산부의 생리적 기능이 침해되어 임산부에 대한 상해가 된다고 볼 수는 없다(대판 2007.6.29. 2005도3832).
② **(O)** 피고인이 사용한 대나무는 사회통념에 비추어 상대방이나 제3자가 생명 또는 신체에 위험을 느낄 수 있는 물건에 해당한다(대판 2017.12.28. 2015도58524). ☞ 특수상해죄 성립
③ **(X)** 상해죄에 있어서의 동시범은 두사람 이상이 가해행위를 하여 상해의 결과를 가져올 경우에 그 상해가 어느 사람의 가해행위로 인한 것인지가 분명치 않다면 가해자 모두를 공동정범으로 본다는 것이므로 가해행위를 한 것 자체가 분명치 않은 사람에 대하여는 동시범으로 다스릴 수 없다(대판 1984.5.15. 84도488).
④ **(O)** 대판 2009.3.26. 2007도3520 등

정답 ③

12 폭행죄에 관한 설명으로 가장 적절하지 않은 것은? (다툼이 있는 경우 판례에 의함) 2020년 제1차 경찰

① 폭행죄는 반의사불벌죄로서 개인적 법익에 관한 죄이고 피해자가 사망한 후 그 상속인이 피해자를 대신하여 처벌불원의 의사표시를 할 수 있다.
② 「형법」제260조에 규정된 폭행죄의 폭행이란 소위 사람의 신체에 대한 유형력의 행사를 가리키며, 그 유형력의 행사는 신체적 고통을 주는 물리력의 작용을 의미하므로 신체의 청각기관을 직접적으로 자극하는 음향도 경우에 따라서는 유형력에 포함될 수 있다.
③ 거리상 멀리 떨어져 있는 사람에게 전화기를 이용하여 전화하면서 고성을 내거나 그 전화 대화를 녹음 후 듣게 하는 경우에 특수한 방법으로 수화자의 청각기관을 자극하여 그 수화자로 하여금 고통을 느끼게 할 정도의 음향을 이용했다면 신체에 대한 유형력의 행사로 볼 수 있다.
④ 피해자에게 근접하여 욕설을 하면서 때릴 듯이 손발이나 물건을 휘두르거나 던지는 행위는 직접 피해자의 신체에 접촉하지 않았다고 하여도 폭행에 해당한다.

해설

① [X] 폭행죄는 피해자의 명시한 의사에 반하여 공소를 제기할 수 없는 반의사불벌죄로서 처벌불원의 의사표시는 의사능력이 있는 피해자가 단독으로 할 수 있는 것이고, 피해자가 사망한 후 그 상속인이 피해자를 대신하여 처벌불원의 의사표시를 할 수는 없다고 보아야 한다(대판 2010.5.27. 2010도2680).
② [O] 대판 2003.1.10. 2000도5716
③ [O] 거리상 멀리 떨어져 있는 사람에게 전화기를 이용하여 전화하면서 고성을 내거나 그 전화 대화를 녹음 후 듣게 하는 경우에는 '특수한 방법으로 수화자의 청각기관을 자극하여 그 수화자로 하여금 고통스럽게 느끼게 할 정도의 음향을 이용하였다는 등의 특별한 사정이 없는 한' 신체에 대한 유형력의 행사를 한 것으로 보기 어려우므로 폭행죄는 성립하지 않는다(대판 2003.1.10. 2000도5716).
④ [O] 피해자의 신체에 공간적으로 근접하여 고성으로 폭언이나 욕설을 하거나 동시에 손발이나 물건을 휘두르거나 던지는 행위는 직접 피해자의 신체에 접촉하지 아니하였다 하더라도 피해자에 대한 불법한 유형력의 행사로서 폭행에 해당될 수 있다(대판 2003.1.10. 2000도5716).

정답 ①

13 다음 중 업무상과실치사상죄가 성립하지 않는 것은? (판례에 의함) 2006년 경찰

① 공사현장감독자가 도로에 웅덩이를 판 후 안전조치를 취하지 않고 그대로 방치하여 야간에 그곳을 지나가던 통행인이 위 웅덩이에 떨어져 상해를 입었다.
② 의사가 연탄가스중독환자에게 병명을 알려주지 않은 채 퇴원시켜 그 환자가 다시 그 방에서 잠을 자다가 재차 연탄가스에 중독되었다.
③ 의사 甲은 간호사에게 수혈을 맡겼는데 그 간호사가 다른 환자에게 수혈할 혈액을 당해 환자에게 잘못 수혈하여 환자가 사망하였다.
④ 산부인과 의사 甲은 제왕절개수술을 하는 도중 산모가 갑자기 출혈을 하였지만 수혈용 혈액을 미리 준비하지 않아 산모가 사망하였다.

해설

① [O] 공사현장 감독에게는 공사현장의 보안관리를 소홀히 한 주의의무위반이 있으므로, 업무상과실치상죄가 성립한다.
② [O] 업무상과실치사상죄가 성립한다(대판 1991.2.12. 90도2547).
③ [O] 의사는 간호사에 대하여 지휘·감독의무를 가진 자이므로 의사는 간호사에 대해 지휘·감독의무를 다하여야 한다(대판 1998.2.27. 97도2812).
④ [X] 제왕절개분만을 함에 있어서 산모에게 수혈을 할 필요가 있을 것이라고 예상할 수 있었다는 사정이 보이지 않는 한 산후과다출혈에 대비하여 제왕절개수술을 시행하기 전에 미리 혈액을 준비할 업무상 주의의무가 있다고 보기 어렵다(대판 1997.4.8. 96도3082). ☞ 업무상과실치사죄 불성립

정답 ④

14 다음 사례 중 甲에게 업무상 과실이 인정되는 것은 모두 몇 개인가? (다툼이 있는 경우 판례에 의함)

2022년 경찰2차

㉠ 지하철 공사구간 현장안전업무 담당자 甲은 공사현장에 인접한 기존의 횡단보도 표시선 안쪽으로 돌출된 강철빔 주위에 라바콘 3개를 설치하고 신호수 1명을 배치하였는데, A가 그 횡단보도를 건너면서 강철빔에 부딪혀 상해를 입은 경우

㉡ 병원 인턴 甲은 응급실로 이송되어 온 익수환자 A를 담당 의사 乙의 지시(이송 도중 A에 대한 앰부 배깅과 진정제 투여 업무만을 지시)에 따라 구급차에 태워 다른 병원으로 이송하던 중 산소통의 산소잔량을 체크하지 않아 산소 공급이 중단되어 A가 폐부종 등으로 사망한 경우

㉢ 골프장의 경기보조원 甲은 골프 카트에 A를 태우면서 출발에 앞서 안전 손잡이를 잡도록 고지하지 않고, 이를 잡았는지 확인하지도 않은 채 출발 후 각도 70°가 넘는 우로 굽은 길에서 속도를 줄이지 않고 급하게 우회전하여 A가 골프 카트에서 떨어져 상해를 입은 경우

㉣ 담당 의사가 췌장 종양 제거수술 직후의 환자 A에 대하여 1시간 간격으로 4회 활력징후를 측정하라고 지시하였는데, 일반병실에 근무하는 간호사 甲이 중환자실이 아닌 일반병실에서는 그러할 필요가 없다고 생각하여 2회만 측정한 채 3회차 이후 이를 측정하지 않았고, 甲과 근무를 교대한 간호사 乙 역시 자신의 근무시간 내 4회차 측정시각까지 이를 측정하지 아니하여, A는 그 시각으로부터 약 10분 후 심폐정지 상태에 빠졌다가 이후 약 3시간이 지나 과다출혈로 사망한 경우

㉤ 건축자재인 철판 수백 장의 운반을 의뢰한 생산자 甲이 절단면이 날카롭고 무거운 철판을 묶기에 매우 부적합한 폴리에스터 끈을 사용하여 철판 묶음 작업을 한 탓에 철판 쏠림 현상이 발생하였고, 이로 인하여 철판을 차에서 내리는 과정에서 철판이 쏟아져 내려 화물차 운전자 A가 사망한 경우

① 1개   ② 2개
③ 3개   ④ 4개

해설

㉠ **(X)** 피고인이 안전조치를 취하여야 할 업무상 주의의무를 위반하였다고 보기 어렵고, 일부 도로 지점에서 기존의 횡단보도 표시선이 제대로 지워지지 않고 드러나 있었다거나 라바콘을 3개만 설치하고 신호수 1명을 배치하는 외에 별다른 조치를 취하지 아니하였다고 하더라도 그것과 이 사건 사고 발생 사이에 상당인과관계에 있다고 보기도 어렵다(대판 2014.4.10. 2012도11361). ☞ 업무상과실치상죄 불성립

㉡ **(X)** 乙에게서 이송 도중 A에 대한 앰부 배깅(ambu bagging)과 진정제 투여 업무만을 지시받은 피고인에게 일반적으로 구급차 탑승 전 또는 이송 도중 구급차에 비치되어 있는 산소통의 산소잔량을 확인할 주의의무가 있다고 보기는 어렵고, 다만 피고인이 A에 대한 앰부 배깅 도중 산소 공급 이상을 발견하고도 구급차에 동승한 의료인에게 기대되는 적절한 조치를 취하지 아니하였다면 업무상 과실이 있다고 할 것이나, 피고인이 산소부족 상태를 안 후 취한 조치에 어떠한 업무상 주의의무 위반이 있었다고 볼 수 없다(대판 2011.9.8. 2009도13959). ☞ 업무상과실치사죄 불성립

㉢ **(O)** 골프 카트는 안전벨트나 골프 카트 좌우에 문 등이 없고 개방되어 있어 승객이 떨어져 사고를 당할 위험이 커 골프 카트 운전업무에 종사하는 자로서는 골프 카트 출발 전에는 승객들에게 안전 손잡이를 잡도록 고지하고 승객이 안전 손잡이를 잡은 것을 확인하고 출발하여야 하고 우회전이나 좌회전을 하는 경우에도 골프 카트의 좌우가 개방되어 있어 승객들이 떨어져서 다칠 우려가 있으므로 충분히 서행하면서 안전하게 좌회전이나 우회전을 하여야 할 업무상 주의의무가 있다(대판 2010.7.22. 2010도1911). ☞ 교통사고처리특례법위반죄 성립

㉣ **(O)** 1시간 간격으로 활력징후를 측정하였더라면 출혈을 조기에 발견하여 수혈, 수술 등 치료를 받고 환자가 사망하지 않았을 가능성이 충분하다고 보일 뿐 아니라, 甲과 乙은 의사의 위 지시를 수행할 의무가 있음에도 3회차 측정시각 이후 4회차

측정시각까지 활력징후를 측정하지 아니한 업무상과실이 있다고 보아야 한다(대판 2010.10.28. 2008도8606). ☞ 업무상과실치사죄 성립

ⓜ [O] 피고인들은 수백 장의 철판의 운반을 의뢰하면서 이들 철판이 운반 과정에서 서로 흐트러지지 않도록 적절한 단위로 나누어 받침목 등과 함께 서로 단단히 묶는 등의 작업을 소홀히 하는 잘못을 범하였고, 그러한 주의의무 위반과 철판 하차 과정에서 철판이 쏟아져 내려 피해자가 사망에 이르게 된 위 사고 사이에는 상당인과관계가 있다고 할 수 있다(대판 2009.7.23. 2009도3219). ☞ 업무상과실치사죄 성립

정답 ③

15 업무상과실치사상죄에 대한 다음의 설명 중 옳지 않은 것은 모두 몇 개인가? (다툼이 있는 경우 판례에 의함)
2016년 경찰간부

㉠ 수술도중에 수술용 메스가 부러지자 담당의사가 부러진 메스조각을 찾아 제거하려고 노력을 다하였으나 찾지 못하자 메스조각의 정확한 위치와 이동상황을 파악한 후 재수술을 할 생각으로 수술부위를 봉합한 경우에 담당의사의 업무상과실을 인정할 수 없다.

㉡ 야간 당직간호사가 담당 환자의 심근경색증상을 당직의사에게 제대로 보고하지 않아 당직의사가 필요한 조치를 취하지 못한 채 환자가 사망한 경우 당직간호사에게 업무상과실을 인정할 수 없다.

㉢ 내과의사가 신경과 전문의에 대한 협의진료 결과와 환자에 대한 진료경과 등을 신뢰하여 뇌혈관계통 질환의 가능성을 염두에 두지 않고 내과 영역의 진료행위를 계속하다가 환자의 뇌지주막하출혈을 발견하지 못하여 식물인간 상태에 이르게 한 경우 내과의사의 업무상과실이 인정된다.

㉣ 교사가 징계목적으로 학생들의 손바닥을 때리기 위해 회초리를 들어 올리는 순간 이를 구경하기 위해 옆으로 고개를 돌려 일어나는 다른 학생의 눈을 찔러 그로 하여금 우안 실명의 상해를 입게 한 경우 업무상과실치상죄에 해당한다.

㉤ 건설회사가 건설공사 중 타워크레인의 설치작업을 전문업자에게 도급주어 타워크레인 설치작업을 하던 중 발생한 사고에 대하여 건설회사의 현장대리인에게 업무상과실이 인정된다.

① 1개   ② 2개
③ 3개   ④ 4개

해설

㉠ [O] 부러진 메스가 쉽게 발견되지 않을 경우 수술과정에서 무리하게 제거하려고 하면 부가적인 손상을 줄 우려가 있어 일단 봉합한 후에 재수술을 통하여 제거하거나 그대로 두는 경우가 있는 점에 비추어 담당의사의 과실을 인정할 수 없다(대판 1999.12.10. 99도3711). ☞ 업무상과실치상죄 불성립

㉡ [X] 병원의 야간당직 운영체계상 당직간호사에게 환자의 사망을 예견하거나 회피하지 못한 업무상 과실이 있고, 당직의사에게는 업무상 과실을 인정하기 어렵다(대판 2007.09.20. 2006도294).

㉢ [X] 피해자의 지주막하출혈을 발견하지 못한 데 대하여 내과의사의 업무상과실이 부정된다(대판 2003.01.10. 2001도3292). ☞ 내과의사에게 업무상과실치상죄 불성립

㉣ [X] 직접 징계당하는 학생의 옆에 있는 다른 학생이 징계 당하는 것을 구경하기 위하여 고개를 돌려 뒤에서 다가선다던가 옆자리에서 일어나는 것까지 예견할 수는 없다(대판 1985.07.09. 84도822). ☞ 업무상과실치상죄 불성립

㉤ [X] 피고인이 타워크레인의 설치작업을 관리하고 통제할 실질적인 지휘, 감독권한이 있었던 것으로는 보이지 아니한다(대판 2005.09.09. 2005도3108).

정답 ④

16 다음 중 甲에게 업무상과실치상죄가 성립하는 것은 모두 몇 개인가? (다툼이 있으면 판례에 의함)

2015년 경찰간부

㉠ 한의사인 甲이 피해자에게 문진하여 과거 봉침을 맞고도 별다른 이상반응이 없었다는 답변을 듣고 알레르기 반응검사를 생략한 채 환부에 봉침시술을 하였는데, 피해자가 위 시술 직후 쇼크반응을 나타내는 등 상해를 입은 경우
㉡ 甲이 화물차를 주차하고 적재함에 적재된 토마토 상자를 운반하던 중 적재된 상자 일부가 떨어지면서 지나가던 피해자에게 상해를 입힌 경우
㉢ 환자의 주치의 겸 정형외과 전공의 甲이 같은 과 수련의 乙의 처방에 대한 감독의무를 소홀히 한 나머지, 환자가 수련의 乙의 잘못된 처방으로 인하여 상해를 입게 된 경우
㉣ 지하철 공사구간 현장안전업무 담당자인 甲이 공사현장에 인접한 기존의 횡단보도 표시선 안쪽으로 돌출된 강철빔 주위에 라바콘 3개를 설치하고 신호수 1명을 배치하였는데, 피해자가 위 횡단보도를 건너면서 강철빔에 부딪혀 상해를 입은 경우

① 1개 ② 2개
③ 3개 ④ 4개

해설

㉠ [X] 제반 사정에 비추어 피고인이 봉침시술에 앞서 설명의무를 다하였더라도 피해자가 반드시 봉침시술을 거부하였을 것이라고 볼 수 없어 피고인의 설명의무 위반과 피해자의 상해 사이에 상당인과관계를 인정하기 어렵다(대판 2011.4.14. 2010도10104). ☞ 업무상과실치상죄 불성립
㉡ [O] 교통사고처리 특례법에 정한 '교통사고'에 해당하지 않아 업무상과실치상죄가 성립한다(대판 2009.7.9. 2009도2390). ☞ 교통사고처리특례법위반죄가 아니라 업무상과실치상죄 성립
㉢ [O] 대판 2007.2.22. 2005도9229
㉣ [X] 제반 사정에 비추어 피고인이 안전조치를 취하여야 할 업무상 주의의무를 위반하였다고 보기 어렵다(대판 2014.4.10. 2012도11361). ☞ 업무상과실치상죄 불성립

정답 ②

17 유기와 학대의 죄에 관한 다음 설명 중 가장 옳지 않은 것은? (다툼이 있는 경우 판례에 의함)

2017년 경찰간부

① 학대죄는 자기의 보호 또는 감독을 받는 사람에게 육체적으로 고통을 주거나 정신적으로 차별대우를 하는 행위가 있음과 동시에 범죄가 완성되는 상태범 또는 즉시범이다.
② 형법은 유기죄에 있어서 법률상, 계약상 또는 사회상규상 의무 있는 자를 유기죄의 주체로 규정하고 있다.
③ 형법 제273조 제1항에서 말하는 '학대'라 함은 육체적으로 고통을 주거나 정신적으로 차별대우를 하는 행위를 가리키고, 이러한 학대행위는 단순히 상대방의 인격에 대한 반인륜적 침해만으로는 부족하고 적어도 유기에 준할 정도에 이르러야 한다.
④ 강간치상의 범행을 저지른 자가 그 범행으로 인하여 실신상태에 있는 피해자를 구호하지 아니하고 방치하였다고 하더라도 그 행위는 포괄적으로 단일의 강간치상죄만을 구성한다.

해설

① **(O)** 대판 1986.7.8. 84도2922
② **(X)** 형법 제271조(유기) ① 노유(老幼), 질병 기타 사정으로 인하여 부조(扶助)를 요하는 자를 보호할 법률상 또는 계약상 의무 있는 자가 유기한 때에는 3년 이하의 징역 또는 500만원 이하의 벌금에 처한다.
③ **(O)** 형법 제273조 제1항에서 말하는 '학대'라 함은 육체적으로 고통을 주거나 정신적으로 차별대우를 하는 행위를 가리키고, 이러한 학대행위는 형법의 규정체제상 학대와 유기의 죄가 같은 장에 위치하고 있는 점 등에 비추어 단순히 상대방의 인격에 대한 반인륜적 침해(☞ 자신의 친딸과 성관계를 가진 행위)만으로는 부족하고 적어도 유기에 준할 정도에 이르러야 한다(대판 2000.4.25. 2000도223).
④ **(O)** 대판 1980.6.24. 80도726 ☞ 강간치상죄와 별도로 유기죄는 성립하지 않음

정답 ②

18 학대의 죄에 관한 설명 중 가장 적절하지 않은 것은? (다툼이 있는 경우 판례에 의함) 2022년 경찰2차

① 「아동학대범죄의 처벌 등에 관한 특례법」(2014.1.28. 제정, 2014.9.29. 시행)은 제34조 제1항(공소시효의 정지와 효력)의 소급적용에 관하여 명시적인 경과규정을 두고 있지 않지만, 동법 시행일 당시 범죄행위가 종료되었으나 아직 공소시효가 완성되지 않은 아동학대범죄에 대해서도 적용된다.

② 「아동복지법」 제71조 제1항에 따라 처벌되는 동법 제17조 제2호 금지행위(아동에게 음란한 행위를 시키거나 이를 매개하는 행위 또는 아동에게 성적 수치심을 주는 성희롱 등의 성적 학대행위)의 처벌대상은 아동의 복지를 보장하는 동법의 취지에 비추어 성인에게만 한정된다.

③ 친아버지가 자신의 아들(만 1세)을 양육하면서 집안 내부에 먹다 남은 음식물 쓰레기, 소주병, 담배 꽁초가 방치된 상태로 청소를 하지 않아 악취가 나는 비위생적인 환경에서 제대로 세탁하지 않아 음식물이 묻어있는 옷을 입히고, 목욕을 주기적으로 시키지 않아 몸에서 악취를 풍기게 하는 등의 행위를 한 경우, 생존에 필요한 최소한의 보호를 하였거나 아들에게 애정을 표현했다는 사정이 있더라도 이는 아들에 대한 방임행위에 해당한다.

④ 어린이집 보육교사가 아동(만 4세)이 창틀에 매달리는 등 위험한 행동을 한다는 이유로 그를 안아 바닥에서 약 78cm 높이의 교구장(110cm×29cm×63cm) 위에 올려둔 후 교구장을 1회 흔들고, 아동의 몸을 잡고는 교구장 뒤 창 쪽으로 흔들어 보이는 등 약 40분 동안 앉혀둔 경우, 이는 비록 안전을 위한 조치라 할지라도 아동에 대한 학대행위에 해당한다.

해설

① **[O]** 아동학대범죄의 처벌 등에 관한 특례법 제34조는 '공소시효의 정지와 효력'이라는 제목으로 제1항에서 "아동학대범죄의 공소시효는 형사소송법 제252조에도 불구하고 해당 아동학대범죄의 피해아동이 성년에 달한 날부터 진행한다."라고 정하고, 부칙은 "이 법은 공포 후 8개월이 경과한 날부터 시행한다."라고 정하고 있다. (중략) 아동학대처벌법은 제34조 제1항의 소급적용에 관하여 명시적인 경과규정을 두고 있지는 않다. 그러나 이 규정의 문언과 취지, 아동학대처벌법의 입법 목적, 공소시효를 정지하는 특례조항의 신설·소급에 관한 법리에 비추어 보면, 이 규정은 완성되지 않은 공소시효의 진행을 일정한 요건에서 장래를 향하여 정지시키는 것으로서, 그 시행일인 2014.9.29. 당시 범죄행위가 종료되었으나 아직 공소시효가 완성되지 않은 아동학대범죄에 대해서도 적용된다고 봄이 타당하다(대판 2021.2.25. 2020도3694).

② **[X]** 아동복지법은 제17조에서 '누구든지 다음 각호의 어느 하나에 해당하는 행위를 하여서는 아니 된다'고 하면서, 제2호로 '아동에게 음란한 행위를 시키거나 이를 매개하는 행위 또는 아동에게 성적 수치심을 주는 성희롱 등의 성적 학대행위'를 금지행위로 규정하고, 제71조 제1항에서 '제17조를 위반한 자를 처벌한다'고 규정하고 있다. 이러한 아동복지법 규정의 각 문언과 조문의 체계 등을 종합하여 보면, 누구든지 제17조 제2호에서 정한 금지행위를 한 경우 제71조 제1항에 따라 처벌되는 것이고, 성인이 아니라고 하여 위 금지행위규정 및 처벌규정의 적용에서 배제된다고 할 수는 없다(대판 2020.10.15. 2020도6422).

③ **[O]** 생존에 필요한 최소한의 보호를 하였다는 사정이나 甲이 피고인에게 애정을 표현했다는 사정만으로는 피고인이 甲의 친권자로서 甲의 건강과 안전, 행복을 위하여 필요한 책무를 다했다고 보기 어렵다는 이유로, 피고인이 비위생적인 환경에서 甲을 양육하였고 甲의 의복과 몸을 청결하게 유지해 주지 않았으며 甲을 집에 두고 외출하기도 하는 등 의식주를 포함한 기본적인 보호·양육·치료 및 교육을 소홀히 하는 방임행위를 하였다(대판 2020.9.3. 2020도7625). ☞ 아동복지법위반(아동방임)죄 성립

④ **[O]** 피고인이 강압적이고 부정적인 태도를 보이며 4세인 갑을 높이 78cm에 이르는 교구장 위에 약 40분 동안 앉혀놓은 것은 그 자체로 위험한 행위일 뿐만 아니라 그 과정에서 甲은 공포감 내지 소외감을 느꼈을 것으로 보이고, 실제로 甲이 정신적 고통 등을 호소하며 일주일이 넘도록 어린이집에 등원하지 못한 점 등 여러 사정에 비추어 피고인이 甲을 정서적으로 학대하였다(대판 2020.3.12. 2017도5769). ☞ 아동복지법위반(아동학대)죄 성립

정답 ②

19 다음 사안에서 甲의 형사책임에 대한 설명으로 가장 적절한 것은? (다툼이 있는 경우 판례에 의함)

2018년 제2차 경찰

> 甲은 피해자 A를 강간하려다 미수에 그치고 의도치 않게 동 행위로 인하여 A에게 상해를 입혔다. 甲은 자신의 범행으로 인해 의식을 잃고 쓰러진 A를 구호하지 아니하고 그 자리를 떠났다. A는 의식불명인 상태로 범행현장에 방치되어 있다가 몇 시간 뒤 행인에게 구조되었다.

① 甲의 강간 범행이 미수에 그치고 그로 인해 상해의 결과가 발생하였으므로 甲은 강간치상죄의 미수범으로 처벌된다.
② 甲이 의식불명이 된 피해자 A를 구호하지 아니하고 방치한 행위에 대해서는 별도로 유기죄가 성립한다.
③ 만일 A가 집에 돌아가서 수치심과 절망감에 휩싸여 몇 주 뒤 자살을 하기에 이르렀다면 甲을 강간치사죄로 처벌할 수 있다.
④ 사안을 달리하여, A가 입은 상해가 사람의 반항을 억압할 만한 폭행 또는 협박이 없어도 일상생활 중 발생할 수 있는 것이거나 합의에 따른 성교행위에서도 통상 발생할 수 있는 상해와 같은 정도의 것이라고 가정한다면, 이는 강간치상죄의 상해에 해당되지 아니한다고 할 수 있다.

해설

① **[X]** 결과적 가중범의 경우, 기본범죄가 미수에 그쳤더라도 중한 결과가 발생한 이상 결과적 가중범의 기수범이 성립한다(대판 2008.4.24. 2007도10058 등).
② **[X]** 강간치상의 범행을 저지른 자가 그 범행으로 인하여 실신상태에 있는 피해자를 구호하지 아니하고 방치하였다고 하더라도 그 행위는 포괄적으로 단일의 강간치상죄만을 구성한다(대판 1980.6.24. 80도726). ☞ 유기죄 불성립 (☞ 유기죄의 주체는 제271조 제1항에 의하여 '법률상 또는 계약상 의무 있는 자'만이 주체가 된다.)
③ **[X]** 피고인이 피해자를 강간하였는데 피해자가 집에 돌아가 음독자살한 경우, 음독자살하기에 이른 원인이 강간을 당함으로 인하여 생긴 수치심과 장래에 대한 절망감 등에 있었다 하더라도 그 자살행위가 바로 강간행위로 인하여 생긴 당연의 결과라고 볼 수 없으므로 강간행위와 피해자의 자살행위 사이에 인과관계를 인정할 수 없다(대판 1982.11.23. 82도1446). ☞ 강간치사죄 불성립
④ **[O]** [1] 강간행위에 수반하여 생긴 상해가 극히 경미한 것으로서 굳이 치료할 필요가 없어서 자연적으로 치유되며 일상생활을 하는 데 아무런 지장이 없는 경우에는 강간치상죄의 상해에 해당되지 아니한다고 할 수 있을 터이나, 그러한 논거는 피해자의 반항을 억압할 만한 폭행 또는 협박이 없어도 일상생활 중 발생할 수 있는 것이거나 합의에 따른 성교행위에서도 통상 발생할 수 있는 상해와 같은 정도임을 전제로 하는 것이므로 그러한 정도를 넘는 상해가 그 폭행 또는 협박에 의하여 생긴 경우라면 상해에 해당된다고 할 것이며, 피해자의 건강상태가 나쁘게 변경되고 생활기능에 장애가 초래된 것인지는 객관적, 일률적으로 판단될 것이 아니라 피해자의 연령, 성별, 체격 등 신체, 정신상의 구체적 상태를 기준으로 판단되어야 한다.
[2] 피해자가 소형승용차 안에서 강간범행을 모면하려고 저항하는 과정에서 피고인과의 물리적 충돌로 인하여 입은 '우측 슬관절 부위 찰과상' 등은 강간치상죄의 상해에 해당한다(대판 2005.5.26. 2005도1039).

정답 ④

20 유기죄에 대한 설명으로 옳지 않은 것은? (다툼이 있는 경우 판례에 의함) 2021년 경찰간부

① 유기죄에서의 '계약상 의무'는 반드시 계약에 기한 주된 급부 의무에 한정되지 아니하며, 계약 상대방의 신체 또는 생명에 대한 주의와 배려라는 부수적 의무의 한 내용으로 상대방을 부조하여야 하는 경우를 배제하는 것은 아니다.
② 강간치상의 범행을 저지른 자가 그 범행으로 인하여 실신상태에 있는 피해자를 구호하지 아니하고 방치한 경우, 강간치상죄만 성립하고 유기죄는 성립하지 아니한다.
③ 유기죄의 법률상 보호의무 가운데는 「민법」상 부부간의 부양 의무도 포함되며, 법률상 부부는 아니지만 사실혼 관계에 있는 경우에도 당사자 사이에 주관적 혼인의사와 객관적 혼인 생활의 실체가 존재한다면 보호의무가 인정될 수 있다.
④ 유기죄를 범하여 사람의 생명 또는 신체에 대하여 위험을 발생하게 한 때에는 중유기죄로 가중처벌된다.

해설

① **[O]** 유기죄에 관한 형법 제271조 제1항은 그 행위의 주체를 "노유, 질병 기타 사정으로 부조를 요하는 자를 보호할 법률상 또는 계약상 의무 있는 자"라고 정하고 있다. 여기서의 '계약상 의무'는 간호사나 보모와 같이 계약에 기한 '주된 급부의무'가 부조를 제공하는 것인 경우에 반드시 한정되지 아니하며, 계약의 해석상 계약관계의 목적이 달성될 수 있도록 상대방의 신체 또는 생명에 대하여 주의와 배려를 한다는 '부수적 의무'의 한 내용으로 상대방을 부조하여야 하는 경우를 배제하는 것은 아니라고 할 것이다. (중략), 단지 위와 같은 부수의무로서의 민사적 부조의무 또는 보호의무가 인정된다고 해서 형법 제271조 소정의 '계약상 의무'가 당연히 긍정된다고는 말할 수 없다(대판 2011.11.24. 2011도12302).
② **[O]** 그 행위는 포괄적으로 단일의 강간치상죄만을 구성한다(대판 1980.6.24. 80도726).
③ **[O]** [1] 형법 제271조 제1항에서 말하는 법률상 보호의무 가운데는 민법 제826조 제1항에 근거한 부부간의 부양의무도 포함되며, 나아가 법률상 부부는 아니지만 사실혼 관계에 있는 경우에도 위 민법 규정의 취지 및 유기죄의 보호법익에 비추어 위와 같은 법률상 보호의무의 존재를 긍정하여야 하지만, 사실혼에 해당하여 법률혼에 준하는 보호를 받기 위하여는 단순한 동거 또는 간헐적인 정교관계를 맺고 있다는 사정만으로는 부족하고, 그 당사자 사이에 주관적으로 혼인의 의사가 있고 객관적으로도 사회관념상 가족질서적인 면에서 부부공동생활을 인정할 만한 혼인생활의 실체가 존재하여야 한다.
[2] 동거 또는 내연관계를 맺은 사정만으로는 사실혼관계를 인정할 수 없고, 내연녀가 치사량의 필로폰을 복용하여 부조를 요하는 상태에 있었음을 인식하였다는 점을 인정할 증거가 부족하다는 이유로 유기치사죄의 성립을 부정한 사례(대판 2008.2.14. 2007도3952).
④ **[X]** 기본범죄인 유기죄 그 자체에 의하여 신체에 대한 위험이 이미 발생되어 있으므로, 중유기죄는 유기죄 또는 존속유기죄를 범하여 사람의 '생명'에 대한 위험을 발생하게 한 때에 가중처벌되도록 규정하고 있다(제271조 제3항, 제4항 참조).

정답 ④

제 2 장 자유에 관한 죄

01 **협박죄에 관한 다음 설명 중 가장 적절하지 않은 것은? (다툼이 있으면 판례에 의함)** 2014년 제2차 경찰

① 법인은 협박죄의 객체가 될 수 없다.
② 해악의 고지가 상대방에게 도달하였다면 상대방이 지각하지 못하거나 고지된 해악의 의미를 인식하지 못한 경우에도 협박죄의 기수를 인정할 수 있다.
③ 피고인이 혼자 술을 마시던 중 甲정당이 국회에서 예산안을 강행처리하였다는 것에 화가 나서 공중전화를 이용하여 경찰서에 여러 차례 전화를 걸어 전화를 받은 각 경찰관에게 경찰서 관할구역 내에 있는 甲정당의 당사를 폭파하겠다는 말을 한 사안에서, 피고인의 행위는 각 경찰관에 대한 협박죄를 구성하지 않는다.
④ 제3자에 대한 법익 침해를 내용으로 하는 해악을 고지하더라도 피해자 본인과 제3자가 밀접한 관계에 있어 그 해악의 내용이 피해자 본인에게 공포심을 일으킬 만한 정도의 것이라면 협박죄가 성립할 수 있는데, 이때 제3자에는 자연인뿐만 아니라 법인도 포함된다 할 것이다.

해설

① [O] 협박죄는 자연인만을 그 대상으로 예정하고 있을 뿐 법인은 협박죄의 객체가 될 수 없다(대판 2010.7.15. 2010도1017).
② [X] 협박죄에서의 해악의 고지는 일반적으로 사람으로 하여금 공포심을 일으키게 하기에 충분한 것이어야 하지만, 상대방이 그에 의하여 현실적으로 공포심을 일으킬까지 요구하는 것은 아니며, 그와 같은 정도의 해악을 고지함으로써 상대방이 그 의미를 인식한 이상, 상대방이 현실적으로 공포심을 일으켰는지 여부와 관계없이 그로써 구성요건은 충족되어 협박죄의 기수에 이르는 것으로 해석하여야 한다. 결국, 협박죄는 사람의 의사결정의 자유를 보호법익으로 하는 위험범이라 봄이 상당하고, 협박죄의 미수범 처벌조항은 해악의 고지가 현실적으로 상대방에게 도달하지 아니한 경우나, 도달은 하였으나 상대방이 이를 지각하지 못하였거나 고지된 해악의 의미를 인식하지 못한 경우 등에 적용될 뿐이다(대판 2007.9.28. 2007도606 전원합의체).
③ [O] 甲은 A 정당에 관한 해악을 고지한 것이므로 각 경찰관 개인에 관한 해악을 고지하였다고 할 수 없고, 다른 특별한 사정이 없는 한 일반적으로 A 정당에 대한 해악의 고지가 각 경찰관 개인에게 공포심을 일으킬 만큼 서로 밀접한 관계에 있다고 보기 어렵다(대판 2012.8.17. 2011도10451). ☞ 경찰관에 대한 관계에서 협박죄 불성립
④ [O] 대판 2010.7.15. 2010도1017

정답 ②

02 협박죄에 대한 설명으로 가장 적절한 것은? (다툼이 있는 경우 판례에 의함)   2020년 제2차 경찰

① 권리행사나 직무집행의 일환으로 상대방에게 일정한 해악을 고지한 경우, 그 해악의 고지가 정당한 권리행사나 직무집행으로서 사회상규에 반하지 아니하는 때에도 협박죄가 성립한다.
② 공군 중사가 상관인 피해자에게 그의 비위 등을 기록한 내용을 제시하면서 자신에게 폭언한 사실을 인정하지 않으면 그 내용을 상부기관에 제출하겠다는 취지로 말한 사안에서 공군 중사에게는 「군형법」상 상관협박죄가 성립하지 않는다.
③ 甲이 슈퍼마켓 사무실에서 식칼을 들고 피해자를 협박한 행위와 식칼을 들고 매장을 돌아다니며 손님을 내쫓아 그의 영업을 방해한 행위는 협박죄와 업무방해죄의 상상적 경합관계에 있다.
④ 협박죄에 있어서의 협박이라 함은 사람으로 하여금 공포심을 일으킬 수 있을 정도의 해악을 고지하는 것을 의미하고, 협박죄가 성립하기 위하여는 적어도 발생 가능한 것으로 생각될 수 있는 정도의 구체적인 해악의 고지가 있어야 한다.

해설

① **(X)** 권리행사나 직무집행의 일환으로 상대방에게 일정한 해악을 고지한 경우, ⅰ) 그 해악의 고지가 정당한 권리행사나 직무집행으로서 사회상규에 반하지 아니하는 때에는 협박죄가 성립하지 아니하나, ⅱ) 외관상 권리행사나 직무집행으로 보이더라도 실질적으로 권리나 직무권한의 남용이 되어 사회상규에 반하는 때에는 협박죄가 성립한다고 보아야 할 것인바, 구체적으로는 그 해악의 고지가 정당한 목적을 위한 상당한 수단이라고 볼 수 있으면 위법성이 조각되지만, 위와 같은 관련성이 인정되지 아니하는 경우에는 그 위법성이 조각되지 아니한다(대판 2007.9.28. 2007도606 전원합의체).
② **(X)** 피해자가 피고인에게 폭언한 사실을 인정하지 아니하면 그 내용을 상부기관에 제출하겠다고 한 행위는 객관적으로 보아 사람으로 하여금 공포심을 일으키게 하기에 충분한 정도의 해악의 고지에 해당한다고 할 것이므로, 피해자가 그 취지를 인식하였음이 명백한 이상 설령 피해자가 현실적으로 공포심을 느끼지 못하였다 하더라도 그와는 무관하게 상관협박죄의 기수에 이르렀다고 보아야 한다(대판 2008.12.11. 2008도8922).
③ **(X)** 피고인이 슈퍼마켓사무실에서 식칼을 들고 피해자를 협박한 행위와 식칼을 들고 매장을 돌아다니며 손님을 내쫓아 그의 영업을 방해한 행위는 별개의 행위이다(대판 1991.1.29. 90도2445). ☞ 실체적 경합범 성립
④ **(O)** 협박죄에 있어서의 협박이라 함은 사람으로 하여금 공포심을 일으킬 수 있을 정도의 해악을 고지하는 것을 의미하고, 협박죄가 성립하기 위하여는 적어도 발생 가능한 것으로 생각될 수 있는 정도의 구체적인 해악의 고지가 있어야 한다. 또한 해악의 고지가 있다 하더라도 그것이 사회의 관습이나 윤리관념 등에 비추어 볼 때에 사회통념상 용인할 수 있을 정도의 것이라면 협박죄는 성립하지 아니한다(대판 1998.3.10. 98도70 등).

정답 ④

03 다음 설명 중 가장 적절하지 않은 것은? (다툼이 있으면 판례에 의함) 2016년 제1차 경찰

① 감금죄는 사람의 행동의 자유를 그 보호법익으로 하여 사람이 특정한 구역에서 나가는 것을 불가능하게 하거나 또는 심히 곤란하게 하는 그 장해는 물리적, 유형적 장해 뿐만 아니라 심리적, 무형적 장해에 의하여서도 가능하다.
② 피해자를 강제로 승용차에 태우고 가면서 피해자의 금품을 강취하기 위해 상해를 가한 후 금품을 강취한 다음 피해자를 태운 채 계속하여 상당한 거리를 운전하여 간 경우 강도상해죄와 감금죄의 상상적 경합이 된다.
③ 피해자가 만약 도피하는 경우에는 생명, 신체에 심한 해를 당할지도 모른다는 공포감에서 도피하기를 단념하고 있는 상태 하에서 호텔로 데리고 가서 함께 유숙한 후 함께 항공기로 국외에 나간 행위는 감금죄를 구성한다.
④ 감금행위가 강간죄나 강도죄의 수단이 된 경우에도 감금죄는 강간죄나 강도죄에 흡수되지 아니하고 별죄를 구성한다.

해설

① **[O]** 대판 1984.5.15. 84도655
② **[X]** 甲은 乙 등과 피해자로부터 돈을 빼앗자고 공모한 다음 그를 강제로 승용차에 태우고 가면서 공소사실과 같이 돈을 빼앗고 상해를 가한 뒤에도 계속하여 상당한 거리를 진행하여 가다가 교통사고를 일으켜 감금행위가 중단된 경우, 감금행위가 단순히 강도상해 범행의 수단이 되는 데 그치지 아니하고 강도상해의 범행이 끝난 뒤에도 계속된 경우에는 1개의 행위가 감금죄와 강도상해죄에 해당하는 경우라고 볼 수 없고, 이 경우 감금죄와 강도상해죄는 형법 제37조의 경합범 관계에 있다 (대판 2003.1.10. 2002도4380).
③ **[O]** 대판 1991.8.27. 91도1604
④ **[O]** 감금행위가 강간죄나 강도죄의 수단이 된 경우에도 감금죄는 강간죄나 강도죄에 흡수되지 아니하고 별죄를 구성한다 (대판 1997.1.25. 96도2715). ☞ 감금죄와 강간죄의 상상적 경합범 또는 감금죄와 강도죄의 상상적 경합범이 성립한다는 취지

정답 ②

04 약취와 유인의 죄에 관한 다음 설명 중 가장 적절하지 않은 것은? (다툼이 있는 경우 판례에 의함)

2013년 경찰승진

① 약취행위는 피해자를 그 의사에 반하여 자유로운 생활관계 또는 보호관계로부터 범인이나 제3자의 사실상 지배하에 옮기는 행위를 말하는 것으로서 폭행 또는 협박을 수단으로 사용하는 경우에 그 폭행 또는 협박의 정도는 상대방을 실력적 지배하에 둘 수 있을 정도면 족하고 반드시 상대방의 저항을 억압할 정도의 것임을 요하지 않는다.
② 미성년자를 유인한 자가 계속하여 미성년자를 불법하게 감금하였을 때에는 미성년자유인죄 이외에 감금죄가 별도로 성립한다.
③ 약취와 유인의 죄, 인질강요죄, 인질강도죄에는 약취·유인·매매·이송된 자나 인질을 안전한 장소로 풀어준 때에는 형을 감경하는 규정이 있다.
④ 미성년자가 혼자 머무는 주거에 침입하여 그를 감금한 뒤 폭행 또는 협박에 의하여 부모의 출입을 봉쇄하거나 미성년자와 부모가 거주하는 주거에 침입하여 부모만을 강제로 퇴거시키고 독자적인 생활관계를 형성하기에 이르렀다면, 비록 장소적 이전이 없었다 할지라도 미성년자약취죄에 해당한다.

해설

① [O] 대판 2009.7.9. 2009도3816
② [O] 대판 1998.5.26. 98도1036
③ [X] 약취와 유인의 죄, 인질강요죄에는 해방감경규정이 있으나, 인질강도죄에는 해방감경규정이 없다.
④ [O] 대판 2008.1.17. 2007도8485

정답 ③

05 약취와 유인의 죄에 대한 설명으로 가장 적절한 것은? (다툼이 있는 경우 판례에 의함)

2021년 제2차 경찰

① 미성년의 자녀를 부모가 함께 동거하면서 보호·양육하여 오던 중 부모의 일방이 어떠한 폭행, 협박이나 불법적인 사실상의 힘을 행사함이 없이 그 자녀를 데리고 종전의 거소를 벗어나 양육 환경이 더 나은 곳으로 옮겨 자녀에 대한 보호·양육을 계속한 경우에 상대방 부모의 동의가 없었다면 미성년자약취죄가 성립한다

② 미성년자 혼자 머무는 주거에 침입하여 강도 범행을 하는 과정에서 미성년자와 그 부모에게 폭행·협박을 가하여 일시적으로 부모와의 보호관계가 사실상 침해·배제된 경우에는 미성년자약취죄가 성립한다.

③ 약취행위는 피해자를 그 의사에 반하여 자유로운 생활관계 또는 보호관계로부터 범인이나 제3자의 사실상 지배하에 옮기는 행위를 말하며, 폭행 또는 협박을 수단으로 사용하는 경우에 그 폭행 또는 협박의 정도는 상대방을 실력적 지배하에 둘 수 있을 정도이면 족하고 반드시 상대방의 반항을 억압할 정도의 것임을 요하지는 아니한다.

④ 미성년자의 어머니가 교통사고로 사망하여 아버지가 미성년자의 양육을 외조부에게 맡겼으나, 교통사고 배상금 문제로 분쟁이 발생하자 아버지가 학교에서 귀가하는 미성년자를 그의 의사에 반하여 강제로 사실상 자신의 지배하에 옮긴 경우에는 미성년자약취죄가 성립하지 아니한다.

해설

① [X] 베트남 국적 여성인 甲이 남편의 동의 없이 생후 13개월 된 자녀를 베트남의 친정으로 데려간 경우, 甲의 행위는 실력을 행사하여 자녀를 평온하던 종전의 보호·양육 상태로부터 이탈시킨 것이라기보다 친권자인 모(母)로서 출생 이후 줄곧 맡아왔던 보호·양육을 계속 유지한 행위에 해당하여 이를 폭행, 협박 또는 불법적인 사실상의 힘을 사용하여 자녀를 자기 또는 제3자의 지배하에 옮긴 약취 행위로 볼 수 없다(대판 2013.6.20. 2010도14328 전원합의체). ☞ 국외이송목적약취죄 및 피약취자국외이송죄 불성립

② [X] 미성년자가 기존의 생활관계로부터 완전히 이탈되었다거나 새로운 생활관계가 형성되었다고 볼 수 없고 범인의 의도도 위와 같은 생활관계의 이탈이 아니라 단지 금품 강취를 위한 반항 억압에 있었으므로, 미성년자약취죄가 성립하지 않는다(대판 2008.1.17. 2007도8485).

③ [O] 甲은 횡단보도 앞 노상에서 피해자 乙(여, 11세)에게 다가가 '학교가기 싫으냐. 집에 가기 싫으냐. 우리 집에 같이 자러 가자'고 말하면서 옷소매를 끌어당겨 乙을 간음할 목적으로 약취하려 하였으나 乙이 거부하면서 경찰에 신고하여 그 뜻을 이루지 못하고 미수에 그친 경우(대판 2009.7.9. 2009도3816). ☞ 간음목적약취미수죄 성립

④ [X] 미성년자를 보호감독하는 자라 하더라도 다른 보호감독자의 감호권을 침해하거나 자신의 감호권을 남용하여 미성년자 본인의 이익을 침해하는 경우에는 미성년자 약취·유인죄의 주체가 될 수 있다(대판 2008.1.31. 2007도8011).

정답 ③

06 다음 중 피해자를 안전한 장소로 풀어준 때에는 형을 감경할 수 있다는 해방감경규정의 적용이 없는 범죄는 모두 몇 개인가?

2015년 경찰간부

㉠ 체포·감금죄
㉡ 인질강도죄
㉢ 인신매매죄
㉣ 인질상해죄
㉤ 미성년자약취·유인죄

① 1개
② 2개
③ 3개
④ 4개

해설

해방감경규정은 인질강요죄, 인질상해·치상죄, 약취와 유인 및 인신매매의 죄의 장에 규정된 범죄(피약취자등살해·치사죄 제외)에 적용되는 반면, 체포·감금죄(㉠), 인질강도죄(㉡) 등에는 적용되지 않는다.

정답 ②

07 자기 또는 배우자의 직계존속에 대한 범죄인 경우에 특히 형을 가중하는 규정을 두고 있지 않은 범죄는?

2001년 법원행시

① 협박죄
② 감금죄
③ 약취죄
④ 폭행죄
⑤ 상해죄

해설

자기 또는 배우자의 직계존속에 대한 범죄의 경우 형을 가중하는 규정을 두고 있는 범죄로는 학대죄(제273조 제2항), 살인죄(제250조 제2항), 폭행죄(제260조 제2항), 유기죄(제271조 제2항), 감금죄(제276조 제2항), 협박죄(제283조 제2항), 상해죄(제257조 제2항), 체포죄(제276조 제2항)가 있다.
③ 실질적으로 약취·유인죄의 성격상 존속에 대해서는 성립되기 어려우며 형법에서도 규정하고 있지 않다.

정답 ③

08 약취와 유인의 죄에 관한 설명이다. 다음 중 가장 적절하지 않은 것은? (다툼이 있으면 판례에 의함)

2015년 제3차 경찰

① 미성년자를 유인한 자가 계속하여 미성년자를 불법하게 감금하였을 때에는 미성년자유인죄 이외에 감금죄가 별도로 성립한다.
② 약취행위는 피해자를 그 의사에 반하여 자유로운 생활관계 또는 보호관계로부터 범인이나 제3자의 사실상 지배하에 옮기는 행위를 말하는 것으로써 폭행 또는 협박을 수단으로 사용하는 경우에 그 폭행 또는 협박의 정도는 상대방을 실력적 지배하에 둘 수 있을 정도이면 족하고 반드시 상대방의 반항을 억압할 정도의 것임을 요하지는 아니한다.
③ 미성년자를 보호 감독하는 자라 하더라도 다른 보호 감독자의 감호권을 침해하거나 자신의 감호권을 남용하여 미성년자 본인의 이익을 침해하는 경우 미성년자 약취·유인죄의 주체가 될 수 있다.
④ 미성년자를 약취한 자가 그 미성년자를 안전한 장소에 풀어 주더라도 그 형을 감경할 수 없다.

해설

① **[O]** 甲은 피해자 乙녀(만 10세)의 집에서 피해자로 하여금 부모에게 말하지 말고 아파트 앞으로 나오도록 유인한 다음 甲이 운전하는 화물차에 태우고 데리고 다니면서 乙녀에게 "네가 집에 돌아가면 경찰이 붙잡아 소년원에 보낸다."라고 위협하여 乙녀를 집에 가지 못하도록 하는 등 그 무렵부터 6개월간 甲의 셋방 등지에서 乙녀를 감금한 경우, 미성년자를 유인한 자가 계속하여 미성년자를 불법하게 감금하였을 때에는 미성년자유인죄 이외에 감금죄가 별도로 성립한다(대판 1998.5.26. 98도1036). ☞ 미성년자유인죄와 감금죄의 실체적 경합범 성립
② **[O]** 대판 2009.7.9. 2009도3816
③ **[O]** 외조부가 맡아서 양육해 오던 미성년인 자(子)를 자의 의사에 반하여 사실상 자신의 지배하에 옮긴 친권자에 대하여 미성년자 약취·유인죄를 인정한 사례(대판 2008.1.31. 2007도8011).
④ **[X]** 제295조의2(형의 감경) 제287조부터 제290조까지, 제292조와 제294조의 죄를 범한 사람이 약취, 유인, 매매 또는 이송된 사람을 안전한 장소로 풀어준 때에는 그 형을 감경할 수 있다.

정답 ④

09 약취·유인의 죄에 대한 다음 설명 중 가장 적절하지 않은 것은? (다툼이 있으면 판례에 의함)

2016년 제2차 경찰 변형

① 베트남 국적 여성인 피고인이 남편의 동의 없이 생후 13개월 된 자녀를 베트남의 친정으로 데려간 행위는 국외이송약취죄 및 피약취자국외이송죄에 해당하지 않는다.
② 형법 제288조에 규정된 약취행위는 피해자를 그 의사에 반하여 자유로운 생활관계 또는 보호관계 로부터 범인이나 제3자의 사실상 지배하에 옮기는 행위를 말하는 것으로서, 폭행 또는 협박을 수단 으로 사용하는 경우에 그 폭행 또는 협박의 정도는 상대방을 실력적 지배하에 둘 수 있을 정도이면 족하고 반드시 상대방의 반항을 억압할 정도의 것임을 요하지는 않는다.
③ 형법 제288조 제1항의 영리목적 약취죄는 존속에 대한 범죄에 대하여 가중처벌 규정을 두고 있다.
④ 미성년자가 혼자 머무는 주거에 침입하여 그를 감금한 뒤 폭행 또는 협박에 의하여 부모의 출입을 봉쇄하거나, 미성년자와 부모가 거주하는 주거에 침입하여 부모만을 강제로 퇴거시키고 독자적인 생활관계를 형성하기에 이르렀다면, 비록 장소적 이전이 없었다 할지라도 미성년자약취죄에 해당 한다.

해설

① [O] 甲의 행위는 실력을 행사하여 자녀를 평온하던 종전의 보호·양육 상태로부터 이탈시킨 것이라기보다 친권자인 모(母) 로서 출생 이후 줄곧 맡아왔던 보호·양육을 계속 유지한 행위에 해당한다(대판 2013.6.20. 2010도14328 전원합의체).
☞ 국외이송목적약취죄 및 피약취자국외이송죄 불성립
② [O] 술에 만취한 피고인이 초등학교 5학년 여학생의 소매를 잡아끌면서 "우리 집에 같이 자러 가자"고 한 행위가 형법 제 288조의 약취행위의 수단인 '폭행'에 해당한다고 한 사례(대판 2009.07.09. 2009도3816).
③ [X] 약취·유인 및 인신매매의 죄에는 존속에 대한 가중처벌규정이 마련되어 있지 아니하다. 형법의 존속가중처벌규정은 존속학대죄, 존속살해죄, 존속폭행죄, 존속유기죄, 존속감금죄, 존속협박죄, 존속상해죄 및 존속체포죄이다.
④ [O] 대판 2008.01.17. 2007도8485

정답 ③

10 약취와 유인의 죄에 대한 설명 중 옳지 않은 것은 모두 몇 개인가? (다툼이 있는 경우 판례에 의함)

2021년 경찰간부

> 가. 「형법」은 추행·간음·영리목적의 약취·유인과 결혼목적 약취·유인의 법정형을 상이하게 규정하고 있다.
> 나. 「형법」상 약취·유인의 죄는 모두 일정한 목적이 있는 경우에만 성립하는 목적범의 형태로 규정되어 있다.
> 다. 미성년자를 약취·유인한 자가 그 미성년자를 안전한 장소로 풀어준 때에는 그 형을 감경하거나 면제할 수 있다.
> 라. 미성년자약취·유인죄를 범할 목적으로 예비·음모한 경우, 세계주의 원칙에 따라 대한민국 영역 밖에서 이 죄를 범한 외국인에게도 대한민국 「형법」을 적용한다.

① 1개   ② 2개
③ 3개   ④ 4개

해설

가. [X] 구 형법(법률 제11574호, 시행 2013.6.19) 당시에는 추행·간음·영리목적의 약취·유인죄(1년 이상의 유기징역)와 결혼목적약취·유인죄(5년 이하의 징역)의 법정형이 상이(相異)하였으나, 2013년 4월 5일 형법이 법률 제11731호로 개정되면서 양자의 법정형을 동일하게 규정하였다(아래 조문 참조).

> 제288조(추행 등 목적 약취, 유인 등) ① 추행, 간음, 결혼 또는 영리의 목적으로 사람을 약취 또는 유인한 사람은 1년 이상 10년 이하의 징역에 처한다.

나. [X] 기본적 구성요건인 미성년자약취·유인죄 등은 목적범이 아니다.

> 제287조(미성년자의 약취, 유인) 미성년자를 약취 또는 유인한 사람은 10년 이하의 징역에 처한다.

다. [X] 해방감경규정은 임의적 감경사유에 해당한다.

> 제295조의2(형의 감경) 제287조부터 제290조까지, 제292조와 제294조의 죄를 범한 사람이 약취, 유인, 매매 또는 이송된 사람을 안전한 장소로 풀어준 때에는 그 형을 감경할 수 있다.

라. [X] 제296조의 2에서 규정한 세계주의는 미수범에 대하여서는 적용하도록 규정하고 있으나, 예비·음모행위에 대하여는 그러하지 아니하다.

> 제296조의2(세계주의) 제287조부터 제292조까지 및 제294조(미수범)는 대한민국 영역 밖에서 죄를 범한 외국인에게도 적용한다.

정답 ④

11 다음 설명 중 가장 옳지 않은 것은? (다툼이 있는 경우 판례에 의함) 2017년 경찰간부

① 甲이 엘리베이터 안에서 乙을 칼로 위협하는 등의 방법으로 꼼짝하지 못하도록 하여 자신의 실력적인 지배하에 둔 다음 자위행위 모습을 보여준 행위가 강제추행죄의 추행에 해당한다.
② 미성년의 자녀를 부모가 함께 동거하면서 보호·양육하여 오던 중 부모의 일방이 상대방 부모나 그 자녀에게 어떠한 폭행, 협박이나 불법적인 사실상의 힘을 행사함이 없이 그 자녀를 데리고 종전의 거소를 벗어나 다른 곳으로 옮겨 자녀에 대한 보호·양육을 계속하였다면, 형법상 미성년자에 대한 약취죄의 성립을 인정할 수 없다.
③ 정신건강의학과 전문의인 甲·乙이 보호의무자인 피해자의 아들 丙의 진술뿐만 아니라 피해자를 직접 대면하여 진찰한 결과를 토대로 입원이 필요하다는 진단을 하고, 丙과 공동 하여 피해자를 응급이송차량에 강제로 태워 병원으로 데려가 입원시킨 경우, 甲·乙에게 감금죄의 고의가 인정되고 이들의 행위는 형법상 감금행위에 해당한다.
④ 甲이 혼자 술을 마시고 배회하던 중 버스에서 내려 혼자 걸어가는 乙(여, 17세)을 발견하고 마스크를 착용한 채 뒤따라갔다가 인적이 없고 외진 곳에서 乙에게 약 1m 간격으로 가까이 접근해 껴안으려고 하였으나, 乙이 소리치자 그 상태로 몇 초 동안 乙을 쳐다보다가 다시 오던 길로 간 경우 아동·청소년에 대한 강제추행미수죄에 해당한다.

해설

① [O] 대판 2010.2.25. 2009도13716
② [O] 대판 2013.6.20. 2010도14328 전원합의체
③ [X] 진단 과정에 정신건강의학과 전문의로서 최선의 주의를 다하지 아니하거나 신중하지 못했던 점이 일부 있었더라도 피해자를 정확히 진단하여 치료할 의사로 입원시켰다고 볼 여지 또한 충분하여 피고인 甲, 乙에게 감금죄의 고의가 있었다거나 이들의 행위가 형법상 감금행위에 해당한다고 단정하기 어렵다(대판 2015.10.29. 2015도8429). ☞ 폭력행위등처벌에 관한법률위반(공동감금)죄 불성립
④ [O] 甲의 팔이 乙의 몸에 닿지 않았더라도 양팔을 높이 들어 갑자기 뒤에서 껴안으려는 행위는 乙의 의사에 반하는 유형력의 행사로서 폭행행위에 해당하며, 그때 '기습추행'에 관한 실행의 착수가 있다(대판 2015.9.10. 2015도6980). ☞ 아동·청소년의 성보호에 관한 법률 위반(강제추행미수)죄 성립

정답 ③

12 강간과 추행의 죄에 대한 설명으로 옳은 것을 모두 고른 것은? (다툼이 있는 경우 판례에 의함)

2021년 제2차 경찰

㉠ 성인 甲은 스마트폰 채팅을 통하여 알게 된 A(14세)에게 자신을 '고등학생 乙'이라고 속여 채팅을 통해 교제하던 중 스토킹하는 여성 때문에 힘들다며 그 여성을 떼어내려면 자신의 선배와 성관계를 하여야 한다는 취지로 A에게 이야기 하고, 甲과 헤어지는 것이 두려워 이를 승낙한 A를 마치 자신이 乙의 선배인 것처럼 행세하여 간음한 경우, A가 간음 행위와 불가분적 관련성이 인정되지 않는 다른 조건에 관하여 甲에게 속았던 것이기에 甲은 아동·청소년의성보호에관한 법률위반죄(위계등간음)로 처벌되지 아니한다.
㉡ 피해자가 깊은 잠에 빠져 있거나 술·약물 등에 의해 일시적으로 의식을 잃은 상태 또는 완전히 의식을 잃지는 않았더라도 그와 같은 사유로 정상적인 판단능력과 대응·조절 능력을 행사할 수 없는 상태에 있었다면 이는 준강간죄 또는 준강제추행죄에서의 심신상실 또는 항거불능 상태에 해당한다.
㉢ 「성폭력범죄의 처벌 등에 관한 특례법」 제10조 제1항에서 정한 '업무, 고용이나 그 밖의 관계로 인하여 자기의 보호, 감독을 받는 사람'에는 직장 안에서 보호 또는 감독을 받거나 사실상 보호 또는 감독을 받는 상황에 있는 사람뿐만 아니라 채용절차에서 영향력의 범위 안에 있는 사람도 포함된다.
㉣ 「형법」 제302조의 미성년자는 '13세 이상 19세 미만의 사람'을 의미하고, 심신미약자는 '정신기능의 장애로 인하여 사물을 변별하거나 의사를 결정할 능력이 미약한 사람'을 의미한다.
㉤ 甲이 A를 강간할 목적으로 자고 있는 A의 가슴과 엉덩이를 만지다가 A가 깨어 소리치자 도망간 경우에는 강간의 실행의 착수가 인정되지 않아 甲의 행위는 현행 「형법」상 범죄로 처벌할 수 없다.

① ㉠, ㉡, ㉢   ② ㉡, ㉢, ㉣
③ ㉡, ㉣, ㉤   ④ ㉢, ㉣, ㉤

해설

㉠ **(X)** 피고인은 간음의 목적으로 피해자에게 오인, 착각, 부지를 일으키고 피해자의 그러한 심적 상태를 이용하여 피해자를 간음한 것이므로 피고인의 간음행위는 위계에 의한 것이라고 평가할 수 있다(대판 2020.8.27. 2015도9436 전원합의체).

▶ 이와 달리 위계에 의한 간음죄에서 행위자가 간음의 목적으로 상대방에게 일으킨 오인, 착각, 부지는 간음행위 자체에 대한 오인, 착각, 부지를 말하는 것이지 간음행위와 불가분적 관련성이 인정되지 않는 다른 조건에 관한 오인, 착각, 부지를 가리키는 것은 아니라는 취지의 종전 판례인 대법원 2001. 12. 24. 선고 2001도5074 판결 등은 이 판결과 배치되는 부분이 있으므로 그 범위에서 이를 변경하기로 한다(대판 2015도9436 전원합의체).

㉡ **(O)** 준강간죄에서 '심신상실'이란 정신기능의 장애로 인하여 성적 행위에 대한 정상적인 판단능력이 없는 상태를 의미하고, '항거불능'의 상태란 심신상실 이외의 원인으로 심리적 또는 물리적으로 반항이 절대적으로 불가능하거나 현저히 곤란한 경우를 의미한다. 이는 준강제추행죄의 경우에도 마찬가지이다. 피해자가 깊은 잠에 빠져 있거나 술·약물 등에 의해 일시적으로 의식을 잃은 상태 또는 완전히 의식을 잃지는 않았더라도 그와 같은 사유로 정상적인 판단능력과 대응·조절능력을 행사할 수 없는 상태에 있었다면 준강간죄 또는 준강제추행죄에서의 심신상실 또는 항거불능 상태에 해당한다(대판 2021.2.4. 2018도9781).

㉢ **(O)** 편의점 업주인 피고인이 아르바이트 구인 광고를 보고 연락한 피해자를 채용을 빌미로 주점으로 불러내 의사를 확인하는 등 면접을 하고, 이어서 피해자를 피고인의 집으로 유인하여 피해자의 성기를 만지고 피해자에게 피고인의 성기를 만지게 한 경우, 채용 절차에 있는 구직자는 성폭력범죄의 처벌 등에 관한 특례법 제10조 제1항의 '업무, 고용이나 그 밖의 관계로 자기의 보호, 감독을 받는 사람'에 해당하므로 성폭력범죄의처벌등에관한특례법위반(업무상위력등에의한추행)죄가 성립한다(대판 2020.7.9. 2020도5646).

㉣ **[O]** 형법 제302조는 "미성년자 또는 심신미약자에 대하여 위계 또는 위력으로써 간음 또는 추행을 한 자는 5년 이하의 징역에 처한다."라고 규정하고 있다.(중략) 이 죄에서 '미성년자'는 형법 제305조 및 성폭력범죄의 처벌 등에 관한 특례법 제7조 제5항의 관계를 살펴볼 때 '13세 이상 19세 미만의 사람'을 가리키는 것으로 보아야 하고, '심신미약자'란 정신기능의 장애로 인하여 사물을 변별하거나 의사를 결정할 능력이 미약한 사람을 말한다(대판 2019.6.13. 2019도3341).

> ▶ 일반적으로 미성년자는 만19세 미만자(민법 제4조)이지만, 만13세 미만의 사람에 대하여 간음 또는 추행한 자는 제305조(미성년자의제강간·추행죄)에 의하여 강간죄 (3년 이상) 등의 법정형으로 중하게 처벌되므로, 제302조(미성년자·심신미약자 간음·추행죄 : 5년 이하의 징역)의 '미성년자'는 '13세 이상 19세 미만의 사람'으로 해석된다.

㉤ **[X]** 강간미수죄에 해당하지 않지만, 주거침입죄, 준강간미수 또는 준강제추행죄 등의 형법상의 범죄가 성립할 수 있다.

> 甲은 자기의 사촌여동생인 乙(여, 18세)을 강간할 목적으로 乙의 집에 담을 넘어 침입한 후 안방에 들어가 누워 자고 있던 乙의 가슴과 엉덩이를 만지면서 강간하려 하였으나 乙이 "야" 하고 크게 고함을 치자 도망감으로서 그 목적을 이루지 못하고 미수에 그친 경우(대판 1990.5.25. 90도607). ☞ 강간미수죄 불성립

(정답) ②

13 강간과 추행의 죄에 대한 설명으로 가장 적절하지 않은 것은? (다툼이 있는 경우 판례에 의함)

2020년 제2차 경찰

① 강간죄는 피해자의 항거를 불능하게 하거나 현저히 곤란하게 할 정도의 폭행 또는 협박을 개시한 때에 그 실행의 착수가 있다고 보아야 할 것이고, 실제로 그와 같은 폭행 또는 협박에 의하여 피해자의 항거가 불능하게 되거나 현저히 곤란하게 되어야만 실행의 착수가 있다고 볼 것은 아니다.
② 폭행 또는 협박으로 사람의 구강에 신체(성기는 제외한다)의 일부를 넣는 행위는 유사강간죄로 처벌한다.
③ 甲이 피해자가 심신상실 또는 항거불능의 상태에 있다고 인식하고 그러한 상태를 이용하여 간음할 의사로 피해자를 간음하였으나 피해자가 실제로는 심신상실 또는 항거불능의 상태에 있지 않은 경우에는 준강간죄의 불능미수가 성립한다.
④ 강간죄에서의 폭행·협박과 간음 사이에는 인과관계가 있어야 하나, 폭행·협박이 반드시 간음행위보다 선행되어야 하는 것은 아니다.

해설

① **[O]** 대판 2000.6.9. 2000도1253

> **제297조의2(유사강간)** 폭행 또는 협박으로 사람에 대하여 구강, 항문 등 신체(성기는 제외한다)의 내부에 성기를 넣거나 성기, 항문에 손가락 등 신체(성기는 제외한다)의 일부 또는 도구를 넣는 행위를 한 사람은 2년 이상의 유기징역에 처한다.

② **[X]** 폭행 또는 협박으로 구강에 성기를 넣은 행위는 유사강간죄로 처벌되고 오히려 구강에 신체의 일부를 넣은 행위는 유사강간죄로 처벌되지 않으므로, 지문에서 '신체(성기를 제외한다)의 일부를 넣은 행위' 부분이 옳지 않다.

③ [O] 甲은 자신의 집에서 처 乙녀와 丙녀와 함께 술을 마시다가 다음날 1시경 乙녀가 먼저 잠이 들고 2시경 丙녀도 안방으로 들어가자 丙녀를 따라 들어간 뒤, 丙녀가 실제로는 반항이 불가능할 정도로 술에 취하지 아니하여 항거불능의 상태에 있지 아니하였음에도 甲은 丙녀가 항거불능의 상태에 있다고 오인하고 누워 있는 丙녀의 옆에서 丙녀의 가슴을 만지고 팬티 속으로 손을 넣어 음부를 만지다가 간음하였다면, 준강간죄의 불능미수범이 성립한다(대판 2019.3.28. 2018도16002 전원합의체).

④ [O] [1] 강간죄에서의 폭행·협박과 간음 사이에는 인과관계가 있어야 하나, 폭행·협박이 반드시 간음행위보다 선행되어야 하는 것은 아니다.
[2] 피고인은 동거하던 피해자의 집에서 피해자에게 성관계를 요구하였는데, 피해자가 생리 중이라는 등의 이유로 이를 거부하자, 피해자에게 성기삽입을 하지 않기로 약속하고 엎드리게 한 후 피해자의 뒤에서 자위행위를 하다가 피해자의 팔과 함께 몸을 세게 끌어안은 채 가슴으로 피해자의 등을 세게 눌러 움직이지 못하도록 피해자의 반항을 억압한 다음 자신의 성기를 피해자의 성기에 삽입하여 1회 간음한 경우, 피고인은 피해자의 의사에 반하여 기습적으로 자신의 성기를 피해자의 성기에 삽입하였고, 비록 간음행위를 시작할 때 폭행·협박이 없었다고 하더라도 간음행위와 거의 동시 또는 그 직후에 피해자를 폭행하여 간음한 것으로 볼 수 있다(대판 2017.10.12. 2016도16948). ☞ 강간죄 성립

정답 ②

14 강간과 추행의 죄에 대한 설명 중 옳지 않은 것은 모두 몇 개인가? (다툼이 있는 경우 판례에 의함)

2022년 경찰간부

가. 비록 간음행위를 시작할 때 폭행 또는 협박이 없었다고 하더라도 간음행위와 거의 동시 또는 그 직후에 피해자를 폭행하여 간음한 경우에는 강간죄를 구성한다.
나. 부부의 혼인관계가 파탄에 이르지 아니하고 실질적으로 유지되고 있다면 설령 부부 중 일방이 반항을 불가능하게 하거나 현저히 곤란하게 할 정도의 폭행이나 협박을 가하여 상대방을 간음한 경우라도 강간죄가 성립하지 아니한다.
다. 「형법」 제32장 강간과 추행의 죄는 개인의 성적 자유를 침해 하는 것을 내용으로 하며, 여기에서 '성적 자유'는 적극적으로 성행위를 할 수 있는 자유뿐만 아니라 소극적으로 원치 않는 성행위를 하지 아니할 자유를 말한다.
라. 강제추행죄는 폭행행위 자체가 추행행위라고 인정되는 경우도 포함하며, 이 경우의 폭행은 반드시 상대방의 의사를 억압할 정도의 것임을 요하지 아니한다.
마. 甲이 A가 심신상실 또는 항거불능의 상태에 있다고 인식하고 그러한 상태를 이용하여 간음할 의사로 A를 간음하였으나 A가 실제로는 심신상실 또는 항거불능 상태에 있지 않았던 경우, 甲에게는 준강간죄의 장애미수가 성립한다.

① 2개
② 3개
③ 4개
④ 5개

해설

가. [O] 피고인은 동거하던 피해자의 집에서 성관계를 요구하였는데, 생리 중이라는 등의 이유로 이를 거부하자, 성기삽입을 하지 않기로 약속하고 엎드리게 한 후 피해자의 뒤에서 자위행위를 하다가 피해자의 팔과 함께 몸을 세게 끌어안은 채 가슴으로 피해자의 등을 세게 눌러 움직이지 못하도록 피해자의 반항을 억압한 다음 자신의 성기를 피해자의 성기에 삽입한 경우, 피고인은 피해자의 의사에 반하여 기습적으로 자신의 성기를 피해자의 성기에 삽입하고, 피해자가 움직이지 못하도록

반항을 억압한 다음 간음행위를 계속한 사실을 알 수 있다. 이와 같은 피고인의 행위는, 비록 간음행위를 시작할 때 폭행·협박이 없었다고 하더라도 간음행위와 거의 동시 또는 그 직후에 피해자를 폭행하여 간음한 것으로 볼 수 있고, 이는 강간죄를 구성한다(대판 2017.10.12. 2016도16948). ☞ 강간죄 성립

나. (X) 피고인과 법률상의 처인 피해자가 이미 오래 전부터 불화로 부부싸움을 자주 해오고 각방을 써오던 상황에서 피고인이 흉기를 사용하여 피해자를 폭행, 협박한 후 강제로 성관계를 한 경우, (구)형법 제297조가 정한 강간죄의 객체인 '부녀'에는 법률상 처가 포함되고, 혼인관계가 파탄된 경우뿐만 아니라 혼인관계가 실질적으로 유지되고 있는 경우에도 남편이 반항을 불가능하게 하거나 현저히 곤란하게 할 정도의 폭행이나 협박을 가하여 아내를 간음한 경우에는 강간죄가 성립한다(대판 2013.5.16. 2012도14788 전원합의체). ☞ 성폭력범죄의처벌등에관한특례법위반(특수강간)죄 등 성립

다. (X) 형법은 제2편 제32장에서 '강간과 추행의 죄'를 규정하고 있는데, 이 장에 규정된 죄는 모두 개인의 성적 자유 또는 성적 자기결정권을 침해하는 것을 내용으로 한다. 여기에서 '성적 자유'는 적극적으로 성행위를 할 수 있는 자유가 아니라 소극적으로 원치 않는 성행위를 하지 않을 자유를 말하고, '성적 자기결정권'은 성행위를 할 것인가 여부, 성행위를 할 때 상대방을 누구로 할 것인가 여부, 성행위의 방법 등을 스스로 결정할 수 있는 권리를 의미한다(대판 2019.6.13. 2019도3341).

라. (O) 강제추행죄는 ⅰ) 상대방에 대하여 폭행 또는 협박을 가하여 항거를 곤란하게 한 뒤에 추행행위를 하는 경우(항거곤란추행)뿐만 아니라 ⅱ) 폭행행위 자체가 추행행위라고 인정되는 경우(기습추행)도 포함되는 것이며, 이 경우에 있어서의 폭행은 반드시 상대방의 의사를 억압할 정도의 것임을 요하지 않고 상대방의 의사에 반하는 유형력의 행사가 있는 이상 그 힘의 대소강약을 불문한다(대판 2002. 4.26. 2001도2417).

마. (X) 甲은 자신의 집에서 처 乙녀와 丙녀와 함께 술을 마시다가 다음날 1시경 乙녀가 먼저 잠이 들고 2시경 丙녀도 안방으로 들어가자 丙녀를 따라 들어간 뒤, 丙녀가 실제로는 반항이 불가능할 정도로 술에 취하지 아니하여 항거불능의 상태에 있지 아니하였음에도 甲은 丙녀가 항거불능의 상태에 있다고 오인하고 누워 있는 丙녀의 옆에서 丙녀의 가슴을 만지고 팬티 속으로 손을 넣어 음부를 만지다가 간음한 경우, 피고인이 행위 당시에 인식한 사정을 놓고 일반인이 객관적으로 판단하여 보았을 때 준강간의 결과가 발생할 위험성이 있었다(대판 2019.3.28. 2018도16002 전원합의체). ☞ 준강간죄의 불능미수 성립

(정답) ②

---

15 강간과 추행의 죄에 대한 설명 중 옳지 않은 것은? (다툼이 있는 경우 판례에 의함) 2016년 경찰간부 변형

① 법률상의 배우자인 처도 강간죄의 객체가 될 수 있다.
② 혼인 외 성관계 사실을 폭로하겠다는 등의 내용으로 유부녀인 피해자를 협박하여 간음 또는 추행한 경우에 강간죄 또는 강제추행죄가 성립하지 않는다.
③ 〈삭제〉
④ 피해자의 입술, 귀, 유두, 가슴 등을 입으로 깨무는 등의 행위를 한 경우, 강제추행죄의 추행에 해당한다.

해설

① (O) 형법 제297조가 정한 강간죄의 객체인 '부녀'에는 법률상 처가 포함되고, 혼인관계가 파탄된 경우뿐만 아니라 혼인관계가 실질적으로 유지되고 있는 경우에도 남편이 반항을 불가능하게 하거나 현저히 곤란하게 할 정도의 폭행이나 협박을 가하여 아내를 간음한 경우에는 강간죄가 성립한다(대판 2013.05.16. 2012도14788 전원합의체).
② (X) 위와 같은 협박이 피해자를 단순히 외포시킨 정도를 넘어 적어도 피해자의 항거를 현저히 곤란하게 할 정도의 것이었다고 보기에 충분하다(대판 2007.01.25. 2006도5979). ☞ 강간죄 및 강제추행죄 성립
③ 〈삭제〉

④ [O] 객관적으로 여성인 피해자의 입술, 귀, 유두, 가슴을 입으로 깨무는 행위는 일반적이고 평균적인 사람으로 하여금 성적 수치심이나 혐오감을 일으키게 하고 선량한 성적 도덕관념에 반하는 행위로서, 피해자의 성적 자유를 침해하였다고 보는 것이 타당하다(대판 2013.09.26. 2013도5856). ☞ 강제추행죄 성립

정답 ②

16 강간과 추행의 죄에 대한 설명으로 가장 적절하지 않은 것은? (다툼이 있는 경우 판례에 의함)
2018년 제2차 경찰

① 「형법」상 강제추행죄에는 상대방에 대하여 폭행 또는 협박을 가하여 항거를 곤란하게 한 뒤에 추행행위를 하는 경우뿐만 아니라 폭행행위 자체가 추행행위라고 인정되는 경우도 포함되며, 이 경우의 폭행은 반드시 상대방의 의사를 억압할 정도의 것일 필요가 없다.
② 「성폭력범죄의 처벌 등에 관한 특례법」 제11조는 공중이 밀집하는 장소에서의 추행을 벌하는 바, 여기서 말하는 '공중 밀집 장소'란 현실적으로 사람들이 빽빽이 들어서 있어 서로 간의 신체적 접촉이 이루어지고 있는 곳만을 의미하는 것이 아니라 공중의 이용에 상시적으로 제공·개방된 상태에 놓여 있는 곳 일반을 의미한다.
③ 강제추행죄는 정범 자신이 직접 범죄를 실행하여야 성립하는 자수범이 아니므로, 처벌되지 아니하는 타인을 도구로 삼아 피해자를 강제로 추행하는 간접정범의 형태로도 범할 수 있다.
④ 폭행 또는 협박으로 사람에 대하여 구강, 항문 등 신체(성기는 제외한다)의 내부에 손가락 등 신체(성기는 제외한다)의 일부 또는 도구를 넣는 행위를 한 경우에는 「형법」상 유사강간죄가 성립한다.

해설

① [O] 강제추행죄는 i) 상대방에 대하여 폭행 또는 협박을 가하여 항거를 곤란하게 한 뒤에 추행행위를 하는 경우뿐만 아니라 ii) 폭행행위 자체가 추행행위라고 인정되는 경우도 포함되는 것이며, 이 경우에 있어서의 폭행은 반드시 상대방의 의사를 억압할 정도의 것임을 요하지 않고, 상대방의 의사에 반하는 유형력의 행사가 있는 이상 그 힘의 대소강약을 불문한다(대판 2002.4.26. 2001도2417).
② [O] 찜질방 수면실에서 옆에 누워 있던 피해자의 가슴 등을 손으로 만진 행위가 성폭력범죄의 처벌 및 피해자보호 등에 관한 법률 제13조에서 정한 공중밀집장소에서의 추행행위에 해당한다(대판 2009.10.29. 2009도5704).
③ [O] [1] 강제추행죄는 사람의 성적 자유 내지 성적 자기결정의 자유를 보호하기 위한 죄로서 정범 자신이 직접 범죄를 실행하여야 성립하는 자수범이라고 볼 수 없으므로, 처벌되지 아니하는 타인을 도구로 삼아 피해자를 강제로 추행하는 간접정범의 형태로도 범할 수 있다. 여기서 강제추행에 관한 간접정범의 의사를 실현하는 도구로서의 타인에는 피해자도 포함될 수 있으므로, 피해자를 도구로 삼아 피해자의 신체를 이용하여 추행행위를 한 경우에도 강제추행죄의 간접정범에 해당할 수 있다.
[2] 피고인이 피해자들을 협박하여 겁을 먹은 피해자들로 하여금 어쩔 수 없이 나체나 속옷만 입은 상태가 되게 하여 스스로를 촬영하게 하거나, 성기에 이물질을 삽입하거나 자위를 하는 등의 행위를 하게 한 경우, 이러한 행위는 피해자들을 도구로 삼아 피해자들의 신체를 이용하여 그 성적 자유를 침해한 행위에 해당한다(대판 2018.2.8. 2016도17733). ☞ 아동·청소년의성보호에관한법률위반(강제추행)죄 성립
④ [X] 제297조의2(유사강간) 폭행 또는 협박으로 사람에 대하여 구강, 항문 등 신체(성기는 제외한다)의 내부에 성기를 넣거나 성기, 항문에 손가락 등 신체(성기는 제외한다)의 일부 또는 도구를 넣는 행위를 한 사람은 2년 이상의 유기징역에 처한다. ☞ '구강'에 '도구'를 넣는 행위는 피해자의 성적자기결정권을 침해하는 행위라고 볼 수 없으므로 유사강간죄를 구성하지 않는다.

정답 ④

17 다음에 관한 설명으로 가장 적절하지 않은 것은? (다툼이 있는 경우 판례에 의함) 2022년 제1차 경찰

① 甲은 A가 심신상실 또는 항거불능의 상태에 있다고 인식하고 그러한 상태를 이용하여 간음할 의사로 A를 간음하였으나 A가 실제로는 심신상실 또는 항거불능의 상태에 있지 않은 경우에는 준강간죄의 장애미수가 성립한다.
② 성적자기결정권에는 자신이 하고자 하는 성행위를 결정할 권리라는 적극적 측면과 함께 원치 않는 성행위를 거부할 권리라는 소극적 측면이 함께 존재하는데, 위계에 의한 간음죄를 비롯한 강간과 추행의 죄는 소극적 성적자기결정권을 침해하는 것을 내용으로 한다.
③ 술에 취한 甲이 간음할 목적으로 초등학교 5학년 여학생인 A의 소매를 갑자기 잡아끌면서 "우리 집에 같이 자러 가자."고 한 행위는 간음목적 약취행위의 수단으로서 폭행에 해당한다.
④ 입찰방해죄는 위계 또는 위력 기타의 방법으로 입찰의 공정을 해하는 경우에 성립하는 위태범으로서 결과의 불공정이 현실적으로 나타나는 것을 필요로 하지 않는다.

해설

① **[X]** 피고인이 행위 당시에 인식한 사정을 놓고 일반인이 객관적으로 판단하여 보았을 때 준강간의 결과가 발생할 위험성이 있었다(대판 2019.3.28. 2018도16002 전원합의체). ☞ 준강간죄의 불능미수 성립
② **[O]** 성적 자기결정권은 스스로 선택한 인생관 등을 바탕으로 사회공동체 안에서 각자가 독자적으로 성적 관념을 확립하고 이에 따라 사생활의 영역에서 자기 스스로 내린 성적 결정에 따라 자기책임하에 상대방을 선택하고 성관계를 가질 권리로 이해된다. 여기에는 자신이 하고자 하는 성행위를 결정할 권리라는 적극적 측면과 함께 원치 않는 성행위를 거부할 권리라는 소극적 측면이 함께 존재하는데, 위계에 의한 간음죄를 비롯한 강간과 추행의 죄는 소극적 성적 자기결정권을 침해하는 것을 내용으로 한다(대판 2020.10.29. 2018도16466).
③ **[O]** 약취죄에서의 폭행 또는 협박의 정도는 상대방을 실력적 지배하에 둘 수 있는 정도이면 족하고 반드시 상대방의 반항을 억압할 정도의 것임을 요하지 아니한다(대판 2009.7.9. 2009도3816). ☞ 간음목적약취미수죄 성립
④ **[O]** 대판 2007.5.31. 2006도8070 등

정답 ①

18 강간과 추행의 죄에 대한 다음 설명 중 가장 적절하지 않은 것은? (다툼이 있는 경우 판례에 의함)

2019년 제1차 경찰

① 강간죄가 성립하기 위한 가해자의 폭행·협박이 있었는지 여부는 그 폭행·협박의 내용과 정도는 물론 유형력을 행사하게 된 경위, 피해자와의 관계, 성교 당시와 그 후의 정황 등 모든 사정을 종합하여 피해자가 성교 당시 처하였던 구체적인 상황을 기준으로 판단하여야 한다.
② 여성에 대한 추행에 있어 신체 부위에 따라 본질적인 차이가 있다고 볼 수는 없다.
③ 수면제와 같은 약물을 투약하여 피해자를 일시적으로 수면 또는 의식불명 상태에 이르게 한 경우에도 약물로 인하여 피해자의 건강상태가 불량하게 변경되고 생활기능에 장애가 초래되었다면 자연적으로 의식을 회복하거나 외부적으로 드러난 상처가 없더라도 이는 강간치상죄나 강제추행치상죄에서 말하는 상해에 해당한다.
④ 「형법」 제305조의 미성년자의제강제추행죄의 성립에 필요한 주관적 구성요건요소는 고의 외에 성욕을 자극·흥분·만족시키려는 주관적 동기나 목적까지 있어야 한다.

> **해설**
> ① **[O]** 강간죄가 성립하기 위한 가해자의 폭행·협박이 있었는지 여부는 그 폭행·협박의 내용과 정도는 물론 유형력을 행사하게 된 경위, 피해자와의 관계, 성교 당시와 그 후의 정황 등 모든 사정을 종합하여 피해자가 성교 당시 처하였던 구체적인 상황을 기준으로 판단하여야 하며, 사후적으로 보아 피해자가 성교 이전에 범행 현장을 벗어날 수 있었다거나 피해자가 사력을 다하여 반항하지 않았다는 사정만으로 가해자의 폭행·협박이 피해자의 항거를 현저히 곤란하게 할 정도에 이르지 않았다고 섣불리 단정하여서는 아니 된다(대판 2018.10.25. 2018도7709).
> ② **[O]** 직장 상사가 등 뒤에서 피해자의 의사에 명백히 반하여 어깨를 주무른 경우, 여성에 대한 추행에 있어 신체 부위에 따라 본질적인 차이가 있다고 볼 수 없다(대판 2004.4.16. 2004도52). ☞ 성폭력범죄의 처벌 및 피해자 보호 등에 관한 법률 위반(업무상위력 등에 의한 추행)죄 성립
> ③ **[O]** 甲이 乙(여.40세)에게 졸피뎀(Zolpidem) 성분의 수면제가 섞인 커피를 먹인 다음 곧바로 정신을 잃고 깊이 잠든 乙을 13회에 걸쳐 강간하거나 추행하였는데 피해자는 약물 투약으로 항거가 불가능하거나 현저히 곤란해진 데에서 더 나아가 약물로 인하여 피해자의 건강상태가 불량하게 변경되고 생활기능에 장애가 초래된 경우(대판 2017.06.29. 2017도3196). ☞ 강간치상죄 및 강제추행치상죄 성립
> ④ **[X]** 미성년자의제강간·강제추행죄의 성립에 필요한 주관적 구성요건요소는 고의만으로 충분하고, 그 외에 성욕을 자극·흥분·만족시키려는 주관적 동기나 목적까지 있어야 하는 것은 아니다(대판 2006.1.13. 2005도6791 등).
>
> **형법 제305조(미성년자에 대한 간음, 추행)** 13세 미만의 사람에 대하여 간음 또는 추행을 한 자는 제297조, 제297조의2, 제298조, 제301조 또는 제301조의2의 예에 의한다.

정답 ④

19 강간과 추행의 죄에 대한 아래 ㉠부터 ㉣까지의 설명 중 옳고 그름의 표시(O, X)가 모두 바르게 된 것은? (다툼이 있는 경우 판례에 의함) _{2021년 제1차 경찰}

㉠ 강간과 추행의 죄에서 말하는 '성적 자유'는 적극적으로 성행위를 할 수 있는 자유가 아니라 소극적으로 원치 않는 성행위를 하지 않을 자유를 말하고, '성적 자기결정권'은 성행위를 할 것인가 여부, 성행위를 할 때 그 상대방을 누구로 할 것인가 여부, 성행위의 방법 등을 스스로 결정할 수 있는 권리를 의미한다.
㉡ 강제추행죄는 자수범이라고 볼 수 없으므로 처벌되지 아니하는 타인을 도구로 삼아 피해자를 강제로 추행하는 간접정범의 형태로도 범할 수 있으나, 여기에서의 강제추행에 관한 간접정범의 의사를 실현하는 도구로서의 타인에는 피해자가 포함되지 않는다.
㉢ 위계에 의한 간음죄에서 행위자의 위계적 언동이 존재하였다는 사정만으로 위계에 의한 간음죄가 성립하는 것은 아니고, 위계적 언동의 내용 중에 피해자가 성행위를 결심하게 된 중요한 동기를 이룰 만한 사정이 포함되어 있어 피해자의 자발적인 성적 자기결정권의 행사가 없었다고 평가할 수 있어야 한다.
㉣ '미성년자 또는 심신미약자에 대하여 위계 또는 위력으로써 간음 또는 추행'한 자를 처벌하는 「형법」 제302조는, 미성년자나 심신미약자와 같이 판단능력이나 대처능력이 일반인에 비하여 낮은 사람은 낮은 정도의 유·무형력의 행사에 의해서도 저항을 제대로 하지 못하고 피해를 입을 가능성이 있기 때문에 그 범죄의 성립요건을 강간죄나 강제추행죄보다 완화된 형태로 규정한 것이다.

① ㉠ (O), ㉡ (X), ㉢ (O), ㉣ (O)
② ㉠ (O), ㉡ (X), ㉢ (O), ㉣ (X)
③ ㉠ (O), ㉡ (O), ㉢ (X), ㉣ (O)
④ ㉠ (X), ㉡ (O), ㉢ (X), ㉣ (X)

해설

㉠ **(O)** 대판 2019.6.13. 2019도3341
㉡ **(X)** 피고인이 피해자들을 협박하여 겁을 먹은 피해자들로 하여금 어쩔 수 없이 나체나 속옷만 입은 상태가 되게 하여 스스로를 촬영하게 하거나, 성기에 이물질을 삽입하거나 자위를 하는 등의 행위를 하게 한 경우, 강제추행죄는 사람의 성적 자유 내지 성적 자기결정의 자유를 보호하기 위한 죄로서 정범 자신이 직접 범죄를 실행하여야 성립하는 자수범이라고 볼 수 없으므로, 처벌되지 아니하는 타인을 도구로 삼아 피해자를 강제로 추행하는 간접정범의 형태로도 범할 수 있다. 여기서 강제추행에 관한 간접정범의 의사를 실현하는 도구로서의 타인에는 피해자도 포함될 수 있으므로, 피해자를 도구로 삼아 피해자의 신체를 이용하여 추행행위를 한 경우에도 강제추행죄의 간접정범에 해당할 수 있다(대판 2018.2.8. 2016도17733).
☞ 아동·청소년의성보호에관한법률위반(강제추행)죄 성립
㉢ **(O)** [1] 다만 행위자의 위계적 언동이 존재하였다는 사정만으로 위계에 의한 간음죄가 성립하는 것은 아니므로 위계적 언동의 내용 중에 피해자가 성행위를 결심하게 된 중요한 동기를 이룰 만한 사정이 포함되어 있어 피해자의 자발적인 성적 자기결정권의 행사가 없었다고 평가할 수 있어야 한다.
[2] 피고인이 자신을 고등학교 2학년으로 가장하여 14세의 피해자와 온라인으로 교제하던 중, 교제를 지속하고 스토킹하는 여자를 떼어내려면 자신의 선배와 성관계하여야 한다는 취지로 피해자에게 거짓말을 하고, 이에 응한 피해자를 그 선배로 가장하여 간음하였다면 위계에 의한 간음죄가 성립한다(대판 2020.8.27. 2015도9436 전원합의체).
㉣ **(O)** 대판 2019.6.13. 2019도3341

정답 ①

20 강간과 추행의 죄에 관한 설명으로 가장 적절하지 않은 것은? (다툼이 있는 경우 판례에 의함)

2022년 제1차 경찰

① 위계에 의한 간음죄에 해당하는지 여부를 판단할 때에는 구체적인 범행 상황에 놓인 피해자의 입장과 관점이 충분히 고려되어야 하고, 일반적·평균적 판단능력을 갖춘 성인 또는 충분한 보호와 교육을 받은 또래의 시각에서 인과관계를 쉽사리 부정하여서는 안 된다.
② 강제추행죄는 상대방에 대하여 폭행 또는 협박을 가하여 항거를 곤란하게 한 뒤에 추행행위를 하는 경우뿐만 아니라 폭행행위 자체가 추행행위라고 인정되는 경우도 포함되며, 이 경우의 폭행은 반드시 상대방의 의사를 억압할 정도의 것이어야 한다.
③ 강간죄에서의 폭행·협박과 간음 사이에는 인과관계가 있어야 하나, 폭행·협박이 반드시 간음행위보다 선행되어야 하는 것은 아니다.
④ 구 「성폭력범죄의 처벌 등에 관한 특례법」 제11조의 '공중밀집 장소에서의 추행'이 기수에 이르기 위하여는 행위자의 행위로 인하여 대상자가 성적 수치심이나 혐오감을 반드시 실제로 느껴야 하는 것은 아니고, 객관적으로 일반인에게 성적 수치심이나 혐오감을 일으키게 할 만한 행위로서 선량한 성적 도덕관념에 반하는 행위를 실행하는 것으로 충분하다.

해설

① [O] [1] 위계에 의한 간음죄가 보호대상으로 삼는 아동·청소년, 미성년자, 심신미약자, 피보호자·피감독자, 장애인 등의 성적 자기결정 능력은 그 나이, 성장과정, 환경, 지능 내지 정신기능 장애의 정도 등에 따라 개인별로 차이가 있으므로 간음행위와 인과관계가 있는 위계에 해당하는지 여부를 판단할 때에는 구체적인 범행 상황에 놓인 피해자의 입장과 관점이 충분히 고려되어야 하고, 일반적·평균적 판단능력을 갖춘 성인 또는 충분한 보호와 교육을 받은 또래의 시각에서 인과관계를 쉽사리 부정하여서는 안 된다.
[2] 피고인이 자신을 고등학교 2학년으로 가장하여 14세의 피해자와 온라인으로 교제하던 중, 교제를 지속하고 스토킹하는 여자를 떼어내려면 자신의 선배와 성관계하여야 한다는 취지로 피해자에게 거짓말을 하고, 이에 응한 피해자를 그 선배로 가장하여 간음한 경우(대판 2020.8.27. 2015도9436 전원합의체). ☞ 위계에 의한 간음죄 성립
② [X] 강제추행죄는 ⅰ) 상대방에 대하여 폭행 또는 협박을 가하여 항거를 곤란하게 한 뒤에 추행행위를 하는 경우(항거곤란추행)뿐만 아니라 ⅱ) 폭행행위 자체가 추행행위라고 인정되는 경우(기습추행)도 포함되는 것이며, 이 경우에 있어서의 폭행은 반드시 상대방의 의사를 억압할 정도의 것임을 요하지 않고 상대방의 의사에 반하는 유형력의 행사가 있는 이상 그 힘의 대소강약을 불문한다(대판 2002.4.26. 2001도2417).
③ [O] 피고인은 동거하던 피해자의 집에서 피해자에게 성관계를 요구하였는데, 피해자가 생리 중이라는 등의 이유로 이를 거부하자, 피해자에게 성기삽입을 하지 않기로 약속하고 엎드리게 한 후 피해자의 뒤에서 자위행위를 하다가 피해자의 팔과 함께 몸을 세게 끌어안은 채 가슴으로 피해자의 등을 세게 눌러 움직이지 못하도록 피해자의 반항을 억압한 다음 자신의 성기를 피해자의 성기에 삽입하여 1회 간음한 경우, 강간죄에서의 폭행·협박과 간음 사이에는 인과관계가 있어야 하나, 폭행·협박이 반드시 간음행위보다 선행되어야 하는 것은 아니다(대판 2017.10.12. 2016도16948). ☞ 강간죄 성립
④ [O] 피고인이 지하철 내에서 乙녀의 등 뒤에 밀착하여 무릎을 굽힌 후 성기를 乙녀의 엉덩이 부분에 붙이고 앞으로 내미는 등으로 추행했으나 대상자가 성적 수치심이나 혐오감을 느끼지 못한 경우, 객관적으로 일반인에게 성적 수치심이나 혐오감을 일으키게 할 만한 행위로서 선량한 성적 도덕관념에 반하는 행위를 행위자가 대상자를 상대로 실행하는 것으로 충분하고, 행위자의 행위로 말미암아 대상자가 성적 수치심이나 혐오감을 반드시 실제로 느껴야 하는 것은 아니다(대판 2020.6.25. 2015도7102). ☞ 성폭력범죄의처벌등에관한특례법위반(공중밀집장소에서의추행)죄의 기수범 성립

정답 ②

21 다음 설명 중 옳지 않은 것을 모두 고른 것은? (다툼이 있는 경우 판례에 의함)   2017년 제1차 경찰 변형

㉠ 피해자 본인이나 그 친족뿐만 아니라 그 밖의 '제3자'에 대한 법익 침해를 내용으로 하는 해악을 고지하는 것이라고 하더라도 피해자 본인과 '제3자'가 밀접한 관계에 있어 그 해악의 내용이 피해자 본인에게 공포심을 일으킬 만한 정도의 것이라면 협박죄가 성립할 수 있다. 이때 '제3자'에는 자연인은 포함되나 법인은 포함되지 않는다.
㉡ 독립행위가 경합하여 상해의 결과를 발생하게 한 경우에 있어서 원인된 행위가 판명된 때에는 공동정범의 예에 의한다.
㉢ 피고인이 간음할 목적으로 새벽 4시에 여자 혼자 있는 방문 앞에 가서 피해자가 방문을 열어 주지 않으면 부수고 들어갈 듯한 기세로 방문을 두드리고 피해자가 위험을 느껴 창문에 걸터앉아 가까이 오면 뛰어내리겠다고 하는데도 베란다를 통하여 창문으로 침입하려고 하였다면 강간의 착수가 인정된다.
㉣ 미성년자 또는 심신미약자에 대한 위계·위력에 의한 간음·추행죄의 미수는 처벌하지 않는다.

① ㉠
② ㉠, ㉡, ㉣
③ ㉠, ㉡
④ ㉢, ㉣

해설

㉠ [X] 피해자 본인이나 그 친족뿐만 아니라 그 밖의 '제3자'에 대한 법익 침해를 내용으로 하는 해악을 고지하는 것이라고 하더라도 피해자 본인과 제3자가 밀접한 관계에 있어 그 해악의 내용이 피해자 본인에게 공포심을 일으킬 만한 정도의 것이라면 협박죄가 성립할 수 있다. 이 때 '제3자'에는 자연인분만 아니라 법인도 포함된다(대판 2010.07.15. 2010도1017).
㉡ [X] 형법 제263조(동시범) 독립행위가 경합하여 상해의 결과를 발생하게 한 경우에 있어서 '원인된 행위가 판명되지 아니한 때'에는 공동정범의 예에 의한다.
㉢ [O] 피고인이 간음할 목적으로 새벽 4시에 여자 혼자 있는 방문 앞에 가서 피해자가 방문을 열어 주지 않으면 부수고 들어갈 듯한 기세로 방문을 두드리고 피해자가 위험을 느끼고 창문에 걸터앉아 가까이 오면 뛰어 내리겠다고 하는데도 베란다를 통하여 창문으로 침입하려고 하였다면 강간의 수단으로서의 폭행에 착수하였다고 할 수 있으므로 강간의 착수가 있었다고 할 것이다(대판 1991.04.09. 91도288).
㉣ [O] 위계·위력에 의한 미성년자 등 간음죄(제302조)는 미수범 처벌규정이 없다.

정답 ③

22 다음 중 강간치상죄 등에서의 상해에 해당하는 것은 몇 개인가? (다툼이 있는 경우 판례에 의함)

2011년 법원행시 2007년 경찰 변형

㉠ 피해자가 성경험을 가진 여자로서 특이체질로 인해 새로 형성된 처녀막이 파열된 경우
㉡ 강간 도중 흥분하여 피해자의 왼쪽 어깨를 입으로 빨아서 생긴 동전크기 정도의 반상출혈상
㉢ 강간으로 인하여 피해자로 하여금 보행불능, 수면장애, 식욕감퇴 등 기능의 장해를 일으키게 한 경우
㉣ 추행행위로 인하여 피해자(여. 8세)의 외음부에 약간의 발적과 경도의 염증이 수반되는 정도의 외음부염증이 발생한 경우
㉤ 피고인이 피해자를 강간하려다가 미수에 그치고 그 과정에서 피해자의 왼쪽 손바닥에 약 2센티미터 정도의 긁힌 가벼운 상처가 발생한 경우
㉥ 강제추행과정에서 면도칼로 음모를 면도한 경우

① 1개
② 2개
③ 3개
④ 4개

해설

㉠ [O] 대판 1995.7.25. 94도1351
㉡ [X] 대판 1986.7.8. 85도2042
㉢ [O] 대판 1969.3.11. 69도161
㉣ [O] 그 증상이 약간의 발적과 경도의 염증이 수반된 정도에 불과하다고 하더라도 그로 인하여 피해자 신체의 건강상태가 불량하게 변경되고 생활기능에 장애가 초래된 것이 아니라고 볼 수 없다(대판 1996.11.22. 96도1395). ☞ 미성년자의제강제추행치상죄 성립
㉤ [X] 그 정도의 상처는 일상생활에서 얼마든지 생길 수 있는 극히 경미한 상처로서 굳이 치료할 필요도 없는 것이어서 그로 인하여 인체의 완전성을 해하거나 건강상태를 불량하게 변경하였다고 보기 어렵다(대판 1987.10.26. 87도1880). ☞ 강간치상죄 불성립
㉥ [X] 대판 2000.3.23. 99도3099

정답 ③

23 다음 사례에 관한 설명 중 가장 적절한 것은? (다툼이 있는 경우 판례에 의함) 2022년 경찰2차

① 甲은 A(만 10세)를 약취한 후 강간을 목적으로 상해 등을 가하고 나아가 강간 및 살해하고자 하였으나 미수에 그친 경우, 甲에게는 약취한 미성년자에 대한 상해 등으로 인한 특정범죄 가중처벌 등에 관한 법률 위반죄와 미성년자에 대한 강간 및 살인미수행위로 인한 성폭력범죄의 처벌 등에 관한 특례법 위반죄가 성립하고, 양자는 상해의 결과가 피해자에 대한 강간 및 살인미수행위 과정에서 발생한 것이기에 상상적 경합의 관계에 있다.

② 甲이 상대방에게 성적 수치심을 일으키는 그림 등이 담겨 있는 웹페이지에 대한 인터넷 링크를 A에게 보낸 경우, A가 그 링크를 이용하여 별다른 제한 없이 이에 바로 접할 수 있는 상태가 조성되었는지 여부를 묻지 않고 甲에게는 성폭력범죄의 처벌 등에 관한 특례법 위반(통신매체이용음란)죄가 성립한다.

③ 甲이 용변을 보고 있는 사람을 촬영하기 위해 자신의 휴대전화의 카메라 기능을 켜고 A가 있는 화장실 칸 너머로 휴대전화를 든 손을 넘겼으나, A가 놀라 소리를 질러 실제 촬영은 하지 못한 경우, 甲의 행위는 성폭력범죄의 처벌 등에 관한 특례법 위반(카메라등이용촬영)죄의 실행에 착수했다고 볼 수 없다.

④ 군인 甲은 자신의 독신자 숙소에서 군인 A와 서로 키스, 구강성교나 항문성교를 하는 방법으로 추행하고, 군인 乙은 자신의 독신자 숙소에서 동일한 방법으로 甲과 추행한 경우, 이는 독신자 숙소에서 휴일 또는 근무시간 이후에 성인 남성들의 자유로운 의사에 기초한 합의된 행위로「군형법」제92조의6에서 처벌대상으로 규정한 '항문성교나 그 밖의 추행'에 해당하지 아니한다.

해설

① **(X)** 미성년자인 피해자를 약취한 후에 강간을 목적으로 피해자에게 가혹한 행위 및 상해를 가하고 나아가 그 피해자에 대한 강간 및 살인미수를 범하였다면, 이에 대하여는 약취한 미성년자에 대한 상해 등으로 인한 특정범죄 가중처벌 등에 관한 법률 위반죄 및 미성년자인 피해자에 대한 강간 및 살인미수행위로 인한 성폭력범죄의 처벌 등에 관한 특례법 위반죄가 각 성립하고, 설령 상해의 결과가 피해자에 대한 강간 및 살인미수행위 과정에서 발생한 것이라 하더라도 위 각 죄는 서로 형법 제37조 전단의 실체적 경합범 관계에 있다(대판 2014.2.27. 2013도12301).

② **(X)** 성폭력범죄의 처벌 등에 관한 특례법 제13조에서 '성적 수치심이나 혐오감을 일으키는 말, 음향, 글, 그림, 영상 또는 물건(이하 '성적 수치심을 일으키는 그림 등'이라 한다)을 상대방에게 도달하게 한다'는 것은 '상대방이 성적 수치심을 일으키는 그림 등을 직접 접하는 경우뿐만 아니라 상대방이 실제로 이를 인식할 수 있는 상태에 두는 것'을 의미한다. 따라서 행위자의 의사와 그 내용, 웹페이지의 성격과 사용된 링크기술의 구체적인 방식 등 모든 사정을 종합하여 볼 때 상대방에게 성적 수치심을 일으키는 그림 등이 담겨 있는 웹페이지 등에 대한 인터넷 링크(internet link)를 보내는 행위를 통해 그와 같은 그림 등이 상대방에 의하여 인식될 수 있는 상태에 놓이고 실질에 있어서 이를 직접 전달하는 것과 다를 바 없다고 평가되고, '이에 따라 상대방이 이러한 링크를 이용하여 별다른 제한 없이 성적 수치심을 일으키는 그림 등에 바로 접할 수 있는 상태가 실제로 조성되었다면', 그러한 행위는 전체로 보아 성적 수치심을 일으키는 그림 등을 상대방에게 도달하게 한다는 구성요건을 충족한다(대판 2017.6.8. 2016도21389).

③ **[X]** [1] 범인이 피해자를 촬영하기 위하여 육안 또는 캠코더의 줌 기능을 이용하여 피해자가 있는지 여부를 탐색하다가 피해자를 발견하지 못하고 촬영을 포기한 경우에는 촬영을 위한 준비행위에 불과하여 성폭력처벌법 위반(카메라등이용촬영)죄의 실행에 착수한 것으로 볼 수 없다(대법원 2011도12415 판결 참조). 이에 반하여 범인이 카메라 기능이 설치된 휴대전화를 피해자의 치마 밑으로 들이밀거나, 피해자가 용변을 보고 있는 화장실 칸 밑 공간 사이로 집어넣는 등 카메라 등 이용 촬영 범행에 밀접한 행위를 개시한 경우에는 성폭력처벌법 위반(카메라등이용촬영)죄의 실행에 착수하였다고 볼 수 있다(대법원 2014도8385 판결 등 참조).
[2] 휴대전화를 든 피고인의 손이 피해자가 용변을 보고 있던 화장실 칸 너머로 넘어온 점, 카메라 기능이 켜진 위 휴대전화의 화면에 피해자의 모습이 보인 점 등에 비추어 보면, 피고인은 촬영대상을 피해자로 특정하고 휴대전화의 카메라 렌즈를 통하여 피해자에게 초점을 맞추는 등 휴대전화에 영상정보를 입력하기 위한 구체적이고 직접적인 행위를 개시함으로써 성폭력처벌법 위반(카메라등이용촬영)죄의 실행에 착수하였음이 인정된다(대판 2021.3.25. 2021도749). ☞ 성폭력범죄의처벌등에관한특례법위반(카메라등이용촬영)미수죄 성립

④ **[O]** 피고인들은 모두 남성 군인으로 당시 피고인들의 독신자 숙소에서 휴일 또는 근무시간 이후에 자유로운 의사를 기초로 한 합의에 따라 항문성교나 그 밖의 성행위를 한 점 등에 비추어, 피고인들의 행위는 군형법 제92조의6에서 처벌대상으로 규정한 '항문성교나 그 밖의 추행'에 해당하지 않는다(대판 2022.4.21. 2019도3047 전원합의체). ☞ 군형법위반(추행)죄 불성립

정답 ④

제 3 장 명예와 신용에 관한 죄

01 다음 중 우리 판례가 공연성을 인정한 경우와 인정하지 않은 경우를 올바르게 짝지어 놓은 것은?

2015년 경찰간부

㉠ 개인 블로그의 비공개 대화방에서 상대방으로부터 비밀을 지키겠다는 말을 듣고 일대일로 대화를 한 경우
㉡ 피고인이 자신의 아들 등에게 폭행을 당하여 입원한 피해자의 병실로 찾아가 그의 어머니 A와 대화하던 중 A의 이웃 B 및 피고인의 일행 C 등이 있는 자리에서 "학교에 알아보니 피해자에게 원래 정신병이 있었다고 하더라."라고 허위사실을 말한 경우
㉢ 피고인이 행정서사 사무실에서 피해자와 같은 교회에 다니는 세 사람에게 "피해자가 처자식이 있는 남자와 살고 있다는데 아느냐."고 한 경우
㉣ 직장의 전산망에 설치된 전자게시판에 타인의 명예를 훼손하는 내용의 글을 게시한 행위
㉤ 피고인이 평소 A가 자신의 일에 간섭하는 것에 기분이 나쁘다는 이유로 B로부터 취득한 A의 범죄경력기록을 같은 아파트에 거주하는 C에게 보여주면서 "전과자이고 나쁜 년"이라고 사실을 적시한 경우
㉥ 어느 사람에게 귀엣말 등 그 사람만 들을 수 있는 방법으로 그 사람 본인의 사회적 가치 내지 평가를 떨어뜨릴 만한 사실을 이야기하고, 그 말을 들은 피해자 스스로 다른 사람에게 전파한 경우

① 공연성을 인정한 경우 - ㉠, 공연성을 인정하지 않은 경우 - ㉡
② 공연성을 인정한 경우 - ㉠, 공연성을 인정하지 않은 경우 - ㉢
③ 공연성을 인정한 경우 - ㉡, 공연성을 인정하지 않은 경우 - ㉣
④ 공연성을 인정한 경우 - ㉤, 공연성을 인정하지 않은 경우 - ㉥

해설

㉠ **[O]** 그 사정만으로 대화 상대방이 대화내용을 불특정 또는 다수에게 전파할 가능성이 없다고 할 수 없다(대판 2008.2.14. 2007도8155). ☞ 정보통신망 이용 촉진 및 정보보호 등에 관한 법률위반(명예훼손)죄 성립
㉡ **[X]** 그 자리에 있던 사람들의 관계 등 여러 사정에 비추어 甲의 발언이 불특정 또는 다수인에게 전파될 가능성이 있다고 보기도 어려워 공연성이 없다(대판 2011.9.8. 2010도7497).
㉢ **[O]** 대판 1985.4.23. 85도431
㉣ **[O]** 위 전자게시판은 위 공단의 임직원 모두가 열람할 수 있다(대판 2000.5.12. 99도5734).
㉤ **[X]** C는 당시 "전과는 누구나 다 있는 것이다. 아무것도 아닌데 왜 그러느냐. 찢어버리고 그냥 모른척하고 넘어가라."라고 나무랐고, 그러한 이야기를 다른데 소문낼 생각도 없었으며, 실제 다른 사람에게 이야기한 바도 없었다면 위 유포 사실이 불특정 또는 다수인에게 전파될 가능성이 없다(대판 2010.11.11. 2010도8265). ☞ 명예훼손죄 불성립
㉥ **[X]** 위와 같은 이야기가 불특정 또는 다수인에게 전파될 가능성이 있다고 볼 수 없어 명예훼손의 구성요건인 공연성을 충족하지 못하는 것이며, 그 사람이 들은 말을 스스로 다른 사람들에게 전파하였더라도 위와 같은 결론에는 영향이 없다(대판 2005.12.9. 2004도2880).

정답 ①

02 명예훼손죄에 관한 설명으로 가장 적절하지 않은 것은? (다툼이 있는 경우 판례에 의함)

2019년 제2차 경찰

① 집합적 명칭을 사용하여 명예훼손행위를 한 경우, 그 명칭의 사용에 의하여 그 범위에 속하는 특정인을 가리키는 것이 명백하면 집합구성원 각자에 대한 명예훼손죄가 성립한다.
② 甲이 고발의 동기나 경위에 관한 언급없이 제3자에게 "乙이 丙을 선거법 위반으로 고발하였다"는 말만 하였다면, 乙의 사회적 가치나 평가를 침해하기에 충분한 구체적 사실이 적시되었다고 보기 어렵다.
③ 이미 사회의 일부에 잘 알려진 공지의 사실은 명예훼손의 객체에 해당하지 않으므로, 이를 적시하여 사람의 사회적 평가를 저하시킬 만한 행위를 하더라도 명예훼손죄가 성립하지 않는다.
④ 허위사실을 진실한 사실로 오인하여 공공의 이익을 위해 공연히 적시한 경우, 적시된 사실이 공공의 이익에 관한 것이고 행위자가 진실한 것으로 믿었고 또 그렇게 믿을 만한 상당한 이유가 있다면 형법 제310조에 의하여 위법성이 조각된다.

해설

① **[O]** 甲이 "3.19 동지회 소속 교사들이 학생들을 선동하여 무단하교를 하게 하였다."라고 허위로 작성하여 보도자료를 배포하였으나 피해자의 이름을 직접적으로 적시하지 않은 경우, 위 학교의 학생이나 학부모, 교육청 관계자들은 3.19 동지회 소속 교사들이 누구인지 알고 있고, 3.19 동지회는 그 집단의 규모가 비교적 작고 그 구성원이 특정되어 있으므로 3.19 동지회 소속 교사들 모두에 대한 명예가 훼손되었다(대판 2000.10.10. 99도5407). ☞ 3.19 동지회 자체가 아니라 그 소속 교사들을 피해자로 하는 허위사실적시에 의한 명예훼손죄(제307조 제2항) 성립
② **[O]** 누구든지 범죄가 있다고 생각하는 때에는 고발할 수 있는 것이므로 어떤 사람이 범죄를 고발하였다는 사실이 주위에 알려졌다고 하여 그 고발사실 자체만으로 고발인의 사회적 가치나 평가가 침해될 가능성이 있다고 볼 수는 없다. 다만, 그 고발의 동기나 경위가 불순하다거나 온당하지 못하다는 등의 사정이 함께 알려진 경우에는 고발인의 명예가 침해될 가능성이 있다(대판 2009.9.24. 2009도6687).
③ **[X]** 명예훼손죄가 성립하기 위하여는 반드시 숨겨진 사실을 적발하는 행위만에 한하지 아니하고 이미 사회의 일부에 잘 알려진 사실이라고 하더라도 이를 적시하여 사람의 사회적 평가를 저하시킬 만한 행위를 한 때에는 명예훼손죄를 구성한다(대판 1994.4.12. 93도3535).
④ **[O]** 기자인 甲이 중앙대 안성캠퍼스 총학생회장인 乙이 거문도의 외딴 해수욕장에서 의문의 변사체로 발견된 것과 관련하여 제기된 의혹들을 취재하여 '乙이 사망 직전에 마지막으로 동행한 사람을 안기부요원이었다'라는 취지로 보도한 경우, 적시된 사실이 진실한 것이라는 증명이 없더라도 행위자가 진실한 것으로 믿었고 또 그렇게 믿을 만한 상당한 이유가 있는 경우에는 '위법성'이 없다(대판 1996.8.23. 94도3191).

정답 ③

03 명예에 관한 죄에 대한 설명 중 옳은 것은 모두 몇 개인가? (다툼이 있는 경우 판례에 의함)

2022년 경찰간부

가. 집단표시에 의한 모욕의 경우 구성원 개개인에 대한 모욕으로 여겨질 정도로 구성원 수가 적거나 당시의 정황 등으로 보아 집단 내 개별구성원을 지칭하는 것으로 여겨질 수 있다면, 집단의 개별구성원에 대한 모욕죄가 성립한다.

나. 甲이 인터넷 개인 블로그의 비공개 대화방에서 OO이라는 아이디를 사용하는 자로부터 비밀을 지키겠다는 말을 듣고 일대일로 대화한 경우, OO이라는 아이디를 사용하는 자가 대화내용을 불특정 또는 다수에게 전파할 가능성이 없으므로 명예훼손죄의 공연성이 부정된다.

다. 가해학생 A로부터 학교폭력 피해를 입은 B학생의 어머니 甲이 학교폭력을 신고하여 학교폭력대책자치위원회의 의결에 따라 'B에 대한 접촉, 보복행위의 금지' 등의 조치가 있은 후, 甲이 자신의 SNS 계정 프로필 상태메시지에 "학교폭력범은 접촉금지!!"라는 글과 주먹 모양의 그림말 3개를 게시한 경우, 甲에게는 A에 대한 명예훼손죄가 성립한다.

라. 甲이 신문기자와의 전화인터뷰에서 타인의 명예를 훼손하는 취지의 이야기를 하였으나 그 기자가 이러한 甲의 진술을 아직 기사화하여 보도하지 아니한 경우, 명예훼손죄의 공연성이 부정된다.

① 1개 ② 2개
③ 3개 ④ 4개

해설

가. **[O]** 이른바 집단표시에 의한 모욕은, 모욕의 내용이 집단에 속한 특정인에 대한 것이라고는 해석되기 힘들고, 집단표시에 의한 비난이 개별구성원에 이르러서는 비난의 정도가 희석되어 구성원 개개인의 사회적 평가에 영향을 미칠 정도에 이르지 아니한 경우에는 구성원 개개인에 대한 모욕이 성립되지 않는다고 봄이 원칙이고, 비난의 정도가 희석되지 않아 구성원 개개인의 사회적 평가를 저하시킬 만한 것으로 평가될 경우에는 예외적으로 구성원 개개인에 대한 모욕이 성립할 수 있다. 한편 구성원 개개인에 대한 것으로 여겨질 정도로 구성원 수가 적거나 당시의 주위 정황 등으로 보아 집단 내 개별구성원을 지칭하는 것으로 여겨질 수 있는 때에는 집단 내 개별구성원이 피해자로서 특정된다고 보아야 할 것인데, 구체적인 기준으로는 집단의 크기, 집단의 성격과 집단 내에서의 피해자의 지위 등을 들 수 있다(대판 2014.3.27. 2011도15631).

나. **[X]** 개인 블로그의 비공개 대화방에서 상대방으로부터 비밀을 지키겠다는 말을 듣고 일대일로 대화한 경우, 그 사정만으로 대화 상대방이 대화내용을 불특정 또는 다수에게 전파할 가능성이 없다고 할 수 없다(대판 2008.2.14. 2007도8155).
☞ 정보통신망 이용 촉진 및 정보보호 등에 관한 법률위반(명예훼손)죄 성립

다. **[X]** 피해자의 사회적 가치나 평가를 저하시키기에 충분한 구체적인 사실을 드러냈다고 볼 수 없다(대판 2020.5.28. 2019도12750). ☞ 정보통신망이용촉진및정보보호등에관한법률위반(명예훼손)죄 불성립

라. **[O]** ⅰ) 통상 기자가 아닌 보통 사람에게 사실을 적시할 경우에는 그 자체로서 적시된 사실이 외부에 공표되는 것이므로 그 때부터 곧 전파가능성을 따져 공연성 여부를 판단하여야 할 것이지만, ⅱ) 그와는 달리 기자를 통해 사실을 적시하는 경우에는 기사화되어 보도되어야만 적시된 사실이 외부에 공표된다고 보아야 할 것이므로 기자가 취재를 한 상태에서 아직 '기사화하여 보도하지 아니한 경우'에는 전파가능성이 없다고 할 것이어서 공연성이 없다(대판 2000.5.16. 99도5622).

정답 ②

04 명예에 관한 죄에 대한 설명으로 가장 적절한 것은? (다툼이 있는 경우 판례에 의함) 2018년 제2차 경찰

① 「형법」 제307조 제1항의 명예훼손죄는 적시된 사실이 진실한 사실인 경우이든 허위의 사실인 경우이든 모두 성립될 수 있다.
② 국가나 지방자치단체도 국민에 대한 관계에서는 형벌의 수단을 통해 보호되는 외부적 명예의 주체가 될 수 있고, 따라서 명예훼손죄나 모욕죄의 피해자가 될 수 있다.
③ 일반적으로 범죄의 고의는 확정적 고의뿐만 아니라 결과발생에 대한 인식이 있고 그를 용인하는 미필적 고의도 포함하나, 「형법」 제308조의 사자명예훼손죄의 판단에서는 미필적 고의에 의하여 죄가 성립하지 아니한다.
④ 「형법」 제311조의 모욕죄의 피해자는 특정되어야 하므로 이른바 집단표시에 의한 모욕은 그 비난의 정도가 희석되지 않아 구성원 개개인의 사회적 평가를 저하시킬 만한 것으로 평가될 경우라도 구성원 개개인에 대한 모욕죄를 구성하지 않는다.

해설

① **[O]** 제307조 제1항의 '사실'은 제2항의 '허위의 사실'과 반대되는 '진실한 사실'을 말하는 것이 아니라 가치판단이나 평가를 내용으로 하는 '의견'에 대치되는 개념이다. 따라서 제307조 제1항의 명예훼손죄는 적시된 사실이 진실한 사실인 경우이든 허위의 사실인 경우이든 모두 성립될 수 있고, 특히 적시된 사실이 허위의 사실이라고 하더라도 행위자에게 허위성에 대한 인식이 없는 경우에는 제307조 제2항의 명예훼손죄가 아니라 제307조 제1항의 명예훼손죄가 성립될 수 있다(대판 2017.04.26. 2016도18024).
② **[X]** 형법이 명예훼손죄 또는 모욕죄를 처벌함으로써 보호하고자 하는 사람의 가치에 대한 평가인 외부적 명예는 개인적 법익으로서, 국민의 기본권을 보호 내지 실현해야 할 책임과 의무를 지고 있는 공권력의 행사자인 국가나 지방자치단체는 기본권의 수범자일 뿐 기본권의 주체가 아니고, (중략), 국가나 지방자치단체는 국민에 대한 관계에서 형벌의 수단을 통해 보호되는 외부적 명예의 주체가 될 수는 없고, 따라서 명예훼손죄나 모욕죄의 피해자가 될 수 없다(대판 2016.12.27. 2014도15290).
③ **[X]** 범죄의 고의는 확정적 고의뿐만 아니라 결과 발생에 대한 인식이 있고 그를 용인하는 의사인 이른바 미필적 고의도 포함하므로 허위사실 적시에 의한 명예훼손죄 역시 미필적 고의에 의하여도 성립하고, 위와 같은 법리는 형법 제308조의 사자명예훼손죄의 판단에서도 마찬가지로 적용된다(대판 2014.3.13. 2013도12430).
④ **[X]** 집단표시에 의한 모욕은, ⅰ) 모욕의 내용이 집단에 속한 특정인에 대한 것이라고는 해석되기 힘들고, 집단표시에 의한 비난이 개별구성원에 이르러서는 비난의 정도가 희석되어 구성원 개개인의 사회적 평가에 영향을 미칠 정도에 이르지 아니한 경우에는 구성원 개개인에 대한 모욕이 성립되지 않는다고 봄이 원칙이고, ⅱ) 비난의 정도가 희석되지 않아 구성원 개개인의 사회적 평가를 저하시킬 만한 것으로 평가될 경우에는 예외적으로 구성원 개개인에 대한 모욕이 성립할 수 있다(대판 2014.3.27. 2011도15631).

정답 ①

05 명예에 관한 죄에 대한 설명으로 가장 적절하지 않은 것은? (다툼이 있는 경우 판례에 의함)

2021년 제1차 경찰

① 국가나 지방자치단체는 명예훼손죄나 모욕죄의 피해자가 될 수 없다.
② 적시된 사실이 허위의 사실이라 하더라도 행위자에게 허위성에 대한 인식이 없는 경우에는 「형법」 제307조 제2항의 명예훼손죄가 아닌 「형법」 제307조 제1항의 명예훼손죄가 성립될 수 있다.
③ 평균적인 독자의 관점에서 문제 된 부분이 실제로는 비평자의 주관적 의견에 해당하고, 다만 비평자가 자신의 의견을 강조하기 위한 수단으로 겉으로 보기에 증거에 의해 입증 가능한 구체적인 사실관계를 서술하는 형태의 표현을 사용한 것이라고 이해된다면 명예훼손죄에서 말하는 사실의 적시에 해당한다고 볼 수 있다.
④ 공연히 사실을 적시하여 사람의 명예를 훼손한 경우, 그것이 진실한 사실이고 행위자의 주요한 동기 내지 목적이 공공의 이익을 위한 것이라면 부수적으로 다른 사익적 목적이나 동기가 내포되어 있더라도 「형법」 제310조의 적용을 배제할 수 없다.

해설

① [O] 국민의 기본권을 보호 내지 실현해야 할 책임과 의무를 지고 있는 공권력의 행사자인 국가나 지방자치단체는 기본권의 주체가 아니므로 국민에 대한 관계에서 형벌의 수단을 통해 보호되는 외부적 명예의 주체가 될 수는 없고, 따라서 명예훼손죄나 모욕죄의 피해자가 될 수 없다(대판 2016.12.27. 2014도15290). ☞ 국가, 지방자치단체 및 정부 또는 국가기관은 명예훼손죄나 모욕죄의 피해자가 될 수 없다.

> 특히 정부 또는 국가기관의 업무수행과 관련된 사항은 항상 국민의 감시와 비판의 대상이 되어야 하는 것이고 '정부 또는 국가기관은 형법상 명예훼손죄의 피해자가 될 수 없으므로'(형법과 정보통신망법은 명예훼손죄의 피해자를 '사람'으로 명시하고 있다), 정부 또는 국가기관의 업무수행과 관련된 사항에 관한 표현으로 그 업무수행에 관여한 공직자에 대한 사회적 평가가 다소 저하될 수 있다고 하더라도, 그 내용이 공직자 개인에 대한 악의적이거나 심히 경솔한 공격으로서 현저히 상당성을 잃은 것으로 평가되지 않는 한, 그로 인하여 곧바로 공직자 개인에 대한 명예훼손이 된다고 할 수 없다(대판 2018.11.29. 2016도14678).

② [O] 제307조 제1항의 '사실'은 제2항의 '허위의 사실'과 반대되는 '진실한 사실'을 말하는 것이 아니라 가치판단이나 평가를 내용으로 하는 '의견'에 대치되는 개념이다. 따라서 제307조 제1항의 명예훼손죄는 적시된 사실이 진실한 사실인 경우이든 허위의 사실인 경우이든 모두 성립될 수 있고, 특히 적시된 사실이 허위의 사실이라고 하더라도 행위자에게 허위성에 대한 인식이 없는 경우에는 제307조 제2항의 명예훼손죄가 아니라 제307조 제1항의 명예훼손죄가 성립될 수 있다(대판 2017.04.26. 2016도18024).
③ [X] 다른 사람의 말이나 글을 비평하면서 사용한 표현이 겉으로 보기에 증거에 의해 입증 가능한 구체적인 사실관계를 서술하는 형태를 취하고 있더라도, 글의 집필의도, 논리적 흐름, 서술체계 및 전개방식, 해당 글과 비평의 대상이 된 말 또는 글의 전체적인 내용 등을 종합하여 볼 때, 평균적인 독자의 관점에서 문제 된 부분이 '실제로는 비평자의 주관적 의견에 해당'하고, 다만 비평자가 자신의 의견을 강조하기 위한 수단으로 그와 같은 표현을 사용한 것이라고 이해된다면 명예훼손죄에서 말하는 사실의 적시에 해당한다고 볼 수 없다(대판 2017.5.11. 2016도19255).
④ [O] 乙 운영의 산후조리원을 이용한 피고인이 9회에 걸쳐 임신, 육아 등과 관련한 유명 인터넷 카페나 자신의 블로그 등에 자신이 직접 겪은 불편사항 등을 후기 형태로 게시한 경우, 피고인의 주요한 동기나 목적이 공공의 이익을 위한 것이라면 부수적으로 산후조리원 이용대금 환불과 같은 다른 사익적 목적이나 동기가 내포되어 있다는 사정만으로 피고인에게 乙을 비방할 목적이 있었다고 보기 어렵다(대판 2012.11.29. 2012도10392). ☞ 무죄

정답 ③

06 명예에 관한 죄에 대한 설명으로 옳은 것은 모두 몇 개인가? (다툼이 있는 경우 판례에 의함)

2021년 제2차 경찰

㉠ 甲이 명예훼손 사실을 발설한 것이 정말이냐는 A의 질문에 대답하는 과정에서 타인의 명예를 훼손하는 사실을 발설하게 된 경우, 명예훼손의 고의가 인정되지 아니한다.

㉡ 甲이 집 뒷길에서 자신의 남편과 A의 친척이 듣는 가운데 다른 사람들이 들을 수 있을 정도의 큰 소리로 A에게 "저것이 징역 살다온 전과자다."고 말한 경우, 자신의 남편과 A의 친척에게 말한 것이라 할지라도 명예훼손죄의 구성요건요소인 '공연성'이 인정된다.

㉢ 사이버대학교 학생 甲이 학과 학생들만 가입할 수 있는 네이버 밴드 게시판에 A의 "총학생회장 출마자격에 관하여 조언을 구한다."는 글에 대한 댓글로 직전 회장 선거에 입후보하였다가 중도 사퇴한 친구 B의 실명을 거론하며, 객관적 사실에 부합하는 "B 학우가 학생회비도 내지 않고 총학생회장 선거에 출마하려 했다가 상대방 후보를 비방하고 이래저래 학과를 분열시키고 개인적인 감정을 표한 사례가 있다."고 언급한 다음 "그러한 부분은 지양했으면 한다."는 의견을 덧붙인 경우, 甲의 주요한 동기와 목적은 공공의 이익을 위한 것으로서 甲에게 B를 비방할 목적이 있다고 보기 어렵다.

㉣ 제품의 안정성에 논란이 많은 가운데 인터넷 신문사 소속 기자 A가 인터넷 포탈 사이트의 '핫이슈'난에 제품을 옹호하는 기사를 게재하자 그 기사를 읽은 상당수의 독자들이 '네티즌 댓글'난에 A를 비판하는 댓글을 달고 있는 상황에서 甲이 "이런 걸 기레기라고 하죠?"라는 댓글을 게시한 경우, 이는 모욕적 표현에 해당하나 사회상규에 위배되지 않는 행위로서 「형법」 제20조에 의하여 위법성이 조각된다.

① 1개   ② 2개
③ 3개   ④ 4개

해설

㉠ [O] 명예훼손내용의 사실을 발설하게 된 경위가 그 사실에 대한 확인요구에 대답하는 과정에서 나오게 된 것이라면 그 발설내용과 동기에 비추어 명예훼손의 범의를 인정할 수 없고 또 질문에 대한 단순한 확인대답이 명예훼손의 사실적시라고 할 수 없다(대판 1983.8.23. 83도1017).

㉡ [O] A가 사는 곳은 같은 성씨를 가진 집성촌으로 A의 친척은 '피고인으로부터 A가 전과자라는 사실을 처음 들었다'고 진술하여 A와 가까운 사이가 아니었던 것으로 보이는 점을 종합하면, 친척관계에 있다는 이유만으로 전파가능성이 부정된다고 볼 수 없고, 오히려 甲은 A와의 싸움 과정에서 단지 A를 모욕 내지 비방하기 위하여 공개된 장소에서 큰 소리로 말하여 다른 마을 사람들이 들을 수 있을 정도였던 것으로 불특정 또는 다수인이 인식할 수 있는 상태였다고 봄이 타당하므로, 甲의 위 발언은 공연성이 인정되므로 명예훼손죄가 성립한다(대판 2020.11.19. 2020도5813 전원합의체).

㉢ [O] 대판 2020.3.2. 2018도15868

㉣ [O] 어떤 글이 모욕적 표현을 담고 있는 경우에도 그 글이 객관적으로 타당성이 있는 사실을 전제로 하여 그 사실관계나 이를 둘러싼 문제에 관한 자신의 판단과 피해자의 태도 등이 합당한가 하는 데 대한 자신의 의견을 밝히고, 자신의 판단과 의견이 타당함을 강조하는 과정에서 부분적으로 모욕적인 표현이 사용된 것에 불과하다면 사회상규에 위배되지 않는 행위로서 형법 제20조에 의하여 위법성이 조각될 수 있다(대판 2021.3.25. 2017도17643).

정답 ④

07 명예에 관한 죄에 대한 설명으로 가장 적절하지 않은 것은? (다툼이 있는 경우 판례에 의함)

2017년 경기북부 여경

① 명예훼손은 사람의 사회적 평가를 저하시킬 만한 구체적 사실의 적시를 하여 명예를 침해함을 요하는 것으로서 구체적 사실이 아닌 단순한 추상적 판단이나 경멸적 감정의 표현으로서 사회적 평가를 저하시키는 모욕죄와 다르다.
② 컴퓨터 워드프로세서로 작성되어 프린트된 A4 용지 7쪽 분량의 인쇄물은 「형법」 제309조의 '기타 출판물'에 해당하지 않는다.
③ 국가나 지방자치단체는 국민에 대한 관계에서 형벌의 수단을 통해 보호되는 외부적 명예의 주체가 될 수 없으므로 명예훼손죄나 모욕죄의 피해자가 될 수 없다.
④ 타인을 비방할 목적으로 허위사실인 기사의 재료를 신문기자에게 제공하여 그 기사가 신문지상에 게재된 경우, 기사를 신문지상에 게재하느냐의 여부는 신문 편집인의 권한에 속한다고 할 것이므로 기사재료의 제공행위는 형법 제309조 제2항의 출판물에 의한 명예훼손죄를 구성하지 않는다.

해설

① [O] 대판 1987.5.12. 87도739
② [O] 형법 제309조 제1항 소정의 '기타 출판물'에 해당한다고 하기 위하여는 그것이 등록·출판된 제본인쇄물이나 제작물은 아니라고 할지라도 적어도 그와 같은 정도의 효용과 기능을 가지고 사실상 출판물로 유통·통용될 수 있는 외관을 가진 인쇄물로 볼 수 있어야 한다(대판 2000.02.11. 99도3048).
③ [O] 국가나 지방자치단체는 국민에 대한 관계에서 형벌의 수단을 통해 보호되는 외부적 명예의 주체가 될 수는 없고, 따라서 명예훼손죄나 모욕죄의 피해자가 될 수 없다(대판 2016.12.27. 2014도15290).
④ [X] 타인을 비방할 목적으로 허위사실인 기사의 재료를 신문기자에게 제공한 경우에 이 기사를 신문지상에 게재하느냐의 여부는 오로지 당해 신문의 편집인의 권한에 속한다고 할 것이나, 이를 편집인이 신문지상에 게재한 이상 이 기사의 게재는 기사재료를 제공한 자의 행위에 기인한 것이므로, 이 기사재료를 제공한 자는 형법 제309조 제2항 소정의 출판물에 의한 명예훼손죄의 죄책을 면할 수 없다(대판 1994.4.12. 93도3535).

정답 ④

08 명예에 관한 죄에 대한 설명이다. 다음 중 가장 적절하지 않은 것은? (다툼이 있으면 판례에 의함)

2015년 제3차 경찰 2007년 검찰7급 변형

① 의사가 의료기기 회사와의 분쟁을 해결하기 위해 국회의원에게 허위의 사실을 제보하였는데, 그 국회의원의 발표로 그 사실이 일간지에 게재된 경우에는 출판물에 의한 명예훼손죄가 성립한다.
② 집단표시에 의한 모욕은 개별 구성원에 이르러서도 그 비난의 정도가 희석되지 않아 구성원 개개인의 사회적 평가를 저하시킬 만한 것으로 평가될 경우 예외적으로 구성원 개개인에 대해 모욕이 성립할 수 있다.
③ 골프클럽 경기보조원들의 구직 편의를 위해 제작된 인터넷 사이트 내 회원 게시판에 특정 골프클럽의 운영상 불합리성을 비난하는 글을 게시하면서 위 클럽 담당자에 대하여 '한심하고 불쌍한 인간'이라는 등 경멸적 표현을 한 경우 모욕죄가 성립하지 않는다.
④ 명예훼손죄가 성립하기 위해서는 사실의 적시가 있어야 하고 적시된 사실은 이로써 특정인의 사회적 가치 내지 평가가 침해될 가능성이 있을 정도로 구체성을 띠어야 한다.

해설

① [X] 제보자가 기사의 취재·작성과 직접적인 연관이 없는 자에게 허위의 사실을 알렸을 뿐인 경우에는, 제보자가 피제보자에게 그 알리는 사실이 기사화 되도록 특별히 부탁하였다거나 피제보자가 이를 기사화할 것이 고도로 예상되는 등의 특별한 사정이 없는 한, 피제보자가 언론에 공개하거나 기자들에게 취재됨으로써 그 사실이 신문에 게재되어 일반 공중에게 배포되더라도 제보자에게 출판·배포된 기사에 관하여 출판물에 의한 명예훼손죄의 책임을 물을 수는 없다(대판 2002.6.28. 2000도3045).
② [O] 이른바 집단표시에 의한 모욕은, ⅰ) 모욕의 내용이 집단에 속한 특정인에 대한 것이라고는 해석되기 힘들고, 집단표시에 의한 비난이 개별구성원에 이르러서는 비난의 정도가 희석되어 구성원 개개인의 사회적 평가에 영향을 미칠 정도에 이르지 아니한 경우에는 구성원 개개인에 대한 모욕이 성립되지 않는다고 봄이 원칙이고, ⅱ) 비난의 정도가 희석되지 않아 구성원 개개인의 사회적 평가를 저하시킬 만한 것으로 평가될 경우에는 예외적으로 구성원 개개인에 대한 모욕이 성립할 수 있다(대판 2014.3.27. 2011도15631).
③ [O] 게시의 동기와 경위, 모욕적 표현의 정도와 비중 등에 비추어 사회상규에 위배되지 않는다고 보아 모욕죄의 성립을 부정한 사례(대판 2008.7.10. 2008도1433).
④ [O] 명예훼손죄가 성립하기 위하여는 사실의 적시가 있어야 하고, 적시된 사실은 이로써 특정인의 사회적 가치 내지 평가가 침해될 가능성이 있을 정도로 구체성을 띠어야 한다. 그리고 특정인의 사회적 가치나 평가를 저하시키기에 충분한 구체적인 사실의 적시가 있다고 하기 위해서는, 반드시 그러한 구체적인 사실이 직접적으로 명시되어 있을 것을 요구하는 것은 아니고 간접적이고 우회적인 표현에 의하더라도 가능한 것이며, 적어도 적시된 내용 중의 특정 문구에 의하여 그러한 사실이 곧바로 유추될 수 있을 정도는 되어야 한다(대판 2011.8.18. 2011도6904. 대판 1991.5.14. 91도420 등).

정답 ①

09 다음 명예에 대한 죄의 설명 중 적절한 것만을 고른 것은 모두 몇 개인가? (다툼이 있는 경우 판례에 의함)

2020년 제2차 경찰

㉠ 허위사실 적시에 의한 명예훼손죄에 해당하는 행위에 대하여는 위법성조각에 관한 「형법」 제310조는 적용될 여지가 없다.
㉡ 사람의 성명을 명시하지 않은 허위사실의 적시행위도 그 표현의 내용을 주위사정과 종합 판단하여 그것이 어느 특정인을 지목하는 것인가를 알아차릴 수 있는 경우에는 그 특정인에 대한 명예훼손죄를 구성한다.
㉢ 학교운영의 공공성, 투명성의 보장을 요구하여 학교가 합리적이고 정상적으로 운영되게 할 목적으로 피해자들의 거주지 앞에서 그들의 주소까지 명시하여 명예를 훼손하였더라도 공익성이 인정되어 명예훼손죄가 성립하지 않는다.
㉣ 어떠한 표현이 상대방의 인격적 가치에 대한 사회적 평가를 저하시킬 만한 것이 아니라면 표현이 다소 무례한 방법으로 표시되었다 하더라도 모욕죄의 구성요건에 해당한다고 볼 수 없다.

① 1개
② 2개
③ 3개
④ 4개

해설

㉠ **[O]** 형법 제310조에 의하여 위법성이 조각되는 경우는 형법 제307조 제1항의 행위가 진실한 사실로서 오로지 공공의 이익에 관한 때에 한하며, 형법 제307조 제2항(허위사실 적시에 의한 명예훼손)에 해당하는 행위에 대하여는 위법성조각에 관한 형법 제310조는 적용될 여지가 없다(대판 1993.4.13. 92도234).
㉡ **[O]** 신씨종중의 재산관리위원장이던 乙과 甲 사이에 종중재산의 관리에 관한 다툼이 있어 왔고 부락민 80세대 중 50세대가 신씨종중원이었다면 "어떤 분자가 종중재산을 횡령 착복하였다"는 甲의 허위사실 방송을 청취한 부락민중 적어도 신씨종중원들로서는 그 어떤 분자라는 것이 바로 재산관리위원장이던 乙을 지목하는 것이라는 것쯤은 알아차릴 수 있는 상황이었다고 보기에 충분하므로, 甲의 행위는 乙에 대한 허위사실적시에 의한 명예훼손죄가 성립한다(대판 1982.11.9. 82도1256).
㉢ **[X]** 피고인들이 적시한 사실이 피해자들이 거주하는 아파트 주민들과 관련이 있다고 볼 수 없고, 달리 피고인들이 피해자들의 주소까지 명시하여야 할 사정이 보이지 아니하는 점 등에 비추어, 피고인들이 피해자들이 거주하는 아파트 앞에서 피해자들의 주소까지 명시하여 피해자들의 명예를 훼손한 것을 두고 오로지 공공의 이익에 관한 것이라고 보기는 어렵다(대판 2008.3.14. 2006도6049). ☞ 명예훼손죄 성립
㉣ **[O]** 입주자대표회의 감사인 甲이 아파트 관리소장인 乙의 업무처리 방식을 두고 언쟁을 하는 과정에서 甲이 乙에게 "야, 이따위로 일할래."라고 말하자 乙이 "나이가 몇 살인데 반말을 하느냐"고 말하였고, 이에 甲이 "나이 처먹은 게 무슨 자랑이냐."라고 공연히 말한 경우(대판 2015도2229) 또는 甲이 택시 기사와 요금 문제로 시비가 벌어져 112 신고를 한 후, 신고를 받고 출동한 경찰관 乙에게 늦게 도착한 데 대하여 항의하는 과정에서 위 택시기사가 지켜보는 가운데 경찰관 乙에게 "아이 씨발!"이라고 말한 경우(대판 2015도6622)처럼 어떠한 표현이 상대방의 인격적 가치에 대한 사회적 평가를 저하시킬 만한 것이 아니라면 표현이 다소 무례한 방법으로 표시되었다 하더라도 모욕죄의 구성요건에 해당한다고 볼 수 없다.

정답 ③

10. 명예에 관한 죄에 대한 아래 ㉠부터 ㉤까지의 설명 중 옳고 그름의 표시(O, X)가 모두 바르게 된 것은? (다툼이 있는 경우 판례에 의함)
2022년 제1차 경찰

㉠ 인터넷 댓글에 의하여 모욕을 당한 피해자의 인터넷 아이디(ID)만을 알 수 있을 뿐 그 밖의 주위사정을 종합해보더라도 그와 같은 인터넷 아이디를 가진 사람이 동 피해자임을 알아차릴 수 없는 경우라면 명예훼손죄 또는 모욕죄가 성립하지 않는다.

㉡ 어떠한 표현이 상대방의 인격적 가치에 대한 사회적 평가를 저하시킬 만한 것이 아니라면 설령 그 표현이 다소 무례한 방법으로 표시되었다 하더라도 이를 두고 모욕죄의 구성요건에 해당한다고 볼 수 없다.

㉢ 모욕죄는 피해자의 외부적 명예를 저하시킬 만한 추상적 판단이나 경멸적 감정을 공연히 표시함으로써 성립하는 것으로, 피해자의 외부적 명예가 현실적으로 침해되거나 적어도 구체적·현실적으로 침해될 위험이 발생하여야 한다.

㉣ 「형법」 제307조 명예훼손죄에 있어서의 사실의 적시는 가치 판단이나 평가를 내용으로 하는 의견표현에 대치되는 개념으로서 시간적으로나 공간적으로 구체적인 과거 또는 현재의 사실관계에 관한 보고나 진술을 뜻한다.

㉤ 정보통신망을 이용한 명예훼손의 경우에는 게재행위의 종료만으로 범죄행위가 종료하는 것은 아니고 원래 게시물이 삭제되어 정보의 송·수신이 불가능해지는 시점을 범죄의 종료시기로 보아야 한다.

① ㉠ (O), ㉡ (X), ㉢ (O), ㉣ (X), ㉤ (O)
② ㉠ (O), ㉡ (O), ㉢ (X), ㉣ (O), ㉤ (X)
③ ㉠ (X), ㉡ (X), ㉢ (O), ㉣ (X), ㉤ (X)
④ ㉠ (O), ㉡ (O), ㉢ (X), ㉣ (O), ㉤ (O)

해설

㉠ [O] 피해자의 인터넷 아이디(ID)만을 알 수 있을 뿐 그 밖의 주위사정을 종합해 보더라도 그와 같은 인터넷 아이디(ID)를 가진 사람이 누구인지를 알아차리기 어렵고 달리 이를 추지할 수 있을 만한 아무런 자료가 없는 경우에 있어서는, 외부적 명예를 보호법익으로 하는 명예훼손죄 또는 모욕죄의 피해자가 특정되었다고 볼 수 없으므로, 특정인에 대한 명예훼손죄가 성립하지 아니한다(헌재 2008.6.26. 2007헌마461. 의정부지방법원 2014.10.23. 2014고정1619).

㉡ [O] 대판 2015.09.10. 2015도2229 판결 등

㉢ [X] 모욕죄는 피해자의 외부적 명예를 저하시킬 만한 추상적 판단이나 경멸적 감정을 공연히 표시함으로써 성립하므로, 피해자의 외부적 명예가 현실적으로 침해되거나 구체적·현실적으로 침해될 위험이 발생하여야 하는 것도 아니다(대판 2016.10.13. 2016도9674).

㉣ [O] 대판 2017.04.26. 2016도18024 등

㉤ [X] 서적·신문 등 기존의 매체에 명예훼손적 내용의 글을 게시하는 경우에 그 게시행위로써 명예훼손의 범행은 종료하는 것이며 그 서적이나 신문을 회수하지 않는 동안 범행이 계속된다고 보지는 않는다는 점을 고려해 보면, 정보통신망을 이용한 명예훼손의 경우에, 게시행위 후에도 독자의 접근가능성이 기존의 매체에 비하여 좀 더 높다고 볼 여지가 있다 하더라도 그러한 정도의 차이만으로 정보통신망을 이용한 명예훼손의 경우에 범죄의 종료시기가 달라진다고 볼 수는 없다(대판 2007.10.25. 2006도346). ☞ 정보통신망을 이용한 명예훼손의 경우에도 게재행위 즉시 범죄가 성립하고 종료함

정답 ②

11 모욕죄와 명예훼손죄에 대한 다음 설명 중 옳지 않은 것은 모두 몇 개인가? (다툼이 있는 경우 판례에 의함)

2019년 경찰간부

㉠ 피고인이 택시기사와 요금문제로 시비가 벌어져 112 신고를 한 후, 신고를 받고 출동한 경찰관 甲에게 늦게 도착한 데에 대하여 항의하는 과정에서 '아이 씨발!'이라고 말한 경우 모욕죄가 성립된다.
㉡ 의사 甲(피고인)이 의료기기 회사와의 분쟁을 정치적으로 해결하기 위하여 국회의원에게 해당 의료기기 회사에 관한 권력비호와 특혜금융 및 의료기기의 성능이 좋지 않다는 허위의 사실을 제보하였을 뿐인데, 위 국회의원의 예상치 못한 발표로 그 사실이 일간신문에 게재된 경우, 간접정범의 방식에 의한 출판물에 의한 명예훼손죄가 성립된다.
㉢ 형법 제310조의 적용에서 적시된 사실이 공공의 이익에 관한 것이라면 진실한 것이라는 증명이 없다 할지라도 행위자가 진실한 것으로 믿었고 또 그렇게 믿을 만한 상당한 이유가 있는 경우에는 위법성이 없다고 보아야 한다.
㉣ 중학교 교사에 대해 "전과범으로서 교사직을 팔아가며 이웃을 해치고 고발을 일삼는 악덕교사"라는 취지의 진정서를 그가 근무하는 학교법인 이사장 앞으로 제출한 경우 공연성이 인정된다.

① 1개　　　② 2개
③ 3개　　　④ 4개

해설

㉠ [X] 피고인의 발언은 직접적으로 피해자를 특정하여 그의 인격적 가치에 대한 사회적 평가를 저하시킬 만한 경멸적 감정을 표현한 모욕적 언사에 해당한다고 단정하기 어렵다(대판 2015.12.24. 2015도6622). ☞ 모욕죄 불성립
㉡ [X] 제보자가 기사의 취재·작성과 직접적인 연관이 없는 자에게 허위의 사실을 알렸을 뿐인 경우에는, 제보자가 피제보자에게 그 알리는 사실이 기사화되도록 특별히 부탁하였다거나 피제보자가 이를 기사화 할 것이 고도로 예상되는 등의 특별한 사정이 없는 한, 피제보자가 언론에 공개하거나 기자들에게 취재됨으로써 그 사실이 신문에 게재되어 일반 공중에게 배포되더라도 제보자에게 출판·배포된 기사에 관하여 출판물에 의한 명예훼손죄의 책임을 물을 수는 없다고 할 것이다(대판 2002.6.28. 2000도3045). ☞ 출판물에 의한 명예훼손죄 불성립
㉢ [O] 기자인 甲이 중앙대 안성캠퍼스 총학생회장인 乙이 거문도의 외딴 해수욕장에서 의문의 변사체로 발견된 것과 관련하여 제기된 의혹들을 취재하여 '乙이 사망 직전에 마지막으로 동행한 사람을 안기부요원이었다'라는 취지로 보도한 경우, 적시된 사실이 진실한 것이라는 증명이 없더라도 행위자가 진실한 것으로 믿었고 또 그렇게 믿을 만한 상당한 이유가 있는 경우에는 '위법성'이 없다(대판 1996.8.23. 94도3191).
㉣ [X] 위 진정서의 내용과 진정서의 수취인인 학교법인 이사장과 위 교사의 관계 등에 비추어 볼 때 위 이사장이 위 진정서 내용을 타에 전파할 가능성이 있다고 보기 어려우므로 명예훼손죄의 구성요건인 공연성이 있다고 보기 어렵다(대판 1983.10.25. 83도2190).

정답 ③

12 명예훼손죄와 모욕죄에 관한 다음 설명 중 가장 옳지 않은 것은? (다툼이 있으면 판례에 의함)

2018년 법원직 변형

① 출판물에 의한 명예훼손죄(형법 제309조 제1항)에도 형법 제310조의 규정이 적용된다.
② 모욕죄는 특정한 사람에 대하여 사회적 평가를 저하시킬 만한 경멸적 감정을 표현함으로써 성립하므로, 인격을 보유하는 단체라고 하더라도 피해자가 될 수 있다.
③ 형법 제309조 제2항 소정의 '사람을 비방할 목적'은 공공의 이익을 위한 것과는 행위자의 주관적 의도의 방향이 서로 상반되는 관계에 있다고 할 것이므로, 적시한 사실이 공공의 이익에 관한 것인 경우에는 특별한 사정이 없는 한 비방할 목적은 부인된다.
④ 명예훼손죄가 성립하기 위하여는 사실의 적시가 있어야 하는데, 여기에서 적시의 대상이 되는 사실이란 현실적으로 발생하고 증명할 수 있는 과거 또는 현재의 사실을 말하며, 장래의 일을 적시하더라도 그것이 과거 또는 현재의 사실을 기초로 하거나 이에 대한 주장을 포함하는 경우에는 명예훼손죄가 성립한다.

해설

① **[X]** 형법 제309조 제1항 소정의 '사람을 비방할 목적'이란 가해의 의사 내지 목적을 요하는 것으로서 공공의 이익을 위한 것과는 행위자의 주관적 의도의 방향에 있어 서로 상반되는 관계에 있다고 할 것이므로, 형법 제310조의 공공의 이익에 관한 때에는 처벌하지 아니한다는 규정은 사람을 비방할 목적이 있어야 하는 형법 제309조 제1항 소정의 행위에 대하여는 적용되지 아니하고 그 목적을 필요로 하지 않는 형법 제307조 제1항의 행위에 한하여 적용되는 것이다(대판 2003.12.26. 2003도6036).
② **[O]** 모욕죄는 특정한 사람 또는 인격을 보유하는 단체에 대하여 사회적 평가를 저하시킬 만한 경멸적 감정을 표현함으로써 성립한다(대판 2014.3.27. 2011도15631).
③ **[O]** 대판 2003.11.13. 2003도3606
④ **[O]** 대판 2003.5.13. 2002도7420

정답 ①

13 형법 제310조의 위법성조각사유에 관한 다음 설명 중 옳지 않은 것으로 짝지은 것은? (다툼이 있을 경우 판례에 의함)
2017년 경찰간부

㉠ 형법 제310조는 사실적시 명예훼손죄와 모욕죄에 대해서 적용되지만, 출판물에 의한 명예훼손죄, 허위사실적시 명예훼손죄에 대해서는 적용되지 않는다.

㉡ 형법 제310조에 정한 '공공의 이익'은 반드시 공적 생활에 관한 사실에 한정될 뿐이므로 사적 활동에 관한 사실은 제외된다.

㉢ 형법 제310조에 정한 '진실한 사실'은 내용 전체의 취지를 살펴볼 때 중요부분이 객관적 사실과 합치되는 사실이라는 의미로서 세부에 있어 진실과 약간 차이가 있거나 다소 과장된 표현이 있더라도 무방하다.

㉣ 언론매체의 사실적시 명예훼손행위가 형법 제310조에 의해 처벌되지 않기 위해서는 적시된 사실은 반드시 진실해야 한다.

㉤ 형법 제310조에 정한 진실한 사실로서 오로지 공공의 이익에 해당하는지 여부는 행위자가 증명해야 한다.

① ㉠, ㉡, ㉣
② ㉠, ㉢, ㉣
③ ㉡, ㉢, ㉣
④ ㉡, ㉢, ㉤

해설

㉠ [X] 형법 제310조는 사실적시에 의한 명예훼손죄(제307조 제1항)에 대하여 적용되고, 모욕죄(제311조), 출판물에 의한 명예훼손죄(제309조), 허위사실적시 명예훼손죄(제307조 제2항) 및 정보통신망이용촉진 및 정보보호등에 관한 법률위반(명예훼손)죄에 대하여는 적용되지 않는다.

㉡ [X] 형법 제310조에서 '오로지 공공의 이익에 관한 때'라 함은 적시된 사실이 객관적으로 볼 때 공공의 이익에 관한 것으로서 행위자도 주관적으로 공공의 이익을 위하여 그 사실을 적시한 것이어야 하는 것인데, 여기의 공공의 이익에 관한 것에는 널리 국가·사회 기타 일반 다수인의 이익에 관한 것뿐만 아니라 특정한 사회집단이나 그 구성원 전체의 관심과 이익에 관한 것도 포함하는 것이다(대판 1998.10.9. 97도158).

㉢ [O] 대판 1999.10.22. 선고 99도3213 등

㉣ [X] 적시된 사실이 진실한 것이라는 증명이 없더라도 행위자가 진실한 것으로 믿었고 또 그렇게 믿을 만한 상당한 이유가 있는 경우에는 위법성이 없다(대판 1993.6.22. 92도3160). ☞ 형법 제307조 제1항의 명예훼손죄는 적시된 사실이 진실한 사실인 경우이든 허위의 사실인 경우이든 모두 성립될 수 있고, 특히 적시된 사실이 허위의 사실이라고 하더라도 행위자에게 허위성에 대한 인식이 없는 경우에는 제307조 제2항의 명예훼손죄가 아니라 제307조 제1항의 명예훼손죄가 성립될 수 있으므로(대판 2016도18024 등 참조), 위와 같은 이유로 제307조 제1항의 명예훼손죄의 구성요건에 해당하는 경우 형법 제310조가 적용되어 위법성이 조각될 수 있기 때문에 언론매체의 행위가 형법 제310조에 의하여 처벌되지 않기 위해서는 적시된 사실이 반드시 진실할 것을 요하지 않는다.

㉤ [O] 대판 1996.10.25. 95도1473

정답 ①

14 다음 사례 중 甲에게 모욕죄(또는 상관모욕죄)가 성립하는 것은? (다툼이 있는 경우 판례에 의함)

2022년 경찰2차

① 甲이 소속 노동조합 위원장 A를 '어용', '앞잡이' 등으로 지칭하여 표현한 현수막, 피켓 등을 장기간 반복하여 일반인의 왕래가 잦은 도로변 등에 게시한 경우
② 부사관 교육생 甲이 동기들과 함께 사용하는 단체채팅방에서 지도관 A가 목욕탕 청소 담당에게 과실 지적을 많이 한다는 이유로 "도라이 ㅋㅋㅋ 습기가 그렇게 많은데"라는 글을 게시한 경우
③ A주식회사 해고자 신분으로 노동조합 사무장직을 맡아 노조 활동을 하는 甲이 노사 관계자 140여 명이 있는 가운데 큰 소리로 자신보다 15세 연장자인 A회사 부사장 B를 향해 "야 ○○아, ○○이 여기 있네, 니 이름이 ○○이잖아, ○○아 나오니까 좋지?" 등으로 여러 차례 B의 이름을 부른 경우
④ 甲이 인터넷 포털 사이트의 'A추진운동본부'에 접속하여 '자칭 타칭 B 하면 떠오르는 키워드!!!'라는 제목의 게시글에 '공황장애 ㅋ'라는 댓글을 게시한 경우

해설

① **[O]** '어용'이란 자신의 이익을 위하여 권력자나 권력 기관에 영합하여 줏대 없이 행동하는 것을 낮잡아 이르는 말, '앞잡이'란 남의 사주를 받고 끄나풀 노릇을 하는 사람을 뜻하는 말로서 언제나 위 표현들이 지칭된 상대방에 대한 모욕에 해당한다거나 사회상규에 비추어 허용되지 않는 것은 아니지만, 제반 사정에 비추어 甲의 위 행위는 A에 대한 모욕적 표현으로서 사회상규에 위배되지 않는 행위로 보기 어렵다(대판 2021.9.9. 2016도88). ☞ 모욕죄 성립
② **[X]** 위 단체채팅방은 동기생들만 참여대상으로 하는 비공개채팅방으로 교육생 신분에서 가질 수 있는 불평불만을 토로하는 공간으로서의 역할을 하고 있었고, 교육생 상당수가 별다른 거리낌 없이 욕설을 포함한 비속어를 사용하고 대화하고 있었던 점, 당시 목욕탕 청소를 담당했던 다른 교육생들도 위 단체채팅방에서 피고인과 비슷한 불만을 토로하고 있었는데, 피고인의 위 표현은 단 1회에 그쳤고, 그 부분이 전체 대화내용에서 차지하는 비중도 크지 않은 점, (중략) 으로 인하여 군의 조직질서와 정당한 지휘체계가 문란하게 되었다고 보이지 않으므로, 이러한 행위는 사회상규에 위배되지 않는다고 보는 것이 타당하다(대판 2021.8.19. 2020도14576). ☞ 군형법위반(상관모욕)죄 위법성조각
③ **[X]** 피고인의 위 발언은 상대방을 불쾌하게 할 수 있는 무례하고 예의에 벗어난 표현이기는 하지만 객관적으로 을의 인격적 가치에 대한 사회적 평가를 저하시킬 만한 모욕적 언사에 해당하지 않는다(대판 2018.11.29. 2017도2661). ☞ 모욕죄 불구성
④ **[X]** 피고인이 댓글로 게시한 '공황장애 ㅋ'라는 표현이 상대방을 불쾌하게 할 수 있는 무례한 표현이기는 하나, 상대방의 인격적 가치에 대한 사회적 평가를 저하시킬 만한 표현에 해당한다고 보기는 어렵다(대판 2018.5.30. 2016도20890). ☞ 모욕죄 불구성

정답 ①

15 모욕죄에 관한 설명으로 적절한 것을 모두 고른 것은? (다툼이 있는 경우 판례에 의함)

2020년 제1차 경찰

> ㉠ 피고인이 방송국 홈페이지의 시청자 의견란에 작성·게시한 글 중 일부의 표현이 모욕적 언사에 해당될지라도 게시판에 올린 글을 전체적인 맥락에서 파악했을 때, 이로써 곧 사회 통념상 피해자의 사회적 평가를 저하시키는 내용의 경멸적 판단을 표시한 것으로 인정하기 어렵다면 「형법」 제20조의 사회상규에 위배되지 아니하는 행위로 봄이 상당하다.
> ㉡ 골프클럽 경기보조원들의 구직편의를 위해 제작된 인터넷 사이트 내 회원 게시판에 특정 골프클럽의 운영상 불합리성을 비난하는 글을 게시하면서 위 클럽담당자에 대하여 '한심하고 불쌍한 인간'이라는 등 경멸적 표현을 한 경우 모욕죄에 해당된다.
> ㉢ 모욕이란 사실을 적시하지 아니하고 사람의 사회적 평가를 저하시킬 만한 추상적 판단이나 경멸적 감정을 표현하는 것을 의미한다. 따라서 어떠한 표현이 상대방의 인격적 가치에 대한 사회적 평가를 저하시킬 만한 것이 아니라면 설령 그 표현이 다소 무례한 방법으로 표시되었다 하더라도 이를 두고 모욕죄의 구성요건에 해당한다고 볼 수 없다.
> ㉣ 임대아파트의 분양전환과 관련하여 임차인이 아파트 관리 사무소의 방송시설을 이용하여 임차인대표회의의 전임 회장을 비판하며 "전 회장의 개인적인 의사에 의하여 주택공사의 일방적인 견해에 놀아나고 있기 때문에"라고 한 표현은 '모욕'에 해당한다.

① ㉠, ㉡
② ㉠, ㉢
③ ㉡, ㉢
④ ㉢, ㉣

해설

㉠ [O] 피고인이 방송국 시사프로그램을 시청한 후 방송국 홈페이지의 시청자 의견란에 작성·게시한 글 중 특히, "그렇게 소중한 자식을 범법행위의 변명의 방패로 쓰시다니 정말 대단하십니다."는 등의 표현을 한 경우, 자신의 판단과 의견의 타당함을 강조하는 과정에서 부분적으로 그와 같은 표현을 사용한 것으로서 사회상규에 위배되지 않는다(대판 2003.11.28. 2003도3972). ☞ 모욕죄의 위법성 조각

㉡ [X] 게시의 동기와 경위, 모욕적 표현의 정도와 비중 등에 비추어 사회상규에 위배되지 않는다(대판 2008.7.10. 2008도1433). ☞ 모욕죄의 위법성 조각

㉢ [O] 어떠한 표현이 상대방의 인격적 가치에 대한 사회적 평가를 저하시킬 만한 것이 아니라면 설령 그 표현이 다소 무례하고 저속한 방법으로 표시되었다 하더라도 이를 모욕죄의 구성요건에 해당한다고 볼 수 없다(대판 2015.09.10. 2015도2229 판결 등).

> 입주자대표회의 감사인 甲이 아파트 관리소장인 乙의 업무처리 방식을 두고 언쟁을 하는 과정에서 甲이 乙에게 "야, 이 따위로 일할래."라고 말하자 乙이 "나이가 몇 살인데 반말을 하느냐"고 말하였고, 이에 甲이 "나이 처먹은 게 무슨 자랑이냐."라고 공연히 말한 경우(대판 2015.9.10. 2015도2229). ☞ 모욕죄 불성립

㉣ [X] 임대아파트의 분양전환과 관련하여 임차인이 아파트 관리사무소의 방송시설을 이용하여 임차인대표회의의 전임회장을 비판하며 "전 회장의 개인적인 의사에 의하여 주택공사의 일방적인 견해에 놀아나고 있기 때문에"라고 한 표현은 전체 문언상 모욕죄의 '모욕'에 해당하지 않는다(대판 2008.12.11. 2008도8917). ☞ 모욕죄 불성립

정답 ②

16 다음 사례 중 모욕죄의 구성요건에 해당하지 않는 사례 (A)와 모욕죄의 구성요건에 해당하지만 위법성이 조각된 사례 (B)를 옳게 묶은 것은? (다툼이 있는 경우 판례에 의함) 2021년 경찰간부

가. 택시 기사와 요금 문제로 시비가 벌어져 112 신고를 한 후, 신고를 받고 출동한 경찰관에게 늦게 도착한 데 대하여 항의하는 과정에서 "아이 씨발!"이라고 말한 경우
나. 피고인이 방송국 시사프로그램을 시청한 후 방송국 홈페이지의 시청자 의견란에 작성·게시한 글에서 "그렇게 소중한 자식을 범법행위 변명의 방패로 쓰시다니 정말 대단하십니다."라고 말한 경우
다. 골프클럽 경기보조원들의 인터넷 구직사이트 내 회원게시판에 특정 골프클럽의 운영상 불합리성을 비난하는 글을 게시하면서 위 클럽 담당자에 대하여 '한심하고 불쌍한 인간' 이라는 표현을 한 경우
라. 아파트 입주자대표회의 감사인 피고인이 아파트 관리소장의 업무처리에 항의하기 위해 관리소장실을 방문한 자리에서 언쟁을 하다가 "야, 이따위로 일할래", "나이 처먹은 게 무슨 자랑이냐"라고 말한 경우
마. 노동조합 사무장인 피고인이 노사 관계자 140여 명이 있는 가운데 피고인보다 15세 연장자인 회사 부사장에게 "야 ○○아, 니 이름이 ○○이잖아, ○○아 나오니까 좋지?" 등 반말로 여러 차례 이름을 부른 경우

	(A)	(B)
①	가, 다, 마	나, 라
②	가, 라, 마	나, 다
③	나, 다, 라	가, 마
④	다, 라, 마	가, 나

해설

가. (A) 항의하는 과정에서 "아이 씨발!"이라고 말한 경우, 제반 사정에 비추어 피고인의 발언은 직접적으로 피해자를 특정하여 그의 인격적 가치에 대한 사회적 평가를 저하시킬 만한 경멸적 감정을 표현한 모욕적 언사에 해당한다고 단정하기 어렵다(대판 2015.12.24. 2015도6622). ☞ 모욕죄의 구성요건해당성 없음

나. (B) "그렇게 소중한 자식을 범법행위의 변명의 방패로 쓰시다니 정말 대단하십니다."는 등의 표현은 그 게시글 전체를 두고 보더라도, 그 출연자인 피해자에 대한 사회적 평가를 훼손할 만한 모욕적 언사에 해당하지만, (중략) 자신의 의견을 개진하고, 피해자에게 자신의 의견에 대한 반박이나 반론을 구하면서, 자신의 판단과 의견의 타당함을 강조하는 과정에서 부분적으로 그와 같은 표현을 사용한 것으로서 사회상규에 위배되지 않는다고 봄이 상당하다(대판 2003.11.28. 2003도3972). ☞ 모욕죄의 위법성 조각

다. (B) 클럽담당자에 대하여 '한심하고 불쌍한 인간'이라는 등 경멸적 표현을 한 경우, 게시의 동기와 경위, 모욕적 표현의 정도와 비중 등에 비추어 사회상규에 위배되지 않는다(대판 2008.7.10. 2008도1433). ☞ 모욕죄의 위법성 조각

라. (A) 피고인의 발언은 상대방을 불쾌하게 할 수 있는 무례하고 저속한 표현이기는 하지만 객관적으로 관리소장의 인격적 가치에 대한 사회적 평가를 저하시킬 만한 모욕적 언사에 해당하지 않는다(대판 2015.9.10. 2015도2229). ☞ 모욕죄의 구성요건해당성 없음

마. (A) 피고인의 위 발언은 상대방을 불쾌하게 할 수 있는 무례하고 예의에 벗어난 표현이기는 하지만 객관적으로 회사 부사장의 인격적 가치에 대한 사회적 평가를 저하시킬 만한 모욕적 언사에 해당하지 않는다(대판 2018.11.29. 2017도2661). ☞ 모욕죄의 구성요건해당성 없음

정답 ②

17 업무방해죄에 대한 설명으로 가장 적절하지 않은 것은? (다툼이 있는 경우 판례에 의함)

2021년 제2차 경찰

① 다른 사람이 작성한 논문을 자신의 단독 혹은 공동으로 작성한 논문인 것처럼 학술지에 제출하여 발표한 논문연구실적을 부교수 승진심사 서류에 포함하여 제출하였지만, 당해 논문을 제외한 다른 논문만으로도 부교수 승진 요건을 월등히 충족하고 있었다면 위계에 의한 업무방해죄가 성립하지 아니한다.
② 주한외국영사관에 비자발급을 신청함에 있어 신청인이 제출한 허위의 자료 등에 대하여 업무담당자가 충분히 심사하였으나 신청사유 및 소명자료가 허위임을 발견하지 못하여 그 신청을 수리하게 된 경우에는 위계에 의한 업무방해죄가 성립한다.
③ 석사학위 논문작성자가 지도교수의 지도에 따라 논문의 제목, 주제, 목차 등을 직접 작성하였다고 하더라도, 타인에게 전체 논문의 초안작성을 의뢰하고, 그에 따라 작성된 논문의 내용에 약간의 수정만을 가하여 제출한 경우에는 위계에 의한 업무방해죄가 성립한다.
④ 시험의 출제위원이 문제를 선정하여 시험실시자에게 제출하기 전에 이를 유출하였다고 하더라도 이는 위계를 사용하여 시험실시자의 업무를 방해하는 행위가 아니라 그 준비단계에 불과하고, 그 후 유출된 문제가 시험실시자에게 제출되지도 아니하였다면 시험실시 업무가 방해될 추상적인 위험조차도 없어 위계에 의한 업무방해죄가 성립하지 아니한다.

해설

① **[X]** 당해 논문을 제외한 다른 논문만으로도 부교수 승진 요건을 월등히 충족하고 있었다는 등의 사정만으로는 승진심사 업무의 적정성이나 공정성을 해할 위험성이 없었다고 단정할 수 없으므로, 위계에 의한 업무방해죄를 구성한다(대판 2009.9.10. 2009도4772).
② **[O]** 그 수리 여부를 결정하는 업무담당자가 관계 규정이 정한 바에 따라 그 요건의 존부에 관하여 나름대로 충분히 심사를 하였으나 신청사유 및 소명자료가 허위임을 발견하지 못하여 그 신청을 수리하게 될 정도에 이르렀다면 이는 업무담당자의 불충분한 심사가 아니라 신청인의 위계행위에 의하여 업무방해의 위험성이 발생된 것이어서 이에 대하여 위계에 의한 업무방해죄가 성립된다(대판 2004.3.26. 2003도7927).
③ **[O]** 비록 논문작성자가 지도교수의 지도에 따라 논문의 제목, 주제, 목차 등을 직접 작성하였다고 하더라도 자료를 분석, 정리하여 논문의 내용을 완성하는 일의 대부분을 타인에게 의존하였다면 그 논문은 논문작성자가 주체적으로 작성한 논문이 아니라 타인에 의하여 대작된 것이라고 보아야 한다(대판 1996.7.30. 94도2708).
④ **[O]** 대판 1999.12.10. 99도3487

정답 ①

18 다음 중 판례가 업무방해죄를 인정한 경우는 모두 몇 개인가? 2015년 경찰간부 변형

㉠ 도로관리청으로부터 권한을 위임받아 과적단속 업무를 담당하는 피해자의 적재량 재측정을 거부하면서, 재측정의 목적으로 피고인의 차량에 올라탄 피해자를 그대로 둔 채 차량을 진행한 사안
㉡ 의료인이나 의료법인이 아닌 자가 의료기관을 개설하여 운영하는 행위를 방해한 경우
㉢ 폭력조직 간부인 피고인이 조직원들과 공모하여 甲이 운영하는 성매매업소 앞에 속칭 '병풍'을 치거나 차량을 주차해 놓는 등 위력으로써 업무를 방해한 경우
㉣ 법원의 직무집행정지 가처분결정에 의하여 그 직무집행이 정지된 자가 법원의 결정에 반하여 직무를 수행함으로써 업무를 계속 행하는 것을 방해한 경우
㉤ 백화점 입주상인들이 영업을 하지 않고 매장 내에서 점거 농성만을 하면서 매장 내의 기존의 전기시설에 임의로 전선을 연결하여 각종 전열기구를 사용함으로써 화재위험이 높아 백화점 경영회사의 대표이사인 피고인이 부득이 단전조치를 취한 경우
㉥ 주차장이 원래 소유자이었던 乙로부터 丙, 丁, 戊에게 순차 임대 또는 전대되어 戊가 주차장을 운영해 오고 있었는데, 정당한 소유자로부터 위 주차장을 새로 임대받은 甲이 戊의 주차장 영업을 방해한 경우

① 1개 ② 2개
③ 3개 ④ 4개

해설

㉠ **(X)** 도로관리청 또는 그로부터 권한을 위임받아 과적차량 단속을 위한 적재량 측정의 업무를 수행하는 자라고 하더라도, 적재량 측정을 강제할 수 있는 법령상의 근거가 없는 한, 측정에 불응하는 자를 고발하는 것은 별론으로 하고, 측정을 강제하기 위한 조치를 취할 권한은 없으므로, 이를 강제하기 위하여 피해자가 차량에 올라탄 행위는 정당한 업무집행이라고 볼 수 없다(대판 2010.6.10. 2010도935). ☞ 업무방해죄 불성립
㉡ **(X)** 대판 2001.11.30. 2001도2015
㉢ **(X)** 성매매업소 운영업무는 업무방해죄의 보호대상인 업무라고 볼 수 없다(대판 2011.10.13. 2011도7081). ☞ 업무방해죄 불성립
㉣ **(X)** 그 업무는 국법질서와 재판의 존엄성을 무시하는 것으로서 사실상 평온하게 이루어지는 사회적 활동의 기반이 되는 것이라 할 수 없고, 비록 그 업무가 반사회성을 띠는 경우라고까지는 할 수 없다고 하더라도 법적 보호라는 측면에서는 그와 동등한 평가를 받을 수밖에 없으므로, 그 업무자체는 법의 보호를 받을 가치를 상실하였다(대판 2002.8.23. 2001도5592). ☞ 업무방해죄 불성립
㉤ **(X)** 그 단전조치 당시 보호받을 업무가 존재하지 않았을 뿐만 아니라 화재예방 등 건물의 안전한 유지 관리를 위한 정당한 권한 행사의 범위 내의 행위에 해당한다(대판 1995.6.30. 94도3136). ☞ 업무방해죄 불성립
㉥ **(O)** 설령 甲이 정당한 소유자로부터 위 주차장을 새로 임대받았다고 하더라도, 甲이 적법절차에 따라 권리를 확보하고 보호받는 것은 별론으로 하고, 甲이 다른 특별한 사정없이 戊의 주차장 영업을 방해한 행위는 업무방해죄에 해당한다(대판 2008.3.14. 2007도11181).

정답 ①

19 다음 중 「형법」 제314조 제1항의 업무방해죄에서 보호되는 업무에 해당하는 것은 모두 몇 개인가? (다툼이 있으면 판례에 의함)

2016년 제2차 경찰, 2014경찰간부 변형

㉠ 의료인이나 의료법인이 아닌 자가 의료기관을 개설하여 운영하는 행위
㉡ 초등학생들이 학교에 등교하여 교실에서 수업을 듣는 것
㉢ 종중 정기총회를 주재하는 종중 회장의 의사진행업무
㉣ 9시 이전에 출근하여 9시에 업무를 시작할 수 있도록 준비하는 행위
㉤ 주식회사의 주주가 주주총회에서 의결권을 행사하는 행위
㉥ 시장이 매년 직무상 행하는 연초의 기자회견

① 1개 ② 2개
③ 3개 ④ 4개

해설

㉠ **[X]** 의료인이나 의료법인이 아닌 자가 의료기관을 개설하여 운영하는 행위는 그 위법의 정도가 중하여 사회생활상 도저히 용인될 수 없는 정도로 반사회성을 띠고 있으므로 업무방해죄의 보호대상이 되는 '업무'에 해당하지 않는다(대판 2001.11.30. 2001도2015).

㉡ **[X]** 초등학생들이 학교에 등교하여 교실에서 수업을 듣는 것은 헌법 제31조가 정하고 있는 무상으로 초등교육을 받을 권리 및 초·중등교육법 제12, 13조가 정하고 있는 국가의 의무교육 실시의무와 부모들의 취학의무 등에 기하여 학생들 본인의 권리를 행사하는 것이거나 국가 내지 부모들의 의무를 이행하는 것에 불과할 뿐 그것이 '직업 기타 사회생활상의 지위에 기하여 계속적으로 종사하는 사무 또는 사업'에 해당한다고 할 수 없다(대판 2013.06.14. 2013도3829).

㉢ **[O]** 종중 정기총회를 주재하는 종중 회장의 의사진행업무 자체는 1회성을 갖는 것이라고 하더라도 그것이 종중 회장으로서의 사회적인 지위에서 계속적으로 행하여 온 종중 업무수행의 일환으로 행하여진 것이라면, 그와 같은 의사진행업무도 형법 제314조 소정의 업무방해죄에 의하여 보호되는 업무에 해당한다(대판 1995.10.12. 95도1589).

㉣ **[O]** 단체협약에 따른 공사 사장의 지시로 09 : 00 이전에 출근하여 업무준비를 한 후 09 : 00부터 근무를 하도록 되어 있음에도 피고인이 쟁의행위의 적법한 절차를 거치지도 아니한 채 조합원들로 하여금 집단으로 09 : 00 정각에 출근하도록 지시를 하여 이에 따라 수백, 수천 명의 조합원들이 집단적으로 09 : 00 정각에 출근함으로써 전화고장수리가 지연되는 등으로 위 공사의 업무수행에 지장을 초래하였다면 (중략), 정당한 쟁의행위의 한계를 벗어난 것이다(대판 1996.5.10. 96도419). ☞ 업무방해죄 성립

㉤ **[X]** 주주로서 주주총회에서 의결권 등을 행사하는 것은 주식의 보유자로서 그 자격에서 권리를 행사하는 것에 불과할 뿐 그것이 '직업 기타 사회생활상의 지위에 기하여 계속적으로 종사하는 사무 또는 사업'에 해당한다고 할 수 없다(대판 2004.10.28. 2004도1256).

㉥ **[X]** 마산시장 乙과 STX 중공업 회사 관계자 등이 'STX 조선소 유치 확정'에 관한 기자회견을 하려고 하자, 피고인이 위력으로써 마산시청 1층 브리핑룸 및 중회의실 출입구를 봉쇄하여 시장 乙 등의 기자회견 업무를 방해한 경우, 마산시장 乙의 기자회견 업무에 대한 업무방해죄는 성립하지 않는다(대판 2011.7.28. 2009도11104). ☞ 시장의 기자회견은 '공무'에 해당하므로 업무방해죄의 업무에 해당하지 않음

정답 ②

20 업무방해죄에 대한 설명으로 옳지 않은 것은? (다툼이 있는 경우 판례에 의함)   2021년 경찰간부

① 업무방해죄에 있어서 그 보호대상이 되는 '업무'라 함은 타인의 위법한 행위에 의한 침해로부터 보호할 가치가 있는 것이면 되고, 그 업무의 기초가 된 계약 또는 행정행위 등이 반드시 적법하여야 하는 것은 아니다.

② 업무방해죄의 보호대상이 되는 '업무'란 타인의 위법한 침해로부터 형법상 보호할 가치가 있는 것이어야 하므로, 어떤 사무나 활동 자체가 위법의 정도가 중하여 사회생활상 용인 될 수 없는 정도로 반사회성을 띠는 경우에는 업무방해죄의 보호대상이 되는 '업무'에 해당한다고 볼 수 없다.

③ 업무방해죄의 성립에는 업무방해의 결과가 실제로 발생함을 요하지 않고 업무방해의 결과를 초래할 위험이 발생하면 족하며, 업무수행 자체가 아니라 업무의 적정성 내지 공정성이 방해된 경우에는 업무방해죄가 성립한다고 볼 수 없다.

④ 업무방해죄에 있어서의 '위계'라 함은 행위자의 행위목적을 달성하기 위하여 상대방에게 오인·착각 또는 부지를 일으키게 하여 이를 이용하는 것을 말하므로, 인터넷 자유게시판 등에 실제의 객관적인 사실을 게시하는 행위는 설령 그로 인하여 피해자의 업무가 방해된다고 하더라도 업무방해죄의 '위계'에 해당하지 않는다.

해설

① **(O)** 대판 1991.6.28. 91도944 등

② **(O)** 법원의 직무집행정지 가처분결정에 의하여 그 직무집행이 정지된 자가 법원의 결정에 반하여 직무를 수행함으로써 업무를 계속 행하는 경우 그 업무는 국법질서와 재판의 존엄성을 무시하는 것으로서 사실상 평온하게 이루어지는 사회적 활동의 기반이 되는 것이라 할 수 없고, 비록 그 업무가 반사회성을 띠는 경우라고까지는 할 수 없다고 하더라도 법적 보호라는 측면에서는 그와 동등한 평가를 받을 수밖에 없으므로, 그 업무자체는 법의 보호를 받을 가치를 상실하였다고 하지 않을 수 없어 업무방해죄에서 말하는 업무에 해당하지 않는다(대판 2002.8.23. 2001도5592).

③ **(X)** [1] 위계에 의한 업무방해에서 '위계'란 행위자가 행위목적을 달성하기 위하여 상대방에게 오인·착각 또는 부지를 일으키게 하여 이를 이용하는 것을 말하고, 업무방해죄의 성립에는 업무방해의 결과가 실제로 발생함을 요하지 않고 업무방해의 결과를 초래할 위험이 발생하면 족하며, 업무수행 자체가 아니라 업무의 적정성 내지 공정성이 방해된 경우에도 업무방해죄가 성립한다.

[2] 수산업협동조합의 신규직원 채용에 응시한 甲과 乙이 필기시험에서 합격선에 못 미치는 점수를 받게 되자, 채점업무 담당자들이 조합장인 피고인의 지시에 따라 점수조작행위를 통하여 이들을 필기시험에 합격시킴으로써 필기시험 합격자를 대상으로 하는 면접시험에 응시할 수 있도록 한 경우, 위 점수조작행위에 공모 또는 양해하였다고 볼 수 없는 일부 면접위원들이 조합의 신규직원 채용업무로서 수행한 면접업무는 위 점수조작행위에 의하여 방해되었다고 보아야 한다(대판 2010.3.25. 2009도8506). ☞ 업무방해교사죄 성립

④ **(O)** 인터넷 자유게시판 등에 '실제의 객관적인 사실'을 게시하는 행위는, 설령 그로 인하여 피해자의 업무가 방해된다고 하더라도, 위 법조항 소정의 '위계'에 해당하지 않는다(대판 2007.6.29. 2006도3839).

정답 ③

21

다음 설명 중 가장 옳지 않은 것은? (다툼이 있으면 판례에 의함) 2008년 2015년 경찰 2018년 법원직 변형

① 위력으로써 공무원의 직무집행을 방해하는 경우 업무방해죄가 성립하지 아니한다.
② 파업에 이르게 된 전후 사정과 경위 등에 비추어, 파업이 전격적으로 이루어져 사용자의 사업운영에 심대한 혼란 내지 막대한 손해를 초래할 위험이 있는 등의 사정으로 사용자의 사업계속에 관한 자유의사가 제압·혼란될 수 있다고 평가할 수 있는 경우 비로소 그러한 집단적 노무 제공의 거부도 위력에 해당하여 업무방해죄를 구성한다.
③ 시험의 출제위원이 문제를 선정하여 시험실시자에게 제출하기 전에 이를 유출하였다면, 그 후 유출된 문제가 시험실시자에게 제출되지 아니하였더라도 업무방해죄가 성립한다.
④ 甲 정당의 국회의원 비례대표 후보자 추천을 위한 당내 경선과정에서 피고인들이 선거권자들로부터 인증번호만을 전달받은 뒤 그들 명의로 특정 후보자에게 전자투표를 하였다면 업무방해죄가 성립한다.

해설

① **[O]** 형법이 업무방해죄와는 별도로 공무집행방해죄를 규정하고 있는 것은 사적 업무와 공무를 구별하여 공무에 관해서는 공무원에 대한 폭행, 협박 또는 위계의 방법으로 그 집행을 방해하는 경우에 한하여 처벌하겠다는 취지라고 보아야 한다. 따라서 공무원이 직무상 수행하는 공무를 방해하는 행위에 대해서는 업무방해죄로 의율할 수는 없다고 해석함이 타당하다'(대판 2009.11.19. 2009도4166 전원합의체).
② **[O]** 대판 2011.3.17. 2007도482 전원합의체
③ **[X]** 유출된 문제가 시험실시자에게 제출되지 않았다면 그러한 문제유출로 인해 시험실시업무가 방해될 추상적 위험조차 있다고 할 수 없으므로 업무방해죄는 성립하지 않는다(대판 1999.12.10. 99도3487).
④ **[O]** 컴퓨터 등 정보처리장치에 정보를 입력하는 등의 행위가 그 입력된 정보 등을 바탕으로 업무를 담당하는 사람의 오인, 착각 또는 부지를 일으킬 목적으로 행해진 경우에는 그 행위가 업무를 담당하는 사람을 직접적인 대상으로 이루어진 것이 아니라고 하여 위계가 아니라고 할 수는 없다(대판 2013.11.28. 2013도5117). ☞ 위계로써 정당의 경선관리 업무를 방해한 업무방해죄 성립

정답 ③

22 다음 중 위계에 의한 업무방해를 인정한 경우만으로 짝지어 놓은 것은? (다툼이 있는 경우 판례에 의함)

2016년 경찰간부

㉠ 정당 국회의원 비례대표 후보자 추천을 위한 당내 경선과정에서 피고인들이 선거권자들로부터 인증번호를 전달받은 뒤 그들 명의로 특정후보자에게 전자투표를 하는 행위
㉡ 대학교 시간강사 임용과 관련하여 허위의 학력이 기재된 이력서만을 제출한 경우, 임용심사 업무담당자가 불충분한 심사로 인하여 허위학력이 기재된 이력서를 믿은 경우
㉢ 방송국 프로듀서 등 피고인들이 특정 프로그램 방송보도를 통하여 미국산 쇠고기는 광우병 위험성이 매우 높은 위험한 식품이고 우리나라 사람들이 유전적으로 광우병에 몹시 취약하다는 취지의 보도를 한 경우
㉣ 고속도로 통행요금징수 기계화시스템의 성능에 대한 한국 도로공사의 현장평가시에 각종 소형화물차 16대의 타이어 공기압을 낮추어 접지면을 증가시킨 후 톨게이트를 통과시킨 행위

① ㉠, ㉣
② ㉠, ㉢
③ ㉡, ㉣
④ ㉢, ㉣

해설

㉠ [O] 당내 경선에도 직접·평등·비밀투표 등 일반적인 선거원칙이 그대로 적용되고 대리투표는 허용되지 않는다(대판 2013.11.28. 2013도5117). ☞ 위계에 의한 업무방해죄 성립
㉡ [X] 임용심사업무 담당자가 불충분한 심사로 인하여 허위 학력이 기재된 이력서를 믿은 것이므로 위계에 의한 업무방해죄를 구성하지 않는다(대판 2009.01.30. 2008도6950).
㉢ [X] 방송보도의 전체적인 취지와 내용이 미국산 쇠고기의 식품 안전성 문제 및 쇠고기 수입 협상의 문제점을 지적하고 협상체결과 관련한 정부 태도를 비판한 것이라는 전제에서, 피고인들에게 업무방해의 고의가 있었다고 볼 수 없다(대판 2011.09.02. 2010도17237).
㉣ [O] 피고인들의 행위는 위계를 사용하여 한국도로공사의 현장시험업무에 지장을 줄 위험을 발생케 한 것으로서, 이에 의하여 실지로 업무방해의 결과가 발생하였는지 여부에 상관없이 업무방해죄를 구성함에 충분하다(대판 1994.06.14. 93도288). ☞ 위계에 의한 업무방해죄 성립

정답 ①

23 다음 설명 중 가장 적절하지 않은 것은? (다툼이 있는 경우 판례에 의함) 2013년 제1차 경찰

① 임대인이 임차인의 물건을 임의로 철거·폐기할 수 있다는 임대차계약 조항에 따라 임대인인 피고인이 간판업자를 동원하여 임차인인 피해자가 영업 중인 식당 점포의 간판을 철거하고 출입문을 봉쇄하는 등의 행위는 위력을 사용하여 피해자의 업무를 방해한 행위에 해당한다.
② 대학의 컴퓨터 시스템 서버를 관리하던 자가 전보발령을 받아 더 이상 웹서버를 관리·운영할 권한이 없는 상태에서 그 웹서버에 접속하여 홈페이지 관리자의 아이디와 비밀번호를 함부로 변경한 행위는 피해 대학에 업무방해의 위험을 초래하는 행위에 해당하여 컴퓨터 등 장애 업무방해죄가 성립한다.
③ 신규직원 채용권한을 가지고 있는 지방공사 사장이 시험업무 담당자들에게 지시하여 상호 공모 내지 양해 하에 시험성적조작 등의 부정한 행위를 한 경우 법인인 공사에게 신규직원 채용업무와 관련하여 오인·착각 또는 부지를 일으키게 한 것이 아니므로 업무방해죄에 해당하지 않는다.
④ 임대인 甲으로부터 건물을 임차하여 학원을 운영하던 피고인이 건물을 인도한 이후에도 자신 명의로 된 학원설립등록을 말소하지 않고 휴원신고를 연장함으로써 새로운 임차인 乙이 그 건물에서 학원설립등록을 하지 못하도록 한 경우 업무방해죄가 성립한다.

해설

② **[O]** 정보처리장치를 관리 운영할 권한이 없는 자가 그 정보처리장치에 입력되어 있던 관리자의 아이디와 비밀번호를 무단으로 변경하는 행위는 정보처리장치에 부정한 명령을 입력하여 정당한 아이디와 비밀번호로 정보처리장치에 접속할 수 없게 만드는 행위로서 정보처리에 장애를 현실적으로 발생시킬 뿐 아니라 이로 인하여 업무방해의 위험을 초래할 수 있으므로, 컴퓨터 등 장애 업무방해죄를 구성한다(대판 2006.3.10. 2005도382).
③ **[O]** 법인인 공사에게 신규직원 채용업무와 관련하여 오인·착각 또는 부지를 일으키게 한 것이 아니므로, 위계에 해당하지 않는다(대판 2007.12.27. 2005도6404).
④ **[X]** 피고인의 휴원연장신고와 乙이 학원설립등록을 하지 못한 점 사이에 인과관계가 있다고 단정하기 어렵고, 甲의 행위가 丙의 자유의사를 제압·혼란케 할 정도의 위력에 해당한다고 보기 어렵다(대판 2010.11.25. 2010도9186). ☞ 위력에 의한 업무방해죄 불성립

정답 ④

24 업무방해죄에 대한 설명이다. 아래 ㉠부터 ㉡까지의 설명 중 옳고 그름의 표시(O, X)가 바르게 된 것은? (다툼이 있는 경우 판례에 의함) 2019년 경찰승진

㉠ 업무방해죄의 성립에는 업무방해의 결과가 실제로 발생함을 요하지 않고 업무방해의 결과를 초래할 위험이 발생하는 것이면 족하며, 업무수행 자체가 아니라 업무의 적정성 내지 공정성이 방해된 경우에도 업무방해죄가 성립한다.
㉡ 임대인 甲으로부터 건물을 임차하여 학원을 운영하던 피고인이 건물을 인도한 이후에도 자신 명의로 된 학원설립등록을 말소하지 않고 휴원신고를 연장함으로써 새로운 임차인 乙이 그 건물에서 학원설립등록을 하지 못하도록 한 경우, 위력에 의한 업무방해죄가 성립하지 아니한다.
㉢ 컴퓨터 등 정보처리장치에 정보를 입력하는 등의 행위가 그 입력된 정보 등을 바탕으로 업무를 담당하는 사람의 오인, 착각 또는 부지를 일으킬 목적으로 행해진 경우 그 행위가 업무를 담당하는 사람을 직접적인 대상으로 이루어진 것이 아니라면 위계에 의한 업무방해죄가 성립하지 아니한다.
㉣ 인터넷 자유게시판 등에 실제의 객관적인 사실을 게시하더라도 그로 인하여 피해자의 업무가 방해된 경우에는 「형법」 제314조 제1항 소정의 위계에 의한 업무방해죄에 있어서의 '위계'에 해당한다.

① ㉠(X), ㉡(X), ㉢(O), ㉣(O)
② ㉠(O), ㉡(X), ㉢(O), ㉣(X)
③ ㉠(O), ㉡(O), ㉢(X), ㉣(O)
④ ㉠(O), ㉡(O), ㉢(X), ㉣(X)

해설

㉠ **[O]** 대판 2010.3.25. 2009도8506
㉡ **[O]** 피고인의 휴원연장신고와 乙이 학원설립등록을 하지 못한 점 사이에 인과관계가 없다(대판 2010.11.25. 2010도9186). ☞ 업무방해죄 불성립
㉢ **[X]** A 정당의 제19대 국회의원 비례대표 후보자 추천을 위한 당내 경선과정에서 피고인들이 선거권자들로부터 인증번호만을 전달받은 뒤 그들 명의로 특정 후보자에게 전자투표를 한 경우, 컴퓨터 등 정보처리장치에 정보를 입력하는 등의 행위가 그 입력된 정보 등을 바탕으로 업무를 담당하는 사람의 오인, 착각 또는 부지를 일으킬 목적으로 행해진 경우에는 그 행위가 업무를 담당하는 사람을 직접적인 대상으로 이루어진 것이 아니라고 하여 위계가 아니라고 할 수는 없다(대판 2013.11.28. 2013도4178). ☞ A 정당의 경선관리 업무에 대하여 위계에 의한 업무방해죄 성립
㉣ **[X]** 위계에 의한 업무방해죄에 있어서의 '위계'라 함은 행위자의 행위목적을 달성하기 위하여 상대방에게 오인·착각 또는 부지를 일으키게 하여 이를 이용하는 것을 말하므로, 인터넷 자유게시판 등에 실제의 '객관적인 사실'을 게시하는 행위는, 설령 그로 인하여 피해자의 업무가 방해된다고 하더라도, 위 법조항 소정의 '위계'에 해당하지 않는다(대판 2007.6.29. 2006도3839).

정답 ④

25. 다음 설명 중 옳은 것은 모두 몇 개인가? (다툼이 있는 경우 판례에 의함) 〈2019년 경찰간부〉

㉠ 어장의 대표자가 후임자에게 어장에 대한 허위채권을 주장하면서 인장의 인도를 거절한 경우 위계에 의한 업무방해죄를 구성한다.
㉡ 피해자가 시장번영회를 상대로 잦은 진정을 하고 협조를 하지 않는다는 이유로 시장번영회의 총회결의에 의하여 피해자 소유점포에 대하여 정당한 권한 없이 단전조치를 한 경우 위력에 의한 업무방해죄를 구성한다.
㉢ 인터넷 카페의 운영진인 피고인들이 카페회원들과 공모하여, 특정신문들에 광고를 게재하는 광고주들에게 불매운동의 일환으로 지속적·집단적 항의전화를 하거나 항의글을 게시하는 등의 방법으로 광고 중단을 압박한 경우, 신문사들에 대한 위력에 의한 업무방해죄를 구성한다.
㉣ 포털사이트 운영회사의 통계집계시스템 서버에 허위의 클릭정보를 전송하여 검색순위결정 과정에서 위와 같이 전송된 허위의 클릭정보가 실제로 통계에 반영됨으로써 정보처리에 장애가 현실적으로 발생하였다면, 그로 인하여 실제로 검색순위의 변동을 초래하지는 않았다고 하더라도 컴퓨터등장애업무방해죄가 성립한다.

① 1개   ② 2개
③ 3개   ④ 4개

해설

㉠ **[X]** 어장의 대표자였던 피고인이 어장측에 대한 허위의 채권을 주장하면서 후임대표자에게 그 인장을 인도하기를 거절함으로써 후임대표자가 만기도래한 어장소유의 수산업협동조합 예탁금을 인출하지 못하였고 어장소유 선박의 검사를 받지 못한 결과를 초래하였다 하여, 피고인의 위 허위주장을 가리켜 허위사실을 유포하거나 기타 위계로써 타인의 업무를 방해한 경우에 해당한다고는 할 수 없다(대판 1984.7.10. 84도638). ☞ 업무방해죄 불성립
㉡ **[O]** 대판 1983.11.8. 83도1798
㉢ **[X]** 업무방해죄의 위력은 원칙적으로 피해자에게 행사되어야 하므로, 그 위력 행사의 상대방이 피해자가 아닌 제3자인 경우 그로 인하여 피해자의 자유의사가 제압될 가능성이 직접적으로 발생함으로써 이를 실질적으로 피해자에 대한 위력의 행사와 동일시할 수 있는 특별한 사정이 있는 경우가 아니라면 피해자에 대한 업무방해죄가 성립한다고 볼 수 없다(대판 2013.3.14. 2010도410). ☞ 피고인들의 행위는 '광고주들'에 대한 관계에서 위력에 해당하는 반면, 광고주들에 대한 위력의 행사가 곧바로 '신문사들'에 대한 위력의 행사로 볼 수 없다는 취지
㉣ **[O]** 컴퓨터 등 장애 업무방해죄가 성립하기 위해서는 가해행위 결과 정보처리장치가 그 사용목적에 부합하는 기능을 하지 못하거나 사용목적과 다른 기능을 하는 등 정보처리에 장애가 현실적으로 발생하였을 것을 요하나, 정보처리에 장애를 발생하게 하여 업무방해의 결과를 초래할 위험이 발생한 이상, 나아가 업무방해의 결과가 실제로 발생하지 않더라도 위 죄가 성립한다. 따라서 위와 같이 전송된 허위의 클릭정보가 실제로 통계에 반영됨으로써 정보처리에 장애가 현실적으로 발생하였다면, 그로 인하여 실제로 검색순위의 변동을 초래하지는 않았다 하더라도 컴퓨터 등 장애 업무방해죄가 성립한다(대판 2009.4.9. 2008도11978).

정답 ②

26 업무와 경매에 관한 죄의 설명 중 가장 적절한 것은? (다툼이 있는 경우 판례에 의함) 2022년 경찰2차

① 甲이 서울특별시 도시철도공사가 발주한 시각장애인용 음성유도기 제작설치 입찰에 관한 담합에 가담하기로 하였다가 자신이 낙찰 받기 위하여 당초의 합의에 따르지 아니한 채 원래 낙찰받기로 한 특정업체보다 저가로 입찰한 경우, 비록 입찰의 공정을 해할 우려가 있었으나 실제 입찰의 공정을 해하지 아니하였기에 甲에게는 입찰방해죄가 성립하지 아니한다.
② 甲이 일부 입찰참가자들과 가격을 합의하고, 낙찰이 되면 특정 업체가 모든 공사를 하기로 합의하는 등 담합하여 투찰행위를 한 경우, 그 투찰에 참여한 업체의 수가 많아서 실제로 가격형성에 부당한 영향을 주지 않았다면 甲에게는 입찰방해죄가 성립하지 아니한다.
③ 한국토지공사 지역본부가 중고자동차매매단지를 분양하기 위하여 유자격 신청자들을 대상으로 무작위 공개추첨하여 1인의 수분양자를 선정하는 절차를 진행함에 있어, 신청자격이 없는 甲이 총 12인의 신청자 중 9인과 맺은 합작투자의 약정에 따라 그 신청자의 자격과 명의를 빌려 당첨확률을 약 75%까지 인위적으로 높여 분양을 신청한 경우, 분양업무의 적정성과 공정성 등을 방해하는 행위라고 볼 수 있어 甲에게는 입찰방해죄가 성립한다.
④ 甲과 乙이 공모하여, 甲은 A고등학교의 학생 丙이 약 10개월 동안 총 84시간의 봉사활동을 한 것처럼 허위로 기재된 봉사 활동확인서를 발급받아 乙에게 교부하고, 乙은 이를 丙의 담임교사를 통하여 A학교에 제출하여 丙이 학교장 명의의 봉사상을 수상하게 한 경우, 甲과 乙에게는 업무방해죄가 성립한다.

해설

① (X) 이러한 일부 입찰자의 행위는 위와 같은 담합을 이용하여 낙찰을 받은 것이라는 점에서 적법하고 공정한 경쟁방법을 해한 것이 되고, 따라서 이러한 일부 입찰자의 행위 역시 입찰방해죄에 해당한다(대판 2010.10.14. 2010도4940). ☞ 입찰방해죄 성립
② (X) 이는 '적법하고 공정한 경쟁방법'을 해하는 행위로서 입찰의 공정을 해하는 경우에 해당하며, 결과적으로 위 투찰에 참여한 업체의 수가 많아서 실제로 가격형성에 부당한 영향을 주지 않았다고 하더라도 입찰방해죄가 성립한다(대판 2009.5.14. 2008도11361).
③ (X) 추첨방식의 분양절차는 입찰절차에 해당하지 않고, 피고인이 분양절차에 참가한 것은 9인의 신청자와 맺은 합작투자의 약정에 따른 것으로서 분양업무의 주체인 한국토지공사가 예정하고 있던 범위 내의 행위이므로, 추첨방식의 분양업무의 적정성과 공정성 등을 방해하는 행위라고 볼 수 없다(대판 2008.5.29. 2007도5037). ☞ 입찰방해죄 및 업무방해죄 모두 불성립
④ (O) A 학교의 봉사상 심사 및 선정 업무는 봉사활동확인서의 내용이 사실과 부합하지 않을 수 있음을 전제로 봉사상 수상의 자격요건 등을 심사·판단하는 업무라고 볼 수 없는 점 등의 사정을 종합하면, 이와 다른 전제에서 봉사상 수상자 선정은 A 학교 업무담당자의 불충분한 심사에 기인한 것으로서 피고인들의 위계가 업무방해의 위험성을 발생시켰다고 할 수 없다고 보아 피고인들에게 무죄를 선고한 원심의 판단에 업무방해죄의 성립에 관한 법리오해의 위법이 있다고 한 사례(대판 2020.9.24. 2017도19283). ☞ 업무방해죄 성립

정답 ④

27 경매·입찰방해죄에 관한 설명으로 가장 적절하지 않은 것은? (다툼이 있는 경우 판례에 의함)

2020년 제1차 경찰

① 경매·입찰방해죄는 최소한 적법하고 유효한 입찰 절차의 존재가 전제되어야 하지만, 처음부터 입찰절차가 존재하였다 할 수 없는 경우에도 입찰방해죄는 성립할 수 있다.
② 입찰자 일부와 담합이 있고 그에 따른 담합금이 수수되었다 하더라도 입찰시행자의 이익을 해함이 없이 자유로운 경쟁을 한 것과 동일한 결과로 되는 경우에는 입찰의 공정을 해할 위험이 없다.
③ 입찰방해죄는 위계 또는 위력 기타의 방법으로 입찰의 공정을 해하는 경우에 성립하는 위태범으로서, 입찰의 공정을 해할 행위를 하면 그것으로 족하고 현실적으로 입찰의 공정을 해한 결과가 발생할 필요는 없다.
④ 담합행위가 가장경쟁자를 조작하여 실시자의 이익을 해하는 것이 아니라도 실질적으로 단독입찰을 하면서 경쟁입찰인 것처럼 가장하여 그 입찰가격으로 낙찰을 받았다면 입찰방해죄가 성립한다.

해설

① **[X]** 경매·입찰방해죄가 성립하기 위해서는 최소한 적법하고 유효한 경매·입찰절차가 존재하여야 하므로, 공정한 자유경쟁을 통한 적정한 가격형성을 목적으로 하는 입찰절차가 아니라 공적·사적 경제주체의 임의의 선택에 따른 계약체결의 과정에 공정한 경쟁을 해하는 행위가 개재되었다 하여 입찰방해죄로 처벌할 수는 없다(대판 2008.5.29. 2007도5037 등 참조).

> 한국토지공사 지역본부가 중고자동차매매단지를 분양하기 위하여 유자격 신청자들을 대상으로 무작위 공개추첨하여 1인의 수분양자를 선정하는 절차를 진행하는데, 신청자격이 없는 피고인이 총 12인의 신청자 중 9인의 신청자의 자격과 명의를 빌려 그 당첨확률을 약 75%까지 인위적으로 높여 분양을 신청한 경우, 추첨방식의 분양절차는 입찰절차에 해당하지 않고, 피고인이 분양절차에 참가한 것은 9인의 신청자와 맺은 합작투자의 약정에 따른 것으로서 분양업무의 주체인 한국토지공사가 예정하고 있던 범위 내의 행위이므로, 추첨방식의 분양업무의 적정성과 공정성 등을 방해하는 행위라고 볼 수 없다(대판 2008.5.29. 2007도5037). ☞ 입찰방해죄 및 업무방해죄 모두 불성립

② **[O]** 대판 1983.1.18. 81도824
③ **[O]** 입찰방해죄는 위계 또는 위력 기타의 방법으로 입찰의 공정을 해하는 경우에 성립하는 위태범으로서 결과의 불공정이 현실적으로 나타나는 것을 필요로 하지 않는다(대판 2007.5.31. 2006도8070).
④ **[O]** 그 행위가 설사 동종업자 사이의 무모한 출혈경쟁을 방지하기 위한 수단에 불과하여 입찰가격에 있어 입찰실시자의 이익을 해하거나 입찰자에게 부당한 이익을 얻게 하는 것이 아니었다 하더라도 실질적으로는 단독입찰을 하면서 경쟁입찰인 것같이 가장한 경우(대판 2003.9.26. 2002도3924). ☞ 입찰방해죄 성립

정답 ①

28 경매·입찰방해죄에 관한 다음 설명 중 가장 적절하지 않은 것은? (다툼이 있는 경우 판례에 의함)

2012년 제3차 경찰

① 담합행위가 입찰방해죄로 되기 위해서는 반드시 입찰참가자 전원과의 사이에 담합이 이루어져야 하는 것은 아니고, 입찰참가자들 중 일부와의 사이에만 담합이 이루어진 경우에도 성립할 수 있다.
② 유찰방지를 위한 수단에 불과하여 이익을 해치지 않았더라도 실질적으로 단독입찰하면서 경쟁입찰인 것처럼 가장하였다면, 그 입찰 가격으로 낙찰하게 한 점에서 경쟁입찰 방법을 해한 것이므로 입찰의 공정을 해친 것이다.
③ 입찰자 일부와 담합이 있고 담합금이 수수되었다 하더라도 타입찰자와는 담합이 이루어지지 않아, 입찰시행자의 이익을 해함이 없이 자유로운 경쟁을 한 것과 동일한 결과로 되는 경우 입찰의 공정을 해할 위험성이 없다.
④ 법원경매업무를 담당하는 집행관의 구체적인 직무집행을 저지하거나 현실적으로 곤란하게 하는 데까지는 이르지 않고 입찰의 공정을 해하는 정도의 범죄행위라면 위계에 의한 공무집행방해죄에만 해당될 뿐 경매·입찰방해죄에는 해당되지 않는다.

해설

① [O] 일부와의 사이에 담합이 이루어진 경우에도 입찰의 공정을 해할 위험성이 인정된다(대판 2006.12.22. 2004도2581).
② [O] 경쟁입찰의 방법을 해한 것이 되어 입찰의 공정을 해한 것으로 되었다 할 것이다(대판 2001.6.29. 99도4525).
③ [O] 자유로운 경쟁을 한 것과 동일한 결과로 되는 경우이므로 입찰의 공정을 해할 위험이 없다(대판 1983.1.18. 81도824).
④ [X] 범죄행위가 법원경매업무를 담당하는 집행관의 구체적인 직무집행을 저지하거나 현실적으로 곤란하게 하는 데까지는 이르지 않고 입찰의 공정을 해하는 정도의 행위라면 형법 제315조의 경매·입찰방해죄에만 해당될 뿐, 형법 제137조의 위계에 의한 공무집행방해죄에는 해당되지 않는다(대판 2000.3.24. 2000도102).

정답 ④

제 4 장 사생활의 평온에 관한 죄

01 주거침입의 죄에 대한 설명 중 옳은 것만을 모두 고른 것은? (다툼이 있는 경우 판례에 의함)

2022년 경찰간부

가. 甲이 A의 부재중에 A의 아내인 B와 혼인 외 성관계를 가질 목적으로 B가 열어준 출입문을 통해서 A와 B가 공동거주하는 아파트에 들어간 경우, 甲이 B의 승낙을 얻어 통상적인 출입 방법에 의하여 들어갔다 하더라도 甲의 출입은 부재중인 A의 추정적 의사에 반하므로 주거침입죄가 성립한다.

나. 甲이 일반인의 출입이 허용된 음식점에 영업주의 승낙을 받아 통상적인 출입방법으로 들어갔다면, 설령 甲이 범죄 등의 목적으로 음식점에 출입하였거나 영업주가 甲의 실제 출입 목적을 알았더라면 출입을 승낙하지 않았을 것이라는 사정이 인정되더라도 주거침입죄가 성립하지 아니한다.

다. 甲이 아내 A와의 불화로 인해 A와 공동생활을 영위하던 아파트에서 짐 일부를 챙겨 나온 후 A의 외출 중 자신의 어머니 乙과 함께 그 아파트에 들어가려고 그 안에 있던 처제 B에게 출입문을 열어달라고 요구하였으나 A로부터 열어주지 말라는 말을 들은 B가 체인형 걸쇠를 걸어 잠그며 현관문을 열어주지 않자 甲이 乙과 함께 그 걸쇠를 부수고 아파트에 들어간 경우, 甲과 乙에게는 주거침입죄의 공동정범이 성립한다.

라. 甲이 교제하다 헤어진 A가 거주하는 아파트 109동 305호에 들어가려고 아파트 지하 주차장에서 위 305호가 있는 109동으로 연결된 출입구의 공동출입문에 A나 다른 입주자의 승낙 없이 무단으로 비밀번호를 입력하여 아파트의 공용 부분에 들어가 위 305호 현관문 앞까지 출입한 경우, A와 같은 109동에 거주하는 다른 입주자들의 사실상 주거의 평온상태를 해한 것으로 볼 수 있다면 주거침입죄가 성립한다.

① 가, 나
② 나, 다
③ 나, 라
④ 나, 다, 라

해설

가. **(X)** 피고인이 피해자의 처와 혼외 성관계를 가질 목적으로 피해자가 부재중에 피해자의 처의 승낙을 받아 피해자와 그 처가 공동으로 거주하는 주거에 출입한 경우, 외부인이 공동거주자의 일부가 부재중 주거 내에 현재하는 거주자의 현실적인 승낙을 받아 통상적인 출입방법에 따라 공동주거에 들어간 경우라면 그것이 부재중인 다른 거주자의 추정적 의사에 반하는 경우에도 주거침입죄가 성립하지 않는다(대판 2021.9.9. 2020도12630 전원합의체). ☞ 주거침입죄 불성립

나. **(O)** 甲 등이 공모하여, 乙이 운영하는 음식점에서 인터넷 언론사 기자 丙을 만나 식사를 대접하면서 丙이 부적절한 요구를 하는 장면 등을 확보할 목적으로 녹음·녹화장치를 설치하거나 장치의 작동 여부 확인 및 이를 제거할 목적으로 이와 같은 사정을 모르는 음식점 영업주 乙로부터 승낙을 받아 통상적인 출입방법에 따라 음식점의 방실에 들어간 경우(대판 2022.3.24. 2017도18272 전원합의체). ☞ 주거침입죄 불성립

다. **(X)** [1] 주거침입죄의 객체는 행위자 이외의 사람, 즉 '타인'이 거주하는 주거 등이라고 할 것이므로 행위자 자신이 단독으로 또는 다른 사람과 공동으로 거주하거나 관리 또는 점유하는 주거 등에 임의로 출입하더라도 주거침입죄를 구성하지 않는다. 설령 그 공동거주자가 공동생활의 장소에 출입하기 위하여 출입문의 잠금장치를 손괴하는 등 다소간의 물리력을 행사하여 그 출입을 금지한 공동거주자의 사실상 평온상태를 해쳤더라도 그러한 행위 자체를 처벌하는 별도의 규정에 따라 처벌될 수 있음은 별론으로 하고, 주거침입죄가 성립하지 아니함은 마찬가지이다.

[2] 공동거주자 중 한 사람이 법률적인 근거 기타 정당한 이유 없이 다른 공동거주자가 공동생활의 장소에 출입하는 것을

금지하고, 이에 대항하여 다른 공동거주자가 공동생활의 장소에 들어가는 과정에서 그의 출입을 금지한 공동거주자의 사실상 평온상태를 해쳤더라도 주거침입죄가 성립하지 않는 경우로서, 그 공동거주자의 승낙을 받아 공동생활의 장소에 함께 들어간 외부인의 출입 및 이용행위가 전체적으로 그의 출입을 승낙한 공동거주자의 통상적인 공동생활 장소의 출입 및 이용행위의 일환이자 이에 수반되는 행위로 평가할 수 있는 경우라면, 이를 금지하는 공동거주자의 사실상 평온상태를 해쳤음에도 불구하고 그 외부인에 대하여도 역시 주거침입죄가 성립하지 않는다고 봄이 타당하다(대판 2021.9.9. 2020도6085 전원합의체).
라. **[O]** 아파트 등 공동주택의 공동현관에 출입하는 경우에도, 그것이 주거로 사용하는 각 세대의 전용 부분에 필수적으로 부속하는 부분으로 거주자와 관리자에게만 부여된 비밀번호를 출입문에 입력하여야만 출입할 수 있거나, 외부인의 출입을 통제·관리하기 위한 취지의 표시나 경비원이 존재하는 등 외형적으로 외부인의 무단출입을 통제·관리하고 있는 사정이 존재하고, 외부인이 이를 인식하고서도 그 출입에 관한 거주자나 관리자의 승낙이 없음은 물론, 거주자와의 관계 기타 출입의 필요 등에 비추어 보더라도 정당한 이유 없이 비밀번호를 임의로 입력하거나 조작하는 등의 방법으로 거주자나 관리자 모르게 공동현관에 출입한 경우와 같이, 그 출입 목적 및 경위, 출입의 태양과 출입한 시간 등을 종합적으로 고려할 때 공동주택 거주자의 사실상 주거의 평온상태를 해치는 행위태양으로 볼 수 있는 경우라면 공동주택 거주자들에 대한 주거침입에 해당할 것이다(대판 2022.1.27. 2021도15507). ☞ 주거침입죄 성립

정답 ③

02 다음 중 주거침입죄의 성립여부에 대한 설명으로 옳지 않은 것은? (다툼이 있으면 판례에 의함)

2015년 경찰간부

① 사인이 현행범을 추격하는 가운데 임의로 타인의 집에 들어가는 경우에도 주거침입죄가 성립하게 된다.
② 연립주택 아래층에 사는 피해자가 위층 피고인의 집으로 통하는 상수도관의 밸브를 임의로 잠근 후 이를 피고인에게 알리지 않아 하루 동안 수돗물이 나오지 않는 고통을 겪었던 피고인이 상수도관의 밸브를 확인하고 이를 열기 위하여 부득이 피해자의 집에 들어간 행위는 사회상규에 위배되지 아니하는 행위로서 정당행위에 해당하여 주거침입죄가 성립하지 않는다.
③ 간통 현장을 직접 목격하고 그 사진을 촬영하기 위하여 상간자의 주거에 들어간 행위는 정당행위에 해당하여 주거침입죄가 성립하지 않는다.
④ 사용자의 직장폐쇄가 정당한 쟁의행위로 인정되지 아니하는 때에는 다른 특별한 사정이 없는 한 근로자가 평소 출입이 허용되는 사업장 안에 들어가는 행위는 주거침입죄를 구성하지 아니한다.

해설

① **[O]** 현행범인을 추적하여 그 범인의 부(父)의 집에 들어가서 동인과 시비 끝에 상해를 입힌 경우, 상해죄는 물론 주거침입죄도 위법성이 조각되지 않는다(대판 1965.12.21. 65도899).
② **[O]** 대판 2004.2.13. 2003도7393
③ **[X]** 정당행위에 해당하지 않는다(대판 2003.9.26. 2003도3000). ☞ 주거침입죄 성립
④ **[O]** 대판 2002.9.24. 2002도2243

정답 ③

03 다음 보기 중 옳지 않은 것은 모두 몇 개인가? (다툼이 있는 경우 판례에 의함)

2016년 경찰간부, 2015 경찰 변형

㉠ 피고인들이 건물신축 공사현장에 무단으로 들어간 뒤 타워 크레인에 올라가 이를 점거한 경우, 주거침입죄 인정
㉡ 다른 사람의 주택에 무단침입한 범죄사실로 이미 유죄판결을 받은 사람이 그 판결이 확정된 후에도 퇴거하지 않은 채 계속 당해 주택에 거주한 경우, 주거침입죄 인정
㉢ 건물의 소유권에 대한 분쟁이 계속되고 있는 상황에서 건물의 소유자라고 주장하는 자가 그 건물에 침입한 경우, 주거침입죄 부정
㉣ 피고인이 이웃에 있는 고종사촌의 집에 잠시 들어가 있는 동안에 고종사촌에게 돈을 갚기 위해 찾아온 타인의 돈을 절취한 경우, 주거침입죄 부정
㉤ 다가구용 단독주택인 빌라의 잠기지 않은 대문을 열고 들어가 공용 계단으로 빌라 3층까지 올라갔다가 1층으로 내려온 경우, 주거침입죄 인정

① 1개
② 2개
③ 3개
④ 4개

해설

㉠ [X] 타워크레인은 건설기계의 일종으로서 작업을 위하여 토지에 고정되었을 뿐이고 운전실은 기계를 운전하기 위한 작업공간 그 자체이지 건조물침입죄의 객체인 건조물에 해당하지 아니한다(대판 2005.10.07. 2005도5351). ☞ 건조물침입죄 불성립
㉡ [O] 위 판결 확정 이후의 행위는 별도의 주거침입죄를 구성한다(대판 2008.05.08. 2007도11322).
㉢ [X] 피고인이 그 건물에 침입하는 것에 대한 피해자의 추정적 승낙이 있었다거나 피고인의 이 사건 범행이 사회상규에 위배되지 않는다고 볼 수 없다(대판 1989.09.12. 89도889). ☞ 주거침입죄 성립
㉣ [O] 피고인이 당초부터 불법목적을 가지고 위 피해자의 집에 들어갔거나 그의 의사에 반하여 그의 집에 들어간 것이 아니다(대판 1984.02.14. 83도2897). ☞ 주거침입죄 불성립
㉤ [O] 주거인 공용 계단에 들어간 행위가 거주자의 의사에 반한 것이라면 주거에 침입한 것이라고 보아야 한다(대판 2009.8.20. 2009도3452).

정답 ②

04 주거침입죄에 관한 설명으로 가장 적절하지 않은 것은? (다툼이 있는 경우 판례에 의함)

2019년 제2차 경찰

① 다가구용 단독주택이나 다세대주택 연립주택 아파트 등 공동주택의 내부에 있는 엘리베이터, 공용계단과 복도는 특별한 사정이 없는 한 주거침입죄의 객체인 사람의 주거에 해당한다.
② 일반적으로 출입이 허가된 건물이라 하여도 피고인이 출입이 금지된 시간에 화장실 유리창문을 통해 들어간 것이라면 건조물침입죄가 성립한다.
③ 열려 있으면 들어갈 의사로 출입문을 당겨보는 행위나 빈집인지 확인하기 위해 초인종을 누르는 행위는 주거의 사실상의 평온을 침해할 객관적인 위험성을 포함하는 행위를 한 것으로 볼 수 있어 주거침입죄의 실행의 착수가 인정된다.
④ 신체의 극히 일부만 들어갔지만 사실상 주거의 평온을 해할 수 있는 정도에 이르지 않은 경우, 신체일부침입설과 신체전부침입설 모두 주거침입죄의 미수를 인정한다.

해설

① (O) 다가구용 단독주택이나 다세대주택·연립주택·아파트 등 공동주택 안에서 공용으로 사용하는 계단과 복도는, 주거로 사용하는 각 가구 또는 세대의 전용 부분에 필수적으로 부속하는 부분으로서 그 거주자들에 의하여 일상생활에서 감시·관리가 예정되어 있고 사실상의 주거의 평온을 보호할 필요성이 있는 부분이므로, 특별한 사정이 없는 한 주거침입죄의 객체인 '사람의 주거'에 해당한다(대판 2009.8.20. 2009도3452).
② (O) 그 침입방법 자체가 일반적인 허가에 해당되지 않는 것이 분명하게 나타난 것이므로 건조물침입죄가 성립된다(대판 1990.3.13. 90도173).
③ (X) ⅰ) 출입문이 열려 있으면 안으로 들어가겠다는 의사 아래 '출입문을 당겨보는 행위'는 바로 주거의 사실상의 평온을 침해할 객관적인 위험성을 포함하는 행위를 한 것으로 볼 수 있어 그것으로 주거침입의 실행에 착수한 것으로 보아야 한다(대판 2006.9.14. 2006도2824), ⅱ) 반면, 침입 대상인 아파트에 사람이 있는지를 확인하기 위해 그 집의 '초인종을 누른 행위'만으로는 침입의 현실적 위험성을 포함하는 행위를 시작하였다거나, 주거의 사실상의 평온을 침해할 객관적인 위험성을 포함하는 행위를 한 것으로 볼 수 없으므로 주거침입의 실행착수를 인정할 수 없다(대판 2008.4.10. 2008도1464).
④ (O) ⅰ) 신체의 일부만 타인의 주거 안으로 들어갔다고 하더라도 거주자가 누리는 '사실상의 주거의 평온을 해할 수 있는 정도'에 이르렀다면 주거침입죄의 기수를 인정하는 신체일부침입설의 입장에 의할 경우, 지문의 사안은 주거침입미수죄에 해당하게 된다. ⅱ) 신체의 전부가 타인의 주거 안으로 들어가야 주거침입죄의 기수를 인정하는 신체전부침입설의 입장에 의할 경우, 지문의 사안은 신체의 일부가 들어간 것에 불과하므로 주거침입미수죄에 해당하게 된다.

정답 ③

05 주거침입죄에 관한 설명으로 가장 적절하지 않은 것은? (다툼이 있는 경우 판례에 의함)

2022년 제1차 경찰

① 건조물의 이용에 기여하는 인접의 부속 토지라고 하더라도 인적 또는 물적 설비 등에 의한 구획 내지 통제가 없어 통상의 보행으로 그 경계를 쉽사리 넘을 수 있는 정도라고 한다면, 이는 다른 특별한 사정이 없는 한 주거침입죄의 객체에 속하지 아니한다.

② 공동거주자 중 주거 내에 현재하는 거주자의 현실적인 승낙을 받아 통상적인 출입방법에 따라 들어갔다면, 설령 그것이 부재중인 다른 거주자의 의사에 반하는 것으로 추정되더라도 주거침입죄의 보호법익인 사실상 주거의 평온을 깨뜨렸다고 볼 수 없다.

③ 공동주거의 경우 여러 사람이 하나의 생활공간에서 거주하는 성질에 비추어 공동거주자 각자는 다른 거주자와의 관계로 인하여 주거에서 누리는 사실상 주거의 평온이라는 법익이 일정부분 제약될 수밖에 없고, 공동거주자는 공동주거관계를 형성하면서 이러한 사정을 서로 용인하였다고 보아야 한다.

④ 공동거주자 중 한 사람인 A가 정당한 이유 없이 다른 공동 거주자가 공동생활의 장소에 출입하는 것을 금지한 경우, 다른 공동거주자인 甲이 이에 대항하여 공동생활의 장소에 들어갔더라도 주거침입죄는 성립하지 않고, 다만 甲이 그 장소에 출입하기 위하여 출입문의 잠금장치를 손괴하는 등 다소간의 물리력을 행사한 경우에는 주거침입죄가 성립할 수 있다.

해설

① [O] 차량 통행이 빈번한 도로에 바로 접하여 있고, 도로에서 주거용 건물, 축사 4동 및 비닐하우스 2동으로 이루어진 시설로 들어가는 입구 등에 그 출입을 통제하는 문이나 담 기타 인적·물적 설비가 전혀 없고 노폭 5m 정도의 통로를 통하여 누구나 축사 앞 공터에 이르기까지 자유롭게 드나들 수 있는 사실 등을 이유로, 차를 몰고 위 통로로 진입하여 축사 앞 공터까지 들어간 행위는 주거침입에 해당하지 않는다(대판 2010.4.29. 2009도14643). ☞ 위 공터는 위요지라고 볼 수 없으므로 주거침입죄 불성립

② [O] 피고인이 甲의 부재중에 甲의 처 乙과 혼외 성관계를 가질 목적으로 乙이 열어 준 현관 출입문을 통하여 甲과 乙이 공동으로 거주하는 아파트에 들어간 경우, 외부인이 공동거주자 중 주거 내에 현재하는 거주자로부터 현실적인 승낙을 받아 통상적인 출입방법에 따라 주거에 들어간 경우라면, 특별한 사정이 없는 한 사실상의 평온상태를 해치는 행위태양으로 주거에 들어간 것이라고 볼 수 없으므로 주거침입죄에서 규정하고 있는 침입행위에 해당하지 않는다(대판 2021.9.9. 2020도12630 전원합의체). ☞ 주거침입죄 불성립

③ [O] 대판 2021.9.9. 2020도12630 전원합의체

④ [X] 공동거주자 중 한 사람이 법률적인 근거 기타 정당한 이유 없이 다른 공동거주자가 공동생활의 장소에 출입하는 것을 금지한 경우, 다른 공동거주자가 이에 대항하여 공동생활의 장소에 들어갔더라도 이는 사전 양해된 공동주거의 취지 및 특성에 맞추어 공동생활의 장소를 이용하기 위한 방편에 불과할 뿐, 그의 출입을 금지한 공동거주자의 사실상 주거의 평온이라는 법익을 침해하는 행위라고는 볼 수 없으므로 주거침입죄는 성립하지 않는다. 설령 그 공동거주자가 공동생활의 장소에 출입하기 위하여 출입문의 잠금장치를 손괴하는 등 다소간의 물리력을 행사하여 그 출입을 금지한 공동거주자의 사실상 평온상태를 해쳤더라도 그러한 행위 자체를 처벌하는 별도의 규정에 따라 처벌될 수 있음은 별론으로 하고, 주거침입죄가 성립하지 아니함은 마찬가지이다(대판 2021.9.9. 2020도6085 전원합의체).

정답 ④

06 주거침입의 죄에 대한 설명으로 가장 적절하지 않은 것은? (다툼이 있는 경우 판례에 의함)

2019년 경찰승진

① 퇴거불응죄의 법정형은 주거침입죄와 동일하다.
② 야간에 타인의 집의 창문을 열고 집 안으로 얼굴을 들이미는 등의 행위를 한 경우, 피고인이 자신의 신체의 일부가 집 안으로 들어간다는 인식하에 하였다면 주거침입죄의 범의는 인정된다.
③ 건조물의 이용에 기여하는 인접의 부속 토지라고 하더라도 인적 또는 물적 설비 등에 의한 구획 내지 통제가 없어 통상의 보행으로 그 경계를 쉽사리 넘을 수 있는 정도라고 한다면 일반적으로 외부인의 출입이 제한된다는 사정이 객관적으로 명확하게 드러났다고 보기 어려우므로, 이는 다른 특별한 사정이 없는 한 주거침입죄의 객체에 속하지 않는다.
④ 근로자들이 사용자와 제3자가 공동으로 관리·사용하는 공간을 사용자에 대한 정당한 쟁의행위를 이유로 관리자의 의사에 반하여 침입·점거한 경우, 제3자에 대하여는 정당행위로서 주거침입의 위법성이 조각된다.

해설

① **(O)**

> **제319조(주거침입, 퇴거불응)** ① 사람의 주거, 관리하는 건조물, 선박이나 항공기 또는 점유하는 방실에 침입한 자는 3년 이하의 징역 또는 500만원 이하의 벌금에 처한다.
> ② 전항의 장소에서 퇴거요구를 받고 응하지 아니한 자도 전항의 형과 같다.

② **(O)** 주거침입죄는 사실상의 주거의 평온을 보호법익으로 하는 것이므로, 반드시 행위자의 신체의 전부가 범행의 목적인 타인의 주거 안으로 들어가야만 성립하는 것이 아니라 신체의 일부만 타인의 주거 안으로 들어갔다고 하더라도 거주자가 누리는 사실상의 주거의 평온을 해할 수 있는 정도에 이르렀다면 범죄구성요건을 충족하는 것이라고 보아야 하고, 따라서 주거침입죄의 범의는 반드시 신체의 전부가 타인의 주거 안으로 들어간다는 인식이 있어야만 하는 것이 아니라 신체의 일부라도 타인의 주거 안으로 들어간다는 인식이 있으면 족하다(대판 1995.9.15. 94도2561).
③ **(O)** 차량 통행이 빈번한 도로에 바로 접하여 있고, 도로에서 주거용 건물, 축사 4동 및 비닐하우스 2동으로 이루어진 시설로 들어가는 입구 등에 그 출입을 통제하는 문이나 담 기타 인적·물적 설비가 전혀 없고 노폭 5m 정도의 통로를 통하여 누구나 축사 앞 공터에 이르기까지 자유롭게 드나들 수 있는 상태라면, 차를 몰고 위 통로로 진입하여 축사 앞 공터까지 들어간 행위가 주거침입에 해당한다고 볼 수 없다(대판 2010.4.29. 2009도14643).
④ **(X)** 근로자들이 사용자인 (주)A 이외에도 (주)B가 병존적으로 관리·사용하는 빌딩 로비에 쟁의행위를 이유로 침입하여 그 중 일부를 점거하며 10여 일간 숙식하면서 선전전, 강연, 토론 등의 방법으로 농성하였는데 그 공간의 점거가 사용자에 대한 관계에서 정당한 쟁의행위로 평가될 여지가 있는 경우, 비록 그 공간의 점거가 사용자에 대한 관계에서 정당한 쟁의행위로 평가될 여지가 있다 하여도 이를 공동으로 관리·사용하는 제3자의 명시적 또는 추정적인 승낙이 없는 이상 위 제3자에 대하여서까지 이를 정당행위라고 하여 주거침입의 위법성이 조각된다고 볼 수는 없다(대판 2010.3.11. 2009도5008). ☞ 폭력행위 등 처벌에 관한 법률위반(공동주거침입)죄 성립

정답 ④

07 다음 설명 중 가장 적절한 것은? (다툼이 있는 경우 판례에 의함) 2020년 제2차 경찰

① 주거침입죄에서 그 주거자 또는 간수자가 일단 적법하게 거주 또는 간수를 개시한 후에 그 권한을 상실하여 사법상 불법점유가 될 경우, 권리자가 이를 배제하기 위하여 정당한 절차에 의하지 아니하고 그 주거 또는 건조물에 침입하더라도 주거침입죄는 성립하지 않는다.
② 이미 수일 전에 2차례에 걸쳐 피해자를 강간하였던 피고인이 대문을 몰래 열고 들어와 담장과 피해자가 거주하던 방 사이의 좁은 통로에서 창문을 통하여 방안을 엿본 경우, 피해자의 사실상의 평온을 침해한 것이 아니기 때문에 주거침입죄가 성립되지 않는다.
③ 甲은 야간에 물건을 절취하기 위하여 다세대주택의 가스배관을 타고 오르다가 순찰 중이던 경찰관에게 발각되어 그냥 뛰어내렸다면, 야간주거침입절도죄의 실행에 착수한 것이다.
④ 피고인이 정당한 퇴거요구를 받고 나가면서 해당 건물에 가재도구 등을 남겨두었다 하더라도 퇴거불응죄가 성립하지 않는다.

> **해설**

① **[X]** 약 270명의 승려 및 신도들이 甲의 주지취임을 반대하면서 사찰경내를 굳게 지키고 있는 상황을 알면서, 甲이 약 37명 가량의 일반승려들을 규합하여 이들과 함께 날이 채 새기도 전에 잠겨진 뒷문을 넘어 들어가거나 정문에 설치된 철조망을 걷어 내고 정문을 통과하는 방법으로 사찰 경내로 난입한 경우, 甲 등의 행위는 종법에 따른 검수절차를 통한 주지직 취임의 한계를 일탈한 것이고, 전임 주지측의 사찰경내에 대한 사실상 점유의 평온을 침해한 것으로 주거침입죄가 성립한다(대판 1983.3.8. 82도1363).
② **[X]** 피고인이 대문을 몰래 열고 들어와(☞ 위요지에 침입함) 담장과 피해자가 거주하던 방 사이의 좁은 통로에서 창문을 통하여 방안을 엿보던 상황이라면 피해자의 주거에 대한 사실상 평온상태가 침해된 것이다(대판 2001.4.24. 2001도1092).
☞ 주거침입죄 성립
③ **[X]** 피고인의 행위만으로는 주거의 사실상의 평온을 침해할 현실적 위험성이 있는 행위를 개시한 때에 해당한다고 보기 어렵다(대판 2008.3.27. 2008도917). ☞ 다세대 주택 2층의 창문 등을 열려고 하는 등의 행위가 없었으므로 야간주거침입절도미수죄 불성립
④ **[O]** 주거침입죄와 퇴거불응죄는 모두 사실상의 주거의 평온을 그 보호법익으로 하고, 주거침입죄에서의 침입이 신체적 침해로서 행위자의 신체가 주거에 들어가야 함을 의미하는 것과 마찬가지로 퇴거불응죄의 퇴거 역시 행위자의 신체가 주거에서 나감을 의미한다(대판 2007.11.15. 2007도6990). ☞ 신체가 주거에서 나갔으므로 퇴거불응죄 불성립

정답 ④

제 5 장 재산에 대한 죄

01 다음 중 甲에게 불법영득의사가 인정되는 경우는? (판례에 의함) 2008년 경찰

① 회사의 총무과장 甲이 물품대금채권을 확보할 목적으로 채무자 乙의 승낙없이 乙의 점포 앞에 세워 놓은 乙의 자동차를 회사로 옮겨 놓은 경우
② 甲이 타인 소유의 버스요금함 서랍 견본 1개를 그에 대한 최초 고안자로서의 권리를 확보하겠다는 생각으로 가지고 나가 의장출원을 의뢰한 후 당일 원래 있던 곳에 가져다 둔 경우
③ 甲이 乙을 살해한 후 乙의 주머니에서 꺼낸 지갑을 살해도구로 이용한 골프채와 옷 등 다른 증거품들과 함께 자신의 차량에 싣고 가다가 쓰레기 소각장에서 태워버린 경우
④ 회사원 甲이 상사와의 충돌 끝에 항의의 표시로 사표를 제출한 다음 평소 자신이 관리하고 있던 비자금 관계 서류와 금품이 든 가방을 들고 나온 경우

해설

① **(O)** 위 자동차의 권리자를 배제하고 타인의 물건을 자기의 소유인 것과 마찬가지로 그 경제적 용법에 따라 이용하거나 처분할 의사로 자동차를 광주로 운전하여 간 것으로 보지 않을 수 없으므로 불법영득의 의사가 인정된다(대판 1990.5.25. 90도573).
② **(X)** 대판 1991.6.11. 91도878
③ **(X)** 대판 2000.10.13. 2000도3655
④ **(X)** 대판 1995.9.5. 94도3033

정답 ①

02 다음 중 甲에게 불법영득의사를 인정한 판례는? 2008년 경찰간부

① 甲과 乙은 시비하던 중에 乙이 식칼로 죽이겠다고 협박하자 甲은 주위에 있던 위 식칼을 파출소로 가져가 증거물로 제시하였다.
② 장교 甲은 근무자를 협박하여 소총을 교부받은 후 하급자에게 건네주며 소대원들을 감시하도록 지시하였고, 그 하급자는 내무반을 감시하다가 나중에 甲을 뒤따라 나가면서 그 소총을 원래의 소지자에게 던져두었다.
③ 甲은 乙녀의 전화번호를 알아두기 위하여 乙녀가 떨어뜨린 전화요금 영수증을 습득한 후 돌려주지 않았다.
④ 甲은 乙의 서랍에서 도장과 인감도장을 몰래 꺼내어 차용증서의 연대보증인란에 도장을 찍고 다시 서랍에 가져다 놓았다.

해설
① **[X]** 피고인의 위 협박의 신고내용이 허위라고 하더라도 불법영득의 의사가 있었다고 할 수는 없다(대판 1986.7.8. 86도354).
② **[O]** 피고인은 그 소총을 소지자로부터 자기의 지배하에 이전하여 그 소유자가 아니라면 할 수 없는 사용처분행위를 하였다고 할 것이므로 불법영득의사가 인정된다(대판 1995.7.11. 95도910). ☞ 군형법위반(군용물특수강도)죄 성립
③ **[X]** 대판 1989.11.28. 89도1679
④ **[X]** 타인의 물건을 점유자의 승낙없이 무단사용하는 경우에 있어서 그 사용으로 물건자체가 가지는 경제적 가치가 상당한 정도로 소모되거나 또는 사용후 본래의 장소가 아닌 다른 곳에 버리거나 곧 반환하지 아니하고 장시간 점유하고 있었다면 그 소유권 또는 본권을 침해할 의사가 있다고 보아 불법영득의 의사를 인정할 수 있을 것이나 그렇지 아니하고 그 사용으로 인한 가치의 소모가 무시할 수 있을 정도로 경미하고 또 사용후 곧 반환하였다면 그 소유권 또는 본권을 침해할 의사가 있다고 할 수 없어 불법영득의 의사를 인정할 수 없다(대판 1987.12.8. 87도1959).

정답 ②

03 재산죄에 관한 설명 중 가장 적절하지 않은 것은? (다툼이 있는 경우 판례에 의함) 2022년 경찰2차

① 절도죄, 강도죄, 공갈죄는 탈취죄에 속한다.
② 영득죄는 범죄성립에 불법영득의사를 필요로 하고, 손괴죄는 이를 필요로 하지 않는다.
③ 강도죄, 사기죄, 공갈죄는 재물죄인 동시에 이득죄이다.
④ 영득죄는 침해방법에 따라 탈취죄와 편취죄로 나눌 수 있다.

해설
① **[X]** 절도죄와 강도죄는 그 성립에 있어 점유배제를 요구하므로 탈취죄로 분류되고, 공갈죄는 그 성립에 있어 점유이전을 요구하므로 사기죄와 마찬가지로 편취죄로 분류된다.
② **[O]** 손괴죄는 그 성립에 있어 자기소유물과 같이 그 경제적 용법에 따라 이용, 처분하려는 의사를 요하지 않으므로 비영득죄로 분류된다.
③ **[O]** 강도죄, 사기죄, 공갈죄, 배임수재죄 및 편의시설부정이용죄는 그 객체로 재물 또는 재산상이익을 규정하고 있다.
④ **[O]** 위 ①의 해설 참조

정답 ①

04 재산죄에 대한 다음 설명 중 적절한 것만을 모두 고른 것은? (다툼이 있는 경우 판례에 의함)

2021년 제1차 경찰

㉠ 절도죄의 성립에 필요한 '불법영득의 의사'는 그것이 물건 자체를 영득할 의사인지 물건의 가치만을 영득할 의사인지를 불문한다.
㉡ 「형법」 제332조에 규정된 상습절도죄를 범한 범인이 범행의 수단으로 주간에 주거침입을 한 경우, 주거침입행위는 다른 상습절도죄에 흡수되어 1죄만을 구성하고 상습절도죄와 별개로 주거침입죄를 구성하지 않는다.
㉢ 공갈죄의 수단인 협박에 있어서의 해악의 고지가 비록 정당한 권리의 실현 수단으로 사용된 경우라도 그 권리실현의 수단·방법이 사회통념상 허용되는 정도나 범위를 넘는다면 공갈죄의 실행에 착수한 것으로 보아야 한다.
㉣ 당사자 사이에 혼인신고가 있었다면, 그 혼인신고가 단지 다른 목적을 달성하기 위한 방편에 불과한 것으로 그들 사이에 참다운 부부관계의 설정을 바라는 효과의사가 없다 하더라도 친족상도례를 적용할 수 있다.

① ㉠, ㉢
② ㉠, ㉣
③ ㉡, ㉢
④ ㉡, ㉣

해설

㉠ **[O]** 불법적으로 영득하는 대상이 무엇인지 여부와 관련하여 물체설, 가치설의 학설대립이 있으나, '목적물의 물질을 영득할 의사이거나 또는 그 물질의 가치만을 영득할 의사이든 적어도 그 재물에 대한 영득의 의사가 있어야 한다(대판 1992.9.8. 91도3149)'는 절충설이 통설·판례의 입장이다.

> 타인의 예금통장을 무단사용하여 예금을 인출한 후 바로 예금통장을 반환한 경우, 예금통장 자체가 가지는 예금액 증명 기능의 경제적 가치에 대한 불법영득의 의사를 인정할 수 있으므로 절도죄가 성립한다(대판 2010.5.27. 2009도9008).
> ☞ 예금통장의 경제적 가치에 대한 절도죄 성립

㉡ **[X]** ⅰ) 형법 제332조에 규정된 상습절도죄를 범한 범인이 '범행의 수단으로' 주간에 주거침입을 한 경우 주간 주거침입행위는 상습절도죄와 별개로 주거침입죄를 구성한다. 또 ⅱ) 형법 제332조에 규정된 상습절도죄를 범한 범인이 '그 범행 외에' 상습적인 절도의 목적으로 주간에 주거침입을 하였다가 절도에 이르지 아니하고 주거침입에 그친 경우에도 주간 주거침입행위는 상습절도죄와 별개로 주거침입죄를 구성한다(대판 2015.10.15. 2015도8169).
㉢ **[O]** 공갈죄의 수단으로서의 협박은 사람의 의사결정의 자유를 제한하거나 의사실행의 자유를 방해할 정도로 겁을 먹게 할 만한 해악을 고지하는 것을 말하고, 해악의 고지는 반드시 명시의 방법에 의할 것을 요하지 않고 언어나 거동에 의하여 상대방으로 하여금 어떠한 해악에 이르게 할 것이라는 인식을 가지게 하는 것이면 족하며, 이러한 해악의 고지가 비록 정당한 권리의 실현 수단으로 사용된 경우라고 하여도 그 권리실현의 수단·방법이 사회통념상 허용되는 정도나 범위를 넘는다면 공갈죄의 실행에 착수한 것으로 보아야 한다(대판 2013.9.13. 2013도6809).
㉣ **[X]** 사기죄를 범하는 자가 금원을 편취하기 위한 수단으로 피해자와 혼인신고를 한 것이어서 그 혼인이 무효인 경우라면, 그러한 피해자에 대한 사기죄에서는 친족상도례를 적용할 수 없다(대판 2015.12.10. 2014도11533).

정답 ①

05 친족상도례에 대한 설명으로 가장 적절하지 않은 것은? (다툼이 있는 경우 판례에 의함)

2017년 경기북부 여경

① 피고인이 백화점 내 점포에 입점시켜 주겠다고 속여 피해자로부터 입점비 명목으로 돈을 편취한 경우, 피고인의 딸과 피해자의 아들이 혼인하여 피고인과 피해자가 사돈지간이라고 하더라도 피고인에게 사기죄가 인정된다.
② 사기죄를 범하는 자가 금원을 편취하기 위한 수단으로 피해자와 혼인신고를 하였을 뿐 부부로서의 결합을 할 의사나 실체관계가 있었다고 볼 아무런 사정이 없어서 그 혼인이 무효인 경우라면, 피해자에 대한 사기죄에서 친족상도례를 적용할 수 없다.
③ 친족상도례에 관한 규정은 절도범인이 피해물건의 소유자나 점유자의 어느 일방과 사이에서만 친족관계가 있는 경우에도 적용된다.
④ 법원을 기망하여 제3자로부터 재물을 편취한 경우에 피해자인 제3자와 사기죄를 범한 자가 직계혈족의 관계에 있을 때에는 그 범인에 대하여 형을 면제하여야 할 것이다.

해설

① [O] 사기죄의 피고인과 피해자가 사돈지간이라고 하더라도 이를 민법상 친족으로 볼 수 없다(대판 2011.4.28. 2011도2170). ☞ 사기죄가 성립하고, 친족상도례가 적용되지 아니하므로 피해자의 고소가 없어도 공소제기는 유효함
② [O] 혼인이 무효인 경우라면, 그러한 피해자에 대한 사기죄에서는 친족상도례를 적용할 수 없다(대판 2015.12.10. 2014도11533).
③ [X] 친족상도례에 관한 규정은 범인과 피해물건의 소유자 및 점유자 모두 사이에 친족관계가 있는 경우에만 적용되는 것이고 절도범인이 피해물건의 소유자나 점유자의 어느 일방과 사이에서만 친족관계가 있는 경우에는 그 적용이 없다(대판 1980.11.11. 80도131).
④ [O] 법원을 기망하여 제3자로부터 재물을 편취한 경우에 피기망자인 법원은 피해자가 될 수 없고 재물을 편취당한 제3자가 피해자라고 할 것이므로 피해자인 제3자와 사기죄를 범한 자가 직계혈족의 관계에 있을 때에는 그 범인에 대하여 형법 제328조 1항을 준용하여 형을 면제하여야 한다(대판 1976. 4.13. 75도781).

정답 ③

06 형법상 친족상도례에 대한 설명 중 가장 적절하지 않은 것은? (다툼이 있는 경우 판례에 의함)

2017년 제1차 경찰

① 친족상도례 규정은 강도죄, 경계침범죄, 강제집행면탈죄에는 적용되지 않으나 특수절도죄 및 상습절도죄에는 적용된다.
② 법원을 기망하여 제3자로부터 재물을 편취한 경우 피해자인 제3자와 사기죄를 범한 자가 직계혈족 관계에 있을 때에는 그 범인에 대하여 형을 면제하여야 한다.
③ 형법 제354조에 의하여 준용되는 제328조 제1항에서 "직계혈족, 배우자, 동거친족, 동거가족 또는 그 배우자 간의 제323조의 죄는 그 형을 면제한다."고 규정하고 있는바, 여기서 '그 배우자'는 동거가족의 배우자만을 의미하는 것이 아니라, 직계혈족, 동거친족, 동거가족 모두의 배우자를 의미하는 것으로 볼 것이다.
④ 장물죄를 범한 자와 본범 간에 형법 제328조 제2항의 신분관계가 있는 때에는 형을 감경 또는 면제한다. 단, 신분관계가 없는 공범에 대하여는 예외로 한다.

해설

① **[O]** 형법 제328조의 친족상도례 규정은 강도의죄, 손괴의 죄(재물손괴등죄·공익건조물파괴죄·중손괴죄·특수손괴죄·경계침범죄)·점유강취죄·준점유강취죄·강제집행면탈죄를 제외한 형법상의 재산범죄에 준용되며, 특별형법에서도 친족상도례 규정의 적용을 배제한다는 명시적인 규정이 없다면 특별형법에 대하여도 친족상도례 규정이 적용된다.
② **[O]** 법원을 기망하여 제3자로부터 재물을 편취한 경우에 피기망자인 법원은 피해자가 될 수 없고 재물을 편취당한 제3자가 피해자라고 할 것이므로 피해자인 제3자와 사기죄를 범한 자가 직계혈족의 관계에 있을 때에는 그 범인에 대하여 형법 제328조 1항을 준용하여 형을 면제하여야 한다(대판 1976.04.13. 75도781).
③ **[O]** 대판 2011.05.13. 2011도1765
④ **[X]**

> **형법 제365조(친족간의 범행)** ① 전3조의 죄(장물죄, 상습장물죄, 업무상과실·중과실장물죄)를 범한 자와 피해자간에 제328조 제1항, 제2항의 신분관계가 있는 때에는 동조의 규정을 준용한다.
> ② 전3조의 죄를 범한 자와 본범간에 제328조 제1항의 신분관계가 있는 때에는 그 형을 감경 또는 면제한다. 단, 신분관계가 없는 공범에 대하여는 예외로 한다.

제328조 제1항(형면제), 제2항(고소) 그대로 준용 (제365조 제1항)

피해자 丙 — 절취 → 본범 甲 — 취득, 양도, 운반, 보관 → 장물범 乙

제328조 제1항의 관계가 있는 경우 (형면제가 아니라) 필요적감면 (제365조 제2항)

정답 ④

07 친족상도례에 관한 설명 중 가장 옳지 않은 것은? (다툼이 있으면 판례에 의함)

2018년 법원직, 2018년 경찰 변형

① 횡령범인이 위탁자가 소유자를 위해 보관하고 있는 물건을 위탁자로부터 보관받아 이를 횡령한 경우에 횡령범인이 피해물건의 소유자와는 친족관계가 있으나 피해물건의 위탁자와는 친족관계가 없다면 친족상도례 규정이 적용되지 않는다.
② 손자가 할아버지 소유의 농업협동조합 예금통장을 절취하여 이를 현금자동지급기에 넣고 조작하는 방법으로 예금 잔고를 자신의 거래 은행계좌로 이체한 경우에 컴퓨터 등 사용사기죄는 친족간의 범행에 해당하지 아니하므로 친족상도례가 적용되지 않는다.
③ 친족상도례를 적용하기 위하여는 범행 당시에 친족관계에 있어야 하므로, 피고인이 피해자의 재물을 절취한 후, 피고인이 재판상 인지의 확정판결을 받아 피해자와 사이에 친족관계가 발생하였다고 하더라도 친족상도례의 규정이 적용되지 아니한다.
④ 피고인이 위험한 물건을 휴대한 채 친족인 피해자를 공갈하여 재물을 교부받은 경우에도 친족상도례가 적용된다.

해설

① **[O]** 형법 제361조에 의하여 준용되는 제328조 제2항의 친족간의 범행에 관한 조문은 범인과 피해물건의 소유자 및 위탁자 쌍방 사이에 같은 조문에 정한 친족관계가 있는 경우에만 적용되고, 단지 횡령범인과 피해물건의 소유자간에만 친족관계가 있거나 횡령범인과 피해물건의 위탁자간에만 친족관계가 있는 경우에는 적용되지 않는다(대판 2008.7.24. 2008도3438).

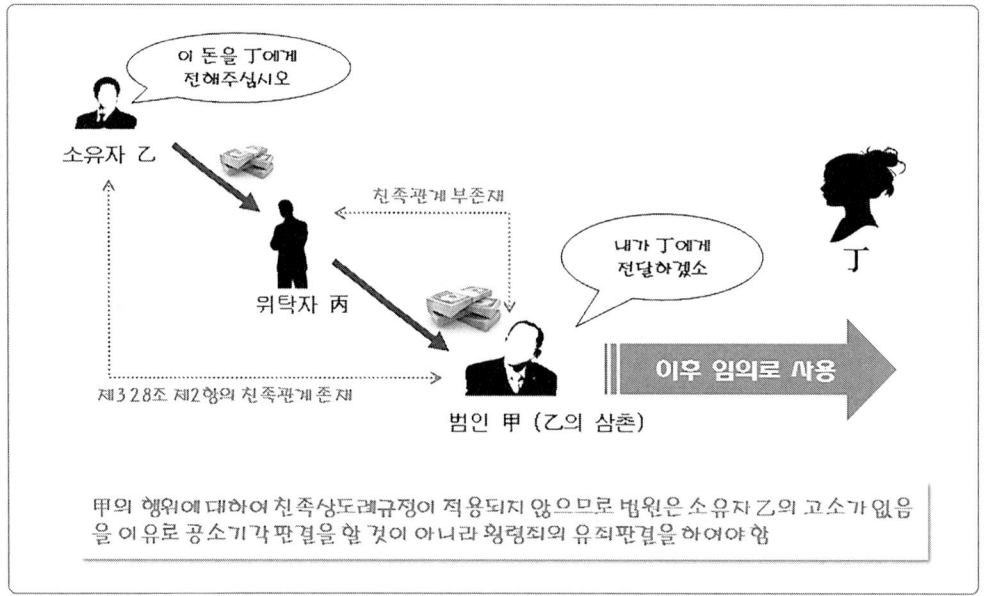

② **[O]** 농업협동조합이 컴퓨터등사용사기 범행 부분의 피해자이므로 친족상도례를 적용할 수 없다(대판 2007.3.15. 2006도2704). ☞ 컴퓨터등사용사기죄로 처벌 가능
③ **[X]** 형법 제344조, 제328조 제1항 소정의 친족간의 범행에 관한 규정이 적용되기 위한 친족관계는 원칙적으로 범행 당시에 존재하여야 하는 것이지만, 부가 혼인 외의 출생자를 인지하는 경우에 있어서는 민법 제860조에 의하여 그 자의 출생시

에 소급하여 인지의 효력이 생기는 것이며, 이와 같은 인지의 소급효는 친족상도례에 관한 규정의 적용에도 미친다고 보아야 할 것이므로, 인지가 범행 후에 이루어진 경우라고 하더라도 그 소급효에 따라 형성되는 친족관계를 기초로 하여 친족상도례의 규정이 적용된다(대판 1997.1.24. 96도1731).

④ **[O]** 형법 제354조, 제328조의 규정에 의하면, 직계혈족, 배우자, 동거친족, 동거가족 또는 그 배우자 간의 공갈죄는 그 형을 면제하여야 하고 그 외의 친족 간에는 고소가 있어야 공소를 제기할 수 있는바, 흉기 기타 위험한 물건을 휴대하고 공갈죄를 범하여 '폭력행위 등 처벌에 관한 법률' 제3조 제1항, 제2조 제1항 제3호에 의하여 가중처벌되는 경우에도 형법상 공갈죄의 성질은 그대로 유지되는 것이고, 특별법인 위 법률에 친족상도례에 관한 형법 제354조, 제328조의 적용을 배제한다는 명시적인 규정이 없으므로, 형법 제354조는 '폭력행위 등 처벌에 관한 법률 제3조 제1항 위반죄'에도 그대로 적용된다(대판 2010.7.29. 2010도5795).

(정답) ③

08 친족상도례에 관한 설명으로 가장 적절한 것은? (다툼이 있는 경우 판례에 의함) 2019년 제2차 경찰

① 가출 후 오랫동안 연락 없이 지내던 甲이 자신의 딸과 결혼한 사위 乙을 기망하여 백화점 입점비 명목으로 돈을 편취한 경우, 친족상도례가 적용되지 않는다.
② 장물죄에 있어서 장물범과 피해자간에 동거친족의 신분관계가 있는 때에는 형이 면제되지만, 장물범과 본범간에 동거친족의 신분관계가 있는 때에는 형을 감경 또는 면제한다.
③ 타인소유의 물건을 자기 아버지의 소유물로 오인하여 절취한 경우, 친족관계에 대한 착오가 인정되고 형법상 절도죄의 과실범 처벌규정이 없으므로 불가벌이 된다.
④ 절도피해자인 아버지가 체포된 절도범인이 자신의 혼외자임을 알고 비로소 인지(認知)를 하더라도 친족관계는 원칙적으로 범행 당시에 존재하여야 하기 때문에 친족상도례는 적용되지 않는다.

해설

① **[X]** 범인 甲의 입장에서 사위 乙은 제328조 제1항 소정의 '직계혈족의 배우자'에 해당하므로 친족상도례가 적용되므로, 형면제판결을 하게 된다.

 비교판례

> 甲이 백화점 내 점포에 입점시켜 주겠다고 속여 사돈지간인 乙로부터 입점비 명목으로 돈을 편취한 경우, 사기죄의 피고인과 피해자가 사돈지간이라고 하더라도 민법상 친족으로 볼 수 없다(대판 2011.4.28. 2011도2170). ☞ 乙의 고소가 없어도 甲을 사기죄로 처벌할 수 있다.

② **[O]**

> **제365조(친족간의 범행)** ① 전조(장물·상습범·업무상과실, 중과실)의 죄를 범한 자와 피해자간에 제328조 제1항, 제2항의 신분관계가 있는 때에는 동조의 규정을 준용한다.
> ② 전3조의 죄를 범한 자와 본범간에 제328조 제1항의 신분관계가 있는 때에는 그 형을 감경 또는 면제한다. 단 신분관계가 없는 공범에 대하여는 예외로 한다.

③ **[X]** 친족상도례는 처벌조건에 해당하므로, 구성요건적 고의의 인식대상인 객관적 구성요건요소라고 볼 수 없다. 따라서 친족상도례의 적용여부와 관련한 행위자의 착오가 존재하는 경우, 행위자가 주관적으로 인식한 사정을 고려할 필요 없이 객관적으로 보아 범인과 피해자간에 친족관계가 존재하면 친족상도례를 적용하고, 반대의 경우 친족상도례를 적용할 수 없다.

> **비교판례**
> 피고인이 그 본가의 소유물로 오신하여 이를 절취한 경우, 그 오신은 형의 면제사유에 관한 것으로서 이에 범죄의 구성요건 사실에 관한 제15조 제1항은 적용되지 않는 것이므로 그 오신은 본건 범죄의 성립이나 처벌에 아무런 영향도 미치지 아니한다(대판 1966.6.28. 66도104). ☞ 절도죄가 성립하고 친족상도례규정이 적용되지 아니하므로 처벌가능함

④ [X] 甲이 사실상 부(父) 乙의 양도성예금증서를 절취하였으나 이후 재판시와의 사이에 인지가 성립한 경우, 친족관계는 원칙적으로 범행 당시에 존재하여야 하는 것이지만, 부가 혼인 외의 출생자를 인지하는 경우에 있어서는 민법 제860조에 의하여 그 자(子)의 출생시에 소급하여 인지의 효력이 생기는 것이므로, 인지가 범행 후에 이루어진 경우라고 하더라도 그 소급효에 따라 형성되는 친족관계를 기초로 하여 친족상도례의 규정이 적용된다(대판 1997.1.24. 96도1731). ☞ 형면제판결

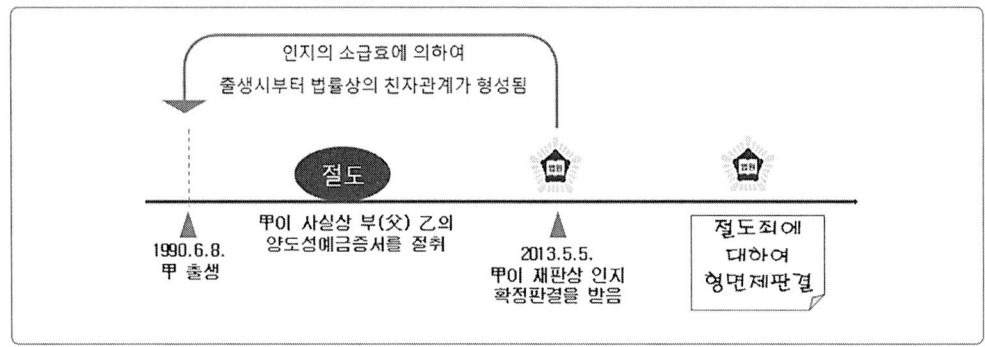

정답 ②

09 친족상도례에 대한 설명으로 옳지 않은 것은? (다툼이 있는 경우 판례에 의함) 2022년 경찰간부

① 사돈 사이 및 사실혼 관계에 있는 배우자는 친족상도례의 적용을 받지 아니한다.
② 절도죄에서 친족상도례가 적용되기 위해서는 범인과 피해물건의 소유자 및 점유자 모두 간에 친족관계가 있어야 한다.
③ 동거하지 않는 형제의 재물을 강취한 경우에 강도죄에 해당하나, 그 형이 면제된다.
④ 사기죄를 범하는 자가 혼인의 의사 없이 금원을 편취하기 위한 수단으로 A와 혼인신고를 한 것이어서 그 혼인이 무효인 경우라면, A에 대한 사기죄에서는 친족상도례를 적용할 수 없다.

해설

① [O] 사돈지간은 민법상 친족으로 볼 수 없으며(대판 2011도2170), 사실혼 관계에 있는 배우자는 법률상의 배우자로 볼 수 없으므로 양자 모두 친족상도례가 적용되지 않는다.
② [O] 친족상도례에 관한 규정은 범인과 피해물건의 소유자 및 점유자 모두 사이에 친족관계가 있는 경우에만 적용되는 것이고 절도범인이 피해물건의 소유자나 점유자의 어느 일방과 사이에서만 친족관계가 있는 경우에는 그 적용이 없다(대판 1980.11.11. 80도131).
③ [X] 제328조의 친족상도례 규정은 강도의 죄·손괴의 죄(재물손괴등죄·공익건조물파괴죄·중손괴죄·특수손괴죄·경계침범죄)·점유강취죄·준점유강취죄·강제집행면탈죄를 제외한 형법상의 재산범죄에 대하여 준용되므로, 위 지문은 강도죄에 해당하므로 친족상도례가 적용되지 않는다.
④ [O] 대판 2015.12.10. 2014도11533

정답 ③

10 친족상도례에 대한 설명으로 옳은 것은? (다툼이 있는 경우 판례에 의함) 2021년 경찰간부

① 장물죄를 범한 자와 본범 간에 「형법」 제328조 제2항의 신분관계가 있는 때에는 고소가 있어야 공소를 제기할 수 있다.
② 친족상도례 규정은 권리행사방해죄에 대하여 규정되어 있고, 의사자유 침해의 성격을 가진 강도의 죄를 제외한 모든 재산범죄에 준용된다.
③ 사기죄를 범하는 자가 금원 편취의 수단으로 피해자와 혼인신고를 한 것이어서 그 혼인이 무효인 경우라면, 그러한 피해자에 대한 사기죄에서는 친족상도례를 적용할 수 없다.
④ 「형법」 제328조 제1항은 "직계혈족, 배우자, 동거친족, 동거가족 또는 그 배우자 간의 제323조의 죄는 그 형을 면제한다."라고 규정하고 있는바, 여기서 '그 배우자'는 앞에서 언급된 '배우자'와의 관계로 볼 때 동거가족의 배우자만을 의미하는 것으로 볼 것이다.

해설

① **[X]** 제328조 제1항의 신분관계가 있는 때 필요적 감·면 사유로 규정되어 있다(아래 제365조 제2항 참조)

> **제365조(친족간의 범행)** ① 전3조의 죄를 범한 자와 피해자간에 제328조 제1항, 제2항의 신분관계가 있는 때에는 동조의 규정을 준용한다.
> ② 전3조의 죄를 범한 자와 본범간에 제328조 제1항의 신분관계가 있는 때에는 그 형을 감경 또는 면제한다. 단, 신분관계가 없는 공범에 대하여는 예외로 한다.

② **[X]** 제328조의 친족상도례 규정은 강도의 죄·손괴의 죄(재물손괴등죄·공익건조물파괴죄·중손괴죄·특수손괴죄·경계침범죄)·점유강취죄·준점유강취죄·강제집행면탈죄를 제외한 형법상의 재산범죄에 대하여 준용되며, 특별형법에서도 친족상도례 규정의 적용을 배제한다는 명시적인 규정이 없다면 특별형법에 대하여도 친족상도례 규정이 적용된다.
③ **[O]** 형법 제354조, 제328조 제1항에 의하면 배우자 사이의 사기죄는 이른바 친족상도례에 의하여 형을 면제하도록 되어 있으나, 사기죄를 범하는 자가 금원을 편취하기 위한 수단으로 피해자와 혼인신고를 한 것이어서 그 혼인이 무효인 경우라면, 그러한 피해자에 대한 사기죄에서는 친족상도례를 적용할 수 없다(대판 2015.12.10. 2014도11533).
④ **[X]** 제328조 제1항에서 "직계혈족, 배우자, 동거친족, 동거가족 또는 그 배우자 간의 제323조의 죄는 그 형을 면제한다."고 규정하고 있는바, 여기서 '그 배우자'는 동거가족의 배우자만을 의미하는 것이 아니라, 직계혈족, 동거친족, 동거가족 모두의 배우자를 의미하는 것으로 볼 것이다(대판 2011.5.13. 2011도1765).

정답 ③

11   재산죄에 관한 설명으로 가장 적절하지 않은 것은? (다툼이 있는 경우 판례에 의함)   2020년 제1차 경찰

① 「형법」상의 점유란 현실적으로 어떠한 재물을 지배하는 순수한 사실상의 관계를 말하는 것으로서 「민법」상의 점유와 동일하다.
② 절도죄에서의 절취는 폭행·협박에 의하지 않고 타인점유의 재물을 점유자의 의사에 반하여 그 점유를 배제하고 자기 또는 제3자의 점유하에 옮기는 것을 말한다.
③ 동업자, 조합원, 부부 사이와 같이 수인이 대등하게 재물을 점유 하는 공유물, 합유물 그리고 총유물의 경우에도 공동점유자 상호간에 점유의 타인성이 인정되므로 그 중 1인이 다른 공동점유자의 점유를 배제하고 단독점유로 옮긴 때에는 절도죄가 성립한다.
④ 절도죄의 성립에 필요한 불법영득의 의사라 함은 타인의 재물에 대해서 소유자와 유사한 지배력을 행사하여 이용·처분하려는 의사를 말하는 것으로, 영구적으로 그 물건의 경제적 이익을 보유할 의사는 필요 없고, 일시적이어도 무방하다.

해설

① [X] '점유'라고 함은 현실적으로 어떠한 재물을 지배하는 '순수한 사실상의 관계'를 말하는 것으로서, 민법상의 점유와 반드시 일치하는 것이 아니다(대판 2012.4.26. 2010도6334).
② [O] 대판 2010.2.25. 2009도5064 등
③ [O] 조합원의 1인이 조합원의 공동점유에 속하는 합유의 물건을 다른 조합원의 승낙 없이 조합원의 점유를 배제하고 단독으로 자신의 지배하에 옮긴 경우(대판 1982.12.28. 82도2058). ☞ 절도죄 성립
④ [O] 불법영득의 의사라 함은 권리자를 배제(소극적 요소)하고 타인의 물건을 자기의 소유물과 같이 그 경제적 용법에 따라 이용, 처분하려는 의사(적극적 요소)를 말하며, 영구적으로 그 물건의 경제적 이익을 보유할 의사가 필요한 것은 아니다(대판 2000.10.13. 2000도3655 등).

정답 ①

12   다음 중 절도죄의 실행의 착수가 인정되지 않는 것은? (다툼이 있는 경우 판례에 의함)   2014년 경찰간부

① 소매치기의 경우 피해자의 양복상의 주머니로부터 금품을 절취하려고 그 호주머니에 손을 뻗쳐 그 겉을 더듬은 때
② 피해자 소유 자동차 안에 들어 있는 밍크코트를 발견하고 이를 절취할 생각으로 공범이 위 차 옆에서 망을 보는 사이, 위 차 오른 쪽 앞문을 열려고 앞문 손잡이를 잡아당긴 때
③ 소를 흥정하고 있는 피해자의 뒤에 접근하여 그가 들고 있던 가방으로 돈이 들어 있는 피해자의 하의 왼쪽 주머니를 스치면서 지나간 때
④ 야간에 손전등과 박스 포장용 노끈을 이용하여 도로에 주차된 차량의 문을 열고 현금 등을 훔치기로 마음먹고, 차량의 문이 잠겨 있는지 확인하기 위해 양손으로 운전석 문의 손잡이를 잡고 열려고 한 때

해설

① **[O]** 대판 1984.12.11. 84도2524
② **[O]** 대판 1986.12.23. 86도2256
③ **[X]** 위 행위는 단지 피해자의 주의력을 흐트려 주머니속에 들은 금원을 절취하기 위한 예비단계의 행위에 불과한 것이고 이로써 실행의 착수에 이른 것이라고는 볼 수 없다(대판 1986.11.11. 86도1109).
④ **[O]** 대판 2009.9.24. 2009도5595

정답 ③

---

13 절도죄의 객체에 관한 설명으로 가장 적절한 것은? (다툼이 있는 경우 판례에 의함) 2019년 제2차 경찰

① 고속버스 운전기사가 발견한 버스 내 유실물을 타인이 가져간 경우, 절도죄가 아니라 점유이탈물횡령죄가 성립한다.
② 종전 점유자의 점유가 그의 사망으로 인한 상속에 의하여 당연히 그 상속인에게 이전된다는 민법 제193조는 절도죄의 '점유'에도 적용된다.
③ 임차인이 임대계약 종료 후 식당건물에서 퇴거하면서 종전부터 사용하던 냉장고의 전원을 켜 둔 채 그대로 두었다가 약 1개월 후 철거해 가는 바람에 그 기간 동안 전기가 소비된 경우, 타인의 점유 관리하에 있던 전기이므로 절도죄가 성립한다.
④ 자동차등록명의자가 등록명의는 그대로 두고 자동차의 소유권은 상대방이 보유하도록 하는 약정을 체결한 이후 약정상대방이 점유하던 그 자동차를 임의로 가져간 경우, 자동차 등록명의와 관계없이 약정상대방이 소유자이므로 절도죄가 성립한다.

해설

① **[X]** 고속버스 운전사는 고속버스의 관수자로서 차내에 있는 승객의 물건을 점유하는 것이 아니고 승객이 잊고 내린 유실물을 교부받을 권능을 가질 뿐이므로 '유실물을 현실적으로 발견하지 않는 한' 이에 대한 점유를 개시하였다고 할 수 없고, 그 사이에 다른 승객이 유실물을 발견하고 이를 가져갔다면 절도에 해당하지 아니하고 점유이탈물횡령에 해당한다(대판 1993.3.16. 92도3170). ☞ 설문의 경우, 고속버스 운전기사가 '발견한' 버스 내 유실물임을 전제로 하므로, 고속버스 운전기사가 점유자에 해당하게 되어 절도죄가 성립한다.
② **[X]** [1] 종전 점유자의 점유가 그의 사망으로 인한 상속에 의하여 당연히 그 상속인에게 이전된다는 민법 제193조는 절도죄의 요건으로서의 '타인의 점유'와 관련하여서는 적용의 여지가 없고, 재물을 점유하는 소유자로부터 이를 상속받아 그 소유권을 취득하였다고 하더라도 상속인이 그 재물에 관하여 사실상의 지배를 가지게 되어야만 이를 점유하는 것으로서 그때부터 비로소 상속인에 대한 절도죄가 성립할 수 있다.

> **민법 제193조(상속으로 인한 점유권의 이전)** 점유권은 상속인에 이전한다.

[2] 甲녀는 내연관계에 있는 乙과 아파트에서 동거하다가 乙이 사망하자 부동산 등기권리증 등 서류들이 들어 있는 가방을 가지고 나온 경우, 행위 당시 상속인들이 그들의 소유권 등에 기하여 아파트 또는 그 곳에 있던 가방의 인도 등을 요구한 일이 전혀 없었으므로 상속인들이 가방을 사실상 지배하여 점유하고 있었다고 볼 수 없으므로 절도죄를 구성하지 않는다(대판 2012.4.26. 2010도6334).

③ [X] 임차인이 퇴거 후에도 냉장고에 관한 점유·관리를 그대로 보유하고 있었다고 보아야 하므로, 냉장고를 통하여 전기를 계속 사용하였다고 하더라도 이는 당초부터 자기의 점유·관리하에 있던 전기를 사용한 것일 뿐 타인의 점유·관리하에 있던 전기가 아니다(대판 2008.7.10. 2008도3252). ☞ 절도죄 불성립
④ [O] 甲이 자신의 명의로 등록된 자동차를 사실혼 관계에 있던 乙녀에게 증여하여 乙녀만이 이를 운행·관리하여 오다가 서로 별거하면서 재산분할 내지 위자료 명목으로 乙녀가 소유하기로 하였는데 이후 甲이 이를 임의로 운전해 간 경우, 자동차 등록명의와 관계없이 甲과 乙녀 사이에서는 乙녀를 소유자로 보아야 한다(대판 2013.02.28. 2012도15303). ☞ 乙녀에 대한 관계에서 절도죄 성립

(정답) ④

14 형법상 점유에 대한 설명으로 옳지 않은 것은? (다툼이 있는 경우 판례에 의함) 2022년 경찰간부

① 甲이 마치 귀금속을 구입할 것처럼 가장하여 금은방 주인으로부터 순금목걸이를 건네받은 다음 화장실에 갔다 오겠다는 핑계를 대고 도주하는 경우, 그 목걸이는 도주하기 전부터 이미 甲의 점유하에 있다.
② 고속버스 운전사는 승객이 차내에 두고 내린 물건을 점유하는 것이 아니고, 승객이 잊고 내린 유실물을 교부받을 권능을 가질 뿐이므로 그 물건을 현실적으로 발견하지 아니하는 한 이에 대한 점유를 개시하였다고 할 수 없다.
③ 甲에게 강간을 당한 피해자 A가 도피하면서 자신의 지갑을 현장에 놓아두고 간 경우, 그 지갑은 사회통념상 A의 지배하에 있는 물건이므로 甲이 그 지갑을 가져갔다면 절도죄를 구성한다.
④ 공동점유의 경우에 공동점유자 중 1인이 다른 점유자의 동의를 받지 않고 불법영득의사를 가지고 물건을 자신의 단독점유로 옮긴 때에는 절도죄가 성립한다.

해설

① [X] 위 순금목걸이 등은 도주하기 전까지는 아직 피해자의 점유하에 있었다고 할 것이다(대판 1994.8.12. 94도1487). ☞ 절도죄 성립
② [O] 고속버스 운전사는 고속버스의 관수자로서 차내에 있는 승객의 물건을 점유하는 것이 아니고 승객이 잊고 내린 유실물을 교부받을 권능을 가질 뿐이므로 유실물을 현실적으로 발견하지 않는 한 이에 대한 점유를 개시하였다고 할 수 없고, 그 사이에 다른 승객이 유실물을 발견하고 이를 가져 갔다면 절도에 해당하지 아니하고 점유이탈물횡령에 해당한다(대판 1993.3.16. 92도3170).
③ [O] 강간을 당한 피해자가 도피하면서 현장에 놓아두고 간 손가방은 점유이탈물이 아니라 사회통념상 피해자의 지배하에 있는 물건이라고 보아야 할 것이므로 피고인이 그 손가방안에 들어 있는 피해자 소유의 돈을 꺼낸 소위는 절도죄에 해당한다(대판 1984.2.28. 84도38).
④ [O] 조합원의 1인이 조합원의 공동점유에 속하는 합유물을 다른 조합원의 승낙없이 단독으로 취거한 경우에는 절도죄가 성립한다(대판 1982.4.27. 81도2956).

(정답) ①

15 절도죄에 대한 설명으로 가장 적절한 것은? (다툼이 있는 경우 판례에 의함) 2020년 제2차 경찰

① 甲은 자신이 종업원으로 종사하고 있는 점포에서 점포 주인이 부재중임을 틈타 점포 금고 안에 든 20만 원과 점포 내에 있던 오토바이 1대를 타고 도주한 경우, 甲은 절도죄의 죄책을 진다.

② 甲은 사무실에서 회사 명의 통장을 몰래 가지고 나와 예금 1,000만 원을 인출한 후 다시 그 통장을 제자리에 가져다 놓은 경우, 통장 자체가 가지는 경제적 가치가 그 인출된 예금액만큼 소모되었다고 할 수 없고 또한 통장을 사용하고 곧 반환한 이상 甲의 불법영득의사는 없었으므로 절도죄가 성립하지 않는다.

③ 절취한 자기앞수표를 음식대금으로 교부하고 거스름돈을 환불 받은 행위는 별도의 사기죄를 구성하지 않고 선행한 절도죄의 불가벌적 사후행위가 성립한다.

④ 임차인이 임대계약 종료 후 식당 건물에서 퇴거하면서 종전부터 사용하던 냉장고의 전원을 켜 둔 채 그대로 두었다가 약 1개월 후 철거해 가는 바람에 그 기간 동안 전기가 소비된 경우, 절도죄가 성립한다.

해설

① [X] 점포 주인이 점원에게 금고 열쇠와 오토바이 열쇠를 맡기고 금고안의 돈은 배달된 가스대금으로 지급할 것을 지시하고 외출했던바, 점원이 금고안의 현금과 오토바이를 타고 달아난 경우, 민법상 점유보조자(점원) 라고 할지라도 그 물건에 대하여 사실상 지배력을 행사하는 경우에는 형법상 보관의 주체로 볼 수 있다(대판 1982.3.9. 81도3396). ☞ 횡령죄 성립

② [X] 예금통장 자체가 가지는 예금액 증명기능의 경제적 가치에 대한 불법영득의 의사를 인정할 수 있으므로 절도죄가 성립한다(대판 2010.5.27. 2009도9008). ☞ 예금통장의 경제적 가치에 대한 절도죄 성립

③ [O] 금융기관발행의 자기앞수표는 그 액면금을 즉시 지급받을 수 있어 현금에 대신하는 기능을 하고 있으므로, 절취한 자기앞수표를 현금 대신으로 교부한 행위는 절도행위에 대한 가벌적 평가에 당연히 포함되는 것으로 봄이 상당하다 할 것이므로 절취한 자기앞수표를 음식대금으로 교부하고 거스름돈을 환불받은 행위는 절도의 불가벌적 사후처분행위로서 사기죄가 되지 아니한다(대판 1987.1.20. 86도1728).

④ [X] 임차인이 퇴거 후에도 냉장고에 관한 점유·관리를 그대로 보유하고 있었다고 보아야 하므로, 냉장고를 통하여 전기를 계속 사용하였다고 하더라도 이는 당초부터 자기의 점유·관리하에 있던 전기를 사용한 것일 뿐 타인의 점유·관리하에 있던 전기가 아니다(대판 2008.7.10. 2008도3252). ☞ 절도죄 불성립

정답 ③

16 다음 사례 중 甲의 행위가 동일한 범죄구성요건에 해당하는 것으로만 짝지어진 것은? (다툼이 있는 경우 판례에 의함)

2022년 경찰2차

㉠ A는 B가 운영하는 피씨방을 이용하고 나오면서 자신의 핸드폰을 두고 왔는데, 그때 B의 피씨방을 이용하고 있던 甲이 A가 두고 간 핸드폰을 발견하고 그것을 가지고 갔다.
㉡ 甲은 A로부터 그의 오토바이를 타고 심부름을 다녀와 달라는 부탁을 받고 다녀오던 중, 마음이 변하여 A에게 오토바이를 돌려주지 않고 그대로 타고 가버렸다.
㉢ A는 지하철 선반 위에 올려둔 가방을 깜빡 잊고 그대로 지하철에서 내렸고, 이를 본 甲이 A가 가방을 두고 내린 것을 아무도 알아채지 못한 틈을 타 그 가방을 들고 지하철에서 내렸다.
㉣ 甲은 자신의 토지를 임차하여 대나무를 식재하고 가꾸어 온 A의 대나무를 그의 의사에 반하여 벌채하여 갔다.
㉤ 甲은 A의 토지 위에 권원 없이 식재한 자신의 감나무에 열린 감을 수확해 갔다.

① ㉠, ㉡, ㉣
② ㉡, ㉢, ㉤
③ ㉠, ㉢, ㉣
④ ㉠, ㉣, ㉤

해설

㉠ (절도죄 성립) 피해자가 피씨방에 두고 간 핸드폰은 피씨방 관리자의 점유하에 있어서 제3자가 이를 취한 행위는 절도죄를 구성한다(대판 2007.3.15. 2006도9338).
㉡ (횡령죄 성립) 피고인이 피해자의 승락을 받고 그의 심부름으로 오토바이를 타고가서 수표를 현금으로 바꾼 뒤에 마음이 변하여 그 오토바이를 반환하지 아니한 채 그대로 타고 가버렸다 하더라도 그것은 피고인과 피해자사이에 오토바이의 보관에 따른 신임관계를 위배한 것이 되어 횡령죄를 구성함은 변론으로 하고 적어도 절도죄는 구성하지 않는다(대판 1986.8.19. 86도1093).
㉢ (점유이탈물횡령죄 성립) 승객이 놓고 내린 지하철의 전동차 바닥이나 선반 위에 있던 물건을 가지고 간 경우, 지하철의 승무원은 유실물법상 전동차의 관수자로서 승객이 잊고 내린 유실물을 교부받을 권능을 가질 뿐 전동차 안에 있는 승객의 물건을 점유한다고 할 수 없고, 그 유실물을 현실적으로 발견하지 않는 한 이에 대한 점유를 개시하였다고 할 수도 없으므로, 그 사이에 위와 같은 유실물을 발견하고 가져간 행위는 점유이탈물횡령죄에 해당함은 별론으로 하고 절도죄에 해당하지는 않는다(대판 1999.11.26. 99도3963).
㉣ (절도죄 성립) 타인의 토지상에 권원 없이 식재한 수목의 소유권은 토지소유자에게 귀속되고 권원에 의하여 식재한 경우에는 그 소유권이 식재한 자에게 있다(대판 1980.9.30. 80도1874).
㉤ (절도죄 성립) 피고인이 권원 없이 식재한 판시 감나무의 소유권은 그 감나무가 식재된 토지의 소유자인 피해자에게 있으므로 절도죄가 성립한다(대판 1998.4.24. 97도3425).

정답 ④

17 절도죄에 관한 다음 설명 중 옳지 않은 것은 모두 몇 개인가? (다툼이 있으면 판례에 의함)

2014년 제2차 경찰

㉠ 권원 없이 타인의 토지 위에 식재한 감나무에서 감을 수확한 것은 절도죄에 해당한다.
㉡ 예식장의 축의금 접수대에서 접수인인 것처럼 행세하여 축의금을 교부받아 가로챈 행위는 절도죄가 성립한다.
㉢ 타인의 유선전화기를 무단으로 사용하여 전화통화를 한 경우 절도죄가 성립한다.
㉣ 피해자가 그 소유의 오토바이를 타고 심부름을 다녀오라고 하여서 甲이 그 오토바이를 타고 가다가 마음이 변하여 이를 반환하지 아니한 채 그대로 타고 가버렸다면 절도죄가 성립한다.
㉤ 명의대여 약정에 따라 종업원 甲의 명의로 음식점의 영업허가를 받고 사업자등록을 한 뒤 甲 명의의 영업허가증과 사업자등록증을 乙이 교부받아 보관하고 있던 중 甲이 이를 꺼내어 갔다면 절도죄에 해당한다.

① 1개 ② 2개
③ 3개 ④ 4개

해설

㉠ **(O)** 타인의 토지상에 권원 없이 식재한 수목의 소유권은 토지소유자에게 귀속하고 권원에 의하여 식재한 경우에는 그 소유권이 식재한 자에게 있으므로, 권원 없이 식재한 감나무에서 감을 수확한 것은 절도죄에 해당한다(대판 1998.4.24. 97도3425).

㉡ **(O)** 피해자의 교부행위의 취지는 신부측에 전달하는 것일 뿐 피고인에게 그 처분권을 주는 것이 아니므로, 이를 피고인에게 교부한 것이라고 볼 수 없고 단지 신부측 접수대에 교부하는 취지에 불과하므로 피고인이 그 돈을 가져간 것은 신부측 접수처의 점유를 침탈하여 범한 절취행위라고 보는 것이 정당하다(대판 1996.10.15. 96도2227). ☞ 절도죄 성립

㉢ **(X)** 타인의 전화기를 무단으로 사용하여 전화통화를 하는 행위는 전기통신사업자가 그가 갖추고 있는 통신선로, 전화교환기 등 전기통신설비를 이용하고 전기의 성질을 과학적으로 응용한 기술을 사용하여 전화가입자에게 음향의 송수신이 가능하도록 하여 줌으로써 상대방과의 통신을 매개하여 주는 역무, 즉 전기통신사업자에 의하여 가능하게 된 전화기의 음향송수신기능을 부당하게 이용하는 것으로, 이러한 내용의 역무는 무형적인 이익에 불과하고 물리적 관리의 대상이 될 수 없어 재물이 아니라고 할 것이므로 절도죄의 객체가 되지 아니한다(대판 1998.6.23. 98도700).

㉣ **(X)** 민법상 점유보조자(점원)라고 할지라도 그 물건에 대하여 사실상 지배력을 행사하는 경우에는 형법상 보관의 주체로 볼 수 있으므로 이를 영득한 경우에는 절도죄가 아니라 횡령죄에 해당한다(대판 1982.3.9. 81도3396).

㉤ **(O)** 명의대여 약정에 따른 신청에 의하여 발급된 영업허가증과 사업자등록증은 피해자가 인도받음으로써 피해자의 소유가 되었다고 할 것이므로, 이를 명의대여자가 가지고 간 행위는 절도죄에 해당한다(대판 2004.3.12. 2002도5090).

정답 ②

18 절도죄에 대한 설명으로 옳은 것은? (다툼이 있는 경우 판례에 의함) 2021년 경찰간부

① 산지기로서 종중 소유의 분묘를 간수하고 있는 자라고 하여도 그 분묘에 설치된 석등이나 문관석 등을 점유하고 있다고는 할 수 없으므로, 그가 이러한 물건 등을 반출하여 가는 행위는 절도죄를 구성한다.

② 임차인이 임대계약 종료 후 식당 건물에서 퇴거하면서 종전부터 사용하던 냉장고의 전원을 켜 둔 채 그대로 두었다가 약 1개월 후 철거해 가는 바람에 그 기간 동안 전기가 소비된 경우, 임차인에게는 전기에 대한 절도죄가 성립한다.

③ 타인의 토지상에 권원 없이 식재한 수목의 소유권은 토지 소유자에게 귀속하고 권원에 의하여 식재한 경우에는 그 소유권이 식재한 자에게 있으므로, 타인이 권원 없이 자신의 토지에 식재한 감나무에서 토지소유자가 감을 수확한 것은 절도죄에 해당한다.

④ 피고인이 절도의 습벽으로 자동차등불법사용의 범행을 하였으나 검사가 자동차등불법사용의 점을 제외한 나머지 범행에 대하여만 상습절도등의 죄로 기소하였다면, 자동차등불법사용의 범행은 상습절도등죄의 위법성 평가에 포함되어 있지 않다고 봄이 상당하다.

해설

① **[O]** 산지기로서 종중 소유의 분묘를 간수하고 있는 자는 그 분묘에 설치된 석등이나 문관석 등을 점유하고 있다고는 할 수 없으므로 이러한 물건 등을 반출하여 가는 행위는 횡령죄가 아니고 절도죄를 구성한다(대판 1985.3.26. 84도3024).

② **[X]** 임차인이 퇴거 후에도 냉장고에 관한 점유·관리를 그대로 보유하고 있었다고 보아야 하므로, 냉장고를 통하여 전기를 계속 사용하였다고 하더라도 이는 당초부터 자기의 점유·관리하에 있던 전기를 사용한 것일 뿐 타인의 점유·관리하에 있던 전기가 아니어서 절도죄가 성립하지 않는다(대판 2008.7.10. 2008도3252).

> **비교판례**
> 피고인이 정식인가도 없이 남전회사 공작물인 저압간선(100볼트) 중간 2개소의 복피를 박탈하고 이에 전선을 접선시켜 피고인 점포 2층에 전등장치를 하고 3개월간 전등 2개를 무단사용한 경우(대판 1958.10.31. 4291형상361). ☞ 전기에 대한 절도죄의 성립을 인정

③ **[X]** 권원 없이 식재한 자가 아니라 '토지 소유자'가 감을 수확한 행위는 자신 소유의 재물을 수확한 것에 불과하므로 절도죄를 구성하지 않는다(아래 97도3425 판결의 사실관계를 변경하여 출제한 것)

> 1. 타인의 토지상에 권원 없이 식재한 '수목'의 소유권은 토지소유자에게 귀속하고 권원에 의하여 식재한 경우에는 그 소유권이 식재한 자에게 있으므로, (권원 없이 식재한 자가) 권원 없이 식재한 감나무에서 감을 수확한 것은 절도죄에 해당한다(대판 1998.4.24. 97도3425).
> 2. 타인소유의 토지에 사용수익의 권한 없이 '농작물'을 경작하였는데 토지 소유자가 이를 뽑아버린 경우, 타인소유의 토지에 사용수익의 권한 없이 농작물을 경작한 경우에 그 농작물의 소유권은 경작한 사람에게 귀속된다(대판 1970.3.10. 70도82). ☞ 재물손괴죄 성립

④ **[X]** 상습절도 등의 범행을 한 자가 추가로 자동차등불법사용의 범행을 한 경우에 그것이 절도 습벽의 발현이라고 보이는 이상 자동차등불법사용의 범행은 상습절도 등의 죄에 흡수되어 1죄만이 성립하고 이와 별개로 자동차등불법사용죄는 성립하지 않는다고 보아야 하고, 검사가 상습절도 등의 범행을 형법 제332조 대신에 특가법 제5조의4 제1항으로 의율하여 기소하였다 하더라도 그 공소제기의 효력은 동일한 습벽의 발현에 의한 자동차등불법사용의 범행에 대하여도 미친다고 보아야 한다(대판 2002.4.26. 2002도429).

정답 ①

19 절도의 죄에 관한 설명으로 가장 적절하지 않은 것은? (다툼이 있는 경우 판례에 의함)

2022년 제1차 경찰

① 어떠한 물건을 점유자의 의사에 반하여 취거하는 행위가 결과적으로 소유자의 이익으로 된다는 사정 또는 소유자의 추정적 승낙이 있다고 볼 만한 사정이 있다고 하더라도, 다른 특별한 사정이 없는 한 그러한 사유만으로 불법영득의 의사가 없다고 할 수는 없다.

② 주간에 절도의 목적으로 타인의 주거에 침입하였다고 하여도 아직 절취할 물건의 물색행위를 시작하기 전이라면 절도죄의 실행에 착수한 것으로 볼 수 없는 것이어서 절도미수죄는 성립하지 않는다.

③ 입목을 절취하기 위하여 이를 캐낸 때에는 그 시점에서 아직 소유자의 입목에 대한 점유가 침해되어 범인의 사실적 지배하에 놓였다고는 볼 수 없고 이를 운반하거나 반출하는 등의 행위가 있어야 그 점유를 취득하게 되는 것이므로, 이 때 절도죄는 기수에 이르렀다고 할 것이다.

④ 상습절도 등의 범행을 한 자가 추가로 자동차등불법사용의 범행을 한 경우에 그것이 절도 습벽의 발현이라고 보이는 이상 자동차등불법사용의 범행은 상습절도등의 죄에 흡수되어 1죄만이 성립한다.

해설

① [O] 甲이 승용차의 소유자인 A 캐피탈로부터 乙 명의로 위 승용차를 리스하여 운행하던 중 사채업자로부터 1,300만 원을 빌리면서 위 승용차를 인도하였으며 위 사채업자는 甲이 차용금을 변제하지 못하자 승용차를 매도하였고 최종적으로 피해자 丙이 승용차를 매수하여 점유하게 되자 甲이 승용차를 회수하기 위해서 丙과 만나기로 약속을 한 다음 약속장소에 주차되어 있던 위 승용차를 미리 가지고 있던 보조열쇠를 이용하여 임의로 가져간 후 乙을 통하여 약 한 달 뒤에 소유자인 A 캐피탈에 반납한 경우, 甲에게 불법영득의 의사가 없다고 할 수도 없다(대판 2014.2.21. 2013도14139). ☞ 절도죄 성립

② [O] 대판 2012.9.27. 2012도9386 등

③ [X] 甲녀가 혼자서 영산홍을 땅에서 완전히 캐어낸 후에 혼자서 운반하기 어려우므로 남편 乙에게 전화하여 乙이 그 곳으로 와서 영산홍을 함께 운반하다가 발각된 경우, 입목을 절취하기 위하여 '캐낸 때'에 소유자의 입목에 대한 점유가 침해되어 범인의 사실적 지배하에 놓이게 되므로 범인이 그 점유를 취득하고 절도죄는 기수에 이르렀다고 볼 것이므로 그 이후 乙이 甲녀와 함께 승용차까지 운반하였다고 하더라도 합동하여 영산홍 절취행위를 하였다고 볼 수 없다(대판 2008.10.23. 2008도6080). ☞ 특수절도죄 불성립 (참고로 甲녀는 건조물침입죄와 절도죄의 실체적 경합범, 남편 乙은 건조물침입죄와 장물운반죄의 실체적 경합범 성립 가능)

④ [O] 상습으로 절도, 야간주거침입절도, 특수절도 또는 그 미수 등의 범행을 저지른 자가 마찬가지로 절도 습벽의 발현으로 자동차등불법사용의 범행도 함께 저지른 경우에 검사가 형법상의 상습절도죄로 기소하는 때는 물론이고, 자동차등불법사용의 점을 제외한 나머지 범행에 대하여 특가법상의 상습절도 등의 죄로 기소하는 때에도 자동차등불법사용의 위법성에 대한 평가는 특가법상의 상습절도 등 죄의 구성요건적 평가 내지 위법성 평가에 포함되어 있다고 보는 것이 타당하고, 따라서 상습절도 등의 범행을 한 자가 추가로 자동차등불법사용의 범행을 한 경우에 그것이 절도 습벽의 발현이라고 보이는 이상 자동차등불법사용의 범행은 상습절도 등의 죄에 흡수되어 1죄만이 성립하고 이와 별개로 자동차등불법사용죄는 성립하지 않는다고 보아야 한다(대판 2002.4.26. 2002도429).

정답 ③

20 절도죄에 관한 다음 설명 중 가장 적절하지 않은 것은? (다툼이 있으면 판례에 의함)

2015년 제2차 경찰 변형

① 피고인이 甲의 영업점 내에 있는 甲 소유의 휴대전화를 허락 없이 가지고 나와 이를 이용하여 통화를 하고 문자메시지를 주고받은 다음 약 1~2시간 후 甲에게 아무런 말을 하지 않고 위 영업점 정문 옆 화분에 놓아두고 간 경우 절도죄를 구성한다.

② 피고인이 자신의 모(母)인 甲의 명의로 구입·등록하여 甲에게 명의신탁한 자동차를 乙에게 담보로 제공한 후 乙 몰래 가져간 경우 乙에 대한 관계에서 자동차의 소유자는 甲이고 피고인은 소유자가 아니므로 乙이 점유하고 있는 자동차를 임의로 가져간 이상 절도죄가 성립한다.

③ 임차인이 임대계약 종료 후 식당 건물에서 퇴거하면서 종전부터 사용하던 냉장고의 전원을 켜 둔 채 그대로 두었다가 약 1개월 후 철거해 가는 바람에 그 기간 동안 전기가 소비된 경우 임차인의 행위는 전기에 대한 절도죄가 성립한다.

④ 채권자가 양도담보 목적물을 제3자에게 처분하여 그 목적물의 소유권을 취득하게 한 다음 그 제3자로 하여금 채권자로부터 목적물반환청구권을 양도받는 방법으로 그 목적물을 취거하게 한 경우 그 제3자의 목적물 취거행위는 절도죄를 구성하지 않는다.

해설

① [O] 휴대전화를 자신의 소유물과 같이 경제적 용법에 따라 이용하다가 본래의 장소와 다른 곳에 유기한 것이므로 甲에게 불법영득의사가 있었다(대판 2012.7.12. 2012도1132). ☞ 절도죄 성립

② [O] [1] 당사자 사이에 자동차의 소유권을 등록명의자 아닌 자가 보유하기로 약정한 경우, 약정 당사자 사이의 내부관계에서는 등록명의자 아닌 자가 소유권을 보유하게 된다고 하더라도 제3자에 대한 관계에서는 어디까지나 등록명의자가 자동차의 소유자라고 할 것이다.
[2] 乙에 대한 관계에서 자동차의 소유자는 甲이고 피고인은 소유자가 아니므로 乙이 점유하고 있는 자동차를 임의로 가져간 이상 절도죄가 성립한다(대판 2012.4.26. 2010도11771).

③ [X] 임차인이 퇴거 후에도 냉장고에 관한 점유·관리를 그대로 보유하고 있었다고 보아야 하므로, 냉장고를 통하여 전기를 계속 사용하였다고 하더라도 이는 당초부터 자기의 점유·관리하에 있던 전기를 사용한 것일 뿐 타인의 점유·관리하에 있던 전기가 아니어서 절도죄가 성립하지 않는다(대판 2008.7.10. 2008도3252).

④ [O] 제3자로서는 자기의 소유물을 취거한 것에 불과하므로, 채권자의 행위는 절도죄를 구성하지 않는다(대판 2008.11.27. 2006도4263). ☞ 절도죄 불성립

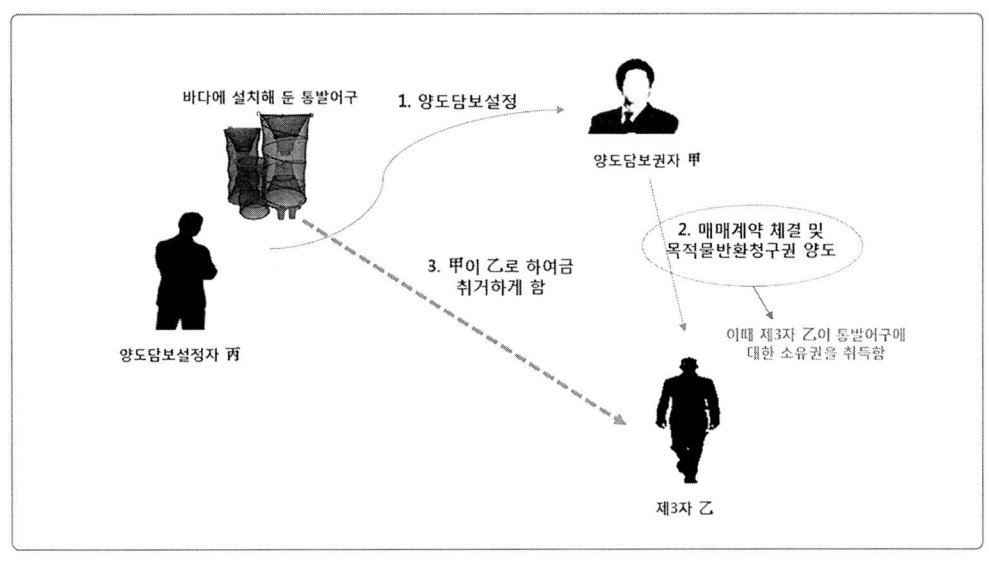

정답 ③

21 다음 중 절도죄의 실행의 착수가 인정되지 않는 것은 모두 몇 개인가? (다툼이 있는 경우 판례에 의함)

2016년 경찰간부 변형

㉠ 평소 잘 아는 피해자에게 전화채권을 사주겠다고 하면서 골목길에 유인하여 돈을 절취하려고 기회를 엿본 경우
㉡ 두 사람이 공모 합동하여 야간에 타인의 재물을 절취하려고 한 사람은 망을 보고 다른 한 사람은 도구를 가지고 출입문의 자물쇠를 떼어낸 경우
㉢ 야간에 아파트에 침입하여 물건을 훔칠 의도하에 아파트의 베란다 철제 난간까지 올라가 유리창문을 열려고 시도한 경우
㉣ 공장에서 물건을 훔치기 위하여 공장의 담을 넘어 그곳에 있는 구리를 찾기 위하여 담벽에 붙어 걷다가 발각된 경우

① 1개 ② 2개
③ 3개 ④ 4개

해설

㉠ (X) 평소 잘 아는 피해자에게 전화채권을 사주겠다고 하면서 골목길로 유인하여 돈을 절취하려고 기회를 엿본 행위만으로는 절도의 예비행위는 될지언정 행위의 방법, 태양 및 주변상황 등에 비추어 볼때 타인의 재물에 대한 사실상 지배를 침해하는데 밀접한 행위가 개시되었다고 단정할 수 없다(대판 1983.03.08. 82도2944).
㉡ (O) 출입문의 자물쇠를 떼어내거나 출입문의 환기창문을 열었다면 특수절도죄의 실행에 착수한 것이다(대판 1986.07.08. 86도843).

ⓒ [O] 유리창문을 열려고 시도하였다면 야간주거침입절도죄의 실행에 착수한 것으로 보아야 한다(대판 2003.10.24. 2003도4417).

ⓓ [O] 절취대상품에 대한 물색행위가 없었다고 할 수 없다(대판 1989.09.12. 89도1153).

정답 ①

22 재산죄에 관한 설명으로 가장 적절하지 않은 것은? (다툼이 있는 경우 판례에 의함) 2022년 제1차 경찰

① 「형법」제331조(특수절도) 제2항에서 규정한 흉기는 본래 살상용·파괴용으로 만들어진 것이거나 이에 준할 정도의 위험성을 가진 것으로 봄이 상당하다.

② 「형법」제330조에 규정된 야간주거침입절도죄 및 「형법」제331조 제1항에 규정된 특수절도(야간손괴침입절도)죄를 제외하고 일반적으로 주거침입은 절도죄의 구성요건이 아니므로 절도범인이 범행수단으로 주거침입을 한 경우에 주거침입행위는 절도죄에 흡수되지 아니하고 별개로 주거침입죄를 구성하여 절도죄와는 상상적 경합의 관계에 있다.

③ 甲이 술집 운영자 A로부터 술값의 지급을 요구받자 A를 유인·폭행하고 도주함으로써 술값의 지급을 면하여 재산상 이익을 취득하였다면, 「형법」제335조에서 규정하는 준강도죄에는 해당하지 않는다.

④ 횡령죄에서 보관자가 자기 또는 제3자의 이익을 위한 것이 아니라 소유자의 이익을 위하여 이를 처분한 경우에는 특별한 사정이 없는 한 불법영득의 의사를 인정할 수 없다.

해설

① [O] [1] 형법은 흉기와 위험한 물건을 분명하게 구분하여 규정하고 있는바, 형벌법규는 문언에 따라 엄격하게 해석·적용하여야 하고 피고인에게 불리한 방향으로 지나치게 확장해석하거나 유추해석해서는 아니 된다. 그리고 형법 제331조 제2항에서 '흉기를 휴대하여 타인의 재물을 절취한' 행위를 특수절도죄로 가중하여 처벌하는 것은 흉기의 휴대로 인하여 피해자 등에 대한 위해의 위험이 커진다는 점 등을 고려한 것으로 볼 수 있다. 이에 비추어 위 형법 조항에서 규정한 흉기는 본래 살상용·파괴용으로 만들어진 것이거나 이에 준할 정도의 위험성을 가진 것으로 봄이 상당하고, 그러한 위험성을 가진 물건에 해당하는지 여부는 그 물건의 본래의 용도, 크기와 모양, 개조 여부, 구체적 범행 과정에서 그 물건을 사용한 방법 등 제반 사정에 비추어 사회통념에 따라 객관적으로 판단할 것이다.
[2] 피고인이 절도 범행을 함에 있어서 드라이버를 사용하여 택시 운전석 창문을 파손한 경우, 피고인이 사용한 드라이버는 일반적인 드라이버와 동일한 것으로 특별히 개조된 바는 없는 것으로 보이고, 그 크기와 모양 등 제반 사정에 비추어 보더라도 피고인의 범행이 흉기를 휴대하여 타인의 재물을 절취한 경우에 해당한다고 보기는 어렵다(대판 2012.6.14. 2012도4175). ☞ 특수(흉기휴대)절도죄 불성립

② [X] 형법 제330조에 규정된 야간주거침입절도죄 및 형법 제331조 제1항에 규정된 특수절도(야간손괴침입절도)죄를 제외하고 일반적으로 주거침입은 절도죄의 구성요건이 아니므로 절도범인이 범행수단으로 주거침입을 한 경우에 주거침입행위는 절도죄에 흡수되지 아니하고 별개로 주거침입죄를 구성하여 절도죄와는 '실체적 경합'의 관계에 서는 것이 원칙이다(대판 2015.10.15. 2015도8169).

③ [O] 범죄사실에는 그 자체로 절도의 실행에 착수하였다는 내용이 포함되어 있지 않다(대판 2014.5.16. 2014도2521).

④ [O] [1] 횡령죄에서 불법영득의 의사는 타인의 재물을 보관하는 자가 위탁의 취지에 반하여 자기 또는 제3자의 이익을 위하여 권한 없이 재물을 자기의 소유인 것처럼 사실상 또는 법률상 처분하는 의사를 의미하므로, 보관자가 자기 또는 제3자의 이익을 위한 것이 아니라 소유자의 이익을 위하여 이를 처분한 경우에는 특별한 사정이 없는 한 불법영득의 의사를 인정할 수 없다.
[2] 甲 아파트의 입주자대표회의 회장인 피고인이, 일반 관리비와 별도로 입주자대표회의 명의 계좌에 적립·관리되는 특별

수선충당금을 아파트 구조진단 견적비 및 시공사인 을 주식회사에 대한 손해배상청구소송의 변호사 선임료로 사용함으로써 아파트 관리규약에 의하여 정하여진 용도 외에 사용한 경우, 피고인이 구분소유자들 또는 입주민들로부터 포괄적인 동의를 얻어 특별수선충당금을 위탁의 취지에 부합하는 용도에 사용한 것으로 볼 여지가 있는 점 등 제반 사정을 종합하면, 피고인이 특별수선충당금을 위와 같이 지출한 것이 위탁의 취지에 반하여 자기 또는 제3자의 이익을 위하여 자기의 소유인 것처럼 처분하였다고 단정하기 어렵다(대판 2017.2.15. 2013도14777). ☞ 업무상횡령죄 불성립

정답 ②

23 절도의 죄에 관한 다음 설명 중 가장 적절하지 않은 것은? (다툼이 있으면 판례에 의함)

2016년 제1차 경찰

① 타인의 명의를 모용하여 발급받은 신용카드를 사용하여 현금자동지급기에서 현금대출을 받는 행위는 카드회사에 의하여 미리 포괄적으로 허용된 행위가 아니라, 현금자동지급기의 관리자의 의사에 반하여 그의 지배를 배제한 채 그 현금을 자기의 지배하에 옮겨 놓는 행위로서 절도죄에 해당한다.

② 타인의 연구소에 식재된 영산홍을 절취하기 위하여 땅에서 캐낸 것만으로 절도죄는 기수에 이르는 것이 아니라, 이를 피고인의 승용차에 운반하거나 반출하는 등의 행위를 함으로써 절도죄가 기수에 이른다.

③ 피고인 甲이 자신의 모(母) 乙명의로 구입·등록하여 乙에게 명의신탁한 자동차를 丙에게 담보로 제공한 후, 丙 몰래 가져가 절취하였다는 내용으로 기소된 사안에서, 丙에 대한 관계에서 자동차의 소유자는 乙이고 피고인 甲은 소유자가 아니므로 丙이 점유하고 있는 자동차를 임의로 가져간 이상 절도죄가 성립한다.

④ 타인의 예금통장을 무단 사용하여 예금을 인출한 후 바로 예금통장을 반환하였다 하더라도 그 사용으로 인한 위와 같은 경제적 가치의 소모가 무시할 수 있을 정도로 경미한 경우가 아닌 이상, 예금통장 자체가 가지는 예금액 증명기능의 경제적 가치에 대한 불법영득의 의사를 인정할 수 있으므로 절도죄가 성립한다.

해설

① [O] 피고인은 위 카드에 대한 사용권한이 없으므로 현금자동지급기 관리자에 대한 절도죄가 성립한다(대판 2006.7.27. 2006도3126).

② [X] [1] 입목을 절취하기 위하여 캐낸 때에 소유자의 입목에 대한 점유가 침해되어 범인의 사실적 지배하에 놓이게 되므로 범인이 그 점유를 취득하고 절도죄는 기수에 이른다. 이를 운반하거나 반출하는 등의 행위는 필요하지 않다.
[2] 절도범인이 혼자 입목을 땅에서 완전히 캐낸 후에 비로소 제3자가 가담하여 함께 입목을 운반한 경우, 특수절도죄가 성립하지 않는다(대판 2008.10.23. 2008도6080).

③ [O] [1] 당사자 사이에 자동차의 소유권을 등록명의자 아닌 자가 보유하기로 약정한 경우, 약정 당사자 사이의 내부관계에서는 등록명의자 아닌 자가 소유권을 보유하게 된다고 하더라도 제3자에 대한 관계에서는 어디까지나 등록명의자가 자동차의 소유자라고 할 것이다.
[2] 丙에 대한 관계에서 자동차의 소유자는 乙이고 피고인은 소유자가 아니므로 丙이 점유하고 있는 자동차를 임의로 가져간 이상 절도죄가 성립한다(대판 2012.4.26. 2010도11771).

④ [O] 대판 2010.5.27. 2009도9008

정답 ②

24 형법 제331조의 특수절도죄에 대한 설명으로 가장 적절한 것은? (다툼이 있는 경우 판례에 의함)

2018년 제3차 경찰

① 피고인이 야간에 식당에 침입하여 현금을 절취한 사안에서, 피고인이 피해자들이 운영하는 식당의 창문과 방충망을 창틀에서 분리하였을 뿐 물리적으로 훼손하여 효용을 상실하게 한 것이 아니라면, 형법 제331조 제1항의 특수절도죄의 손괴에는 해당한다고 할 수 없다.
② 피고인이 혼자 영산홍 1그루를 땅에서 완전히 캐낸 후에 비로소 제3자를 전화로 불러 함께 해당 입목을 운반하였다면 형법 제331조 제2항의 특수절도죄가 성립한다.
③ 형법 제331조 제2항의 특수절도죄에서의 합동은 공동정범의 공동과 동일한 의미로 사용되며, 반드시 시간적·장소적 협동을 필요로 하지 않는다.
④ 피고인들이 합동하여 재물을 절취하기 위해 주간에 아파트 출입문 잠금장치를 손괴하다가 발각되어 도주하였다면, 아직 절취할 물건의 물색행위를 시작하기 전이라 하더라도 형법 제331조 제2항의 특수절도죄의 실행의 착수를 인정할 수 있다.

해설

① [O] 대판 2015.10.29. 2015도7559
② [X] 甲녀가 혼자서 영산홍을 땅에서 완전히 캐어낸 후에 혼자서 운반하기 어려우므로 남편 乙에게 전화하여 乙이 그 곳으로 와서 영산홍을 함께 운반하다가 발각된 경우, 입목을 절취하기 위하여 캐낸 때에 소유자의 입목에 대한 점유가 침해되어 범인의 사실적 지배하에 놓이게 되므로 범인이 그 점유를 취득하고 절도죄는 기수에 이르렀다고 볼 것이므로 그 이후 乙이 甲녀와 함께 승용차까지 운반하였다고 하더라도 합동하여 영산홍 절취행위를 하였다고 볼 수 없다(대판 2008.10.23. 2008도6080). ☞ 특수절도죄 불성립 (참고로 甲녀는 건조물침입죄와 절도죄의 실체적 경합범, 남편 乙은 건조물침입죄와 장물운반죄의 실체적 경합범 성립 가능)
③ [X] '합동'은 시간적·장소적 협동관계를 요하고(대판 96도313 등), '공동'은 고의행위이고 과실행위이고 간에 그 행위를 공동으로 할 의사(대판 4294형상598 등)를 의미하므로 양자는 그 의미가 다르다.
④ [X] 피고인들이 '주간에' 아파트 출입문 시정장치를 손괴하다가 발각되어 도주하였다면 형법 제331조 제2항의 특수절도죄의 실행착수가 인정되지 않는다(대판 2009.12.24. 2009도9667).

정답 ①

25 강도죄에 관한 다음 설명 중 가장 적절한 것은? (다툼이 있으면 판례에 의함) 2015년 제2차 경찰

① 날치기 수법의 점유탈취 과정에서 이를 알아채고 재물을 뺏기지 않으려는 상대방의 반항에 부딪혔음에도 계속하여 피해자를 끌고 가면서 억지로 재물을 빼앗은 행위는 피해자의 반항을 억압하지 못한 경우이므로 강도에 해당하지 않는다.
② 준강도죄의 기수 여부는 절도행위의 기수 여부를 기준으로 하여 판단할 것이 아니라 폭행 또는 협박이 종료되었는가 하는 점에 따라 결정되어야 한다.
③ 피고인이 술집 운영자 甲으로부터 술값의 지급을 요구받자 甲을 유인·폭행하고 도주하였다면, 甲에게 지급해야 할 술값의 지급을 면하여 재산상 이익을 취득하였으므로 준강도죄가 성립한다.
④ 절도범인이 처음에는 흉기를 휴대하지 아니하였으나, 체포를 면탈할 목적으로 폭행 또는 협박을 가할 때에 비로소 흉기를 휴대 사용하게 된 경우에는 형법 제334조의 예에 의한 준강도(특수강도의 준강도)가 된다.

해설

① **[X]** 반항을 억압하기 위한 목적으로 가해진 강제력으로서 그 반항을 억압할 정도에 해당한다(대판 2007.12.13. 2007도7601). ☞ 강도치상죄 성립
② **[X]** 준강도죄의 기수 여부는 절도행위의 기수 여부를 기준으로 하여 판단하여야 한다(대판 2004.11.18. 2004도5074 전원합의체).
③ **[X]** 재물을 절취하기 위한 절도의 실행착수를 한 사실이 없으므로, 절도의 기회에 체포면탈 등의 목적을 가지고 폭행한 것이 아니다(대판 2014.5.16. 2014도2521). ☞ 준강도죄 불성립
④ **[O]** 대판 1973.11.13. 73도1553 전원합의체

정답 ④

26 준강도죄에 대한 설명으로 가장 적절한 것은? (다툼이 있는 경우 판례에 의함) 2021년 제2차 경찰

① 단순절도범인이 처음에는 흉기를 휴대하지 아니하였으나, 체포를 면탈할 목적으로 폭행 또는 협박을 가할 때에 비로소 흉기를 휴대 사용하게 된 경우에는 단순강도의 준강도가 된다.

② 가방 날치기 수법의 점유탈취 과정에서 재물을 뺏기지 않으려고 바닥에 넘어진 상태로 가방끈을 놓지 않은 채 "내 가방, 사람 살려!!!"라고 소리치며 끌려가는 피해자를 5m 가량 끌고 가면서 무릎에 상해를 입힌 경우는 절도죄와 상해죄의 경합범으로 처벌된다.

③ 절도범이 체포를 면탈할 목적으로 자신을 체포하려는 여러 명의 피해자에게 같은 기회에 폭행을 가하여 그 중 1인에게만 상해를 가한 경우에는 포괄하여 하나의 강도상해죄만 성립한다.

④ 양주를 절취할 목적으로 주점에 들어가 양주를 담고 있던 중 피해자가 들어오는 소리에 이를 두고 도망가려다가 피해자에게 붙잡혀 체포를 면탈하기 위해 폭행을 가한 경우는 준강도죄의 기수범으로 처벌된다.

해설

① **[X]** 폭행·협박의 행위태양을 기준으로, 형법 제334조의 예에 의한 준강도(특수강도의 준강도)가 된다(대판 1973.11.13. 73도1553 전원합의체).

② **[X]** 소위 '날치기'와 같이 강제력을 사용하여 재물을 절취하는 행위가 때로는 피해자를 넘어뜨리거나 상해를 입게 하는 경우가 있고, 그러한 결과가 피해자의 반항 억압을 목적으로 함이 없이 점유탈취의 과정에서 우연히 가해진 경우라면 이는 강도가 아니라 절도에 불과하지만, 그 강제력의 행사가 사회통념상 객관적으로 상대방의 반항을 억압하거나 항거 불능케 할 정도의 것이라면 이는 강도죄의 폭행에 해당한다. 그러므로 날치기 수법의 점유탈취 과정에서 이를 알아채고 재물을 뺏기지 않으려는 상대방의 반항에 부딪혔음에도 계속하여 피해자를 끌고 가면서 억지로 재물을 빼앗은 행위는 피해자의 반항을 억압한 후 재물을 강취한 것으로서 강도에 해당한다(대판 2007.12.13. 2007도7601). ☞ 강도치상죄 성립

▶ 피고인들이 피해자의 손가방을 낚아채는 와중에 손가방을 붙잡은 채 피고인이 승용차를 운전하여 가버림으로써 피해자에게 '좌수 제3지 중위지골 골절상'을 입게 한 경우, 피해자의 상해가 차량을 이용한 날치기 수법의 절도시 점유탈취의 과정에서 우연히 가해진 것에 불과하다(대판 2003.7.25. 2003도2316). ☞ 강도치상죄 불성립

③ **[O]** 甲이 승합차에서 물건을 훔치다가 丁에게 발각되어 신고를 받고 출동한 경장 乙, 丙이 자신을 붙잡으려고 하자 체포를 면탈할 목적으로 팔꿈치로 乙의 얼굴을 쳐 폭행하고 발로 丙의 정강이를 걷어 차 丙에게 우측하퇴부좌상을 가한 경우, 절도범이 체포를 면탈할 목적으로 체포하려는 여러 명의 피해자에게 같은 기회에 폭행을 가하여 그 중 1인에게만 상해를 가하였다면 포괄하여 하나의 강도상해죄만 성립한다(대판 2001.8.21. 2001도3447). ☞ 강도상해죄의 포괄일죄 성립 (乙에 대한 준강도죄와 丙에 대한 강도상해죄의 수죄가 아님)

④ **[X]** 준강도죄의 기수 여부는 절도행위의 기수 여부를 기준으로 판단하여야 한다(대판 2004.11.18. 2004도5074 전원합의체). ☞ 폭행은 기수에 이르렀으나 절취가 미수에 그쳤으므로 준강도미수죄 성립

정답 ③

27 재물과 재산상의 이익에 관한 설명으로 가장 적절하지 않은 것은? (다툼이 있는 경우 판례에 의함)

2022년 제1차 경찰

① 비트코인은 경제적인 가치를 디지털로 표상하여 전자적으로 이전, 저장과 거래가 가능하도록 한 가상자산의 일종으로 사기죄의 객체인 재산상 이익에 해당한다.
② 甲이 乙의 돈을 절취한 다음 다른 금전과 섞거나 교환하지 않고 쇼핑백 등에 넣어 자신의 집에 숨겨두었는데, 丙이 乙의 지시로 甲에게 겁을 주어 쇼핑백 등에 들어 있던 절취된 돈을 교부받아 갈취하였다면, 위 돈은 타인인 甲의 재물이라고 볼 수 없다.
③ 「형법」제333조(강도)에서의 '재산상 이익'은 반드시 사법상 유효한 재산상의 이득만을 의미하는 것은 아니나, 단지 외견상 재산상의 이득을 얻을 것이라고 인정할 수 있는 사실관계만으로는 재산상의 이익을 인정할 수 없다.
④ 배임죄에 있어서 재산상의 손해를 가한 때라 함은 현실적인 손해를 가한 경우뿐만 아니라 재산상 실해 발생의 위험을 초래한 경우도 포함된다.

해설

① **(O)** 대판 2021.11.11. 2021도9855
② **(O)** 丙 등이 甲에게서 되찾은 돈은 절취 대상인 당해 금전이라고 구체적으로 특정할 수 있어 객관적으로 甲의 다른 재산과 구분됨이 명백하므로 이를 타인인 甲의 재물이라고 볼 수 없다(대판 2012.8.30. 2012도6157). ☞ 폭력행위등처벌에관한법률위반(공동공갈)죄 불성립
③ **(X)** [1] 재산상의 이익이란 재물 이외의 재산상의 이익을 말하는 것으로서, 그 재산상의 이익은 반드시 사법상 유효한 재산상의 이득만을 의미하는 것이 아니고 외견상 재산상의 이득을 얻을 것이라고 인정할 수 있는 사실관계만 있으면 여기에 해당된다.
[2] 폭행·협박으로 피해자로 하여금 피해자의 신용카드 매출전표에 서명하게 하였으나 피해자가 허위 서명을 하여 교부한 경우, 피고인들이 신용카드회사들에게 각 매출전표를 제출하여도 신용카드회사들이 신용카드 가맹점 규약 또는 약관의 규정을 들어 그 금액의 지급을 거절할 가능성이 있다 하더라도 그로 인하여 피고인들이 각 매출전표상의 금액을 지급받을 가능성이 완전히 없어져 버린 것이 아니고 외견상 그 금액을 지급받을 가능성이 있다(대판 1997.2.25. 96도3411). ☞ 재산상 이익을 취득한 특수강도죄의 '기수범' 성립
④ **(O)** 업무상배임죄에서의 재산상의 손해에는 현실적인 손해가 발생한 경우뿐만 아니라 재산상 실해 발생의 위험을 초래한 경우도 포함되고, 재산상 손해의 유무에 대한 판단은 법률적 판단에 의하지 않고 경제적 관점에서 파악하여야 한다. 그런데 재산상 손해가 발생하였다고 평가될 수 있는 재산상 실해 발생의 위험이란 본인에게 손해가 발생할 막연한 위험이 있는 것만으로는 부족하고 경제적인 관점에서 보아 본인에게 손해가 발생한 것과 같은 정도로 구체적인 위험이 있는 경우를 의미한다(대판 2017.10.12. 2017도6151).

정답 ③

28 강도죄에 관한 다음 설명 중 가장 적절한 것은? (다툼이 있으면 판례에 의함)

2015년 제1차 경찰, 2019년 경찰간부 변형

① 甲과 乙, 丙이 타인의 재물을 절취하기로 공모한 다음 甲은 망을 보고 乙과 丙이 재물을 절취한 다음 달아나려다가 피해자에게 발각되자 체포를 면탈할 목적으로 피해자를 때려 상해를 입혔다면 甲도 이를 전혀 예견하지 못했다고 볼 수 없어 강도치상죄의 죄책을 면할 수 없다.

② 피고인이 술집 운영자 甲으로부터 술값의 지급을 요구받자 술값의 지급을 면하기로 마음먹고 甲을 유인·폭행하고 도주함으로써 술값의 지급을 면하여 재산상 이득을 취득한 경우 준강도죄가 성립하지 아니한다.

③ 피고인이 주점 도우미인 피해자에게 화대를 지급하고 성관계를 하던 중에 피해자가 피고인의 성교행위가 너무 과격하다는 이유로 항의를 하면서 성교를 중단하는 바람에 말다툼이 벌어져 이에 화가 난 피고인이 피해자에 대한 폭행을 시작하면서 피해자가 이불을 뒤집어 쓴 후에도 계속해서 주먹과 발로 피해자를 구타한 후 이불 속에 들어있는 피해자를 두고 옷을 입고 방을 나가다가 탁자 위의 피해자 손가방 안에서 현금 20만 원 등이 든 피해자의 키홀더를 가져갔다면 강도죄가 성립한다.

④ 피고인 甲, 乙이 공모하여 채무를 면탈할 의사로 채권자 丙을 살해한 사안에서, 甲의 丙에 대한 채무의 존재가 명백할 뿐만 아니라 丙의 상속인이 존재하고 그 상속인에게 채권의 존재를 확인할 방법이 확보되어 있지만 재산상 이익이 채권자 측으로부터 甲 앞으로 이전되었다고 볼 수 있으므로 강도살인죄가 성립한다.

해설

① **[X]** 강도치상죄가 아니라 강도상해죄의 공동정범이 성립한다(대판 1984.10.10. 84도1887).
② **[O]** 재물을 절취하기 위한 절도의 실행착수를 한 사실이 없으므로, 절도의 기회에 체포면탈 등의 목적을 가지고 폭행한 것이 아니다(대판 2014.5.16. 2014도2521). ☞ 준강도죄 불성립
③ **[X]** 위 폭행이 피해자의 재물 탈취를 위한 피해자의 반항억압의 수단으로 이루어졌다고 단정할 수 없어 양자 사이에 인과관계가 존재한다고 보기 어렵다(대판 2009.1.30. 2008도10308). ☞ 강도죄 불성립
④ **[X]** 일시적으로 채권자측의 추급을 면한 것에 불과하여 재산상 이익의 지배가 채권자측으로부터 범인 앞으로 이전되었다고는 보기는 어려우므로, 이러한 경우에는 강도살인죄가 성립할 수 없다(대판 2004.6.24. 2004도1098 등).

정답 ②

29 강도의 죄에 대한 설명으로 가장 적절한 것은? (다툼이 있는 경우 판례에 의함) 2018년 제3차 경찰

① 강도죄는 재물죄이며, 재산상의 이익은 강도죄의 객체가 될 수 없다.
② 피고인이 강도하기로 모의를 한 후 남성피해자의 금품을 빼앗고, 그 기회에 이어서 여성피해자를 강간하였다면 강도죄와 강간죄의 경합범이 성립한다.
③ 강도상해죄가 성립하기 위해서는 강도의 수단인 폭행에 의하여 상해를 입힐 것을 요하므로, 피고인의 상해행위는 강도가 기수에 이르기 전에 행하여져야만 한다.
④ 절도미수범이 체포를 면탈할 목적으로 피해자를 폭행한 경우에는 준강도죄의 미수범이 성립한다.

해설

① [X] 강도죄, 사기죄, 공갈죄, 배임수재죄 및 편의시설부정이용죄는 재물 및 재산상이익 양자 모두를 객체로 하는 재산죄에 해당한다.
② [X] 강도하기로 모의한 후 피해자 甲남으로부터 금품을 빼앗고 피해자 乙녀를 강간한 경우 강도강간죄를 구성한다(대판 1991.11.12. 91도2241).
③ [X] 甲이 택시에 탑승하여 택시기사 乙을 회칼로 위협하여 결박하고 뒷좌석으로 옮긴 후 택시를 스스로 운전하여 가다가 乙의 신용카드로 현금을 인출하는 등의 행위를 하였는데 乙이 결박을 풀고 달아나려고 하자 회칼로 상해를 가한 경우, 반드시 강도범행의 수단으로 한 폭행에 의하여 상해를 입힐 것을 요하는 것이 아니고 상해행위가 강도가 기수에 이르기 전에 행하여져야만 하는 것은 아니다(대판 2014.9.26. 2014도9567). ☞ 강도상해죄 성립
④ [O] 甲과 乙은 양주를 절취할 목적으로 乙은 계단에서 甲과 무전기로 연락을 취하면서 망을 보고 甲은 주점의 잠금장치를 뜯고 침입하여 양주를 바구니에 담고 있던 중 계단에서 서성거리는 乙을 수상히 여기고 주점 종업원 丙이 주점으로 돌아오자 양주를 그대로 둔 채 출입문을 열고 나오다가 丙이 甲을 붙잡자 체포를 면탈할 목적으로 폭행한 경우, 준강도죄의 기수 여부는 절도행위의 기수 여부를 기준으로 판단하여야 한다(대판 2004.11.18. 2004도5074 전원합의체). ☞ 폭행은 기수에 이르렀으나 절취가 미수에 그쳤으므로 준강도미수죄 성립

정답 ④

30 강도죄에 대한 다음 설명 중 옳지 않은 것은 모두 몇 개인가? (다툼이 있으면 판례에 의함)

2016년 제2차 경찰

㉠ 甲과 乙은 야간에 丙의 집에 이르러 재물을 강취할 의도로 甲은 출입문 옆의 창살을 통하여 침입하고, 乙은 부엌 방충망을 뜯고 들어가다가 丙의 시아버지의 헛기침에 발각된 것으로 알고 도주한 경우 甲과 乙의 죄책은 특수강도미수죄이다.
㉡ 甲은 강도의 범의로 야간에 칼을 휴대한 채 타인의 주거에 침입하여 동정을 살피다가 피해자 乙을 발견하고 갑자기 욕정을 일으켜 칼로 협박하고 강간하였다. 甲의 죄책은 특수강도강간죄이다.
㉢ 「형법」제334조 제1항(특수강도)은 야간에 사람의 주거, 관리하는 건조물, 선박이나 항공기 또는 자동차에 침입하여 제333조(강도)의 죄를 범한 자를 처벌한다고 규정하고 있다.
㉣ 「형법」제336조(인질강도)의 죄를 범한 자가 인질을 안전한 장소로 풀어준 경우 형법 각칙에 해방감경 규정이 있다.

① 1개
② 2개
③ 3개
④ 4개

해설

㉠ [O] 흉기휴대 합동강도죄에 있어서도 그 강도행위가 야간에 주거에 침입하여 이루어지는 경우에는 주거침입을 한 때에 실행에 착수한 것으로 보는 것이 타당하다(대판 1992.07.28. 92도917).
㉡ [X] 야간에 흉기를 휴대한 채 타인의 주거에 침입하여 집안의 동정을 살피는 것만으로는 특수강도의 실행에 착수한 것이라고 할 수 없다(대판 1991.11.22. 91도2296). ☞ 특수강도강간죄 불성립
㉢ [X] 제334조(특수강도) ① 야간에 사람의 주거, 관리하는 건조물, 선박이나 항공기 또는 점유하는 방실에 침입하여 제333조의 죄를 범한 자는 무기 또는 5년 이상의 징역에 처한다.
㉣ [X] 형법 각칙에서는 인질강요죄, 인질상해·치상죄, 약취와 유인 및 인신매매의 죄의 장에 규정된 범죄(피약취자등살해·치사죄 제외)에 해방감경규정(임의적 감경)이 마련되어 있으나, 반면 체포·감금죄 및 인질강도죄 등에는 해방감경규정이 마련되어 있지 아니하다.

정답 ③

31 강도죄에 관한 다음 설명 중 옳지 않은 것은 모두 몇 개인가? (다툼이 있으면 판례에 의함)

2014년 제2차 경찰 변형

㉠ 강도범인이 체포를 면탈할 목적으로 경찰관에게 폭행을 가한 때에는 강도죄와 공무집행방해죄는 상상적 경합관계에 있게 된다.
㉡ 강도죄에 있어서의 재산상의 이익이란 재물 이외의 재산상의 이익을 말하는 것으로서, 그 재산상의 이익은 반드시 사법상 유효한 재산상의 이득만을 의미하는 것이 아니고 외견상 재산상의 이득을 얻을 것이라고 인정할 수 있는 사실관계만 있으면 여기에 해당된다.
㉢ 강도죄에 있어서 폭행과 협박의 정도는 사회통념상 객관적으로 상대방의 반항을 억압하거나 항거불능하게 할 정도의 것이라야 한다.
㉣ 강간범인이 부녀를 강간할 목적으로 폭행, 협박에 의하여 반항을 억압한 후 반항억압 상태가 계속 중임을 이용하여 재물을 탈취하는 경우에는 재물탈취를 위한 새로운 폭행, 협박이 없더라도 강도죄가 성립한다.

① 1개 ② 2개
③ 3개 ④ 4개

해설

㉠ **(X)** ⅰ) 절도범인이 체포를 면탈할 목적으로 경찰관에게 폭행 협박을 가한 때에는 준강도죄와 공무집행방해죄를 구성하고 양죄는 상상적 경합관계에 있으나, ⅱ) 강도범인이 체포를 면탈할 목적으로 경찰관에게 폭행을 가한 때에는 강도죄와 공무집행방해죄는 실체적 경합관계에 있다(대판 1992.7.28. 92도917).
㉡ **(O)** 피고인들이 폭행·협박으로 피해자로 하여금 매출전표에 서명을 하게 하였는데, 피해자가 허위 서명한 탓으로 피고인들이 신용카드회사들에게 각 매출전표를 제출하여도 신용카드회사들이 신용카드 가맹점 규약 또는 약관의 규정을 들어 그 금액의 지급을 거절할 가능성이 있다 하더라도, 그로 인하여 피고인들이 각 매출전표 상의 금액을 지급받을 가능성이 완전히 없어져 버린 것이 아니고 외견상 여전히 그 금액을 지급받을 가능성이 있는 상태이므로, 결국 피고인들이 '재산상 이익'을 취득하였다고 볼 수 있다(대판 1997.2.25. 96도3411). ☞ 특수강도죄 성립
㉢ **(O)** 대판 2001.3.23. 2001도359 등
㉣ **(O)** 강간죄와 강도죄의 경합범이 성립한다(대판 2010.12.9. 2010도9630).

정답 ①

32 절도와 강도의 죄에 대한 설명으로 가장 적절하지 않은 것은? (다툼이 있는 경우 판례에 의함)

2021년 제1차 경찰

① 타인에 대하여 반항을 억압함에 충분한 정도의 폭행 또는 협박을 가한 사실이 있다 해도 그 타인이 재물 취거의 사실을 알지 못하는 사이에 그 틈을 이용하여 우발적으로 타인의 재물을 취거한 경우, 강도죄가 성립하지 않는다.
② 채무를 면탈할 의사로 채권자를 살해하였더라도 채무의 존재가 명백하고 채권자의 상속인이 존재하며 그 상속인에게 채권의 존재를 확인할 방법이 확보되어 있다면 강도살인죄는 성립하지 않는다.
③ 甲이 자신의 명의로 등록된 자동차를 A에게 증여하여 A만이 이를 운행·관리하여 오다가 A가 이를 소유하기로 당사자 사이에 약정한 경우, 甲이 불법영득의사를 가지고 그 자동차를 임의로 운전해 갔다면 자동차 등록명의와 관계없이 절도죄가 성립한다.
④ 어떠한 물건을 점유자의 의사에 반하여 취거하는 행위가 결과적으로 소유자의 이익으로 된다는 사정 또는 소유자의 추정적 승낙이 있다고 볼 만한 사정이 있으면, 불법영득의 의사는 인정되지 않는다.

해설

① **[O]** [1] 형법 제333조의 강도죄는 사람의 반항을 억압함에 충분한 폭행 또는 협박을 사용하여 타인의 재물을 강취하거나 재산상의 이익을 취득함으로써 성립하는 범죄이므로, 피고인이 타인에 대하여 반항을 억압함에 충분한 정도의 폭행 또는 협박을 가한 사실이 있다 해도 그 타인이 재물 취거의 사실을 알지 못하는 사이에 그 틈을 이용하여 피고인이 우발적으로 타인의 재물을 취거한 경우에는 '위 폭행이나 협박이 재물 탈취의 방법으로 사용된 것이 아님은 물론, 그 폭행 또는 협박으로 조성된 피해자의 반항억압의 상태를 이용하여 재물을 취득하는 경우에도 해당하지 아니하여 양자 사이에 인과관계가 존재하지 아니한다'할 것이므로, 위 폭행 또는 협박에 의한 반항억압의 상태가 처음부터 재물 탈취의 계획하에 이루어졌다거나 양자가 시간적으로 극히 밀접되어 있는 등 전체적·실질적으로 단일한 재물 탈취의 범의의 실현행위로 평가할 수 있는 경우에 해당하지 아니하는 한 강도죄의 성립을 인정하여서는 안 될 것이다.
[2] 주점 도우미인 피해자와의 윤락행위 도중 시비 끝에 피해자를 이불로 덮어씌우고 폭행한 후 이불 속에 들어 있는 피해자를 두고 나가다가 탁자 위의 피해자 손가방 안에서 현금을 가져간 경우, 위 폭행은 피해자의 재물 탈취를 위한 피해자의 반항억압의 수단으로 이루어졌다고 단정할 수 없다(대판 2009.1.30. 2008도10308). ☞ 강도죄 불성립(상해죄와 절도죄의 경합범 성립 가능)
② **[O]** 채무의 존재가 명백할 뿐만 아니라 채권자의 상속인이 존재하고 그 상속인에게 채권의 존재를 확인할 방법이 확보되어 있는 경우에는 비록 그 채무를 면탈할 의사로 채권자를 살해하더라도 일시적으로 채권자측의 추급을 면한 것에 불과하여 재산상 이익의 지배가 채권자측으로부터 범인 앞으로 이전되었다고 보기는 어려우므로, 이러한 경우에는 강도살인죄가 성립할 수 없다(대판 2004.6.24. 2004도1098).
③ **[O]** 자동차 등록명의와 관계없이 甲과 A 사이에서는 A를 소유자로 보아야 하므로, 절도죄가 성립한다(대판 2013.2.28. 2012도15303).
④ **[X]** [1] 어떠한 물건을 점유자의 의사에 반하여 취거하는 행위가 결과적으로 소유자의 이익으로 된다는 사정 또는 소유자의 추정적 승낙이 있다고 볼 만한 사정이 있다고 하더라도, 다른 특별한 사정이 없는 한 그러한 사유만으로 불법영득의 의사가 없다고 할 수는 없다.
[2] 甲이 승용차의 소유자인 A 캐피탈로부터 乙 명의로 위 승용차를 리스하여 운행하던 중 사채업자로부터 1,300만 원을 빌리면서 위 승용차를 인도하였으며 위 사채업자는 甲이 차용금을 변제하지 못하자 승용차를 매도하였고 최종적으로 피해자 丙이 승용차를 매수하여 점유하게 되자 甲이 승용차를 회수하기 위해서 丙과 만나기로 약속을 한 다음 약속장소에 주차되어 있던 위 승용차를 미리 가지고 있던 보조열쇠를 이용하여 임의로 가져간 후 乙을 통하여 약 한 달 뒤에 '소유자인 A 캐피탈에 반납'한 경우, 甲에게 불법영득의 의사가 없다고 할 수도 없다(대판 2014.2.21. 2013도14139). ☞ 절도죄 성립

정답 ④

33 다음 사례(가~라)와 그에 대한 죄책(㉠~㉺)이 옳게 연결된 것은? (다툼이 있는 경우 판례에 의함)

2021년 경찰간부

가. 강도가 실행에 착수하였으나 아직 강도행위를 완료하기 전에 강간을 한 경우
나. 강간범이 강간행위가 종료한 후에 강도의 범의를 일으켜 그 부녀의 재물을 강취한 경우
다. 강간범이 강간 실행행위의 계속중에 강도행위를 하고, 이후에 그 자리에서 강간행위를 계속하여 종료한 경우
라. 강도가 재물강취의 뜻을 재물의 부재로 이루지 못한 채 미수에 그치고, 그 자리에서 항거불능상태에 빠진 피해자에 대한 강간의 실행에 착수했으나 역시 미수에 그쳤으며, 이 과정에서 반항을 억압하기 위한 폭행으로 피해자에게 상해를 입힌 경우

㉠ 강도죄　　　　　　　　　㉡ 강간죄
㉢ 강도강간죄　　　　　　　㉣ 강도미수죄
㉤ 강간미수죄　　　　　　　㉥ 강도강간미수죄
㉦ 강도치상죄　　　　　　　㉧ 강간치상죄
㉨ 경합범　　　　　　　　　㉪ 상상적 경합범

	(가)	(나)	(다)	(라)
①	㉢	㉠, ㉡, ㉪	㉢	㉥, ㉦, ㉪
②	㉢	㉠, ㉡, ㉪	㉠, ㉡, ㉪	㉥, ㉦, ㉪
③	㉢	㉠, ㉡, ㉪	㉢	㉥, ㉧, ㉪
④	㉡, ㉣, ㉪	㉢	㉠, ㉡, ㉪	㉣, ㉤, ㉪

해설

가. ㉢ 강도강간죄가 성립한다(대판 2010.7.15. 2010도3594 등).
나. ㉠, ㉡, ㉪ 강간죄와 강도죄의 실체적 경합범이 성립한다(대판 2002.2.8. 2001도6425).
다. ㉢ 강도강간죄가 성립한다(대판 2010.7.15. 2010도3594 등).
라. ㉥, ㉦, ㉪ 강도가 재물강취의 뜻을 재물의 부재로 이루지 못한 채 미수에 그쳤으나 그 자리에서 항거불능의 상태에 빠진 피해자를 간음할 것을 결의하고 실행에 착수했으나 역시 미수에 그쳤더라도 반항을 억압하기 위한 폭행으로 피해자에게 상해를 입힌 경우에는 강도강간미수죄와 강도치상죄가 성립되고 이는 1개의 행위가 2개의 죄명에 해당되어 상상적 경합관계가 성립된다(대판 1988.6.28. 88도820).

정답 ①

34 사기의 죄에 대한 설명으로 가장 적절한 것은? (다툼이 있는 경우 판례에 의함) 2021년 제1차 경찰

① 「민법」 제746조의 불법원인급여에 해당하여 급여자가 수익자에 대한 반환청구권을 행사할 수 없다면, 설령 수익자가 기망을 통하여 급여자로 하여금 불법원인급여에 해당하는 재물을 제공하도록 하였더라도 사기죄는 성립하지 않는다.
② 담당 공무원을 기망하여 납부의무가 있는 농지보전부담금을 면제받아 재산상 이익을 취득하였다면, 부과권자의 직접적인 권력작용을 사기죄의 보호법익인 재산권과 동일하게 평가할 수 있어 사기죄가 성립한다.
③ 의료인으로서 자격과 면허를 보유한 사람이 「의료법」 제4조 제2항을 위반하여 다른 의료인의 명의로 의료기관을 개설·운영함으로써 요양급여비용을 지급받은 경우, 「국민건강보험법」상 요양급여비용을 적법하게 지급받을 수 있는 자격 내지 요건이 흠결되지 않더라도 국민건강보험공단을 피해자로 하는 사기죄를 구성한다.
④ 피해자 법인이나 단체의 대표자 또는 실질적으로 의사결정을 하는 최종결재권자 등 기망의 상대방이 기망행위자와 동일인이거나 기망행위자와 공모하는 등 기망행위를 알고 있었던 경우에는 기망의 상대방에게 기망행위로 인한 착오가 있다고 볼 수 없고, 기망의 상대방이 재물을 교부하는 등의 처분을 했더라도 기망행위와 인과관계가 있다고 보기 어렵다.

> 해설

① **[X]** 민법 제746조의 불법원인급여에 해당하여 급여자가 수익자에 대한 반환청구권을 행사할 수 없다고 하더라도, 수익자가 기망을 통하여 급여자로 하여금 불법원인급여에 해당하는 재물을 제공하도록 하였다면 사기죄가 성립한다고 할 것인바, 피고인이 피해자로부터 도박자금으로 사용하기 위하여 금원을 차용하였더라도 사기죄의 성립에는 영향이 없다(대판 2006.11.23. 2006도6795).
② **[X]** 중앙행정기관의 장, 지방자치단체의 장 등 법률에 따라 금전적 부담의 부과권한을 부여받은 자가 재화 또는 용역의 제공과 관계없이 특정 공익사업과 관련하여 권력작용으로 부담금을 부과하는 것은 일반 국민의 재산권을 제한하는 침해행정에 속한다. 이러한 침해행정 영역에서 일반 국민이 담당 공무원을 기망하여 권력작용에 의한 재산권 제한을 면하는 경우에는 부과권자의 직접적인 권력작용을 사기죄의 보호법익인 재산권과 동일하게 평가할 수 없는 것이므로, 행정법규에서 그러한 행위에 대한 처벌규정을 두어 처벌함은 별론으로 하고, 사기죄는 성립할 수 없다(대판 2019.12.24. 2019도2003).
③ **[X]** '의료인으로서 자격과 면허를 보유한 사람'이 의료법에 따라 의료기관을 개설하여 건강보험의 가입자 또는 피부양자에게 국민건강보험법에서 정한 요양급여를 실시하고 국민건강보험공단으로부터 요양급여비용을 지급받았다면, 설령 그 의료기관이 다른 의료인의 명의로 개설·운영되어 의료법 제4조 제2항을 위반하였더라도 그 자체만으로는 국민건강보험법상 요양급여비용을 청구할 수 있는 요양기관에서 제외되지 아니하므로, 달리 요양급여비용을 적법하게 지급받을 수 있는 자격 내지 요건이 흠결되지 않는 한 국민건강보험공단을 피해자로 하는 사기죄를 구성한다고 할 수 없다(대판 2019.5.30. 2019도1839).
④ **[O]** 사기죄의 피해자가 법인이나 단체인 경우에 기망행위가 있었는지는 법인이나 단체의 대표 등 최종 의사결정권자 또는 내부적인 권한 위임 등에 따라 실질적으로 법인의 의사를 결정하고 처분을 할 권한을 가지고 있는 사람을 기준으로 판단하여야 한다. 피해자 법인이나 단체의 대표자 또는 실질적으로 의사결정을 하는 최종결재권자 등 '기망의 상대방이 기망행위자와 동일인이거나 기망행위자와 공모하는 등 기망행위를 알고 있었던 경우'에는 기망의 상대방에게 기망행위로 인한 착오가 있다고 볼 수 없고, 기망의 상대방이 재물을 교부하는 등의 처분을 했더라도 기망행위와 인과관계가 있다고 보기 어렵다. 이러한 경우에는 사안에 따라 업무상횡령죄 또는 업무상배임죄 등이 성립하는 것은 별론으로 하고 사기죄가 성립한다고 보기 어렵다(대판 2017.8.29. 2016도18986).

정답 ④

35 사기죄에 관한 다음 설명 중 가장 적절하지 않은 것은? (다툼이 있으면 판례에 의함) 2015년 제2차 경찰

① 타인의 폭행으로 상해를 입고 병원에서 치료를 받으면서 상해를 입은 경위에 관하여 거짓말을 하여 국민건강보험공단으로부터 보험급여 처리를 받은 경우 위 상해가 '전적으로 또는 주로 피고인의 범죄행위에 기인하여 입은 상해'라고 할 수 없다면 사기죄가 성립하지 않는다.
② 식육식당을 경영하는 자가 음식점에서 한우만을 취급한다는 취지의 상호를 사용하여 광고선전판, 식단표 등에도 한우만을 사용한다고 기재하면서 이를 보고 찾아온 손님들에게 수입소갈비를 판매한 경우 사기죄가 성립한다.
③ 송금의뢰인과 수취인 사이에 계좌이체 등의 원인이 되는 법률관계가 존재하지 않음에도 계좌이체에 의하여 수취인이 이체금액 상당의 예금채권을 취득한 경우, 수취인이 은행에 예금반환을 청구하여 지급받는 행위는 은행을 피해자로 한 사기죄에 해당한다.
④ 중고 자동차 매매에 있어서 매도인의 할부금융회사 또는 보증보험에 대한 할부금 채무는 매수인에게 당연히 승계되는 것이 아니므로 그 할부금 채무의 존재를 매수인에게 고지하지 아니한 것은 부작위에 의한 기망에 해당하지 아니한다.

해설

① [O] 대판 2010.6.10. 2010도1777
② [O] 대판 1997.9.9. 97도1561
③ [X] 피고인은 예금주로서 은행에 대하여 예금반환을 청구할 수 있는 권한을 가진 자이므로, 위 은행을 피해자로 하는 사기죄는 성립하지 않는다(대판 2010.5.27. 2010도3498).
④ [O] 대판 1998.4.14. 98도231

정답 ③

36 사기죄에 관한 설명이다. 다음 중 가장 적절하지 않은 것은? (다툼이 있으면 판례에 의함)

2015년 제3차 경찰

① 부동산 가압류 결정을 받아 부동산에 관한 가압류집행까지 마친 자가 그 가압류를 해제하면 소유자는 가압류의 부담이 없는 부동산을 소유하는 이익을 얻게 되므로, 가압류를 해제하는 것 역시 사기죄에서 말하는 재산적 처분행위에 해당한다.

② 진실한 용도를 속이고 피해자로부터 부동산매도용 인감증명 및 등기의무자본인확인서면을 교부받아 이를 이용하여 피해자 소유의 부동산에 관하여 자기 명의로 소유권이전등기를 마친 경우 위 부동산에 관한 사기죄가 성립하지 않는다.

③ 허위 채권에 기한 공정증서를 집행권원으로 하여 채무자의 소유권이전등기 청구권에 대하여 압류신청을 한 경우, 소송사기죄의 실행에 착수하였다고 할 수 없다.

④ 유치권에 의한 경매를 신청한 유치권자는 일반 채권자와 마찬가지로 피담보채권액에 기초하여 배당을 받게 되므로 피담보채권인 공사대금 채권을 실제와 달리 허위로 크게 부풀려 유치권에 의한 경매를 신청할 경우 소송사기죄의 실행의 착수에 해당한다.

해설

① [O] 부동산가압류결정을 받아 부동산에 관한 가압류집행까지 마친 자가 그 가압류를 해제하면 소유자는 가압류의 부담이 없는 부동산을 소유하는 이익을 얻게 되므로, 가압류를 해제하는 것 역시 사기죄에서 말하는 재산적 처분행위에 해당하고, 그 이후 가압류의 피보전채권이 존재하지 않는 것으로 밝혀졌다고 하더라도 가압류의 해제로 인한 재산상의 이익이 없었다고 할 수 없다(대판 2007.9.20. 2007도5507).

② [O] 피해자의 위 부동산에 관한 처분행위가 없다(대판 2001.7.13. 2001도1289). ☞ 사기죄 불성립

③ [X] [1] 강제집행절차를 통한 소송사기는 집행절차의 개시신청을 한 때 또는 진행 중인 집행절차에 배당신청을 한 때에 실행에 착수하였다고 볼 것이다.
[2] 소유권이전등기청구권에 대한 압류는 당해 부동산에 대한 경매의 실시를 위한 사전 단계로서의 의미를 가지나, 전체로서의 강제집행절차를 위한 일련의 시작행위라고 할 수 있으므로, 허위 채권에 기한 공정증서를 집행권원으로 하여 채무자의 소유권이전등기청구권에 대하여 압류신청을 한 시점에 소송사기의 실행에 착수하였다고 볼 것이다(대판 2015.2.12. 2014도10086).

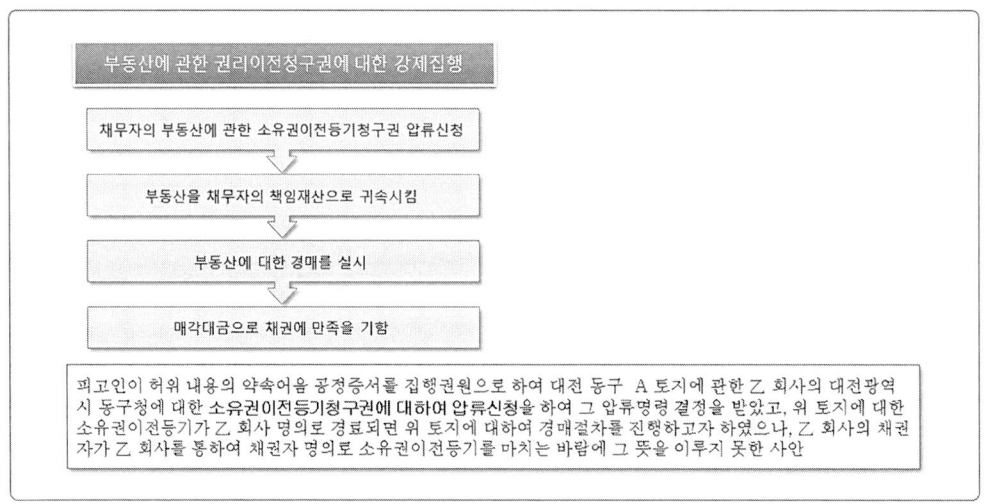

④ [O] 정당한 채권액에 의하여 경매를 신청한 경우보다 더 많은 배당금을 받을 수도 있으므로, 소송사기죄의 실행의 착수에 해당한다(대판 2012.11.15. 2012도9603).

 비교판례

부동산 경매절차에서 피고인들이 허위의 공사대금채권을 근거로 '유치권 신고'를 한 경우, 유치권자가 경매절차에서 유치권을 신고하는 경우 법원은 이를 매각물건명세서에 기재하고 그 내용을 매각기일공고에 적시하나, 이는 경매목적물에 대하여 유치권 신고가 있음을 입찰예정자들에게 고지하는 것에 불과할 뿐 처분행위로 볼 수는 없으므로 소송사기의 실행의 착수가 있다고 볼 수 없다(대판 2009.9.24. 2009도5900). ☞ 사기미수죄 불성립

정답 ③

37 사기의 죄에 대한 다음 설명 중 가장 옳지 않은 것은? (다툼이 있는 경우 판례에 의함) 2019년 경찰간부

① 발행인의 자금부족으로 지급이 거절된 약속어음도 사기죄의 객체가 된다.
② 甲은 전매금지된 택지분양권을 A에게 매도한 뒤 이를 다시 B에게 매도한 다음 이중매도한 사실을 고지하지 아니한 채 B가 C에게 이 분양권을 전매하는 매매계약에 형식적인 매도인으로 관여하면서 직접 매매대금을 수령하지 않고 C로 하여금 B에게 매매대금을 교부하게 한 경우 甲에게 사기죄가 성립한다.
③ 토지에 대하여 도시계획이 입안되어 있어 장차 협의매수되거나 수용될 것이라는 사정을 매수인에게 고지하지 아니한 행위가 부작위에 의한 사기죄를 구성한다.
④ 의사가 전화를 이용하여 진찰한 것임에도 내원진찰인 것처럼 가장하여 국민건강보험관리공단에 요양급여비용을 청구하여 진찰료를 수령한 경우 사기죄가 성립하지 않는다.

해설

① [O] 약속어음은 그 자체가 재산적 가치를 지닌 유가증권으로서 만기에 지급장소에서 어음금이 지급되지 아니하는 때라도 소지인은 배서인, 발행인 기타 어음채무자에 대하여 소구권을 행사할 수 있어서 그 효력이 소멸된 것이 아니므로 발행인의 자금부족으로 지급장소에서 지급되지 아니하는 약속어음이라도 사기죄의 객체가 된다(대판 1985.3.9. 85도951).
② [O] 재물편취를 내용으로 하는 사기죄에 있어서는 기망으로 인한 재물교부가 있으면 그 자체로써 피해자의 재산침해가 되어 곧 사기죄는 성립하는 것이고, 그로 인한 이익이 결과적으로 누구에게 귀속하는지는 사기죄의 성부에 아무런 영향이 없다(대판 2009.1.30. 2008도9985). ☞ 甲이 직접 매매대금을 수령하지 않아도 사기죄 성립
③ [O] 대판 1993.7.13. 93도14
④ [X] 전화 진찰을 요양급여대상으로 되어 있던 내원(來院)진찰인 것으로 하여 요양급여비용을 청구한 것은 기망행위로서 사기죄를 구성한다(대판 2013.4.26. 2011도10797). ☞ 사기죄 성립

정답 ④

38 사기죄에 대한 설명으로 가장 적절하지 않은 것은? (다툼이 있는 경우 판례에 의함) 2020년 제2차 경찰

① 피해자가 법인이나 단체의 대표자 또는 실질적으로 의사결정을 하는 최종결재권자 등 기망의 상대방이 기망행위자와 동일인이거나 기망행위자와 공모하는 등 기망행위를 알고 있었다면 사기죄가 성립되지 않는다.
② 금융기관 직원이 범죄의 목적으로 전산단말기를 이용하여 다른 공범들이 지정한 특정계좌에 무자원 송금의 방식으로 거액을 입금한 행위는 컴퓨터등사용사기죄에 해당한다.
③ 기망행위를 수단으로 한 권리행사의 경우 권리행사에 속하는 행위와 수단에 속하는 기망행위를 전체적으로 관찰하여 그 기망 행위가 사회통념상 권리행사의 수단으로서 용인할 수 없는 정도라면 권리행사에 속하는 행위는 사기죄를 구성한다.
④ 피고인이 수개의 선거비용 항목을 허위기재한 하나의 선거비용 보전청구서를 제출하여 정부로부터 선거비용을 과다보전 받아 이를 편취하였다면 이는 수죄로 평가되어야 하고, 각 선거비용 항목에 따라 별개의 사기죄가 성립한다.

해설

① **[O]** ⅰ) 피해자 법인이나 단체의 대표자 또는 실질적으로 의사결정을 하는 '최종결재권자 등'이 기망행위자와 동일인이거나 기망행위자와 공모하는 등 기망행위임을 알고 있었던 경우에는 기망행위로 인한 착오가 있다고 볼 수 없고, 재물 교부 등의 처분행위가 있었더라도 기망행위와 인과관계가 있다고 보기 어렵다. 이러한 경우에는 사안에 따라 업무상횡령죄 또는 업무상배임죄 등이 성립하는 것은 별론으로 하고 사기죄가 성립한다고 볼 수 없다.

ⅱ) 반면에 피해자 법인이나 단체의 업무를 처리하는 실무자인 '일반 직원이나 구성원 등'이 기망행위임을 알고 있었더라도, 피해자 법인이나 단체의 대표자 또는 실질적으로 의사결정을 하는 최종결재권자 등이 기망행위임을 알지 못한 채 착오에 빠져 처분행위에 이른 경우라면, 피해자 법인에 대한 사기죄의 성립에 영향이 없다(대판 2017.9.26. 2017도8449).

② **[O]** 형법 제347조의2에서 정하는 컴퓨터 등 사용사기죄에서의 '권한 없이 정보를 입력하여 정보처리를 하게 한 경우'에 해당한다(대판 2006.1.26. 2005도8507).

③ **[O]** 환자들의 건강상태에 맞게 적정한 진료행위를 하지 않은 채 입원의 필요성이 적은 환자들에게까지 입원을 권유하고 퇴원을 만류하는 등으로 장기간의 입원을 유도하여 국민건강보험공단에 과다한 요양급여비를 청구한 행위는 사회통념상 권리행사의 수단으로 용인할 수 없는 것이어서, 비록 그 중 일부 기간에 대하여 실제 입원치료가 필요하였다고 하더라도 그 부분을 포함한 당해 입원기간의 요양급여비 전체에 대하여 사기죄가 성립한다(대판 2009.5.28. 2008도4665).

④ **[X]** 피고인이 수개의 선거비용 항목을 허위기재한 하나의 선거비용 보전청구서를 제출하여 대한민국으로부터 선거비용을 과다 보전받아 이를 편취하였다면 이는 일죄로 평가되어야 하고, 각 선거비용 항목에 따라 별개의 사기죄가 성립하는 것은 아니다(대판 2017.5.30. 2016도21713).

정답 ④

39 다음은 사기죄에 대한 설명이다. 옳지 않은 것은 모두 몇 개인가? (다툼이 있으면 판례에 의함)

2014년 제1차 경찰, 2009년 경찰 변형

㉠ 배당이의 소송의 제1심에서 패소판결을 받고 항소한 자가 그 항소를 취하하는 것만으로는 사기죄에서 말하는 재산적 처분행위가 있다고 할 수 없다.
㉡ 친족상도례에 관한 형법 규정은 사기죄를 가중처벌하는 특정경제범죄 가중처벌 등에 관한 법률 제3조 제1항 위반죄에도 적용된다.
㉢ 출판사 경영자가 출고현황표를 조작하는 방법으로 실제출판부수를 속여 작가에게 인세의 일부만을 지급한 경우 사기죄에 해당한다.
㉣ 자동차의 명의수탁자가 명의신탁 사실을 고지하지 않고, 나아가 자신 소유라는 말을 하면서 자동차를 제3자에게 매도하고 이전등록까지 마쳐 주었다고 하더라도, 매수인에 대한 관계에서 사기죄가 성립하지 않는다.
㉤ 임대인이 임대차계약을 체결하면서 임차인에게 임대목적물이 경매진행중인 사실을 알리지 아니한 경우, 임차인이 등기부를 확인 또는 열람하는 것이 가능하더라도 사기죄가 성립한다.

① 1개 ② 2개
③ 3개 ④ 4개

해설

㉠ **[X]** 배당이의 소송의 제1심에서 패소판결을 받고 항소한 자가 그 항소를 취하하면 그 즉시 제1심판결이 확정되고 상대방이 배당금을 수령할 수 있는 이익을 얻게 되는 것이므로 위 항소를 취하하는 것 역시 사기죄에서 말하는 재산적 처분행위에 해당한다(대판 2002.11.22. 2000도4419).
㉡ **[O]** 특별법인 특정경제범죄 가중처벌 등에 관한 법률에 친족상도례에 관한 형법 제354조, 제328조의 적용을 배제한다는 명시적인 규정이 없으므로, 형법 제354조(제328조의 사기죄로의 준용규정)는 특정경제범죄 가중처벌 등에 관한 법률 제3조 제1항 위반죄에도 그대로 적용된다(대판 2000.10.13. 99오1).
㉢ **[O]** 작가가 나머지 인세에 대한 청구권의 존재 자체를 알지 못하는 착오에 빠져 이를 행사하지 아니한 것은 사기죄에 있어 부작위에 의한 처분행위에 해당한다(대판 2007.7.12. 2005도9221).
㉣ **[O]** 명의신탁의 법리상 대외적으로 명의수탁자에게 그 부동산 또는 자동차의 처분권한이 있으므로, 제3자(매수인)에 대한 관계에서 사기죄가 성립하지 않는다(대판 2007.1.11. 2006도4498).
㉤ **[O]** 대판 1998.12.8. 98도3263

정답 ①

40 다음 설명 중 가장 옳은 것은? (다툼이 있으면 판례에 의함) 2018년 법원직 변형

① 이른바 보이스피싱 범죄에 사용될 것임을 알고 자기계좌의 통장을 양도한 다음, 그 계좌에 입금된 보이스피싱 피해금원을 인출한 경우, 그 피해자에 대한 횡령죄가 성립한다.
② 사기죄에서 말하는 처분행위가 인정되려면 피기망자에게 처분결과에 대한 인식이 있어야 하므로, 토지거래허가에 필요한 서류라고 믿고 근저당권설정등기 신청서에 날인한 경우 사기죄에서의 처분행위라고 할 수 없다.
③ 〈삭제〉
④ 자기계좌에 타인이 착오로 송금한 돈을 인출한 경우 은행에 대한 사기죄가 성립하지 않는다.

해설

① **(X)** ⅰ) 전기통신금융사기의 '범인'이 피해자를 기망하여 피해자의 자금을 사기이용계좌로 송금·이체받으면 사기죄는 기수에 이르고, 범인이 피해자의 자금을 점유하고 있다고 하여 피해자와의 어떠한 위탁관계나 신임관계가 존재한다고 볼 수 없을 뿐만 아니라, 그 후 범인이 사기이용계좌에서 현금을 인출하였더라도 이는 이미 성립한 사기범행이 예정하고 있던 행위에 지나지 아니하여 새로운 법익을 침해한다고 보기도 어려우므로, 위와 같은 인출행위는 사기의 피해자에 대하여 별도의 횡령죄를 구성하지 아니한다. ⅱ) 이러한 법리는 사기범행에 이용되리라는 사정을 알고서 자신 명의 계좌의 접근매체를 양도함으로써 사기범행을 방조한 '종범'이 사기이용계좌로 송금된 피해자의 자금을 임의로 인출한 경우에도 마찬가지로 적용된다(대판 2017.5.31. 2017도3894).
② **(X)** 甲이 토지의 소유자이자 매도인인 乙에게 토지거래허가 등에 필요한 서류라고 속여 근저당권설정계약서 등에 서명·날인하게 하고 인감증명서를 교부받은 다음 이를 이용하여 乙 소유 토지에 甲을 채무자로 한 근저당권을 丙에게 설정하여 주고 돈을 차용하는 방법으로 재산상 이익을 취득한 경우, 비록 피기망자가 처분행위의 의미나 내용을 인식하지 못하였다고 하더라도 피기망자의 작위 또는 부작위가 직접 재산상 손해를 초래하는 재산적 처분행위로 평가되고, 이러한 작위 또는 부작위를 피기망자가 인식하고 한 것이라면 처분행위에 상응하는 처분의사는 인정된다. 다시 말하면 피기망자가 자신의 작위 또는 부작위에 따른 결과까지 인식하여야 처분의사를 인정할 수 있는 것은 아니다(대판 2017.02.16. 2016도13362 전원합의체). ☞ 사기죄 성립 (사기죄의 성립에 처분행위에 상응하는 처분의사가 인정되면 충분하고 피기망자에게 '처분결과'에 대한 '인식'이 있을 것까지는 요구되지 않는다는 취지)
③ 〈삭제〉
④ **(O)** 송금인에 대한 관계에서 횡령죄가 성립하고, 은행에 대한 관계에서 사기죄는 성립하지 않는다(대판 2005.10.28. 2005도5975).

정답 ④

41 사기죄에 관한 다음 설명 중 가장 옳지 않은 것은? (다툼이 있는 경우 판례에 의함)

2017년 경찰간부, 2018 법원직 변형

① 자신이 토지의 소유자라고 허위의 주장을 하면서 소유권 보존등기 명의자를 상대로 보존등기의 말소를 구하는 소송을 제기하여 보존등기의 말소를 명하는 내용의 확정판결을 받았다면, 아직 자기 앞으로 소유권보존등기를 경료하지 않은 상태라고 하더라도 소송사기죄의 기수에 이르렀다고 할 것이다.
② 甲이 乙과 공모하여 乙을 상대로 제소하고 의제자백의 판결을 받아 이에 기하여 乙로부터 부동산 소유권이전등기를 마친 경우, 甲·乙은 소송사기의 공동정범으로 처벌된다.
③ 허위채권에 기하여 가압류신청을 하였으나 본안소송을 제기하지 아니하였다면 사기죄의 실행착수가 부정된다.
④ 편취한 약속어음을 그와 같은 사실을 모르는 제3자에게 편취사실을 숨기고 할인받은 행위는 당초의 어음 편취와는 별개로 새로운 사기죄를 구성한다.

해설

① [O] 그 소송에서 위 토지가 피고인 또는 그와 공모한 자의 소유임을 인정하여 보존등기 말소를 명하는 내용의 승소확정판결을 받는다면, 이에 터 잡아 언제든지 단독으로 상대방의 소유권보존등기를 말소시킨 후 위 판결을 부동산등기법 제130조 제2호 소정의 소유권을 증명하는 판결로 하여 자기 앞으로의 소유권보존등기를 신청하여 그 등기를 마칠 수 있게 되므로, 이는 법원을 기망하여 유리한 판결을 얻음으로써 '대상 토지의 소유권에 대한 방해를 제거하고 그 소유명의을 얻을 수 있는 지위'라는 재산상 이익을 취득한 것이고, 그 경우 기수시기는 위 판결이 확정된 때이다(대판 2006.4.7. 2005도9858 전원합의체).
② [X] 피고인들이 타인과 공모하여 그 공모자를 상대로 제소한 경우나 피고인들이 법원을 기망하여 얻으려고 한 판결의 내용이 소송 상대방의 의사에 부합하는 것일 때에는, 착오에 의한 재물의 교부행위가 있다고 할 수 없다(대판 1996.8.23. 96도1265). ☞ 사기죄 불성립
③ [O] 가압류는 강제집행의 보전방법에 불과한 것이어서 허위의 채권을 피보전권리로 삼아 가압류를 하였다고 하더라도 그 채권에 관하여 현실적으로 청구의 의사표시를 한 것이라고는 볼 수 없다(대판 1988.9.13. 88도55). ☞ 사기미수죄 불성립
④ [O] 당초의 어음 편취와는 별개의 새로운 법익을 침해하는 행위로서 기망행위와 할인금의 교부행위 사이에 상당인과관계가 있어 새로운 사기죄를 구성한다(대판 2005.9.30. 2005도5236).

정답 ②

42. 사기죄에 대한 설명으로 옳은 것은? (다툼이 있는 경우 판례에 의함) 2022년 경찰간부

① 법원을 기망하여 자기에게 유리한 판결을 얻기 위하여 소를 제기하였더라도 소송사기죄의 실행의 착수를 인정하기 위해서는 소장이 소제기의 상대방에게 유효하게 송달되어야 한다.
② 수입쇠고기를 사용하는 식당 영업주가 한우만 취급한다는 취지의 상호를 사용하고 식단표 등에도 한우만 사용한다고 기재한 정도만으로는 사기죄의 기망행위에 해당하지 아니한다.
③ 카드사 회원이 카드이용대금에 대한 지불의사와 능력이 없게 되었음에도 기존에 정상적으로 발급받은 신용카드를 이용하여 A가맹점에서 양복을 구입하고 B가맹점에서 전자제품을 구입한 경우, 신용카드업자를 피해자로 하는 사기죄의 포괄일죄가 성립한다.
④ 교부자가 착오로 더 많은 거스름돈을 교부하는 것을 그 순간 수령자가 알면서도 수령하여 영득하였다면, 수령자에게 고지 의무가 인정되므로 점유이탈물횡령죄가 성립한다.

해설

① [X] 제소자가 상대방의 주소를 허위로 기재함으로써 그 허위주소로 소송서류가 송달되어 상대방 아닌 다른 사람이 그 서류를 받아 소송이 진행된 경우, 원고의 경우 소를 제기하면 이로써 실행의 착수가 있고 소장의 유효한 송달을 요하지 아니한다(대판 2006.11.10. 2006도5811). ☞ 사기미수죄 성립

② [X] 식육식당을 경영하는 자가 음식점에서 한우만을 취급한다는 취지의 상호(☞ 고향한우마을)를 사용하면서 광고선전판, 식단표 등에도 한우만을 사용한다고 기재한 경우, '한우만을 판매한다'는 취지의 광고가 식육점 부분에만 한정하는 것이 아니라 음식점에서 조리·판매하는 쇠고기에 대한 광고로서 음식점에서 쇠고기를 먹는 사람들로 하여금 그 곳에서는 한우만을 판매하는 것으로 오인시키기에 충분하므로, 이러한 광고는 진실규명이 가능한 구체적인 사실인 쇠갈비의 품질과 원산지에 관하여 기망이 이루어진 경우로서 그 술의 정도가 사회적으로 용인될 수 있는 상술의 정도를 넘는 것이고, 따라서 피고인의 기망행위 및 편취의 범의를 인정하기에 넉넉하다고 본 사례(대판 1997.9.9. 97도1561). ☞ 사기죄 성립

③ [O] 甲이 카드사용으로 인한 대금결제의 의사와 능력이 없으면서도 있는 것 같이 가장하여 카드회사를 기망하고 카드회사는 이에 착오를 일으켜 일정 한도 내에서 카드사용을 허용해 주어 甲이 자동지급기를 통한 현금대출 및 가맹점을 통한 물품구입대금 대출을 받은 경우, 카드사용으로 인한 카드회사의 손해는 그것이 자동지급기에 의한 인출행위이든 가맹점을 통한 물품구입행위이든 불문하고 모두가 피해자인 카드회사의 기망당한 의사표시에 따른 카드발급에 터잡아 이루어지는 사기죄의 포괄일죄이다(대판 95도2466). ☞ '카드회사를 피해자'로 하는 사기죄의 포괄일죄 성립

④ [X] 매수인이 매도인에게 매매잔금을 지급함에 있어 착오에 빠져 지급해야 할 금액을 초과하는 돈을 교부하는 경우, 매도인이 사실대로 고지하였다면 매수인이 그와 같이 초과하여 교부하지 아니하였을 것임은 경험칙상 명백하므로, i) 매도인이 매매잔금을 교부받기 전 또는 교부받던 중에 그 사실을 알게 되었을 경우에는 특별한 사정이 없는 한 매도인으로서는 매수인에게 사실대로 고지하여 매수인의 그 착오를 제거하여야 할 신의칙상 의무를 지므로 그 의무를 이행하지 아니하고 매수인이 건네주는 돈을 그대로 수령한 경우에는 사기죄에 해당될 것이지만, ii) 그 사실을 미리 알지 못하고 매매잔금을 건네주고 받는 행위를 끝마친 후에야 비로소 알게 되었을 경우에는 주고 받는 행위는 이미 종료되어 버린 후이므로 매수인의 착오 상태를 제거하기 위하여 그 사실을 고지하여야 할 법률상 의무의 불이행은 더 이상 그 초과된 금액 편취의 수단으로서의 의미는 없으므로, 교부하는 돈을 그대로 받은 그 행위는 점유이탈물횡령죄가 될 수 있음은 별론으로 하고 사기죄를 구성할 수는 없다(대판 2004.5.27. 2003도4531).

정답 ③

43 사기죄에 관한 설명으로 가장 적절한 것은? (다툼이 있는 경우 판례에 의함)   2019년 제2차 경찰

① 상대방을 기망하여 재물을 교부받으면서 시가 상당의 대금을 지급하였다면, 피해자의 전체 재산상 손해가 발생한 바 없으므로 사기죄가 성립하지 않는다.
② 원인된 법률관계 없이 자신의 예금계좌로 잘못 이체된 돈을 인출한 경우, 은행에 대한 사기죄가 성립한다.
③ 아파트 입주권의 매매계약을 체결하면서 매수인이 입주권 가격에 대해 아무런 문의도 하지 않았다 하더라도 매도인인 부동산중개업자가 그 입주권을 2억 5,000만 원에 확보하여 2억 9,500만 원에 전매한다는 사실을 매수인에게 고지하지 않았다면, 이는 고지의무의 불이행으로서 부작위에 의한 사기죄가 성립한다.
④ 피고인이 부동산을 매수한 일이 없음에도 매수한 것처럼 허위의 사실을 주장하여 해당 부동산에 대한 소유권이전등기를 거친 사람을 상대로 그 이전등기의 말소를 구하는 소송을 제기하여 승소하였더라도, 법원을 기망하여 재물 또는 재산상 이익을 취득한 바가 없기 때문에 사기죄가 성립하지 않는다.

해설

① **(X)** 기망으로 인한 재물의 교부가 있으면 그 자체로써 곧 사기죄는 성립하고, 상당한 대가가 지급되었다거나 피해자의 전체 재산상에 손해가 없다고 하여도 사기죄의 성립에는 영향이 없다(대판 1999.7.9. 99도1040). ☞ 판례는 손해발생불요설의 입장

② **(X)** ⅰ) 송금의뢰인이 수취인의 예금계좌에 계좌이체 등을 한 이후, 수취인이 은행에 대하여 예금반환을 청구함에 따라 은행이 수취인에게 그 예금을 지급하는 행위는 계좌이체금액 상당의 예금계약의 성립 및 그 예금채권 취득에 따른 것으로서 은행이 착오에 빠져 처분행위를 한 것이라고 볼 수 없으므로, 결국 이러한 행위는 은행을 피해자로 한 사기죄에 해당하지 않는다(대판 2010.5.27. 2010도3498). ☞ 은행에 대한 사기죄 불성립

ⅱ) 송금의뢰인과 계좌명의인 사이에 송금·이체의 원인이 된 법률관계가 존재하지 않음에도 송금·이체에 의하여 계좌명의인이 그 금액 상당의 예금채권을 취득한 경우 계좌명의인은 송금의뢰인에게 그 금액 상당의 돈을 반환하여야 한다. 이와 같이 계좌명의인이 송금·이체의 원인이 되는 법률관계가 존재하지 않음에도 계좌이체에 의하여 취득한 예금채권 상당의 돈은 송금의뢰인에게 반환하여야 할 성격의 것이므로, 계좌명의인은 그와 같이 송금·이체된 돈에 대하여 송금의뢰인을 위하여 보관하는 지위에 있다고 보아야 한다. 따라서 계좌명의인이 그와 같이 송금·이체된 돈을 그대로 보관하지 않고 영득할 의사로 인출하면 횡령죄가 성립한다(대판 2018.7.19. 2017도17494 전원합의체). ☞ 송금의뢰인에 대한 횡령죄 성립

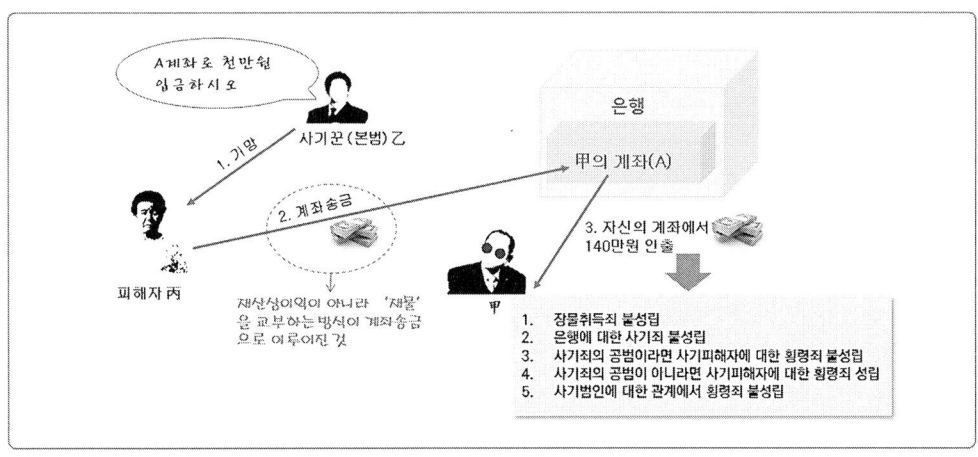

③ [X] (입주권을 2억 5,000만 원에 확보하여 2억 9,500만 원에 전매한다는 사실은) 매매로 인한 법률관계에 아무런 영향도 미칠 수 없는 것이어서 매수인의 권리의 실현에 장애가 되지 아니하는 사유까지 매도인이 매수인에게 고지할 의무가 있다고는 볼 수 없다(대판 2011.1.27. 2010도5124). ☞ 부작위에 의한 사기죄 불성립

④ [O] 위 소송의 결과 원고로 된 피고인이 승소한다고 가정하더라도 위 피고들의 등기가 말소될 뿐이고 이것만으로 피고인이 위 임야에 관한 어떠한 권리를 취득하거나 의무를 면하는 것은 아니므로 법원을 기망하여 재물이나 재산상 이익을 편취한 것이라고 보기 어려우니 위 소제기 행위를 가리켜 사기의 실행에 착수한 것이라고 할 수 없다(대판 1981.12.8. 81도1451). ☞ 사기죄 불성립

정답 ④

44 다음 설명 중 가장 옳지 않은 것은? (다툼이 있는 경우 판례에 의함) 2016년 법원직

① 기망행위에 의하여 조세를 포탈하거나 조세의 환급·공제를 받은 것은 사기죄의 기망행위에 해당한다.
② 비의료인이 개설한 의료기관이 의료법에 의하여 적법하게 개설된 요양기관인 것처럼 국민건강보험공단에 요양급여비용의 지급을 청구하여 지급받은 것은 사기죄의 기망행위에 해당한다.
③ 보험계약자가 보험계약 체결시 보험금액이 목적물의 가액을 현저하게 초과하는 초과보험 상태를 의도적으로 유발한 후 보험사고가 발생하자 초과보험 사실을 알지 못하는 보험자에게 목적물의 가액을 묵비한 채 보험금을 청구하여 교부받은 것은 사기죄의 기망행위에 해당한다.
④ 토지의 매수를 권유하면서 언급한 내용이 객관적 사실에 부합하거나 비록 확정된 것은 아닐지라도 연구용역 보고서와 신문스크랩 등에 기초한 것이라면 사기죄의 기망행위에 해당하지 않는다.

해설

① [X] 기망행위에 의하여 조세를 포탈하거나 조세의 환급·공제를 받은 경우에는 조세범처벌법 제9조에서 이러한 행위를 처벌하는 규정을 별도로 두고 있을 뿐만 아니라, 조세를 강제적으로 징수하는 국가 또는 지방자치단체의 직접적인 권력작용을 사기죄의 보호법익인 재산권과 동일하게 평가할 수 없는 것이므로 조세범처벌법 위반죄가 성립함은 별론으로 하고, 형법상 사기죄는 성립하지 않는다(대판 2008.11.27. 2008도7303).

② [O] 비의료인이 개설한 의료기관이 마치 의료법에 의하여 적법하게 개설된 요양기관인 것처럼 국민건강보험공단에 요양급여비용의 지급을 청구하는 것은 국민건강보험공단으로 하여금 요양급여비용 지급에 관한 의사결정에 착오를 일으키게 하는 것으로서 사기죄의 기망행위에 해당하고, 이러한 기망행위에 의하여 국민건강보험공단에서 요양급여비용을 지급받을 경우에는 사기죄가 성립한다. 이 경우 의료기관의 개설인인 비의료인이 개설 명의를 빌려준 의료인으로 하여금 환자들에게 요양급여를 제공하게 하였다 하여도 마찬가지이다(대판 2015.07.09. 2014도11843).

③ [O] 대판 2015.07.23. 2015도6905
④ [O] 대판 2007.01.25. 2004도45

> **비교판례**
> 부동산 관련 업체가 지방자치단체의 특정 용역보고서만을 근거로 확정되지도 않은 개발계획이 마치 확정된 것처럼 허위 또는 과장된 정보를 제공하여 매수인들과 토지매매계약을 체결한 경우, 사기죄가 성립한다(대판 2008.10.23. 2008도6549).

정답 ①

45 사기죄에 대한 다음 설명 중 가장 적절하지 않은 것은? (다툼이 있으면 판례에 의함)

2016년 제2차 경찰, 2016년 경찰간부 변형

① 피고인 등이 피해자 甲 등에게 자동차를 매도하겠다고 거짓말하고 자동차를 양도하면서 매매대금을 편취한 다음, 자동차에 미리 부착해 놓은 지피에스(GPS)로 위치를 추적하여 자동차를 절취하였다고 하여 사기죄 및 특수절도죄로 기소된 경우, 피고인에게는 사기죄 및 특수절도죄가 성립한다.
② 〈삭제〉
③ 부동산등기부상 소유자로 등기된 적이 있는 자가 자기 이후에 소유권이전등기를 경료한 등기명의인들을 상대로 허위의 사실을 주장하면서 그들 명의의 소유권이전등기의 말소를 구하는 소송을 제기한 경우 말소등기청구 소송의 제기는 사기의 실행에 착수한 것이라고 보아야 한다.
④ 보험모집인이 자동차 보험가입자의 형사책임을 면하게 하기 위하여 위 보험가입자의 미납보험료가 정상적으로 납부된 것처럼 전산조작하는 방법으로 보험회사를 기망하여 보험가입사실증명원을 발급받은 경우 사기죄가 성립하지 않는다.

해설

① **[X]** 자동차를 인도하고 소유권이전등록에 필요한 일체의 서류를 교부함으로써 甲 등이 언제든지 자동차의 소유권이전등록을 마칠 수 있게 된 이상, 피고인이 자동차를 양도한 후 다시 절취할 의사를 가지고 있었더라도 자동차의 소유권을 이전하여 줄 의사가 없었다고 볼 수 없다(대판 2016.03.24. 2015도17452). ☞ 특수절도죄가 성립하고, 사기죄는 불성립
② 〈삭제〉
③ **[O]** 그 소송에서 승소한다면 등기명의인들의 등기가 말소됨으로써 그 소송을 제기한 자의 등기명의가 회복되는 것이므로, 그와 같은 말소등기청구 소송의 제기는 사기의 실행에 착수한 것이라고 보아야 한다(대판 2003.07.22. 2003도1951).
④ **[O]** 보험가입사실증명원은 교통사고를 일으킨 차가 교통사고처리특례법 제4조에서 정한 취지의 보험에 가입하였음을 보험회사가 증명하는 내용의 문서일 뿐이고 거기에 재물이나 재산상의 이익의 처분에 관한 사항을 포함하고 있는 것은 아니므로, 보험가입사실증명원은 사기죄의 객체가 되지 아니한다(대판 1997.03.28. 96도2625).

정답 ①

46 재산죄에 관한 설명으로 옳지 않은 것은 모두 몇 개인가? (다툼이 있는 경우 판례에 의함)

2022년 제1차 경찰

㉠ 채무자가 채권자에 대하여 소비대차 등으로 인한 채무를 부담하고 이를 담보하기 위하여 장래에 부동산의 소유권을 이전하기로 하는 내용의 대물변제예약에서, 약정의 내용에 좇은 이행을 하여야 할 채무는 특별한 사정이 없는 한 '타인의 사무'에 해당하는 것이 원칙이다.
㉡ 횡령죄의 본질이 신임관계에 기초하여 위탁된 타인의 물건을 위법하게 영득하는 데 있음에 비추어 볼 때 위탁신임관계는 횡령죄로 보호할 만한 가치 있는 신임에 의한 것으로 한정함이 타당하다.
㉢ 강제집행절차를 통한 소송사기는 집행절차의 개시신청을 한 때 또는 진행 중인 집행절차에 배당신청을 한 때에 실행에 착수하였다고 볼 것이다.
㉣ 횡령죄는 타인의 재물에 대한 재산범죄로서 재물의 소유권 등 본권을 보호법익으로 하는 범죄이다. 따라서 횡령죄의 객체가 타인의 재물에 속하는 이상 구체적으로 누구의 소유인지는 횡령죄의 성립 여부에 영향이 없다.
㉤ 침해행정 영역에서 일반 국민이 담당 공무원을 기망하여 권력작용에 의한 재산권 제한을 면하는 경우에는 부과권자의 직접적인 권력작용을 사기죄의 보호법익인 재산권과 동일하게 평가할 수 없는 것이므로 사기죄는 성립할 수 없다.

① 1개   ② 2개
③ 3개   ④ 4개

해설

㉠ [X] 채무자가 채권자에 대하여 소비대차 등으로 인한 채무를 부담하고 이를 담보하기 위하여 장래에 부동산의 소유권을 이전하기로 하는 내용의 대물변제예약에서, 약정의 내용에 좇은 이행을 하여야 할 채무는 특별한 사정이 없는 한 '자기의 사무'에 해당하는 것이 원칙이다(대판 2014.8.21. 2014도3363 전원합의체).
㉡ [O] 대판 2018.7.19. 2017도17494 전원합의체 등
㉢ [O] [1] 강제집행절차를 통한 소송사기는 '집행절차의 개시신청을 한 때' 또는 '진행 중인 집행절차에 배당신청을 한 때'에 실행에 착수하였다고 볼 것이다.
[2] 허위 채권에 기한 공정증서를 집행권원으로 하여 채무자의 소유권이전등기청구권에 대하여 압류신청을 한 시점에 소송사기의 실행에 착수하였다고 볼 것이다(대판 2015.02.12. 2014도10086). ☞ 당해 부동산 자체에 대한 경매신청시가 아니라 그 사전 단계로서 소유권이전등기청구권에 대하여 압류신청을 한 시점에 사기미수죄 성립
㉣ [O] [1] 횡령죄는 타인의 재물에 대한 재산범죄로서 재물의 소유권 등 본권을 보호법익으로 하는 범죄이다. 따라서 횡령죄의 객체가 타인의 재물에 속하는 이상 구체적으로 누구의 소유인지는 횡령죄의 성립 여부에 영향이 없다. 주식회사는 주주와 독립된 별개의 권리주체로서 그 이해가 반드시 일치하는 것은 아니므로, 주주나 대표이사 또는 그에 준하여 회사 자금의 보관이나 운용에 관한 사실상의 사무를 처리하는 자가 회사 소유의 재산을 사적인 용도로 함부로 처분하였다면 횡령죄가 성립한다.
[2] 피고인들이 공모하여 甲 주식회사 등 피해 회사가 납품하는 물품을 마치 피해 회사의 자회사로서 서류상으로만 존재하는 乙 주식회사 등이 납품하는 것처럼 서류를 꾸며 피해 회사가 지급받아야 할 납품대금을 자회사 명의의 계좌로 지급받아 급여 등의 명목으로 임의로 사용하였다고 하여 특정경제범죄 가중처벌 등에 관한 법률 위반(횡령)으로 기소된 사안에서, 법인격 부인 또는 남용 법리는 회사가 법인격을 남용했다고 볼 수 있는 예외적인 경우에 회사에 법인격이 있더라도 이를 무시하고 그 뒤에 있는 배후자에게 책임을 추궁하는 것이므로, 피고인들이 피해 회사의 자회사 계좌를 이용하여 피해 회사의 납품대금을 횡령한 사건에서 법인격 부인 여부에 따라 횡령죄의 성립이 좌우되는 것은 아니라고 한 사례(대판 2019.12.24. 2019도9773)

ⓒ [O] [1] 기망행위에 의하여 국가적 또는 공공적 법익을 침해하는 경우라도 그와 동시에 형법상 사기죄의 보호법익인 재산권을 침해하는 것과 동일하게 평가할 수 있는 때에는 행정법규에서 사기죄의 특별관계에 해당하는 처벌규정을 별도로 두고 있지 않는 한 사기죄가 성립할 수 있다. 그런데 중앙행정기관의 장, 지방자치단체의 장 등 법률에 따라 금전적 부담의 부과권한을 부여받은 자가 재화 또는 용역의 제공과 관계없이 특정 공익사업과 관련하여 권력작용으로 부담금을 부과하는 것은 일반 국민의 재산권을 제한하는 침해행정에 속한다. 이러한 침해행정 영역에서 일반 국민이 담당 공무원을 기망하여 권력작용에 의한 재산권 제한을 면하는 경우에는 부과권자의 직접적인 권력작용을 사기죄의 보호법익인 재산권과 동일하게 평가할 수 없는 것이므로, 행정법규에서 그러한 행위에 대한 처벌규정을 두어 처벌함은 별론으로 하고, 사기죄는 성립할 수 없다.

[2] 피고인이 담당 공무원을 기망하여 납부의무가 있는 농지보전부담금을 면제받아 재산상 이익을 취득한 경우, 사기죄는 성립하지 않는다(대판 2019.12.24. 2019도2003).

정답 ①

47 전기통신금융사기에 대한 설명 중 옳은 것만을 모두 고른 것은? (다툼이 있는 경우 판례에 의함)

2021년 경찰간부

가. 이른바 '착오송금'의 법리는 계좌명의인이 개설한 예금계좌가 전기통신금융사기 범행에 이용되어 그 계좌에 피해자가 사기피해금을 송금·이체한 경우에도 마찬가지로 적용된다. 계좌명의인은 아무런 법률관계 없이 송금·이체된 사기피해금을 보관하는 지위에 있고, 만약 그 돈을 영득할 의사로 인출하면 피해자에 대한 횡령죄가 성립한다.

나. 이때 계좌명의인이 사기의 공범이라면 자신이 가담한 범행의 결과 피해금을 보관하게 된 것일 뿐이어서 피해자와 사이에 위탁관계가 없고, 그가 송금·이체된 돈을 인출하더라도 이는 자신이 저지른 사기범행의 실행행위에 지나지 아니하여 새로운 법익을 침해한다고 볼 수 없으므로 사기죄 외에 별도로 횡령죄를 구성하지는 않는다.

다. 다만, 판례는 전기통신금융사기 범행으로 피해자의 돈이 사기 이용계좌로 송금·이체되었다면 이로써 편취행위는 기수에 이른다고 보고 있는데, 이는 사기범이 접근매체를 이용하여 그 돈을 인출할 수 있는 상태에 이르게 되면 계좌명의인의 예금반환청구권을 자신이 행사할 수 있게 된 것으로서 예금 자체를 취득한 것으로 보아야 한다는 의미이다.

라. 한편 계좌명의인의 인출행위는 전기통신금융사기의 범인에 대한 관계에서는 횡령죄가 되지 않는다. 계좌명의인과 전기통신금융사기의 범인 사이의 관계는 횡령죄로 보호할 만한 가치가 있는 위탁관계가 아닐뿐더러, 계좌명의인과 사기범 사이의 관계를 횡령죄로 보호하는 것은 그 범행으로 송금·이체된 돈을 사기범에게 귀속시키는 결과가 되어 옳지 않기 때문이다.

① 가, 나
② 가, 나, 라
③ 가, 다, 라
④ 나, 다, 라

해설

가. [O] 계좌명의인이 개설한 예금계좌가 사기 범행에 이용되어 그 계좌에 피해자가 사기피해금을 송금·이체한 경우 계좌명의인은 피해자와 사이에 아무런 법률관계 없이 송금·이체된 사기피해금을 피해자에게 반환하여야 하므로 피해자를 위하여 사기피해금을 보관하는 지위에 있다고 보아야 하고, 만약 계좌명의인이 그 돈을 영득할 의사로 인출하면 피해자에 대한 횡령죄가 성립한다(대판 2019.4.3. 2018도7955).

나. [O] 이때 계좌명의인이 사기의 공범이라면 자신이 가담한 범행의 결과 피해금을 보관하게 된 것일 뿐이어서 피해자와 사이에 위탁관계가 없고, 그가 송금·이체된 돈을 인출하더라도 이는 자신이 저지른 사기범행의 실행행위에 지나지 아니하여 새로운 법익을 침해한다고 볼 수 없으므로 사기죄 외에 별도로 횡령죄를 구성하지 않는다(대판 2018.7.19. 2017도17494 전원합의체).

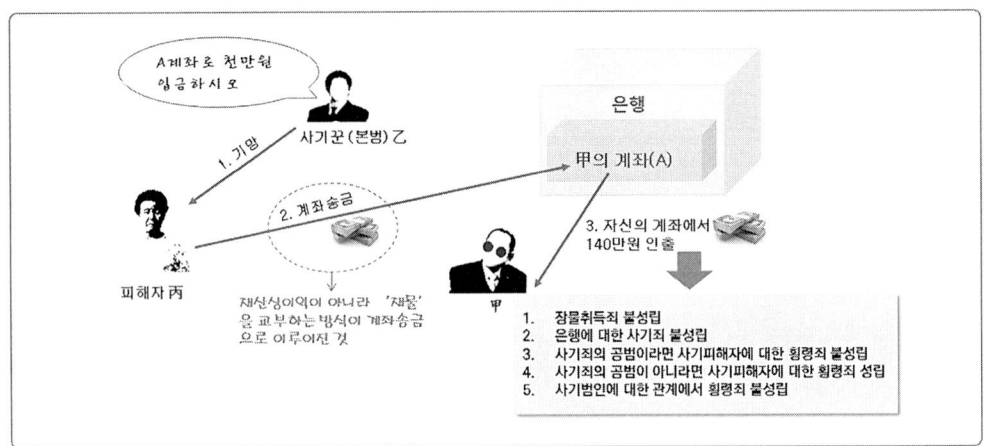

다. [X] 계좌명의인이 전기통신금융사기의 범인에게 예금계좌에 연결된 접근매체를 양도하였다 하더라도 은행에 대하여 여전히 예금계약의 당사자로서 예금반환청구권을 가지는 이상 그 계좌에 송금·이체된 돈이 그 접근매체를 교부받은 사람에게 귀속되었다고 볼 수는 없다. 접근매체를 교부받은 사람(사기범)은 계좌명의인의 예금반환청구권을 자신이 '사실상' 행사할 수 있게 된 것일 뿐 '예금 자체를 취득한 것이 아니다.' 판례는 전기통신금융사기 범행으로 피해자의 돈이 사기이용계좌로 송금·이체되었다면 이로써 편취행위는 기수에 이른다고 보고 있는데, 이는 사기범이 접근매체를 이용하여 그 돈을 인출할 수 있는 상태에 이르렀다는 의미일 뿐 사기범이 그 돈을 취득하였다는 것은 아니다(대판 2018.7.19. 2017도17494 전원합의체).

라. [O] 계좌명의인과 전기통신금융사기의 범인 사이의 관계는 횡령죄로 보호할 만한 가치가 있는 위탁관계가 아니다. 사기범이 제3자 명의 사기이용계좌로 돈을 송금·이체하게 하는 행위는 그 자체로 범죄행위에 해당한다. 그리고 사기범이 그 계좌를 이용하는 것도 전기통신금융사기 범행의 실행행위에 해당하므로 계좌명의인과 사기범 사이의 관계를 횡령죄로 보호하는 것은 그 범행으로 송금·이체된 돈을 사기범에게 귀속시키는 결과가 되어 옳지 않다(대판 2018.7.19. 2017도17494 전원합의체).

정답 ②

48 다음 컴퓨터 등 사용사기죄의 성립을 긍정한 경우는? (판례에 의함)　　2008년 경찰

(가) 타인의 인적사항을 도용하여 타인 명의로 발급받은 신용카드의 번호와 그 비밀번호를 인터넷사이트에 입력함으로써 신용정보 사용료라는 재산상 이익을 취득한 경우
(나) 금융기관 직원이 전산단말기를 이용하여 다른 공범들이 지정한 특정계좌에 돈이 입금된 것처럼 허위의 정보를 입력하는 방법으로 위 계좌로 입금되도록 한 경우
(다) 예금주인 현금카드 소유자로부터 일정액의 현금을 인출해 오라는 부탁과 함께 현금카드를 건네받아 그 위임받은 금액을 초과한 현금을 인출한 경우
(라) 타인의 명의를 모용하여 발급받은 신용카드를 이용하여 ARS 전화서비스나 인터넷 등을 통하여 신용대출을 받는 경우
(마) 대출금을 정상적으로 결제할 의사나 능력 없이 자기 명의 신용카드를 사용하여 현금서비스를 받거나 가맹점으로부터 물품을 구입한 경우

① 2개　　② 3개
③ 4개　　④ 5개

해설

(가) [O] 대판 2003.1.10. 2002도2363
(나) [O] 대판 2006.1.26. 2005도8507
(다) [O] 대판 2006.3.24. 2005도3516
(라) [O] 대판 2006.7.27. 2006도3126
(마) [X] 카드사용으로 인한 카드회사의 손해는 그것이 자동지급기에 의한 인출행위이든 가맹점을 통한 물품구입행위이든 불문하고 모두가 피해자인 카드회사의 기망당한 의사표시에 따른 카드발급에 터잡아 이루어지는 사기의 포괄일죄이다(대판 1996.4.9. 95도2466).

정답 ③

49 카드(신용카드, 직불카드 등) 관련 범죄에 관한 다음 설명 중 가장 옳지 않은 것은? (다툼이 있으면 판례에 의함)   2018년 법원직

① 타인명의를 모용하여 발급받은 신용카드를 이용하여 현금자동지급기에서 현금을 인출한 행위는 현금자동지급기의 관리자에 대한 절도죄가, ARS 전화서비스 등을 이용하여 신용대출을 받은 행위에 관하여는 카드회사에 대한 사기죄가 각 성립한다.
② 은행이 발급한 직불카드를 사용하여 타인의 예금계좌에서 자기의 예금계좌로 돈을 이체한 후 그 직불카드를 곧 반환한 경우 직불카드에 대한 절도죄는 성립하지 않는다.
③ 정상적으로 발급받은 자기 명의의 신용카드를 사용한 경우라 하더라도 신용카드사용으로 인한 대출금채무를 변제할 의사나 능력이 없는 상황에서 계속하여 신용카드를 사용하였다면 사기죄가 성립할 수 있다.
④ 예금주인 현금카드 소유자로부터 일정액의 현금을 인출해 오라는 부탁과 함께 현금카드를 건네받았는데 그 위임받은 금액을 초과한 현금을 인출하였다면 컴퓨터등사용사기죄가 성립한다.

해설

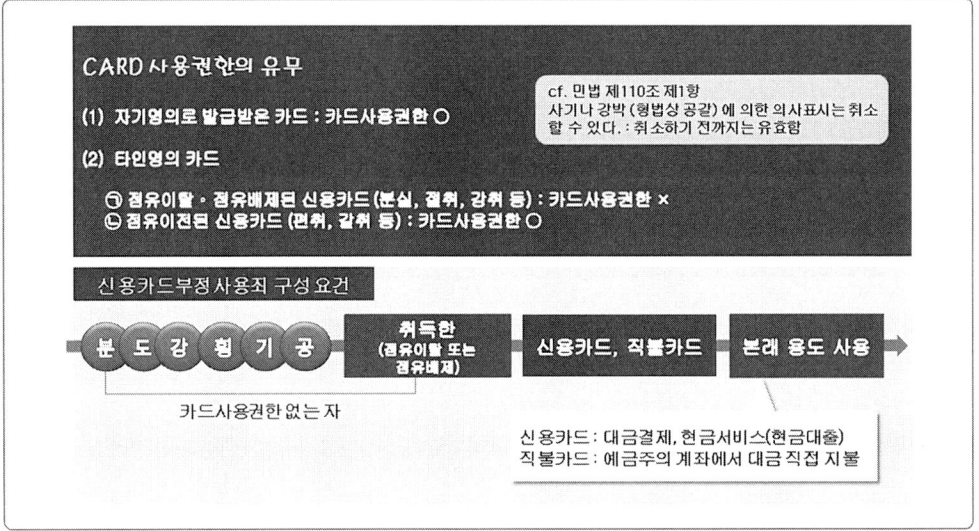

① **[X]** 현금자동지급기 관리자에 대한 절도죄와 ARS 전화서비스 등을 이용하여 신용대출을 받은 행위는 컴퓨터 등 정보처리 장치에 권한 없이 정보를 입력하여 정보처리를 하게 함으로써 재산상 이익을 취득하는 행위로서 컴퓨터등사용사기죄에 해당한다(대판 2006.7.27. 2006도3126).
② **[O]** 은행이 발급한 직불카드를 사용하여 타인의 예금계좌에서 자기의 예금계좌로 돈을 이체시켰다 하더라도 직불카드 자체가 가지는 경제적 가치가 계좌이체된 금액만큼 소모되었다고 할 수는 없으므로, 이를 일시 사용하고 곧 반환한 경우에는 그 직불카드에 대한 불법영득의 의사는 없다고 보아야 한다(대판 2006.3.9. 2005도7819).
③ **[O]** 甲이 카드사용으로 인한 대금결제의 의사와 능력이 없으면서도 있는 것 같이 가장하여 카드회사를 기망하고 카드회사는 이에 착오를 일으켜 일정 한도 내에서 카드사용을 허용해 주어 甲이 자동지급기를 통한 현금대출 및 가맹점을 통한 물품구입대금 대출을 받은 경우, 카드사용으로 인한 카드회사의 손해는 그것이 자동지급기에 의한 인출행위이든 가맹점을 통한

물품구입행위이든 불문하고 모두가 피해자인 카드회사의 기망당한 의사표시에 따른 카드발급에 터잡아 이루어지는 사기죄의 포괄일죄이다(대판 95도2466). ☞ '카드회사를 피해자'로 하는 사기죄의 포괄일죄 성립
④ [O] 대판 2006.3.24. 2005도3516

(정답) ①

50 신용카드범죄의 사례(가~라)와 그에 대한 죄책(㉠~㉣)이 옳게 연결된 것은? (특별법 부분은 제외하며, 다툼이 있는 경우 판례에 의함) *2021년 경찰간부*

가. 강취한 타인의 신용카드를 사용하여 현금자동지급기에서 현금을 인출한 경우
나. 갈취한 타인의 신용카드를 사용하여 현금자동지급기에서 현금을 인출한 경우
다. 타인의 명의를 모용하여 신용카드를 발급받고, 이를 이용하여 현금자동지급기에서 현금을 인출한 경우
라. 대금결제의 의사와 능력이 없으면서도 신용카드회사를 기망하여 자기 명의의 신용카드를 발급받고, 이를 이용하여 현금자동지급기에서 현금대출을 받은 경우

㉠ 절도죄   ㉡ 강도죄
㉢ 사기죄   ㉣ 공갈죄

	(가)	(나)	(다)	(라)
①	㉠, ㉡	㉣	㉠	㉠, ㉢
②	㉠, ㉡	㉣	㉠	㉢
③	㉠, ㉡	㉠, ㉣	㉠, ㉢	㉢
④	㉡, ㉢	㉠, ㉣	㉠, ㉢	㉠, ㉢

해설

가. ㉠, ㉡ 카드자체에 대한 강도죄와 강취한 카드는 카드사용권한이 없으므로 현금에 대한 절도죄의 경합범 성립
나. ㉣ 카드소유자에 대한 관계에서 공갈죄만 성립하고, 갈취한 카드는 카드소유자가 카드사용권한 수여의 의사표시를 취소하기 전까지는 사용권한이 있으므로 별도로 인출한 현금에 대한 절도죄는 불성립
다. ㉠ 카드사용권한이 없으므로 현금자동지급기관리자에 대한 관계에서 절도죄 성립, 반면 카드회사의 내심의 의사는 물론 표시된 의사도 어디까지나 카드명의인인 피모용자에게 이를 허용하는 데 있을 뿐 피고인에게 이를 허용한 것은 아니므로 카드회사에 대한 사기죄의 포괄일죄는 불성립

> 甲이 타인의 명의를 모용하여 발급받은 신용카드의 번호와 그 비밀번호를 이용하여 현금자동지급기에서 현금대출을 받고, ARS 전화서비스나 인터넷 등을 이용하여 신용대출을 받은 경우, 현금자동지급기에서 현금대출을 받은 행위는 현금자동지급기관리자에 대한 절도죄가 성립하고, ARS 전화서비스나 인터넷 등을 이용하여 신용대출을 받은 행위는 컴퓨터등사용사기죄에 해당한다(대판 2006.7.27. 2006도3126).

라. ㉢ 피고인이 카드사용으로 인한 대금결제의 의사와 능력이 없으면서도 있는 것 같이 가장하여 카드회사를 기망하고, 카드회사는 이에 착오를 일으켜 일정 한도 내에서 카드사용을 허용해 줌으로써 피고인은 기망당한 카드회사의 신용공여라는 하자 있는 의사표시에 편승하여 자동지급기를 통한 현금대출도 받고, 가맹점을 통한 물품구입대금 대출도 받아 카드발급

회사로 하여금 같은 액수 상당의 피해를 입게 함으로써, 카드사용으로 인한 일련의 편취행위가 포괄적으로 이루어지는 것이다. 따라서 카드사용으로 인한 카드회사의 손해는 그것이 자동지급기에 의한 인출행위이든 가맹점을 통한 물품구입행위이든 불문하고 모두가 피해자인 카드회사의 기망당한 의사표시에 따른 카드발급에 터잡아 이루어지는 사기의 포괄일죄이다(대판 1996.4.9. 95도2466). ☞ 카드회사에 대한 관계에서 사기죄의 포괄일죄 성립

(정답) ②

51 카드사용 범죄에 대한 설명으로 가장 적절한 것은? (다툼이 있는 경우 판례에 의함) 2018년 제2차 경찰

① 타인명의의 현금카드 겸용 신용카드를 무단으로 이용하여 현금자동지급기에서 예금을 인출한 때에는 여신전문금융업법위반죄와 절도죄가 성립한다.
② 타인명의의 신용카드를 무단으로 이용하여 현금자동지급기에서 단기카드대출로 현금을 인출한 때에는 여신전문금융업법위반죄와 컴퓨터등사용사기죄가 성립한다.
③ 타인명의의 신용카드를 무단으로 이용하여 가맹점에서 물품을 구입한 때에는 여신전문금융업법위반죄와 사문서위조 및 동 행사죄, 사기죄가 성립한다.
④ 타인명의의 현금카드를 무단으로 이용하여 현금자동지급기에서 피해자의 계좌로부터 자신의 계좌로 자금을 이체한 때에는 컴퓨터등사용사기죄가 성립한다.

해설

> 참고
>
> **여신전문금융업법 제70조(벌칙)** ① 다음 각 호의 어느 하나에 해당하는 자는 7년 이하의 징역 또는 5천만원 이하의 벌금에 처한다.
> 3. 분실하거나 도난당한 신용카드나 직불카드를 판매하거나 사용한 자
> 4. 강취·횡령하거나, 사람을 기망하거나 공갈하여 취득한 신용카드나 직불카드를 판매하거나 사용한 자

① [X] 겸용카드를 이용하여 예금을 인출한 행위(현금카드의 본래용법에 해당)는 직불카드 또는 신용카드를 그 본래의 용법에 따라 사용하는 것이라고 보기 어려우므로 여신전문금융업법위반(신용카드부정사용)죄를 구성하지 않는다(대판 2003도3977 등 참조). 반면 카드사용의 권한 없는 자가 현금자동지급기에서 현금을 인출하는 행위는 현금자동지급기 관리자에 대한 관계에서 절도죄가 성립한다(대판 95도997 등 참조).
② [X] 신용카드의 본래 용법(대금결제 또는 현금서비스)에 따른 행위로서 여신전문금융업법위반(신용카드부정사용)죄가 성립하고, 현금자동지급기관리자에 대한 관계에서 절도죄가 별도로 성립한다(대판 95도997 등 참조). ☞ 여신전문금융업법위반(신용카드부정사용)죄와 절도죄의 실체적 경합범 성립. ☞ 컴퓨터등사용사기죄의 객체는 '재산상 이익'으로만 한정하여 규정되어 있으므로 현금을 인출하는 행위는 재물에 관한 범죄임이 분명한 이상 컴퓨터등사용사기죄는 성립하지 않는다(대판 2003도1178 등 참조).
③ [X] 신용카드 본래의 용법에 따른 행위로서 여신전문금융업법위반(신용카드부정사용)죄가 성립하고, 별도로 가맹점주에 대한 관계에서 사기죄가 성립하고 이들 범죄는 실체적 경합관계에 있다(대판 96도1181 등 참조). 반면 사문서위조죄 및 동 행사죄는 신용카드부정사용죄의 불가벌적 수반행위로서 별도로 성립하지 않는다(대판 92도77 등 참조).
④ [O] 권한 없이 정보를 입력하여 정보처리를 하게 함으로써 계좌이체된 금액 상당의 재산상 이익을 취득한 컴퓨터등사용사기죄가 성립한다(대판 2008도2440 등 참조).

(정답) ④

52 공갈죄에 관한 설명 중 옳은 것은? (다툼이 있으면 판례에 의함) 2015년 경찰간부

① 甲이 乙의 돈을 절취한 다음 다른 금전과 섞거나 교환하지 않고 쇼핑백 등에 넣어 자신의 집에 숨겨 두었는데, 피고인이 乙의 지시로 폭력조직원 丙과 함께 甲에게 겁을 주어 쇼핑백 등에 들어 있던 절취된 돈을 교부받아 갈취하였다면 공갈죄가 성립된다.

② 주점의 종업원에게 신체에 위해를 가할 듯한 태도를 보여 이에 겁을 먹은 위 종업원으로부터 주류를 제공받은 경우에, 위 종업원은 주류에 대한 사실상의 처분권자이므로 공갈죄의 피해자에 해당되고 공갈죄가 성립한다.

③ 피고인이 피해자가 운전하는 택시를 타고 간 후 최초의 장소에 이르러 택시요금의 지급을 면할 목적으로 다른 장소에 가자고 하였다면서 택시에서 내린 다음 택시요금 지급을 요구하는 피해자를 때리고 달아나자, 피해자가 피고인이 말한 다른 장소까지 쫓아가 기다리다 그곳에서 피고인을 발견하고 택시요금 지급을 요구하였는데 피고인이 다시 피해자의 얼굴 등을 주먹으로 때리고 달아났다면 공갈죄가 성립한다.

④ 공무원이 직무집행의 의사 없이 또는 직무처리와 대가적 관계없이 타인을 공갈하여 재물을 교부하게 한 경우에는 공갈죄가 성립하고, 이러한 경우 재물의 교부자는 공갈자가 공무원이라는 사실을 알았으며 해악의 고지로 인하여 외포의 결과 금품을 제공한 것이어서 그는 공갈죄의 피해자임과 동시에 뇌물공여자가 된다.

> **해설**

① **[X]** 피고인 등이 甲에게서 되찾은 돈은 절취 대상인 당해 금전이라고 구체적으로 특정할 수 있어 객관적으로 甲의 다른 재산과 구분됨이 명백하므로 이를 타인인 甲의 재물이라고 볼 수 없고, 따라서 비록 피고인 등이 甲을 공갈하여 돈을 교부받았더라도 타인의 재물을 갈취한 행위로서 공갈죄가 성립된다고 볼 수 없다(대판 2012.8.30. 2012도6157). ☞ 폭력행위등처벌에관한법률위반(공동공갈)죄 불성립

② **[O]** [1] 공갈죄에 있어서 공갈의 상대방은 재산상의 피해자와 동일함을 요하지는 아니하나, 공갈의 목적이 된 재물 기타 재산상의 이익을 처분할 수 있는 사실상 또는 법률상의 권한을 갖거나 그러한 지위에 있음을 요한다.
[2] 위 종업원은 주류에 대한 사실상의 처분권자이므로 공갈죄의 피해자에 해당하므로 공갈죄가 성립한다(대판 2005.9.29. 2005도4738).

③ **[X]** 피해자가 폭행을 당하여 외포심을 일으켜 수동적·소극적으로라도 피고인이 택시요금 지급을 면하는 것을 용인하여 이익을 공여하는 처분행위를 하였다고 할 수 없다(대판 2012.1.27. 2011도16044). ☞ 공갈죄 불성립

④ **[X]** 공무원이 직무집행의 의사 없이 또는 직무처리와 대가적 관계없이 타인을 공갈하여 재물을 교부하게 한 경우에는 ⅰ) 공무원에게 공갈죄만이 성립하고, ⅱ) 이러한 경우 재물의 교부자가 공무원의 해악의 고지로 인하여 외포의 결과 금품을 제공한 것이라면 그는 공갈죄의 피해자가 될 것이고 뇌물공여죄는 성립될 수 없다(대판 1994.12.22. 94도2528).

> **비교판례**
>
> 공무원이 직무집행의 의사로 타인을 공갈하여 재물을 교부하게 한 경우에는 ⅰ) 공무원에게 공갈죄와 수뢰죄의 상상적 경합범이 성립하고, ⅱ) 재물의 교부자는 비록 하자 있는 의사이기는 하지만 공무원의 직무행위를 매수하려는 의사에서 금품을 제공하였음을 인정할 수 있으므로 뇌물공여죄가 성립한다(대판 1994.12.22. 94도2528).

정답 ②

53. 다음 설명 중 옳지 않은 것은 모두 몇 개인가? (다툼이 있는 경우 판례에 의함)

2014년 경찰간부

㉠ 교통사고로 2주일간의 치료를 요하는 상해를 당하여 그로 인한 손해배상청구권이 있음을 기화로 사고차량의 운전사가 바뀐 것을 알고서 그 운전사의 사용자에게 과다한 금원을 요구하면서 이에 응하지 않으면 수사기관에 신고할 듯한 태도를 보여 이에 겁을 먹은 동인으로부터 금 3,500,000원을 교부받은 경우 공갈죄가 성립한다.

㉡ 피해자의 기망에 의하여 부동산을 비싸게 매수한 자가 그 계약을 취소하지 않고 등기를 자신의 앞으로 둔 채 피해자를 협박하여 전매차익을 받아낸 경우 공갈죄가 성립한다.

㉢ 조상천도제를 지내지 아니하면 피해자와 그의 가족의 생명과 신체 등에 어떤 위해가 발생할 것처럼 겁을 주고 이에 외포된 피해자로부터 예금계좌로 835,000원을 송금받은 경우 공갈죄가 성립한다.

㉣ 방송기자가 건설회사 경영주에게 그 회사가 건축한 아파트의 공사하자에 관하여 방송으로 계속 보도할 것 같은 태도를 보임으로써 회사의 신용훼손을 우려한 그로부터 속보 무마비조로 돈 2,000,000원을 받은 경우 공갈죄가 성립한다.

① 없음 ② 1개
③ 2개 ④ 3개

해설

㉠ **[O]** 이는 손해배상을 받기 위한 수단으로서 사회통념상 허용되는 범위를 넘어서 그 권리행사를 빙자하여 상대방을 외포하게 함으로써 재물을 교부받은 경우에 해당하므로 공갈죄가 성립한다(대판 1990.3.27. 89도2036).

㉡ **[O]** 이는 정당한 권리행사의 범위를 넘은 것으로서 사회통념상 용인될 수 없으므로 공갈죄를 구성한다(대판 1991.9.24. 91도1824).

㉢ **[X]** 조상천도제(祖上薦度祭)를 지내지 아니하면 좋지 않은 일이 생긴다는 취지의 해악의 고지는 길흉화복이나 천재지변의 예고로서 행위자에 의하여 직접, 간접적으로 좌우될 수 없는 것이고 가해자가 현실적으로 특정되어 있지도 않으며 해악의 발생가능성이 합리적으로 예견될 수 있는 것이 아니므로 협박으로 평가될 수 없다(대판 2002.2.8. 2000도3245). ☞ 무죄

㉣ **[O]** 대판 1991.5.28. 91도80

정답 ②

54 공갈죄에 관한 기술 중 옳은 것은 모두 몇 개인가? (판례에 의함)   2012년 제3차 경찰 변형

㉠ 공갈죄는 폭행 또는 협박과 같은 공갈행위로 인하여 피공갈자가 재산상 이익을 공여하는 처분행위가 있어야 성립하며, 처분행위는 반드시 작위에 한하지 아니하고, 피공갈자가 외포심을 일으켜 묵인하고 있는 동안에 공갈자가 직접 재산상의 이익을 탈취하는 부작위로도 가능하다.
㉡ 공갈죄에 있어서 공갈의 상대방은 재산상의 피해자와 동일함을 요하지는 아니하나, 공갈의 목적이 된 재물 기타 재산상의 이익을 처분할 수 있는 사실상 또는 법률상의 권한을 갖거나 그러한 지위에 있음을 요한다.
㉢ 부동산에 대한 공갈죄는 소유권이전등기에 필요한 서류를 교부받음으로써 기수가 되며, 그 부동산에 관하여 소유권이전등기를 경료받거나 또는 인도를 받은 때에 기수로 되는 것은 아니다.
㉣ 피고인이 피해자에게 겁을 주어 피해자로부터 현금카드를 사용한 예금인출의 승낙을 받고 현금카드를 교부받은 행위와 이를 사용하여 현금자동지급기에서 예금을 여러 번 인출하였다면, 이는 모두 피해자의 예금을 갈취하고자 하는 피고인의 단일하고 계속된 범의 아래에서 이루어진 일련의 행위로서 포괄하여 하나의 공갈죄를 구성한다고 볼 것이지, 현금지급기에서 피해자의 예금을 취득한 행위를 현금지급기 관리자의 의사에 반하여 그가 점유하고 있는 현금을 절취한 것이라 하여 이를 현금카드 갈취행위와 분리하여 따로 절도죄로 처단할 수는 없다.

① 1개 ② 2개
③ 3개 ④ 4개

해설

㉠ **[O]** 대판 2012.1.27. 2011도16044
㉡ **[O]** 대판 2005.9.29. 2005도4738
㉢ **[X]** 부동산에 대한 공갈죄는 그 부동산에 관하여 소유권이전등기를 경료받거나 또는 인도를 받은 때에 기수로 되는 것이고, 소유권이전등기에 필요한 서류를 교부 받은 때에 기수로 되어 그 범행이 완료되는 것은 아니다(대판 1992.9.14. 92도1506).
㉣ **[O]** 대판 2007.5.10. 2007도1375

정답 ③

55 횡령죄에 대한 설명으로 옳은 것은 모두 몇 개인가? (다툼이 있는 경우 판례에 의함) 2021년 제2차 경찰

㉠ 부동산을 공동으로 상속한 자들 중 1인이 부동산을 혼자 점유하다가 다른 공동상속인의 상속지분을 임의로 처분하여도 그에게는 그 처분권능이 없어 횡령죄가 성립하지 아니한다.
㉡ 전기통신금융사기의 공범인 계좌명의인이 개설한 예금계좌로 피해자가 송금·이체한 사기피해금을 계좌명의인이 영득할 의사로 인출하면 피해자에 대한 횡령죄가 성립한다.
㉢ 「초·중등교육법」에 정한 학교발전기금으로 기부한 금액은 관련 법령상 엄격히 제한된 용도 외에 학교운영에 필요한 특정한 공익적 용도로 수수한 것으로 볼 수 있는 예외적 경우가 아닌 한, 학교운영위원회에 귀속되어 법령에서 정한 사용 목적으로만 사용되어야 하고, 정해진 용도 외의 사용행위는 원칙적으로 횡령죄를 구성한다.
㉣ 익명조합의 경우에는 익명조합원이 영업을 위하여 출자한 금전 기타의 재산은 상대편인 영업자의 재산이 되므로 영업자는 타인의 재물을 보관하는 자의 지위에 있지 않아 영업자가 영업이익금 등을 임의로 소비하였더라도 횡령죄가 성립하지 아니한다.

① 1개 ② 2개
③ 3개 ④ 4개

해설

㉠ **[O]** 부동산에 관한 횡령죄에 있어서 타인의 재물을 보관하는 자의 지위는 동산의 경우와는 달리 부동산에 대한 점유의 여부가 아니라 부동산을 제3자에게 유효하게 처분할 수 있는 권능의 유무에 따라 결정하여야 하므로, 부동산을 공동으로 상속한 자들 중 1인이 부동산을 혼자 점유하던 중 다른 공동상속인의 상속지분을 임의로 처분하여도 그에게는 그 처분권능이 없어 횡령죄가 성립하지 아니한다(대판 2000.4.11. 2000도565).
㉡ **[X]** 제3자 명의 사기이용계좌의 계좌명의인이 전기통신금융사기 피해금을 임의로 인출한 경우, i) 계좌명의인은 피해자와 사이에 아무런 법률관계 없이 송금·이체된 사기피해금 상당의 돈을 피해자에게 반환하여야 하므로, 피해자를 위하여 사기피해금을 보관하는 지위에 있다고 보아야 하고, 만약 계좌명의인이 그 돈을 영득할 의사로 인출하면 피해자에 대한 횡령죄가 성립한다. ii) 이때 계좌명의인이 사기의 공범이라면 자신이 가담한 범행의 결과 피해금을 보관하게 된 것일 뿐이어서 피해자와 사이에 위탁관계가 없고, 그가 송금·이체된 돈을 인출하더라도 이는 자신이 저지른 사기범행의 실행행위에 지나지 아니하여 새로운 법익을 침해한다고 볼 수 없으므로 사기죄 외에 별도로 횡령죄를 구성하지 않는다(대판 2018.7.19. 2017도17494 전원합의체).
㉢ **[O]** 대판 2014.3.13. 2012도6336 등
㉣ **[O]** 익명조합관계에서 영업자가 그 영업의 이익금을 함부로 자기 용도에 소비한 경우, 익명조합원이 상대방의 영업을 위하여 출자한 금전 기타의 재산은 상대방인 영업자의 재산(상법 제79조)으로 되는 것이다(대판 1971.12.28. 71도2032). ☞ 횡령죄 불성립

정답 ③

56 횡령죄에 관한 설명이다. 다음 중 가장 적절하지 않은 것은? (다툼이 있으면 판례에 의함)

2015년 제3차 경찰

① 수의계약을 체결하는 공무원이 해당 공사업자와 적정한 금액 이상으로 계약금액을 부풀려서 계약하고 부풀린 금액을 자신이 되돌려 받기로 사전에 약정한 다음 그에 따라 수수한 돈은 성격상 뇌물이 아니고 횡령금에 해당한다.
② 명의신탁자와 명의수탁자가 이른바 계약명의신탁 약정을 맺고 명의수탁자가 당사자가 되어 명의신탁 약정이 있다는 사실을 알고 있는 소유자와 부동산에 관한 매매계약을 체결한 후 매매계약에 따라 부동산의 소유권이전등기를 명의수탁자 명의로 마친 경우에는 수탁자 명의의 소유권이전등기는 무효이고 부동산의 소유권은 매도인이 그대로 보유하게 되므로, 명의수탁자는 부동산 취득을 위한 계약의 당사자도 아닌 명의신탁자에 대한 관계에서 횡령죄에서 '타인의 재물을 보관하는 자'의 지위에 있다고 볼 수 없다.
③ 부동산을 공동으로 상속한 자들 중 1인이 상속 부동산을 혼자 점유하던 중 다른 공동상속인의 상속지분을 임의로 처분하여도 횡령죄가 성립하지 않는다.
④ 주권(株券)은 유가증권으로서 재물에 해당하지 않으므로 횡령죄의 객체가 될 수 없지만, 자본의 구성단위 또는 주주권을 의미하는 주식은 재물에 해당하므로 횡령죄의 객체가 될 수 있다.

해설

① **[O]** 대판 2007.10.12. 2005도7112
② **[O]** 부동산 실권리자명의 등기에 관한 법률 제4조 제2항 본문에 의하여 명의수탁자 명의의 소유권이전등기는 무효이고 당해 부동산의 소유권은 매도인이 그대로 보유하게 된다. 나아가 그 경우 명의신탁자는 부동산매매계약의 당사자가 되지 아니하고 또 명의신탁약정은 위 법률 제4조 제1항에 의하여 무효이므로, 그는 다른 특별한 사정이 없는 한 부동산 자체를 매도인으로부터 이전받아 취득할 수 있는 권리 기타 법적 가능성을 가지지 못한다. 따라서 이때 명의수탁자가 명의신탁자에 대한 관계에서 횡령죄에서의 '타인의 재물을 보관하는 자'의 지위에 있다고 볼 수 없다(대판 2012.12.13. 2010도10515).
③ **[O]** 부동산을 공동으로 상속한 자들 중 1인이 부동산을 혼자 점유하던 중 다른 공동상속인의 상속지분을 임의로 처분하여도 그에게는 그 처분권능이 없어 횡령죄가 성립하지 아니한다(대판 2000.4.11. 2000도565).
④ **[X]** 상법상 주식은 자본구성의 단위 또는 주주의 지위(株主權)를 의미하고, 주주권을 표창하는 유가증권인 주권(株券)과는 구분이 되는바, 주권(株券)은 유가증권으로서 재물에 해당되므로 횡령죄의 객체가 될 수 있으나, 자본의 구성단위 또는 주주권을 의미하는 주식은 재물이 아니므로 횡령죄의 객체가 될 수 없다(대판 2005.2.18. 2002도2822).

정답 ④

57 횡령죄에 관한 다음 설명 중 가장 적절하지 않은 것은? (다툼이 있으면 판례에 의함) 2016년 제1차 경찰

① 甲주식회사 대표이사인 피고인이 자신의 채권자 乙에게 차용금에 대한 담보로 甲회사 명의 정기예금에 질권을 설정하여 주었는데, 그 후 乙이 차용금과 정기예금의 변제기가 모두 도래한 이후 피고인의 동의하에 정기예금 계좌에 입금되어 있던 甲회사 자금을 전액 인출하였다면 배임죄와 별도로 횡령죄까지 성립한다.

② 횡령죄에 있어서 보관이라 함은 재물이 사실상 지배하에 있는 경우뿐만 아니라 법률상의 지배·처분이 가능한 상태를 모두 가리키는 것으로 타인의 금전을 위탁받아 보관하는 자는 보관방법으로 이를 은행 등의 금융기관에 예치한 경우에도 보관자의 지위를 갖는 것이다.

③ 명의수탁자가 신탁 받은 부동산의 일부에 대한 토지수용보상금 중 일부를 소비하고, 이어 수용되지 않은 나머지 부동산 전체에 대한 반환을 거부한 경우, 그 반환거부행위는 별개의 횡령죄가 성립한다.

④ 사립학교에 있어서 학교교육에 직접 필요한 시설, 설비를 위한 경비 등과 같이 원래 교비회계에 속하는 자금으로 지출할 수 있는 항목에 관한 차입금을 상환하기 위하여 교비회계자금을 지출한 경우, 이러한 차입금 상환행위에 관하여 교비회계 자금을 임의로 횡령하고자 하는 불법영득의 의사가 있다고 보기 어렵다.

해설

① [X] 민법 제353조에 의하면 질권자는 질권의 목적이 된 채권을 직접 청구할 수 있으므로, 피고인의 예금인출동의행위는 이미 배임행위로써 이루어진 질권설정행위의 사후조처에 불과하여 새로운 법익의 침해를 수반하지 않는 이른바 불가벌적 사후행위에 해당한다(대판 2012.11.29. 2012도10980). ☞ 특경법위반(배임)죄만 성립하고 특경법위반(횡령)죄는 불성립

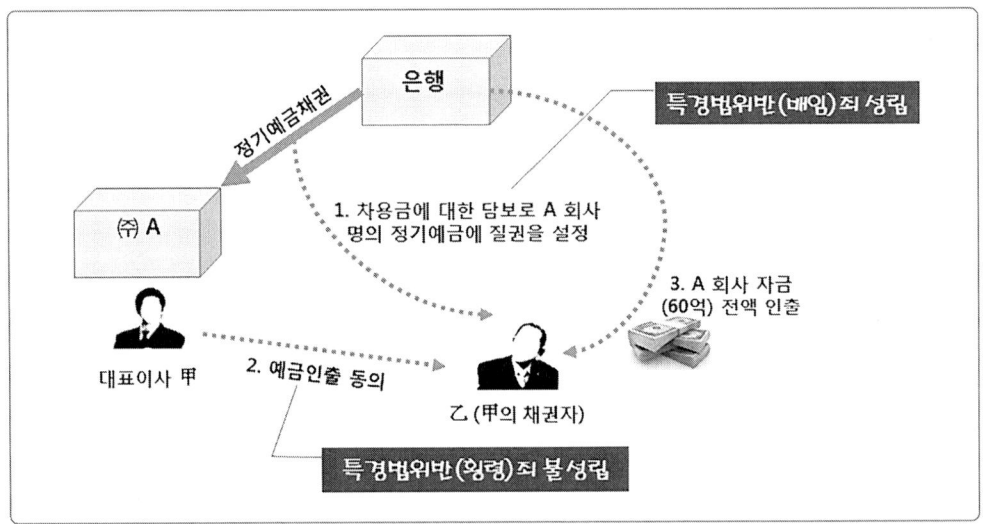

② [O] 대판 2008.12.11. 2008도8279

③ [X] 기존 판결(대판 2000도3463)에서는 수용되지 않은 나머지 부동산 전체에 대한 반환을 거부한 것은 별개의 횡령죄가 성립한다는 입장이었으나, 최근의 전원합의체 판결(아래 대판 2021.2.18. 2016도18761)에 의할 경우 양자간 명의신탁에서 명의수탁자가 임의로 처분한 행위에 대하여 더 이상 횡령죄를 구성하지 않는 것으로 입장을 변경하였으므로, 이 판결의 취지에 따르면 위 지문에서 토지수용보상금을 소비한 행위 및 부동산 반환 거부행위 모두 횡령죄가 성립하지 않는 것으로 보아야 한다. 따라서 위 지문은 더 이상 출제되어서는 안된다고 판단된다.

> 부동산 실권리자명의 등기에 관한 법률에 위반한 이른바 양자간 명의신탁에서 명의수탁자가 신탁부동산을 임의로 처분한 경우, 명의신탁자와 명의수탁자 사이에 무효인 명의신탁약정 등에 기초하여 존재한다고 주장될 수 있는 사실상의 위탁관계라는 것은 부동산실명법에 반하여 범죄를 구성하는 불법적인 관계에 지나지 아니할 뿐 이를 형법상 보호할 만한 가치 있는 신임에 의한 것이라고 할 수 없으므로 명의수탁자가 명의신탁자에 대한 관계에서 '타인의 재물을 보관하는 자'의 지위에 있다고 볼 수도 없다(대판 2021.2.18. 2016도18761 전원합의체). ☞ 명의신탁자에 대한 관계에서 횡령죄 불성립

④ [O] 이러한 차입금 상환행위에 관하여 교비회계 자금을 임의로 횡령하고자 하는 불법영득의 의사가 있다고 보기는 어려우므로 횡령죄를 구성하지 아니한다(대판 2006.4.28. 2005도4085).

정답 ①, ③

58. 횡령죄에 대한 다음 설명 중 가장 적절하지 않은 것은? (다툼이 있으면 판례에 의함) 2016년 제2차 경찰

① 광업권은 재물인 광물을 취득할 수 있는 권리에 불과하지, 재물 그 자체는 아니므로 횡령죄의 객체가 된다고 할 수 없다.
② 동업자 사이에 손익분배의 정산이 되지 아니하였다면 동업자의 한 사람이 임의로 동업자들의 합유에 속하는 동업재산을 처분할 권한이 없는 것이므로, 동업자의 한 사람이 동업재산을 보관 중 임의로 횡령하였다면 지분비율에 따라 횡령한 금액에 대하여 횡령죄의 죄책을 부담한다.
③ 명의신탁자가 매수한 부동산에 관하여 「부동산 실권리자명의 등기에 관한 법률」을 위반하여 명의수탁자와 맺은 명의신탁약정에 따라 매도인에게서 바로 명의수탁자 명의로 소유권이전등기를 마친 이른바 중간생략등기형 명의신탁을 한 경우, 명의수탁자가 신탁 받은 부동산을 임의로 처분하여도 명의신탁자에 대한 관계에서 횡령죄가 성립하지 아니한다.
④ 양식어업면허권자가 그 어업면허권을 양도한 후 아직도 어업면허권이 자기 앞으로 되어 있음을 틈타서 어업권손실보상금을 수령하여 일부는 자기 이름으로 예금하고 일부는 생활비 등에 소비하였다면 이는 횡령죄가 성립한다.

해설

① [O] 대판 1994.03.08. 93도2272
② [X] 동업자 사이에 손익분배 정산이 되지 아니하였다면 동업자 한 사람이 임의로 동업자들의 합유에 속하는 동업재산을 처분할 권한이 없는 것이므로, 동업자 한 사람이 동업재산을 보관 중 임의로 횡령하였다면 지분비율에 관계없이 횡령한 금액 전부에 대하여 횡령죄의 죄책을 부담한다(대판 2011.06.10. 2010도17684).
③ [O] 명의신탁자가 매수한 부동산에 관하여 부동산실명법을 위반하여 명의수탁자와 맺은 명의신탁약정에 따라 매도인에게서 바로 명의수탁자 명의로 소유권이전등기를 마친 이른바 중간생략등기형 명의신탁을 한 경우, 명의신탁자는 신탁부동산의 소유권을 가지지 아니하고, 명의신탁자와 명의수탁자 사이에 위탁신임관계를 인정할 수도 없다. 따라서 (중간생략등기형 명의신탁의 경우) 명의수탁자가 명의신탁자의 재물을 보관하는 자라고 할 수 없으므로, 명의수탁자가 신탁받은 부동산을 임의로 처분하여도 명의신탁자에 대한 관계에서 횡령죄가 성립하지 아니한다(대판 2016.05.19. 2014도6992 전원합의체).
④ [O] 피고인이 이 사건 양식어업면허권을 취득하였다가 이를 乙에게 양도하였고 위 乙은 다시 피해자 丙에게 양도하고 그와 같은 사실을 피고인에게 알렸으며, 위 丙이 사실상의 어업권자로서 그때부터 그 양식장을 소유·관리하여 왔는데도 피고인

이 아직도 어업면허권이 자기 앞으로 되어 있음을 틈타서 한국전력주식회사로부터 화력발전소의 건설에 따른 어업권손실 보상금 584,000,000원을 수령하여 일부는 자기이름으로 예금하고 일부는 생활비 등에 소비하였다면 이는 횡령죄를 구성한다(대판 1993.08.24. 93도1578).

정답 ②

59 횡령죄에 관한 다음 설명 중 가장 옳지 않은 것은? (다툼이 있으면 판례에 의함)   2018년 법원직

① 공무원에게 뇌물로 전달하여 달라는 부탁을 받았음에도 뇌물로 전달하지 않고 소비한 경우 횡령죄가 성립하지 않는다.
② 소유권의 취득에 등록이 필요한 차량에 대한 횡령죄에서 타인의 재물을 보관하는 사람의 지위는 차량에 대한 점유 여부가 아니라 등록에 의하여 차량을 제3자에게 법률상 유효하게 처분할 수 있는 권한 유무에 따라 결정되어야 하므로 차량의 등록명의자가 아닌 사람은 타인의 재물을 보관하는 자에 해당하지 않는다.
③ 발행인으로부터 일정한 금액의 범위 내에서 액면을 보충·할인하여 달라는 의뢰를 받고 액면이 백지인 약속어음을 교부받아 보관중이던 자가 보충권의 한도를 넘어 보충을 한 약속어음을 자신의 채무변제조로 제3자에게 교부하여 임의로 사용하였다고 하더라도 횡령죄가 성립될 수는 없다.
④ 위탁판매인과 위탁자간에 판매대금에서 각종 비용이나 수수료 등을 공제한 이익을 분배하기로 하는 등 그 대금처분에 관하여 특별한 약정이 있는 경우에는 위탁물을 판매하여 이를 소비하거나 인도를 거부하였다 하여 곧바로 횡령죄가 성립한다고는 할 수 없다.

해설

① [O] 이는 불법원인으로 인하여 지급 받은 것으로서 이를 뇌물로 전달하지 않고 타에 소비하였다고 해서 타인의 재물을 보관 중 횡령하였다고 볼 수는 없다(대판 1988.9.20. 86도628). ☞ 횡령죄 불성립
② [X] [1] 소유권의 취득에 등록이 필요한 차량에 대한 횡령죄에서 타인의 재물을 보관하는 사람의 지위는 등록에 의하여 차량을 제3자에게 법률상 유효하게 처분할 수 있는 권능 유무에 따라 결정되는 것이 아니라 일반 동산의 경우와 마찬가지로 차량에 대한 점유 여부에 따라 결정된다.
[2] 지입회사에 소유권이 있는 차량에 대하여 지입회사로부터 운행관리권을 위임받은 지입차주가 지입회사의 승낙 없이 그 보관 중인 차량을 사실상 처분하거나 지입차주로부터 차량 보관을 위임받은 사람이 지입차주의 승낙 없이 그 보관 중인 차량을 사실상 처분한 경우, 횡령죄에 해당한다(대판 2015.6.25. 2015도1944 전원합의체).
③ [O] 발행인의 서명날인 있는 기존의 약속어음 용지를 이용하여 새로운 별개의 약속어음을 발행한 것에 해당하여 이러한 보충권의 남용행위로 인하여 생겨난 새로운 약속어음에 대하여는 발행인과의 관계에서 보관자의 지위에 있다 할 수 없으므로, 설사 그 약속어음을 자신의 채무변제조로 제3자에게 교부하여 임의로 사용하였다고 하더라도, 발행인으로 하여금 제3자에 대하여 어음상의 채무를 부담하는 손해를 입게 한 데에 대한 배임죄가 성립될 수 있음은 별론으로 하고, 보관자의 지위에 있음을 전제로 횡령죄가 성립될 수는 없다(대판 1995.1.20. 94도2760).
④ [O] 통상 위탁판매의 경우에 위탁판매인이 위탁물을 매매하고 수령한 금원은 위탁자의 소유에 속하여 위탁판매인이 함부로 이를 소비하거나 인도를 거부하는 때에는 횡령죄가 성립한다고 할 것이나, 위탁판매인과 위탁자간에 판매대금에서 각종 비용이나 수수료 등을 공제한 이익을 분배하기로 하는 등 그 대금처분에 관하여 특별한 약정이 있는 경우에는 이에 관한 정산관계가 밝혀지지 않는 한 위탁물을 판매하여 이를 소비하거나 인도를 거부하였다 하여 곧바로 횡령죄가 성립한다고는 할 수 없다(대판 1990.3.27. 89도813).

정답 ②

60 다음 중 횡령죄 또는 업무상 횡령죄가 성립하는 경우는? (판례에 의함) 2008년 경찰

① 법인의 대표자가 이사직무집행정지가처분결정을 당한 이사의 소송비용을 법인 경비에서 지급한 경우
② 대학교수가 판공비 지출용 법인신용카드를 가지고 지인들과의 식사대금을 결제한 경우
③ 채권양도인이 양도 통지 전에 채무자로부터 채권을 추심하여 금전을 수령한 다음 이를 채권양수인에게 주지 않고 처분한 경우
④ 뇌물공여 또는 배임증재의 목적으로 전달하여 달라고 교부받은 금전을 전달하지 않고 임의로 소비한 경우

해설

① [X] 법인의 이사를 상대로 한 이사직무집행정지가처분결정이 된 경우, 당해 법인의 업무를 수행하는 이사의 직무집행이 정지당함으로써 사실상 법인의 업무수행에 지장을 받게 될 것은 명백하므로 법인으로서는 그 이사 자격의 부존재가 객관적으로 명백하여 항쟁의 여지가 없는 경우가 아닌 한 위 가처분에 대항하여 항쟁할 필요가 있다고 할 것이고, 이와 같이 필요한 한도 내에서 법인의 대표자가 법인 경비에서 당해 가처분 사건의 피신청인인 이사의 소송비용을 지급하더라도 이는 법인의 업무수행을 위하여 필요한 비용을 지급한 것에 해당한다(대판 2003.5.30. 2003도1174). ☞ 업무상횡령죄 불성립

② [X] 업무상횡령죄가 아닌 업무상배임죄를 구성한다(대판 2006.5.26. 2003도8095).

③ [X] 채권양도인이 채무자에게 채권양도 통지를 하는 등으로 채권양도의 대항요건을 갖추어 주지 않은 채 채무자로부터 채권을 추심하여 금전을 수령한 경우, 특별한 사정이 없는 한 금전의 소유권은 채권양수인이 아니라 채권양도인에게 귀속하고 채권양도인이 채권양수인을 위하여 양도 채권의 보전에 관한 사무를 처리하는 신임관계가 존재한다고 볼 수 없다. 따라서 채권양도인이 위와 같이 양도한 채권을 추심하여 수령한 금전에 관하여 채권양수인을 위해 보관하는 자의 지위에 있다고 볼 수 없으므로, 채권양도인이 위 금전을 임의로 처분하더라도 횡령죄는 성립하지 않는다(대판 2022.6.23. 2017도3829 전원합의체).

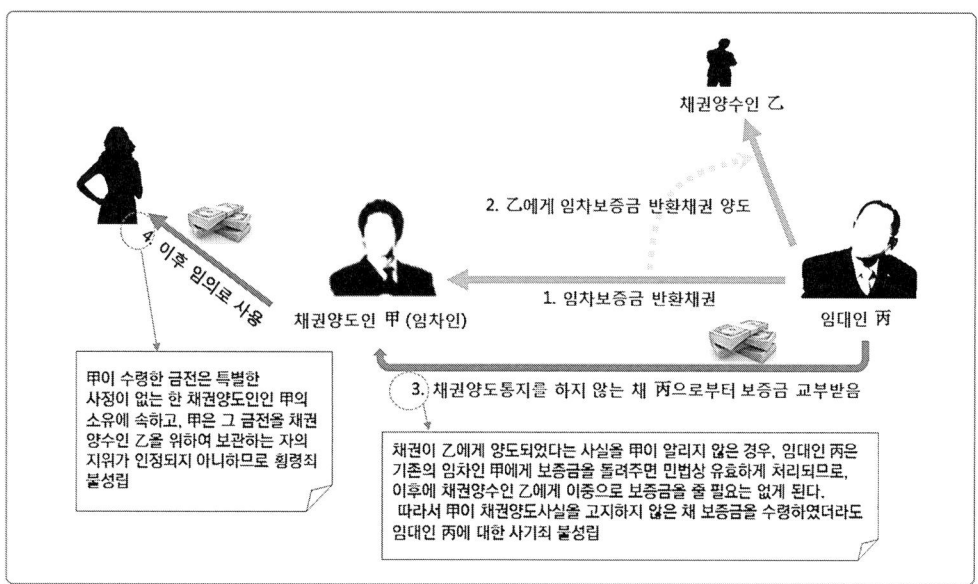

④ [X] 타인의 물건을 보관 중 횡령하였다고 볼 수는 없다(대판 1988.9.20. 86도628).

정답 없음

61. 횡령의 죄에 관한 설명 중 가장 적절한 것은? (다툼이 있는 경우 판례에 의함) 2022년 경찰2차

① 횡령죄의 본질에 관한 학설 중 월권행위설에 따르면 본죄가 성립하기 위하여는 불법영득의사가 있어야 한다.
② 횡령죄에 있어서 재물의 보관이란 재물에 대한 사실상 또는 법률상 지배력이 있는 상태를 의미하며, 그것은 반드시 사용 대차, 임대차, 위임 등이 계약에 의해 설정될 필요는 없고, 사무관리, 관습, 조리, 신의칙에 의해서도 성립한다.
③ 소유권의 취득에 등록이 필요한 차량에 대한 횡령죄에서는 타인의 재물을 보관하는 사람의 지위는 등록에 의하여 차량을 제3자에게 법률상 유효하게 처분할 수 있는 권능 유무에 따라 결정된다.
④ 횡령죄는 타인의 재물에 관한 소유권 등 본권을 보호법익으로 하는 범죄이므로 본권 침해의 결과가 발생하였을 때 성립하는 이른바 침해범이다.

해설

① **[X]** 예컨대, 甲이 乙로부터 위탁받아 보관 중인 乙 소유의 재물을 불법영득의 의사 없이 손괴한 경우, ⅰ) 위탁관계에 기초한 신임관계를 위반함에 횡령의 본질이 있다고 파악하는 월권행위설(越權行爲說)에 따르면 횡령죄의 성립에 불법영득의사를 요구하지 않으므로 甲의 행위는 자신의 보관권한을 초월하여 손괴행위를 한 것이어서 횡령죄가 성립할 수 있게 된다. ⅱ) 반면 영득행위설(통설, 판례)의 입장에 의할 경우, 횡령죄의 성립에 불법영득의사를 요구하므로 甲의 손괴행위는 횡령죄를 구성할 수 없다고 보게 된다.

② **[O]** 대판 1987.10.13. 87도1778

> **참고**
>
> **민법 제734조(사무관리의 내용)** ① 의무 없이 타인을 위하여 사무를 관리하는 자는 그 사무의 성질에 좇아 가장 본인에게 이익되는 방법으로 이를 관리하여야 한다.
> ② 관리자가 본인의 의사를 알거나 알 수 있는 때에는 그 의사에 적합하도록 관리하여야 한다.
> ③ 관리자가 전2항의 규정에 위반하여 사무를 관리한 경우에는 과실없는 때에도 이로 인한 손해를 배상할 책임이 있다. 그러나 그 관리행위가 공공의 이익에 적합한 때에는 중대한 과실이 없으면 배상할 책임이 없다.

③ **[X]** 소유권의 취득에 등록이 필요한 차량에 대한 횡령죄에서 타인의 재물을 보관하는 사람의 지위는 등록에 의하여 차량을 제3자에게 법률상 유효하게 처분할 수 있는 권능 유무에 따라 결정되는 것이 아니라 일반 동산의 경우와 마찬가지로 차량에 대한 점유 여부에 따라 결정된다(대판 2015.6.25. 2015도1944 전원합의체).

> 지입회사에 소유권이 있는 차량에 대하여 지입회사로부터 운행관리권을 위임받은 지입차주가 지입회사의 승낙 없이 그 보관 중인 차량을 사실상 처분하거나 지입차주로부터 차량 보관을 위임받은 사람이 지입차주의 승낙 없이 그 보관 중인 차량을 사실상 처분한 경우(대판 2015.6.25. 2015도1944 전원합의체). ☞ 지입회사에 대한 횡령죄 성립

④ **[X]** 횡령죄는 다른 사람의 재물에 관한 소유권 등 본권을 그 보호법익으로 하고 본권이 침해될 위험성이 있으면 그 침해의 결과가 발생되지 아니하더라도 성립하는 이른바 위태범이다(대판 2002.11.13. 2002도2219).

정답 ②

62 횡령죄에 관한 설명으로 가장 적절하지 않은 것은? (다툼이 있는 경우 판례에 의함) 2020년 제1차 경찰

① 부동산의 공유자 중 1인이 다른 공유자의 지분을 임의로 처분하거나 임대하여도 그에게는 그 처분권능이 없어 횡령죄가 성립하지 않게 되는데, 구분소유자 전원의 공유에 속하는 공용부분인 지하주차장 일부를 그 중 1인이 독점 임대하고 수령한 임차료를 임의로 소비한 경우도 마찬가지다.

② 「국민연금법」 제64조 등의 규정에 의하여 사용자는 매월 임금에서 국민연금 보험료 중 근로자가 부담할 기여금을 원천공제하여 근로자를 위하여 보관하고, 국민연금관리공단에 위 보험료를 납부하여야 할 업무상 임무를 부담하게 되며, 사용자가 이에 위배하여 근로자의 임금에서 원천공제한 기여금을 위 공단에 납부하지 아니하고, 나아가 이를 개인적 용도로 소비하였다면 업무상횡령죄에 해당한다.

③ 보관자의 지위에 있는 공동명의 예금채권자가 피해자 조합원들이 제기한 소송으로 인하여 조합이 입게 되는 손해에 대한 구상금 채권의 집행 확보를 위하여 피해자 조합원들에 대하여 예금계좌에 초과로 입금된 개발부담금의 반환을 거부한 경우에는 불법영득 의사가 인정되어 횡령죄가 성립한다.

④ 아파트 입주자대표회의 회장이 아파트 특별수선충당금을 구조진단 견적비 및 손해배상청구소송의 변호사 선임료로 사용하였으나, 당시에는 특별수선충당금의 용도외 사용이 관리규약에 의해서만 제한되고 있어서 구분소유자들 또는 입주민들로부터 포괄적인 동의를 얻어 특별수선충당금을 위탁의 취지에 부합하는 용도에 사용한 것으로 볼 수 있다면 업무상횡령죄에 해당하지 않는다.

해설

① **[O]** 구분소유자 전원의 공유에 속하는 공용부분인 지하주차장 일부를 그 중 1인이 독점 임대하고 수령한 임차료를 임의로 소비한 경우, 부동산의 공유자 중 1인이 다른 공유자의 지분을 임의로 처분하거나 임대하여도 그에게는 그 처분권능이 없다(대판 2004.5.27. 2003도6988). ☞ 횡령죄 불성립

② **[O]** 회사의 대표이사인 피고인이 5명의 근로자들의 급여에서 국민연금 보험료 중 근로자 기여금을 공제한 후 이를 업무상 보관하던 중 회사 운영 자금으로 임의로 사용한 경우(대판 2011.2.10. 2010도13284) ☞ 업무상횡령죄 성립

③ **[X]** 피고인들이 피해자 조합원들에 대하여 이 사건 예금계좌에 초과로 입금된 개발부담금의 반환을 거부한 것은 피해자 조합원들이 제기한 소송으로 인하여 조합이 입게 되는 손해에 대한 구상금채권의 집행 확보를 위한 것에 불과하고, 위 개발부담금을 영득하기 위한 것이라고 볼 수 없다(대판 2008.12.11. 2008도8279). ☞ 업무상횡령죄 불성립

④ **[O]** 특별수선충당금은 갑 아파트의 주요시설 교체 및 보수를 위하여 별도로 적립한 자금으로 원칙적으로 그 범위 내에서 사용하도록 용도가 제한된 자금이나, 당시에는 특별수선충당금의 용도 외 사용이 관리규약에 의해서만 제한되고 있었던 점, 피고인이 구분소유자들 또는 입주민들로부터 포괄적인 동의를 얻어 특별수선충당금을 위탁의 취지에 부합하는 용도에 사용한 것으로 볼 여지가 있는 점 등 제반 사정을 종합하면, 피고인이 특별수선충당금을 위와 같이 지출한 것이 위탁의 취지에 반하여 자기 또는 제3자의 이익을 위하여 자기의 소유인 것처럼 처분하였다고 단정하기 어려우므로, 불법영득의사를 인정하기 어렵다(대판 2017.2.15. 2013도14777). ☞ 업무상횡령죄 불성립

정답 ③

63 죄수에 대한 설명으로 옳은 것을 모두 고른 것은? (다툼이 있는 경우 판례에 의함)

2018년 제1차 경찰 변형

㉠ 피고인이 강취한 현금카드를 사용하여 현금자동지급기에서 현금을 인출한 행위는 강도죄와는 별도로 절도죄가 성립한다.
㉡ 열차승차권을 절취한 자가 역직원에게 자기의 소유인 양 속여 현금과 교환한 경우에 절도죄 외에 사기죄가 성립한다.
㉢ 전기통신금융사기(이른바 보이스피싱 범죄)의 범인이 피해자를 기망하여 피해자의 자금을 사기이용계좌로 송금·이체받은 후 사기이용계좌에서 현금을 인출한 행위는 사기의 피해자에 대하여 별도의 횡령죄를 구성한다.
㉣ 乙 종중으로부터 토지를 명의신탁받아 보관 중이던 甲이 개인 채무 변제에 사용할 목적으로 위 토지에 근저당권을 설정한 후에 다시 위 토지를 丙에게 매도한 경우, 甲의 토지 매도행위는 별도의 횡령죄를 구성한다.

① ㉠, ㉡
② ㉡, ㉢
③ ㉠
④ ㉢, ㉣

해설

㉠ [O] 강취한 현금카드를 사용하여 현금자동지급기에서 예금을 인출한 행위는 피해자의 승낙에 기한 것이라고 할 수 없으므로, 현금자동지급기 관리자의 의사에 반하여 그의 지배를 배제하고 그 현금을 자신의 지배하에 옮겨 놓는 것이 되어 강도죄와 별도로 절도죄를 구성한다(대판 2007도1375).
㉡ [X] 열차승차권은 그 자체에 권리가 화체되어 있는 무기명증권이므로 이를 곧 사용하여 승차하거나 권면가액으로 양도할 수 있고 매입금액의 환불을 받을 수 있는 것으로서 열차승차권을 절취한 자가 환불을 받음에 있어 비록 기망행위가 수반한다 하더라도 절도죄 외에 별도로 사기죄가 성립하지 아니한다(대판 1975.8.29. 75도1996). ☞ 새로운 법익을 침해하는 것이 아니므로 절도죄의 불가벌적 사후행위에 해당
㉢ [X] ⅰ) 전기통신금융사기(이른바 보이스피싱 범죄)의 '범인'이 피해자를 기망하여 피해자의 자금을 사기이용계좌로 송금·이체받으면 사기죄는 기수에 이르고, 범인이 피해자의 자금을 점유하고 있다고 하여 피해자와의 어떠한 위탁관계나 신임관계가 존재한다고 볼 수 없을 뿐만 아니라, 그 후 범인이 사기이용계좌에서 현금을 인출하였더라도 이는 이미 성립한 사기범행이 예정하고 있던 행위에 지나지 아니하여 새로운 법익을 침해한다고 보기도 어려우므로, 위와 같은 인출행위는 사기의 피해자에 대하여 별도의 횡령죄를 구성하지 아니한다. ⅱ) 이러한 법리는 사기범행에 이용되리라는 사정을 알고서 자신 명의 계좌의 접근매체를 양도함으로써 사기범행을 방조한 '종범'이 사기이용계좌로 송금된 피해자의 자금을 임의로 인출한 경우에도 마찬가지로 적용된다(대판 2017.5.31. 2017도3894).
㉣ [X] 기존 판결(대판 2010도10500)에 의할 경우 별도의 횡령죄가 성립한다는 입장이었으나, 최근의 전원합의체 판결(대판 2021.2.18. 2016도18761)의 취지에 따르면 위 지문의 근저당권설정행위 및 매도행위 모두 횡령죄를 구성하지 않게 된다.

정답 ③

64 배임죄에 관한 다음 설명 중 가장 옳지 않은 것은? (다툼이 있으면 판례에 의함) 2018년 법원직

① 담보권자가 변제기 경과 후에 담보권을 실행하기 위하여 담보목적물을 처분함에 있어서 부당하게 염가로 처분하더라도 배임죄로 처벌할 수 없다.

② 업무상배임죄의 실행으로 인하여 이익을 얻게 되는 거래상대방인 수익자는 해당 거래행위가 배임행위에 해당한다는 점을 인식하였더라도 그러한 사정만으로는 배임죄의 공범으로 처벌할 수 없다.

③ 회사직원이 영업비밀 등을 적법하게 반출하여 그 반출행위가 업무상배임죄에 해당하지 않는 경우라도, 퇴사시에 그 영업비밀 등을 회사에 반환하거나 폐기할 의무가 있음에도 경쟁업체에 유출하거나 스스로의 이익을 위하여 이용할 목적으로 이를 반환하거나 폐기하지 아니하였다면, 퇴사시에 업무상배임죄의 기수가 된다.

④ 주식회사의 대표이사가 대표권을 남용하는 등 그 임무에 위배하여 회사 명의로 약속어음을 발행하였더라도 상대방이 대표권남용 사실을 알았거나 알 수 있었던 경우라면 그러한 약속어음 발행행위는 회사에 대하여 효력이 없으므로 그 약속어음이 유통되었는지 여부를 불문하고 배임죄의 기수범으로는 처벌할 수 없다.

해설

① **[O]** 담보권자가 변제기 경과 후에 담보권을 실행하기 위하여 담보목적물을 처분하는 행위는 담보계약에 따라 담보권자에게 주어진 권능이어서 자기의 사무처리에 속하는 것이지 타인인 채무자의 사무처리에 속하는 것이라고 할 수 없다(대판 1997.12.23. 97도2430).

② **[O]** 업무상배임죄의 실행으로 인하여 이익을 얻게 되는 수익자 또는 그와 밀접한 관련이 있는 제3자를 배임의 실행행위자와 공동정범으로 인정하기 위해서는 실행행위자의 행위가 피해자인 본인에 대한 배임행위에 해당한다는 것을 알면서도 소극적으로 그 배임행위에 편승하여 이익을 취득한 것만으로는 부족하고, 실행행위자의 배임행위를 교사하거나 또는 배임행위의 전 과정에 관여하는 등으로 배임행위에 적극 가담할 것을 필요로 한다(대판 1999.7.23. 99도1911).

③ **[O]** 대판 2008.4.24. 2006도9089 등

④ **[X]** A주식회사 대표이사인 甲이 자신이 별도로 대표이사를 맡고 있던 B주식회사의 C은행에 대한 대출금채무를 담보하기 위해 C은행에 A회사 명의로 약속어음을 '발행'하여 주었고 상대방인 C은행이 대표권남용의 사실을 알았거나 알 수 있었던 경우, ⅰ) 어음발행이 무효라 하더라도 그 '어음이 실제로 제3자에게 유통되었다면' 회사로서는 어음채무를 부담할 위험이 구체적·현실적으로 발생하였다고 보아야 하고, 따라서 그 어음채무가 실제로 이행되기 전이라도 배임죄의 기수범이 된다. ⅱ) 그러나 약속어음 발행이 무효일 뿐만 아니라 그 '어음이 유통되지도 않았다면' 회사는 어음발행의 상대방에게 어음채무를 부담하지 않기 때문에 특별한 사정이 없는 한 회사에 현실적으로 손해가 발생하였다거나 실해 발생의 위험이 발생하였다고도 볼 수 없으므로 이때에는 배임죄의 기수범이 아니라 배임미수죄로 처벌하여야 한다(대판 2017.7.20. 2014도1104 전원합의체).

정답 ④

65 횡령과 배임의 죄에 대한 설명이다. 아래 ㉠부터 ㉢ 까지의 설명 중 옳고 그름의 표시(O, X)가 바르게 된 것은? (다툼이 있는 경우 판례에 의함) 　　　　　　　　　　　　　　　　2018년 제3차 경찰 변형

㉠ 절도범인으로부터 장물보관을 의뢰받은 자가 그 정을 알면서 이를 인도받아 보관하고 있다가 임의처분한 경우 장물보관죄가 성립하는 외에 별도로 횡령죄도 성립한다.
㉡ 타인의 위탁에 의하여 사무를 처리하는 자가 그 사무처리상 임무에 위배하여 본인을 기망하고 착오에 빠진 본인으로부터 재물을 교부받은 경우에는 사기죄가 성립하며, 별도로 배임죄가 성립하지 않는다.
㉢ 주식회사의 대표이사가 그 임무에 위배하여 약속어음을 발행한 행위가 있었다면, 어음발행행위가 무효가 되었다 하더라도 그 어음이 실제로 제3자에게 유통되었다면 그 어음채무가 실현되기 전이라 하더라도 배임죄의 기수범이 된다.

① ㉠ (O), ㉡ (X), ㉢ (X)
② ㉠ (X), ㉡ (X), ㉢ (O)
③ ㉠ (X), ㉡ (O), ㉢ (O)
④ ㉠ (O), ㉡ (O), ㉢ (X)

해설

㉠ **[X]** 절도 범인으로부터 장물보관 의뢰를 받은 자가 그 정을 알면서 이를 인도받아 보관하고 있다가 임의 처분한 경우, 장물보관죄가 성립하는 때에는 이미 그 소유자의 소유물 추구권을 침해하였으므로 그 후의 횡령행위는 불가벌적 사후행위에 불과하다(대판 2004.4.9. 2003도8219). ☞ 장물보관죄만 성립하고 별도로 횡령죄 불성립

㉡ **[X]** 신용협동조합의 전무인 피고인이 조합의 담당직원을 기망하여 예금인출금 또는 대출금 명목으로 금원을 교부받은 경우, 1개의 행위에 관하여 사기죄와 업무상배임죄의 각 구성요건이 모두 구비된 때에는 양 죄를 법조경합 관계로 볼 것이 아니라 상상적 경합관계로 봄이 상당하다 할 것이고, 나아가 업무상배임죄가 아닌 단순배임죄라고 하여 양 죄의 관계를 달리 보아야 할 이유도 없다(대판 2002.7.18. 2002도669 전원합의체). ☞ 사기죄와 (업무상)배임죄의 상상적 경합범 성립

㉢ **[O]** ⅰ) 어음발행이 무효라 하더라도 그 '어음이 실제로 제3자에게 유통되었다면' 회사로서는 어음채무를 부담할 위험이 구체적·현실적으로 발생하였다고 보아야 하고, 따라서 그 어음채무가 실제로 이행되기 전이라도 배임죄의 기수범이 된다. ⅱ) 그러나 약속어음 발행이 무효일 뿐만 아니라 그 '어음이 유통되지도 않았다면' 회사는 어음발행의 상대방에게 어음채무를 부담하지 않기 때문에 특별한 사정이 없는 한 회사에 현실적으로 손해가 발생하였다거나 실해 발생의 위험이 발생하였다고도 볼 수 없으므로 배임미수죄로 처벌하여야 한다(대판 2017.7.20. 2014도1104 전원합의체).

정답 ②

66. 횡령과 배임의 죄에 대한 설명 중 옳지 않은 것만을 모두 고른 것은? (다툼이 있는 경우 판례에 의함)

2022년 경찰간부

가. A가 착오로 甲의 통장계좌로 송금한 돈을 甲이 인출하여 임의로 사용한 경우, 甲은 그 송금된 돈을 보관하는 지위에 있다고 볼 수 없으므로 이를 영득할 의사로 인출하는 경우에도 횡령죄에 해당하지 아니한다.

나. 甲이 A에게 1억 원을 빌리면서 그 채무에 대한 담보로 자신의 부동산에 근저당권을 설정 해주기로 약정하였음에도, 이후 B에게 자신의 부동산을 매도해버린 경우, 甲에게는 배임죄가 성립하지 아니한다.

다. 채무자 甲이 금전채무를 담보하기 위하여 그 소유의 동산을 채권자 A에게 양도담보로 제공하였음에도 甲이 채무변제 이전에 담보물을 임의로 처분한 경우, 甲에게는 A에 대한 횡령죄가 아니라 배임죄가 성립한다.

라. 매도인 甲이 자기 소유의 부동산을 매수인 A에게 매도하기로 약정하고 A로부터 계약금과 중도금을 지급받는 등 계약이 본격적으로 이행되는 단계에 이르렀음에도 그 부동산에 관한 소유권을 A에게 이전해주기 전에 B에게 처분하면서 소유권이전등기를 경료해 준 경우, 甲에게는 A에 대한 배임죄가 성립한다.

마. 甲이 자신이 알 수 없는 경위로 A의 특정 거래소 가상지갑에 들어있던 가상화폐를 甲 자신의 계좌로 이체받은 후 이를 자신의 다른 계정으로 이체한 경우, 甲에게는 A에 대한 배임죄가 성립하지 아니한다.

① 가, 다
② 나, 다, 라
③ 나, 라, 마
④ 가, 다, 마

해설

가. (X) 피고인이 자신 명의의 계좌에 착오로 송금된 돈을 다른 계좌로 이체하는 등 임의로 사용한 경우, 예금주와 송금인 사이에 신의칙상 보관관계가 성립한다(대판 2005.10.28. 2005도5975 등). ☞ 점유이탈물횡령죄가 아니라 횡령죄 성립

나. (O) 채무자가 금전채무를 담보하기 위한 저당권설정계약에 따라 채권자에게 그 소유의 부동산에 관하여 저당권을 설정할 의무를 부담하게 되었다고 하더라도, 이를 들어 채무자가 통상의 계약에서 이루어지는 이익대립관계를 넘어서 채권자와의 신임관계에 기초하여 채권자의 사무를 맡아 처리하는 것으로 볼 수 없다. 채무자가 저당권설정계약에 따라 채권자에 대하여 부담하는 저당권을 설정할 의무는 계약에 따라 부담하게 된 채무자 자신의 의무이다(대판 2020.6.18. 2019도14340 전원합의체). ☞ 배임죄 불성립

다. (X) 채무자가 금전채무를 담보하기 위하여 그 소유의 동산을 채권자에게 양도담보로 제공함으로써 채권자인 양도담보권자에 대하여 담보물의 담보가치를 유지·보전할 의무 내지 담보물을 타에 처분하거나 멸실, 훼손하는 등으로 담보권 실행에 지장을 초래하는 행위를 하지 않을 의무를 부담하게 되었더라도, 이를 들어 채무자가 통상의 계약에서의 이익대립관계를 넘어서 채권자와의 신임관계에 기초하여 채권자의 사무를 맡아 처리하는 것으로 볼 수 없다. 따라서 채무자를 배임죄의 주체인 '타인의 사무를 처리하는 자'에 해당한다고 할 수 없고, 그가 담보물을 제3자에게 처분하는 등으로 담보가치를 감소 또는 상실시켜 채권자의 담보권 실행이나 이를 통한 채권실현에 위험을 초래하더라도 배임죄가 성립한다고 할 수 없다(대판 2020.2.20. 2019도9756 전원합의체). ☞ 여전히 채무자인 피고인의 소유물에 해당하므로 횡령죄가 성립하지 않고, 또한 배임죄도 성립하지 않는다.

라. (O) 매도인이 후매수인 명의로 소유권이전등기 또는 소유권이전청구권 보전의 가등기를 경료한 때에 선매수인에 대한 배임죄는 기수에 이른다(대판 83도1946, 대판 2008도3766 등).

마. (O) 원인불명으로 재산상 이익인 가상자산을 이체받은 자가 가상자산을 사용·처분한 경우 이를 형사처벌하는 명문의 규정이 없는 현재의 상황에서 착오송금 시 횡령죄 성립을 긍정한 판례(대법원 2010.12.9. 선고 2010도891 판결 등 참조)를 유추하여 신의칙을 근거로 피고인을 배임죄로 처벌하는 것은 죄형법정주의에 반한다. 이 사건 비트코인이 법률상 원인관계 없이 피해자로부터 피고인 명의의 전자지갑으로 이체되었더라도 피고인이 신임관계에 기초하여 피해자의 사무를 맡아 처리하는 것으로 볼 수 없는 이상, 피고인을 피해자에 대한 관계에서 '타인의 사무를 처리하는 자'에 해당한다고 할 수 없다(대판 2021.12.16. 2020도9789). ☞ 배임죄 불성립

정답 ①

67 배임의 죄에 대한 설명 중 옳지 않은 것은 모두 몇 개인가? (다툼이 있는 경우 판례에 의함)

2018년 제1차 경찰 변형

㉠ 자기소유의 동산에 대해 매수인과 매매계약을 체결한 매도인이 중도금까지 지급받은 상태에서 그 목적물을 제3자에 대한 자기의 채무변제에 갈음하여 그 제3자에게 양도해 버린 경우에는 기존 매수인에 대한 배임죄가 성립한다.
㉡ 금융기관의 임직원이 보통예금계좌에 입금된 예금주의 예금을 무단으로 인출한 경우에 그 임직원은 예금주와의 사이에서 그의 재산관리에 관한 사무를 처리하는 자의 지위에 있다고 할 것이므로, 그러한 예금인출행위는 예금주에 대한 관계에서 업무상배임죄를 구성한다.
㉢ 배임죄에 있어서 타인의 사무를 처리하는 자라 함은 양자간의 신임관계에 기초를 둔 타인의 재산보호 내지 관리의무가 있음을 그 본질적 내용으로 하는 것이므로, 배임죄의 성립에 있어 행위자가 대외관계에서 타인의 재산을 처분할 적법한 대리권이 있음을 요하지 아니한다.

① 0개
② 1개
③ 2개
④ 3개

해설

㉠ **[X]** 甲이 '인쇄기'를 乙에게 양도하기로 하고 계약금 및 중도금을 수령하였음에도 이를 자신의 채권자 丙에게 기존 채무 변제에 갈음하여 양도한 경우, 매매의 목적물이 동산일 경우 매도인은 매수인에게 계약에 정한 바에 따라 그 목적물인 동산을 인도함으로써 계약의 이행을 완료하게 되고 그때 매수인은 매매목적물에 대한 권리를 취득하게 되는 것이므로, 매도인에게 자기의 사무인 동산인도채무 외에 별도로 매수인의 재산의 보호 내지 관리 행위에 협력할 의무가 있다고 할 수 없다(대판 2011.1.20. 2008도10479 전원합의체). ☞ 배임죄 불성립
㉡ **[X]** 금융기관의 임직원은 예금주로부터 예금계좌를 통한 적법한 예금반환 청구가 있으면 이에 응할 의무가 있을 뿐 예금주와의 사이에서 그의 재산관리에 관한 사무를 처리하는 자의 지위에 있다고 할 수 없다(대판 2008.4.24. 2008도1408). ☞ 업무상배임죄 불성립
㉢ **[O]** 배임죄의 주체인 타인의 사무를 처리하는 자라 함은 타인과의 대내적 관계에 있어서 신의성실의 원칙에 비추어 그 사무를 처리할 신임관계가 존재한다고 인정되는 자를 의미하고, 반드시 제3자에 대한 대외관계에서 그 사무에 관한 권한이 존재할 것을 요하지 않는다(대판 2007.6.1. 2006도1813).

정답 ③

68 (가) 와 (나) 사례에 관한 설명 중 옳은 것은 모두 몇 개인가? (다툼이 있는 경우 판례에 의함)

2022년 경찰2차

> (가) 甲은 A주식회사에 본인 소유 토지를 양도하는 내용의 매매계약을 체결한 후 A주식회사로부터 계약금, 중도금 및 잔금 중 일부를 교부받았으나, 乙에게 이 사건 토지를 매도하고 소유권이전등기를 경료해 주었다. 그런데 그 이전에 甲은 A주식회사로부터 계약금 중 3/4만 지급받은 상태에서 A주식회사 명의로 가등기를 경료해 주어 甲의 행위에도 불구하고 A주식회사가 甲의 아무런 협력 없이도 가등기의 순위보전 효력에 과해 자신 명의로 소유권이전등기를 마칠 수 있는 수단을 마련해 주었다.
>
> (나) 丙은 B에게 본인 소유 임야를 매도하고 일부 잔금까지 지급받았음에도 다시 그 임야를 丁에게 매도하여 계약금을 지급 받은 후, 丁의 명의로 소유권이전청구권 보전을 위한 가등기를 경료해 주었다.

> ㉠ 甲과 丙은 각각 A주식회사와 B와의 관계에서 타인의 사무를 처리하는 자에 해당한다.
> ㉡ 甲과 丙의 행위로 인해 A주식회사와 B에게는 현실적인 손해가 발생하였다.
> ㉢ 丙에게는 배임죄가 성립하지 않는다.
> ㉣ 甲과 丙에게는 배임죄의 미수가 성립한다.

① 1개 ② 2개
③ 3개 ④ 4개

해설

㉠ **[O]** 매도인이 매수인에게 순위보전의 효력이 있는 가등기를 마쳐 주었더라도 이는 향후 매수인에게 손해를 회복할 수 있는 방안을 마련하여 준 것일 뿐 그 자체로 물권변동의 효력이 있는 것은 아니어서 매도인으로서는 소유권을 이전하여 줄 의무에서 벗어날 수 없으므로, 그와 같은 가등기로 인하여 매수인의 재산보전에 협력하여 재산적 이익을 보호·관리할 신임관계의 전형적·본질적 내용이 변경된다고 할 수 없다(대판 2020.5.14. 2019도16228). ☞ 甲은 여전히 배임죄의 주체인 타인 사무처리자에 해당

㉡ **[X]** A 주식회사와 B에게 현실적인 손해가 발생한 것이 아니라 손해발생의 위험을 초래한 경우에 해당한다.

> 부동산의 매도인으로서 매수인에 대하여 그 앞으로의 소유권이전등기절차에 협력할 의무 있는 자가 그 임무에 위배하여 같은 부동산을 매수인 이외의 제3자에게 이중으로 매도하고 제3자 앞으로 소유권이전청구권 보전을 위한 가등기를 마쳐 준 경우, 이는 매수인에게 손해발생의 위험을 초래하는 행위로서 배임죄를 구성한다(대판 2008.7.10. 2008도3766). ☞ 배임죄 기수범 성립

㉢ **[X]** 丁의 명의로 소유권이전청구권 보전을 위한 가등기를 경료하였을 때 이미 배임죄는 기수에 이르렀다(대판 2008.7.10. 2008도3766).

㉣ **[X]** 甲이 乙에게 소유권이전등기를 경료한 때 및 丙이 丁에게 소유권이전 청구권 보전의 가등기를 경료한 때 각각 배임죄는 기수에 이르렀다(대판 2019도16228, 대판 2008도3766).

정답 ①

69 배임의 죄에 대한 설명으로 가장 적절하지 않은 것은? (다툼이 있는 경우 판례에 의함)

2021년 제1차 경찰

① 채무자가 본인 소유의 동산을 채권자에게 「동산·채권 등의 담보에 관한 법률」에 따른 동산담보로 제공한 경우, 채무자가 담보물을 제3자에게 처분하는 등으로 담보가치를 감소 또는 상실시켜 채권자의 담보권 실행이나 이를 통한 채권실현에 위험을 초래하더라도 배임죄는 성립하지 않는다.

② 채무자가 금전채무를 담보하기 위한 저당권설정계약에 따라 채권자에게 본인 소유의 부동산에 관하여 저당권을 설정할 의무를 부담하게 된 경우, 이는 통상의 계약에서 이루어지는 이익대립관계를 넘어서 채권자와의 신임관계에 기초하여 채권자의 사무를 맡아 처리하는 것으로 보아야 하므로 배임죄에서의 '타인의 사무를 처리하는 자'라고 할 수 있다.

③ 서면으로 부동산 증여의 의사를 표시한 증여자가 수증자에게 증여계약에 따라 부동산의 소유권을 이전하지 아니하고 부동산을 제3자에게 처분하여 등기를 하는 행위는 수증자와의 신임관계를 저버리는 행위로서 배임죄가 성립한다.

④ 주식회사의 대표이사가 대표권을 남용하는 등 그 임무에 위배하여 약속어음을 발행하였는데 그 약속어음의 발행이 무효일 뿐만 아니라 유통되지도 않은 경우, 회사는 어음발행의 상대방에게 어음채무를 부담하지 않기 때문에 특별한 사정이 없는 한 배임죄의 기수범이 아니라 배임미수죄로 처벌하여야 한다.

해설

① **[O]** 채무자가 금전채무를 담보하기 위하여 그 소유의 동산을 채권자에게 동산·채권 등의 담보에 관한 법률에 따른 동산담보로 제공함으로써 채권자인 동산담보권자에 대하여 담보물의 담보가치를 유지·보전할 의무 또는 담보물을 타에 처분하거나 멸실, 훼손하는 등으로 담보권 실행에 지장을 초래하는 행위를 하지 않을 의무를 부담하게 되었더라도, 이를 들어 채무자가 통상의 계약에서의 이익대립관계를 넘어서 채권자와의 신임관계에 기초하여 채권자의 사무를 맡아 처리하는 것으로 볼 수 없다. 따라서 이러한 경우 채무자를 배임죄의 주체인 '타인의 사무를 처리하는 자'에 해당한다고 할 수 없고, 그가 담보물을 제3자에게 처분하는 등으로 담보가치를 감소 또는 상실시켜 채권자의 담보권 실행이나 이를 통한 채권실현에 위험을 초래하더라도 배임죄가 성립하지 아니한다(대판 2020.8.27. 2019도14770 전원합의체).

② **[X]** 채무자가 저당권설정계약에 따라 채권자에 대하여 부담하는 저당권을 설정할 의무는 계약에 따라 부담하게 된 채무자 자신의 의무이다. 채무자가 위와 같은 의무를 이행하는 것은 채무자 자신의 사무에 해당할 뿐이므로, 채무자를 채권자에 대한 관계에서 '타인의 사무를 처리하는 자'라고 할 수 없다. 따라서 채무자가 제3자에게 먼저 담보물에 관한 저당권을 설정하거나 담보물을 양도하는 등으로 담보가치를 감소 또는 상실시켜 채권자의 채권실현에 위험을 초래하더라도 배임죄가 성립한다고 할 수 없다. 위와 같은 법리는, 채무자가 금전채무에 대한 담보로 부동산에 관하여 양도담보설정계약을 체결하고 이에 따라 채권자에게 소유권이전등기를 해 줄 의무가 있음에도 제3자에게 그 부동산을 처분한 경우에도 적용된다(대판 2020.6.18. 2019도14340 전원합의체).

③ **[O]** [1] 서면으로 부동산 증여의 의사를 표시한 증여자는 계약이 취소되거나 해제되지 않는 한 수증자에게 목적부동산의 소유권을 이전할 의무에서 벗어날 수 없다. 그러한 증여자는 '타인의 사무를 처리하는 자'에 해당하고, 그가 수증자에게 증여계약에 따라 부동산의 소유권을 이전하지 않고 부동산을 제3자에게 처분하여 등기를 하는 행위는 수증자와의 신임관계를 저버리는 행위로서 배임죄가 성립한다.
[2] 피고인이 갑과의 증여계약에 따라 목장용지 중 1/2 지분을 갑에게 증여하고 증여의 의사를 서면으로 표시하였는데 그 후 농업협동조합에서 4,000만 원을 대출받으면서 목장용지에 농업협동조합 앞으로 채권최고액 5,200만 원의 근저당권설정등기를 마침으로써 피담보채무액 중 1/2 지분에 해당하는 2,000만 원의 재산상 이익을 취득하고, 갑에게 같은 금액의 재산상 손해를 입힌 경우, 배임죄가 성립한다(대판 2018.12.13. 2016도19308).

④ **[○]** A주식회사 대표이사인 甲이 자신이 별도로 대표이사를 맡고 있던 B주식회사의 C은행에 대한 대출금채무를 담보하기 위해 C은행에 A회사 명의로 약속어음을 '발행'하여 주었고 상대방인 C은행이 대표권남용의 사실을 알았거나 알 수 있었던 경우, ⅰ) 어음발행이 무효라 하더라도 그 '어음이 실제로 제3자에게 유통되었다면' 회사로서는 어음채무를 부담할 위험이 구체적·현실적으로 발생하였다고 보아야 하고, 따라서 그 어음채무가 실제로 이행되기 전이라도 배임죄의 기수범이 된다. ⅱ) 그러나 약속어음 발행이 무효일 뿐만 아니라 그 '어음이 유통되지도 않았다면' 회사는 어음발행의 상대방에게 어음채무를 부담하지 않기 때문에 특별한 사정이 없는 한 회사에 현실적으로 손해가 발생하였다거나 실해 발생의 위험이 발생하였다고도 볼 수 없으므로 배임미수죄로 처벌하여야 한다(대판 2017.7.20. 2014도1104 전원합의체).

정답 ②

70. 배임죄에 관한 설명으로 가장 적절하지 않은 것은? (다툼이 있는 경우 판례에 의함) 2020년 제1차 경찰

① 피고인이 인쇄기를 甲에게 양도하기로 하고 계약금 및 중도금을 수령하였음에도 이를 자신의 채권자 乙에게 기존 채무변제에 갈음하여 양도한 경우 배임죄가 성립하지 않는다.

② 피고인이 그 소유의 에어컨을 피해자에게 양도담보로 제공하고 점유개정의 방법으로 점유하고 있다가 다시 이를 제3자에게 양도담보로 제공하고 역시 점유개정의 방법으로 점유를 계속한 경우 배임죄를 구성하지 않는다.

③ 동산에 대하여 점유개정의 방법으로 이중 양도담보를 설정한 경우 처음의 양도담보권자에게 이중으로 양도담보 제공을 하지 않기로 특약하였다면 배임죄를 구성한다.

④ 채무자가 그 소유의 동산에 대하여 점유개정의 방식으로 채권자들에게 이중의 양도담보 설정계약을 체결한 후 양도담보 설정자가 목적물을 임의로 제3자에게 처분하였다면 뒤의 채권자에 대한 관계에서 배임죄가 성립하지 않는다.

해설

① **[○]** 매도인에게 자기의 사무인 동산인도채무 외에 별도로 매수인의 재산의 보호 내지 관리 행위에 협력할 의무가 있다고 할 수 없다(대판 2011.1.20. 2008도10479 전원합의체). ☞ 배임죄 불성립

② **[○]** 처음의 양도담보권자에게 담보권이 상실이나 담보가치의 감소 등 손해가 발생한 것으로 볼 수 없다(대판 1990.02.13. 89도1931). ☞ 배임죄 불성립

③ **[X]** 채무자가 금전채무를 담보하기 위하여 그 소유의 동산을 채권자에게 양도담보로 제공함으로써 채권자인 양도담보권자에 대하여 담보물의 담보가치를 유지·보전할 의무 내지 담보물을 타에 처분하거나 멸실, 훼손하는 등으로 담보권 실행에 지장을 초래하는 행위를 하지 않을 의무를 부담하게 되었더라도, 이를 들어 채무자가 통상의 계약에서의 이익대립관계를 넘어서 채권자와의 신임관계에 기초하여 채권자의 사무를 맡아 처리하는 것으로 볼 수 없다. 따라서 채무자를 배임죄의 주체인 '타인의 사무를 처리하는 자'에 해당한다고 할 수 없고, 그가 담보물을 제3자에게 처분하는 등으로 담보가치를 감소 또는 상실시켜 채권자의 담보권 실행이나 이를 통한 채권실현에 위험을 초래하더라도 배임죄가 성립한다고 할 수 없다(대판 2020.2.20. 2019도9756 전원합의체 참조).

④ **[○]** 甲이 중소기업은행에 성형사출기 3대에 대한 양도담보를 점유개정의 방식으로 설정한 후 다시 乙과 사이에 이중으로 양도담보계약을 점유개정의 방식으로 체결하고, 그대로 점유 사용하던 중 丙에게 사출기를 매각하고 현실의 인도를 한 경우, 양도담보권자라 할 수 없는 뒤의 채권자에 대한 관계에서는 설정자인 채무자가 타인의 사무를 처리하는 자에 해당한다고 할 수 없다(대판 2004.06.25. 2004도1751). ☞ 乙에 대한 관계에서 배임죄 불성립

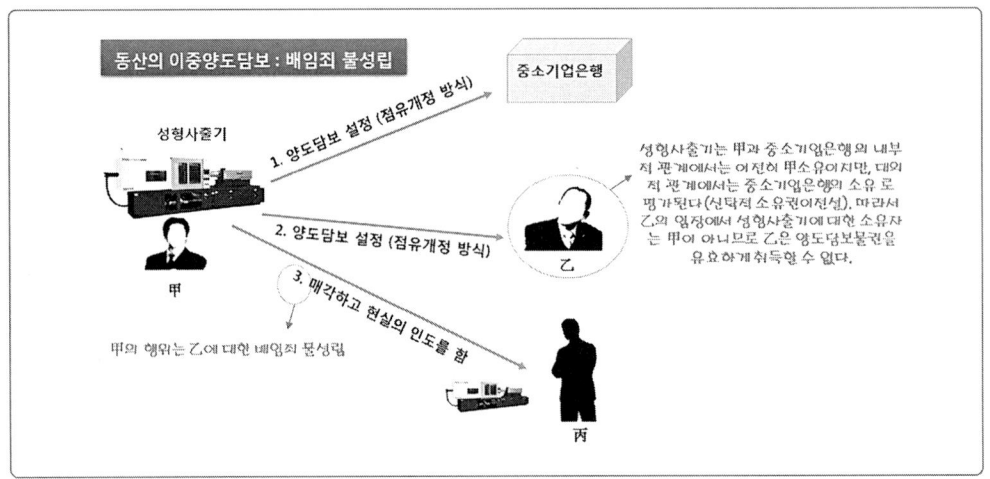

정답 ③

71 배임죄에 대한 설명으로 옳은 것은? (다툼이 있는 경우 판례에 의함) 2021년 경찰간부

① 채권담보를 위한 대물변제예약 사안에서 채무자가 대물로 변제하기로 한 부동산을 제3자에게 처분한 경우 채무자에게 배임죄가 성립한다.
② 동산 매매에서 매도인이 목적물을 매수인에게 양도하기로 하고 계약금 및 중도금을 수령하였음에도 목적물을 제3자에게 양도함으로써 재산상 이익을 취득하고 매수인에게 손해를 입힌 경우, 매도인에게 배임죄가 성립한다.
③ 채무자가 그 소유의 동산에 대하여 점유개정의 방식으로 채권자들에게 이중의 양도담보 설정계약을 체결한 후 양도담보 목적물을 임의로 제3자에게 처분하였다면, 후채권자와의 관계에서는 채무자에게 배임죄가 성립하지 않는다.
④ 법인의 대표이사가 대표권을 남용하여 약속어음을 발행한 경우, 상대방이 그 대표이사의 진의를 알았거나 알 수 있었던 경우여서 그 행위가 회사에 대하여 무효라면 그 약속어음이 제3자에게 유통되었더라도 해당 대표이사에게 배임죄가 성립하지 않는다.

해설

① [X] 채무자인 피고인이 채권자 甲에게 차용금을 변제하지 못할 경우 자신의 어머니 소유 부동산에 대한 유증상속분을 대물변제하기로 약정한 후 유증을 원인으로 위 부동산에 관한 소유권이전등기를 마쳤음에도 이를 제3자에게 매도함으로써 甲에게 손해를 입힌 경우, 채무자가 채권자에 대하여 소비대차 등으로 인한 채무를 부담하고 이를 담보하기 위하여 장래에 부동산의 소유권을 이전하기로 하는 내용의 대물변제예약에서, 약정의 내용에 좇은 이행을 하여야 할 채무는 특별한 사정이 없는 한 '자기의 사무'에 해당하는 것이 원칙이다(대판 2014.8.21. 2014도3363 전원합의체). ☞ 배임죄 불성립
② [X] 피고인이 '인쇄기'를 甲에게 양도하기로 하고 계약금 및 중도금을 수령하였음에도 이를 자신의 채권자 乙에게 기존 채무 변제에 갈음하여 양도함으로써 재산상 이익을 취득하고 甲에게 동액 상당의 손해를 입힌 경우, 매매의 목적물이 동산일 경우, 매도인은 매수인에게 계약에 정한 바에 따라 그 목적물인 동산을 인도함으로써 계약의 이행을 완료하게 되고 그때 매수인은 매매목적물에 대한 권리를 취득하게 되는 것이므로, 매도인에게 자기의 사무인 동산인도채무 외에 별도로 매수인의

재산의 보호 내지 관리 행위에 협력할 의무가 있다고 할 수 없다(대판 2011.1.20. 2008도10479 전원합의체). ☞ 배임죄 불성립

③ [O] 甲이 중소기업은행에 '성형사출기' 3대에 대한 양도담보를 점유개정의 방식으로 설정한 후 다시 乙과 사이에 이중으로 양도담보계약을 점유개정의 방식으로 체결하고, 그대로 점유 사용하던 중 丙에게 사출기를 매각하고 현실의 인도를 한 경우, 양도담보권자라 할 수 없는 뒤의 채권자에 대한 관계에서는 설정자인 채무자가 타인의 사무를 처리하는 자에 해당한다고 할 수 없다(대판 2004.06.25. 2004도1751). ☞ 乙에 대한 관계에서 배임죄 불성립

④ [X] A주식회사 대표이사인 甲이 자신이 별도로 대표이사를 맡고 있던 B주식회사의 C은행에 대한 대출금채무를 담보하기 위해 C은행에 A회사 명의로 약속어음을 발행하여 주었고 상대방인 C은행이 대표권남용의 사실을 알았거나 알 수 있었던 경우, i) 어음발행이 무효라 하더라도 그 어음이 실제로 제3자에게 '유통'되었다면 회사로서는 어음채무를 부담할 위험이 구체적·현실적으로 발생하였다고 보아야 하고, 따라서 그 어음채무가 실제로 이행되기 전이라도 '배임죄의 기수범'이 된다. ii) 그러나 '약속어음 발행이 무효일 뿐만 아니라 그 어음이 유통되지도 않았다면' 회사는 어음발행의 상대방에게 어음채무를 부담하지 않기 때문에 특별한 사정이 없는 한 회사에 현실적으로 손해가 발생하였다거나 실해 발생의 위험이 발생하였다고도 볼 수 없으므로 '배임미수죄'로 처벌하여야 한다(대판 2017.7.20. 2014도1104 전원합의체).

(정답) ③

72 배임죄에 관한 설명이다. 다음 중 가장 적절하지 않은 것은? (다툼이 있으면 판례에 의함)

2015년 제3차 경찰

① 매도인이 매수인으로부터 중도금을 수령한 이후에 매매목적물인 동산을 제3자에게 양도하는 행위는 배임죄에 해당하지 않는다.
② 미성년자와 친생자관계가 없으나 호적상 친모로 등재되어 있는 자가 미성년자의 상속 재산 처분에 관여한 경우, 배임죄에 있어서 타인의 사무를 처리하는 자의 지위에 있다.
③ 채권담보 목적으로 부동산에 관한 대물변제예약을 체결한 채무자가 대물로 변제하기로 한 부동산을 제3자에게 임의로 처분한 경우 배임죄가 성립한다.
④ 새마을금고 임·직원이 동일인 대출한도 제한규정을 위반하여 초과대출행위를 하였더라도 대출채권 회수에 문제가 없는 것으로 판단되는 경우라면 업무상 배임죄가 성립하지 않는다.

해설

① [O] 甲이 '인쇄기'를 乙에게 양도하기로 하고 계약금 및 중도금을 수령하였음에도 이를 자신의 채권자 丙에게 기존 채무 변제에 갈음하여 양도한 경우, 매매의 목적물이 동산일 경우 매도인은 매수인에게 계약에 정한 바에 따라 그 목적물인 동산을 인도함으로써 계약의 이행을 완료하게 되고 그때 매수인은 매매목적물에 대한 권리를 취득하게 되는 것이므로, 매도인에게 자기의 사무인 동산인도채무 외에 별도로 매수인의 재산의 보호 내지 관리 행위에 협력할 의무가 있다고 할 수 없다(대판 2011.1.20. 2008도10479 전원합의체). ☞ 배임죄 불성립
② [O] 친모가 아닌 피고인은 적법한 대리권한이 없으나, 배임죄의 주체로서의 타인사무처리자는 타인과의 대내관계에서 신의성실의 원칙에 비추어 그 사무를 처리할 신임관계가 존재한다고 인정되는 자를 의미하고, 반드시 제3자에 대한 대외관계에서 그 사무에 관한 대리권이 존재할 것을 요하지 않으므로, 피고인 역시 배임죄의 주체인 타인사무처리자의 지위에 있다(대판 2002.6.14. 2001도3534).
③ [X] 채무자인 피고인이 채권자에게 차용금을 변제하지 못할 경우 자신의 어머니 소유 부동산에 대한 유증상속분을 '대물변제'하기로 약정한 후 유증을 원인으로 위 부동산에 관한 소유권이전등기를 마쳤음에도 이를 제3자에게 매도함으로써 채권자에게 손해를 입힌 경우, 대물변제(代物辨濟)도 변제의 일종으로서 채무자로서의 자기사무에 불과하다(대판 2014.8.21. 2014도3363 전원합의체). ☞ 배임죄 불성립

④ [O] 새마을금고의 동일인 대출한도 제한규정은 새마을금고 자체의 적절한 운영을 위하여 마련된 것이지 대출채무자의 신용도를 평가해서 대출채권의 회수가능성을 직접적으로 고려하여 만들어진 것은 아니므로 동일인 대출한도를 초과하였다는 사실만으로 곧바로 대출채권을 회수하지 못하게 될 위험이 생겼다고 볼 수 없다(대판 2008.6.19. 2006도4876 전원합의체). ☞ 업무상배임죄 불성립

정답 ③

73 다음은 배임의 죄에 대한 설명이다. 옳은 것은 모두 몇 개인가? (다툼이 있으면 판례에 의함)

2014년 제1차 경찰 변형

㉠ 피해자는 제1순위의 근저당권이 설정될 것으로 알고 금원을 대여하고 그런 내용의 근저당권설정에 관한 문서작성을 위촉하였는데도 불구하고 피고인이 후순위인 제2 내지 제3번의 근저당권설정에 관한 문서를 작성하여 그에 따른 신청으로 등기를 경료한 경우, 배임죄가 성립하지 않는다.
㉡ 피해자 회사의 사업부 영업팀장인 피고인이 체인점들에 대한 전매입고 금액을 삭제하여 전산상 회사의 체인점들에 대한 외상대금채권이 줄어든 것으로 처리하는 전산조작행위를 한 경우, 업무상배임죄가 성립한다.
㉢ 대표이사가 개인의 차용금 채무에 관하여 개인 명의로 작성하여 교부한 차용증에 추가로 회사의 법인 인감을 날인한 경우 업무상배임죄가 성립한다.
㉣ 甲주식회사 대표이사인 피고인이 주주총회 의사록을 허위로 작성하고 이를 근거로 피고인을 비롯한 임직원들과 주식매수선택권부여계약을 체결한 경우, 업무상배임죄가 성립한다.

① 0개
② 1개
③ 2개
④ 3개

해설

㉠ [O] '제1순위 근저당권의 담보가치 보다 낮은 제2 내지 제3 순위의 근저당권을 설정함으로써 피해자에게 손해를 가한 경우에 해당하므로 업무상배임죄가 성립한다(대판 1982.11.9. 81도2501)'라고 판시한 판결은 이후의 2019도14340 전원합의체 판결(아래 박스)에 의하여 배임죄가 성립하지 않는 것으로 입장이 변경되었으므로, 2014년도 제1차 경찰시험 출제 당시의 정답과 달리 이제부터는 옳은 지문에 해당한다.

> 채무자가 금전채무를 담보하기 위한 저당권설정계약에 따라 채권자에게 그 소유의 '부동산에 관하여 저당권을 설정할 의무'를 부담하게 되었다고 하더라도, 이를 들어 채무자가 통상의 계약에서 이루어지는 이익대립관계를 넘어서 채권자와의 신임관계에 기초하여 채권자의 사무를 맡아 처리하는 것으로 볼 수 없다. 채무자가 저당권설정계약에 따라 채권자에 대하여 부담하는 저당권을 설정할 의무는 계약에 따라 부담하게 된 채무자 자신의 의무이다. 채무자가 위와 같은 의무를 이행하는 것은 채무자 자신의 사무에 해당할 뿐이므로, 채무자를 채권자에 대한 관계에서 '타인의 사무를 처리하는 자'라고 할 수 없다. 따라서 채무자가 제3자에게 먼저 담보물에 관한 저당권을 설정하거나 담보물을 양도하는 등으로 담보가치를 감소 또는 상실시켜 채권자의 채권실현에 위험을 초래하더라도 배임죄가 성립한다고 할 수 없다. 위와 같은 법리는, 채무자가 금전채무에 대한 담보로 부동산에 관하여 양도담보설정계약을 체결하고 이에 따라 채권자에게 소유권이전등기를 해 줄 의무가 있음에도 제3자에게 그 부동산을 처분한 경우에도 적용된다(대판 2020.6.18. 2019도14340 전원합의체). ☞ 배임죄 불성립

㉡ [X] 전산상 외상대금채권이 자동 차감된다는 사정만으로 회사의 외상매출금채권이 감소할 우려가 생겼다고 볼 수는 없다(대판 2006.7.27. 2006도3145). ☞ 업무상배임죄 불성립

ⓒ **[X]** '개인명의'로 작성한 차용증에 추가로 회사의 법인 인감을 날인하였더라도 채무자는 회사가 아니라 대표이사 개인이라고 볼 것이므로, 회사에 재산상 손해발생의 위험 등은 없다(대판 2004.6.28. 2000도3716). ☞ 업무상배임죄 불성립

ⓓ **[X]** 주식매수선택권 부여계약을 체결한 것만으로는 회사에 현실적 손해가 발생하거나 그러한 실해발생의 위험이 초래되었다고 볼 수 없고, 이후에 최종적으로 주식매수선택권이 행사되고 그에 따라 신주가 발행된 시점에 배임죄는 종료(=기수)된다(대판 2011.11.24. 2010도111394).

정답 ②

74. 횡령죄와 배임죄에 관한 설명으로 가장 적절하지 않은 것은? (다툼이 있는 경우 판례에 의함)

2019년 제2차 경찰

① 어음의 할인을 위하여 배서양도의 형식으로 약속어음을 교부받은 자가 이를 자신의 채무변제에 충당한 경우, 이는 위탁의 취지에 반하는 것으로 횡령죄가 성립한다.

② 질권설정자가 타인에 대한 채무의 담보로 제3채무자에 대한 채권에 대하여 권리질권을 설정하면서 제3채무자에게 질권설정의 사실을 통지한 때에는, 질권설정자가 질권자의 동의 없이 제3채무자에게서 질권의 목적인 채권의 변제를 받았다 하더라도 배임죄가 성립하지 않는다.

③ 지입회사에 소유권이 있는 차량에 대하여 지입회사에서 운행 관리권을 위임받은 지입차주가 지입회사의 승낙 없이 보관 중인 차량을 사실상 처분한 경우에는 횡령죄가 성립하지만, 그 차량의 보관을 지입차주로부터 위임받은 사람이 지입차주의 승낙 없이 보관 중인 차량을 사실상 처분한 경우에는 배임죄가 성립한다.

④ 〈삭제〉

해설

① **[O]** 약속어음을 할인을 위하여 교부받은 수탁자는 위탁의 취지에 따라 보관하는 것에 불과하고 위 약속어음을 교부할 당시에 그 할인의 편의를 위하여 배서양도의 형식을 취하였다 하더라도 다를 바 없다 할 것이므로 배서양도의 형식으로 위탁된 약속어음을 수탁자가 자신의 채무변제에 충당하였다면 이와 같은 수탁자의 행위는 위탁의 취지에 반하는 것으로서 횡령죄를 구성한다(대판 1983.4.26. 82도3079).

② **[O]** 질권설정자가 제3채무자에게 질권설정의 사실을 통지하거나 제3채무자가 이를 승낙한 때에는 제3채무자가 질권자의 동의 없이 질권의 목적인 채무를 변제하더라도 이로써 질권자에게 대항할 수 없고, 질권자는 여전히 제3채무자에 대하여 직접 채무의 변제를 청구하거나 변제할 금액의 공탁을 청구할 수 있다(민법 제353조 제2항, 제3항). 그러므로 이러한 경우 질권설정자가 질권의 목적인 채권의 변제를 받았다고 하여 질권자에 대한 관계에서 타인의 사무를 처리하는 자로서 임무에 위배하는 행위를 하여 질권자에게 손해를 가하거나 손해 발생의 위험을 초래하였다고 할 수 없고, 배임죄가 성립하지도 않는다(대판 2016.4.29. 2015도5665).

③ **[X]** 지입회사에 소유권이 있는 차량에 대하여 ⅰ) 지입회사에서 운행관리권을 위임받은 '지입차주'가 지입회사의 승낙 없이 보관 중인 차량을 사실상 처분한 경우, 횡령죄가 성립하고, 마찬가지로 ⅱ) '지입차주에게서 차량 보관을 위임받은 사람'이 지입차주의 승낙 없이 보관 중인 차량을 사실상 처분한 경우, (배임죄가 아니라) 횡령죄가 성립한다(대판 2015.6.25. 2015도1944 전원합의체).

④ 〈삭제〉

정답 ③

75 재산범죄에 대한 아래 ㉠부터 ㉣까지의 설명 중 옳고 그름의 표시 (O, X)가 모두 바르게 된 것은? (다툼이 있는 경우 판례에 의함) 2020년 제2차 경찰

㉠ 피고인이 자신의 명의로 등록된 자동차를 사실혼 관계에 있던 甲에게 증여하여 甲만이 이를 운행·관리하여 오다가 서로 별거하면서 재산분할 내지 위자료 명목으로 甲이 소유하기로 하였는데, 피고인이 이를 임의로 운전해 간 경우 자동차 등록명의와 관계없이 피고인의 행위는 절도죄가 성립한다.

㉡ 절도범인이 일단 체포되었으나 아직 신병확보가 확실하지 않은 단계에서 체포 상태를 면하기 위해 폭행하여 상해를 가한 경우, 그 행위는 절도의 기회에 체포를 면탈할 목적으로 폭행하여 상해를 가한 것으로서 강도상해죄가 성립한다.

㉢ 피고인이 부동산에 대해 甲과 신탁금지약정을 체결한 사실을 A은행에 알리지 아니한 채 위 부동산을 담보신탁하고 A은행에서 대출을 받은 경우 A은행에 대한 사기죄가 성립한다.

㉣ A회사의 경영인인 피고인이, A회사와 B회사 사이에 허위로 작성된 물품공급계약서에 따른 공급을 한 사실이 없음에도 완료하였음을 전제로 B회사를 상대로 물품대금 청구소송을 제기하면서 증거자료로 위 물품공급 계약서를 제출하였다가 그 후 소송을 취하하였다면 사기미수죄가 성립한다.

㉤ 甲, 乙이 공모하여 甲 명의로 개설된 예금계좌의 접근매체를 보이스피싱 조직원 丙에게 양도하고, 丁이 丙에게 속아 위 계좌로 송금한 사기피해금 중 일부를 甲, 乙이 임의로 인출한 경우, 甲, 乙에게 사기죄가 성립하지 않는 이상 丙에 대한 횡령죄를 구성한다.

① ㉠ (O), ㉡ (O), ㉢ (O), ㉣ (X), ㉤ (X)
② ㉠ (O), ㉡ (O), ㉢ (X), ㉣ (O), ㉤ (X)
③ ㉠ (X), ㉡ (X), ㉢ (X), ㉣ (O), ㉤ (O)
④ ㉠ (O), ㉡ (O), ㉢ (X), ㉣ (X), ㉤ (O)

해설

㉠ **[O]** 자동차 등록명의와 관계없이 피고인과 甲 사이에서는 甲을 소유자로 보아야 하므로 절도죄가 성립한다(대판 2013.2.28. 2012도15303).

㉡ **[O]** 甲은 절도행위가 발각되어 도주하다가 곧바로 뒤쫓아 온 보안요원 乙에게 붙잡혀 보안사무실로 인도되어 그 경위를 확인받던 중 체포된 상태를 벗어나기 위해서 乙에게 폭행을 가하여 상해를 가한 경우, 절도범인이 일단 체포되었으나 아직 신병확보가 확실하지 않은 단계에서 체포 상태를 면하기 위해 폭행하여 상해를 가한 경우, 그 행위는 절도의 기회에 체포를 면탈할 목적으로 폭행하여 상해를 가한 것이다(대판 2001.10.23. 2001도4142). ☞ (준)강도상해죄 성립

㉢ **[X]** 피고인이 甲에게 이 사건 오피스텔 중 17세대를 대물변제로 이전해 주고 甲의 동의 없이 이를 신탁할 수 없다는 취지의 약정을 체결하였다는 사정만으로는 신탁계약의 효력과 그 신탁계약에 따르는 채무의 이행에 장애를 가져오거나 수탁자와 우선수익자의 권리실현에 장애가 된다고 볼 수 없고, 따라서 피고인이 A은행에게 신탁금지약정을 체결한 사실을 고지하지 아니하였다고 하여 A은행을 기망한 것이라고 평가할 수는 없다(대판 2012.4.13. 2011도2989). ☞ 사기죄 불성립

㉣ **[O]** A 주식회사와 B 주식회사 사이에 작성된 물품공급계약서는 피고인 등이 B 회사가 발행한 어음을 할인하는 과정에서 허위로 작성한 것이고, 실제로 A 회사가 B 회사에 물품을 공급한 사실이 없는데도, A 회사 경영인인 피고인이 물품공급계약에 따른 공급을 완료하였음을 전제로 B 회사를 상대로 물품대금 청구소송을 제기하면서 증거자료로 위 물품공급계약서를 제출하였다가 그 후 소송을 취하한 경우, 피고인의 행위는 사기미수죄에 해당한다(대판 2011.9.8. 2011도7262).

㉤ **[X]** 계좌명의인과 전기통신금융사기의 범인(보이스 피싱 조직원 丙) 사이의 관계는 횡령죄로 보호할 만한 가치가 있는 위탁관계가 아니므로, 丙에 대한 관계에서 횡령죄가 성립하지 않는다(대판 2018.7.19. 2017도17494 전원합의체).

정답 ②

76 배임수재죄와 배임증재죄에 관한 다음 설명 중 가장 옳지 않은 것은? (다툼이 있는 경우 판례에 의함)

2016년 법원직

① 배임수재죄의 구성요건 중 '부정한 청탁'이란 반드시 업무상 배임의 내용이 되는 정도에 이를 필요는 없고, 사회상규 또는 신의성실의 원칙에 반하는 것을 내용으로 하면 족하다.
② 배임수재죄는 임무에 관하여 부정한 청탁을 받고 재물 또는 재산상 이익을 취득하면 성립되고, 어떠한 임무위배행위를 하거나 본인에게 손해를 가하는 것을 요건으로 하지 아니한다.
③ 배임수재죄와 배임증재죄는 필요적 공범의 관계에 있으므로, 배임증재죄는 성립하지 않으면서 배임수재죄만이 성립할 수는 없다.
④ 학교법인의 이사장 또는 사립학교경영자가 학교법인 운영권을 양도하고 양수인으로부터 양수인측을 학교법인의 임원으로 선임해 주는 대가로 양도대금을 받기로 하는 내용의 청탁을 받았다 하더라도, 특별한 사정이 없는 한 그 청탁을 배임수재죄의 구성요건인 '부정한 청탁'에 해당한다고 할 수 없다.

해설

① [O] 대판 2013.11.14. 2011도11174
② [O] 대판 2013.11.14. 2011도11174 등
③ [X] 형법 제357조 제1항의 배임수재죄와 같은 조 제2항의 배임증재죄는 통상 필요적 공범의 관계에 있기는 하나, 이것은 반드시 수재자와 증재자가 같이 처벌받아야 하는 것을 의미하는 것은 아니고, 증재자에게는 정당한 업무에 속하는 청탁이라도 수재자에게는 부정한 청탁이 될 수도 있다(대판 2011.10.27. 2010도7624).
④ [O] 운영권을 양도함에 있어 양수인을 학교법인의 임원으로 선임하여 운영권을 행사할 수 있도록 해달라는 청탁은 특별한 사정이 없는 한 부정한 청탁이라고 볼 수 없다(대판 2014.01.23. 2013도11735).

정답 ③

77. 배임수재죄에 관한 설명 중 옳지 않은 것은 몇 개인가? (판례에 의함)

2012년 제3차 경찰 변형

㉠ 정상적으로 KOC 위원의 위촉절차를 밟지 않고 KOC 위원이 되고자 KOC 위원장에게 KOC 위원으로 선임해 달라는 등의 부탁은 배임수재의 부정한 청탁에 해당한다.
㉡ 형법 제357조 제1항의 배임수재죄는 타인의 사무를 처리하는 자의 청렴성을 보호하려는 것으로서 타인의 사무를 처리하는 자가 그 임무에 관하여 부정한 청탁을 받고 재물 또는 재산상의 이익을 취득함으로써 성립되고 청탁에 따른 일정한 행위가 현실적으로 행하여질 것을 요하지 않는다.
㉢ 회원제 골프장의 예약업무 담당자가 부킹대행업자의 청탁에 따라 회원에게 제공해야 하는 주말부킹권을 부킹대행업자에게 판매하고 그 대금 명목의 금품을 받은 경우 배임수재죄에 해당한다.
㉣ 규정이 허용되는 범위 내에서 최대한의 선처를 바란다는 청탁을 받고 그 사례로 금품을 수수한 경우 배임수재죄의 '부정한 청탁'에 해당한다.

① 1개
② 2개
③ 3개
④ 4개

해설

㉠ [O] 대판 2005.1.14. 2004도6646
㉡ [O] 대판 1987.11.24. 87도1560
㉢ [O] 대판 2008.12.11. 2008도6987
㉣ [X] 청탁한 내용이 단순히 규정이 허용하는 범위내에서 최대한의 선처를 바란다는 내용에 불과하다면 사회상규에 어긋난 부정한 청탁이라고 볼 수 없다(대판 1982.9.28. 82도1656). ☞ 배임수재죄 및 배임증재죄 불성립

정답 ①

78 다음 보기 중 옳은 것은 모두 몇 개인가? (판례에 의함) 2005 법원9급, 2015년 경찰 변형

㉠ 형법상 장물의 보관을 단지 알선만 하는 행위는 처벌하지 아니한다.
㉡ 재산범죄를 저지른 이후에 별도의 재산범죄의 구성요건에 해당하는 사후행위가 있었다면 비록 그 행위가 불가벌적 사후행위로서 처벌의 대상이 되지 않는다 할지라도, 그 사후행위로 인하여 취득한 물건은 재산범죄로 인하여 취득한 물건으로서 장물이 될 수 있다.
㉢ 장물인 현금 또는 수표를 금융기관에 예금의 형태로 보관하였다가 이를 반환받기 위하여 동일한 액수의 현금 또는 수표를 인출한 경우, 예금계약의 성질상 그 인출된 현금 또는 수표는 당초의 현금 또는 수표와 물리적인 동일성이 상실되었으므로 장물로서의 성질도 상실된다.
㉣ 절도범인으로부터 장물보관의 의뢰를 받은 자가 그 정을 알면서 이를 인도받아 보관하고 있다가 임의 처분한 경우에는 장물보관죄와 별도로 횡령죄가 성립한다.
㉤ 대표이사 甲이 회사 자금으로 乙에게 주식매각 대금조로 금원을 지급한 경우 그 금원은 단순히 횡령 행위에 제공된 물건으로 장물에 해당하지 않는다.
㉥ 장물인 정을 모르고 장물을 보관하였다가 그 후에 장물임을 알게 된 경우 그 정을 알고서도 이를 계속하여 보관하더라도 점유할 권한이 있는 때에는 장물보관죄가 성립하지 않는다.

① 1개
② 2개
③ 3개
④ 4개

해설

㉠ [X]

> 형법 제362조(장물의 취득, 알선 등) ① 장물을 취득, 양도, 운반 또는 보관한 자는 7년 이하의 징역 또는 1천500만원 이하의 벌금에 처한다.
> ② 전항의 행위를 알선한 자도 전항의 형과 같다.

㉡ [O] 대판 2004.4.16. 2004도353 ☞ 예컨대, 甲이 乙녀를 기망하여 현금을 丙의 계좌로 전송하도록 하여 사기죄를 범한 후, 현금자동지급기에서 계좌전송된 현금을 인출하는 행위는 불가벌적 사후행위로서 乙녀에 대한 관계에서 별도로 횡령죄는 성립하지 않으나, 이와 같이 취득한 현금은 장물이 될 수 있다는 취지
㉢ [X] 현금 또는 수표가 장물인 경우, 이를 대체한 대체장물인 현금 또는 수표 역시 장물성이 인정된다(대판 2004.4.16. 2004도353 등).
㉣ [X] 장물보관죄가 성립하는 때에는 이미 그 소유자의 소유물 추구권을 침해하였으므로 그 후의 횡령행위는 불가벌적 사후행위에 불과하여 별도로 횡령죄가 성립하지 않는다(대판 2004.4.9. 2003도8219).
㉤ [X] 그 금원은 단순히 횡령행위에 제공된 물건이 아니라 횡령행위에 의하여 영득된 장물에 해당한다고 할 것이고, 나아가 설령 甲이 乙에게 금원을 교부한 행위 자체가 횡령행위라고 하더라도 이러한 경우 甲의 업무상횡령죄가 기수에 달하는 것과 동시에 그 금원은 장물이 된다(대판 2004.12.9. 2004도5904).
㉥ [O] 전당포영업자가 보석들을 전당잡으면서 인도받을 당시 장물인 정을 몰랐다가 그 후 장물일지도 모른다고 의심하면서 소유권포기각서를 받은 경우, 장물취득죄에 해당하지 않고, 또한 전당포영업자가 대여금채권의 담보로 보석들을 전당잡은 경우에는 이를 점유할 권한이 있는 때에 해당하여 장물보관죄 역시 성립하지 않는다(대판 2006.10.13. 2004도6084).

정답 ②

79 장물죄에 관한 설명으로 가장 적절하지 않은 것은? (다툼이 있는 경우 판례에 의함) 2019년 제2차 경찰

① 전당포영업자가 보석들을 전당잡으면서 인도받을 당시 장물인 정을 몰랐다가 그 후 장물일지도 모른다고 의심하면서 소유권포기각서를 받은 경우, 장물취득죄가 성립하지 않는다.
② 피고인이 업무상 과실로 장물을 보관하고 있다가 이를 처분한 경우, 업무상과실장물보관죄와 별도로 횡령죄가 성립한다.
③ 甲이 권한 없이 인터넷뱅킹으로 타인의 예금계좌에서 자신의 예금계좌로 돈을 이체한 후 그 중 일부를 인출하여 그 정을 아는 乙에게 교부한 경우, 乙에게는 장물취득죄가 성립하지 않는다.
④ 장물인 현금과 자기앞수표를 금융기관에 예치하였다가 현금으로 인출한 경우에도 장물성은 그대로 유지된다.

해설

① [O] 보석을 인도받을 당시 장물인 정을 몰랐으므로 장물취득죄에 해당하지 않고, 또한 전당포영업자가 대여금채권의 담보로 보석들을 전당잡은 경우에는 이를 점유할 권한이 있는 때에 해당하여 장물보관죄 역시 성립하지 않는다(대판 2006.10.13. 2004도6084). ☞ 장물취득죄 및 장물보관죄 모두 불성립
② [X] 甲이 乙로부터 장물인 고려청자 원앙형 향로 1점을 2억 5천만원에 매각하여 달라는 의뢰를 받음에 있어 위 향로가 장물인지 여부를 확인하여야 할 업무상 주의의무가 있음에도 이를 게을리한 과실로 향로를 넘겨받아 장물을 보관하던 중, 丙으로부터 금원을 차용하면서 위 향로를 담보로 제공한 경우, 업무상과실장물보관죄가 성립하는 때에는 이미 그 소유자의 소유물 추구권을 침해하였으므로 그 후의 횡령행위는 불가벌적 사후행위에 불과하여 별도로 횡령죄가 성립하지 않는다(대판 2004.4.9. 2003도8219). ☞ 업무상과실장물보관죄만 성립하고 별도로 횡령죄는 불성립
③ [O] 甲이 컴퓨터 등 사용사기죄에 의하여 취득한 예금채권은 재물이 아니라 재산상 이익이므로, 그가 자신의 예금계좌에서 돈을 인출하였더라도 장물을 금융기관에 예치하였다가 인출한 것으로 볼 수 없다(대판 2004.4.16. 2004도353). ☞ 乙에게 장물취득죄 불성립
④ [O] 금전은 고도의 대체성을 가지고 있어 다른 종류의 통화와 쉽게 교환할 수 있고, 그 금전 자체는 별다른 의미가 없고 금액에 의하여 표시되는 금전적 가치가 거래상 의미를 가지고 유통되고 있는 점에 비추어 볼 때, 장물인 현금을 금융기관에 예금의 형태로 보관하였다가 이를 반환받기 위하여 동일한 액수의 현금을 인출한 경우에 예금계약의 성질상 인출된 현금은 당초의 현금과 물리적 동일성은 상실되었지만 액수에 의하여 표시되는 금전적 가치에는 아무런 변동이 없으므로 장물로서의 성질은 그대로 유지된다고 봄이 상당하고, 자기앞수표도 그 액면금을 즉시 지급받을 수 있는 등 현금에 대신하는 기능을 가지고 거래상 현금과 동일하게 취급되고 있는 점에서 금전의 경우와 동일하게 보아야 한다(대판 2004.3.12. 2004도134).

정답 ②

80 다음 중 장물인 것은? (다툼이 있는 경우 판례에 의함)   2009년 경찰

① 권한 없이 인터넷뱅킹으로 타인의 예금계좌에서 자신의 예금계좌로 예금을 이체한 후 인출한 돈
② 구 임산물단속에 관한 법률 위반죄에 의하여 생긴 임산물
③ 리프트 탑승권 발매기를 전산 조작하여 위조한 탑승권을 발매기에서 뜯어 간 경우의 위조 탑승권
④ 채무자가 채권자에게 양도담보로 제공한 물건을 채무자가 임의로 제3자에게 양도한 경우의 양도담보목적물

해설

① [X] 컴퓨터등사기죄에 의하여 취득한 예금채권은 재물이 아니라 재산상 이득이므로 장물이 아니다(대판 2004.4.16. 2004도353).
② [X] 산림법 제93조 소정의 절취한 임산물이 아니고 임산물단속에 관한 법률위반(무허가입목벌채)죄에 의하여 생긴 임산물은 재산 범죄적 행위에 의한 것이 아니기 때문에 장물이 될 수 없다(대판 1975.9.23. 74도1804).
③ [O] 위조유가증권도 금제품이지만 형법상 재물로서 절도죄의 객체가 되고, 리프트탑승권 발매기를 전산 조작하여 위조한 탑승권을 발매기에서 뜯어 간 행위는 절도죄가 성립하므로, 이로 인하여 영득한 리프트탑승권은 장물이 된다(대판 1998.11.24. 98도2967).
④ [X] 채권확보 등으로 양도담보로 제공한 물건을 다시 타에 양도한 행위는 횡령죄 및 배임죄 모두에 해당하지 않는다. 따라서 그 물건은 장물이라고 볼 수 없다(대판 1983.11.8. 82도2119).

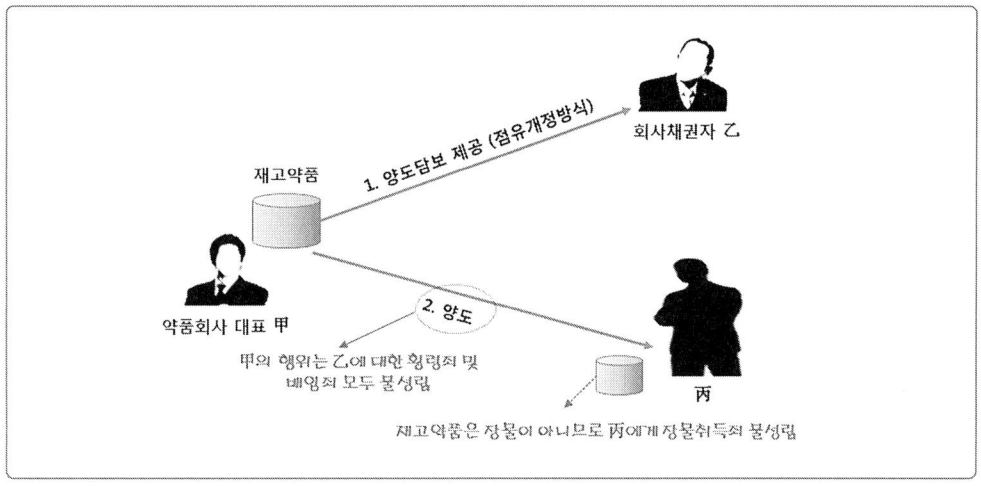

정답 ③

81 장물죄에 대한 설명으로 옳은 것은 모두 몇 개인가? (다툼이 있는 경우 판례에 의함)

2014년 경찰간부, 2017 경찰 변형

㉠ 장물이라 함은 재산죄인 범죄행위에 의하여 영득된 물건을 말하는 것으로서, 본범의 행위에 관한 법적평가는 그 행위에 대하여 우리 형법이 적용되지 아니하는 경우에도 우리 형법을 기준으로 하여야 하고 또한 이로써 충분하다.

㉡ 甲이 乙을 기망하여 乙이 甲의 계좌로 현금 1천만 원을 송금한 경우 甲이 사기죄로 취득한 것은 예금채권으로서 재물이 아니라 재산상 이익이어서 당해 현금 1천만 원은 장물에 해당하지 않는다.

㉢ 업무상 과실로 장물을 보관하고 있다가 임의처분한 경우에는 업무상과실장물보관죄 이외에 별도로 횡령죄가 성립한다.

㉣ 장물죄는 타인(본범)이 불법하게 영득한 재물의 처분에 관여하는 범죄이므로 자기의 범죄에 의하여 영득한 물건에 대하여는 성립되지 아니하고 이는 불가벌적 사후행위에 해당한다고 할 것이지만, 여기에서 자기의 범죄라 함은 정범자(공동정범과 합동범을 포함한다)에 한정된다.

㉤ 피고인이 도난차량인 미등록 수입자동차를 취득하여 신규등록을 마친 후 위 자동차가 장물일지도 모른다고 생각하면서 이를 양도한 경우, 피고인에게 장물양도죄가 인정되지 않는다.

① 1개 ② 2개
③ 3개 ④ 4개

해설

㉠ **[O]** 대한민국 국민 또는 외국인이 미국 캘리포니아주에서 미국 리스회사와 미국 캘리포니아주의 법에 따라 차량 이용에 관한 리스계약을 체결하면서 준거법에 관하여는 별도로 약정하지 아니하였는데, 이후 자동차수입업자인 甲이 리스기간 중 위 리스이용자들이 임의로 처분한 리스계약의 목적물인 차량들을 수입한 경우, 위 차량들을 임의로 처분한 행위는 (우리)형법상 횡령죄의 구성요건에 해당하는 위법한 행위로 평가되고 이에 의하여 영득된 위 차량들은 장물에 해당하므로, 이를 수입한 甲의 행위는 장물취득죄가 성립한다(대판 2011.4.28. 2010도15350).

㉡ **[X]** 피해자가 본범의 기망행위에 속아 현금을 甲 명의의 은행 예금계좌로 송금하였다면, 이는 '재물'에 해당하는 현금을 교부하는 방법이 예금계좌로 송금하는 형식으로 이루어진 것에 불과하다(대판 2010.12.9. 2010도6256). ☞ 재산상의 이익이 아니라 재물을 교부한 경우에 해당

㉢ **[X]** 甲이 乙로부터 장물인 고려청자 원앙형 향로 1점을 2억 5,000만 원에 매각하여 달라는 의뢰를 받음에 있어 위 향로가 장물인지 여부를 확인하여야 할 업무상 주의의무가 있음에도 이를 게을리한 과실로 위 향로를 넘겨받아 장물을 보관하던 중, 丙으로부터 금원을 차용하면서 향로를 담보로 제공한 경우, 甲이 업무상 과실로 장물인 향로를 보관하고 있다가 처분한 행위는 업무상과실장물보관죄의 가벌적 평가에 포함되고 별도로 횡령죄를 구성하지 않는다(대판 2004.4.9. 2003도8219). ☞ 업무상과실장물보관죄만 성립하고, 별도로 횡령죄 불성립

㉣ **[O]** 대판 1986.9.9. 86도1273

㉤ **[X]** 처음부터 장물인 정을 알고 취득하였다면 장물취득죄에 해당할 것이나, 장물인 정을 모르고 취득하였다가 이후 장물인 정을 알고 양도하였다면 장물양도죄가 성립한다(대판 2011.05.13. 2009도3552). ☞ 장물양도죄 성립

정답 ②

82 장물죄에 대한 설명으로 옳지 않은 것은? (다툼이 있는 경우 판례에 의함)   2021년 경찰간부

① 단순히 보수를 받고 본범을 위하여 장물을 일시 사용하거나 그와 같이 사용할 목적으로 장물을 건네받은 것만으로는 장물을 취득한 것으로 볼 수 없다.
② 컴퓨터등사용사기죄의 범행으로 예금채권을 취득한 다음 자기의 현금카드를 사용하여 현금자동지급기에서 현금을 인출한 경우, 그 인출된 현금은 장물이 될 수 없다.
③ 권한 없이 인터넷뱅킹으로 타인의 계좌에서 자신의 계좌로 돈을 이체한 후 그 중 일부를 인출하여 그 정을 아는 제3자에게 교부한 경우, 제3자에게는 장물취득죄가 성립하지 않는다.
④ 장물죄의 본범의 행위에 관한 법적 평가는 그 행위에 대하여 우리 형법이 적용되지 아니하는 경우에는 다른 특별한 사정이 없는 한 국제사법의 규정에 좇아 정하여지는 준거법을 기준으로 하여야 한다.

해설

① [O] 甲은 乙로부터 보수를 줄터이니 물건을 구입하여 달라는 부탁을 받고 신용카드 2장을 교부받았는데 당시 甲은 그 신용카드가 乙이 습득한 것이라는 정을 알고 있었던 경우(대판 2003.5.13. 2003도1366) ☞ 장물취득죄가 아니라 장물보관죄 성립
② [O] 컴퓨터등사용사기죄의 범행으로 예금채권을 취득한 다음 자기의 현금카드를 사용하여 현금자동지급기에서 현금을 인출한 경우, 현금카드 사용권한 있는 자의 정당한 사용에 의한 것으로서 현금자동지급기 관리자의 의사에 반하거나 기망행위 및 그에 따른 처분행위도 없었으므로, 별도로 절도죄나 사기죄의 구성요건에 해당하지 않는다 할 것이고, 그 결과 그 인출된 현금은 재산범죄에 의하여 취득한 재물이 아니므로 장물이 될 수 없다(대판 2004.4.16. 2004도353).
③ [O] 甲이 권한 없이 인터넷뱅킹으로 타인의 예금계좌에서 자신의 예금계좌로 돈을 이체한 후 그 중 일부를 인출하여 그 정을 아는 乙에게 교부한 경우, 甲이 컴퓨터 등 사용사기죄에 의하여 취득한 예금채권은 재물이 아니라 재산상 이익이므로, 그가 자신의 예금계좌에서 돈을 인출하였더라도 장물을 금융기관에 예치하였다가 인출한 것으로 볼 수 없다(대판 2004.4.16. 2004도353). ☞ 乙에게 장물취득죄 불성립
④ [X] 본범의 행위에 관한 법적 평가는 그 행위에 대하여 우리 형법이 적용되지 아니하는 경우에도 '우리 형법을 기준'으로 하여야 하고 또한 이로써 충분하므로, 본범의 행위가 우리 형법에 비추어 절도죄 등의 구성요건에 해당하는 위법한 행위라고 인정되는 이상 이에 의하여 영득된 재물은 장물에 해당한다(대판 2011.4.28. 2010도15350).

> 대한민국 국민 또는 외국인이 미국 캘리포니아주에서 미국 리스회사와 미국 캘리포니아주의 법에 따라 차량 이용에 관한 리스계약을 체결하였는데, 자동차수입업자인 피고인이 리스기간 중 리스이용자들이 임의로 처분한 차량들을 수입한 경우, 외국인이 차량들을 임의로 처분한 행위는 우리 형법이 적용되지 않더라도 우리 형법상 횡령죄의 구성요건에 해당하는 위법한 행위로 평가되고 이에 의하여 영득한 차량들은 장물에 해당한다(대판 2011.4.28. 2010도15350). ☞ 장물취득죄 성립

정답 ④

83 「형법」상 구성요건에 대한 설명으로 옳은 것은? (다툼이 있는 경우 판례에 의함) 2021년 경찰간부

① 특수상해죄(형법 제258조의2)는 흉기를 휴대하거나 2인 이상이 합동하여 상해 또는 존속상해의 죄를 범한 경우를 처벌하는 규정이다.
② 중체포·감금죄(형법 제277조)는 사람을 체포 또는 감금하여 생명에 대한 위험을 발생하게 한 경우를 처벌하는 규정으로, 결과적 가중범이자 구체적 위험범이다.
③ 준사기죄(형법 제348조)는 미성년자의 심신상실 또는 항거불능상태를 이용하여 재물의 교부를 받거나 재산상의 이익을 취득한 경우를 처벌하는 규정이다.
④ 업무상과실장물취득죄(형법 제364조)는 '업무'가 신분요소로 작용하는 경우로서, 업무자의 신분이 있는 경우에만 범죄가 성립하는 진정신분범이다.

해설

① [X]

> **제258조의2(특수상해)** ① 단체 또는 다중의 위력을 보이거나 위험한 물건을 휴대하여 제257조 제1항(상해) 또는 제2항(존속상해)의 죄를 범한 때에는 1년 이상 10년 이하의 징역에 처한다.
> ② 단체 또는 다중의 위력을 보이거나 위험한 물건을 휴대하여 제258조(중상해, 존속중상해)의 죄를 범한 때에는 2년 이상 20년 이하의 징역에 처한다.
> ③ 제1항의 미수범은 처벌한다.

② [X] 중체포·감금죄는 '생명에 대한 위험'을 구성요건요소로 하는 것이 아니므로 결과적 가중범이 아니며, 구체적 위험범에도 해당하지 않는다.

> **제277조(중체포, 중감금)** ① 사람을 체포 또는 감금하여 가혹한 행위를 가한 자는 7년 이하의 징역에 처한다.

③ [X]

> **제348조(준사기)** ① 미성년자의 지려천박 또는 사람의 심신장애를 이용하여 재물의 교부를 받거나 재산상의 이익을 취득한 자는 10년 이하의 징역 또는 2천만원 이하의 벌금에 처한다.
> **제299조(준강간, 준강제추행)** 사람의 심신상실 또는 항거불능의 상태를 이용하여 간음 또는 추행을 한 자는 제297조, 제297조의2 및 제298조의 예에 의한다.

④ [O] ⅰ) 업무상과실치사상죄 등에 있어서는 업무자라는 신분으로 인하여 과실치사상죄의 형보다 가중처벌되는 것이므로 부진정 신분범에 해당하나, ⅱ) 형법상 단순과실장물죄 처벌규정이 없으므로 업무상과실장물죄는 업무자라는 신분으로 인하여 가중처벌되는 것이 아니라 그 자체가 기본적 구성요건에 해당하여 업무자라는 신분이 인정되어야 구성요건해당성이 인정되는 진정신분범에 해당한다.

정답 ④

84 재물손괴죄 등에 대한 설명으로서 옳은 것을 모두 고른 것은? (판례에 의함)   2010년 법원행시

(가) 밭에서 재배되었으나 미처 수확되지 않은 농작물의 소유권을 이전받기 위해서는 명인방법을 실시하여야 하므로, 그러한 농작물을 매도한 사람이 매수인의 명인방법이 실시되기 전에 농작물을 파헤쳐 훼손하였다고 하더라도 재물손괴죄가 성립하지 않는다.
(나) 재물손괴죄에서 재물의 효용을 해한다고 함은 그 물건의 본래의 사용목적에 공할 수 없게 하는 상태로 만드는 것은 물론 일시 그것을 이용할 수 없는 상태로 만드는 것도 이에 해당한다.
(다) 경락받은 공장건물에 시설되어 있는 자재가 경락에서 제외되어 있고 그것이 종전 건물소유자의 소유에 속할 경우 자재의 소유자가 이를 철거해 가지 않는다고 하여 그에게 철거를 최고하는 등의 조치를 취하지 않고 일방적으로 철거하여 손괴한다면 재물손괴의 범의가 있다고 보아야 한다.
(라) 약속어음의 수취인이 차용금의 지급담보를 위하여 은행에 보관시킨 약속어음을 은행지점장이 발행인의 부탁을 받고 그 지급기일란의 일자를 지움으로써 그 효용을 해한 경우에는 문서손괴죄가 성립한다.
(마) 경리직원이 회사의 물품판매와 수금 등에 불가결한 회사 소유의 매출계산서를 자기의 집으로 반출하여 은닉하면서 자기의 봉급인상 요구에 회사가 응하지 않는다는 이유로 회사의 매출계산서 반환요구를 거부함으로써 이를 사용할 수 없는 상태로 만들었다면 문서은닉죄에 해당한다.

① (가), (나), (다), (라), (마)
② (가), (나), (다), (마)
③ (나), (다), (라), (마)
④ (가), (나), (라)

해설

(가) [O] 쪽파의 매수인이 명인(明認)방법을 갖추지 않은 경우, 쪽파에 대한 소유권을 취득하였다고 볼 수 없어 그 소유권은 여전히 매도인에게 있다(대판 1996.2.23. 95도2754). ☞ 위 농작물은 여전히 매도인인 자신의 재물이므로 재물손괴죄의 객체인 '타인의 재물'로 볼 수 없다.
(나) [O] 대판 1982.7.13. 82도1057
(다) [O] 대판 1990.5.22. 90도700
(라) [O] 대판 1982.7.27. 82도223
(마) [O] 대판 1971.11.23. 71도1576

> **형법 제366조(재물손괴등)** 타인의 재물, 문서 또는 전자기록등 특수매체기록을 손괴 또는 은닉 기타 방법으로 기 효용을 해한 자는 3년 이하의 징역 또는 700만원 이하의 벌금에 처한다.

정답 ①

85 다음 사례 중 재물손괴죄가 성립하지 않는 것은? (다툼이 있는 경우 판례에 의함) 2022년 경찰2차

① 타인 소유의 광고용 간판을 백색페인트로 도색하여 광고문안을 지워버린 행위
② 자동문을 수동으로만 개폐가 가능하게 하여 자동잠금장치로서 역할을 할 수 없도록 한 행위
③ 甲이 A의 차량 앞에는 철근콘크리트 구조물을, 뒤에는 굴삭기 크러셔를 바짝 붙여 놓아 A의 차량을 17~18시간 동안 운행할 수 없게 한 행위
④ A주식회사 직원인 甲과 乙이 유색 페인트와 래커 스프레이를 이용하여 A회사 소유의 도로바닥에 직접 문구를 기재하거나 도로 위에 놓인 현수막 천에 문구를 기재하여 페인트가 바닥으로 배어나와 도로에 배게 한 행위

해설

① [O] 타인 소유의 광고용 간판을 백색페인트로 도색하여 광고문안을 지워버린 행위는 재물손괴죄를 구성한다(대판 1991.10.22. 91도2090).
② [O] 甲이 乙로부터 건물 1층 출입구의 자동문 설치공사를 도급받아 시공하면서 위 공사를 마쳤는데도 잔금을 지급받지 못하였고 그 후 추가로 자동문의 번호키 설치공사를 도급받아 시공하게 되자 자동문의 자동작동중지 예약기능을 이용하여 자동문이 자동으로 여닫히지 않도록 설정함으로써 자동문을 자동으로 작동하지 않고 수동으로만 개폐가 가능하게 하여 자동잠금장치로서 역할을 할 수 없도록 한 경우(대판 2016.11.25. 2016도9219). ☞ 재물손괴죄 성립
③ [O] 차량 앞뒤에 쉽게 제거하기 어려운 구조물 등을 붙여 놓은 행위는 차량에 대한 유형력 행사로 보기에 충분하고, 차량 자체에 물리적 훼손이나 기능적 효용의 멸실 내지 감소가 발생하지 않았더라도 A가 위 구조물로 인해 차량을 운행할 수 없게 됨으로써 일시적으로 본래의 사용목적에 이용할 수 없게 된 이상 차량 본래의 효용을 해한 경우에 해당한다(대판 2021.5.7. 2019도13764). ☞ 재물손괴죄 성립
④ [X] 도로의 이용자들이 이 부분 도로를 통행할 때 그 문구로 인하여 불쾌감, 저항감을 느껴 이를 본래의 사용 목적대로 사용할 수 없을 정도에 이르렀다고 보기 부족한 점, 도로 바닥에 페인트와 래커 스프레이로 쓰여 있는 여러 문구는 아스팔트 접착용 도료로 덧칠하는 등의 방법으로 원상회복되었는데, 그다지 많은 시간과 큰 비용이 들었다고 보이지 않는 점 등을 종합하면, 피고인들이 위와 같은 방법으로 도로 바닥에 여러 문구를 써놓은 행위가 위 도로의 효용을 해하는 정도에 이른 것이라고 보기 어렵다(대판 2020.3.27. 2017도20455). ☞ 다중의 위력으로써 도로의 효용을 해함으로 인한 특수재물손괴죄 불성립

정답 ④

86 손괴죄에 대한 다음 설명 중 옳지 않은 것으로 짝지은 것은? (다툼이 있는 경우 판례에 의함)

2017년 경찰간부

㉠ 문서에 대한 종래의 사용상태가 문서 소유자의 의사에 반하여 또는 문서 소유자의 의사와 무관하게 이루어진 경우에 단순히 종래의 사용상태를 제거하거나 변경시키는 것에 불과하고 문서 소유자의 문서 사용에 지장을 초래하지 않은 경우에는 문서손괴죄가 성립하지 아니한다.
㉡ 甲은 A건물 1층 출입구 자동문의 설치공사를 맡았던 자로서, 설치자가 아니면 해제할 수 없는 자동문의 자동작동중지예약기능을 이용하여 특정시점부터 자동문이 수동으로만 여닫히게 하였으나, 자동문이 자동잠금 장치로서 일시적으로 역할을 할 수 없게 된 것에 그쳤다면 재물손괴죄가 성립하지 않는다.
㉢ 재건축사업으로 철거예정이고 그 입주자들이 모두 이사하여 아무도 거주하지 않은 채 비어 있는 아파트라 하더라도, 그 객관적 성상이 본래 사용목적인 주거용으로 쓰일 수 없는 상태라거나 재물로서의 이용가치나 효용이 없는 물건이 되었다고 할 수 없다면 이 아파트는 재물손괴죄의 객체가 된다.
㉣ 이미 타인(타기관)에 접수되어 있는 문서에 대하여 이를 무효화시켜 그 용도에 사용하지 못하게 하였더라도 그 문서가 자기명의의 문서인 경우에는 문서손괴죄가 성립하지 않는다.

① ㉠, ㉡
② ㉠, ㉢
③ ㉡, ㉣
④ ㉢, ㉣

해설

㉠ **[O]** 피고인이 A 아파트 입주자로서 쓰레기 자동집하시설 건립 반대를 위한 비상대책위원회 위원장인바, A 아파트 관리사무소장이 아파트 엘리베이터 벽면에 게시한 'B 시청 생활쓰레기 자동집하시설 공사 반대 탄원에 따른 회신 문서' 1부를 아파트 관리주체의 동의 등 게시물 제거에 필요한 절차를 밟지 않고 엘리베이터 벽면에서 떼어낸 경우, 아파트의 관리사무소장이 회신 문서를 엘리베이터 벽면에 게시한 것은 그 소유자의 의사나 추정적 의사에 따른 것이 아니라 그 소유자인 민원 제기 입주자들의 의사에 반하는 것으로 보일 뿐이므로, 회신 문서를 엘리베이터 벽면에서 떼어낸 행위는 문서손괴죄가 성립하는 것은 아니다(대판 2015.11.27. 2014도13083). ☞ 문서손괴죄 불성립(구성요건해당성이 인정되지 않음)
㉡ **[X]** 자동문을 자동으로 작동하지 않고 수동으로만 개폐가 가능하게 하여 자동잠금장치로서 역할을 할 수 없도록 한 경우에도 재물손괴죄가 성립한다(대판 2016.11.25. 2016도9219).
㉢ **[O]** 다만 재건축사업으로 철거가 예정되어 있는 아파트를 가집행선고부 판결을 받아 철거한 행위는 형법 제20조의 정당행위에 해당하여 위법성이 조각된다(대판 2007.9.20. 2007도5207).
㉣ **[X]** 형법상의 문서손괴죄를 구성한다(대판 1987.4.14. 87도177). ☞ 자기명의의 문서라 할지라도 타인에게 양도한 이상 그때부터는 재물손괴죄의 객체인 '타인의' 문서에 해당한다.

정답 ③

87 경계침범죄에 관한 설명 중 가장 틀린 것은? (판례에 의함) 2003년 법원행시

① 종래 통용되던 사실상의 경계가 법률상의 정당한 경계가 아니더라도 경계로서의 객관성을 상실하지 않는 한 형법상의 경계에 해당한다.
② 계표의 손괴 등의 행위가 있더라도 토지경계의 인식불능의 결과가 발생하지 않는 한 경계침범죄가 성립하지 않는다.
③ 건물을 신축하면서 건물의 처마를 피해자소유의 가옥 지붕 위로 나오게 한 것은 경계침범죄에 해당한다.
④ 일시적인 경계도 경계침범죄의 객체가 될 수 있다.
⑤ 경계는 이해관계인들이 묵시적 합의에 의하여 정하여질 수도 있다.

해설

① [O] 대판 1992.12.8. 92도1682
② [O] 대판 1992.12.8. 92도1682
③ [X] 처마를 피해자소유의 가옥지붕위로 나오게 한 사실만으로는 양토지의 경계가 인식불능되었다고 볼 수 없다(대판 1984.2.28. 83도1533). ☞ 경계침범죄 불성립
④ [O] ⑤ [O] 대판 1999.4.9. 99도480

정답 ③

88 다음 중 권리행사방해죄에 관한 설명 중 틀린 것은? 2008년 경찰

① 권리행사방해죄의 구성요건 중 권리에는 점유를 수반하지 않는 채권도 포함된다.
② 형법 제323조의 취거, 은닉 또는 손괴의 물건이 자기의 물건이 아니면 권리행사방해죄가 안 된다.
③ 타인권리목적의 자기 소유 토지(저당권이 설정되어 있음)를 제3자에게 매도하고 소유권이전등기를 한 경우 권리행사방해죄가 된다.
④ 피고인이 피해자에게 담보로 제공한 자동차는 피고인 명의가 아니라 제3자 명의였는데 이를 피고인이 피해자의 승낙 없이 미리 소지하고 있던 위 차량의 보조키를 이용하여 운전하여 간 경우 권리행사방해죄가 성립하지 않는다.

해설

① [O] 대판 1991.4.26. 90도1958
② [O] 대판 1971.1.26. 70도2591

> 형법 제323조(권리행사방해) 타인의 점유 또는 권리의 목적이 된 자기의 물건 또는 전자기록등 특수매체기록을 취거, 은닉 또는 손괴하여 타인의 권리행사를 방해한 자는 5년 이하의 징역 또는 700만원 이하의 벌금에 처한다.

③ [X] 소유권이전등기를 하여 준 행위는 취거, 은닉 또는 손괴행위의 어느 것에도 해당될 수 없다(대판 1972.6.27. 71도1072). ☞ 권리행사방해죄 불성립

④ [O] 피고인이 피해자에게 담보로 제공한 차량이 그 자동차등록원부에 타인 명의로 등록되어 있는 이상 그 차량은 피고인의 소유는 아니다(대판 2005.11.10. 2005도6604).

정답 ③

89 권리행사를 방해하는 죄에 대한 설명 중 가장 적절하지 않은 것은? (다툼이 있는 경우 판례에 의함)

2021년 제2차 경찰

① 무효인 경매절차에서 경매목적물을 경락받아 이를 점유하고 있는 낙찰자의 점유는 적법한 점유로서 그 점유자는 권리행사방해죄에 있어서 타인의 물건을 점유하고 있는 자라고 보아야 한다.
② 주식회사의 대표이사가 그의 지위에 기하여 그 직무집행행위로서 타인이 점유하는 회사의 물건을 취거한 경우에 그 행위는 회사의 대표기관으로서의 행위라고 평가되므로, 그 회사의 물건은 권리행사방해죄에 있어서의 '자기의 물건'이라고 보아야 한다.
③ 개설자격이 없는 자가 의료기관을 개설하여 「의료법」을 위반한 병원의 요양급여비용채권은 해당 의료기관의 채권자가 이를 대상으로 하여 강제집행 또는 보전처분의 방법으로 채권의 만족을 얻을 수 있으므로, 강제집행면탈죄의 객체가 된다.
④ 명의신탁자와 명의수탁자가 계약명의신탁 약정을 맺고 명의수탁자가 당사자가 되어 소유자와 부동산에 관한 매매계약을 체결한 후 그 매매계약에 따라 당해 부동산의 소유권이전등기를 명의수탁자 명의로 마친 경우, 명의신탁자는 그 매매계약에 의해서 당해 부동산의 소유권을 취득하지 못하게 되어, 결국 그 부동산은 명의신탁자에 대한 강제집행이나 보전처분의 대상이 될 수 없다.

해설

① [O] 형법 제323조의 권리행사방해죄에 있어서의 타인의 점유라 함은 권원으로 인한 점유 즉 정당한 원인에 기하여 그 물건을 점유하는 권리있는 점유를 의미하는 것으로서 본권을 갖지 아니한 절도범인의 점유는 여기에 해당하지 아니하나, 반드시 본권에 의한 점유만에 한하지 아니하고 동시이행항변권 등에 기한 점유와 같은 적법한 점유도 여기에 해당한다고 할 것이고, (중략) 이러한 법리는 경매절차가 무효로 된 경우에도 마찬가지라고 할 것이므로, 무효인 경매절차에서 경매목적물을 경락받아 이를 점유하고 있는 낙찰자의 점유는 적법한 점유로서 그 점유자는 권리행사방해죄에 있어서의 타인의 물건을 점유하고 있는 자라고 할 것이다(대판 2003.11.28. 2003도4257).
② [O] 대판 1992.1.21. 91도1170
③ [X] 형법 제327조는 "강제집행을 면할 목적으로 재산을 은닉, 손괴, 허위양도 또는 허위의 채무를 부담하여 채권자를 해한 자"를 처벌한다고 규정하고 있다. 강제집행면탈죄는 강제집행이 임박한 채권자의 권리를 보호하기 위한 것이므로, 강제집행면탈죄의 객체는 채무자의 재산 중에서 채권자가 민사집행법상 강제집행 또는 보전처분의 대상으로 삼을 수 있는 것이어야 한다.(중략) 따라서 의료법에 의하여 적법하게 개설되지 아니한 의료기관에서 요양급여가 행하여졌다면 해당 의료기관은 국민건강보험법상 요양급여비용을 청구할 수 있는 요양기관에 해당되지 아니하여 해당 요양급여비용 전부를 청구할 수 없고, 해당 의료기관의 채권자로서도 위 요양급여비용 채권을 대상으로 하여 강제집행 또는 보전처분의 방법으로 채권의 만족을 얻을 수 없는 것이므로, 결국 위와 같은 채권은 강제집행면탈죄의 객체가 되지 아니한다(대판 2017.4.26. 2016도19982).
④ [O] ⅰ) 명의신탁자와 명의수탁자가 이른바 계약명의신탁 약정을 맺고 명의수탁자가 당사자가 되어 명의신탁 약정이 있다는 사실을 알지 못하는 소유자와 부동산에 관한 매매계약을 체결한 후 그 매매계약에 따라 당해 부동산의 소유권이전등기

를 명의수탁자 명의로 마친 경우에는, 명의신탁자와 명의수탁자의 명의신탁 약정이 무효임에도 불구하고 부동산 실권리자 명의 등기에 관한 법률 제4조 제2항 단서에 의하여 명의수탁자가 당해 부동산의 완전한 소유권을 취득한다. ii) 반면에 소유자가 계약명의신탁 약정이 있다는 사실을 안 경우에는 수탁자 명의의 소유권이전등기는 무효이고 당해 부동산의 소유권은 매도인이 그대로 보유하게 된다. 어느 경우든지 명의신탁자는 그 매매계약에 의해서는 당해 부동산의 소유권을 취득하지 못하게 되어, 결국 그 부동산은 명의신탁자에 대한 강제집행이나 보전처분의 대상이 될 수 없다(대판 2011.12.8. 2010도4129).

정답 ③

90 권리행사방해죄에 관한 다음 설명 중 옳지 않은 것은? (다툼이 있는 경우 판례에 의함) 2016년 경찰간부

① 甲이 명의신탁의 방식으로 乙에게 등기명의를 신탁하여 놓은 점포에 자물쇠를 채워 점포의 임차인을 출입하지 못하게 한 경우에는 권리행사방해죄가 성립하지 아니한다.
② 무효인 경매절차에서 경매목적물을 경락받아 이를 점유하고 있는 낙찰자의 점유는 적법한 점유로서 그 점유자는 권리행사방해죄에 있어서의 타인의 물건을 점유하고 있는 자이다.
③ 렌트카 회사의 공동대표이사 중 1인이 회사 보유 차량을 자신의 개인적인 채무담보 명목으로 피해자에게 넘겨주었는데, 다른 공동대표이사인 피고인이 위 차량을 몰래 회수하도록 한 경우, 피해자의 점유는 권리행사방해죄의 보호대상인 점유에 해당한다.
④ 피고인이 피해자에게 담보로 제공한 차량이 자동차등록원부에 타인 명의로 등록되어 있는 경우에 있어서 피고인이 피해자의 승낙없이 미리 소지하고 있던 위 차량의 보조키를 이용하여 이를 운전하여 간 경우 권리행사방해죄를 구성한다.

해설

① (O) 위 점포는 甲 명의로 등기된 적이 없으므로, 권리행사방해죄의 객체인 자기의 물건에 해당하지 않는다(대판 2005.09.09. 2005도626).
② (O) 권리행사방해죄에 있어서의 타인의 점유라 함은 권원으로 인한 점유 즉 정당한 원인에 기하여 그 물건을 점유하는 권리 있는 점유를 의미하는 것으로서 본권을 갖지 아니한 절도범인의 점유는 여기에 해당하지 아니하나, 반드시 본권에 의한 점유만에 한하지 아니하고 동시이행항변권 등에 기한 점유와 같은 적법한 점유도 여기에 해당한다고 할 것이다(대판 2003.11.28. 2003도4257). ☞ 경매가 무효인 경우, 각 당사자가 서로 취득한 것을 동시에 반환하여야 되고 이 경우 동시이행항변권에 기하여 점유하는 낙찰자의 점유도 적법한 점유로서 권리행사방해죄의 보호대상인 타인의 점유에 해당한다.
③ (O) 피해자의 승용차에 대한 점유는 법정절차를 통하여 점유 권원의 존부가 밝혀짐으로써 분쟁이 해결될 때까지 잠정적으로 보호할 가치 있는 점유에 포함된다(대판 2006.3.23. 2005도4455).
④ (X) 피고인이 피해자에게 담보로 제공한 차량이 그 자동차등록원부에 타인 명의로 등록되어 있는 이상 그 차량은 피고인의 소유는 아니므로, 피고인이 피해자의 승낙 없이 미리 소지하고 있던 위 차량의 보조키를 이용하여 이를 운전하여 간 행위는 권리행사방해죄를 구성하지 않는다(대판 2005.11.10. 2005도6604).

정답 ④

91 권리행사를 방해하는 죄에 대한 다음 설명 중 가장 옳지 않은 것은? (다툼이 있는 경우 판례에 의함)

2019년 경찰간부

① 주식회사의 대표이사가 대표이사의 지위에 기하여 그 직무집행행위로서 타인이 점유하는 위 회사의 물건을 취거하였다고 하더라도 권리행사방해죄가 성립하지 아니한다.
② 본권을 갖지 아니하는 절도범인의 점유는 권리행사방해죄에 있어서 타인의 점유에 해당하지 않는다.
③ 국세징수법에 의한 체납처분은 강제집행면탈죄의 강제집행에 포함되지 않는다.
④ 형법 제327조의 강제집행면탈죄는 채권자가 본안 또는 보전소송을 제기하거나 제기할 태세를 보이고 있는 상태에서 주관적으로 강제집행을 면탈하려는 목적으로 재산을 은닉, 손괴, 허위양도 하거나 허위의 채무를 부담하여 채권자를 해할 위험이 있으면 성립하는 것이고, 반드시 채권자를 해하는 결과가 야기되거나 행위자가 어떤 이득을 취하여야 범죄가 성립하는 것은 아니다.

해설

① **[X]** 위 행위는 위 회사의 대표기관으로서의 행위라고 평가되므로, 위 회사의 물건도 권리행사방해죄에 있어서의 '자기의 물건'이라고 보아야 한다(대판 1992.1.21. 91도1170). ☞ 권리행사방해죄 성립
② **[O]** 乙이 甲소유의 가마솥을 절취하여 자신의 집 마당에 보관하고 있는 것을 甲이 乙의 허락없이 운반하여 가져간 경우, 그 솥이 甲의 소유이고 乙이 이를 절취하여 점유보관하고 있던 것인 이상 甲의 소위는 권리행사방해죄를 구성하지 않는다(대판 1994.11.11. 94도343). ☞ 권리행사방해죄 불성립
③ **[O]** 강제집행면탈죄가 적용되는 강제집행은 민사집행법의 적용대상인 강제집행 또는 가압류·가처분 등의 집행을 가리키는 것이므로, 국세징수법에 의한 체납처분을 면탈할 목적으로 재산을 은닉하는 등의 행위는 위 죄의 규율대상에 포함되지 않는다(대판 2012.4.26. 2010도5693).
④ **[O]** 대판 2009.5.28. 2009도875

정답 ①

92. 강제집행면탈죄에 대한 설명으로 가장 적절하지 않은 것은? (다툼이 있는 경우 판례에 의함)

2017년 경기북부 여경

① 강제집행면탈죄는 채권자의 권리 보호를 주된 보호법익으로 하므로, 채권의 존재는 강제집행면탈죄의 성립요건이다.
② 강제집행면탈죄는 채권자가 본안 또는 보전소송을 제기하거나 제기할 태세를 보이고 있는 상태에서 주관적으로 강제집행을 면탈하려는 목적으로 재산을 은닉, 손괴, 허위 양도하거나 허위의 채무를 부담하여 채권자를 해할 위험이 있으면 성립하는 것이고, 반드시 채권자를 해하는 결과가 야기되거나 행위자가 어떤 이득을 취하여야 범죄가 성립하는 것은 아니다.
③ 강제집행면탈죄의 객체인 재산은 채무자의 재산 중에서 채권자가 민사집행법상 강제집행 또는 보전처분의 대상으로 삼을 수 있는 것을 의미하는데, 장래의 권리라도 채무자와 제3채무자 사이에 채무자의 장래청구권이 충분하게 표시되었거나 결정된 법률관계가 존재한다면 재산에 해당하는 것으로 보아야 한다.
④ 피고인이 자신을 상대로 사실혼관계해소 청구소송을 제기한 甲에 대한 채무를 면탈하려고 피고인 명의 아파트를 담보로 10억 원을 대출받아 그 중 8억 원을 타인 명의 계좌로 입금하여 은닉하였다면, 피고인에게 위자료 채권액을 훨씬 상회하는 다른 재산이 있었다고 하더라도 강제집행면탈죄가 성립한다.

해설

① **(O)** 강제집행면탈죄는 채권자의 권리보호를 주된 보호법익으로 하므로 강제집행의 기본이 되는 채권자의 권리, 즉 채권의 존재는 강제집행면탈죄의 성립요건이다. 따라서 그 채권의 존재가 인정되지 않을 때에는 강제집행면탈죄는 성립하지 않는다(대판 2012.8.30. 2011도2252).

> **형법 제327조(강제집행면탈)** 강제집행을 면할 목적으로 재산을 은닉, 손괴, 허위양도 또는 허위의 채무를 부담하여 채권자를 해한 자는 3년 이하의 징역 또는 1천만원 이하의 벌금에 처한다.

② **(O)** 대판 2009.5.28. 2009도875
③ **(O)** 피해자 甲은 乙의 채권자로서 乙이 丙 소유 부동산 경매사건에서 지급받을 배당금 채권의 일부에 가압류를 해 두었는데, 乙 사망 후 피고인과 丙, 乙의 상속인 등이 공모하여 丙의 乙에 대한 채무가 완제된 것처럼 허위의 채무완제확인서를 작성하여 법원에 제출하는 등의 방법으로 매각허가결정된 丙 소유 부동산의 경매를 취소한 경우, 乙의 상속인들이 丙 소유 부동산의 경매절차에서 배당받을 배당금지급채권은 강제집행면탈죄의 객체인 '재산'에 해당하고, 피고인 등이 丙의 乙에 대한 채권이 완제된 것처럼 가장하여 乙의 상속인 등을 상대로 청구이의의 소를 제기하고 그 판결에 기하여 강제집행정지 및 경매취소에 이르게 한 행위는 소유관계를 불명하게 하는 방법에 의한 '재산의 은닉'에 해당한다(대판 2011.07.28. 2011도6115). ☞ 강제집행면탈죄 성립
④ **(X)** 甲에게 위자료채권액을 훨씬 상회하는 다른 재산이 있었던 이상, 위 행위는 채권자를 해할 우려가 없다(대판 2011.9.8. 2011도5165). ☞ 강제집행면탈죄 불성립

정답 ④

93 권리행사를 방해하는 죄에 관한 다음 설명 중 옳지 않은 것은 몇 개인가? (다툼이 있는 경우 판례에 의함)   2017년 경찰간부, 2018년 법원직 변형

㉠ 형법 제327조의 강제집행면탈죄가 적용되는 강제집행은 「민사집행법」 제2편의 적용 대상인 '강제집행' 또는 가압류·가처분 등의 집행을 가리키는 것이고, 「민사집행법」 제3편의 적용 대상인 '담보권 실행 등을 위한 경매'를 면탈할 목적으로 재산을 은닉하는 등의 행위는 위 죄의 규율 대상에 포함되지 않는다.
㉡ 채권자들에 의한 복수의 강제집행이 예상되는 경우 재산을 은닉 또는 허위양도함으로써 채권자들을 해하였다면 채권자별로 각각 강제집행면탈죄가 성립하고 상호 상상적 경합범의 관계에 있다.
㉢ 甲·乙이 공모하여 렌트카 회사인 A주식회사를 설립한 다음 B주식회사 등의 명의로 저당권등록이 되어 있는 다수의 차량들을 사들여 A회사 소유의 영업용 차량으로 등록한 후 자동차대여사업자등록 취소처분을 받아 차량등록을 직권말소시켜 저당권 등이 소멸되게 하였더라도 甲·乙이 차량들을 은닉하였다고 단정할 수 없으므로 甲·乙에게는 권리행사방해죄가 성립하지 않는다.
㉣ 사업장의 유체동산에 대한 강제집행을 면탈할 목적으로 사업자 등록의 사업자 명의를 변경함이 없이 사업장에서 사용하는 금전등록기의 사업자 이름만을 변경한 경우에는 강제집행면탈죄에 있어서 재산의 '은닉'에 해당한다.
㉤ 휴업급여를 받을 권리는 압류금지채권이나 이를 계좌로 수령하면 더는 압류금지의 효력이 미치지 않아 강제집행의 객체가 되므로, 휴업급여를 기존의 압류된 예금계좌에서 압류되지 않은 다른 계좌로 바꾸어 수령하면 강제집행면탈죄가 성립한다.

① 1개 ② 2개
③ 3개 ④ 4개

> **해설**

㉠ **(O)** 대판 2015.3.26. 2014도14909
㉡ **(O)** 대판 2011.12.8. 2010도4129
㉢ **(X)** 이러한 행위는 그 자체로 저당권자인 B 회사 등으로 하여금 자동차등록원부에 기초하여 저당권의 목적이 된 자동차의 소재를 파악하는 것을 현저하게 곤란하게 하거나 불가능하게 하는 행위로서 '은닉'에 해당한다(대판 2017.05.17. 2017도2230). ☞ 권리행사방해죄 성립
㉣ **(O)** 대판 2003.10.9. 2003도3387
㉤ **(X)** 압류금지채권의 목적물이 채무자의 예금계좌에 입금된 경우에는 그 예금채권에 대하여 더 이상 압류금지의 효력이 미치지 아니하므로 그 예금은 압류금지채권에 해당하지 않지만, 압류금지채권의 목적물이 채무자의 예금계좌에 입금되기 전까지는 여전히 강제집행 또는 보전처분의 대상이 될 수 없으므로, 압류금지채권의 목적물을 수령하는 데 사용하던 기존 예금계좌가 채권자에 의해 압류된 채무자가 압류되지 않은 다른 예금계좌를 통하여 그 목적물을 수령하더라도 강제집행이 임박한 채권자의 권리를 침해할 위험이 있는 행위라고 볼 수 없어 강제집행면탈죄가 성립하지 않는다(대판 2017.8.18. 2017도6229).

정답 ②

94 다음 설명 중 틀린 것은? (판례에 의함)
<small>2009년 법원행시, 2016 법원직 변형</small>

① 타인의 재물을 보관하는 자가 보관하고 있는 재물을 영득할 의사로 '은닉'하였다면 이는 횡령죄를 구성하는 것이고, 이로 인하여 채권자들의 강제집행을 면탈하는 결과를 가져온다면 강제집행면탈죄도 구성한다.
② 가압류채권자의 지위에 있는 채무자가 가압류집행해제를 신청함으로써 그 지위를 상실하는 행위는 강제집행면탈죄에 해당하지 아니한다.
③ 가압류 후에 목적물의 소유권을 취득한 제3취득자가 다른 사람에 대한 허위의 채무에 기하여 근저당권설정등기 등을 경료하더라도 가압류채권자에 대하여 강제집행면탈죄가 성립하지 않는다.
④ 채무자가 제3자 명의로 되어 있던 사업자등록을 또 다른 제3자 명의로 변경한 경우, 사업장 내 유체동산에 관한 소유관계를 종전보다 더 불명하게 하여 채권자에게 손해를 입게 할 위험성을 야기한 것이라고 볼 수 없다.

해설

① **[X]** 피고인이 A 회사가 조만간 최종부도를 피할 수 없고 금융기관 등 채권자의 강제집행이 이어질 것으로 예상하여, 그 강제집행을 면탈함과 동시에 A 회사의 재산을 횡령할 목적으로, 경리직원 등에게 지시하여 A 회사의 자금 10억 원을 대표이사의 가수금반제로 변칙회계처리한 다음 차명계좌를 개설하여 이를 입금하여 은닉한 경우, 진의에 의하여 재산을 양도하였다면 설령 그것이 강제집행을 면탈할 목적으로 이루어진 것으로서 채권자의 불이익을 초래하는 결과가 되었다고 하더라도 강제집행면탈죄의 허위양도 또는 은닉에는 해당하지 아니한다(대판 2000.9.8. 2000도1447). ☞ 특가법위반(횡령)죄 성립, 강제집행면탈죄 불성립

② **[O]** [1] 강제집행면탈죄의 객체는 채무자의 재산 중에서 채권자가 민사집행법상 강제집행 또는 보전처분의 대상으로 삼을 수 있는 것만을 의미하므로, '보전처분 단계에서의 가압류채권자의 지위' 자체는 원칙적으로 민사집행법상 강제집행 또는 보전처분의 대상이 될 수 없어 강제집행면탈죄의 객체에 해당한다고 볼 수 없고, 이는 가압류채무자가 가압류해방금을 공탁한 경우에도 마찬가지이다.
[2] 채무자가 가압류채권자의 지위에 있으면서 가압류집행해제를 신청함으로써 그 지위를 상실하는 행위는 형법 제327조에서 정한 '은닉, 손괴, 허위양도 또는 허위채무부담' 등 강제집행면탈행위의 어느 유형에도 포함되지 않는다(대판 2008.9.11. 2006도8721). ☞ 강제집행면탈죄 불성립

③ **[O]** 가압류에는 처분금지적 효력이 있으므로 가압류 후에 목적물의 소유권을 취득한 제3취득자 또는 그 제3취득자에 대한 채권자는 그 소유권 또는 채권으로써 가압류권자에게 대항할 수 없다. 따라서 '가압류 후'에 목적물의 소유권을 취득한 제3취득자가 다른 사람에 대한 허위의 채무에 기하여 근저당권설정등기 등을 경료하더라도 이로써 가압류채권자의 법률상 지위에 어떤 영향을 미치지 않으므로, 강제집행면탈죄에 해당하지 아니한다(대판 2008.5.29. 2008도2476).

④ **[O]** 피고인이 피해자의 강제집행을 면탈할 목적으로 'A 편의점'에 관한 사업자등록이 피고인의 숙모인 乙 명의로 되어 있던 것을 폐업신고를 한 후, 피고인의 처 丙 명의로 새로 사업자등록을 한 경우, 피고인이 사업자등록 명의를 변경한 것으로 인하여 위 편의점에 있던 유체동산의 소유관계가 더 불분명하게 되었다고 인정할 수 없어 강제집행면탈죄의 '은닉'에 해당하지 않는다(대판 2014.06.12. 2012도2732). ☞ 강제집행면탈죄 불성립

정답 ①

95 강제집행면탈죄에 대한 설명 중 옳은 것은 모두 몇 개인가? (다툼이 있는 경우 판례에 의함)

2017년 제1차 경찰, 2008년 경찰간부 변형

㉠ 이혼을 요구하는 처로부터 재산분할청구권에 근거한 가압류 등 강제집행을 받을 우려가 있는 상태에서 남편이 이를 면탈할 목적으로 허위의 채무를 부담하고 소유권이전청구권보전가등기를 경료한 경우 강제집행면탈죄가 성립하지 않는다.
㉡ 피고인이 자신의 채권담보의 목적으로 채무자 소유의 선박들에 관하여 가등기를 경료하여 두었다가 채무자와 공모하여 위 선박들을 가압류한 다른 채권자들의 강제집행을 불가능하게 할 목적으로 정확한 청산절차도 거치지 않은 채 의제자백판결을 통하여 선순위 가등기권자인 피고인 앞으로 본등기를 경료함과 동시에 가등기 이후에 경료된 가압류등기 등을 모두 직권말소하게 한 경우 '재산상 은닉'에 해당한다.
㉢ 강제집행면탈죄는 반드시 채권자를 해하는 결과가 야기되거나 이로 인하여 행위자가 어떤 이득을 취하여야 성립하므로 허위양도한 부동산의 시가액보다 그 부동산에 의하여 담보된 채무액이 더 많다면 그 허위양도로 인하여 채권자를 해할 위험이 없다.
㉣ 부동산의 선순위가등기권자인 甲이 부동산의 소유자 乙과 공모하여 다른 채권자의 강제집행상황에서 이를 면할 목적으로 甲명의의 소유권이전의 본등기를 경료한 경우
㉤ 甲과 교회목사인 乙명의로 신탁된 교회소유의 토지가 甲의 사업실패로 그 채권자들로부터 강제집행당할 우려가 있자 교회건축 위원회에서 위 2인의 명의신탁을 해지한 후 丙 등 4인 앞으로 명의신탁하기로 결정하고 이에 따라 매매를 원인으로 하여 소유권이전등기를 경료한 경우

① 1개 ② 2개
③ 3개 ④ 4개

해설

㉠ **[X]** 허위채무를 부담한 사실이 인정되므로 강제집행면탈죄가 성립한다(대판 2008.06.26. 2008도3184).
㉡ **[O]** 소유관계를 불명하게 하는 방법에 의한 '재산의 은닉'에 해당한다(대판 2000.07.28. 98도4558). ☞ 강제집행면탈죄 성립
㉢ **[X]** 강제집행면탈죄는 이른바 위태범으로서 강제집행을 당할 구체적인 위험이 있는 상태에서 재산을 은닉, 손괴, 허위양도 또는 허위의 채무를 부담하면 바로 성립하는 것이고, 반드시 채권자를 해하는 결과가 야기되거나 이로 인하여 행위자가 어떤 이득을 취하여야 범죄가 성립하는 것은 아니며, 허위양도한 부동산의 시가액보다 그 부동산에 의하여 담보된 채무액이 더 많다고 하여 그 허위양도로 인하여 채권자를 해할 위험이 없다고 할 수 없다(대판 1999.02.12. 98도2474). ☞ 강제집행면탈죄 성립
㉣ **[O]** 부동산의 선순위 가등기권자와 그 부동산 소유자가 사전모의하여 그 부동산에 관한 다른 채권자의 강제집행을 면할 목적으로 선순위 가등기권자 앞으로 소유권이전의 본등기를 한 경우도 재산의 '은닉'에 해당한다(대판 1983.5.10. 82도1987). ☞ 강제집행면탈죄 성립
㉤ **[X]** 신탁자의 신탁재산에 대한 정당한 권리행사이고 강제집행면탈죄의 구성요건인 허위양도에 해당하지 아니한다(대판 1983.7.26. 82도1524). ☞ 강제집행면탈죄 불성립

정답 ②

96. 재산범죄에 대한 설명 중 옳은 것은 모두 몇 개인가? (다툼이 있는 경우 판례에 의함) 2022년 경찰간부

가. 甲이 야외 결혼식장에서 신부측 축의금 접수인인 것처럼 행세하면서 하객이 신부측 접수대에 축의금을 교부하자 이를 가져간 경우, 사기죄가 성립하지 아니하고 절도죄가 성립한다.

나. 甲이 노상에 주차된 차 안의 현금을 절취하기로 마음먹고 물색하다가 A의 승합차 안에 있는 지갑을 발견하고 차 문이 잠겨있는지 확인하기 위해 양손으로 운전석 문의 손잡이를 잡아당겼다면, 절도죄의 실행에 착수한 것이다.

다. 甲과 乙이 수회에 걸쳐서 "총을 훔쳐 전역 후 은행이나 현금수송차량을 털어 한탕하자"는 말만 나눈 경우, 강도음모죄가 성립하지 아니한다.

라. 장물취득죄에서 '취득'이라 함은 점유를 이전받음으로써 그 장물에 대하여 사실상의 처분권을 획득하는 것을 의미하고, 취득 당시 장물인 정을 알면서 이를 취득하여야 장물취득죄가 성립한다.

마. 강제집행면탈죄는 채권자를 해하는 결과가 야기되거나 이로 인하여 행위자가 일정한 이득을 취하여야 성립한다.

① 2개
② 3개
③ 4개
④ 5개

해설

가. **[O]** 피해자가 결혼예식장에서 신부측 축의금 접수인인 것처럼 행세하는 피고인에게 축의금을 내어 놓자 이를 교부받아 가로챈 경우, 신부측 접수처의 점유를 침탈한 것이다(대판 1996.10.15. 96도2227). ☞ 절도죄 성립

나. **[O]** 이러한 행위는 승합차량 내의 재물을 절취할 목적으로 승합차량 내에 침입하려는 행위에 착수한 것으로 볼 수 있고, 그로써 차량 내에 있는 재물에 대한 피해자의 사실상의 지배를 침해하는 데에 밀접한 행위가 개시된 것으로 보아 절도의 실행에 착수한 것으로 봄이 상당하다(대판 2009.9.24. 2009도5595). ☞ 절도미수죄 성립

다. **[O]** 형법상 음모죄가 성립하는 경우의 음모란 2인 이상의 자 사이에 성립한 범죄실행의 합의를 말하는 것으로, 범죄실행의 합의가 있다고 하기 위하여는 단순히 범죄결심을 외부에 표시·전달하는 것만으로는 부족하고, 객관적으로 보아 특정한 범죄의 실행을 위한 준비행위라는 것이 명백히 인식되고, 그 합의에 실질적인 위험성이 인정될 때에 비로소 음모죄가 성립한다(대판 1999.11.12. 99도3801).

라. **[O]** 장물취득죄는 취득 당시 장물인 정을 알면서 재물을 취득하여야 성립하는 것이므로 피고인이 재물을 인도받은 후에 비로소 장물이 아닌가 하는 의구심을 가졌다고 하여 그 재물수수행위가 장물취득죄를 구성한다고 할 수 없고, 장물인 정을 모르고 장물을 보관하였다가 그 후에 장물인 정을 알게 된 경우 그 정을 알고서도 이를 계속하여 보관하는 행위는 장물죄를 구성하는 것이나 이 경우에도 점유할 권한이 있는 때에는 이를 계속하여 보관하더라도 장물보관죄가 성립한다고 할 수 없다(대판 2006.10.13. 2004도6084).

마. **[X]** 강제집행면탈죄는 재산을 은닉, 손괴, 허위양도하거나 허위의 채무를 부담하여 채권자를 해할 위험이 있으면 성립하는 위태범이고, 반드시 채권자를 해하는 결과가 야기되거나 행위자가 어떤 이득을 취하여야 범죄가 성립하는 것은 아니다(대판 2009.5.28. 2009도875).

정답 ③

제2편 사회적 법익에 대한 죄

제1장 공공의 안전과 평온에 대한 죄

01 범죄단체 등 조직죄에 관한 설명으로 가장 적절하지 <u>않은</u> 것은? (다툼이 있는 경우 판례에 의함)

2020년 제1차 경찰

① 범죄단체 등 조직죄는 사형, 무기 또는 장기 4년 이상의 징역에 해당하는 범죄를 범할 목적이 있어야 한다.
② 「형법」 제114조 소정의 범죄를 목적으로 하는 단체라 함은 특정·다수인이 일정한 범죄를 수행한다는 공동목적 아래 이루어진 계속적인 결합체로서 그 단체를 주도하는 최소한의 통솔체제를 갖추고 있음을 요한다.
③ 피고인들이 총책을 중심으로 간부급 조직원들과 상담원, 현금 인출책 등으로 구성된 보이스피싱 사기 조직을 구성하고 이에 가담하여 조직원으로 활동한 경우는 「형법」상의 범죄단체에 해당한다.
④ 범죄단체 가입행위 또는 범죄단체 구성원으로서 활동하는 행위와 사기행위는 포괄일죄의 관계에 있다.

해설

① **(O)** 형법 제114조(범죄단체 등의 조직) 사형, 무기 또는 장기 4년 이상의 징역에 해당하는 범죄를 목적으로 하는 단체 또는 집단을 조직하거나 이에 가입 또는 그 구성원으로 활동한 사람은 그 목적한 죄에 정한 형으로 처벌한다. 다만, 형을 감경할 수 있다.
② **(O)** 대판 1985.10.8. 85도1515
③ **(O)** 대판 2017.10.26. 2017도8600
④ **(X)** 피고인이 보이스피싱 사기 범죄단체에 가입한 후 사기범죄의 피해자들로부터 돈을 편취하는 등 그 구성원으로서 활동한 경우, 범죄단체 가입행위 또는 범죄단체 구성원으로서 활동하는 행위와 사기행위는 각각 별개의 범죄구성요건을 충족하는 독립된 행위이고 서로 보호법익도 달라 법조경합 관계로 목적된 범죄인 사기죄만 성립하는 것은 아니다(대판 2017.10.26. 2017도8600). ☞ 사기죄와 별도로 범죄단체가입죄 및 활동죄 성립

정답 ④

02 다음 설명 중 가장 옳지 않은 것은?   2015년 법원직

① 형법 제114조의 범죄단체조직죄에 있어서 단체나 조직이 목적으로 하는 범죄에는 아무런 제한이 없다.
② 형법 제114조의 범죄를 목적으로 하는 단체는 특정다수인이 일정한 범죄를 수행한다는 공동목적 아래 이루어진 계속적인 결합체로서 그 단체를 주도하는 최소한의 통솔체제를 갖추고 있음을 요한다.
③ 매개물을 통한 점화에 의하여 건조물을 소훼하는 형태의 방화죄의 경우, 범인이 매개물에 불을 켜서 붙였거나 범인의 행위로 매개물에 불이 붙게 됨으로써 연소작용이 계속될 수 있는 상태에 이르렀다면, 방화죄의 실행의 착수가 있다.
④ 현주건조물방화죄는 화력이 매개물을 떠나 목적물인 건조물 스스로 연소할 수 있는 상태에 이름으로써 기수가 된다.

해설

① **[X]** 제114조(범죄단체 등의 조직) "사형, 무기 또는 장기 4년 이상의 징역에 해당하는 범죄"를 목적으로 하는 단체 또는 집단을 조직하거나 이에 가입 또는 그 구성원으로 활동한 사람은 그 목적한 죄에 정한 형으로 처벌한다. 다만, 형을 감경할 수 있다.
② **[O]** 대판 1985.10.8. 85도1515
③ **[O]** 대판 2002.3.26. 2001도6641
④ **[O]** 방화죄는 화력이 매개물을 떠나 스스로 연소(燃燒)할 수 있는 상태에 이르렀을 때에 기수가 되고(독립연소설), 반드시 목적물의 중요부분이 소실하여 그 본래의 효용을 상실한 때라야만 기수가 되는 것은 아니라고 할 것이다(대판 1970.3.24. 70도330).

정답 ①

03 방화와 실화의 죄에 대한 설명 중 옳은 것은 모두 몇 개인가? (다툼이 있는 경우 판례에 의함)

2021년 경찰간부

가. 「형법」은 방화죄의 객체를 소유권 귀속에 따라 자기소유물과 타인소유물 및 무주물로 구분하고 법정형에 차등을 두고 있다.

나. 「형법」 제13장(방화와 실화의 죄)은 구체적 위험범을 규정하고 있고, 구체적 위험의 내용으로는 '공공의 위험'만을 규정하고 있다.

다. 자기소유물에 대한 방화죄는 모두 구체적 위험범의 형태로 규정되어 있으며, 구체적 위험의 발생은 구성요건요소로서 고의의 인식대상이 된다.

라. 구체적 위험범으로 규정된 구성요건에서 구체적 위험이 발생하지 않은 경우 미수가 되며, 「형법」 제13장에 규정된 구체적 위험범들은 모두 미수범 규정을 두고 있다.

마. 연소죄는 자기소유물에 대한 방화가 확대되어 타인소유물 또는 현주건조물 등의 소훼라는 중한 결과를 야기한 경우를 처벌하기 위한 결과적 가중범이다.

① 1개 ② 2개
③ 3개 ④ 4개

해설

가. [X] 형법은 방화죄의 객체를 자기소유물과 타인소유물로 구분하여 규정하고 있으나, 무주물(無主物)을 객체로 하는 규정은 마련하고 있지는 않다. 따라서 노상에서 전봇대 주변에 놓인 재활용품과 쓰레기 등에 불을 놓아 소훼하여 공공의 위험을 발생케 한 경우, 무주물을 형법 제167조 제2항에서 정한 '자기 소유의 물건'에 준하는 것으로 봄으로써 자기소유일반물건방화죄를 인정한 판례가 있다(대판 2009도7421 참조).

나. [X] 제13장(방화와 실화의 죄)에서 폭발성물건파열죄(제172조)와 가스·증기 등 방류죄(제172조의 2)는 공공의 위험이 아니라 '생명, 신체 또는 재산에 대하여 위험'을 발생할 것을 구성요건으로 요구하고 있다.

다. [O] 자기소유일반건조물방화죄(제166조 제2항)와 자기소유일반물건방화죄(제167조 제2항)는 양자 모두 구성요건이 '소훼한 자'가 아니라 '소훼하여 공공의 위험을 발생하게 한 자'로 규정되어 구체적 위험범에 해당하고, 구체적 위험범의 경우 '위험'이 객관적 구성요건요소이므로 구성요건적 고의의 인식대상에 해당한다.

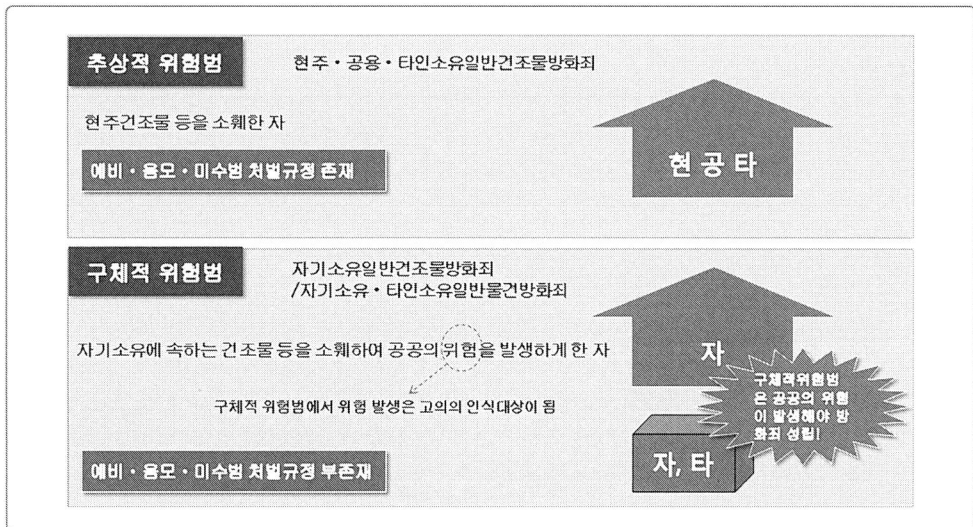

라. [X] 예컨대, 甲이 인적이 없는 한적한 강가에서 자기 소유의 물건에 방화하여 소훼(燒燬)하였으나 공공의 위험이 발생하지 않은 경우라면 이론적으로는 자기소유일반물건방화미수에 해당하나, 형법은 제13장(방화와 실화의 죄)에서 구체적 위험범에 대하여 미수처벌규정을 마련하고 있지 않으므로 甲의 행위는 불가벌(무죄)이다.

마. [O] 연소죄(제168조)는 진정 결과적 가중범으로서 옳은 지문이다.

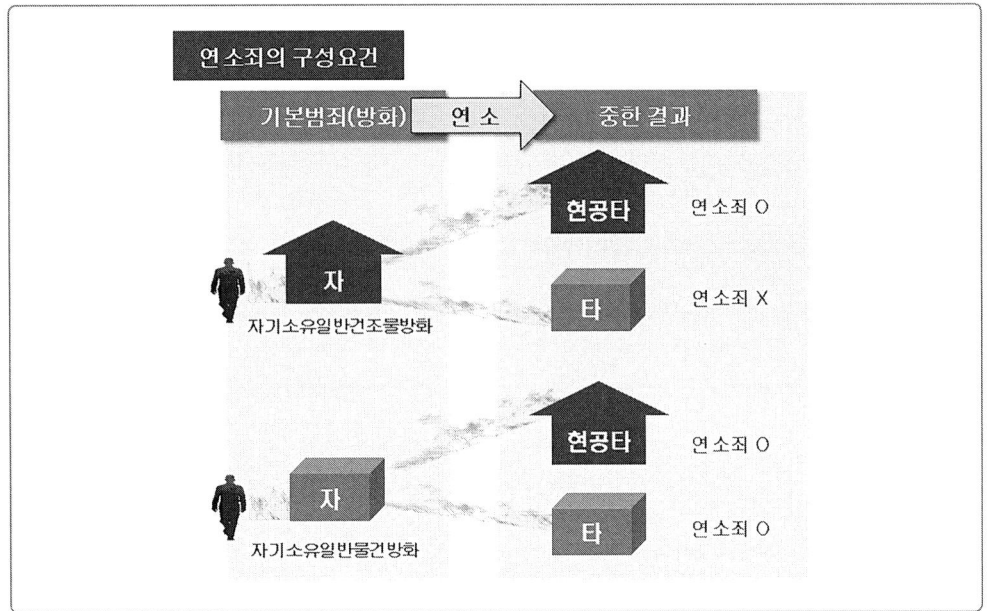

정답 ②

04 방화와 실화의 죄에 관한 다음 설명 중 가장 적절하지 않은 것은 모두 몇 개인가? (다툼이 있는 경우 판례에 의함)
2013년 경찰승진, 2014년 경찰 변형

㉠ 방화의 의사로 뿌린 휘발유가 인화성이 강한 상태로 주택주변과 피해자의 몸에 적지 않게 살포되어 있는 사정을 알면서도 라이터를 켜 불꽃을 일으킴으로써 피해자의 몸에 불이 붙은 경우, 현주건조물방화죄의 실행의 착수가 인정된다.
㉡ 노상에서 전봇대 주변에 놓인 재활용품과 쓰레기 등에 불을 놓아 소훼한 경우, 재활용품과 쓰레기 등은 무주물로서 형법 제167조 제2항에 정한 '자기 소유의 물건'이 아니므로, 여기에 불을 붙인 후 불상의 가연물을 집어넣어 그 화염을 키움으로써 전선을 비롯한 주변의 가연물에 손상을 입히거나 바람에 의하여 다른 곳으로 불이 옮겨붙을 수 있는 공공의 위험을 발생하게 하였다면 타인소유일반물건방화죄가 성립한다.
㉢ 동거인과 가정불화가 악화되어 홧김에 죽은 동생의 유품으로 보관하던 서적 등을 뒷마당에 내어놓고 불태워버리려 했던 점이 인정될 뿐 동거인 소유의 가옥을 불태워 버리겠다고 결정하여 불을 놓았다고 볼 수 없다면 현주건조물방화의 범의가 있었다고 할 수 없다.
㉣ 현주건조물방화죄는 미수범을 처벌하나 현주건조물방화치사상죄, 타인소유일반물건방화죄는 미수범을 처벌하지 않는다.
㉤ 타인 소유의 현주건조물에 방화하자 불이 옆에 있는 자기 소유의 일반건조물에 옮겨 붙은 경우 연소죄가 성립한다.

① 1개
② 2개
③ 3개
④ 4개

해설

㉠ [O] 대판 2002.3.26. 2001도6641
㉡ [X] 자기소유 일반물건방화죄가 성립한다(대판 2009.10.15. 2009도7421).
㉢ [O] 대판 1984.7.24. 84도1245
㉣ [O] 현주건조물방화죄는 미수처벌규정이 있으나(제174조), 현주건조물방화치사상죄와 구체적위험범인 타인소유일반물건방화죄는 미수처벌규정이 없다.
㉤ [X] 연소죄는 진정결과적가중범으로서 자기소유일반건조물방화죄, 자기소유일반물건방화죄에 해당하는 기본범죄로부터 중한 결과인 현주건조물이나 공용 또는 타인소유의 일반건조물·물건으로 불이 옮겨 붙는 경우에 성립하는 범죄이다(제168조 참조). 따라서 지문의 타인소유의 현주건조물에 방화하는 행위는 연소죄가 성립하기 위한 기본범죄에 해당하지 않는다.

정답 ②

05 방화와 실화의 죄에 대한 설명으로 가장 적절하지 않은 것은? (다툼이 있는 경우 판례에 의함)

2019년 경찰승진

① 방화 등 예비음모죄에 있어 실행에 이르기 전에 자수한 경우 형을 감경 또는 면제한다.
② 공무집행을 방해하는 집단행위의 과정에서 일부 집단원이 고의로 현주건조물에 방화행위를 하여 공무원에게 사상의 결과를 초래한 경우 그 방화행위 자체에 공모가담하지 않은 다른 집단원은 현주건조물방화치사상죄로 의율할 수 없다.
③ 방화죄의 객체인 건조물은 반드시 사람의 주거용이어야 하는 것은 아니라도 사람이 사실상 기거·취침에 사용할 수 있는 정도는 되어야 한다.
④ 노상에서 전봇대 주변에 놓인 재활용품과 쓰레기 등을 발견하고 자신의 라이터를 이용하여 불을 붙인 후, 가연물을 집어넣어 그 화염을 키움으로써 전선을 비롯한 주변의 가연물에 손상을 입히거나 바람에 의하여 다른 곳으로 불이 옮아 붙을 수 있는 공공의 위험을 발생하게 하였다면 「형법」 제167조 제1항의 타인소유 일반물건 방화죄가 성립한다.

해설

① [O] 제175조(예비, 음모) 제164조 제1항, 제165조, 제166조 제1항, 제172조 제1항, 제172조의2 제1항, 제173조 제1항과 제2항의 죄를 범할 목적으로 예비 또는 음모한 자는 5년 이하의 징역에 처한다. 단, 그 목적한 죄의 실행에 이르기 전에 자수한 때에는 형을 감경 또는 면제한다.
② [O] 공무집행을 방해하는 집단행위의 과정에서 일부 집단원이 고의로 방화행위를 하여 사상의 결과를 초래한 경우에 다른 집단원 甲이 그 방화행위로 인한 사상의 결과를 예견할 수 있는 상황이었던 경우, 그 방화행위 자체에 공모가담한 바 없는 이상 방화치사상죄로 의율할 수는 없다(대판 1990.6.26. 90도765). ☞ 甲에게 특수공무방해치사상죄 성립, 현존건조물방화치사상죄 불성립
③ [O] 피고인이 지붕과 문짝, 창문이 없고 담장과 일부 벽체가 붕괴된 철거 대상 건물로서 사실상 기거·취침에 사용할 수 없는 상태의 폐가의 내부와 외부에 쓰레기를 모아놓고 태워 그 불길이 폐가 주변 수목 4~5그루를 태우고 폐가의 벽을 일부 그을리게 한 경우, 이 사건 폐가는 사실상 기거·취침에 사용할 수 없는 상태의 것이므로 형법 제166조의 건조물이 아닌 형법 제167조의 물건에 해당하고, 폐가의 벽을 일부 그을리게 하는 정도만으로는 방화죄의 기수에 이르렀다고 보기 어려우며 일반물건방화죄에 관하여는 미수범의 처벌규정이 없어 무죄에 해당한다(대판 2013.12.12. 2013도4555). ☞ 일반건조물방화미수죄 불성립
④ [X] 그 재활용품과 쓰레기 등은 '무주물(無主物)'로서 형법 제167조 제2항에 정한 '자기 소유의 물건'에 준하는 것으로 보아야 한다(대판 2009.10.15. 2009도7421). ☞ 자기소유 일반물건방화죄 성립

정답 ④

06 다음 설명 중 가장 옳지 않은 것은? (다툼이 있는 경우 판례에 의함) 2019년 경찰간부

① 피해자의 사체 위에 옷가지 등을 올려놓고 불을 붙인 천조각을 던져서 그 불길이 방안을 태우면서 천정에까지 옮겨 붙었다면, 도중에 진화되었다 하더라도 일단 천정에 옮겨 붙은 때에 이미 현주건조물방화죄의 기수에 이른 것이다.

② 피고인들이 피해자들의 재물을 강취한 후 그들을 살해할 목적으로 현주건조물에 방화하여 사망에 이르게 한 경우, 피고인들의 행위는 강도살인죄와 현주건조물방화치사죄에 모두 해당하고 그 두 죄는 상상적 경합범관계에 있다.

③ 타인소유 현주건조물에 방화하자 불이 옆에 있는 자기소유의 일반건조물에 옮겨 붙은 경우 연소죄가 성립한다.

④ 형법 제119조(폭발물사용죄)를 적용하려면 사람의 생명, 신체 또는 재산을 해하거나 기타 공안을 문란케 한다는 고의가 있어야 한다.

해설

① **[O]** 대판 2007.3.16. 2006도9164
② **[O]** 대판 1998.12.8. 98도3416
③ **[X]** 연소죄(延燒罪)는 자기소유 일반물건 또는 자기소유 일반건조물에 대한 방화로 인하여 중한 결과로 불이 번지는 경우에 성립한다(형법 제168조 참조).
④ **[O]** 형법 제119조(폭발물사용) ① 폭발물을 사용하여 사람의 생명, 신체 또는 재산을 해하거나 기타 공안을 문란한 자는 사형, 무기 또는 7년 이상의 징역에 처한다.

정답 ③

07 방화와 실화의 죄에 대한 설명으로 가장 적절한 것은? (다툼이 있는 경우 판례에 의함)

2020년 제2차 경찰

① 전기 석유난로를 켜 놓은 채 귀가하여 전기 석유난로 과열로 화재가 발생하였다면 화재 원인을 살펴볼 필요 없이 피고인에게 중실화죄를 인정할 수 있다.
② 사람이 현존하는 자동차에 방화한 경우 일반건조물등방화죄가 성립한다.
③ 지붕과 문짝, 창문이 없고 담장과 일부 벽체가 붕괴된 철거 대상 건물로서 사실상 기거·취침에 사용할 수 없는 상태의 타인의 폐가에 대해 방화한 경우 타인소유일반건조물방화죄가 성립한다.
④ 유조차운전사가 석유구판점의 위험물취급주임의 지시를 받아 유조차의 석유를 구판점 탱크로 급유하다가 탱크주입구에서 급유호스가 빠지는 바람에 화기에 인화되어 화재가 발생한 경우 유조차운전사의 업무상과실이 인정되지 않는다.

해설

① **[X]** 이 사건에서 화인의 감정이 없어 제3자에 의한 방화나 실화 또는 누전 등 기타에 의한 발화가능성도 전혀 배제할 수 없음에도 이를 외면한 채, 위 전기석유난로 자체에 고장이 있었는지 여부나 가연물이 그 온풍구에 직접 접촉된 적이 있었는지 여부에 대하여 심리해 보지도 아니한 채 위와 같은 증거들만에 의하여 위 전기석유난로의 과열이 이 사건 화재발생의 원인이 되었다고 막연히 단정하여 피고인을 중실화죄로 의율처단한 원심판결은 위법하다(대판 1994.3.11. 93도3001).
② **[X]** 사람이 현존하는 자동차이므로, 일반건조물등방화죄가 아니라 현주건조물등방화죄에 해당한다.

> **제164조(현주건조물등에의 방화)** ① 불을 놓아 사람이 주거로 사용하거나 사람이 현존하는 건조물, 기차, 전차, 자동차, 선박, 항공기 또는 광갱을 소훼한 자는 무기 또는 3년 이상의 징역에 처한다.
> **제166조(일반건조물 등에의 방화)** ① 불을 놓아 전2조(현주. 공용건조물등방화)에 기재한 이외의 건조물, 기차, 전차, 자동차, 선박, 항공기 또는 광갱을 소훼한 자는 2년 이상의 유기징역에 처한다.

③ **[X]** 이 사건 폐가는 사실상 기거·취침에 사용할 수 없는 상태의 것이므로 형법 제166조의 건조물이 아닌 형법 제167조의 물건에 해당하고, 폐가의 벽을 일부 그을리게 하는 정도만으로는 방화죄의 기수에 이르렀다고 보기 어려우며 일반물건방화죄에 관하여는 미수범의 처벌규정이 없어 무죄에 해당한다(대판 2013.12.12. 2013도4555). ☞ 일반건조물방화미수죄 불성립
④ **[O]** 유조차의 석유를 구판점의 지하 석유탱크에 공급하는 작업은 위험물취급주임의 참여하에 하여야 하고, 작업자는 그의 보완에 관한 지시와 감독하에 일을 하여야 하는 것이며, 그 보안에 관한 책임은 '위험물취급주임'에게 있는 것이라고 보아야 할 것인바, 유조차의 운전사에게 위험물취급주임의 지시 없이도 석유가 제대로 급유되는지, 어떠한 사유로 인하여 급유장애가 발생하는지 여부를 확인하기 위하여 급유가 끝날 때까지 그와 함께 또는 그와 교대로 급유호스가 주입구에서 빠지려고 할 때는 즉시 대응조치를 할 수 있는 자세를 갖추어야 할 업무상의 주의의무가 있다고 할 수는 없다(대판 1990.11.13. 90도2011). ☞ 운전사에게 업무상실화죄 불성립

정답 ④

08 다음은 일반교통방해죄에 대한 설명이다. 가장 적절하지 않은 것은? (다툼이 있으면 판례에 의함)

2014년 제1차 경찰

① 주민들에 의하여 공로로 통하는 유일한 통행로로 오랫동안 이용되어 온 폭 2m의 골목길을 자신의 소유라는 이유로 폭 50cm 내지 75cm 가량만 남겨두고 담장을 설치하여 주민들의 통행을 현저히 곤란하게 하였다면 일반교통방해죄를 구성한다.
② 전국민주노동조합총연맹 준비위원회가 주관한 도로행진시위가 사전에 구 집회및시위에관한법률에 따라 옥외집회신고를 마쳤어도, 신고의 범위와 위 법률 제12조에 따른 제한을 현저히 일탈하여 주요도로 전차선을 점거하여 행진 등을 함으로써 교통소통에 현저한 장해를 일으켰다면, 일반교통방해죄를 구성한다.
③ 피고인 등 약 600명의 노동조합원들이 차도만 설치되어 있을 뿐 보도는 따로 마련되어 있지 아니한 도로 우측의 편도 2차선의 대부분을 차지하면서 대오를 이루어 행진하는 방법으로 시위를 하고 이로 인하여 나머지 편도 2차선으로 상·하행차량이 통행하느라 차량의 소통이 방해된 경우 피고인 등의 시위행위에 대하여 일반교통방해죄를 적용할 수 있다.
④ 자기 소유의 토지를 포함한 구도로 옆으로 신도로가 개설되었다고 하더라도 그 토지가 신도로에 의해 대체될 수 없는 상태여서 여전히 일반인과 차량이 통행하고 있는 경우 그 통행을 방해하면 일반교통방해죄에 해당한다.

해설

① [O] 형법 제185조 소정의 육로라 함은 사실상 일반공중의 왕래에 공용되는 육상의 통로를 널리 일컫는 것으로서 그 부지의 소유관계나 통행권리관계 또는 통행인의 많고 적음 등은 가리지 않는 것이다(대판 1994.11.4. 94도2112). ☞ 자신소유의 토지라도 육로에 해당한다면 일반교통방해죄가 성립할 수 있다.
② [O] 신고의 범위를 다소 일탈한 것이 아니라 '현저히 일탈'한 점이 인정되므로 일반교통방해죄를 구성한다(대판 2008.11.13. 2006도755).
③ [X] 차도만 설치되어 있을 뿐 보도는 따로 마련되어 있지 아니한 점 등을 이유로 일반교통방해죄를 적용할 수 없다(대판 1992.8.18. 91도2771). ☞ 일반교통방해죄 불성립
④ [O] 이 사건 토지는 여전히 사실상 도로로서의 필요성이 있으며 신도로에 의하여 대체될 수 없는 상태로 되어 있어 여전히 일반인 및 차량이 통행하고 있으므로 육로에 해당한다(대판 1999.7.27. 99도1651). ☞ 일반교통방해죄 성립

정답 ③

09 일반교통방해죄에 관한 다음 설명 중 가장 적절하지 않은 것은? (다툼이 있으면 판례에 의함)

2015년 제2차 경찰

① 소유자가 토지인도소송의 승소판결을 받아 그 집행을 하여 그 토지를 공터로 두었는데 인근주민들이 일시 지름길로 이용하자 그 통행을 방해한 경우 일반교통방해죄가 성립한다.
② 법률에 따라 옥외집회신고를 마쳤어도, 신고의 범위와 법률상의 제한을 현저히 일탈하여 주요도로 전차선을 점거하여 행진 등을 함으로써 교통소통에 현저한 장해를 일으켰다면 일반교통방해죄가 성립한다.
③ 불특정 다수인의 통행로로 이용되어 오던 도로의 토지 일부의 소유자라 하더라도 그 도로의 중간에 바위를 놓아두거나 이를 파헤침으로써 차량의 통행을 못하게 한 행위는 일반교통방해죄가 성립한다.
④ 우리 형법에는 업무상과실, 중과실에 의한 일반교통방해를 처벌하는 조항이 있다.

해설

① **[X]** 지름길로 일시 이용한 적이 있다 하여도 이를 일반공중의 내왕에 공용되는 도로라고 할 수 없으므로 형법 제185조 소정의 육로로 볼 수 없다(대판 1984.11.13. 84도2192). ☞ 일반교통방해죄 불성립
② **[O]** 대판 2008.11.13. 2006도755
③ **[O]** 형법 제185조의 일반교통방해죄는 일반공중의 교통의 안전을 보호법익으로 하는 범죄로서 여기서의 '육로'라 함은 사실상 일반공중의 왕래에 공용되는 육상의 통로를 널리 일컫는 것으로서 그 부지의 소유관계나 통행권리관계 또는 통행인의 많고 적음 등을 가리지 않는다(대판 2002.4.26. 2001도6903). ☞ 일반교통방해죄 성립
④ **[O]** 제189조(과실, 업무상과실, 중과실) ① 과실로 인하여 제185조 내지 제187조의 죄(일반교통방해, 기차·선박 등의 교통방해, 기차 등의 전복)를 범한 자는 1천만원 이하의 징역에 처한다. ② 업무상 과실 또는 중대한 과실로 인하여 제185조 내지 제187조의 죄를 범한 자는 3년 이하의 금고 또는 2천만원 이하의 벌금에 처한다.

정답 ①

10 교통방해의 죄에 관한 다음 설명 중 옳지 않은 것은 모두 몇 개인가? (다툼이 있는 경우 판례에 의함)

2017년 경찰간부, 2016년 법원직, 2019년 경찰승진 변형

㉠ 교통방해를 유발한 집회에 참가한 경우 참가 당시 이미 다른 참가자들에 의해 교통흐름이 차단된 상태였더라도 교통방해를 유발한 다른 참가자들과 암묵적·순차적으로 공모하여 교통방해의 위법상태를 지속시켰다고 평가할 수 있다면 일반교통방해죄가 성립한다.
㉡ 공항 여객터미널 버스정류장 앞 도로 중 공항리무진 버스 외의 다른 차의 주차가 금지된 구역에서 밴 차량을 40분간 불법 주차하고 호객 영업을 하는 방법으로 그 곳을 통행하는 버스의 교통을 곤란하게 하였다면 일반교통방해죄가 성립한다.
㉢ 甲이 고속도로 2차로를 따라 자동차를 운전하다가 1차로를 진행하던 乙의 차량 앞에 급하게 끼어든 후 곧바로 정차하여, 乙의 차량 및 이를 뒤따르던 차량 두 대는 급정차하였으나, 그 뒤를 따라오던 丙의 차량이 앞의 차량들을 연쇄적으로 추돌케 하여 丙을 사망에 이르게 하고 나머지 차량 운전자 등에게 상해를 입혔다면 甲에게는 일반교통방해치사상죄가 성립한다.
㉣ 서울 중구 소공동의 왕복 4차로의 도로 중 편도 3개 차로 쪽에 차량 2, 3대와 간이테이블 수십개를 이용하여 길가쪽 2개 차로를 차지하는 포장마차를 설치하고 영업행위를 한 것은, 비록 행위가 교통량이 상대적으로 적은 야간에 이루어졌다 하더라도 일반교통방해죄를 구성한다.
㉤ 일반교통방해죄는 교통이 불가능하거나 또는 현저히 곤란한 상태가 발생하더라도 교통방해의 결과가 현실적으로 발생하지 않은 경우에는 일반교통방해미수죄가 성립한다.
㉥ 일반교통방해죄는 일반공중의 교통의 안전을 보호법익으로 하는 범죄로서 여기서의 '육로'라 함은 사실상 일반공중의 왕래에 공용되는 육상의 통로를 널리 일컫는 것으로서 그 부지의 소유관계나 통행권리관계 또는 통행인의 많고 적음 등을 가리지 않는다.

① 1개 ② 2개
③ 3개 ④ 4개

해설

㉠ [O] 일반교통방해죄의 공동정범이 성립한다(대판 2018.1.24. 2017도11408).
㉡ [X] 다른 차량들의 통행을 불가능하거나 현저히 곤란하게 한 것으로 볼 수 없어 형법 제185조의 일반교통방해죄를 구성하지 않는다(대판 2009.7.9. 2009도4266).
㉢ [O] 고속도로를 주행하는 다른 차량 운전자들이 제한속도 준수나 안전거리 확보 등의 주의의무를 완전하게 다하지 않을 수도 있다는 점을 알았거나 충분히 알 수 있었으므로, 甲의 정차 행위와 사상의 결과 발생 사이에 상당인과관계가 있고, 사상의 결과 발생에 대한 예견가능성도 인정된다(대판 2014.7.24. 2014도6206). ☞ 일반교통방해치사상죄 등 성립
㉣ [O] 비록 그와 같은 행위가 주로 주간에 비하여 차량통행이 적은 야간에 이루어진 것이라고 하더라도 그로 인하여 이 사건 도로의 교통을 방해하여 차량통행이 현저히 곤란한 상태가 발생하였다고 하지 않을 수 없고, 이 사건 도로를 통행하는 차량이 나머지 1개 차로와 반대편 차로를 이용할 수 있었다고 하여 피고인들의 행위가 일반교통방해죄에 해당하지 않는다고 볼 수도 없다(대판 2007.12.14. 2006도4662).
㉤ [X] 일반교통방해죄는 이른바 추상적 위험범으로서 교통이 불가능하거나 또는 현저히 곤란한 상태가 발생하면 바로 기수가 되고 교통방해의 결과가 현실적으로 발생하여야 하는 것은 아니다(대판 2005.10.28. 2004도7545).
㉥ [O] 대판 2005.10.28. 2004도7545 등

정답 ②

제 2 장 공공의 건강에 관한 죄

01 수도불통죄에 관련한 다음 설명 중 가장 옳지 않은 것은? (다툼이 있으면 판례에 의함) 2014년 경찰간부

① 적법한 절차를 밟지 아니한 수도라 할지라도 그것이 현실로 공중생활에 필요한 음용수를 공급하고 있는 시설로 되어있는 이상 이를 불법하게 손괴하여 수도를 불통케 하였을 때에는 수도불통죄에 해당한다.
② 수도불통죄를 범할 목적으로 예비 또는 음모한 자는 처벌한다.
③ 사설수도를 설치한 시장 번영회가 수도요금을 체납한 회원에 대하여 사전경고까지 하고 한 단수행위에는 위법성이 있다고 볼 수 없다.
④ 시설자가 관계당국으로부터 설치허가를 받아 사재로써 시의 상수도관에다가 특수가압간선을 시설한 경우, 그 시설에 의한 급수를 받고자 하는 자는 시설자와의 계약에 의하여 시설운영위원회에 가입한 후 시의 급수승인을 받아야 하는데 이러한 절차를 거치지 않은 불법이용자라 하더라도 그에 대한 단수조치로써 시설자가 급수관을 발굴 절단하였다면 수도불통죄에 해당한다.

해설

① [O] 대판 1957.2.1. 4289형상317
② [O] 음용수에 관한 죄의 장(제16장)의 범죄 중 예비·음모 및 미수처벌규정이 존재하는 범죄는 음용수유해물혼입죄(제192조 제2항), 수도음용수유해물혼입죄(제193조 제2항) 및 수도불통죄(제195조)이다.
③ [O] 대판 1977.11.22. 77도103
④ [X] 그 시설자인 피고인이 불법이용자에 대한 단수조치로서 급수관을 발굴 절단하였다 하여도 수도불통죄에 해당하지 않는다(대판 1971.1.26. 70도2654). ☞ 수도불통죄 불성립

정답 ④

제 3 장 공공의 신용에 관한 죄

01 통화위조죄에 대한 설명으로 옳은 것은? (다툼이 있는 경우 판례에 의함)　　　2021년 경찰간부

① 위조통화를 행사하여 재물을 불법영득한 때에는 위조통화행사죄와 사기죄가 성립하며, 양 죄는 상상적 경합관계에 있다.
② 통화위조죄를 범할 목적으로 예비·음모한 자가 목적한 죄의 실행에 이르기 전에 자수한 때에는 그 형을 감경 또는 면제할 수 있다.
③ 「형법」은 행사할 목적으로 외국에서 유통하는 외국의 화폐, 지폐 또는 은행권을 위조 또는 변조한 자에 대한 처벌규정을 두고 있다.
④ 행사할 목적으로 통용하는 대한민국의 화폐, 지폐 또는 은행권을 위조 또는 변조한 행위에 대해서는 외국인의 국외범에 대해서도 대한민국 「형법」이 적용된다.

해설

① **[X]** 통화위조죄에 관한 규정은 공공의 거래상의 신용 및 안전을 보호하는 공공적인 법익을 보호함을 목적으로 하고 있고, 사기죄는 개인의 재산법익에 대한 죄이어서 양죄는 그 보호법익을 달리하고 있으므로 위조통화를 행사하여 재물을 불법영득한 때에는 위조통화행사죄와 사기죄의 양죄가 성립된다(대판 1979.7.10. 79도840). ☞ 위조통화행사죄와 사기죄의 실체적 경합범 성립

② **[X]** 필요적 감·면 사유에 해당한다(형법 제213조 참조)

형법상 자백 · 자수특례 규정 [필요적 감면]

방　통　위　허　내　외　외　무　폭　자백하라!

- 방화의 죄 (현주·공용·다인소유일반건조물방화죄, 폭발성물건파열죄, 가스·전기등방류죄, 가스·전기등공급방해죄)
- 통화에 관한 죄 (통화위조죄, 내국통용외국통화위조·변조죄, 외국유통외국통화위조·변조죄)
- 위증의 죄 (위증죄, 모해위증죄)
- 허위감정·통역·번역죄
- 내란의 죄 (내란죄, 내란목적살인죄)
- 외환의 죄 (외환유치죄, 여적죄, 모병이적죄, 시설제공이적죄, 시설파괴이적죄, 물건제공이적죄, 간첩죄, 일반이적죄)
- 외국에 대한 사전죄
- 무고죄
- 폭발물사용죄

(위증죄, 허위감정·통역·번역죄 및 무고죄는 실행착수 전이 아니라 재판 또는 징계처분이 확정되기 전에 자백·자수할 것을 요함)

③ **[X]** 형법은 제207조 제3항에서 외국에서 '통용하는' 외국의 화폐 등을 위조 또는 변조한 자에 대한 처벌규정을 마련하고 있는 반면, 외국에서 '유통하는' 외국의 화폐 등을 위조 또는 변조한 자에 대한 처벌규정은 마련되어 있지 않다(아래 조문 참조).

> **형법 제207조(통화의 위조 등)** ① 행사할 목적으로 통용하는 대한민국의 화폐, 지폐 또는 은행권을 위조 또는 변조한 자는 무기 또는 2년 이상의 징역에 처한다.
> ② 행사할 목적으로 내국에서 유통하는 외국의 화폐, 지폐 또는 은행권을 위조 또는 변조한 자는 1년 이상의 유기징역에 처한다.
> ③ 행사할 목적으로 외국에서 통용하는 외국의 화폐, 지폐 또는 은행권을 위조 또는 변조한 자는 10년 이하의 징역에 처한다.

④ **[O]** 예컨대, 중국 북경에서 중국인이 행사할 목적으로 통용하는 대한민국의 화폐를 위조한 경우, 형법 제5조(보호주의) 제4호(통화에 관한 죄) 및 제207조 제1항(국내통화위조·변조죄)에 의하여 우리 형법이 적용된다.

정답 ④

02 다음 설명 중 옳은 것은 모두 몇 개인가? (다툼이 있으면 판례에 의함) 2016년 제1차 경찰

㉠ 위조통화임을 알고 있는 자에게 그 위조통화를 교부한 경우에 피교부자가 이를 유통시키리라는 것을 예상 내지 인식하면서 교부하였다면, 그 교부행위 자체가 통화에 대한 공공의 신용 또는 거래의 안전을 해할 위험이 있으므로 위조통화행사죄가 성립한다.
㉡ 통화에 관한 죄는 외국인의 국내범은 처벌하지만 외국인의 국외범은 처벌하지 아니한다.
㉢ 형법 제207조 제3항의 외국에서 통용하는 지폐에 일반인의 관점에서 통용할 것이라고 오인할 가능성이 있는 지폐까지 포함시킨다면 이는 유추해석 내지 확장해석하여 적용하는 것이 되어 죄형법정주의의 원칙에 어긋나는 것으로 허용되지 않는다.
㉣ 일본국의 자동판매기 등에 투입하여 일본국의 500¥(엔)짜리 주화처럼 사용하기 위해 한국은행 발행 500원짜리 주화의 표면 일부를 깎아내어 손상을 가한 경우 통화변조에 해당한다.

① 1개 ② 2개
③ 3개 ④ 4개

해설

㉠ **[O]** 대판 2003.1.10. 2002도3340
㉡ **[X]** 통화에 관한 죄의 경우 외국인의 국내범에 대하여는 형법 제2조(속지주의)에 의하여 우리 형법을 적용하는 것이 가능하고, 외국인의 국외범에 대하여도 형법 제5조 제4호에 의하여 우리 형법의 적용이 가능하다.
㉢ **[O]** 미국에서 발행된 적이 없이 단지 여러 종류의 관광용 기념상품으로 제조, 판매되고 있는 미합중국 100만 달러 지폐와 과거에 발행되어 은행 사이에서 유통되다가 현재는 발행되지 않고 있으나 화폐수집가나 재벌들이 이를 보유하여 오고 있는 미합중국 10만 달러 지폐가 막연히 일반인의 관점에서 미합중국에서 강제통용력을 가졌다고 오인할 수 있다는 이유만으로는 형법 제207조 제3항의 외국에서 통용하는 지폐에 포함된다고 볼 수 없다(대판 2004.5.14. 2003도3487).
㉣ **[X]** 객관적으로 보아 일반인으로 하여금 일본국의 500¥짜리 주화로 오신케 할 정도의 새로운 화폐를 만들어 낸 것이라고 볼 수 없다(대판 2002.1.11. 2000도3950). ☞ 통화변조죄 불성립

정답 ②

03 통화위조죄에 관한 설명 중 틀린 것은? (판례에 의함) 2005년 법원행시 변형

① 피고인이 행사할 목적으로 미리 준비한 물건들과 옵세트인쇄기를 사용하여 한국은행권 지폐를 사진찍어 그 필름 원판과 이를 확대하여 현상한 인화지를 만들었음에 그쳤다면 통화위조의 착수에는 이르렀다고 볼 수 없다.
② 진정한 통화인 미화 1달러 및 2달러 지폐의 발행연도, 발행번호, 미국 재무부를 상징하는 문양, 재무부장관의 사인, 일부 색상을 고친 것만으로는 통화가 변조되었다고 볼 수 없다.
③ 위조통화를 행사하여 재물을 불법영득한 때에는 위조통화행사죄와 사기죄의 상상적 경합범이 성립한다.
④ 스위스 화폐로서 1998년까지 통용되었으나 현재는 통용되지 않고 다만 스위스 은행에서 신권과의 교환이 가능한 진폐(眞幣)는 형법 제207조 제2항 소정의 내국에서 '유통하는' 외국의 화폐에 해당하지 아니한다.

해설
① **(O)** 대판 1966.12.6. 66도1317
② **(O)** 대판 2004.3.26. 2003도5640
③ **(X)** 실체적 경합범이 성립한다(대판 1979.7.10. 79도840).
④ **(O)** 대판 2003.1.10. 2002도3340

정답 ③

04 다음 설명 중 옳고 그름의 표시(O, X)가 바르게 된 것은? (다툼이 있는 경우 판례에 의함)

2018년 제2차 경찰

㉠ 위조한 통화를 진정한 통화로서 유통에 놓겠다는 목적 없이 자신의 신용력을 증명하기 위하여 타인에게 보일 목적으로 통화를 위조한 경우에는 통화위조죄의 '행사할 목적'이 있다고 할 수 없다.
㉡ 서로 유가증권위조를 공모한 공범의 관계에 있는 자들 사이에서 위조유가증권을 교부하는 행위도 위조유가증권행사죄에 해당한다.
㉢ 허위로 작성된 공문서를 그 내용이 진실한 문서인 것처럼 관공서에 비치하는 행위는 허위공문서의 '행사'로 인정된다.
㉣ 문서가 위조되었다는 정을 아는 공범자에게 위조공문서를 교부하거나 제시하는 경우에는 위조공문서행사죄가 성립한다.

① ㉠ (O), ㉡ (X), ㉢ (O), ㉣ (X)
② ㉠ (O), ㉡ (X), ㉢ (X), ㉣ (O)
③ ㉠ (X), ㉡ (O), ㉢ (O), ㉣ (X)
④ ㉠ (X), ㉡ (X), ㉢ (O), ㉣ (O)

해설

㉠ **[O]** 형법 제207조(통화위조)에서 정한 '행사할 목적'이란 유가증권위조의 경우와 달리 위조·변조한 통화를 진정한 통화로서 유통에 놓겠다는 목적을 말한다(대판 2012.3.29. 2011도7704).
㉡ **[X]** 위조유가증권의 교부자와 피교부자가 서로 유가증권위조를 공모하였거나 위조유가증권을 타에 행사하여 그 이익을 나누어 가질 것을 공모한 공범의 관계에 있다면, 그들 사이의 위조유가증권 교부행위는 그들 이외의 자에게 행사함으로써 범죄를 실현하기 위한 전단계의 행위에 불과한 것으로서 위조유가증권은 아직 범인들의 수중에 있다고 볼 것이지 행사되었다고 볼 수는 없다(대판 2010.12.9. 2010도12553).
㉢ **[O]** 행사는 상대방으로 하여금 위조된 문서를 인식할 수 있는 상태에 둠으로써 기수가 되고 상대방이 실제로 그 내용을 인식하여야 하는 것은 아니다(대판 2005.1.28. 2004도4663 등 참조).
㉣ **[X]** 다만 문서가 위조된 것임을 이미 알고 있는 공범자 등에게 행사하는 경우에는 위조문서행사죄가 성립될 수 없다(대판 1986.2.25. 85도2798 등 참조).

정답 ①

05 다음 중 유가증권이라고 볼 수 있는 것은 모두 몇 개인가? (다툼이 있으면 판례에 의함)

2015년 경찰간부

㉠ 신용카드업자가 발행한 신용카드
㉡ 전자복사기를 사용해 복사한 유가증권 사본
㉢ 문방구 약속어음 용지로 작성된 증권
㉣ 리프트 탑승권
㉤ 정기예탁금 증서

① 2개　　　　　　　　　　② 3개
③ 4개　　　　　　　　　　④ 5개

해설

㉠ [X] 신용카드업자가 발행한 신용카드는 이를 소지함으로써 신용구매가 가능하고 금융의 편의를 받을 수 있다는 점에서 경제적 가치가 있다 하더라도, 그 자체에 경제적 가치가 화체되어 있거나 특정의 재산권을 표창하는 유가증권이라고 볼 수 없다(대판 1999.7.9. 99도857).

㉡ [X] 甲은 그가 위조한 피해자 乙명의의 유가증권인 약속어음 1매를 甲이 乙를 상대로 제기한 약속어음금청구사건에서 그 청구를 대여금청구로 변경하면서 그 소변경신청서에 이를 복사한 사본을 첨부하여 제출하여 행사한 경우, 위조유가증권행사죄에 있어서의 유가증권이라 함은 위조된 유가증권의 원본을 말하는 것이지 전자복사기 등을 사용하여 기계적으로 복사한 사본은 이에 해당하지 않는다(대판 1998.2.13. 97도2922). ☞ 위조유가증권행사죄 불성립

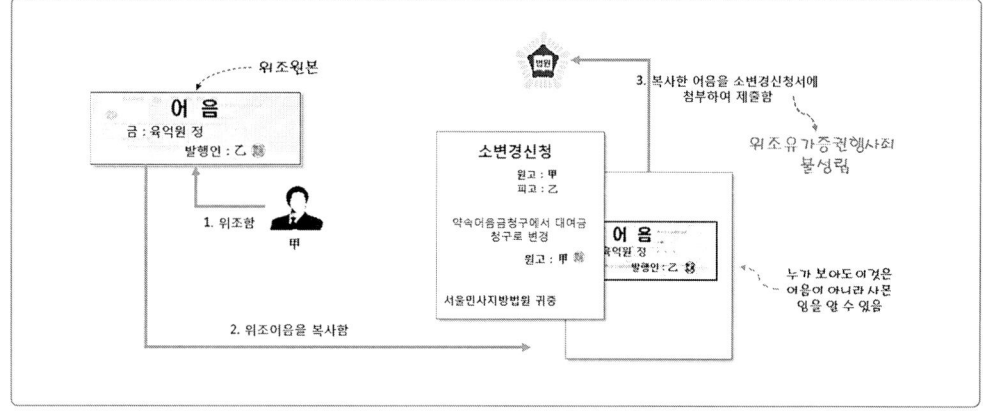

㉢ [O] 증권이 비록 문방구 약속어음 용지를 이용하여 작성되었다고 하더라도 그 전체적인 형식·내용에 비추어 일반인이 진정한 것으로 오신할 정도의 약속어음 요건을 갖추고 있으면 당연히 형법상 유가증권에 해당한다(대판 2001.8.24. 2001도2832). ☞ 유가증권위조죄 성립

㉣ [O] 리프트탑승권은 형법상 유가증권이다(대판 1998.11.24. 98도2967).

㉤ [X] 정기예탁금증서는 예탁금반환채권의 유통이나 행사를 목적으로 작성된 것이 아니고 채무자가 그 증서 소지인에게 변제하여 책임을 면할 목적으로 발행된 이른바 면책증권에 불과하여 유가증권에 해당하지 아니한다(대판 1984.11.27. 84도2147).

정답 ①

06 유가증권에 관한 죄에 대한 설명 중 가장 적절하지 않은 것은? (다툼이 있는 경우 판례에 의함)

2018년 제1차 경찰 변형

① 자기앞수표의 발행인이 수표의뢰인으로부터 수표자금을 입금받지 아니한 채 자기앞수표를 발행한 경우에는 허위유가증권작성죄가 성립한다.
② 형법 제214조의 유가증권이 되기 위해서는 재산권이 증권에 화체된다는 것과 그 권리의 행사와 처분에 증권의 점유를 필요로 한다는 두 가지 요소를 갖추면 족하지 반드시 유통성을 가질 필요는 없다.
③ 甲이 백지 약속어음의 액면란 등을 부당보충하여 위조한 후 乙이 甲과 공모하여 금액란을 임의로 변경한 경우, 乙의 행위는 유가증권위조나 변조에 해당하지 않는다.
④ 타인이 위조한 액면과 지급기일이 백지로 된 약속어음을 구입하여 행사의 목적으로 백지인 액면란에 금액을 기입하여 그 위조어음을 완성하는 행위는 백지어음 형태의 위조행위와 별개의 유가증권위조죄를 구성한다.

해설

① [X] 수표의 효력에는 영향이 없으므로 허위유가증권작성죄는 성립하지 않는다(대판 2005.10.27. 2005도4528).

> 비교판례
> 1. 수표발행자가 지급은행과 당좌거래사실이 없거나 거래정지를 당했음에도 불구하고 이러한 사유가 없는 것 같이 가장하여 수표를 발행한 경우, 허위유가증권작성죄가 성립한다(대판 1956.6.26. 4289형상128).
> 2. 당좌거래은행에 잔고가 없음을 알면서 수표를 발행하였으나 자금은행과의 거래가 계속되고 있는 한 허위의 수표를 발행한 것으로 볼 수 없으므로 허위유가증권작성죄에 해당하지 아니한다(대판 1960.11.30. 4293형상78).

② [O] 대판 2001.8.24. 2001도2832
③ [O] [1] 유가증권변조죄에 있어서 변조라 함은 진정으로 성립된 유가증권의 내용에 권한 없는 자가 그 유가증권의 동일성을 해하지 않는 한도에서 변경을 가하는 것을 말하므로, 이미 타인에 의하여 위조된 약속어음의 기재사항을 권한 없이 변경하였다고 하더라도 유가증권변조죄는 성립하지 아니한다. [2] 甲이 백지 약속어음의 액면란 등을 부당 보충하여 위조한 후 乙이 甲과 공모하여 금액란을 임의로 변경한 경우, 乙의 행위는 유가증권위조나 변조에 해당하지 않는다(대판 2008.12.24. 2008도9494).

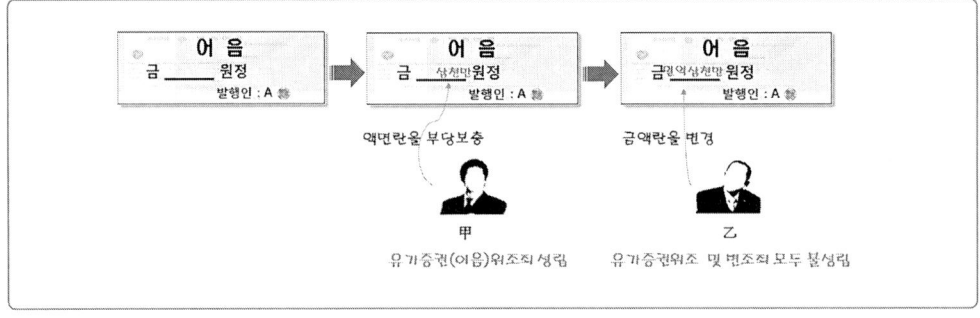

④ [O] 백지어음 형태의 위조행위와는 별개의 유가증권위조죄를 구성한다(대판 1982.6.22. 82도677). ☞ 乙에게 유가증권위조죄(백지어음위조) 성립, 甲에게 유가증권위조죄(어음위조) 성립

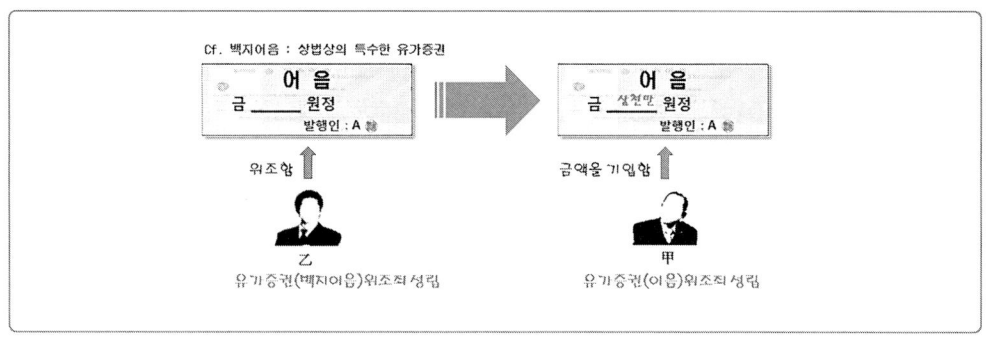

정답 ①

07 유가증권에 관한 죄에 대한 설명 중 틀린 것은 모두 몇 개인가? (판례에 의함)

2010 경감, 2012 경찰 1차 변형

(가) 판매하려는 의도를 가지고 폐공중전화카드의 자기기록 부분에 전자정보를 조작하여 사용가능한 공중전화카드로 만든 경우 유가증권위조죄가 성립한다.
(나) 약속어음의 발행인으로부터 어음금액이 백지인 약속어음의 할인을 위임받은 자가 위임 범위 내에서 어음금액을 기재한 후 어음할인을 받으려고 하다가 그 목적을 이루지 못하자 유통되지 아니한 당해 약속어음을 원상태대로 발행인에게 반환하기 위하여 어음금액의 기재를 삭제하는 경우에도 유가증권변조죄가 성립한다.
(다) 이미 타인에 의하여 위조된 약속어음의 기재사항을 권한 없이 변경한 경우에도 유가증권변조죄가 성립한다.
(라) 약속어음 배서인의 주소를 허위로 기재하였다고 하더라도 그것이 배서인의 인적 동일성을 해하는 경우가 아닌 한 허위유가증권작성죄에 해당하지 않는다.
(마) 위조유가증권의 교부자와 피교부자가 서로 유가증권위조를 공모하였거나 위조유가증권을 타에 행사하여 그 이익을 나누어 가질 것을 공모한 공범의 관계에 있다면, 그들 사이의 위조유가증권 교부행위는 그들 이외의 자에게 행사함으로써 범죄를 실현하기 위한 전 단계의 행위에 불과한 것으로서 위조유가증권은 아직 범인들의 수중에 있다고 볼 것이지 행사되었다고 볼 수는 없다.

① 1개 ② 2개
③ 3개 ④ 4개

해설

(가) [O] 대판 1998.2.27. 97도2483
(나) [X] 당해 약속어음을 '원상태대로 발행인에게 반환'하기 위하여 어음금액의 기재를 삭제하는 것은 그 권한 범위 내에 속한다(대판 2006.1.13. 2005도6267). ☞ 유가증권변조죄 불성립
(다) [X] 유가증권변조죄에 있어서 변조라 함은 진정으로 성립된 유가증권의 내용에 권한 없는 자가 그 유가증권의 동일성을

해하지 않는 한도에서 변경을 가하는 것을 말하므로, '이미 타인에 의하여 위조된' 약속어음의 기재사항을 권한 없이 변경하였다고 하더라도 유가증권변조죄는 성립하지 아니한다(대판 2006.1.26. 2005도4764).
(라) [O] 배서인의 주소기재는 배서의 요건이 아니므로 약속어음 배서인의 주소를 허위로 기재하였다고 하더라도 그것이 배서인의 인적 동일성을 해하여 배서인이 누구인지를 알 수 없는 경우가 아닌 한 약속어음상의 권리관계에 아무런 영향을 미치지 않는다 할 것이고, 따라서 약속어음상의 권리에 아무런 영향을 미치지 않는 사항은 그것을 허위로 기재하더라도 형법 제216조 소정의 허위유가증권작성죄에 해당되지 않는다(대판 1986.6.24. 84도547).
(마) [O] 대판 2010.12.9. 2010도12553

정답 ②

08 문서에 관한 죄의 설명으로 가장 적절하지 않은 것은? (다툼이 있는 경우 판례에 의함)
2020년 제1차 경찰

① 타인의 주민등록증사본의 사진란에 자신의 사진을 붙여 복사한 행위와 타인의 주민등록증을 복사기와 컴퓨터를 이용하여 전혀 별개의 주민등록증사본을 창출시킨 행위는 공문서 위조에 해당한다.
② 식당의 주·부식 구입 업무를 담당하는 공무원 甲이 계약 등에 의하여 공무소의 주·부식의 구입·검수 업무 등을 담당하는 조리장·영양사 등의 명의를 위조하여 검수결과보고서를 작성한 경우 공문서위조죄에 해당한다.
③ 세금계산서상의 공급받는 자는 그 문서 내용의 일부에 불과할 뿐 세금계산서의 작성명의인은 아니라 할 것이니, 공급받는 자 란에 임의로 다른 사람을 기재하였다 하여 그 사람에 대한 관계에서 사문서위조죄가 성립된다고 할 수 없다.
④ 사문서변조죄는 권한 없는 자가 이미 진정하게 성립된 타인 명의의 문서 내용에 대하여 동일성을 해하지 않을 정도로 변경을 가하여 새로운 증명력을 작출케 함으로써 공공적 신용을 해할 위험성이 있을 때 성립한다. 따라서 이미 진정하게 성립된 타인 명의의 문서가 존재하지 않는다면 사문서변조죄가 성립할 수 없다.

해설

① [O] 사진을 바꾸는 등으로 전혀 별개의 문서를 작출하는 것은 변조에 그치는 것이 아니라 위조에 해당한다(대판 2000.9.5. 2000도2855).
② [X] 형법 제225조의 공문서변조나 위조죄의 객체인 공문서는 공무원 또는 공무소가 그 직무에 관하여 작성하는 문서이고, 그 행위주체가 공무원과 공무소가 아닌 경우에는 형법 또는 기타 특별법에 의하여 공무원 등으로 의제되는 경우를 제외하고는 계약 등에 의하여 공무와 관련되는 업무를 일부 대행하는 경우(사안의 조리장, 영양사가 이에 해당)가 있다 하더라도 공무원 또는 공무소가 될 수는 없다(대판 2008.1.17. 2007도6987). ☞ 공문서위조죄 불성립
③ [O] 세금계산서상의 공급자가 임의로 '공급받는 자 란'에 다른 사람을 기재한 경우, 세금계산서는 부가가치세 과세사업자가 재화나 용역을 공급하는 때에 이를 공급받은 자에게 작성·교부하여야 하는 계산서이므로, 그 작성권자는 어디까지나 재화나 용역을 공급하는 공급자라고 보아야 할 것이고, (중략), 세금계산서상의 공급받는 자는 그 문서 내용의 일부에 불과할 뿐 세금계산서의 작성명의인은 아니라 할 것이다(대판 2007.3.15. 2007도169). ☞ 사문서위조죄 불성립
④ [O] 이미 누군가에 의하여 위조된 문서(이 문서는 진정하게 성립된 것이 아님)에 피고인이 권한 없이 그 내용을 변경하였더라도 사문서변조죄가 성립할 수 없다(대판 2017.12.5. 2014도14924 등).

정답 ②

09 사문서위조죄에 대한 설명으로 가장 적절한 것은? (다툼이 있는 경우 판례에 의함) 2018년 제3차 경찰

① 피고인이 이사들의 참석 및 의결권 행사에 관한 권한을 위임받았다 하더라도 그 이사들이 이사회에 불참했음에도 마치 참석하여 의결권을 행사한 것처럼 이사회 회의록을 작성하였다면 사문서위조죄가 성립한다.

② 피고인이 대량의 사건을 수임하기 위하여 소속변호사회에서 발급받은 진정한 경유증표 원본을 컬러복사하여 법원에 제출하였더라도, 복사기 등을 사용하여 기계적인 방법에 의하여 원본을 복사한 문서인 복사문서는 문서죄의 객체에 해당하지 않으므로 사문서위조죄가 성립하지 않는다.

③ 피고인이 명의인인 회사대표이사로부터 문서작성권한의 위임을 받았다면, 그 위임받은 권한을 초월하여 사문서를 작성하였다 하더라도 사문서위조죄는 성립하지 않는다.

④ 피고인이 문서명의인인 문중원들을 기망하여 정기문중총회 회의록을 작성하였다면, 비록 문중원들의 서명, 날인이 정당하게 성립된 경우라 하더라도 사문서위조죄가 성립한다.

> **해설**
>
> ① **[X]** 이른바 사문서의 무형위조에 해당할 따름이어서 처벌대상이 되지 아니한다(대판 1985.10.22. 85도1732).
> ② **[X]** 복사문서도 문서죄의 객체인 문서에 해당한다(대판 2016.7.14. 2016도2081). ☞ 사문서위조죄 및 동행사죄 성립
> ③ **[X]** 권한을 위임받은 자가 권한을 초과하여 내용을 기재함으로써 날인자의 의사에 반하는 사문서를 작성하였다면 사문서위조죄가 성립한다(대판 1992.12.29. 92도2047).
> ④ **[O]** 명의인을 기망하여 문서를 작성케 하는 경우는 서명·날인이 정당히 성립된 경우에도 기망자는 명의인을 이용하여 서명날인자의 의사에 반하는 문서를 작성케 하는 것이므로 사문서위조죄가 성립한다(대판 2000.6.13. 2000도778). ☞ 사문서위조죄 성립

정답 ④

10 사문서위조·변조죄에 관한 다음 설명 중 옳지 않은 것은 모두 몇 개인가? (다툼이 있으면 판례에 의함)

2014년 제2차 경찰 변형

㉠ 타인 명의의 문서를 위조하여 행사하였다고 하더라도 그 명의인이 실재하지 않는 허무인이거나 또는 문서의 작성일자 전에 이미 사망한 경우에는 사문서위조죄 및 동행사죄가 성립하지 않는다.
㉡ 사문서변조에 있어서 그 변조 당시 명의인의 명시적·묵시적 승낙 없이 한 것이면 변조된 문서가 명의인에게 유리하여 결과적으로 그 의사에 합치한다 하더라도 사문서변조죄의 구성요건을 충족한다.
㉢ 문서를 작성할 권한을 위임받지 아니한 문서기안자가 문서 작성권한을 가진 사람의 결재를 받은 바 없이 권한을 초과하여 문서를 작성하였다면 이는 사문서위조죄가 된다.
㉣ 매수인으로부터 매도인과의 토지매매계약체결에 관하여 포괄적 권한을 위임받은 자는 위임자 명의로 토지매매계약서를 작성할 적법한 권한이 있다 할 것이므로 매수인으로부터 그 권한을 위임받은 피고인이 실제 매수가격 보다 높은 가격을 매매대금으로 기재하여 매수인 명의의 매매계약서를 작성하였다 하여도 그것은 작성권한 있는 자가 허위내용의 문서를 작성한 것일 뿐 사문서위조죄가 성립될 수는 없다.

① 1개
② 2개
③ 3개
④ 4개

해설

㉠ **[X]** 행사할 목적으로 작성된 문서가 일반인으로 하여금 당해 명의인의 권한 내에서 작성된 문서라고 믿게 할 수 있는 정도의 형식과 외관을 갖추고 있으면 문서위조죄가 성립하는 것이고, 위와 같은 요건을 구비한 이상 그 명의인이 실재하지 않는 허무인이거나 또는 문서의 작성일자 전에 이미 사망하였다고 하더라도 그러한 문서 역시 공공의 신용을 해할 위험성이 있으므로 문서위조죄가 성립한다고 봄이 상당하며, 이는 공문서뿐만 아니라 사문서의 경우에도 마찬가지라고 보아야 한다(대판 2005.2.24. 2002도18 전원합의체).
㉡ **[O]** 대판 1985.1.22. 84도2422
㉢ **[O]** ⅰ) 보조공무원이 허위공문서를 기안하여 그 정을 모르는 작성권자의 결재를 받아 공문서를 완성한 때에는 허위공문서작성죄의 간접정범이 되고, ⅱ) 이러한 결재를 거치지 않고 임의로 허위내용의 공문서를 완성한 때에는 공문서위조죄가 성립한다(대판 1981.7.28. 81도898).
㉣ **[O]** 작성권한 있는 자가 허위내용의 문서를 작성한 것일 뿐 사문서위조죄가 성립될 수는 없다(대판 1984.7.10. 84도1146).

정답 ①

11 문서에 관한 죄에 대한 설명으로 가장 적절하지 않은 것은? (다툼이 있는 경우 판례에 의함)

2021년 제2차 경찰

① 甲이 콘도미니엄 입주민들의 모임인 A시설운영위원회의 대표로 선출된 후 A위원회가 대표성을 갖춘 단체라는 외양을 작출할 목적으로, 행정용 봉투에 A위원회의 한자와 한글 직인을 날인한 다음 자신의 인감증명서 중앙에 있는 '용도'란 부분에 이를 오려 붙이는 방법으로 인감증명서 1매를 작성하고, 이를 휴대전화로 촬영한 사진 파일을 입주민들이 참여하는 메신저 단체대화방에 게재한 경우에는 공문서위조 및 동행사죄가 성립하지 아니한다.

② 변호사 甲이 대량의 저작권법 위반 형사고소 사건을 수임하여 피고소인 30명을 각각 형사고소하기 위하여 20건 또는 10건의 고소장을 개별적으로 수사관서에 제출하면서 하나의 고소위임장에만 소속 변호사회에서 발급받은 진정한 경유증표 원본을 첨부한 후 이를 일체로 하여 컬러복사기로 20장 또는 10장의 고소위임장을 각 복사한 다음 고소위임장과 일체로 복사한 경유증표를 고소장에 첨부하여 접수한 경우에는 사문서위조 및 동행사죄가 성립한다.

③ 법무사 甲이 위임인 A가 문서명의자로부터 문서작성 권한을 위임받지 않았음을 알면서도 「법무사법」제25조에 따른 확인절차를 거치지 아니하고 권리의무에 중대한 영향을 미칠 수 있는 문서를 작성한 경우에는 사문서위조죄가 성립한다.

④ 공무원 아닌 甲이 관공서에 허위 내용의 증명원을 제출하여 그 내용이 허위인 정을 모르는 담당공무원 A로부터 그 증명원 내용과 같은 증명서를 발급받은 경우에는 공문서위조죄의 간접정범으로 처벌된다.

해설

① [O] 피고인이 만든 문서가 공문서로서의 외관과 형식을 갖추었다고 인정하기 어렵고, 이를 사진촬영한 파일을 단체대화방에 게재한 행위가 위조공문서행사죄에 해당할 수도 없다(대판 2020.12.24. 2019도8443).

② [O] 변호사회가 발급한 경유증표는 증표가 첨부된 변호사선임서 등이 변호사회를 경유하였고 소정의 경유회비를 납부하였음을 확인하는 문서이므로 법원, 수사기관 또는 공공기관에 이를 제출할 때에는 원본을 제출하여야 하고 사본으로 원본에 갈음할 수 없으며, 각 고소위임장에 함께 복사되어 있는 변호사회 명의의 경유증표는 원본이 첨부된 고소위임장을 그대로 컬러 복사한 것으로서 일반적으로 문서가 갖추어야 할 형식을 모두 구비하고 있고, 이를 주의 깊게 관찰하지 아니하면 그것이 원본이 아닌 복사본임을 알아차리기 어려울 정도이므로 일반인이 명의자의 진정한 사문서로 오신하기에 충분한 정도의 형식과 외관을 갖추었다(대판 2016.7.14. 2016도2081). ☞ 사문서위조죄 및 동행사죄 성립

③ [O] 법무사가 타인의 권리의무에 중대한 영향을 미칠 수 있는 문서를 작성함에 있어 이 규정에 위반하여 문서명의자 본인의 동의나 승낙이 있었는지에 대한 아무런 확인절차를 거치지 아니하고 오히려 명의자 본인의 동의나 승낙이 없음을 알면서도 권한 없이 문서를 작성한 경우에는 사문서위조 및 동행사죄의 고의를 인정할 수 있다(대판 2008.4.10. 2007도9987).

④ [X] 어느 문서의 작성권한을 갖는 공무원이 그 문서의 기재 사항을 인식하고 그 문서를 작성할 의사로써 이에 서명날인하였다면, 설령 그 서명날인이 타인의 기망으로 착오에 빠진 결과 그 문서의 기재사항이 진실에 반함을 알지 못한 데 기인한다고 하여도, 그 문서의 성립은 진정하며 여기에 하등 작성명의를 모용한 사실이 있다고 할 수는 없으므로, 공무원 아닌 자가 관공서에 허위 내용의 증명원을 제출하여 그 내용이 허위인 정을 모르는 담당공무원으로부터 그 증명원 내용과 같은 증명서를 발급받은 경우 공문서위조죄의 간접정범으로 의율할 수는 없다(대판 2001.3.9. 2000도938).

정답 ④

12 다음 사례 중 공문서위조죄가 성립하는 것은? (다툼이 있으면 판례에 의함)   2015년 경찰간부

① 식당의 주·부식 구입업무를 담당하는 공무원이 계약 등에 의하여 공무소의 주·부식 구입·검수 업무 등을 담당하는 조리장·영양사 등의 명의를 위조하여 검수결과 보고서를 작성한 경우
② 행사의 목적으로 타인의 주민등록증의 사진을 떼고 자신의 사진을 붙여 복사한 경우
③ 공문서의 작성권한자가 직접 이에 서명하지 않고 타인에게 지시하여 자기서명을 흉내내어 결재란에 대신 서명하게 한 경우
④ 건설업자가 공무원에게 내용이 허위인 수주실적증명원을 제출하여 이 사실을 모르는 공무원으로부터 증명원 내용과 같은 공사실적증명서를 발급받은 경우

> **해설**

① **[X]** 검수결과보고서의 작성명의인인 후생계 조리장 및 영양사는 그 신분이 공무원이거나 공무원으로 의제되는 자에 해당한다고 단정할 수 없다(대판 2008.1.17. 2007도6987). ☞ 공문서위조죄 불성립
② **[O]** 주민등록증과 같은 신분증명서에 있어서 사진은 피증명인을 표상하는 본질적인 중요사항에 속하는 것으로서 이를 다른 사람의 사진으로 바꾸어 붙이는 행위는 기존증명서의 동일성을 해치고 새로운 증명력을 가진 증명서를 만든 것이다(대판 2000.9.5. 2000도2855. 서울고법 1975.6.3. 75노437). ☞ 공문서변조죄가 아니라 공문서위조죄 성립
③ **[X]** 피고인의 기안문서 작성행위는 작성권자의 지시 또는 승낙에 의한 것으로서 공문서위조죄의 구성요건해당성이 조각된다(대판 1983.5.24. 82도1426). ☞ 공문서위조죄 불성립
④ **[X]** 공무원 아닌 자가 관공서에 허위 내용의 증명원을 제출하여 그 내용이 허위인 정을 모르는 담당공무원으로부터 그 증명원 내용과 같은 증명서를 발급받은 경우, 어느 문서의 작성권한을 갖는 공무원이 그 문서의 기재 사항을 인식하고 그 문서를 작성할 의사로써 이에 서명날인하였다면, 설령 그 서명날인이 타인의 기망으로 착오에 빠진 결과 그 문서의 기재사항이 진실에 반함을 알지 못한 데 기인한다고 하여도, 그 문서의 성립은 진정하며 여기에 하등 작성명의를 모용한 사실이 있다고 할 수는 없다(대판 2001.3.9. 2000도938). ☞ 공문서위조죄의 간접정범 불성립

정답 ②

13 문서위조의 죄에 관한 다음 설명 중 가장 옳지 않은 것은? (다툼이 있으면 판례에 의함) 2018년 법원직

① 명의자의 명시적인 승낙이나 동의가 없다는 것을 알고 있었더라도 명의자가 문서작성 사실을 알았다면 승낙하였을 것이라고 기대하거나 예측한 경우에는 문서위조죄가 성립하지 않는다.
② 연대보증인이 될 것을 허락한 자의 인감도장과 인감증명서를 교부받아 그를 차주로 하는 차용금 증서를 작성한 경우에는 위조죄가 성립하지 않는다.
③ 다른 조작을 가함이 없이 문서의 원본을 그대로 컬러복사기로 복사한 후 복사한 문서의 사본을 원본인 것처럼 행사한 행위도 사문서위조죄 및 동행사죄에 해당할 수 있다.
④ 공무원 아닌 자가 관공서에 허위 내용의 증명원을 제출하여 그 내용이 허위인 정을 모르는 담당공무원으로부터 그 증명원 내용과 같은 증명서를 발급받은 경우에는 공문서위조죄의 간접정범이 성립하지 않는다.

해설

① **[X]** ⅰ) 행위 당시 명의자의 현실적인 승낙은 없었지만 행위 당시의 모든 객관적 사정을 종합하여 명의자가 행위 당시 그 사실을 알았다면 당연히 승낙했을 것이라고 (객관적으로) 추정되는 경우 역시 사문서의 위·변조죄가 성립하지 않는다고 할 것이나, ⅱ) 명의자의 명시적인 승낙이나 동의가 없다는 것을 알고 있으면서도 명의자 이외의 자의 의뢰로 문서를 작성하는 경우 명의자가 문서작성 사실을 알았다면 승낙하였을 것이라고 (주관적으로) 기대하거나 예측한 것만으로는 그 승낙이 추정된다고 단정할 수 없으므로 사문서위·변조죄가 성립한다(대판 2008.4.10. 2007도9987). ☞ 승낙의 추정은 객관적이어야 하고, 행위자가 주관적으로 그 승낙을 기대하거나 예측한 것만으로는 추정적 승낙을 인정할 수 없다는 취지

② **[O]** 피해자들이 일정한도액에 관한 연대보증인이 될 것을 허락하고 이에 필요한 문서를 작성하는데 쓰일 인감도장과 인감증명서(대출보증용)를 채무자에게 건네준 취지는 채권자에 대해 동액상당의 채무를 부담하겠다는 내용의 문서를 작성하도록 허락한 것으로 보아야 할 것이므로 비록 차용금증서에 동 피해자들을 '연대보증인'으로 하지 않고 직접 '차주'로 하였을지라도 그 문서는 정당한 권한에 기하여 그 권한의 범위 안에서 적법하게 작성된 것으로 보아야 한다(대판 1984.10.10. 84도1566). ☞ 사문서위조죄 불성립

③ **[O]** [1] 문서위조 및 동행사죄의 보호법익은 문서에 대한 공공의 신용이므로 '문서가 원본인지 여부'가 중요한 거래에서 문서의 사본을 진정한 원본인 것처럼 행사할 목적으로 다른 조작을 가함이 없이 문서의 원본을 그대로 컬러복사기로 복사한 후 복사한 문서의 사본을 원본인 것처럼 행사한 행위는 사문서위조죄 및 동행사죄에 해당한다.
[2] 변호사인 피고인이 대량의 저작권법 위반 형사고소 사건을 수임하여 피고소인 30명을 각 형사고소하기 위하여 20건 또는 10건의 고소장을 개별적으로 수사관서에 제출하면서 각 하나의 고소위임장에만 소속 변호사회에서 발급받은 진정한 경유증표 원본을 첨부한 후 이를 일체로 하여 컬러복사기로 20장 또는 10장의 고소위임장을 각 복사한 다음 고소위임장과 일체로 복사한 경유증표를 고소장에 첨부하여 접수한 경우, 일반인이 명의자의 진정한 사문서로 오신하기에 충분한 정도의 형식과 외관을 갖추었다(대판 2016.7.14. 2016도2081). ☞ 사문서위조죄 및 동행사죄 성립

④ **[O]** 어느 문서의 작성권한을 갖는 공무원이 그 문서의 기재 사항을 인식하고 그 문서를 작성할 의사로써 이에 서명날인하였다면, 설령 그 서명날인이 타인의 기망으로 착오에 빠진 결과 그 문서의 기재사항이 진실에 반함을 알지 못한 데 기인한다고 하여도, 그 문서의 성립은 진정하며 여기에 하등 작성명의를 모용한 사실이 있다고 할 수는 없다(대판 2001.3.9. 2000도938). ☞ 공문서위조죄의 간접정범 불성립

정답 ①

14 문서에 대한 설명으로 옳지 않은 것은? (다툼이 있는 경우 판례에 의함) 2021년 경찰간부

① 문서라 함은 문자 또는 이에 대신할 수 있는 가독적 부호로 계속적으로 물체상에 기재된 의사 또는 관념의 표시인 원본 또는 이와 사회적 기능, 신용성 등을 동일시할 수 있는 기계적 방법에 의한 복사본으로서 그 내용이 법률상, 사회생활상 주요 사항에 관한 증거로 될 수 있는 것을 말한다.
② 컴퓨터 화면에 나타나는 이미지 파일은 프로그램을 실행할 때마다 전자적 반응을 일으켜 화면에 나타나는 것에 지나지 않아서 계속적으로 화면에 고정된 것으로는 볼 수 없으므로, 형법상 문서에 관한 죄에 있어서 '문서'에 해당되지 않는다.
③ 주민등록증의 이름·주민등록번호란에 글자를 오려 붙인 후 이를 컴퓨터 스캔 장치를 이용하여 이미지 파일로 만들어 컴퓨터 모니터로 출력하는 한편 타인에게 이메일로 전송한 경우, 공문서위조 및 위조공문서행사죄를 구성하지 않는다.
④ 이미지 파일은 '문서'에 해당하지 않으므로, 휴대전화 가입 신청서를 위조한 후 이를 스캔한 이미지 파일을 제3자에게 이메일로 전송하여 컴퓨터 화면상으로 보게 한 행위는 위조 사문서행사죄를 구성하지 않는다.

해설

① **[O]** 대판 2006.1.26. 2004도788 등
② **[O]** 대판 2008.4.10. 2008도1013 등
③ **[O]** 컴퓨터 모니터 화면에 나타나는 이미지는 형법상 문서에 관한 죄의 문서에 해당하지 않으므로 공문서위조 및 위조공문서행사죄를 구성하지 않는다(대판 2007.11.29. 2007도7480).
④ **[X]** 휴대전화 신규 가입신청서를 위조한 후 이를 스캔한 이미지 파일을 제3자에게 이메일로 전송한 경우, 이미지 파일 자체는 문서에 관한 죄의 '문서'에 해당하지 않으나, 이를 전송하여 컴퓨터 화면상으로 보게 한 행위는 이미 위조한 가입신청서를 행사한 것에 해당하므로 위조사문서행사죄가 성립한다(대판 2008.10.23. 2008도5200).

정답 ④

15 문서에 관한 죄의 설명 중 가장 적절하지 않은 것은? (다툼이 있으면 판례에 의함) 2011년 제1차 경찰

① 형법 제225조의 공문서변조나 위조죄의 객체인 공문서는 공무원 또는 공무소가 그 직무에 관하여 작성하는 문서이고, 그 행위주체가 공무원과 공무소가 아닌 경우에는 형법 또는 기타 특별법에 의하여 공무원으로 의제되는 경우를 제외하고는 계약 등에 의하여 공무와 관련되는 업무를 일부 대행하는 경우가 있다 하더라도 공무원 또는 공무소가 될 수는 없다.

② 이혼신고서를 가정법원에 제출한 甲은 가정법원의 서기관이 교부한 이혼의사확인서등본과 간인으로 연결된 이혼신고서를 떼어내고 원래 이혼신고서의 내용과는 다른 이혼신고서를 작성하여 이혼의사확인서등본과 함께 호적관서에 제출한 경우, 공문서인 이혼의사확인서등본을 변조하였다거나 변조된 이혼의사확인서등본을 행사하였다고 할 수 없다.

③ 식당의 주·부식 구입 업무를 담당하는 공무원이 주·부식구입요구서의 과장결재란에 권한없이 자신의 서명을 하였다면 공문서위조죄가 성립한다.

④ 자격모용에 의한 사문서작성죄는 행사할 목적으로 타인의 자격을 모용하여 작성된 문서가 일반인으로 하여금 당해 명의인의 권한 내에서 작성된 문서라고 믿게 할 수 있는 정도의 형식과 외관을 갖추고 있으면 성립하는 것이고, 자격모용에 의한 사문서작성죄에서의 '타인'에는 자연인뿐만 아니라 법인, 법인격 없는 단체를 비롯하여 거래관계에서의 독립한 사회적 지위를 갖고 활동하고 있는 존재로 취급될 수 있으면 여기에 해당한다.

해설

① [O] 대판 1996.3.26. 95도3073
② [O] 공문서변조죄 및 동행사죄가 성립하지 않는다(대판 2009.1.30. 2006도7777).

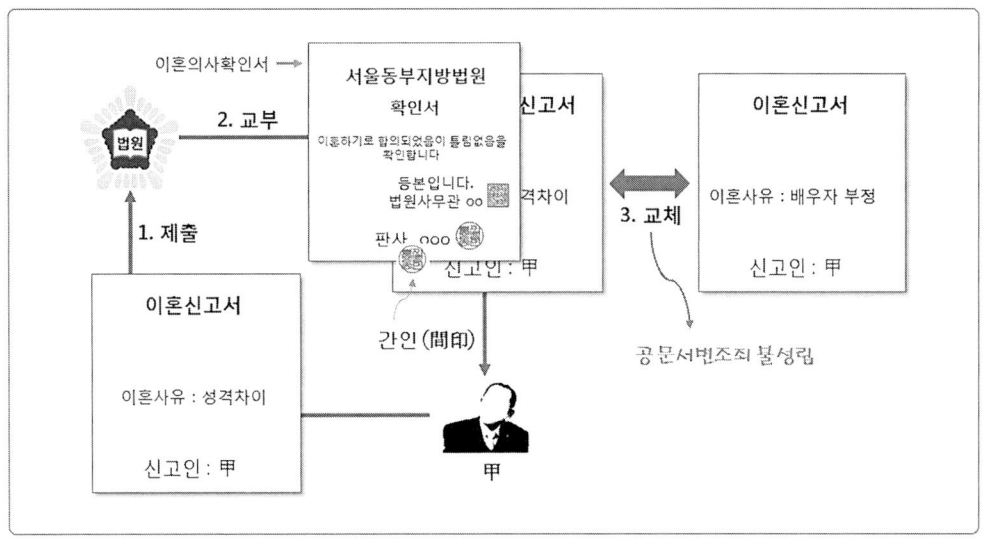

③ [X] 피고인이 과장의 자격을 모용하여 자신의 이름으로 공문서를 작성한 것이므로 자격모용공문서작성죄가 성립함은 별론으로 하고 공문서위조죄가 성립할 수는 없는 것이다(대판 2008.1.17. 2007도6987).
④ [O] 대판 2008.2.14. 2007도9606

정답 ③

16 문서에 관한 죄에 대한 설명으로 가장 적절하지 않은 것은? (다툼이 있는 경우 판례에 의함)

2021년 제1차 경찰

① 허위공문서작성죄의 객체가 되는 문서는 문서상 작성명의인이 명시된 경우뿐 아니라 작성명의인이 명시되어 있지 않더라도 문서의 형식, 내용 등 문서 자체에 의하여 누가 작성하였는지를 추지할 수 있을 정도의 것이면 된다.

② 실제의 본명 대신 가명이나 위명을 사용하여 사문서를 작성한 경우, 그 문서의 작성명의인과 실제 작성자의 인격이 상이할 때에는 위조죄가 성립할 수 있다.

③ 가정법원의 서기관이 이혼의사확인서등본을 작성한 후 그 뒤에 이혼신고서를 첨부하고 직인을 간인하여 교부한 경우, 당사자가 이를 떼어내고 다른 내용의 이혼신고서를 붙여 관련 행정관서에 제출하였다면 공문서변조 및 변조공문서행사죄가 성립한다.

④ 사립학교 법인 이사가 이사회 회의록에 서명 대신 서명거부사유를 기재하고 그에 대한 서명을 한 경우, 이사회 회의록의 작성권한자인 이사장이라 하더라도 임의로 이를 삭제하면 특별한 사정이 없는 한 사문서변조에 해당한다.

해설

① **[O]** 형법상 문서는 인간의 지각에 의하여 인식이 가능한 가독적(可讀的) 부호 또는 상형적 부호로서 ⅰ) 의사 또는 관념이 물체상에 고착되어 계속적으로 존재할 것이 요구되고(계속적 기능), ⅱ) 권리·의무 또는 사실증명에 관한 사항을 그 내용으로 하여야 하며(증명적 기능), ⅲ) 문서에 작성명의인이 명시되어 있지는 아니하더라도 문서의 내용·형식·체제 등에 비추어 그 문서 자체에 의하여 그 작성명의인을 판별할 수 있을 것이 요구된다(보장적 기능)(대판 1973.9.29. 73도1765 등).

② **[O]** 피고인이 다방 업주로부터 선불금을 받고 그 반환을 약속하는 내용의 현금보관증을 작성하면서 가명과 허위의 출생연도를 기재한 후 이를 교부한 경우, 실제의 본명 대신 가명이나 위명을 사용하여 사문서를 작성한 경우, 명의인과 작성자의 인격이 상이할 때에는 위조죄가 성립할 수 있다(대판 2010.11.11. 2010도1835). ☞ 사문서위조죄 및 동행사죄 성립

③ **[X]** 가정법원의 서기관 등이 이혼의사확인서등본을 작성한 뒤 이를 이혼의사확인신청 당사자 쌍방에게 교부하면서 이혼신고서를 확인서등본 뒤에 첨부하여 그 직인을 간인하였다고 하더라도, 그러한 사정만으로 이혼신고서가 공문서인 이혼의사확인서등본의 일부가 되었다고 볼 수 없다(대판 2009.1.30. 2006도7777). ☞ 공문서변조 및 동행사죄 불성립

④ **[O]** A 학교법인 이사장인 甲이 A 법인의 이사회 회의록 중 '이사장의 이사회 내용 사전유출로 인한 책임을 물어 회의록 서명을 거부합니다. 乙'이라고 기재된 부분 및 그 옆에 있던 이사 乙의 서명 부분을 지워 이를 행사한 경우, 甲이 임의로 위 문구를 삭제함으로써 회의록의 새로운 증명력을 작출하였다(대판 2018.9.13. 2016도20954). ☞ 사문서변조죄 및 동행사죄 성립

정답 ③

17 다음 설명 중 가장 적절한 것은? (다툼이 있으면 판례에 의함) 2016년 제1차 경찰

① 주식회사의 지배인이 자신을 그 회사의 대표이사로 표시하여 연대보증채무를 부담하는 취지의 회사 명의의 차용증을 작성·교부한 경우, 그 문서에 일부 허위 내용이 포함되거나 위 연대보증행위가 회사의 이익에 반하는 것이더라도 사문서위조 및 위조사문서행사에 해당하지 않는다.
② 공무원이 여러 차례의 출장반복의 번거로움을 회피하고 민원사무를 신속히 처리한다는 방침에 따라 사전에 출장조사한 다음 출장조사 내용이 변동없다는 확신하에 출장복명서를 작성하고 다만 그 출장일자를 작성일자로 기재한 경우 허위공문서작성죄가 성립한다.
③ 공립학교 교사가 작성하는 교원의 인적사항과 전출희망사항 등을 기재하는 부분과 학교장이 작성하는 학교장의견란 등으로 구성되어 있는 교원실태조사카드의 교사 명의 부분을 명의자의 의사에 반하여 작성한 행위는 공문서위조죄를 구성한다.
④ 권한 없는 자가 임의로 인감증명서의 사용용도란에 나오는 기재사항을 고쳐 쓴 경우에는 공문서변조죄가 성립한다.

해설

① **[O]** 원래 주식회사의 지배인은 회사의 영업에 관하여 재판상 또는 재판 외의 모든 행위를 할 권한이 있으므로, 지배인이 직접 주식회사 명의 문서를 작성하는 행위는 위조나 자격모용사문서작성에 해당하지 않는 것이 원칙이다(대판 2010.5.13. 2010도1040).

 비교판례

A 은행의 지배인으로 등기되어 있는 甲이, 신용이나 담보가 부족한 차주 회사가 저축은행 등 대출기관에서 대출을 받는 데 사용하도록 지급보증의 성질이 있는 A 은행 명의의 대출채권양수도약정서와 사용인감계를 작성한 경우, 지급보증 등의 의사결정 권한을 상위 결재권자에게 부여하고 있으므로, 위와 같은 문서작성 행위는 제한된 지배인의 대리권한을 넘는 경우에 해당하여 사문서위조죄가 성립한다(대판 2012.9.27. 2012도7467).

② **[X]** 허위공문서작성의 범의가 있었다고 볼 수 없다(대판 2001.1.5. 99도4101). ☞ 허위공문서작성죄 불성립
③ **[X]** 공립학교 교사가 작성하는 교원의 인적사항과 전출희망사항 등을 기재하는 부분과 학교장이 작성하는 학교장의견란 등으로 구성되어 있는 교원실태조사카드의 교사 명의 부분을 명의자의 의사에 반하여 작성한 경우, 학교장의 작성명의 부분은 공문서라고 할 수 있으나, 작성자가 교사 명의로 된 부분은 개인적으로 전출을 희망하는 의사표시를 한 것에 지나지 아니하여 이것을 가리켜 공무원이 직무상 작성한 공문서라고 할 수는 없다(대판 1991.9.24. 91도1733). ☞ 공문서위조죄 불성립
④ **[X]** 인감증명법 등 법령의 규정에 의하면, 인감의 증명을 신청함에 있어서 그 용도가 ⅰ) 부동산매도용일 경우에는 부동산매수자란에 매수자의 성명(법인인 경우에는 법인명), 주소 및 주민등록번호를 기재하여 신청하여야 하지만 ⅱ) 그 이외의 경우에는 신청 당시 사용용도란을 기재하여야 하는 것은 아니고, 필요한 경우에 신청인이 직접 기재하여 사용하도록 되어 있으며, 인감증명서의 사용용도란의 기재는 증명청인 동장이 작성한 증명문구에 의하여 증명되는 부분과는 아무런 관계가 없다고 할 것이므로, 권한 없는 자가 임의로 인감증명서의 사용용도란의 기재를 고쳐 썼다고 하더라도 공무원 또는 공무소의 문서 내용에 대하여 변경을 가하여 새로운 증명력을 작출한 경우라고 볼 수 없다(대판 2004.8.20. 2004도2767). ☞ 공문서변조죄 및 변조공문서행사죄 불성립

정답 ①

18 다음 중 허위공문서작성죄가 성립하지 않은 것은? (다툼이 있으면 판례에 의함) 2018년 법원직

① 건물이 건축법상의 요건을 갖추지 못하고 설계된 사실을 알면서도 건축허가서를 작성한 경우
② 가옥대장에 무허가건물을 허가받은 건물로 기재한 경우
③ 원본과 대조하지 않고 원본대조필을 날인한 경우
④ 인감증명서를 발행하면서 대리인의 신청에 의한 것을 본인의 신청에 의한 것으로 기재한 경우

해설

① (불성립) 군수가 건축허가통보서에 결재하여 건축허가신청을 허가하였다면 건축허가서에 표현된 허가의 의사표시 내용 자체에 어떠한 허위가 있다고 볼 수는 없다(대판 2000.6.27. 2000도1858). ☞ 허위공문서작성죄 불성립
② (성립) 피고인이 건축물조사 및 가옥대장 정리업무를 담당하는 지방행정서기를 교사하여 무허가 건물을 허가받은 건축물인 것처럼 가옥대장 등에 등재케 하여 허위공문서 등을 작성케 한 사실이 인정된다면, 허위공문서작성죄의 교사범으로 처단한 것은 정당하다(대판 1983.12.13. 83도1458).
③ (성립) 공무원 피고인이 그 직무에 관하여 사문서 사본에 실제로 원본과 대조함이 없이 "원본대조필 토목기사 피고인"이라 기재하고 도장을 날인한 경우, 그 기재 자체가 공문서로 되고, 실제로 원본과 대조함이 없이 "원본대조필"이라고 기재한 이상 그것만으로 곧 허위공문서작성죄가 성립하는 것이고, 피고인이 위 문서작성자에게 전화로 원본과 상이(相異)없다는 사실을 확인하였다거나 객관적으로 그 사본이 원본과 다른 점이 없다고 하더라도 위 죄가 성립한다(대판 1981.9.22. 80도3180). ☞ 허위공문서작성죄 성립
④ (성립) 인감증명서는 각종의 법률행위에 있어서 본인인 여부 및 본인의 진정한 의사인 여부를 확인케 하는데 일반적으로 사용되는 만큼 그 인감증명서가 본인 또는 대리인 중 누구의 신청에 의하여 발행된 문서이냐 하는 점 역시 그 증명력을 담보함에 필요한 사항이라 할 것이므로 인감증명서를 발행함에 있어 대리인에 의한 것을 본인의 신청에 의한 것으로 기재하였다면 그 사항에 관하여는 허위기재한 것으로 보아야 할 것이다(대판 1997.7.11. 97도1082). ☞ 허위공문서작성죄 성립

정답 ①

---

19 다음 중 공문서부정행사죄가 성립하지 않는 것은 모두 몇 개인가? (다툼이 있으면 판례에 의함) 2015년 제1차 경찰

㉠ 습득한 타인의 주민등록증을 가족의 것이라고 제시하면서 그 주민등록증상의 명의로 이동전화가입신청을 한 경우
㉡ 경찰서에서 조사를 받는 과정에서 인적사항을 확인하는 경찰관에게 자신의 것인 양 타인의 운전면허증을 제시한 경우
㉢ 타인의 주민등록표등본을 그와 아무런 관련없는 사람이 마치 자신의 것인 양 행사한 경우
㉣ 甲선박에 의해 발생한 사고를 마치 乙선박에 의해 발생한 것처럼 허위신고를 하면서 그에 대한 검정용 자료로서 乙선박의 선박국적증서와 선박검사증서를 제출한 경우

① 1개   ② 2개
③ 3개   ④ 4개

해설

㉠ **[X]** 타인의 주민등록증을 본래의 사용용도인 신분확인용으로 사용한 것이라고 볼 수 없다(대판 2003.2.26. 2002도4935). ☞ 공문서부정행사죄 불성립
㉡ **[O]** 그 사용목적에 따른 행사로서 공문서부정행사죄에 해당한다(대판 2001.4.19. 2000도1985 전원합의체).
㉢ **[X]** 주민등록표등본은 사용권한자가 특정되어 있다고 할 수 없고, 또 용도도 다양하므로 공문서부정행사죄의 객체인 공문서에 해당하지 않는다(대판 1999.5.14. 99도206). ☞ 공문서부정행사죄 불성립
㉣ **[X]** 선박국적증서와 선박검사증서는 위 선박의 국적과 항행할 수 있는 자격을 증명하기 위한 용도로 사용된 것일 뿐 그 본래의 용도를 벗어나 행사된 것으로 보기는 어렵다(대판 2009.2.26. 2008도10851). ☞ 공문서부정행사죄 불성립

(정답) ③

---

20 다음 설명 중 옳지 않은 것은 모두 몇 개인가? (다툼이 있는 경우 판례에 의함) 2016년 경찰간부 변형

> ㉠ 위조문서행사죄에 있어서 행사의 상대방에는 아무런 제한이 없고 위조된 문서의 작성명의인이라고 하여 행사의 상대방이 될 수 없는 것은 아니나, 문서가 위조된 것임을 이미 알고 있는 공범자 등에게 행사하는 경우에는 위조문서행사죄가 성립될 수 없다.
> ㉡ 간접정범을 통한 위조문서행사범행에 있어 도구로 이용된 자라고 하더라도 문서가 위조된 것임을 알지 못하는 자에게 행사한 경우에는 위조문서행사죄가 성립한다.
> ㉢ 의사인 피고인이 환자의 인적사항, 병명, 입원기간 및 그러한 입원사실을 확인하는 내용이 기재된 입퇴원확인서를 허위로 작성하였다면 허위진단서작성죄가 성립한다.
> ㉣ 위조된 외국의 화폐, 지폐 또는 은행권이 강제통용력을 가지지 않고, 국내에서 사실상 거래 대가의 지급수단이 되고 있지 않는 경우에는 그 화폐 등을 행사하더라도 위조통화행사죄를 구성하지 않고, 또한 위조사문서행사죄 또는 위조사도화행사죄로 의율할 수도 없다.

① 1개   ② 2개
③ 3개   ④ 4개

해설

㉠ **[O]** 대판 2005.01.28. 2004도4663 등
㉡ **[O]** 甲이 위조·변조한 공문서의 이미지 파일을 乙 등에게 이메일로 송부하여 프린터로 출력하게 하였는데 乙 등은 출력 당시 위 파일이 위조된 것임을 알지 못한 경우, 간접정범을 통한 위조문서행사범행에 있어 도구로 이용된 자라고 하더라도 문서가 위조된 것임을 알지 못하는 자에게 행사한 경우에는 위조문서행사죄가 성립한다(대판 2012.02.23. 2011도14441). ☞ 위조·변조공문서행사죄 성립
㉢ **[X]** 입퇴원 확인서는 환자의 건강상태를 증명하기 위한 서류라고 볼 수 없어 진단서로 보기 어렵다(대판 2013.12.12. 2012도3173). ☞ 허위진단서작성죄 불성립
㉣ **[X]** ⅰ) 위조된 외국의 화폐, 지폐 또는 은행권이 강제통용력을 가지지 않는 경우에는 형법 제207조 제3항에서 정한 '외국에서 통용하는 외국의 화폐 등'에 해당하지 않고, 나아가 그 화폐 등이 국내에서 사실상 거래 대가의 지급수단이 되고 있지 않는 경우에는 형법 제207조 제2항에서 정한 '내국에서 유통하는 외국의 화폐 등'에도 해당하지 않으므로, 그 화폐 등을 행사하더라도 형법 제207조 제4항에서 정한 위조통화행사죄를 구성하지 않는다고 할 것이고, ⅱ) 따라서 이러한 경우에는 형법 제234조에서 정한 위조사문서행사죄 또는 위조사도화행사죄로 의율할 수 있다(대판 2013.12.12. 2012도2249).

(정답) ②

21 다음 중 사전자기록 위작·변작죄 또는 공전자기록 위작·변작죄가 성립하는 것은 모두 몇 개인가? (다툼이 있는 경우 판례에 의함)
2016년 경찰간부

> ㉠ 새마을금고 직원이 금고의 전 이사장에 대한 채권확보를 위해 금고의 예금 관련 컴퓨터 프로그램에 전 이사장 명의의 예금계좌 비밀번호를 동의 없이 입력하여 위 예금계좌에 입금된 상조금을 위 금고의 가수금 계정으로 이체한 경우
> ㉡ 자동차등록 담당공무원이 여객자동차운수사업법상 차량충당연한규정에 위배되어 영업용으로 변경 및 이전등록을 할 수 없는 차량인 것을 알면서 자동차등록정보 처리 시스템의 자동차등록원부 용도란에 영업용이라고 입력하고 최초등록일 등은 사실대로 기재한 경우
> ㉢ 경찰관이 고소사건을 처리하지 아니하였음에도 경찰범죄정보 시스템에 그 사건을 검찰에 송치한 것으로 입력한 경우

① 0개 ② 1개
③ 2개 ④ 3개

해설

㉠ **[X]** 위 금고의 내부규정이나 여신거래기본약관의 규정에 비추어 이는 위 금고의 업무에 부합하는 행위로서 사전자기록위작·변작죄의 '사무처리를 그르치게 할 목적'을 인정할 수 없다(대판 2008.06.12. 2008도938). ☞ 사전자기록위작·변작죄 불성립

㉡ **[X]** 최초등록일 등 등록과 관련된 사실관계에 대한 내용에 거짓이 있다고 볼 수 없는 이상, 공전자기록등위작죄의 위작에 해당한다고 할 수 없다(대판 2011.05.13. 2011도1415). ☞ 공전자기록위작죄 불성립

㉢ **[O]** 시스템을 설치·운영하는 주체와의 관계에서 ⅰ) 전자기록의 생성에 관여할 권한이 없는 사람이 전자기록을 작출하거나 전자기록의 생성에 필요한 단위 정보의 입력을 하는 경우는 물론 ⅱ) 시스템의 설치·운영 주체로부터 각자의 직무 범위에서 개개의 단위정보의 입력 권한을 부여받은 사람이 그 권한을 남용하여 허위의 정보를 입력함으로써 시스템 설치·운영 주체의 의사에 반하는 전자기록을 생성하는 경우도 형법 제227조의2에서 말하는 전자기록의 '위작'에 포함된다(대판 2005.06.09. 2004도6132). ☞ 공전자기록위작죄 성립

정답 ②

22 문서에 관한 죄에 대한 설명으로 가장 적절한 것은? (다툼이 있는 경우 판례에 의함) 2022년 제1차 경찰

① 형법은 사문서의 경우 무형위조만을 처벌하면서 예외적으로 유형위조를 처벌하는 태도를 취하고 있다.
② 공무원인 의사가 공무소의 명의로 허위의 진단서를 작성한 경우 허위공문서작성죄와 허위진단서작성죄가 성립하고 두 죄는 상상적 경합관계에 있다.
③ 공문서와 달리 사문서에 있어서는 권한 있는 사람의 허위작성을 예외적으로만 처벌하는 형법의 태도를 고려할 때, 「형법」 제232조의2에서 정하는 사전자기록등위작죄에서의 '위작'에 시스템의 설치·운영 주체로부터 각자의 직무 범위에서 개개의 단위정보의 입력 권한을 부여받은 사람이 그 권한을 남용하여 허위의 정보를 입력함으로써 시스템 설치·운영 주체의 의사에 반하는 전자기록을 생성하는 경우는 포함되지 않는다고 보아야 한다.
④ A회사의 대표이사 甲이 B회사의 대표이사 乙로부터 포괄적 위임을 받아 두 회사의 대표이사 업무를 처리하면서 두 회사 명의로 허위 내용의 영수증과 세금계산서를 작성한 사안에서, B회사 명의 부분은 乙의 개별적·구체적 위임 또는 승낙 없는 행위로서 사문서위조 및 위조사문서행사죄가 성립하지만, A회사 명의 부분은 이미 퇴직한 종전의 대표이사를 승낙 없이 대표이사로 표시하였더라도 이에 해당하지 않는다.

해설

① **[X]** 형법은 유형위조는 공문서·사문서 불문하고 모두 위조죄로 처벌하고 있는 반면, 공문서의 무형위조는 허위공문서작성죄로 원칙적으로 처벌하고, 사문서의 무형위조는 원칙적으로 처벌하지 않고 예외적으로 허위진단서작성죄의 경우에만 처벌하는 입장을 취한다.

② **[X]** [1] 형법 제233조 소정의 허위진단서작성죄의 대상은 공무원이 아닌 의사가 사문서로서 진단서를 작성한 경우에 한정되고, 공무원인 의사가 공무소의 명의로 허위진단서를 작성한 경우에는 허위공문서작성죄만이 성립하고 허위진단서작성죄는 별도로 성립하지 않는다.
[2] 국립병원의 내과과장 겸 진료부장으로 근무하는 의사로서 보건복지부 소속 의무서기관인 피고인이 공소외인의 부탁을 받고 허위의 진단서를 작성해 주고 그 사례 명목으로 금품을 수수한 경우(대판 2004.4.9. 2003도7762). ☞ 허위공문서작성죄와 부정처사후수뢰죄의 실체적 경합범 성립

③ **[X]** 시스템을 설치·운영하는 주체와의 관계에서 ⅰ) 전자기록의 생성에 관여할 '권한이 없는 사람'이 전자기록을 작출하거나 전자기록의 생성에 필요한 단위정보의 입력을 하는 경우는 물론 ⅱ) 시스템의 설치·운영 주체로부터 각자의 직무 범위에서 '개개의 단위정보의 입력 권한을 부여받은 사람'이 그 권한을 남용하여 허위의 정보를 입력함으로써 시스템 설치·운영 주체의 의사에 반하는 전자기록을 생성하는 경우도 형법 제227조의2(공전자기록등위작)에서 말하는 전자기록의 '위작'에 포함된다고 판시하였다(대법원 2004도6132 판결). 위 법리는 형법 제232조의2의 사전자기록등위작죄에서 행위의 태양으로 규정한 '위작'에 대해서도 마찬가지로 적용된다(대판 2020.8.27. 2019도11294 전원합의체).

④ **[O]** [1] 주식회사의 적법한 대표이사라 하더라도 그 권한을 포괄적으로 위임하여 다른 사람으로 하여금 대표이사의 업무를 처리하게 하는 것은 허용되지 않는다. 따라서 대표이사로부터 포괄적으로 권한 행사를 위임받은 사람이 주식회사 명의로 문서를 작성하는 행위는 원칙적으로 권한 없는 사람의 문서 작성행위로서 자격모용사문서작성 또는 위조에 해당하고, 대표이사로부터 개별적·구체적으로 주식회사 명의의 문서 작성에 관하여 위임 또는 승낙을 받은 경우에만 예외적으로 적법하게 주식회사 명의로 문서를 작성할 수 있다.
[2] A회사의 대표이사 甲이 B회사의 대표이사 乙로부터 포괄적 위임을 받아 두 회사의 대표이사 업무를 처리하면서 두 회사 명의로 허위 내용의 영수증과 세금계산서를 작성한 경우, B회사 명의 부분은 乙의 개별적·구체적 위임 또는 승낙 없는 행위로서 사문서위조 및 위조사문서행사죄가 성립하지만, A회사 명의 부분은 이미 퇴직한 종전의 대표이사를 승낙 없이 대표이사로 표시하였더라도 이에 해당하지 않는다(대판 2008.11.27. 2006도2016).

정답 ④

23 문서에 관한 죄에 대한 설명으로 가장 적절하지 않은 것은? (다툼이 있는 경우 판례에 의함)

2017년 경기북부 여경, 2016년 법원직 변형

① 휴대전화 신규 가입신청서를 위조한 후 이를 스캔한 이미지 파일을 제3자에게 이메일로 전송하여 컴퓨터 화면상으로 보게 한 행위는 이미 위조한 가입신청서를 행사한 것에 해당하므로 위조사문서행사죄가 성립한다.
② 피고인이 컴퓨터 스캔 작업을 통하여 만들어낸 공인중개사 자격증의 이미지 파일은 전자기록으로서 전자기록 장치에 전자적 형태로 고정되어 계속성이 있다고 볼 수 있고, 그러한 형태는 그 자체로서 시각적 방법에 의해 이해할 수 있는 것이어서 이를 형법상 문서에 관한 죄에 있어서의 문서로 보아야 한다.
③ 주취운전자 적발보고서 및 주취운전자 정황진술보고서의 각 운전자란에 타인의 서명을 한 다음 이를 경찰관에게 제출하였다면 사문서위조죄 및 동행사죄가 성립한다.
④ 사문서위조가 성립한 후 사후에 피해자의 동의 또는 추인 등의 사정으로 문서에 기재된 대로 효과의 승인을 받았다고 하더라도, 이미 성립한 범죄에는 아무런 영향이 없다.

해설

① [O] 대판 2008.10.23. 2008도5200
② [X] 컴퓨터 스캔 작업을 통하여 공인중개사 자격증의 이미지 파일을 만들어낸 경우, 파일은 형법상 문서에 관한 죄의 '문서'에 해당하지 않는다(대판 2008.4.10. 2008도1013). ☞ 공문서위조죄 불성립
③ [O] 대판 2004.12.23. 2004도6483
④ [O] 사문서위조나 공정증서원본 부실기재가 성립한 후, 사후에 피해자의 동의 또는 추인 등의 사정으로 문서에 기재된 대로 효과의 승인을 받거나, 등기가 실체적 권리관계에 부합하게 되었다 하더라도, 이미 성립한 범죄에는 아무런 영향이 없다(대판 1999.5.14. 99도202).

정답 ②

24 다음 설명 중 옳지 않은 것은? (판례에 의함)

2009년 법원직, 2007년·2009년 경찰 변형

① 은행을 통하여 지급이 이루어지는 약속어음의 발행인이 그 발행을 위하여 은행에 신고된 것이 아닌 발행인의 다른 인장을 날인하였다면 허위유가증권작성죄는 성립하지 않는다.
② 공정증서원본부실기재죄가 성립하기 위해서는 사무를 그르치게 할 목적이 필요없다.
③ 당사자로부터 뇌물을 받고 고의로 적용하여서는 안 될 조항을 적용하여 과세표준을 결정하고 그 과세표준에 기하여 세액을 산출하였다면, 비록 그 세액계산서에 허위내용의 기재가 없다고 하더라도 허위공문서작성죄에 해당한다.
④ 소유권이전등기와 근저당권설정등기의 신청이 동시에 이루어지고 그와 함께 등본의 교부신청이 있었는데, 등기공무원이 소유권이전등기만 기입하고 근저당권설정등기는 기입하지 아니한 채 등기부등본을 발급하였다면, 비록 그 등기부등본의 기재가 등기부의 기재와 일치한다 하더라도, 그러한 등기부등본 발급행위는 허위공문서작성죄에 해당한다.

해설

① [O] 발행인의 인장인 이상 어음의 효력에는 영향이 없다(대판 2000.5.30. 2000도883). ☞ 허위유가증권작성죄 불성립
② [O] 공정증서원본부실기재죄는 목적범이 아니다(제228조).

> **형법 제228조(공정증서원본 등의 부실기재)** ① 공무원에 대하여 허위신고를 하여 공정증서원본 또는 이와 동일한 전자기록등 특수매체기록에 부실의 사실을 기재 또는 기록하게 한 자는 5년 이하의 징역 또는 1천만원 이하의 벌금에 처한다.
> ② 공무원에 대하여 허위신고를 하여 면허증, 허가증, 등록증 또는 여권에 부실의 사실을 기재하게 한 자는 3년 이하의 징역 또는 700만원 이하의 벌금에 처한다.

③ [X] 그 세액계산서에 허위내용의 기재가 없다면 허위공문서작성죄에는 해당하지 않는다(대판 1996.5.14. 96도554). ☞ 허위공문서작성죄 불성립
④ [O] 대판 1996.10.15. 96도1669

정답 ③

25 공정증서원본불실기재에 관한 다음 설명 중 가장 옳은 것은? (다툼이 있으면 판례에 의함)

2014년 법원직

① 협의상 이혼의 의사표시가 기망에 의하여 이루어져 호적에 그 협의상 이혼사실이 기재되었다면 공정증서원본불실기재죄가 성립한다.
② 가장매매로 인한 소유권이전등기를 경료한 경우에는 공정증서원본불실기재 및 동행사죄가 성립한다.
③ 발행인과 수취인이 통모하여 진정한 어음채무 부담이나 어음채권 취득 의사 없이 단지 발행인의 채권자에게서 채권추심이나 강제집행을 받는 것을 회피하기 위하여 형식적으로만 약속어음의 발행을 가장한 후 공증인에게 마치 진정한 어음발행행위가 있는 것처럼 허위로 신고하여 어음공정증서원본을 작성·비치하게 한 경우에 공정증서원본불실기재 및 동행사죄가 성립한다.
④ 타인의 부동산을 자기의 소유라고 허위의 사실을 신고하여 소유권이전등기를 경료한 이후라면 그 부동산이 자기의 소유인 것처럼 가장하여 그 부동산에 관하여 자기 명의로 채권자와의 사이에 근저당권설정등기를 경료한 경우 별도로 공정증서원본불실기재 및 동행사죄가 성립하지 않는다.

해설

① [X] 협의상 이혼의 의사표시가 기망에 의하여 이루어진 것일지라도 그것이 취소되기까지는 유효하게 존재하는 것이다(대판 1997.1.24. 95도448). ☞ 공정증서원본불실기재죄 불성립
② [X] 피고인이 부동산에 관하여 가장매매를 원인으로 소유권이전등기를 경료하였더라도, 그 당사자 사이에는 소유권이전등기를 경료시킬 의사는 있었다고 할 것이므로 공정증서원본불실기재죄 및 동행사죄는 성립하지 않는다(대판 1991.9.24. 91도1164). ☞ 공정증서원본불실기재죄 불성립
③ [O] 형식적으로만 약속어음의 발행을 가장한 경우 이러한 어음발행행위는 통정허위표시로서 무효이다(대판 2012.4.26. 2009도5786). ☞ 공정증서원본부실기재죄 및 동행사죄 성립
④ [X] 근저당권은 근저당물의 소유자가 아니면 설정할 수 없으므로 근저당권설정등기를 경료한 행위는 별도로 공정증서원본불실기재 및 동행사죄가 성립한다(대판 1997.7.25. 97도605).

정답 ③

26 공정증서원본등부실기재죄에 관한 설명이다. 다음 중 옳은 것은 모두 몇 개인가? (다툼이 있으면 판례에 의함)
2015년 제3차 경찰

㉠ 사업자등록증은 공정증서원본 등 부실기재죄의 대상인 등록증에 해당하지 않는다.
㉡ 자동차운전면허증 재교부신청서의 사진란에 본인의 사진이 아닌 다른 사람의 사진을 붙여 제출함으로써 담당 공무원으로 하여금 자동차운전면허대장에 부실의 사실을 기재하게 한 경우 공정증서원본등부실기재죄가 성립한다.
㉢ 「민사조정법」상의 조정절차에서 작성되는 조정조서는 「형법」 제228조 제1항에서 말하는 공정증서원본에 해당한다.
㉣ 종중 소유의 토지를 자신의 개인 소유로 신고하여 토지대장에 올린 경우 공정증서원본등부실기재죄가 성립하지 않는다.
㉤ 원래 자신소유인 부동산에 대하여 허위의 보증서를 작성한 후 등기소에 제출하여 자기 명의로 소유권을 이전받은 경우 공정증서원본등부실기재죄가 성립한다.
㉥ 종중의 적법한 대표 권한이 없는 자가 종중 소유의 토지에 보존등기를 신청하면서 자신이 대표자인 것처럼 허위신고를 함으로써 부동산등기부에 종중의 대표자로 기재된 경우에는 공정증서원본등부실기재죄가 성립하지 않는다.

① 1개   ② 2개
③ 3개   ④ 4개

해설

㉠ [O] 사업자등록증은 단순한 사업사실의 등록을 증명하는 증서에 불과하고 그에 의하여 사업을 할 수 있는 자격이나 요건을 갖추었음을 인정하는 것은 아니라고 할 것이어서 형법 제228조 제1항에 정한 '등록증'에 해당하지 않는다(대판 2005.7.15. 2003도6934).
㉡ [X] 자동차운전면허대장은 사실증명에 관한 것에 불과하므로 형법 제228조 제1항에서 말하는 공정증서원본이라고 볼 수 없다(대판 2010.6.10. 2010도1125).
㉢ [X] 공정증서원본불실기재죄의 객체인 공정증서원본은 그 성질상 허위신고에 의해 불실한 사실이 그대로 기재될 수 있는 공문서이어야 하는바, 조정절차에서 작성되는 조정조서는 그 성질상 허위신고에 의해 불실한 사실이 그대로 기재될 수 있는 공문서로 볼 수 없어 공정증서원본에 해당하는 것으로 볼 수 없다(대판 2010.6.10. 2010도3232).
㉣ [O] 토지대장은 공정증서원본이라고는 할 수 없다(대판 1971.1.29. 69도2238).
㉤ [X] 원래 자신소유의 부동산이므로 공정증서에 부실의 사실을 기재하였다고는 할 수 없다(대판 1984.12.11. 84도2285).
☞ 공정증서원본등부실기재죄 불성립
㉥ [X] 종중 대표자의 기재는 당해 부동산의 처분권한과 관련된 중요한 부분의 기재로서 이에 대한 공공의 신용을 보호할 필요가 있으므로 이를 허위로 등재한 경우에는 공정증서원본불실기재죄의 대상이 되는 불실의 기재에 해당한다(대판 2006.1.13. 2005도4790). ☞ 공정증서원본부실기재죄 성립

정답 ②

27 문서의 죄에 대한 설명으로 옳지 않은 것은? (다툼이 있는 경우 판례에 의함) 2022년 경찰간부

① 甲이 A의 주민등록증을 이용하여 주민등록증상 이름과 사진을 종이로 가리고서 복사기로 복사하고, 컴퓨터를 이용하여 위조하려는 乙의 인적사항과 주소, 발급일자를 기재하여 덮어쓰기 하고 다시 복사하여 전혀 별개의 주민등록증사본을 창출한 경우, 그 사본은 공문서위조죄의 객체가 되는 '공문서'에 해당한다.

② 甲이 이미 자신이 위조한 휴대전화 신규가입신청서를 스캐너로 읽어 들여 이미지화한 다음 그 이미지 파일을 乙에게 이메일로 전송하여 컴퓨터 화면상에서 보게 한 경우, 스캐너로 읽어들여 이미지화한 파일은 문서에 관한 죄에 있어서 '문서'에 해당하지 않으므로 위조사문서행사죄가 성립하지 아니한다.

③ 공정증서원본 등의 부실기재죄에서 '부실의 기재'라고 함은 권리 의무관계에서 중요한 의미를 갖는 사항이 객관적인 진실에 반하는 것을 말한다.

④ 甲이 컴퓨터 스캔 작업을 통하여 만들어낸 공인중개사 자격증의 이미지파일은 전자기록으로서 전자기록장치에 전자적 형태로서 고정되어 계속성이 있다고 볼 수는 있으나, 그러한 형태는 그 자체로서 시각적 방법에 의해 이해할 수 있는 것이 아니어서 이는 '문서'에 해당하지 아니한다.

해설

① **[O]** 형법 제237조의2에 따라 전자복사기, 모사전송기 기타 이와 유사한 기기를 사용하여 복사한 문서의 사본도 문서원본과 동일한 의미를 가지는 문서로서 이를 다시 복사한 문서의 재사본도 문서위조죄 및 동 행사죄의 객체인 문서에 해당한다 할 것이고, 진정한 문서의 사본을 전자복사기를 이용하여 복사하면서 일부 조작을 가하여 그 사본 내용과 전혀 다르게 만드는 행위는 공공의 신용을 해할 우려가 있는 별개의 문서사본을 창출하는 행위로서 문서위조행위에 해당한다(대판 2000.9.5. 2000도2855). ☞ 공문서위조죄 성립

② **[X]** 휴대전화 신규 가입신청서를 위조한 후 이를 스캔한 이미지 파일을 제3자에게 이메일로 전송한 경우, 이미지 파일 자체는 문서에 관한 죄의 '문서'에 해당하지 않으나, 이를 전송하여 컴퓨터 화면상으로 보게 한 행위는 이미 위조한 가입신청서를 행사한 것에 해당한다(대판 2008.10.23. 2008도5200). ☞ 위조사문서행사죄 성립

③ **[O]** 공정증서원본부실기재죄의 '부실의 기재'라고 함은 객관적인 진실에 반하여 존재하지 아니하는 사실을 존재하는 것으로 하거나, 존재하는 사실을 존재하지 아니하는 것으로 기재하는 것을 말한다(대판 2004.10.15. 2004도3584).

④ **[O]** 원심은, 이 사건에서 피고인이 컴퓨터 스캔 작업을 통하여 만들어낸 공인중개사 자격증의 이미지 파일은 전자기록으로서 전자기록 장치에 전자적 형태로서 고정되어 계속성이 있다고 볼 수는 있으나, 그러한 형태는 그 자체로서 시각적 방법에 의해 이해할 수 있는 것이 아니어서 이를 형법상 문서에 관한 죄에 있어서의 '문서'로 보기 어렵다고 판단하였는바, 원심이 인정한 사실관계를 앞서 본 법리에 비추어 살펴보면, 원심의 위와 같은 판단은 정당하고, 거기에 상고이유에서 주장하는 바와 같은 형법상 문서에 관한 법리오해 등의 위법이 없다(대판 2008.4.10. 2008도1013). ☞ 공문서위조죄 및 동행사죄 불성립

정답 ②

28 문서의 죄에 관한 설명 중 옳지 않은 것은 모두 몇 개인가? (다툼이 있는 경우 판례에 의함)

2022년 경찰2차

㉠ 컴퓨터의 기억장치 중 하나인 램(RAM, Random Access Memory)은 기억장치 또는 저장매체이기는 하나 임시적인 기억 또는 저장에 활용되는 매체에 불과하여 램에 올려진 전자기록은 「형법」 제232조의2의 사전자기록위작·변작죄에서 말하는 전자기록에 해당하지 않는다.
㉡ 공문서를 작성하는 과정에서 법령 등을 잘못 적용하거나 적용하여야 할 법령 등을 적용하지 아니한 잘못이 있는 경우에는 허위공문서작성죄가 성립하며, 그 적용의 전제가 된 사실관계에 관하여 거짓된 기재가 없더라도 그 성립을 부정할 수 없다.
㉢ 「형법」 제228조 제2항의 공정증서원본 부실기재죄에서 말하는 '등록증'은 공무원이 작성한 모든 등록증을 말하는 것이 아니라, 일정한 자격이나 요건을 갖춘 자에게 그 자격이나 요건에 상응한 활동을 할 수 있는 권능 등을 인정하기 위하여 공무원이 작성한 증서를 말하는 것으로서 사업자등록증은 단순한 사업 사실의 등록을 증명하는 증서에 불과하여 동법 제228조 제2항의 등록증에 해당하지 않는다.
㉣ 타인의 주민등록증을 습득한 자가 해당 주민등록증을 본인 가족의 것이라고 제시하면서 그 주민등록증상의 명의 또는 가명으로 이동전화 가입신청을 한 경우, 「형법」 제230조 공문서등부정행사죄가 성립한다.
㉤ 「형법」 제228조 제1항이 규정하는 공정증서원본 부실기재죄나 공전자기록 등 부실기재죄는 공무원에 대하여 진실에 반하는 허위신고를 하여 공정증서원본 또는 이와 동일한 전자기록 등 특수매체기록에 그 증명하는 사항에 관하여 실체관계에 부합하지 아니하는 '부실의 사실'을 기재 또는 기록하게 함으로써 성립하고, 여기서 '부실의 사실'이라 함은 권리의무관계에 중요한 의미를 갖는 사항이 객관적인 진실에 반하는 것을 말한다.

① 1개 ② 2개
③ 3개 ④ 4개

해설

㉠ **[X]** 피고인이 램(RAM)에 올려진 전자기록에 허구의 내용을 권한 없이 수정입력하였으나 원본파일의 변경까지 초래하지 않은 경우, 임시저장매체인 램(RAM, Random Access Memory)에 올려진 전자기록 역시 사전자기록위작·변작죄에서 말하는 전자기록 등 특수매체기록에 해당한다(대판 2003.10.9. 2000도4993). ☞ 수정입력의 시점에서 사전자기록변작죄의 '기수범' 성립
㉡ **[X]** 당사자로부터 뇌물을 받고 고의로 적용하여서는 안 될 조항을 적용하여 과세표준을 결정하고 그 과세표준에 기하여 세액을 산출하였다고 하더라도 그 세액계산서에 허위내용의 기재가 없는 경우, 고의로 법령을 잘못 적용하여 공문서를 작성하였다고 하더라도 그 법령적용의 전제가 된 사실관계에 대한 내용에 거짓이 없다면 허위공문서작성죄가 성립될 수 없다(대판 1996.5.14. 96도554). ☞ 허위공문서작성죄 불성립
㉢ **[O]** 甲이 乙과 동업하여 공장을 운영하던 중 조합계약을 해지하고 단독으로 사업을 경영함에도 불구하고 사업자등록증을 변경함이 없이 운영해오다가 당해 공장 운영권을 타인에게 매도한 경우, 사업자등록증은 단순한 사업사실의 등록을 증명하는 증서에 불과하고 그에 의하여 사업을 할 수 있는 자격이나 요건을 갖추었음을 인정하는 것은 아니라고 할 것이어서 형법 제228조 제2항에 정한 '등록증'에 해당하지 않는다(대판 2005.7.15. 2003도6934). ☞ 공정증서원본불실기재죄 불성립

> **형법 제228조 (공정증서원본 등의 부실기재)** ① 공무원에 대하여 허위신고를 하여 공정증서원본 또는 이와 동일한 전자기록 등 특수매체기록에 부실의 사실을 기재 또는 기록하게 한 자는 5년 이하의 징역 또는 1천만원 이하의 벌금에 처한다.
> ② 공무원에 대하여 허위신고를 하여 면허증, 허가증, 등록증 또는 여권에 부실의 사실을 기재하게 한 자는 3년 이하의 징역 또는 700만원 이하의 벌금에 처한다.

ⓔ [X] 피고인이 습득한 타인의 주민등록증을 피고인 가족의 것이라고 제시하면서 그 주민등록증상의 명의 또는 가명으로 이동전화 가입신청을 한 경우, 타인의 주민등록증을 본래의 사용용도인 신분확인용으로 사용한 것이라고 볼 수 없다(대판 2003.2.26. 2002도4935). ☞ 공문서부정행사죄 불성립

ⓜ [O] [1] 형법 제229조, 제228조 제2항에 정한 불실기재 여권행사죄에서 '허위신고'는 진실에 반하는 사실을 신고하는 것이고, '불실(부실)의 사실'은 '권리의무관계에 중요한 의미를 갖는 사항이 객관적인 진실에 반하는 것'을 말한다. 여권 등 공정증서원본에 기재된 사항이 존재하지 않거나 외관상 존재하더라도 무효사유에 해당하는 흠이 있다면 불실기재에 해당한다. 그러나 기재된 사항이나 원인된 법률행위가 객관적으로 존재하고 취소사유에 해당하는 흠이 있을 뿐이라면 취소되기 전에 공정증서원본에 기재된 사항은 불실기재에 해당하지 않는다.
[2] 구 국적법 제3조 제1호에 따라 대한민국 국적을 취득하지 않았는데도 대한민국 국적을 취득한 것처럼 인적 사항을 기재하여 대한민국 여권을 발급받은 다음 이를 출입국심사 담당공무원에게 제출하였다면 위계로써 출입국심사업무에 관한 정당한 직무를 방해함과 동시에 불실의 사실이 기재된 여권을 행사한 것으로 볼 수 있다(대판 2022.4.28. 2020도12239). ☞ 위계에 의한 공무집행방해죄와 불실기재여권행사죄 성립(상상적 경합범에 해당한다는 취지)

정답 ③

29 다음 중 공정증서원본등부실기재죄가 성립하는 경우는 몇 개인가? (다툼이 있는 경우 판례에 의함)

2016년 경찰간부, 2007년 법원행시 변형

> ㉠ 등기부에 거래가액을 부풀려서 기재하게 한 경우
> ㉡ 피고인과 매도인 사이에 매매계약이 성립한 후 계약금과 대부분의 중도금이 지급되었고 매도인이 법무사에게 소유권이전등기에 필요한 서류 일체를 맡기고 나중에 잔금지급이 되면 그 등기신청을 하도록 위임하였는데, 피고인이 법무사를 기망하여 법무사가 잔금이 모두 지급된 것으로 잘못 알고 등기신청을 하여 그 소유권이전등기를 경료한 경우
> ㉢ 토지거래 허가구역 안의 토지에 관하여 실제로는 매매계약을 체결하고서도 처음부터 토지거래허가를 잠탈하려는 목적으로 등기원인을 '증여'로 하여 소유권이전등기를 경료한 경우
> ㉣ 주식회사의 임시주주총회가 법령 및 정관상 요구되는 이사회의 결의나 소집절차 없이 이루어졌다고 하더라도, 주주 전원이 참석하여 총회를 개최하는데 동의하고 아무런 이의 없이 만장일치로 결의가 되었고 그 결의에 따라 등기가 이루어진 경우
> ㉤ 신주발행이 무효로 확정되기 이전에 그 신주발행의 사실을 담당 공무원에게 신고하여 법인등기부에 기재하게 한 경우

① 0개 ② 1개
③ 2개 ④ 3개

해설

㉠ [X] 부동산등기부에 기재되는 거래가액은 당해 부동산의 권리의무관계에 중요한 의미를 갖는 사항에 해당한다고 볼 수 없다(대판 2013.01.24. 2012도12363). ☞ 공전자기록등부실기재죄 및 동행사죄 불성립

㉡ [X] 법무사의 등기신청은 취소사유가 있을 뿐이므로 유효한 등기신청에 해당한다(대판 1996.6.11. 96도233). ☞ 공정증서원본부실기재죄 불성립

㉢ [O] 비록 매도인과 매수인 사이에 실제의 원인과 달리 '증여'를 원인으로 한 소유권이전등기를 경료할 의사의 합치가 있더라도, 허위신고를 하여 공정증서원본에 부실의 사실을 기재하게 한 때에 해당한다(대판 2007.11.30. 2005도9922). ☞ 공정증서원본부실기재죄 성립

㉣ [X] 그 결의는 특별한 사정이 없는 한 유효하고, 그 결의에 따른 등기는 실체관계에 부합하는 것으로 이를 부실의 사항을 기재한 등기라고 할 수 없다(대판 2014.05.16. 2013도15895). ☞ 공정증서원본등부실기재죄 불성립

㉤ [X] 주식회사의 신주발행의 경우 신주발행에 법률상 무효사유가 존재한다고 하더라도 그 무효는 신주발행무효의 소에 의해서만 주장할 수 있고, 신주발행무효의 판결이 확정되더라도 그 판결은 장래에 대하여만 효력이 있으므로(상법 제429조, 제431조 제1항), 그 신주발행이 판결로써 무효로 확정되기 이전에 그 신주발행사실을 담당 공무원에게 신고하여 공정증서인 법인등기부에 기재하게 하였다고 하여 그 행위가 공무원에 대하여 허위신고를 한 것이라거나 그 기재가 부실기재에 해당하는 것이라고 할 수는 없다(대판 2007.05.31. 2006도8488). ☞ 공정증서원본부실기재죄 불성립

정답 ②

30 사회적 법익에 대한 죄에 관한 설명으로 가장 적절하지 않은 것은? (다툼이 있는 경우 판례에 의함)

2022년 제1차 경찰

① 「민사조정법」상의 조정절차에서 작성되는 조정조서는 공정증서원본불실기재죄에서의 공정증서원본에 해당한다.
② 단순히 자신의 신용력을 증명하기 위하여 타인에게 보일 목적으로 통화를 위조한 경우에는 통화위조죄가 성립하지 않는다.
③ 공무원의 문서작성을 보조하는 직무에 종사하는 공무원이 허위 공문서를 기안하여 결재를 거치지 않고 임의로 작성권자의 직인 등을 부정사용함으로써 공문서를 완성한 경우 공문서위조죄가 성립한다.
④ 불을 놓아 무주물을 불태워 공공의 위험을 발생하게 한 경우에는 「형법」 제167조 제2항의 자기소유일반물건방화죄가 성립한다.

해설

① **[X]** 공정증서원본은 그 성질상 허위신고에 의해 불실한 사실이 그대로 기재될 수 있는 공문서이어야 한다고 할 것인바, 민사조정법상 조정신청에 의한 조정제도는 원칙적으로 조정신청인의 신청 취지에 구애됨이 없이 조정담당판사 등이 제반 사정을 고려하여 당사자들에게 상호 양보하여 합의하도록 권유·주선함으로써 화해에 이르게 하는 제도인 점에 비추어, 그 조정절차에서 작성되는 조정조서는 그 성질상 허위신고에 의해 불실한 사실이 그대로 기재될 수 있는 공문서로 볼 수 없어 공정증서원본에 해당하는 것으로 볼 수 없다(대판 2010.6.10. 2010도3232).
② **[O]** 형법 제207조(통화위조)에서 정한 '행사할 목적'이란 유가증권위조의 경우와 달리 위조·변조한 통화를 진정한 통화로서 유통에 놓겠다는 목적을 말한다(대판 2012.3.29. 2011도7704).
③ **[O]** ⅰ) 보조 공무원이 허위공문서를 기안하여 그 정을 모르는 '작성권자의 결재(決裁)를 받아' 공문서를 완성한 때에는 허위공문서작성죄의 간접정범이 되고, ⅱ) 이러한 '결재를 거치지 않고' 임의로 허위내용의 공문서를 완성한 때에는 공문서위조죄가 성립한다(대판 1981.7.28. 81도898).
④ **[O]** 대판 2009.10.15. 2009도7421

정답 ①

31. 문서죄에 관한 다음 설명 중 잘못 기술된 것은 모두 몇 개인가?
2008년 경찰, 2016년 경찰 변형

㉠ 신원증명서의 본래의 취지에 따라 사용하였을지라도 피증명인의 의사에 의하지 아니하고 이를 사용하였다면 공문서부정행사죄가 성립한다.
㉡ 휴대전화 신규 가입신청서를 위조한 후 이를 스캔한 이미지 파일을 제3자에게 이메일로 전송하여 컴퓨터 화면상으로 보게 한 행위는, 이미지 파일 자체는 문서에 관한 죄의 '문서'에 해당하지 않으므로 위조사문서행사죄가 성립하지 않는다.
㉢ 화해조서 경정결정신청 기각결정문을 화해조서정본인 것처럼 등기서류로 제출·행사하였다고 하더라도 공문서부정행사죄는 성립하지 아니한다.
㉣ 甲 구청장이 乙 구청장으로 전보된 후 甲 구청장의 권한에 속하는 건축허가에 관한 기안용지의 결재란에 서명을 한 것은 허위공문서작성죄를 구성한다.

① 1개 ② 2개
③ 3개 ④ 4개

해설

㉠ [X] 신원증명서는 사용권한자가 특정되어 있다고 할 수 없고 또 용도도 다양하다(대판 1993.5.11. 93도127). ☞ 공문서부정행사죄 불성립
㉡ [X] 이미지 파일 자체는 문서에 관한 죄의 문서에 해당하지 않으나, 이를 전송하여 컴퓨터 화면상으로 보게 한 행위는 이미 위조한 가입신청서를 행사한 것에 해당한다(대판 2008.10.23. 2008도5200). ☞ 위조사문서행사죄 성립
㉢ [O] 사용권한 있는 자가 정당한 용법에 반하여 부정하게 행사한 것이라 볼 수 없다(대판 1984.2.28. 82도2851).
㉣ [X] 자격모용에 의한 공문서작성죄를 구성한다(대판 1993.04.27. 92도2688).

정답 ③

32. 공공의 신용에 대한 죄에 관한 설명으로 가장 적절하지 않은 것은? (다툼이 있는 경우 판례에 의함)
2022년 제1차 경찰

① 사용권한자와 용도가 특정되어 있는 공문서를 사용권한 없는 자가 사용한 경우 그 공문서 본래의 용도에 따른 사용이 아니라 하더라도 「형법」 제230조의 공문서부정행사죄가 성립된다.
② 문서가 위조된 것임을 이미 알고 있는 공범자 등에게 행사하는 경우에는 위조문서행사죄가 성립할 수 없으나, 간접정범을 통한 위조문서행사범행에 있어 도구로 이용된 자라고 하더라도 문서가 위조된 것임을 알지 못하는 자에게 행사한 경우에는 위조문서행사죄가 성립한다.
③ 인터넷을 통하여 열람·출력한 등기사항전부증명서 하단의 열람 일시 부분을 수정 테이프로 지우고 복사한 행위는 공문서변조에 해당한다.
④ 위조된 외국의 화폐, 지폐 또는 은행권이 강제통용력을 가지지 않고, 그 화폐 등이 국내에서 사실상 거래 대가의 지급수단이 되고 있지 않는 경우에는 그 화폐 등을 행사하더라도 위조통화행사죄를 구성하지 않는다고 할 것이므로, 「형법」 제234조에서 정한 위조사문서행사죄 또는 위조사도화행사죄로 의율할 수 있다.

해설

① **[X]** [1] 사용권한자와 용도가 특정되어 있는 공문서를 사용권한 없는 자가 사용한 경우에도 그 공문서 본래의 용도에 따른 사용이 아닌 경우에는 형법 제230조의 공문서부정행사죄가 성립되지 아니한다.

[2] 피고인이 기왕에 습득한 타인의 주민등록증을 피고인 가족의 것이라고 제시하면서 그 주민등록증상의 명의 또는 가명으로 이동전화 가입신청을 한 경우, 타인의 주민등록증을 본래의 사용용도인 신분확인용으로 사용한 것이라고 볼 수 없다(대판 2003.2.26. 2002도4935). ☞ 공문서부정행사죄 불성립

② **[O]** 甲이 위조·변조한 공문서의 이미지 파일을 乙 등에게 이메일로 송부하여 프린터로 출력하게 하였는데 乙 등은 출력 당시 위 파일이 위조된 것임을 알지 못한 경우, 간접정범을 통한 위조문서행사범행에 있어 도구로 이용된 자라고 하더라고 문서가 위조된 것임을 알지 못하는 자에게 행사한 경우에는 위조문서행사죄가 성립한다(대판 2012.02.23. 2011도14441). ☞ 위조·변조공문서행사죄 성립

③ **[O]**

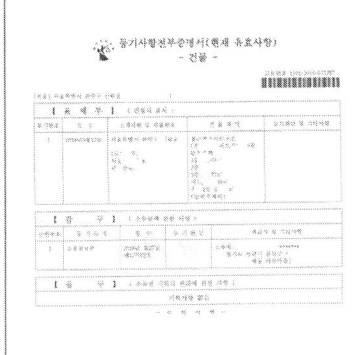

등기사항전부증명서의 열람 일시는 등기부상 권리관계의 기준 일시를 나타내는 역할을 하는 것으로서 권리관계나 사실관계의 증명에서 중요한 부분에 해당하고, 열람 일시의 기재가 있어 그 일시를 기준으로 한 부동산의 권리관계를 증명하는 등기사항전부증명서와 열람 일시의 기재가 없어 부동산의 권리관계를 증명하는 기준 시점이 표시되지 않은 등기사항전부증명서 사이에는 증명하는 사실이나 증명력에 분명한 차이가 있는 점 등을 종합하면, 피고인이 등기사항전부증명서의 열람 일시를 삭제하여 복사한 행위는 등기사항전부증명서가 나타내는 권리·사실관계와 다른 새로운 증명력을 가진 문서를 만든 것에 해당한다(대판 2021.2.25. 2018도19043). ☞ 공문서변조죄 및 동행사죄 성립

④ **[O]** 피고인이 행사한 영국의 10만 파운드화가 외국에서 통용되거나 국내에서 유통되지 아니하는 성질의 것인 경우, 형법 제207조 제4항에서 정한 위조통화행사죄를 구성할 수는 없고, 위조사문서행사죄 또는 위조사도화행사죄로 의율할 수 있다(대판 2013.12.12. 2012도2249).

정답 ①

33 다음 사례 중 공연음란죄의 성립이 인정된 것만을 모두 고른 것은? (다툼이 있는 경우 판례에 의함)

2021년 경찰간부

> 가. 말다툼을 한 후 항의의 표시로 엉덩이가 드러날 만큼 바지와 팬티를 내린 다음 엉덩이를 들이밀며 "똥구멍에 술을 부어 보아라"라고 말한 경우
> 나. 다수인이 통행하는 참전비 앞길에서 바지와 팬티를 내리고 성기와 엉덩이를 노출한 채 한 쪽 방향으로 걸어가다가 돌아 서서 걷기도 하는 등 주위를 서성인 경우
> 다. 요구르트 제품의 홍보를 위하여 전라의 여성 누드모델들이 관람객 수십 명이 있는 자리에서 알몸을 완전히 드러낸 채 관람객들을 향하여 요구르트를 던진 경우
> 라. 아파트 엘리베이터 내에 피해자(여, 11세)와 단둘이 탄 다음 신체접촉 없이 피해자를 향하여 성기를 노출하고 이를 보고 놀란 피해자에게 다가간 경우
> 마. 고속도로에서 승용차를 손괴하는 등의 행패를 부리던 자가 이를 제지하려는 경찰관에 대항하여 공중 앞에서 알몸이 되어 성기를 노출한 경우

① 가, 나, 마
② 가, 다, 라
③ 나, 다, 마
④ 나, 다, 라

해설

가. (X) 그것이 일반 보통인의 성욕을 자극하여 성적 흥분을 유발하고 정상적인 성적 수치심을 해하는 것이 아니라 단순히 다른 사람에게 부끄러운 느낌이나 불쾌감을 주는 정도에 불과하다고 인정되는 경우 그와 같은 행위는 경범죄처벌법 제1조 제41호에 해당할지언정, 형법 제245조의 음란행위에 해당한다고 할 수 없다(대판 2004.3.12. 2003도6514). ☞ 공연음란죄 불성립

나. (O) 성기와 엉덩이를 노출한 행위는 그 일시와 장소, 노출 부위, 노출 방법·정도·시간, 노출 경위 등 구체적 사정을 종합해 볼 때, 비록 성행위를 묘사하거나 성적인 의도를 표출한 것은 아니라고 하더라도 공연히 음란한 행위를 한 것에 해당한다고 볼 수 있다(대판 2020.1.16. 2019도14056). ☞ 공연음란죄 성립

다. (O) 위와 같은 행위는 비록 성행위를 묘사하거나 성적인 의도를 표출하는 행위는 아니라고 하더라도 일반 보통인의 성욕을 자극하여 성적 흥분을 유발하고 정상적인 성적 수치심을 해하여 성적 도의관념에 반하는 음란한 행위에 해당하는 것으로 봄이 상당하고, 한편 위 행위가 요구르트로 노폐물을 상징하는 밀가루를 씻어내어 깨끗한 피부를 탄생시킨다는 취지의 메시지를 전달하는 행위예술로서의 성격을 전혀 가지고 있지 않다고 단정할 수는 없으나, 위 행위의 주된 목적은 요구르트 제품을 홍보하려는 상업적인 데에 있었고, 이 사건에서 이루어진 신체노출의 방법 및 정도가 위와 같은 제품홍보를 위한 행위에 있어 필요한 정도를 넘어섰으므로, 그 음란성을 부정할 수는 없다고 할 것이다(대판 2006.1.13. 2005도1264). ☞ 공연음란죄 성립

라. (X) 피고인은 나이 어린 피해자를 범행 대상으로 삼아, 의도적으로 협소하고 폐쇄적인 엘리베이터 내 공간을 이용하여 피해자가 도움을 청할 수 없고 즉시 도피할 수도 없는 상황을 만들어 범행을 한 점 등 제반 사정에 비추어 볼 때, 비록 피고인이 피해자의 신체에 직접적인 접촉을 하지 아니하였고 엘리베이터가 멈춘 후 피해자가 위 상황에서 바로 벗어날 수 있었다고 하더라도, 피고인의 행위는 피해자의 성적 자유의사를 제압하기에 충분한 세력에 의하여 추행행위에 나아간 것으로서 위력에 의한 추행에 해당한다(대판 2013.1.16. 2011도7164). ☞ 공연음란죄가 아니라 성폭력범죄의처벌등에관한특례법 위반(13세 미만의 사람에 대한 위력에 의한 추행)죄 성립

마. (O) 그 행위는 일반적으로 보통인의 정상적인 성적 수치심을 해하여 성적 도의관념에 반하는 음란한 행위라고 할 것이고, 또 피고인이 승용차를 손괴하거나 타인에게 상해를 가하는 등의 행패를 부리던 중 경찰관이 이를 제지하려고 하자 이에 대항하여 위와 같은 행위를 한 데에는 피고인이 알몸이 되어 성기를 드러내어 보이는 것이 타인의 정상적인 성적 수치심을 해하는 음란한 행위라는 인식도 있었다고 보아야 할 것이다(대판 2000.12.22. 2000도4372). ☞ 공연음란죄 성립

정답 ③

34. 공연음란죄에 관한 설명 중 옳은 것은 모두 몇 개인가? (다툼이 있는 경우 판례에 의함) 2022년 경찰2차

㉠ 말다툼 후 항의하는 과정에서 바지와 팬티를 내리고 엉덩이를 노출시킨 행위는 사람에게 부끄러운 느낌이나 불쾌감을 주는 정도에 불과하고, 정상적인 성적 수치심을 해할 정도에 해당하지 않아 공연음란죄가 성립하지 않는다.
㉡ 음란성을 구체적으로 판단함에 있어서는 행위자의 주관적 의도가 아니라 사회 평균인의 입장에서 그 전체적인 내용을 관찰하여 건전한 사회통념에 따라 객관적이고 규범적으로 평가하여야 한다.
㉢ 공연음란죄에서 정하는 '음란한 행위'는 일반인의 성욕을 자극하여 성적 흥분을 유발하고 정상적인 성적 수치심을 해하여 성적 도의관념에 반하는 것을 의미하고, 그 행위의 음란성에 대한 의미의 인식뿐만 아니라 성욕의 흥분, 만족 등의 성적인 목적이 있어야 공연음란죄가 성립한다.
㉣ 공연음란죄에서 정하는 '음란한 행위'를 특정한 사람을 상대로 한다고 해서 반드시 강제추행죄가 성립하는 것은 아니다.

① 1개　　② 2개
③ 3개　　④ 4개

해설

㉠ **[O]** 甲녀가 상점 앞에 주차한 차량으로 인하여 乙녀와 말다툼하였을 때, 乙녀가 "술을 먹었으면 입으로 먹었지 똥구멍으로 먹었냐"라며 말하였다는 이유로, 다시 위 상점으로 찾아가 가게를 보고 있던 乙녀의 딸인 丙녀에게 소리 지르면서, 그 앞에서 바지와 팬티를 무릎까지 내린 후 엉덩이를 들이밀며 "내 항문에 술을 부어라"라고 말한 경우, 말다툼을 한 후 항의의 표시로 엉덩이를 노출시킨 행위는 음란한 행위에 해당하지 않는다(대판 2004.3.12. 2003도6514). ☞ 공연음란죄 불성립

㉡ **[O]** [1] '음란'이라는 개념 자체는 사회와 시대적 변화에 따라 변동하는 상대적이고도 유동적인 것이고, 그 시대에 있어서 사회의 풍속, 윤리, 종교 등과도 밀접한 관계를 가지는 추상적인 것이므로, 결국 음란성을 구체적으로 판단함에 있어서는 행위자의 주관적 의도가 아니라 사회 평균인의 입장에서 그 전체적인 내용을 관찰하여 건전한 사회통념에 따라 객관적이고 규범적으로 평가하여야 한다.
[2] 피고인이 2017.10.9. 20:26경 참전비 앞길에서 바지와 팬티를 내리고 성기와 엉덩이를 노출한 채 위 참전비를 바라보고 서 있었고 참전비의 한쪽 끝 방향으로 걸어가다가 돌아서서 걷기도 하는 등 위와 같이 노출한 상태에서 참전비 앞에 서 있거나 그 주위를 서성거리는 행위를 한 경우, 당시는 야간이었으나 주위의 조명 등으로 위 참전비 앞길은 어둡지 않았고, 다수의 사람들이 통행하고 있었고, 공소외인은 마침 그곳을 지나가던 중 피고인이 위와 같이 성기와 엉덩이를 노출한 모습을 목격한 후 이를 분명하게 확인하였고, 다른 여성 4인과 아이들이 그곳을 지나가는 것을 보게 되자, 피고인을 경찰에 신고하였다.(중략) 위와 같은 사실관계를 앞서 본 법리에 비추어 살펴보면, 피고인이 이 사건 공소사실과 같이 성기와 엉덩이를 노출한 행위는 그 일시와 장소, 노출 부위, 노출 방법·정도·시간, 노출 경위 등 구체적 사정을 종합해 볼 때, 비록 성행위를 묘사하거나 성적 의도를 표출한 것은 아니라고 하더라도 공연히 음란한 행위를 한 것에 해당한다고 볼 수 있다(대판 2020.1.16. 2019도14056). ☞ 공연음란죄 성립

㉢ **[X]** [1] 형법 제245조 소정의 '음란한 행위'라 함은 일반 보통인의 성욕을 자극하여 성적 흥분을 유발하고 정상적인 성적 수치심을 해하여 성적 도의관념에 반하는 것을 가리킨다고 할 것이고, 위 죄는 주관적으로 성욕의 흥분 또는 만족 등의 성적인 목적이 있어야 성립하는 것은 아니지만 그 행위의 음란성에 대한 의미의 인식이 있으면 족하다.
[2] 고속도로에서 승용차를 손괴하거나 타인에게 상해를 가하는 등의 행패를 부리던 자가 이를 제지하려는 경찰관에 대항하여 공중 앞에서 알몸이 되어 성기를 노출한 경우, 음란한 행위에 해당하고 그 인식도 있었다(대판 2000.12.22. 2000도4372). ☞ 공연음란죄 성립

㉣ **[O]** [1] 건전한 성풍속이라는 일반적인 사회적 법익을 보호하려는 목적을 가진 형법 제245조의 공연음란죄에서 정하는 '음란한 행위'가 특정한 사람을 상대로 행하여졌다고 해서 반드시 그 사람에 대하여 '추행'이 된다고 말할 수 없다.

[2] 피고인이 피해자 甲(여, 48세)에게 욕설을 하면서 자신의 바지를 벗어 성기를 보여주는 방법으로 강제추행하였다는 내용으로 기소된 사안에서, 甲의 성별·연령, 행위에 이르게 된 경위, 甲에 대하여 어떠한 신체 접촉도 없었던 점, 행위장소가 사람 및 차량의 왕래가 빈번한 도로로서 공중에게 공개된 곳인 점, 피고인이 한 욕설은 성적인 성질을 가지지 아니하는 것으로서 '추행'과 관련이 없는 점, 甲이 자신의 성적 결정의 자유를 침해당하였다고 볼 만한 사정이 없는 점 등 제반 사정을 고려할 때, 단순히 피고인이 바지를 벗어 자신의 성기를 보여준 것만으로는 폭행 또는 협박으로 '추행'을 하였다고 볼 수 없다(대판 2012.7.26. 2011도8805). ☞ 강제추행죄 불성립

(정답) ③

35 도박죄에 관한 설명 중 가장 틀린 것은? (통설 및 판례에 의함)   2011년 경찰 변형

① 피고인 자신이 운영하는 여관 카운터에서 같은 동네에 거주하는 친구들과 함께 저녁을 시켜 먹은 후 그 저녁 값을 마련하기 위하여 속칭 '훌라'라는 도박을 하다가 적발된 경우, 일시 오락에 불과하여 도박죄로 처벌할 수 없을 뿐더러 풍속영업의규제에관한법률 제3조 제3호(풍속영업소에서 도박 기타 사행행위를 하게 하여서는 아니된다) 위반죄로도 처벌할 수 없다.
② 내국인의 출입을 허용하는 폐광지역 카지노에 출입하는 것은 법령에 의한 행위로 위법성이 조각되지만, 도박죄를 처벌하지 않는 외국 카지노에서의 도박은 위법성이 조각되지 아니한다.
③ 당사자의 일방이 사기의 수단으로 승패의 수를 지배하는 사기도박을 한 경우 상대방을 기망한 자에 대해서는 사기죄만 성립하고 도박죄는 성립하지 않지만 기망을 당한 자의 경우에는 편면적 대향범과 마찬가지로 도박죄가 성립한다.
④ 도박죄는 도박행위에 착수하면 기수에 이르게 된다.

해설

① **[O]** 대판 2004.4.9. 2003도6351
② **[O]** 형법 제3조는 "본법은 대한민국 영역 외에서 죄를 범한 내국인에게 적용한다."고 하여 형법의 적용 범위에 관한 속인주의를 규정하고 있고, 또한 국가 정책적 견지에서 도박죄의 보호법익보다 좀 더 높은 국가이익을 위하여 예외적으로 내국인의 출입을 허용하는 폐광지역개발지원에관한특별법 등에 따라 카지노에 출입하는 것은 법령에 의한 행위로 위법성이 조각된다고 할 것이나, 도박죄를 처벌하지 않는 외국 카지노에서의 도박이라는 사정만으로 그 위법성이 조각된다고 할 수 없다(대판 2004.4.23. 2002도2518).
③ **[X]** 사기도박의 경우에는 사기도박자에게만 사기죄가 성립하고 우연성을 가지고 가담한 상대방에게는 도박죄가 성립하지 않는다(대판 1985.4.23. 85도583).
④ **[O]** 도박죄는 도박행위에 착수함으로써 기수가 되고(추상적 위험범), 승패가 결정되거나 현실적으로 재물의 득실이 행해질 필요는 없다.

(정답) ③

36. 도박의 죄에 관한 설명 중 옳은 것은 모두 몇 개인가? (다툼이 있는 경우 판례에 의함) 2022년 경찰2차

㉠ 영리의 목적으로 속칭 포커나 고스톱 등의 인터넷 도박게임 사이트를 개설하여 운영하는 경우, 게임이용자들이 그 도박게임 사이트에 접속하여 실제로 도박이 행하여진 때에 도박개장죄는 기수에 이른다.

㉡ 사기도박의 경우 도박에서의 우연성이 결여되어 사기죄만 성립하고, 사기도박에 필요한 준비를 갖추고 그러한 의도로 피해자들에게 도박에 참가하도록 권유한 때 또는 늦어도 그 정을 알지 못하는 피해자들이 도박에 참가한 때 실행의 착수가 인정된다.

㉢ 상습도박죄에 있어서의 상습성이란 반복하여 도박행위를 하는 습벽으로서 행위자의 속성을 말하는데, 이러한 습벽의 유무를 판단함에 있어서는 도박의 전과나 도박횟수 등이 중요한 판단자료가 되나, 도박전과가 없다 하더라도 도박의 성질과 방법, 도금의 규모, 도박에 가담하게 된 태양 등의 제반 사정을 참작하여 도박의 습벽이 인정되는 경우에는 상습성을 인정할 수 있다.

㉣ 도박행위가 공갈죄의 수단이 된 경우, 공갈죄와 도박죄는 그 구성요건과 보호법익을 달리하고 있고, 공갈죄의 성립에 일반적·전형적으로 도박행위를 수반하는 것은 아니기에 공갈죄와 별도로 도박죄가 성립한다.

① 1개
② 2개
③ 3개
④ 4개

해설

㉠ **[X]** 피고인이 단순히 가맹점만을 모집한 상태에서 도박게임 프로그램을 시험가동한 정도에 그친 것이 아니라, 가맹점을 모집하여 인터넷 도박게임이 가능하도록 시설 등을 설치하고 도박게임 프로그램을 가동하던 중 문제가 발생하여 더 이상의 영업으로 나아가지 못한 경우, 게임이용자들과 게임회사 사이에 있어서 재물이 오고갈 수 있는 상태에 있으면, 게임이용자가 위 도박게임 사이트에 접속하여 실제 게임을 하였는지 여부와 관계없이 도박개장죄는 '기수'에 이른다(대판 2009.12.10. 2008도5282). ☞ 도박개장죄 성립

㉡ **[O]** 피고인 등이 사기도박에 필요한 준비를 갖추고 그 실행에 착수한 후에 사기도박을 숨기기 위하여 얼마간 정상적인 도박을 한 경우, 피고인 등이 사기도박에 필요한 준비를 갖추고 그러한 의도로 피해자들에게 도박에 참가하도록 권유한 때 또는 늦어도 그 정을 알지 못하는 피해자들이 도박에 참가한 때에는 이미 사기죄의 실행에 착수하였다고 할 것이므로, 그 후에 사기도박을 숨기기 위하여 얼마간 정상적인 도박을 하였더라도 이는 사기죄의 실행행위에 포함된다(대판 2011.1.13. 2010도9330). ☞ 사기죄만 성립하고, 도박죄는 불성립

㉢ **[O]** 피고인은 평소 알고 지내던 제1심 상피고인을 만나 각자 사람을 끌여들여 거액의 판돈을 놓고 포커판을 벌이기로 미리 모의한 끝에 이 사건 도박이 성사된 것인데, 제1회 도박에 참가한 5명 중 피고인과 제1심 상피고인을 제외한 나머지 3명은 위 포커판에서 처음 만난 사이인 점, 2회에 걸친 이 사건 도박은 모두 호텔방에서 딜러가 카드를 분배하는 수법으로 행해졌는데, 피고인이 도금으로 금 5,000,000원을 소지한 것을 비롯하여 각자 소지한 도금은 수백만 원씩에 이르렀고, 1회 판돈은 금 150,000원 내지 1,000,000원에 이르렀으며, 특히 제1회 도박은 2박 3일 동안 같은 장소에서 계속되어 딜러의 몫으로 떼어진 돈만도 금 400,000원이나 되었던 사실, 피고인은 제1회 도박시 호텔방을 예약하고 딜러를 데리고 가는 등 주도적인 역할을 맡았다가 거액의 돈을 잃자, 그로부터 3일 후에 다시 호텔방을 예약하고 공범들 및 딜러에게 연락을 하여 제2회 도박을 성사시킨 사실 등을 인정할 수 있는바, 위 인정사실에 나타난 여러 사정을 참작하면 피고인에 대하여 도박의 습벽을 인정함에 부족함이 없다 할 것이다(대판 1995.7.11. 95도955). ☞ 상습도박죄 성립

㉣ **[O]** 도박행위가 공갈죄의 수단이 된 경우, 공갈죄와 도박죄는 그 구성요건과 보호법익을 달리하고 있고 공갈죄의 성립에 일반적·전형적으로 도박행위를 수반하는 것은 아니며 도박행위가 공갈죄에 비하여 별도로 고려되지 않을 만큼 경미한 것이라고 할 수도 없다(대판 2014.3.13. 2014도212). ☞ 공갈죄와 도박죄의 실체적 경합범 성립

정답 ③

37. 도박죄에 대한 설명으로 옳은 것만을 모두 고르면? (다툼이 있는 경우 판례에 의함) 2014년 검찰직

㉠ 사기도박의 실행에 착수한 후에 사기도박을 숨기기 위하여 얼마간 정상적인 도박을 한 경우, 사기죄만이 성립하고 도박죄는 따로 성립하지 않는다.
㉡ 도박에 참여한 수인의 피해자로부터 사기도박으로 도금을 편취한 경우 피해자들에 대한 각 사기죄는 실체적 경합의 관계에 있다.
㉢ 도박행위를 처벌하지 않는 외국 카지노에서의 내국인의 도박에 대해서는, 내국인의 폐광지역 카지노 출입을 허용하는 국내법을 유추적용하여 위법성이 조각되는 것으로 보아야 한다.
㉣ 도박은 '재물을 걸고 우연에 의하여 재물의 득실을 결정하는 것'을 의미하는 바, 당사자의 능력이 승패의 결과에 영향을 미친다면 다소간 우연성의 영향을 받는다고 하여도 도박죄는 성립하지 않는다.
㉤ 도박의 습벽이 있는 자가 타인의 도박을 방조하면 상습도박방조의 죄가 성립한다.
㉥ 유료낚시터에서 입장료 명목으로 요금을 받은 후 낚인 물고기에 부착된 시상번호에 따라 경품을 지급한 경우 도박개장죄가 성립한다.

① ㉠, ㉤, ㉥
② ㉡, ㉣, ㉥
③ ㉠, ㉡, ㉢, ㉤
④ ㉠, ㉣, ㉤, ㉥

해설

㉠ [O] 피고인 등이 사기도박에 필요한 준비를 갖추고 그러한 의도로 피해자들에게 도박에 참가하도록 권유한 때 또는 늦어도 그 정을 알지 못하는 피해자들이 도박에 참가한 때에는 이미 사기죄의 실행에 착수하였다고 할 것이므로, 피고인 등이 그 후에 사기도박을 숨기기 위하여 얼마간 정상적인 도박을 하였더라도 이는 사기죄의 실행행위에 포함되는 것이어서 피고인에 대하여는 피해자들에 대한 사기죄만이 성립하고 도박죄는 따로 성립하지 아니한다(대판 2011.1.13. 2010도9330).
㉡ [X] 피고인 등이 피해자들을 유인하여 사기도박으로 도금을 편취한 행위는 사회관념상 1개의 행위로 평가하는 것이 타당하므로, 피해자들에 대한 각 사기죄는 상상적 경합의 관계에 있다(대판 2011.1.13. 2010도9330).
㉢ [X] 한국인이 외국인의 출입이 허용되는 필리핀국 마닐라시에 있는 헤리티지호텔 카지노에서 상습적으로 도박을 한 경우, 속인주의에 의하여 우리 형법이 적용되므로 상습도박죄가 성립한다(대판 2001.9.25. 99도3337).
㉣ [X] 당사자의 능력이 승패의 결과에 영향을 미친다고 하더라도 다소라도 우연성의 사정에 의하여 영향을 받게 되는 때에는 도박죄가 성립할 수 있다(대판 2008.10.23. 2006도736).
㉤ [O] 상습도박의 죄나 상습도박방조의 죄에 있어서의 상습성은 행위의 속성이 아니라 행위자의 속성으로서 도박을 반복해서 거듭하는 습벽을 말하는 것인 바, 도박의 습벽이 있는 자가 타인의 도박을 방조하면 상습도박방조의 죄에 해당하는 것이며, 도박의 습벽이 있는 자가 도박을 하고 또 도박방조를 하였을 경우 상습도박방조의 죄는 무거운 상습도박의 죄에 포괄시켜 1죄로서 처단하여야 한다(대판 1984.4.24. 84도195).
㉥ [O] 대판 2009.2.26. 2008도10582

정답 ①

38 다음 설명 중 가장 적절하지 않은 것은? (다툼이 있는 경우 판례에 의함) 2013년 제1차 경찰

① 내국인의 출입을 허용하는 폐광지역 카지노에 출입하는 것은 법령에 의한 행위로 위법성이 조각되지만, 도박죄를 처벌하지 않는 외국 카지노에서의 도박은 위법성이 조각되지 아니한다.
② 인터넷 고스톱게임 사이트를 유료화하는 과정에서 사이트를 홍보하기 위하여 고스톱대회를 개최하면서 참가자들로부터 참가비를 받고 입상자들에게 상금을 지급한 경우에는 도박개장죄가 성립한다.
③ 피고인이 가맹점을 모집하여 인터넷 도박게임이 가능하도록 시설 등을 설치하고 도박게임 프로그램을 가동하던 중 문제가 발생하여 더 이상의 영업으로 나아가지 못한 경우, 실제로 이용자들이 도박게임 사이트에 접속하여 도박을 한 사실이 없다면 도박개장죄는 기수에 이르렀다고 볼 수 없다.
④ 인터넷 게임사이트의 온라인 게임에서 통용되는 사이버머니를 구입하고자 하는 사람을 유인하여 돈을 받고 위 게임사이트에 접속하여 일부러 패하는 방법으로 사이버머니를 판매한 사람에 대하여, 정범인 위 게임사이트 개설자의 도박개장행위를 인정할 수 없는 이상 종범인 도박개장방조죄도 성립하지 않는다.

해설

① [O] 한국인이 외국인의 출입이 허용되는 필리핀국 마닐라시에 있는 헤리티지호텔 카지노에서 상습적으로 도박을 한 경우, 속인주의에 의하여 우리 형법이 적용되므로 상습도박죄가 성립한다(대판 2001.9.25. 99도3337).
② [O] '영리의 목적'이란 도박개장의 대가로 불법한 재산상의 이익을 얻으려는 의사를 의미하는 것으로, 반드시 도박개장의 직접적 대가가 아니라 도박개장을 통하여 간접적으로 얻게 될 이익을 위한 경우에도 영리의 목적이 인정되고, 또한 현실적으로 그 이익을 얻었을 것을 요하지는 않는다(대판 2002.4.12. 2001도5802).
③ [X] 피고인이 단순히 가맹점만을 모집한 상태에서 도박게임 프로그램을 시험가동한 정도에 그친 것이 아니라, 가맹점을 모집하여 인터넷 도박게임이 가능하도록 시설 등을 설치하고 도박게임 프로그램을 가동하던 중 문제가 발생하여 더 이상의 영업으로 나아가지 못한 것으로 볼 여지가 있다면 이로써 도박개장죄는 이미 기수에 이르렀다(대판 2009.12.10. 2008도5282).
④ [O] 방조범은 제한적 종속형식에 의하여 정범의 행위가 구성요건해당성 및 위법성이 인정되어야 성립할 수 있는바, 위 게임사이트 운영자의 행위가 도박개장죄의 구성요건해당성이 인정되지 아니한다면 피고인에게 종범의 성립은 부정된다(대판 2007.11.29. 2007도8050).

정답 ③

39 다음 사례 중 예배, 장례식, 제사, 설교방해죄가 성립하지 않는 것은 몇 개인가? 2009년 경감

㉠ 甲과 乙은 평소에 사이가 좋지 않았는데 甲이 乙의 집에 가서 서로 시비하던 중에 그 날이 마침 乙의 아버지 기일이어서 제사에 사용할 음식을 마련하여 임시로 작은 상에 올려놓은 것을 甲이 발로 찬 경우
㉡ 甲은 정식절차를 밟은 위임목사가 아닌 乙이 당회의 결의에 반하여 乙의 교의를 신봉하는 신도 약 350여명 앞에서 설교와 예배인도를 한다는 이유로 이를 방해한 경우
㉢ 어느 교회의 교인이었던 甲은 교인들의 총유인 교회현판, 나무십자가 등을 떼어 내고 예배당 건물에 들어가 출입문 자물쇠를 교체하여 7개월 동안 교인들의 출입을 막은 경우
㉣ 乙은 ○○교회 담임목사로 있다가 소속 교단으로부터 목사면직의 판결을 받자 일부신도들과 함께 교단을 탈퇴하고 교회를 떠난 후 2년 4개월 후 동 교회에서 부활절 예배를 준비 중에 아무런 통보나 예고도 없이 그를 따르는 신도들과 함께 예배당에 들어와서는 찬송가를 부르는 등의 행위를 하기 시작하자, 동 교회의 종전 신도인 甲등이 곧 예배가 시작되므로 예배당을 비워달라는 요구를 받았음에도 불구하고 계속 거부하자 甲등이 마이크를 빼앗고 乙을 강단에서 끌어내리는 등의 행위를 한 경우

① 1개
② 2개
③ 3개
④ 4개

해설

㉠ [X] 형법 제158조에 규정된 제전방해죄는 제전의 평온을 그 보호법익으로 하는 것이므로 제전이 집행중이거나 제전의 집행과 시간적으로 밀접 불가분의 관계에 있는 준비단계에서 이를 방해하는 경우에만 성립한다(대판 1982.2.23. 81도2691). ☞ 제전방해죄 불성립
㉡ [O] 다른 특별한 사정이 없는 한 위 설교와 예배인도는 형법상 보호를 받을 가치가 있다(대판 1971.9.28. 71도1465). ☞ 예배방해죄 성립
㉢ [X] 장기간 예배당 건물의 출입을 통제한 위 행위는 교인들의 예배 내지 그와 밀접불가분의 관계에 있는 준비단계를 계속하여 방해한 것으로 볼 수 없다(대판 2008.2.1. 2007도5296). ☞ 예배방해죄 불성립
㉣ [X] 위 목사와 신도들의 행위는 종전 교회의 교인들의 예배를 방해하는 것으로서 형법 제158조 예배방해죄에서 보호하는 예배에 해당한다고 보기는 어렵다(대판 2008.2.28. 2006도4773). ☞ 예배방해죄 불성립

정답 ③

40 다음 설명 중 옳고 그름의 표시(O, X)가 바르게 된 것은? (다툼이 있는 경우 판례에 의함)

2018년 제2차 경찰

㉠ 범행을 은폐할 목적으로 피해자의 시신을 화장하였더라도 일반 화장절차에 따라 장제의 의례를 갖추었다면 사체유기죄가 성립하지 아니한다.
㉡ 법률, 계약 또는 조리상 사체에 대한 장제 또는 감호의 의무가 없는 자도 장소적 이전을 함이 없이 소극적으로 단순히 사체를 방치함으로써 사체유기죄를 범할 수 있다.
㉢ 살인 등의 목적으로 사람을 살해한 자가 살해의 목적을 수행할 때 사후 사체의 발견을 심히 곤란하게 하려는 의도로 인적이 드문 장소로 피해자를 유인하여 그곳에서 살해하고 사체를 그대로 두고 도주한 경우에는 살인죄 외에 별도로 사체은닉죄가 성립한다.
㉣ 질병으로 의사의 치료를 받아 오다가 약효가 없어 사망하여 그 사인이 명백한 자라도 그 사체에 대한 검시를 방해하는 것은 변사체검시방해죄를 구성한다.

① ㉠ (O), ㉡ (O), ㉢ (X), ㉣ (X)
② ㉠ (O), ㉡ (X), ㉢ (X), ㉣ (X)
③ ㉠ (X), ㉡ (X), ㉢ (O), ㉣ (O)
④ ㉠ (O), ㉡ (X), ㉢ (X), ㉣ (O)

해설

㉠ **[O]** 사자에 대한 종교적 감정을 침해한 것이라고 보기는 어렵다(대판 1998.3.10. 98도51).
㉡ **[X]** 사체유기죄의 성립에 있어서 적극적으로 사체를 다른 곳에 옮겨 유기하는 경우에는 유기하는 자의 그 사체에 대한 감호의무의 유무를 불문하나 소극적으로 단순히 사체를 방치함에 그친 경우에는 법령 또는 관습에 의하여 장제 또는 감호의무가 있어야 한다(대판 1948.6.8. 4281형상48). ☞ 부진정부작위범이 성립하기 위해서는 보증인 지위가 인정되어야 한다.
㉢ **[X]** 인적이 드문 장소로 피해자를 유인하거나 실신한 피해자를 끌고 가서 그곳에서 살해하고 사체를 그대로 둔 채 도주한 경우에는 비록 결과적으로 사체의 발견이 현저하게 곤란을 받게 되는 사정이 있다 하더라도 별도로 사체은닉죄가 성립되지 아니한다(대판 1986.6.24. 86도891).
㉣ **[X]** 형법 제163조의 변사자라 함은 부자연한 사망으로서 그 사인(死因)이 분명하지 않은 자를 의미하고 그 사인이 명백한 경우는 변사자라 할 수 없으므로, 범죄로 인하여 사망한 것이 명백한 자의 사체는 같은 법조 소정의 변사체검시방해죄의 객체가 될 수 없다(대판 2003.6.27. 2003도1331).

정답 ②

제3편 국가적 법익에 대한 죄

제1장 국가의 존립에 대한 죄

01 다음 설명 중 가장 옳지 않은 것은? (다툼이 있는 경우 판례에 의함) 2017년 경찰간부

① 내란선동죄는 내란이 실행되는 것을 목표로 선동함으로써 성립하는 독립한 범죄이고, 선동으로 말미암아 피선동자들에게 반드시 범죄의 결의가 발생할 것을 요건으로 하지 않는다.
② 간첩방조죄는 정범인 간첩죄와 대등한 독립적 범죄로서 간첩죄와 동일한 법정형으로 처단한다.
③ 외국언론에 이미 보도된 바 있는 우리나라의 외교정책이나 활동에 관련된 사항들에 관하여 정부가 이른바 보도지침의 형식으로 국내언론기관의 보도 여부 등을 통제하고 있다는 사실을 알리는 것은 외교상의 기밀을 누설한 경우에 해당한다.
④ 국기모독죄는 '대한민국을 모욕할 목적'을 필요로 하는 목적범이다.

해설

① [O] 대판 2015.1.22. 2014도10978 전원합의체
② [O] 형법 제98조 제1항의 간첩방조죄는 정범인 간첩죄와 대등한 독립죄로서 간첩죄와 동일한 법정형으로 처단하게 되어 있어 형법 총칙 제32조 소정의 감경대상이 되는 종범과는 그 실질이 달라 종범감경을 할 수 없다(대판 1986.9.23. 86도1429).
③ [X] 외국에 이미 널리 알려져 있는 사항은 특단의 사정이 없는 한 이를 비밀로 하거나 확인되지 아니함이 외교정책상의 이익이 된다고 할 수 없는 것이어서 외교상의 기밀에 해당하지 아니한다(대판 1995.12.5. 94도2379). ☞ 외교상기밀누설죄 불성립
④ [O] 형법 제105조(국기, 국장의 모독) 대한민국을 모욕할 목적으로 국기 또는 국장을 손상, 제거 또는 오욕한 자는 5년 이하의 징역이나 금고, 10년 이하의 자격정지 또는 700만원 이하의 벌금에 처한다.

정답 ③

02 다음 중 가장 옳지 않은 것은? (다툼이 있으면 판례에 의함)   2014년 법원직

① 간첩죄에 있어서의 국가(군사)기밀이란 순전한 의미에서의 국가(군사)기밀에만 국한할 것은 아니고 정치, 경제, 사회, 문화 등 각 방면에 걸쳐 북한괴뢰집단의 지,부지에 불구하고 국방정책상 위 집단에 알리지 아니하거나 확인되지 아니함을 우리나라의 이익으로 하는 모든 기밀사항을 포함한다.
② 일간신문에 보도되는 사항이라 하더라도 북한괴뢰집단에 대하여 비밀로 하는 것이 대한민국의 이익을 위하여 필요하다고 생각되는, 군사에 관계되는 정보라면 그것을 수집, 탐지하는 것도 간첩행위가 된다.
③ 간첩이 무전기를 비닐에 싸서 땅에 매몰할 때 그 망을 보아주는 행위는 간첩방조행위가 된다.
④ 간첩행위에 의하여 탐지, 모집한 기밀을 적국에 제보하여 누설하였다고 하더라도 이는 따로 별개의 죄가 성립되는 것은 아니다.

해설

① [O] ② [O] 대판 1988.11.8. 88도1630 등
③ [X] 간첩이란 적국을 위하여 국가기밀 사항을 탐지 수집하는 행위를 지칭하는 것이므로 무전기를 매몰하는 행위를 간첩행위로 볼 수 없다 하겠으니 이를 망보아 준 행위는 간첩방조죄를 구성하지 않는다(대판 1986.2.25. 85도2533).
④ [O] 형법 제98조 제1항의 간첩죄를 범한 자가 그 탐지수집한 기밀을 누설한 경우나 구 국가보안법 제3조 제1호의 국가기밀을 탐지 수집한 자가 그 기밀을 누설한 경우에는 양죄를 포괄하여 1죄를 범한 것으로 보아야 하고, 간첩죄와 군사기밀누설죄 또는 국가기밀탐지수집죄와 국가기밀누설등 두가지 죄를 범한 것으로 인정할 수 없다(대판 1982.4.27. 82도285).

정답 ③

03 간첩죄 등에 대한 설명 중 가장 옳은 것은? (다툼이 있는 경우 판례에 의함)   2019년 경찰간부

① 간첩방조죄는 간첩죄에 비하여 형을 감경한다.
② 간첩행위를 할 목적으로 외국 또는 북한에서 국내에 침투·상륙한 때에 간첩죄의 실행의 착수가 있다.
③ 편면적으로 지득하였던 군사상의 기밀사항을 제보한 행위도 간첩죄에 해당한다.
④ 국가기밀과 관련해 국내에서 공지에 속하거나 국민에게 널리 알려진 사실도 국가기밀이 될 수 있다.

해설

① **[X]** 형법 제98조 제1항의 간첩방조죄는 정범인 간첩죄와 대등한 독립죄로서 간첩죄와 동일한 법정형으로 처단하게 되어 있어 형법 총칙 제32조 소정의 감경대상이 되는 종범과는 그 실질이 달라 종범감경을 할 수 없다(대판 1986.9.23. 86도1429).
② **[O]** 간첩의 목적으로 외국 또는 북한에서 국내에 침투 또는 월남하는 경우, 기밀탐지가 가능한 국내에 '침투상륙함'으로써 간첩죄의 실행의 착수가 있다고 할 것이다(대판 1984.9.11. 84도1381).
③ **[X]** 형법 제98조 제1항의 간첩이라 함은 적국을 위하여 적국의 지령 사주 기타 의사의 연락하에 군사상(총력전하에서는 정치 경제, 사회, 문화에 관한 분야를 포함한 광의로 해석하여야 할 것임) 기밀사항 또는 도서 물건을 탐지 모집하는 것을 의미하는 것이므로 북괴의 지령사주 기타의 의사의 연락없이 단편적으로 지득하였던 군사상의 기밀사항을 북괴에 납북된 상태하에서 제보한 행위는 위 법조 소정의 간첩죄에 해당하지 아니한다(대판 1975.9.23. 75도1773).
④ **[X]** 기밀을 해석함에 있어서 그 기밀은 정치, 경제, 사회, 문화 등 각 방면에 관하여 반국가단체에 대하여 비밀로 하거나 확인되지 아니함이 대한민국의 이익이 되는 모든 사실, 물건 또는 지식으로서, ⅰ) 그것들이 국내에서의 적법한 절차 등을 거쳐 이미 일반인에게 널리 알려진 공지의 사실, 물건 또는 지식에 속하지 아니한 것이어야 하고, ⅱ) 또 그 내용이 누설되는 경우 국가의 안전에 위험을 초래할 우려가 있어 기밀로 보호할 실질가치를 갖춘 것이어야 할 것이다(대판 1997.7.16. 97도985 전원합의체).

정답 ②

04 다음 중 예비·음모·선동·선전행위를 벌하지 않는 범죄는?   2009년 경찰

① 내란죄
② 일반이적죄
③ 간첩죄
④ 내란목적 살인죄
⑤ 중립명령위반죄

해설

형법은 물건제공이적죄, 여적죄, 시설제공이적죄, 내란죄, 외환유치죄, 모병이적죄, 시설파괴이적죄, 내란목적살인죄, 간첩죄, 일반이적죄의 10가지 범죄에 예비·음모·선동·선전행위를 처벌하는 규정을 마련하고 있다.

정답 ⑤

05 국기·국장모독죄(제105조)에 관한 설명 중 가장 옳은 것은? 2005년 법원직

① 보호객체가 되는 국기·국장은 공용에 공하는 것으로 한정된다.
② 구성요건의 행위태양은 손상, 제거, 또는 오욕, 비방한 경우를 모두 포함한다.
③ 국장이라 함은 국가를 상징하는 국기 이외의 나라문장을 의미하므로 대사관, 공관 등의 휘장은 포함되지 않는다.
④ 본죄는 목적범이므로 모욕할 목적이 없을 때에는 본죄가 성립하지 않는다.

해설

① [X] 제109조의 외국국기모독죄와는 달리 국기 국장모독죄는 공용 사용을 불문한다.
② [X] 제105조(국기, 국장의 모독) 대한민국을 모욕할 목적으로 국기 또는 국장을 손상, 제거 또는 오욕한 자는 5년 이하의 징역이나 금고, 10년 이하의 자격정지 또는 700만원 이하의 벌금에 처한다.
　제106조(국기, 국장의 비방) 전조의 목적으로 국기 또는 국장을 비방한 자는 1년 이하의 징역이나 금고, 5년 이하의 자격정지 또는 200만원 이하의 벌금에 처한다.
③ [X] 대사관 공관 등의 휘장도 포함된다.
④ [O] 형법 제105조

정답 ④

제 2 장 국가의 기능에 대한 죄

01 직무유기죄에 관한 다음 설명 중 가장 옳지 않은 것은? (다툼이 있으면 판례에 의함) 2018년 법원직

① 경찰관이 압수물을 범죄혐의의 입증에 사용하도록 하는 등의 조치를 취하지 않고 피압수자에게 돌려준 경우, 증거인멸죄와 직무유기죄가 모두 성립하고 양죄는 상상적 경합관계에 있다.
② 경찰관이 불법체류자의 신병을 출입국관리사무소에 인계하지 않고 훈방하면서 이들의 인적사항조차 기재해 두지 아니하였다면 직무유기죄가 성립한다.
③ 일단 직무집행의 의사로 자신의 직무를 수행하였다면 그 직무집행의 내용이 위법하다 하더라도 직무유기죄는 성립하지 않는다.
④ 농지사무를 담당한 군직원이 농지불법전용 사실을 알고도 아무런 조치를 취하지 않다가 해당 농지의 농지전용허가를 내주기 위해 불법농지전용사실은 일체 기재하지 않은 허위의 출장복명서 및 심사의견서를 작성한 경우 허위공문서작성죄, 동행사죄와 직무유기죄가 별도 성립하고, 각 죄는 실체적 경합관계에 있다.

해설

① **[X]** 작위범인 증거인멸죄만이 성립하고 부작위범인 직무유기죄는 따로 성립하지 아니한다(대판 2006.10.19. 2005도3909 전원합의체).
② **[O]** 대판 2008.2.14. 2005도4202
③ **[O]** 지방자치단체장이 전국공무원노동조합이 주도한 파업에 참가한 소속 공무원들에 대하여 관할 인사위원회에 징계의결요구를 하지 아니하고 가담 정도의 경중을 가려 자체 인사위원회에 징계의결요구를 하거나 훈계처분을 하도록 지시한 경우, 공무원이 어떠한 형태로든 직무집행의 의사로 자신의 직무를 수행한 경우 그 직무집행의 내용이 위법한 것으로 평가된다는 점만으로 직무유기죄를 구성하지 않는다(대판 2007.7.12. 2006도1390).
④ **[O]** 위 복명서 및 심사의견서를 허위작성한 것이 농지일시전용허가를 신청하자 이를 허가하여 주기 위하여 한 것이라면 직접적으로 농지불법전용 사실을 은폐하기 위하여 한 것은 아니므로 위 허위공문서작성, 동행사죄와 직무유기죄는 실체적 경합범의 관계에 있다(대판 1993.12.24. 92도3334).

정답 ①

02 **직무유기죄에 관한 설명이다. 다음 중 가장 적절하지 않은 것은? (다툼이 있으면 판례에 의함)**

2015년 제3차 경찰

① 경찰관이 방치된 오토바이가 있다는 신고를 받거나 순찰 중 이를 발견하고 오토바이 상회 운영자에게 연락하여 오토바이를 수거해 가도록 하고 그 대가를 받은 경우에 직무유기죄가 성립한다.
② 경찰관인 피고인이 벌금 미납자에 대한 노역장유치 집행을 위하여 검사의 지휘를 받아 형집행장을 집행하는 경우에 벌금 미납자로 지명수배되어 있던 甲을 세 차례에 걸쳐 만나고도 그를 검거하여 검찰청에 신병을 인계하는 등 필요한 조치를 취하지 않은 경우에 피고인은 직무유기죄가 성립하지 않는다.
③ 교육기관 등의 장이 징계의결을 집행하지 못할 법률상·사실상의 장애가 없는데도 징계 의결서를 통보받은 날로부터 법정 시한이 지나도록 그 집행을 유보하였으나 그러한 유보가 의식적인 직무의 방임이나 포기에 해당한다고 볼 수 없는 경우에 직무유기죄가 성립하지 않는다.
④ 출원인이 어업허가를 받을 수 없는 자라는 사실을 알면서도 그 직무상의 의무에 따른 적절한 조치를 취하지 않고 오히려 부하직원으로 하여금 어업허가 처리기안문을 작성하게 한 다음 피고인 스스로 중간결재를 하는 등 위계로써 농수산국장의 최종결재를 받은 경우, 작위범인 위계에 의한 공무집행방해죄만 성립하고 부작위범인 직무유기죄는 성립하지 않는다.

해설

① **[O]** 습득물 처리지침에 따른 직무를 의식적으로 방임 내지 포기하고 정당한 사유 없이 직무를 수행하지 아니한 경우에 해당한다(대판 2002.5.17. 2001도6170).
② **[X]** 직무유기죄가 성립한다(대판 2011.9.8. 2009도13371).
③ **[O]** 시국선언에 참여한 교사들에 대한 형사재판의 진행 경과 및 시국선언 참여행위의 정당성 여부에 관한 찬반양론이 대립하였던 점, 위 교사들에 대한 형사사건의 대법원판결이 있던 당일 징계의결을 집행한 점 등을 이유로 피고인이 징계의결의 집행을 유보한 행위를 직무의 의식적인 방임이나 포기로 볼 수 없다(대판 2014.4.10. 2013도229). ☞ 직무유기죄 불성립
④ **[O]** 대판 1997.2.28. 96도2825

정답 ②

03 다음 설명 중 옳지 않은 것은 몇 개인가? (다툼이 있는 경우 판례에 의함)

2017년 경찰간부, 2007년 법원행시 변형

㉠ 직무유기죄에서 '직무를 유기한 때'란 공무원이 법령, 내규 등에 의한 추상적 성실의무를 태만히 하는 일체의 경우에 성립하는 것이 아니라 직장의 무단이탈, 직무의 의식적인 포기 등과 같이 국가의 기능을 저해하고 국민에게 피해를 야기시킬 가능성이 있는 경우를 가리킨다.
㉡ 직권남용권리행사방해죄에서 공무원이 직무와는 상관없이 단순히 개인적인 친분에 근거하여 문화예술 활동에 대한 지원을 권유하거나 협조를 의뢰한 경우에는 직권남용에 해당하지 않는다.
㉢ 직무유기교사죄는 피교사자인 공무원이 수인이라고 하더라도 1개의 직무유기교사죄만 성립한다.
㉣ 직권남용권리행사방해죄에서 말하는 '권리'는 법률에 명기된 권리에 한하지 않고 법령상 보호되어야 할 이익이면 족하고, 그것이 공법상의 권리인지 사법상의 권리인지를 묻지 않는다.
㉤ 검사로부터 범인을 검거하라는 지시를 받은 경찰관이 범인을 도피케 하였다면 범인도피죄가 성립하고 별도로 직무유기죄는 성립하지 않는다.
㉥ 당직사관이 술을 마시고 내무반에서 화투놀이를 한 후 애인과 함께 자고나서 당직근무의 인계, 인수 없이 퇴근하였다면 직무유기죄가 성립한다.

① 1개
② 2개
③ 3개
④ 4개

해설

㉠ [O] 대판 2014.4.10. 2013도229
㉡ [O] 직권남용이란 공무원이 그 일반적 직무권한에 속하는 사항에 관하여 직권의 행사에 가탁하여 실질적, 구체적으로 위법·부당한 행위를 하는 경우를 의미하고, 공무원이 '직무와는 상관없이' 단순히 개인적인 친분에 근거하여 문화예술 활동에 대한 지원을 권유하거나 협조를 의뢰한 것에 불과한 경우까지 직권남용에 해당한다고 할 수는 없다(대판 2009.1.30. 2008도6950).
㉢ [X] 직무유기교사죄는 피교사자인 '공무원별로 1개의 죄가 성립'되는 것이므로 피교사자인 공무원별로 사실을 특정할 수 있도록 공소사실을 기재하여야 한다(대판 1997.8.22. 95도984).
㉣ [O] 대판 2010.1.28. 2008도7312
㉤ [O] 대판 1996.5.10. 96도51
㉥ [O] 대판 1990.12.21. 90도2425

정답 ①

04 공무원의 직무에 관한 죄의 설명 중 가장 적절하지 않은 것은? (다툼이 있는 경우 판례에 의함)

2022년 경찰2차

① 지방자치단체의 장이 미리 승진후보자명부상 후보자들 중에서 승진대상자를 실질적으로 결정한 다음, 그 내용을 인사위원회 간사, 서기 등을 통해 인사위원회 위원들에게 '승진대상자 추천'이 라는 명목으로 제시하여 인사위원회로 하여금 자신이 특정한 후보자들을 승진대상자로 의결하도록 유도하는 행위는 직권남용권리행사방해죄의 구성요건인 '직권의 남용' 및 '의무 없는 일을 하게 한 경우'로 볼 수 있다.

② 공무원이 직무상 알게 된 비밀을 그 직무와의 관련성 혹은 필요성에 기하여 해당 직무의 집행과 관련 있는 다른 공무원에게 직무집행의 일환으로 전달한 경우, 국가기능에 위험이 발생하리라고 볼 만한 특별한 사정이 인정되지 않는 한, 그 행위는 비밀의 누설에 해당하지 아니한다.

③ 직무집행의 의사로 자신의 직무를 수행한 경우에는 그 직무집행의 내용이 위법한 것으로 평가된다는 점만으로 직무유기죄의 성립을 인정할 것은 아니고, 공무원이 태만·분망 또는 착각 등으로 인하여 직무를 성실히 수행하지 아니한 경우나 형식적으로 또는 소홀히 직무를 수행한 탓으로 적절한 직무수행에 이르지 못한 것에 불과한 경우에도 직무유기죄는 성립하지 아니한다.

④ 경찰관들이 현행범으로 체포한 도박혐의자들에게 현행범인체포서 대신에 임의동행동의서를 작성하게 하고, 그나마 제대로 조사도 하지 않은 채 석방하였으며, 압수한 일부 도박자금에 관하여 압수조서 및 목록도 작성하지 않은 채 반환하고, 일부 도박혐의자의 명의도용 사실과 도박 관련 범죄로 수회 처벌받은 전력을 확인하고서도 아무런 추가조사도 없이 석방한 경우, 그 경찰관들에게는 직무유기죄가 성립한다.

해설

① [X] 지방공무원법은 승진임용에 관해서는 인사위원회의 사전심의를 거치도록 규정하였을 뿐(제39조 제4항) 그 심의·의결 결과에 따라야 한다고 규정하지 않았으므로, 임용권자는 인사위원회의 심의·의결 결과와는 다른 내용으로 승진대상자를 결정하여 승진임용을 할 수도 있다. (중략) 따라서 승진후보자명부에 포함된 후보자들 중에서 승진대상자를 결정할 최종적인 권한은 임용권자에게 있다. 임용권자가 인사위원회의 심의·의결 결과와는 다른 내용으로 승진대상자를 결정하여 승진임용을 하는 것이 허용되는 이상, 임용권자가 미리 의견을 조율하는 차원에서 승진대상자 선정에 관한 자신의 의견을 인사위원회에 제시하는 것이 위법하다고 볼 수는 없다. 임용권자가 승진후보자명부에 포함된 후보자들 중 특정인을 승진대상자로 제시한 경우에도, 인사위원회 회의에서 위원들은 자신의 독자적인 심의권한을 행사하여 여러 후보자들 중에서 누가 승진임용에 더욱 적합한지에 관한 의견을 개진하고 구성원 2/3 이상의 출석과 출석위원 과반수의 찬성으로 의결하는 방식으로 인사위원회 차원에서 승진대상자를 선정하여 임용권자에게 제시할 권한과 의무가 있다. 특히 신분이 보장되는 외부위원이 1/2 이상 참여하는 회의에서 인사위원회가 심도 있는 심의를 하지 않은 채 임용권자가 제시한 특정 후보자들을 그대로 승진대상자로 의결하였다면, 이는 인사위원회 위원들 스스로가 자신들의 권한을 소극적으로 행사한 것일 뿐 '의무 없는 일을 한 것'이라고 볼 수는 없다(대판 2020.12.10. 2019도17879). ☞ 직권남용권리행사방해죄 불성립

② [O] 법원 사법행정업무 담당자인 피고인이 그 직무수행의 일환으로 법원행정처 차장에게 법관 비위 정보를 보고한 경우, 해당 정보를 전달받은 법원행정처 차장이 이를 일반에게 유포하는 등 국가의 수사·재판기능을 저해하는 행위를 할 우려가 있다고 보기 어렵고, 오히려 재판 제도 존립의 핵심이 되는 법관의 공정성과 청렴성 및 불가매수성에 대한 일반 국민의 신뢰 확보의 차원에서 비리 혐의를 받고 있는 해당 법관에 대해 형사재판이 확정되기 전이라도 그 사실관계를 파악하여 「법관 등의 사무분담 및 사건배당에 관한 예규」제6조 제1항 제4호에 따른 해당 법관의 사무분담 변경이나 징계 처분 등 사법행정의 측면에서 요구되는 조치를 신속하면서도 신중하게 검토, 실행할 필요성하에 해당 사법행정업무를 직간접적으로 담당하

고 그에 관한 비밀엄수의무를 부담하는 자들 사이에 그 직무집행에 필요한 정보를 주고받은 행위로 볼 수 있으므로 공무상 비밀누설죄의 처벌대상이 되는 공무상 비밀의 누설행위에 해당하지 않는다(대판 2021.11.25. 2021도2486). ☞ 공무상비밀누설죄 불성립
③ [O] 대판 2011.7.28. 2011도1739 등
④ [O] 이는 단순히 업무를 소홀히 수행한 것이 아니라 정당한 사유 없이 의도적으로 수사업무를 방임 내지 포기한 것이라고 봄이 상당하다(대판 2010.6.24. 2008도11226). ☞ 직무유기죄 성립

(정답) ①

05 다음은 직권남용죄와 관련된 판례의 태도이다. 틀린 것은 모두 몇 개인가? 2012 경감, 2010 경위 변형

㉠ 여기에서 '권리행사를 방해한다'함은 법령상 행사할 수 있는 권리의 정당한 행사를 방해하는 것을 말한다고 할 것이며, 현실적으로 권리행사의 방해라는 결과가 발생하지 아니하였더라도 본죄의 기수를 인정할 수 있다.
㉡ 직권남용죄에서 말하는 '의무'란 법률상 의무를 가리키고, 단순한 심리적 의무감 또는 도덕적 의무는 이에 해당하지 아니한다.
㉢ 직권남용죄의 직권남용이란 형식적, 외형적으로는 직무집행으로 보이나 그 실질은 정당한 권한 이외의 행위를 하는 경우를 의미한다.
㉣ 직권남용은 공무원이 그의 일반적 권한에 속하지 않는 행위를 하는 경우인 지위를 이용한 불법행위와 구별되지 않는다.

① 1개　　② 2개
③ 3개　　④ 4개

해설
㉠ [X] 형법 제123조가 규정하는 직권남용권리행사방해죄에서 권리행사를 방해한다 함은 법령상 행사할 잇는 권리의 정당한 행사를 방해하는 것을 말한다고 할 것이므로 이에 해당하려면 구체화된 권리의 현실적인 행사가 방해된 경우라야 할 것이고, 또한 공무원의 직권남용행위가 있었다 할지라도 현실적으로 권리행사의 방해라는 결과가 발생하지 아니하였다면 본죄의 기수를 인정할 수 없다(대판 2006.2.9. 2003도4599).
㉡ [O] 대판 2009.1.30. 2008도6950
㉢ [O] 대판 1991.12.27. 90도2800
㉣ [X] 직권남용은 공무원이 그의 일반적 권한에 속하지 않는 행위를 하는 경우인 지위를 이용한 불법행위와는 구별된다(대판 1991.12.27. 90도2800).

(정답) ②

06 다음의 ㉠부터 ㉣까지의 설명 중 옳고 그름의 표시(O, X)가 모두 바르게 된 것은? (다툼이 있는 경우 판례에 의함)
2021년 제1차 경찰

㉠ 직권남용 행위의 상대방이 공무원이거나 법령에 따라 일정한 공적 임무를 부여받고 있는 공공기관 등의 임직원인 경우에는 법령에 따라 임무를 수행하는 지위에 있으므로 그가 직권에 대응하여 어떠한 일을 한 것이 의무 없는 일인지 여부는 관계 법령 등의 내용에 따라 개별적으로 판단하여야 한다.

㉡ 공무원이 자신의 직무와 관련된 상대방에게 공무원 자신 또는 자신이 지정한 제3자를 위하여 재산적 이익 등의 제공을 요구하고 상대방은 어떠한 이익을 기대하며 그에 대한 대가로 요구에 응하였다면, 다른 사정이 없는 한 협박을 요건으로 하는 강요죄가 성립하지 않는다.

㉢ 공무원이 자신의 직무권한에 속하는 사항에 관하여 실무 담당자로 하여금 그 직무집행을 보조하는 사실행위를 하도록 하였다면, 이는 원칙적으로 직권남용권리행사방해죄에서 말하는 '의무 없는 일을 하게 한 때'에 해당한다.

㉣ 학대죄는 자기의 보호 또는 감독을 받는 사람에게 육체적으로 고통을 주거나 정신적으로 차별대우를 하는 행위가 있음과 동시에 범죄가 완성되는 상태범 또는 즉시범이다.

① ㉠ (O), ㉡ (O), ㉢ (X), ㉣ (O)
② ㉠ (O), ㉡ (X), ㉢ (X), ㉣ (X)
③ ㉠ (X), ㉡ (O), ㉢ (O), ㉣ (O)
④ ㉠ (O), ㉡ (O), ㉢ (X), ㉣ (X)

원칙적으로 '의무 없는 일을 하게 한 때'에 해당한다고 할 수 없다(대판 2019.3.14. 2018도18646).
④ [O] 학대죄는 자기의 보호 또는 감독을 받는 사람에게 육체적으로 고통을 주거나 정신적으로 차별대우를 하는 행위가 있음과 동시에 범죄가 완성되는 상태범 또는 즉시범이라 할 것이고 비록 수십회에 걸쳐서 계속되는 일련의 폭행행위가 있었다 하더라도 그중 친권자로서의 징계권의 범위에 속하여 위 위법성이 조각되는 부분이 있다면 그 부분을 따로 떼어 무죄의 판결을 할 수 있다(대판 1986.7.8. 84도2922).

정답 ①

07 직무유기죄와 직권남용죄에 대한 설명으로 옳지 않은 것은? (다툼이 있는 경우 판례에 의함)

2021년 경찰간부

① 직무유기죄는 그 직무를 수행하여야 하는 작위의무의 존재와 그에 대한 위반을 전제로 하고 있는바, 공무원이 정당한 이유 없이 그 직무수행을 거부하거나 그 직무를 유기한 때 즉시 성립하는 즉시범이다.
② 직무유기죄는 공무원이 추상적 성실의무를 태만히 하는 일체의 경우에 성립하는 것이 아니라 직장의 무단이탈, 직무의 의식적인 포기 등과 같이 국가의 기능을 저해하고 국민에게 피해를 야기시킬 가능성이 있는 경우에 한하여 성립한다.
③ 직권남용죄에서 '직권남용'은 '사람으로 하여금 의무 없는 일을 하게 한 것'과 '사람의 권리행사를 방해한 것'과 구별되는 별개의 범죄성립요건으로, 공무원이 한 행위가 직권남용에 해당한다고 하여 바로 상대방이 한 일이 '의무 없는 일'에 해당한다고 인정할 수는 없다.
④ '권리행사를 방해함으로 인한 직권남용권리행사방해죄'와 '의무 없는 일을 하게 함으로 인한 직권남용권리행사방해죄'의 두 가지 행위태양에 모두 해당하는 경우, 전자만 성립하고 후자는 따로 성립하지 아니하는 것으로 봄이 상당하다.

해설

① [X] 직무유기죄는 그 직무를 수행하여야 하는 작위의무의 존재와 그에 대한 위반을 전제로 하고 있는바, 그 작위의무를 수행하지 아니함으로써 구성요건에 해당하는 사실이 있었고 그 후에도 계속하여 그 작위의무를 수행하지 아니하는 위법한 부작위상태가 계속되는 한 가벌적 위법상태는 계속 존재하고 있다고 할 것이며 형법 제122조 후단은 이를 전체적으로 보아 1죄로 처벌하는 취지로 해석되므로 이를 즉시범이라고 할 수 없다(대판 1997.8.29. 97도675). ☞ 직무유기죄는 계속범에 해당함
② [O] 대판 1997.8.29. 97도675
③ [O] [1] '사람으로 하여금 의무 없는 일을 하게 한 것'과 '사람의 권리행사를 방해한 것'은 형법 제123조가 규정하고 있는 객관적 구성요건요소인 '결과'로서 둘 중 어느 하나가 충족되면 직권남용권리행사방해죄가 성립한다. 이는 '공무원이 직권을 남용하여'와 구별되는 별개의 범죄성립요건이다. 따라서 공무원이 한 행위가 직권남용에 해당한다고 하여 그러한 이유만으로 상대방이 한 일이 '의무 없는 일'에 해당한다고 인정할 수는 없다. '의무 없는 일'에 해당하는지는 직권을 남용하였는지와 별도로 상대방이 그러한 일을 할 법령상 의무가 있는지를 살펴 개별적으로 판단하여야 한다. 직권을 남용한 행위가 위법하다는 이유로 곧바로 그에 따른 행위가 의무 없는 일이 된다고 인정하면 '의무 없는 일을 하게 한 때'라는 범죄성립요건의 독자성을 부정하는 결과가 되고, '권리행사를 방해한 때'의 경우와 비교하여 형평에도 어긋나게 된다.
[2] 직권남용 행위의 ⅰ) 상대방이 '일반 사인인 경우' 특별한 사정이 없는 한 직권에 대응하여 따라야 할 의무가 없으므로

그에게 어떠한 행위를 하게 하였다면 '의무 없는 일을 하게 한 때'에 해당할 수 있다. ⅱ) 그러나 상대방이 '공무원이거나 법령에 따라 일정한 공적 임무를 부여받고 있는 공공기관 등의 임직원인 경우'에는 법령에 따라 임무를 수행하는 지위에 있으므로 그가 직권에 대응하여 어떠한 일을 한 것이 의무 없는 일인지 여부는 관계 법령 등의 내용에 따라 개별적으로 판단하여야 한다(대판 2020.1.30. 2018도2236 전원합의체).

④ [O] 상급 경찰관이 직권을 남용하여 부하 경찰관들의 수사를 중단시키거나 사건을 다른 경찰관서로 이첩하게 한 경우, 일단 '부하 경찰관들의 수사권 행사를 방해한 것'에 해당함과 아울러 '부하 경찰관들로 하여금 수사를 중단하거나 사건을 다른 경찰관서로 이첩할 의무가 없음에도 불구하고 수사를 중단하게 하거나 사건을 이첩하게 한 것'에도 해당된다고 볼 여지가 있다. 그러나 이는 어디까지나 하나의 사실을 각기 다른 측면에서 해석한 것에 불과한 것으로서, '권리행사를 방해함으로 인한 직권남용권리행사방해죄'와 '의무 없는 일을 하게 함으로 인한 직권남용권리행사방해죄'가 별개로 성립하는 것이라고 할 수는 없다. 따라서 위 두 가지 행위 태양에 모두 해당하는 것으로 기소된 경우, '권리행사를 방해함으로 인한 직권남용권리행사방해죄'만 성립하고 '의무 없는 일을 하게 함으로 인한 직권남용권리행사방해죄'는 따로 성립하지 아니하는 것으로 봄이 상당하다(대판 2010.1.28. 2008도7312).

정답 ①

08 뇌물죄에 대한 다음 설명 중 옳지 않은 것은? (다툼이 있으면 판례에 의함) 2015년 경찰간부

① 공무원이 증뢰자로부터 뇌물인지 모르고 수수하였다가 뇌물임을 알고 즉시 반환한 경우 단순수뢰죄가 성립하지 아니한다.
② 공무원이 증뢰자로부터 뇌물을 받고 부정한 행위를 한 경우에는 수뢰후부정처사죄가 성립한다.
③ 공무원으로 의제되는 정비사업전문관리업체의 대표이사인 피고인이 여러 회사들에게서 재개발정비사업 시공사로 선정되도록 도와달라는 취지의 부탁을 받고 자신이 실질적으로 장악하고 있는 컨설팅회사 명의 계좌로 돈을 교부받은 경우 제3자 뇌물공여죄가 성립한다.
④ 공무원이었던 자가 그 재직 중에 청탁을 받고 직무상 부정한 행위를 한 후 퇴직하고 뇌물을 수수한 경우에는 사후수뢰죄가 성립한다.

해설

① [O] 뇌물을 수수한다는 것은 영득의 의사로 금품을 수수하는 것을 말하므로, 뇌물인지 모르고 이를 수수하였다가 뇌물임을 알고 즉시 반환하거나, 증뢰자가 일방적으로 뇌물을 두고 감으로 후일 기회를 보아 반환할 의사로 어쩔 수 없이 일시 보관하다가 반환하는 등 그 영득의 의사가 없었다고 인정되는 경우라면 뇌물을 수수하였다고 할 수 없겠지만, 일단 피고인이 영득의 의사로 뇌물을 수령한 이상 나중에 이를 반환하였다고 하더라도 뇌물죄의 성립에는 영향이 없다(대판 2013.11.28. 2013도9003).
② [O] 제131조(수뢰후부정처사) ① 공무원 또는 중재인이 전2조(수뢰·사전수뢰·제3자뇌물제공)의 죄를 범하여 부정한 행위를 한 때에는 1년 이상의 유기징역에 처한다.
③ [X] 사회통념상 피고인에게 직접 뇌물을 공여한 것과 동일하게 평가할 수 있으므로 형법 제129조 제1항 뇌물수수죄가 성립한다(대판 2011.11.24. 2011도9585).
④ [O] 제131조(사후수뢰) ③ 공무원 또는 중재인이었던 자가 그 재직 중에 청탁을 받고 직무상 부정한 행위를 한 후 뇌물을 수수, 요구 또는 약속한 때에는 5년 이하의 징역 또는 10년 이하의 자격정지에 처한다.

정답 ③

09 뇌물죄에 대한 설명 중 옳은 것(O)과 옳지 않은 것(X)을 바르게 표시한 것은? (다툼이 있는 경우 판례에 의함)

2022년 경찰간부

가. 뇌물죄에서 말하는 '직무'에는 법령에 정하여진 직무뿐만 아니라 그와 관련 있는 직무, 관례상이나 사실상 소관하는 직무행위, 과거에 담당하였거나 장래에 담당할 직무 외에 사무분장에 따라 현실적으로 담당하고 있지 않아도 법령상 일반적인 직무권한에 속하는 직무 등 공무원이 그 직위에 따라 담당할 일체의 직무를 포함한다.

나. 「형법」 제130조(제삼자 뇌물제공)에서 정한 '부정한 청탁'이란 그 청탁이 위법하거나 부당한 직무집행을 내용으로 하는 경우는 물론 청탁의 대상이 된 직무집행 그 자체는 위법·부당하지 않다고 하더라도 그 직무집행을 어떤 대가관계와 연결시켜 그 직무집행에 관한 대가의 교부를 내용으로 하는 경우도 포함한다.

다. 공무원과 공동정범 관계에 있는 비공무원은 제3자뇌물수수죄에서 말하는 제3자가 될 수 없고, 공무원과 공동정범 관계에 있는 비공무원이 뇌물을 받은 경우에는 공무원과 함께 뇌물수수죄의 공동정범이 성립하고, 제3자뇌물수수죄는 성립하지 아니한다.

라. 「형법」 제132조의 알선수뢰죄는 당해 직무를 처리하는 다른 공무원과 직접·간접의 연관관계를 가지고 법률상 또는 사실상 영향을 미칠 수 있는 지위에 있는 공무원이 그 지위를 이용하여 다른 공무원의 직무에 속한 사항의 알선에 관하여 뇌물을 수수, 요구, 약속한 때에 성립한다.

① 가 (O), 나 (O), 다 (O), 라 (O)
② 가 (O), 나 (O), 다 (X), 라 (O)
③ 가 (X), 나 (O), 다 (O), 라 (X)
④ 가 (X), 나 (X), 다 (X), 라 (X)

해설

가. **(O)** 교통계에 근무하는 경찰관 甲이 도박장개설 및 도박범행을 묵인하고 편의를 봐주는 데 대한 사례비 명목으로 금품을 수수하고, 나아가 도박장개설 및 도박범행사실을 잘 알면서도 이를 단속하지 아니한 경우, 甲이 원주경찰서 교통계에 근무하고 있어 도박범행의 수사 등에 관한 구체적인 사무를 담당하고 있지 아니하였다 하여도 직무관련성이 인정된다(대판 2003.6.13. 2003도1060). ☞ 수뢰후부정처사죄 성립

나. **(O)** 대판 2006.6.15. 2004도3424

다. **(O)** 대통령 甲과 乙은 공모하여 삼성전자 부회장인 丙에게 丁(乙의 딸)에 대한 승마 지원에 관한 뇌물을 요구하였고, 이에 丙 등이 경주마 등을 공여하여 乙이 경주마에 대한 실질적인 사용·처분권한을 가지게 된 경우, 공무원과 공동정범 관계에 있는 비공무원은 제3자뇌물수수죄에서 말하는 제3자가 될 수 없고, 공무원과 공동정범 관계에 있는 비공무원이 뇌물을 받은 경우에는 공무원과 함께 뇌물수수죄의 공동정범이 성립하고 제3자뇌물수수죄는 성립하지 않는다(대판 2019.8.29. 2018도2738 전원합의체). ☞ 뇌물수수죄의 공동정범 성립

라. **(O)** 알선수뢰죄는 공무원이 그 지위를 이용하여 다른 공무원의 직무에 속한 사항의 알선에 관하여 뇌물을 수수, 요구 또는 약속하는 것을 그 성립 요건으로 하고 있고, 여기서 '공무원이 그 지위를 이용하여'라 함은 친구, 친족관계 등 사적인 관계를 이용하는 경우에는 이에 해당한다고 할 수 없으나, 다른 공무원이 취급하는 사무의 처리에 법률상이거나 사실상으로 영향을 줄 수 있는 관계에 있는 공무원이 그 지위를 이용하는 경우에는 이에 해당하고, 그 사이에 상하관계, 협동관계, 감독권한 등의 특수한 관계가 있음을 요하지 않는다(대판 2005.11.10. 2004도42).

정답 ①

10 뇌물의 죄에 대한 설명 중 가장 적절하지 않은 것은? (다툼이 있는 경우 판례에 의함) 2018년 제1차 경찰

① 뇌물죄에서 뇌물의 내용인 이익이라 함은 금전, 물품 기타의 재산적 이익뿐만 아니라 사람의 수요·욕망을 충족시키기에 족한 일체의 유형·무형의 이익을 포함하며, 제공된 것이 성적 욕구의 충족이라고 하여 달리 볼 것이 아니다.
② 구 해양수산부 해운정책과 소속 공무원인 피고인이 甲 해운회사의 대표이사 등에게서 중국의 선박운항허가 담당부서가 관장하는 중국 국적선사의 선박에 대한 운항허가를 받을 수 있도록 노력해 달라는 부탁을 받고 돈을 받은 경우, 뇌물수수죄가 성립한다.
③ 음주운전을 적발하여 단속에 관련된 제반 서류를 작성한 후 운전면허 취소업무를 담당하는 직원에게 이를 인계하는 업무를 담당하는 경찰관이 피단속자로부터 운전면허가 취소되지 않도록 하여 달라는 청탁을 받고 금원을 교부받은 경우, 뇌물수수죄가 성립한다.
④ 임용될 당시 공무원법상 임용결격자에 해당하여 임용행위는 무효였지만 그 후 공무원으로 계속 근무하면서 직무에 관하여 뇌물을 수수한 경우, 수뢰죄가 성립한다.

해설

① **(O)** 대판 2014.1.29. 2013도13937
② **(X)** 피고인의 직무관련성이 없어 뇌물수수죄가 성립하지 않는다(대판 2011.5.26. 2009도2453).
③ **(O)** 대판 1999.11.09. 99도2530
④ **(O)** 그가 임용행위라는 외관을 갖추어 실제로 공무를 수행한 이상 공무 수행의 공정과 그에 대한 사회의 신뢰 및 직무행위의 불가매수성은 여전히 보호되어야 한다(대판 2014.3.27. 2013도11357). ☞ 뇌물수수죄 성립

정답 ②

11 뇌물죄에 관한 다음 설명 중 가장 적절하지 않은 것은? (다툼이 있으면 판례에 의함)

2015년 제2차 경찰, 2016년 경찰간부 변형

① 뇌물은 직무에 관하여 수수된 것으로 족하고 개개의 직무행위와 대가적 관계에 있을 필요는 없으며, 그 직무행위가 특정된 것일 필요도 없다.
② 수의계약을 체결하는 공무원이 해당 공사업자와 적정한 금액 이상으로 계약 금액을 부풀려서 계약하고 부풀린 금액을 자신이 되돌려 받기로 사전에 약정한 다음 그에 따라 수수한 돈은 성격상 뇌물이 아니고 횡령금에 해당한다.
③ 뇌물죄에 있어서 금품을 수수한 장소가 공개된 장소이고, 금품을 수수한 공무원이 이를 개인적 용도가 아닌 회식비나 직원들의 휴가비로 소비하였을 뿐 자신의 사리를 취한 바 없다 하더라도 뇌물죄가 성립한다.
④ 공무원이 직무집행의 의사 없이 타인을 공갈하여 재물을 교부하게 한 경우에도 재물의 교부자는 뇌물공여죄로 처벌된다.

해설

① [O] 뇌물죄는 직무집행의 공정과 이에 대한 사회의 신뢰에 기하여 직무행위의 불가매수성을 그 직접의 보호법익으로 하고 있고, 직무에 관한 청탁이나 부정한 행위를 필요로 하지 아니하여 수수된 금품의 뇌물성을 인정하는 데 특별히 의무위반행위나 청탁의 유무 등을 고려할 필요가 없으므로, 뇌물은 직무에 관하여 수수된 것으로 족하고 개개의 직무행위와 대가적 관계에 있을 필요는 없으며, 그 직무행위가 특정된 것일 필요도 없다(대판 1997.04.17. 96도3378).
② [O] 수의계약을 체결하는 공무원이 해당 공사업자와 적정한 금액 이상으로 계약금액을 부풀려서 계약하고 부풀린 금액을 자신이 되돌려 받기로 사전에 약정한 다음 그에 따라 금품을 수수한 경우, 그 수수한 돈은 성격상 뇌물이 아니고 횡령금에 해당하므로 뇌물수수죄가 성립하지 않는다(대판 2007.10.12. 2005도7112). ☞ 특가법위반(국고 등 손실)죄 성립
③ [O] 뇌물죄에 있어서 금품을 수수한 장소가 공개된 장소이고, 금품을 수수한 공무원이 이를 부하직원들을 위하여 소비하였을 뿐 자신의 사리를 취한 바 없다 하더라도 그 뇌물성이 부인되지 않는다(대판 1996.6.14. 96도865).
④ [X] 공무원이 직무집행의 의사 없이 또는 직무처리와 대가적 관계없이 타인을 공갈하여 재물을 교부하게 한 경우에는 ⅰ) 공무원에게 공갈죄만이 성립하고, ⅱ) 이러한 경우 재물의 교부자가 공무원의 해악의 고지로 인하여 외포의 결과 금품을 제공한 것이라면 그는 공갈죄의 피해자가 될 것이고 뇌물공여죄는 성립될 수 없다고 하여야 할 것이다(대판 1994.12.22. 94도2528).

비교판례

공무원이 직무집행의 의사로 타인을 공갈하여 재물을 교부하게 한 경우에는 ⅰ) 공무원에게 공갈죄와 수뢰죄의 상상적 경합범이 성립하고, ⅱ) 재물의 교부자는 비록 하자 있는 의사(강박에 의한 의사표시)이기는 하지만 공무원의 직무행위를 매수하려는 의사에서 금품을 제공하였음을 인정할 수 있으므로 뇌물공여죄가 성립한다(대판 1994.12.22. 94도2528).

정답 ④

12 뇌물죄에 대한 설명으로 옳지 않은 것은? (다툼이 있는 경우 판례에 의함)   2016년 경찰간부

① 형법 제133조 제2항의 제3자 뇌물취득죄는 제3자가 증뢰자로부터 교부받은 금품을 수뢰할 사람에게 전달하였는지의 여부에 관계없이 제3자가 그 정을 알면서 금품을 교부받음으로써 성립한다.
② 뇌물을 여러 차례에 걸쳐 수수함으로써 그 행위가 여러 개이더라도 그것이 단일하고 계속적 범의에 의하여 이루어지고 동일법익을 침해한 때에는 포괄일죄로 처벌함이 상당하다.
③ 병역면제를 위해 1억원의 뇌물을 받은 헌병수사관 甲이 독자적 판단에 따라 군의관 乙에게 5천만원을 공여한 경우 甲에게 추징해야 할 금액은 5천만원이다.
④ 피고인이 향응을 제공받는 자리에 피고인 스스로 제3자를 초대하여 함께 접대를 받은 경우 그 제3자가 피고인과는 별도의 지위에서 접대를 받는 공무원이라는 등의 특별한 사정이 없는 한 그 제3자의 접대에 요한 비용도 피고인의 수뢰액으로 보아야 한다.

해설

① [O]

> **형법 제133조 (뇌물공여 등)** ① 제129조 내지 제132조에 기재한 뇌물을 약속, 공여 또는 공여의 의사를 표시한 자는 5년 이하의 징역 또는 2천만원 이하의 벌금에 처한다.
> ② 전항의 행위에 공할 목적으로 제삼자에게 금품을 교부하거나 그 정을 알면서 교부를 받은 자도 전항의 형과 같다.

증뢰물전달죄

甲녀 — 군의관님께 전해주세요 (2016.5.8.) → 乙(헌병수사관) — 군의관에게 전달 (2016.5.12.) → 丙(군의관)

甲 : 증뢰물전달죄 성립
乙 : 증뢰물전달죄 성립 (5.12. 군의관에게 뇌물을 전달한 행위는 별도로 증뢰죄 성립하지 않음)
丙 : 수뢰죄 성립

② [O] 대판 1999.01.29. 98도3584 등
③ [X] ⅰ) 공무원의 직무에 속한 사항의 알선에 관하여 금품을 받고 그 금품 중의 일부를 '받은 취지에 따라' 청탁과 관련하여 관계 공무원에게 뇌물로 공여하거나 다른 알선행위자에게 청탁의 명목으로 교부한 경우에는 그 부분의 이익은 실질적으로 범인에게 귀속된 것이 아니어서 이를 제외한 나머지 금품만을 몰수하거나 그 가액을 추징하여야 하지만, ⅱ) 공무원의 직무에 속한 사항의 알선에 관하여 금품을 받은 자가 그 금품 중의 일부를 다른 알선행위자에게 청탁의 명목으로 교부하였다 하더라도, '범인의 독자적인 판단에 따라' 경비로 사용한 것이라면 이는 범인이 받은 금품을 소비하는 방법의 하나에 지나지 아니하므로, 그 가액 역시 범인으로부터 추징하지 않으면 안된다(대판 1999.06.25. 99도1900). ☞ 甲으로부터 1억원을 추징하여야 한다.

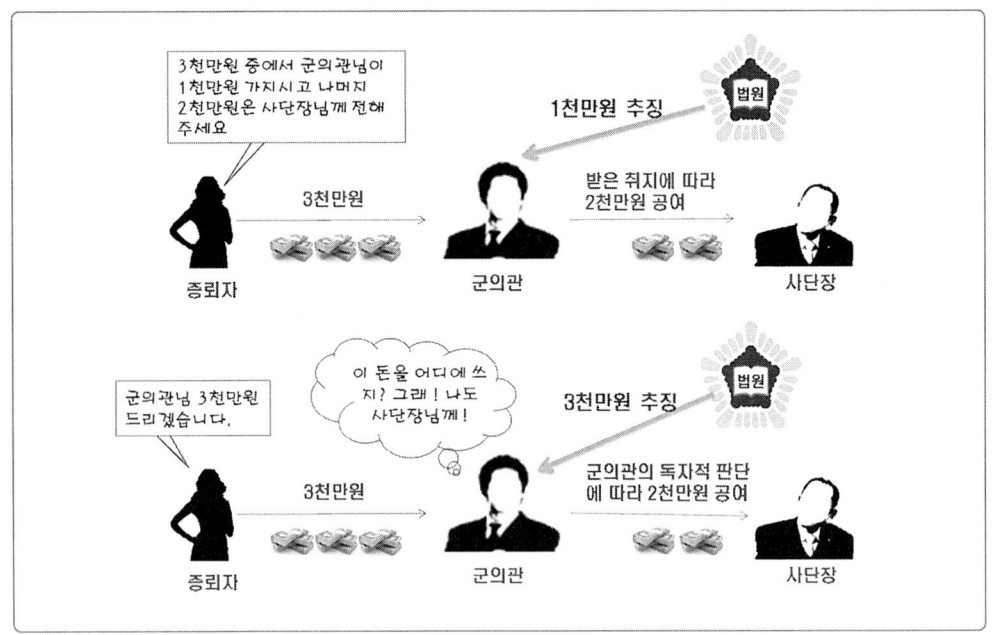

④ [O] 대판 2001.10.12. 99도5294

정답 ③

13 뇌물죄에 대한 설명으로 가장 적절하지 않은 것은? (다툼이 있는 경우 판례에 의함) 2021년 제1차 경찰

① 뇌물죄에서 말하는 '직무'에는 결정권자를 보좌하거나 영향을 줄 수 있는 직무행위 뿐만 아니라, 관례상이나 사실상 소관하는 직무행위도 포함된다.
② 알선뇌물요구죄가 성립하기 위하여는 알선행위가 장래의 것이라도 무방하므로 뇌물을 요구할 당시 반드시 상대방에게 알선에 의하여 해결을 도모해야 할 현안이 존재하여야 할 필요는 없다.
③ 공무원이 장래에 담당할 직무에 대한 대가로 이익을 수수한 경우에도 뇌물수수죄가 성립할 수 있지만, 이익을 수수할 당시 장래에 담당할 직무에 속하는 사항이 그 수수한 이익과 관련된 것임을 확인할 수 없을 정도로 막연하고 추상적이거나, 장차 그 수수한 이익과 관련지을 만한 직무권한을 행사할지 자체도 알 수 없다면, 그 이익이 장래에 담당할 직무에 관하여 수수되었다고는 단정하기 어렵다.
④ 공무원이 직무와 관련하여 뇌물수수를 약속하고 퇴직 후 이를 수수하였다면, 뇌물약속과 뇌물수수 사이의 시간적 근접 여부를 불문하고 뇌물수수죄가 성립한다.

해설

① [O] 뇌물죄에 있어서 직무에는 공무원이 법령상 관장하는 직무 그 자체뿐만 아니라 그 직무와 밀접한 관계가 있는 행위 또는 관례상이나 사실상 소관하는 직무행위, 결정권자를 보좌하거나 영향을 줄 수 있는 직무행위도 포함된다(대판 2010.12.23. 2010도13584).

② [O] 구청 공무원이 유흥주점의 업주에게 '유흥주점 영업과 관련하여 세금이나 영업허가 등에 관하여 문제가 생기면 다른 담당 공무원에게 부탁하여 도움을 주겠다'면서 그 대가로 1,000만 원을 요구한 경우, 뇌물을 요구할 당시 반드시 상대방에게 알선에 의하여 해결을 도모하여야 할 현안이 존재할 필요는 없다(대판 2009.7.23. 2009도3924). ☞ 알선뇌물요구죄 성립

③ [O] 형법 제129조 제1항의 뇌물수수죄가 성립하려면 공무원이 그 직무에 관하여 뇌물을 수수하여야 한다. 따라서 공무원이 이익을 수수한 행위가 공무원의 직무와 관련이 없다면 뇌물수수죄는 성립하지 않는다. 공무원이 장래에 담당할 직무에 대한 대가로 이익을 수수한 경우에도 뇌물수수죄가 성립할 수 있지만, 그 이익을 수수할 당시 장래에 담당할 직무에 속하는 사항이 그 수수한 이익과 관련된 것임을 확인할 수 없을 정도로 막연하고 추상적이거나, 장차 그 수수한 이익과 관련지을 만한 직무권한을 행사할지 자체를 알 수 없다면, 그 이익이 장래에 담당할 직무에 관하여 수수되었다거나 그 대가로 수수되었다고 단정하기 어렵다(대판 2017.12.22. 2017도12346).

④ [X] 뇌물수수죄는 공무원 또는 중재인이 그 직무에 관하여 뇌물을 수수한 때에 성립하는 것이어서 그 주체는 현재 공무원 또는 중재인의 직에 있는 자에 한정되므로, 공무원이 직무와 관련하여 뇌물수수를 약속하고 퇴직 후 이를 수수하는 경우에는, 뇌물약속과 뇌물수수가 시간적으로 근접하여 연속되어 있다고 하더라도, 뇌물약속죄 및 사후수뢰죄가 성립할 수 있음은 별론으로 하고, 뇌물수수죄는 성립하지 않는다(대판 2008.2.1. 2007도5190).

(정답) ④

14 공무원의 직무에 관한 죄에 대한 설명으로 가장 적절하지 않은 것은? (다툼이 있는 경우 판례에 의함)

2021년 제2차 경찰

① (구) 해양수산부 해운정책과 소속 공무원이 해운회사의 대표이사에게 중국의 선박운항 허가 담당부서가 관장하는 중국 국적선사의 선박에 대한 운항허가를 받을 수 있도록 노력해 달라는 부탁을 받고 돈을 받은 경우에는 직무관련성이 없어 뇌물수수죄가 성립하지 아니한다.

② 국회의원이 대한치과의사협회로부터 요청받은 자료를 제공하고 그 대가로서 후원금 명목으로 금원 1,000만 원을 교부받은 경우에는 직무관련성이 있어 뇌물수수죄가 성립한다.

③ 공무원이 어촌계장에게 선물을 받을 명단을 보내 자신의 이름으로 새우젓을 택배로 발송하게 하고, 그 대금을 지급하지 않는 방법으로 직무에 관하여 뇌물을 받은 경우에는 공여자와 수뢰자 사이에 직접 금품이 수수되지 않았더라도 뇌물공여죄 및 뇌물수수죄가 성립한다.

④ 공무원이 직무의 대상이 되는 사람으로부터 사교적 의례의 형식을 빌어 금품을 주고 받은 것이 개인적인 친분관계가 있어서 교분상의 필요에 의한 것이라고 명백하게 인정할 수 있는 경우라도 직무관련성이 있어 뇌물공여죄 및 뇌물수수죄가 성립한다.

해설

① [O] 대판 2011.5.26. 2009도2453

② [O] 피고인의 후원회를 통하여 후원금 명목으로 위 1,000만 원을 수령하였더라도 피고인이 대한치과의사협회로부터 이를 수령한 것으로 평가할 수 있고, 나아가 위 1,000만 원은 피고인의 직무권한 행사에 대한 대가로서의 실체를 가진다(대판 2009.5.14. 2008도8852).

③ [O] 뇌물죄는 공여자의 출연에 의한 수뢰자의 영득의사의 실현으로서, 공여자의 특정은 직무행위와 관련이 있는 이익의 부담 주체라는 관점에서 파악하여야 할 것이므로, 금품이나 재산상 이익 등이 반드시 공여자와 수뢰자 사이에 직접 수수될 필요는 없다(대판 2020.9.24. 2017도12389).

④ [X] 공무원이 그 직무의 대상이 되는 사람으로부터 금품 기타 이익을 받은 때에는 그것이 그 사람이 종전에 공무원으로부터 접대 또는 수수 받은 것을 갚는 것으로서 사회상규에 비추어 볼 때에 의례상의 대가에 불과한 것이라고 여겨지거나, 개인적인 친분관계가 있어서 교분상의 필요에 의한 것이라고 명백하게 인정할 수 있는 경우 등 특별한 사정이 없는 한 직무와의 관련성이 없는 것으로 볼 수 없다(대판 2014.12.24. 2014도10199).

정답 ④

15 뇌물죄에 관한 다음 설명 중 가장 옳지 않은 것은? (다툼이 있으면 판례에 의함) 2018년 법원직

① 공무원이 직접 뇌물을 받지 않고 증뢰자로 하여금 다른 사람에게 뇌물을 공여하도록 한 경우에는 그 다른 사람이 공무원의 사자 또는 대리인으로서 뇌물을 받은 경우 등과 같이 사회통념상 그 다른 사람이 뇌물을 받은 것을 공무원이 직접 받은 것과 같이 평가할 수 있는 관계가 있는 경우에는 형법 제129조 제1항의 뇌물수수죄가 성립한다.

② 뇌물의 내용인 이익은 금전, 물품 기타의 재산적 이익에 한하고 뇌물약속죄에 있어서 뇌물의 목적물인 이익은 약속 당시에 현존하여야 하므로 공무원이 오랫동안 처분을 하지 못하고 있던 부동산을 개발이 예상되는 다른 토지와 교환계약을 체결한 것만으로는 뇌물약속죄가 성립한다고 할 수 없다.

③ 타인을 기망하여 그로부터 뇌물을 수수한 경우라도 뇌물수수죄, 뇌물공여죄가 성립할 수 있고, 이 경우 뇌물을 수수한 공무원에 대하여는 뇌물죄와 사기죄의 상상적 경합범이 성립한다.

④ 뇌물을 공여한 사람과 뇌물을 수수한 사람 사이에서는 상대방의 범행에 대하여 총칙상 공범관계가 성립되지 않는다.

해설

① [O] 대판 1998.9.22. 98도1234
② [X] 甲이 부하들을 통하여 안성 토지를 수년 동안이나 처분하려고 노력을 하였으나 매수하려는 사람이 없어 이를 처분하지 못하고 있었고 한편, 전역 이후를 생각하여 수도권 일대에서 전원주택지를 알아보고 있었는데 이러한 사정을 공병참모로부터 전해들은 丙의 처남인 乙이 공병참모에게 甲의 안성 토지 183평과 자신의 강화 토지 중 4,000평을 교환하여 줄 테니 甲에게 건의하여 매제인 丙이 대령으로 진급되도록 도와달라는 부탁을 하였고 공병참모는 乙의 이러한 교환제의를 甲에게 보고하였으며 甲은 처분이 되지 않던 안성 토지를 처분함과 동시에 강화 토지가 앞으로 인근에 다리가 건설되고 개발이 되면 값이 많이 오를 것이라는 말에 호감을 가졌고 또한 서울로 다니기도 편할 것으로 생각하여 공병참모를 통하여 이 사건 교환계약을 체결한 경우, 설사 안성 토지의 시가가 이 사건 강화 토지의 시가보다 비싸다고 하더라도 甲으로서는 오랫동안 처분을 하지 못하고 있던 부동산을 처분하는 한편, 매수를 희망하였던 전원주택지로 앞으로 개발이 되면 가격이 많이 상승할 토지를 매수하게 되는 무형의 이익을 얻었다고 봄이 상당하다(대판 2001.9.18. 2000도5438). ☞ 뇌물약속죄 성립
③ [O] 대판 2015.10.29. 2015도12838
④ [O] 뇌물수수죄는 필요적 공범으로서 형법 총칙의 공범이 아니므로, 형법 제30조를 따로 적용하여야 하는 것은 아니다(대판 1971.3.9. 70도2536).

정답 ②

16 뇌물수수죄에 대한 설명으로 가장 적절하지 않은 것은? (다툼이 있는 경우 판례에 의함)

2018년 제3차 경찰

① 형사피고사건의 공판참여주사는 공판에 참여하여 양형에 관한 사항의 심리내용을 공판조서에 기재하므로 형사사건의 양형은 참여주사의 직무와 밀접한 관계가 있는 사무이며, 따라서 참여주사가 형량을 감경케 하여 달라는 청탁과 함께 금품을 수수하였다면 뇌물수수죄의 주체가 된다.
② 공무원이 직접 뇌물을 받지 않고 증뢰자로 하여금 다른 사람에게 뇌물을 공여하도록 한 경우에는 사회통념상 다른 사람이 뇌물을 받은 것을 공무원이 직접 받은 것과 같이 평가할 수 있는 경우에 한하여 뇌물수수죄가 성립한다.
③ 뇌물을 수수한 자가 공동수수자 아닌 교사범에게 뇌물 중 일부를 사례금으로 교부하였다면, 이는 부수적 비용의 지출 또는 뇌물의 소비행위에 지나지 않으므로 뇌물수수자에게서 수뢰액 전부를 추징하여야 한다.
④ 공무원이 직무집행의 의사 없이 타인을 공갈하여 재물을 교부하게 한 경우에는 공갈죄만이 성립하고 뇌물수수죄는 성립하지 않는다.

 해설

① **[X]** 형사사건의 양형이 참여주사의 직무와 밀접한 관계가 있는 사무라고는 할 수 없으므로 참여주사가 형량을 감경케하여 달라는 청탁과 함께 금품을 수수하였다고 하더라도 뇌물수수죄의 주체가 될 수 없다(대판 1980.10.14. 80도1373). ☞ 뇌물수수죄 불성립
② **[O]** 사회통념상 그 다른 사람이 뇌물을 받은 것을 공무원이 직접 받은 것과 같이 평가할 수 있는 관계가 있는 경우에는 제3자뇌물공여죄(제130조)가 아니라 형법 제129조 제1항의 뇌물수수죄가 성립한다(대판 1998.9.22. 98도1234).
③ **[O]** i) 공동정범뿐 아니라 교사범 또는 종범도 뇌물의 공동수수자에 해당할 수 있다. ii) 그리고 뇌물을 수수한 자가 '공동수수자가 아닌' 교사범 또는 종범에게 뇌물 중 일부를 사례금 등의 명목으로 교부하였다면 이는 뇌물을 수수하는 데 따르는 부수적 비용의 지출 또는 뇌물의 소비행위에 지나지 아니하므로, 뇌물수수자에게서 수뢰액 전부를 추징하여야 한다(대판 2011.11.24. 2011도9585).
④ **[O]** 공무원이 '직무집행의 의사 없이 또는 직무처리와 대가적 관계없이' 타인을 공갈하여 재물을 교부하게 한 경우에는 공갈죄만이 성립하고, 이러한 경우 재물의 교부자가 공무원의 해악의 고지로 인하여 외포의 결과 금품을 제공한 것이라면 그는 공갈죄의 피해자가 될 것이고 뇌물공여죄는 성립될 수 없다(대판 1994.12.22. 94도2528).

> ⚖️ **비교판례**
>
> 공무원이 '직무집행의 의사'로 타인을 공갈하여 재물을 교부하게 한 경우에는 i) 공무원에게 공갈죄와 수뢰죄의 상상적 경합범이 성립하고, ii) 재물의 교부자는 비록 하자 있는 의사이기는 하지만 공무원의 직무행위를 매수하려는 의사에서 금품을 제공하였으므로 뇌물공여죄가 성립한다(대판 1994.12.22. 94도2528).

정답 ①

17 뇌물죄에 관한 설명 중 가장 적절하지 않은 것은? (다툼이 있으면 판례에 의함)   2011년 제1차 경찰

① 수의계약을 체결하는 공무원이 해당 공사업자와 적정한 금액 이상으로 계약 금액을 부풀려서 계약하고 부풀린 금액을 자신이 되돌려 받기로 사전에 약정한 다음 그에 따라 수수한 돈은 성격상 뇌물이 아니고 횡령금에 해당한다.

② 공무원이 직무와 관련하여 뇌물수수를 약속하고 퇴직 후 이를 수수하는 경우에는 뇌물약속과 뇌물수수가 시간적으로 근접하여 연속되어 있다고 하더라도, 뇌물약속죄 및 사후수뢰죄가 성립할 수 있음은 별론으로 하고, 뇌물수수죄는 성립하지 않는다.

③ 국립대학교 부설 연구소가 국가와는 별개의 지위에서 연구소라는 단체의 명의로 체결한 어업피해조사용역계약상의 과업 내용에 의하여 국립대학교 교수가 위 연구소 소속 연구원으로서 수행하는 조사용역업무는 교육공무원의 직무 또는 그와 밀접한 관계가 있거나 그와 관련된 행위에 해당한다고 볼 수 없다.

④ 공무원인 甲이 乙로부터 1,000만원을 뇌물로 받아 그 중 500만원을 술을 마시느라 소비하고 나머지 500만원을 은행에 예금하여 두었다가 이를 인출하여 乙에게 반환한 경우, 甲으로부터 500만원을 추징하고 乙로부터 500만원을 몰수 또는 추징한다.

해설

① **[O]** 수의계약을 체결하는 공무원이 해당 공사업자와 적정한 금액 이상으로 계약금액을 부풀려서 계약하고 부풀린 금액을 자신이 되돌려 받기로 사전에 약정한 다음 그에 따라 수수한 돈은 성격상 뇌물이 아니고 횡령금에 해당한다(대판 2007.10.12. 2005도7112).

② **[O]** 뇌물수수죄는 공무원 또는 중재인이 그 직무에 관하여 뇌물을 수수한 때에 성립하는 것이어서 '그 주체는 현재 공무원 또는 중재인의 직에 있는 자에 한정'되므로, 공무원이 직무와 관련하여 뇌물수수를 약속하고 퇴직 후 이를 수수하는 경우에는, 뇌물약속과 뇌물수수가 시간적으로 근접하여 연속되어 있다고 하더라도, 뇌물약속죄 및 사후수뢰죄가 성립할 수 있음은 별론으로 하고, 뇌물수수죄는 성립하지 않는다(대판 2008.2.1. 2007도5190).

③ **[O]** 해양수산부가 지정 고시한 어업손실액 조사기관인 국립대학교 부설 연구소가 국가를당사자로하는계약에관한법률에 근거하지 아니하고, 국가와는 별개의 지위에서 연구소라는 단체의 명의로 체결한 어업피해조사용역계약상의 과업 내용에 의하여 국립대학교 교수가 위 연구소 소속 연구원으로서 수행하는 조사용역업무는 교육공무원의 직무 또는 그와 밀접한 관계가 있거나 그와 관련된 행위에 해당한다고 볼 수 없다(대판 2002.5.31. 2001도670).

④ **[X]** 술을 마시느라 소비한 500만원은 甲으로부터 추징해야 하고, 나머지 500만원을 은행에 예금하여 두었다가 이를 인출하여 乙에게 반환하였더라도 "뇌물로 받은 돈을 은행에 예금한 경우 그 예금행위는 뇌물의 처분행위에 해당한다 할 것이므로 그 후 수뢰자가 같은 액수의 돈을 증뢰자에게 반환하였다 하더라도 이를 뇌물자체의 반환이라고 볼 수 없으므로 이러한 경우에는 수뢰자로부터 그 가액을 추징하여야 한다(대판 1985.9.10. 85도1350)."는 판례를 고려해 보면 이 역시 甲으로부터 추징하여야 한다. 결국 甲으로부터 1000만원을 모두 추징해야 한다.

정답 ④

18 뇌물죄에 관한 설명으로 틀린 것을 모두 몇 개인가? (판례에 의함) 2012년 경찰, 2010년 법원행시 변형

㉠ 공무원이 그 이익을 수수하는 것으로 인하여 사회일반으로부터 직무집행의 공정성을 의심받게 되는지 여부는 뇌물죄의 성부를 판단함에 있어서의 판단 기준이 될 수 없다.
㉡ 뇌물죄에서 말하는 직무에는 공무원이 법령상 관장하는 직무 그 자체뿐만 아니라 직무와 밀접한 관계가 있는 행위 또는 관례상이나 사실상 관여하는 직무행위도 포함된다.
㉢ 알선뇌물요구죄가 성립하려면 알선할 사항이 다른 공무원의 직무에 속하는 사항으로서 뇌물요구의 명목이 그 사항의 알선에 관련된 것임이 어느 정도 구체적으로 나타나야 하므로 뇌물을 요구할 당시 상대방에게 알선에 의하여 해결을 도모하여야 할 현안이 존재할 것을 요한다.
㉣ 알선수뢰죄의 구성요건 중 '공무원이 그 지위를 이용하여'라 함은 친구, 친족관계 등 사적인 관계를 이용하는 경우에는 이에 해당한다고 할 수 없으나, 다른 공무원이 취급하는 사무의 처리에 법률상이거나 사실상으로 영향을 줄 수 있는 관계에 있는 공무원이 그 지위를 이용하는 경우에는 이에 해당하고 그 사이에 상하관계, 협동관계, 감독권한 등의 특수한 관계가 있음을 요하지 않는다.

① 1개
② 2개
③ 3개
④ 4개

해설

㉠ **[X]** 뇌물죄가 직무집행의 공정과 이에 대한 사회의 신뢰 및 직무행위의 불가매수성을 그 보호법익으로 하고 있음에 비추어 볼 때, 공무원이 그 이익을 수수하는 것으로 인하여 사회일반으로부터 직무집행의 공정성을 의심받게 되는지 여부도 뇌물죄의 성부를 판단함에 있어서의 판단 기준이 된다(대판 2007.4.27. 2005도4204).
㉡ **[O]** 대판 2002.3.15. 2001도970
㉢ **[X]** 알선행위는 장래의 것이라도 무방하므로, 알선뇌물요구죄가 성립하기 위하여는 뇌물을 요구할 당시 반드시 상대방에게 알선에 의하여 해결을 도모하여야 할 현안이 존재하여야 할 필요는 없다(대판 2009.7.23. 2009도39924).
㉣ **[O]** 대판 2006.4.27. 2006도735

정답 ②

19 다음 설명 중 가장 옳지 않은 것은? (다툼이 있으면 판례에 의함) 2014년 법원직

① 공무원이 그 직무의 대상이 되는 사람으로부터 금품 기타 이익을 받은 때에는 그것이 그 사람이 종전에 공무원으로부터 접대 또는 수수받은 것을 갚는 것으로서 사회상규에 비추어 볼 때에 의례상의 대가에 불과한 것이라고 여겨지거나, 개인적인 친분관계가 있어서 교분상의 필요에 의한 것이라고 명백하게 인정할 수 있는 경우 등 특별한 사정이 없는 한 직무와의 관련성이 없는 것으로 볼 수 없고, 공무원의 직무와 관련하여 금품을 수수하였다면 비록 사교적 의례의 형식을 빌어 금품을 주고받았다 하더라도 그 수수한 금품은 뇌물이 된다.

② 국가공무원이 지방자치단체의 업무에 관하여 전문가로서 위원 위촉을 받아 한시적으로 직무를 수행하는 경우와 같이 공무원이 그 고유의 직무와 관련이 없는 일에 관하여 별도의 위촉절차 등을 거쳐 다른 직무를 수행하게 된 경우에는 그 위촉이 종료되면 그 위원 등으로서 새로 보유하였던 공무원 지위는 소멸한다고 보아야 하므로, 그 이후에 종전에 위촉받아 수행한 직무에 관하여 금품을 수수하더라도 이는 사후수뢰죄에 해당할 수 있음은 별론으로 하고 일반 수뢰죄로 처벌할 수는 없다.

③ 형법 제130조의 제3자뇌물제공죄에 있어서 '부정한 청탁'은 명시적 의사표시에 의해서뿐 아니라 묵시적 의사표시에 의해서도 가능하므로, 당사자 사이에 청탁의 대상이 되는 직무집행의 내용과 제3자에게 제공되는 금품이 그 직무집행에 대한 대가라는 점에 대하여 공통의 인식이나 양해가 존재하지 않더라도 막연히 선처하여 줄 것이라는 기대에 의하여 제3자에게 금품을 공여한 경우에는 묵시적 의사표시에 의한 부정한 청탁이 있다고 보아야 한다.

④ 여러 사람이 공동으로 뇌물을 수수한 경우 그 가액을 추징하려면 실제로 분배받은 금품만을 개별적으로 추징하여야 하고 수수금품을 개별적으로 알 수 없을 때에는 평등하게 추징하여야 하며 공동정범뿐 아니라 교사범 또는 종범도 뇌물의 공동수수자에 해당할 수 있다.

해설

① [O] 대판 1997.4.17. 96도3378
② [O] 국가공무원이 지방자치단체의 업무에 관하여 전문가로서 위원 위촉을 받아 한시적으로 직무를 수행하는 경우와 같이 공무원이 그 고유의 직무와 관련이 없는 일에 관하여 별도의 위촉절차 등을 거쳐 다른 직무를 수행하게 된 경우에는 그 위촉이 종료되면 그 위원 등으로서 새로 보유하였던 공무원 지위는 소멸한다고 보아야 하므로, 그 이후에 종전에 위촉받아 수행한 직무에 관하여 금품을 수수하더라도 이는 사후수뢰죄에 해당할 수 있음은 별론으로 하고 일반 수뢰죄로 처벌할 수는 없다(대판 2013.11.28. 2013도10011).

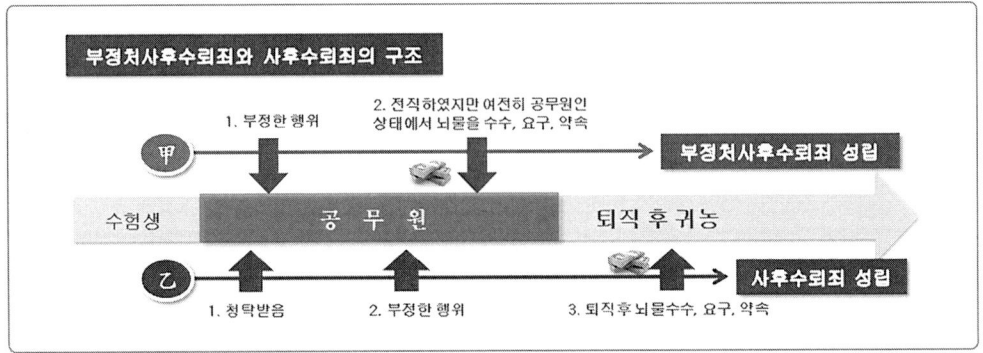

③ [X] 묵시적인 의사표시에 의한 부정한 청탁이 있다고 하기 위하여는, 당사자 사이에 청탁의 대상이 되는 직무집행의 내용과 제3자에게 제공되는 금품이 그 직무집행에 대한 대가라는 점에 대하여 공통의 인식이나 양해가 존재하여야 하고, 그러한 인식이나 양해 없이 막연히 선처하여 줄 것이라는 기대에 의하거나 직무집행과는 무관한 다른 동기에 의하여 제3자에게 금품을 공여한 경우에는 묵시적인 의사표시에 의한 부정한 청탁이 있다고 보기 어렵다. 공무원이 먼저 제3자에게 금품을 공여할 것을 요구한 경우에도 마찬가지이다(대판 2009.1.30. 2008도6950).
④ [O] 대판 2011.11.24. 2011도9585

정답 ③

20 뇌물죄에 대한 설명으로 가장 적절한 것은? (다툼이 있는 경우 판례에 의함) 2018년 제2차 경찰

① 공무원이 직무와 관련하여 금품을 수수하였더라도 특별한 청탁이 없이 사교적 의례의 형식을 갖추어 금품을 주고 받았다면 「형법」 제129조 제1항의 뇌물수수죄가 성립하지 않는다.
② 공무원이 직접 금품을 받지 않고 증뢰자로 하여금 다른 사람에게 금품을 공여하도록 한 경우라도 그가 직무에 관하여 부정한 청탁을 받은 사정이 없다면 이를 「형법」 제130조의 제3자뇌물제공죄로 처벌하지 못한다.
③ 공무원이 그 지위를 이용하여 다른 공무원의 직무에 관한 사항의 알선에 관하여 금품을 수수한 경우에는 그가 특별한 청탁을 받고 그 같은 행위를 한 사정이 없는 이상 이를 「형법」 제132조의 알선수뢰죄로 처벌하지 못한다.
④ 공무원에게 뇌물로 공여하기 위한 목적이라는 사정을 알면서 증뢰자로부터 금품을 교부받은 자는 그가 실제로 그 금품을 공무원에게 전달하지 않고 있는 이상 「형법」상 아무런 처벌을 받지 않는다.

해설

① [X] 공무원의 직무와 관련하여 금품을 수수하였다면 비록 사교적 의례의 형식을 빌어 금품을 주고 받았다 하더라도 그 수수한 금품은 뇌물이 되는 것이다(대판 1997.4.17. 96도3378).
② [O] 형법 제130조의 제3자 뇌물공여죄가 성립하기 위해서는 '부정한 청탁'을 구성요건요소로 요구한다(대판 2004도1632 등 참조).
③ [X] 알선수뢰죄는 공무원이 그 지위를 이용하여 다른 공무원의 직무에 속한 사항의 알선에 관하여 뇌물을 수수, 요구 또는 약속하는 것을 그 성립요건으로 하고 있고(대판 99도5294 등), 특별히 청탁의 유무 또는 부정한 행위를 할 것을 구성요건요소로 요구하지 않고 있다.

> **형법 제132조(알선수뢰)** 공무원이 그 지위를 이용하여 다른 공무원의 직무에 속한 사항의 알선에 관하여 뇌물을 수수, 요구 또는 약속한 때에는 3년 이하의 징역 또는 7년 이하의 자격정지에 처한다.

④ [X] 제3자의 증뢰물전달죄는 제3자가 증뢰자로부터 교부받은 금품을 수뢰할 사람에게 전달하였는지 여부에 관계 없이 제3자가 그 정을 알면서 금품을 교부받음으로써 성립하는 것이며, 나아가 제3자가 그 교부받은 금품을 수뢰할 사람에게 전달하였다고 하여 증뢰물전달죄 외에 별도로 뇌물공여죄가 성립하는 것은 아니다(대판 1997.9.5. 97도1572).

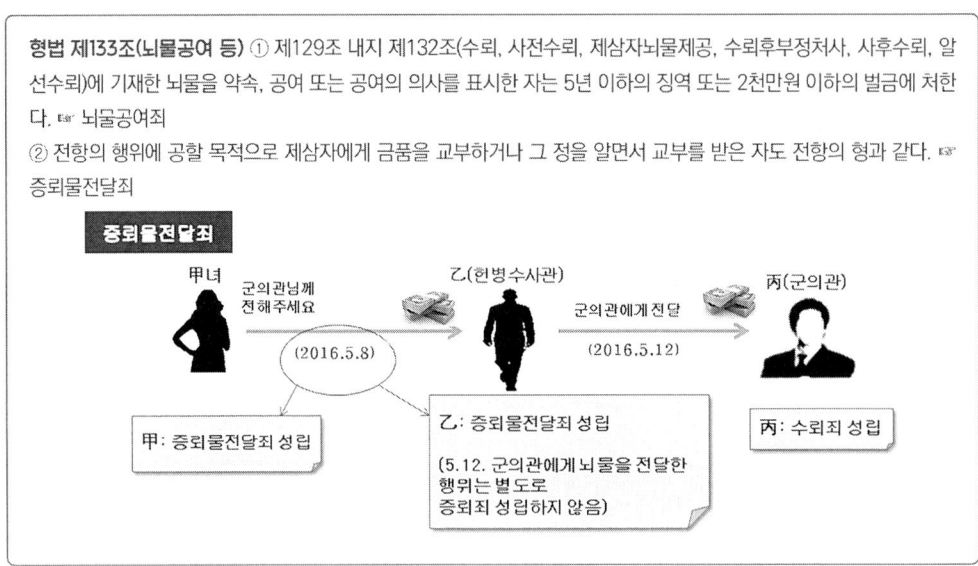

정답 ②

21 국가의 기능에 대한 죄의 설명으로 가장 적절하지 않은 것은? (다툼이 있는 경우 판례에 의함)

2020년 제2차 경찰

① 직무유기죄는 공무원이 정당한 이유 없이 그 직무수행을 거부하거나 그 '직무를 유기한 때'에 성립하며, 직무집행의 의사로 자신의 직무를 수행한 경우라도 그 직무집행의 내용이 위법한 것으로 평가된다면 직무유기죄가 성립한다.
② 검찰의 고위 간부가 특정 사건에 대한 수사가 계속 중인 상태에서 해당 사안에 관한 수사책임자의 잠정적인 판단 등 수사팀의 내부 상황을 확인한 뒤 그 내용을 수사 대상자 측에 전달한 행위는 공무상 비밀누설에 해당한다.
③ 형식적·외형적으로는 직무집행으로 보이나 실질적으로는 정당한 권한 외의 행위를 한 경우도 직권남용권리행사방해죄에 해당한다.
④ 공무원이 직무와 관련하여 뇌물수수를 약속하고 퇴직 후 이를 수수하는 경우에는, 뇌물약속과 뇌물수수가 시간적으로 근접하여 연속되어 있다고 하더라도, 뇌물수수죄는 성립하지 않는다.

해설

① **(X)** [1] 직무유기죄는 공무원이 법령·내규 등에 의한 추상적 충근의무를 태만히 하는 일체의 경우에 성립하는 것이 아니라, 직장의 무단이탈이나 직무의 의식적인 포기 등과 같이 국가의 기능을 저해하고 국민에게 피해를 야기시킬 구체적 위험성이 있고 불법과 책임비난의 정도가 높은 법익침해의 경우에 한하여 성립하므로, 어떠한 형태로든 직무집행의 의사로 자신의 직무를 수행한 경우에는 그 직무집행의 내용이 위법한 것으로 평가된다는 점만으로 직무유기죄의 성립을 인정할 것은 아니다.

[2] 지방자치단체장이 전국공무원노동조합이 주도한 파업에 참가한 소속 공무원들에 대하여 관할 인사위원회에 징계의결요구를 하지 아니하고 가담 정도의 경중을 가려 자체 인사위원회에 징계의결요구를 하거나 훈계처분을 하도록 지시한 경우, 직무유기죄를 구성하지 않는다(대판 2007.7.12. 2006도1390).

② [O] 검찰 등 수사기관이 특정 사건에 대하여 수사를 진행하고 있는 상태에서 수사기관이 현재 어떤 자료를 확보하였고, 해당 사안이나 피의자의 죄책, 신병처리에 대하여 수사책임자가 어떤 의견을 가지고 있는지 등의 정보는 그것이 수사의 대상이 될 가능성이 있는 자 등 수사기관 외부로 누설될 경우 피의자 등이 아직까지 수사기관에서 확보하지 못한 자료를 인멸하거나, 수사기관에서 파악하고 있는 내용에 맞추어 증거를 조작하거나, 허위의 진술을 준비하는 등의 방법으로 수사기관의 범죄수사 기능에 장애를 초래할 위험이 있는 점에 비추어 보면, 해당 사건에 대한 종국적인 결정을 하기 전까지는 외부에 누설되어서는 안될 수사기관 내부의 비밀에 해당한다(대판 2007.6.14. 2004도5561).

③ [O] 직권남용죄는 공무원이 그 일반적 직무권한에 속하는 사항에 관하여 직권의 행사에 가탁하여 실질적, 구체적으로 위법·부당한 행위를 한 경우에 성립한다. ⅰ) 여기에서 말하는 '직권의 남용'이란 공무원이 '일반적 직무권한에 속하는 사항'을 불법하게 행사하는 것, 즉 형식적, 외형적으로는 직무집행으로 보이나 실질적으로는 정당한 권한 이외의 행위를 하는 경우를 의미하고, ⅱ) 공무원이 그의 '일반적 직무권한에 속하지 않는 행위'를 하는 경우인 지위를 이용한 불법행위와는 구별된다(대판 2019.3.14. 2018도18646 등).

④ [O] 뇌물수수죄는 공무원 또는 중재인이 그 직무에 관하여 뇌물을 수수한 때에 성립하는 것이어서 그 주체는 현재 공무원 또는 중재인의 직에 있는 자에 한정되므로, 공무원이 직무와 관련하여 뇌물수수를 약속하고 퇴직 후 이를 수수하는 경우에는, 뇌물약속과 뇌물수수가 시간적으로 근접하여 연속되어 있다고 하더라도, 뇌물약속죄 및 사후수뢰죄가 성립할 수 있음은 별론으로 하고, 뇌물수수죄는 성립하지 않는다(대판 2008.2.1. 2007도5190).

정답 ①

22 공무집행방해죄에 대한 설명으로 옳은 것은? (다툼이 있는 경우 판례에 의함) 2022년 경찰간부

① 공무집행방해죄의 폭행은 사람에 대한 유형력의 행사이고 이는 반드시 신체에 대한 것임을 요하며, 본죄에서 '직무를 집행하는'이란 공무원이 직무수행에 직접 필요한 행위를 현실적으로 행하고 있는 때만을 가리킨다.

② 음주운전 신고를 받고 출동한 경찰관 P가 시동이 걸린 차량 운전석에 앉아있던 만취한 甲을 발견하고 음주측정을 위하여 하차를 요구하자 甲이 운전하지 않았다고 다투었고, 이에 P가 차량 블랙박스 확인을 위해 경찰서로 임의동행할 것을 요구하자, 甲이 차량에서 내리자마자 도주하여 P가 이미 착수한 음주측정 직무를 계속하기 위하여 甲을 10미터 정도 추격하여 도주를 제지한 것은 정당한 직무집행에 해당한다.

③ 위계에 의한 공무집행방해죄에서 '공무원의 직무집행'이란 법령의 위임에 따른 공무원의 적법한 직무집행으로서 공권력을 내용으로 하는 권력적 작용에 한정하므로, 사경제주체로서의 활동을 비롯한 비권력적 작용은 포함하지 아니한다.

④ 위력으로써 공무원이 직무상 수행하는 공무를 방해하는 행위에 대해서는 「형법」 제314조의 업무방해죄로 처단할 수 있다.

> 해설

① **[X]** 공무집행방해죄에 있어서의 폭행은 공무를 집행하는 공무원에 대하여 유형력을 행사하는 행위를 말하는 것으로 그 폭행은 공무원에 직접적으로나 간접적으로 하는 것(광의의 폭행)을 포함한다(대판 1981.3.24. 81도326). 형법 제136조 제1항에 규정된 공무집행방해죄에서 '직무를 집행하는'이란 공무원이 직무수행에 직접 필요한 행위를 현실적으로 행하고 있는 때만을 가리키는 것이 아니라 공무원이 직무수행을 위하여 근무 중인 상태에 있는 때를 포괄하고, 직무의 성질에 따라서는 그 직무수행의 과정을 개별적으로 분리하여 부분적으로 각각의 개시와 종료를 논하는 것이 부적절하고 여러 종류의 행위를 포괄하여 일련의 직무수행으로 파악하는 것이 타당한 경우가 있다(대판 2022.3.17. 2021도13883 등).

② **[O]** 경찰관이 피고인을 10m 정도 추격하여 피고인의 앞을 가로막는 방법으로 제지한 뒤 '그냥 가면 어떻게 하느냐'는 취지로 말하자 피고인이 위 경찰관의 뺨을 때렸고, 계속하여 도주하고 폭행하려고 하자 경찰관이 피고인을 공무집행방해죄의 현행범으로 체포한 경우, 음주운전 신고를 받고 출동한 경찰관이 만취한 상태로 시동이 걸린 차량 운전석에 앉아있는 피고인을 발견하고 음주측정을 위해 하차를 요구함으로써 도로교통법 제44조 제2항이 정한 음주측정에 관한 직무에 착수하였다고 할 것이고, 피고인이 차량을 운전하지 않았다고 다투자 경찰관이 지구대로 가서 차량 블랙박스를 확인하자고 한 것은 음주측정에 관한 직무 중 '운전' 여부 확인을 위한 임의동행 요구에 해당하고, 피고인이 차량에서 내리자마자 도주한 것을 임의동행 요구에 대한 거부로 보더라도, 경찰관이 음주측정에 관한 직무를 계속하기 위하여 피고인을 추격하여 도주를 제지한 것은 앞서 본 바와 같이 도로교통법상 음주측정에 관한 일련의 직무집행 과정에서 이루어진 행위로써 정당한 직무집행에 해당한다(대판 2020.8.20. 2020도7193). ☞ 공무집행방해죄 성립

> **도로교통법 제44조(술에 취한 상태에서의 운전 금지)** ② 경찰공무원은 교통의 안전과 위험방지를 위하여 필요하다고 인정하거나 제1항을 위반하여 술에 취한 상태에서 자동차등, 노면전차 또는 자전거를 운전하였다고 인정할 만한 상당한 이유가 있는 경우에는 운전자가 술에 취하였는지를 호흡조사로 측정할 수 있다. 이 경우 운전자는 경찰공무원의 측정에 응하여야 한다.

③ **[X]** 감척어선 입찰자격이 없는 자가 제3자와 공모하여 제3자의 대리인 자격으로 제3자 명의로 입찰에 참가하고, 낙찰받은 후 자신의 자금으로 낙찰대금을 지급하여 감척어선에 대한 실질적 소유권을 취득한 경우, 위계에 의한 공무집행방해죄에서의 '공무원의 직무집행'이란 법령의 위임에 따른 공무원의 적법한 직무집행인 이상 공권력의 행사를 내용으로 하는 권력적 작용뿐만 아니라 사경제주체로서의 활동을 비롯한 '비권력적 작용도 포함'된다(대판 2003.12.26. 2001도6349). ☞ (비권력적 작용에 해당하는 입찰의 경우에도) 위계에 의한 공무집행방해죄 성립

④ **[X]** 형법이 업무방해죄와는 별도로 공무집행방해죄를 규정하고 있는 것은 사적 업무와 공무를 구별하여 공무에 관해서는 공무원에 대한 폭행, 협박 또는 위계의 방법으로 그 집행을 방해하는 경우에 한하여 처벌하겠다는 취지라고 보아야 한다. 따라서 공무원이 직무상 수행하는 공무를 방해하는 행위에 대해서는 업무방해죄로 의율할 수는 없다고 해석함이 상당하다(대판 2009.11.19. 2009도4166 전원합의체).

정답 ②

23 공무집행방해죄에 관한 설명 중 옳은 것은 모두 몇 개인가? (다툼이 있으면 판례에 의함)

2011년 2013년 경찰 변형

㉠ 공무집행방해죄는 공무원의 적법한 공무집행이 전제로 된다 할 것이고, 그 공무집행이 적법하기 위해서는 그 행위가 당해 공무원의 추상적 직무 권한에 속할 뿐 아니라 구체적으로도 그 권한 내에 있어야 하며 또한 직무행위로서의 중요한 방식을 갖추어야 한다고 할 것이며, 추상적인 권한에 속하는 공무원의 어떠한 공무집행이 적법한지 여부는 사후적으로 순수한 객관적 기준에서 판단해야 한다.

㉡ 직무를 집행하는 공무원에 대하여 위험한 물건을 휴대하여 고의로 상해를 가한 경우에는 특수공무집행방해치상죄만이 성립하고, 이와 별도로 「폭력행위등처벌에관한법률」 위반(집단·흉기 등 상해)죄는 성립하지 않는다.

㉢ 개인택시 운송사업 양도·양수를 위하여 허위의 출원사유를 주장하면서 의사로부터 허위 진단서를 발급받아 이를 소명자료로 제출하여 행정관청으로부터 양도·양수 인가처분을 받은 경우, 위계에 의한 공무집행방해죄가 성립한다.

㉣ 국립대학교의 전임교원 공채심사위원인 학과장이 지원자의 부탁을 받고 이미 논문접수가 마감된 학회지에 지원자의 논문이 게재되도록 돕고, 그 후 연구실적심사의 기준을 강화하자고 제안한 경우, 위계에 의한 공무집행방해죄가 성립한다.

㉤ 피고인이 노조원들과 함께 경찰관인 피해자들이 파업투쟁 중인 공장에 진입할 경우에 대비하여 그들의 부재중에 미리 윤활유나 철판조각을 바닥에 뿌려 놓은 것에 불과하고, 위 피해자들이 이에 미끄러져 넘어지거나 철판조각에 찔려 다쳤다는 것에 지나지 않는다면 특수공무집행방해치상죄에서의 폭행에 해당하는 것으로 볼 수 없다.

① 1개 ② 2개
③ 3개 ④ 4개

해설

㉠ [X] 추상적인 권한에 속하는 공무원의 어떠한 공무집행이 적법한지 여부는 '행위 당시'의 구체적 상황에 기하여 객관적 합리적으로 판단하여야 하고 사후적으로 순수한 객관적 기준에서 판단할 것은 아니다(대판 2009.2.12. 2008도11140).

㉡ [O] 甲이 승용차를 운전하던 중 음주단속을 피하기 위하여 승용차로 단속 경찰관을 들이받아 위 경찰관의 공무집행을 방해하고 상해를 입게 한 경우, 특수공무집행방해치상죄(3년 이상의 유기징역)를 구성할 뿐, 폭력행위 등 처벌에 관한 법률 위반(흉기휴대상해 : 3년 이상의 유기징역)죄는 특수공무집행방해치상죄에 흡수되어 별도로 죄를 구성하지 않는다(대판 2008.11.27. 2008도7311).

㉢ [O] 피고인이 개인택시 운송사업면허를 받은 지 5년이 경과되지 아니하여 원칙적으로 개인택시 운송사업을 양도할 수 없는 사람 등과 사이에 마치 그들이 1년 이상의 치료를 요하는 질병으로 인하여 직접 운전할 수 없는 것처럼 가장하여 개인택시 운송사업의 양도·양수인가를 받기로 공모한 후, 질병이 있는 노숙자들로 하여금 그들이 개인택시 운송사업을 양도하려고 하는 사람인 것처럼 위장하여 의사의 진료를 받게 한 다음, 그 정을 모르는 의사로부터 환자가 개인택시 운송사업의 양도인으로 된 허위의 진단서를 발급받아 행정관청에 개인택시 운송사업의 양도·양수 인가신청을 하면서 이를 소명자료로 제출하여 진단서의 기재 내용을 신뢰한 행정관청으로부터 인가처분을 받은 경우, 위계에 의한 공무집행방해죄가 성립한다(대판 2002.9.4. 2002도2064).

㉣ [X] 甲이 연구실적심사의 기준을 강화하자고 제안한 것은 해당 학과의 전임교원 임용 목적에 부합하는 것으로서 공정한 경우에 해당하므로, 설사 甲의 행위가 결과적으로는 乙에게 유리한 결과가 되었다 하더라도 형법 제137조에서 말하는 '위계'에 해당하지 않는다(대판 2009.4.23. 2007도1554). ☞ 위계에 의한 공무집행방해죄 불성립

ⓓ [O] 윤활유나 철판조각을 피해자들의 면전에서 그들의 공무집행을 방해할 의도로 뿌린 것이라는 등의 특별한 사정이 있는 경우는 별론으로 하고 이를 가리켜 위 피해자들에 대한 유형력의 행사, 즉 폭행에 해당하는 것으로 볼 수 없다(대판 2010.12.23. 2010도7412). ☞ 특수공무방해치상죄 불성립

정답 ③

24 공무집행방해에 관한 죄에 대한 설명으로 가장 적절하지 않은 것은? (다툼이 있는 경우 판례에 의함)

2021년 제2차 경찰

① 甲은 평소 집에서 심한 고성과 욕설 등으로 이웃 주민들로부터 수회에 걸쳐 112신고가 있어 왔던 사람으로, 한밤중에 甲의 집이 소란스러워 잠을 이룰 수 없다는 112신고를 받고 출동한 경찰관들이 인터폰으로 문을 열어달라고 하였으나 욕설을 하며 소란행위를 계속하였다. 이에 경찰관들이 甲을 만나기 위해 일시적으로 전기차단기를 내리자 식칼을 들고 나와 욕설을 하며 경찰관들을 향해 찌를 듯이 협박하였더라도 경찰관들의 단전 조치를 적법한 공무집행으로 볼 수 없어 甲에게는 특수공무집행방해죄가 성립하지 아니한다.

② 국립대학교의 전임교원 공채심사위원인 학과장 甲이 지원자 A의 부탁을 받고 이미 논문접수가 마감된 학회지에 A의 논문이 게재되도록 돕고, 그 후 연구실적심사의 기준을 강화하자고 제안한 경우에는 설사 甲의 행위가 결과적으로는 A에게 유리한 결과가 되었다 하더라도 위계공무집행방해죄가 성립하지 아니한다.

③ 음주운전 신고를 받고 출동한 경찰관 A는 만취한 상태로 시동이 걸린 차량 운전석에 앉아있는 甲을 발견하고 음주측정을 위해 하차를 요구하였고, 甲이 차량을 운전하지 않았다고 다투자 지구대로 가서 차량 블랙박스를 확인하자고 하였다. 이에 甲이 명시적인 거부 의사표시 없이 도주하자, A가 甲을 10m 정도 추격하여 앞을 막고 제지하는 과정에서 甲이 A를 폭행하였다면 공무집행방해죄가 성립한다.

④ 甲이 허위의 매매계약서 및 영수증을 소명자료로 첨부하여 가처분 신청을 하여 법원으로부터 유체동산에 대한 가처분결정을 받은 경우에는 甲의 행위만으로 법원의 구체적이고 현실적인 어떤 직무집행이 방해되었다고 볼 수 없으므로 위계공무집행방해죄가 성립하지 아니한다.

해설

① [X] 경찰관들이 피고인의 집으로 통하는 전기를 일시적으로 차단한 것은 피고인을 집 밖으로 나오도록 유도한 것으로서, 피고인의 범죄행위를 진압·예방하고 수사하기 위해 필요하고도 적절한 조치로 보이고, 경찰관 직무집행법 제1조의 목적에 맞게 제2조의 직무 범위 내에서 제6조에서 정한 즉시강제의 요건을 충족한 적법한 직무집행으로 볼 여지가 있다(대판 2018.12.13. 2016도19417). ☞ 특수공무집행방해죄 성립

② [O] 국립대학교의 전임교원 공채심사위원인 학과장 甲이 지원자 A의 부탁을 받고 이미 논문접수가 마감된 학회지에 A의 논문이 게재되도록 도운 행위는 다소 부적절한 행위라고 볼 수 있지만, 그 후 甲이 연구실적심사의 기준을 강화하자고 제안한 것은 해당 학과의 전임교원 임용 목적에 부합하는 것으로서 공정한 경우에 해당하므로, 설사 甲의 행위가 결과적으로는 A에게 유리한 결과가 되었다 하더라도 형법 제137조에서 말하는 '위계'에 해당하지 않는다(대판 2009.4.23. 2007도1554).

③ [O] 피고인이 차량을 운전하지 않았다고 다투자 경찰관이 지구대로 가서 차량 블랙박스를 확인하자고 한 것은 음주측정에 관한 직무 중 '운전' 여부 확인을 위한 임의동행 요구에 해당하고, 피고인이 차량에서 내리자마자 도주한 것을 임의동행 요구에 대한 거부로 보더라도, 경찰관이 음주측정에 관한 직무를 계속하기 위하여 피고인을 추격하여 도주를 제지한 것은 앞서 본 바와 같이 도로교통법상 음주측정에 관한 일련의 직무집행 과정에서 이루어진 행위로써 정당한 직무집행에 해당한다(대판 2020.8.20. 2020도7193).

④ [O] 법원은 당사자의 허위 주장 및 증거 제출에도 불구하고 진실을 밝혀야 하는 것이 그 직무이므로, 가처분신청 시 당사자가 허위의 주장을 하거나 허위의 증거를 제출하였다 하더라도 그것만으로 법원의 구체적이고 현실적인 어떤 직무집행이 방해되었다고 볼 수 없으므로 이로써 바로 위계에 의한 공무집행방해죄가 성립한다고 볼 수 없다(대판 2012.4.26. 2011도17125).

정답 ①

25 다음 공무집행방해죄의 판례에 관하여 옳게 설명한 것은? 2005년 경찰 변형

㉠ 경찰관의 정지명령에 불응하여 경찰관이 차량의 유리를 붙잡자 빠른 속도로 차량을 진행하여 경찰관이 따라가지 못하고 손을 놓은 경우 공무집행방해죄는 성립하지 않는다.
㉡ 공무집행방해죄에 관한 범의에 있어서 공무집행방해죄에서는 공무집행을 방해하려는 의사는 필요하지 않고, 위계에 의한 공무집행방해죄에서는 의사가 필요하다.
㉢ 경찰관으로부터 임의동행을 요구받자 이를 거절하고 자기집 방으로 피하여 문을 잠그고 면도칼로 가슴을 그어 피를 내어 죽어 버리겠다고 한 경우 공무집행방해죄에 해당하지 않는다.
㉣ 불법주차차량에 스티커를 붙였다가 장애인 차량임을 알고 이를 떼어낸 직후에 주차단속 공무원을 폭행한 경우 폭행당시 이미 주차단속업무는 종료된 시점이므로 공무집행방해죄에 해당하지 않는다.

① 1개   ② 2개
③ 3개   ④ 4개

해설

㉠ [O] 공무집행방해죄에 있어서의 폭행에 해당한다고 할 수 없어 공무집행방해가 성립하지 않는다(대판 1996.4.26. 96도281).
㉡ [O] 공무집행방해죄의 고의의 내용은 상대방이 공무원이고 직무집행이라는 사실 및 이에 대해 폭행·협박을 가한다는 인식으로 족하고 공무집행 방해의사는 요하지 않는다. 반면에 위계에 의한 공무집행방해죄는 공무집행을 방해하려는 의사가 있어야 한다는 것이 판례의 입장이다.
㉢ [O] 자해·자학행위는 될지언정 위 경찰관에 대한 유형력의 행사나 해악의 고지표시가 되는 폭행 또는 협박으로 볼 수 없다(대판 1976.3.9. 75도3779). ☞ 공무집행방해죄 불성립
㉣ [X] 폭행 당시 주차단속공무원은 일련의 직무수행을 위하여 근무 중인 상태에 있었다고 보아 공무집행방해죄가 성립한다(대판 1999.9.21. 99도383).

정답 ③

26 공무방해에 관한 죄에 대한 다음 설명 중 옳고 그름의 표시 (O, X)가 모두 바르게 된 것은? (다툼이 있는 경우 판례에 의함) *2022년 경찰2차*

㉠ 「형법」 제136조에서 정한 공무집행방해죄는 직무를 집행하는 공무원에 대하여 폭행 또는 협박한 경우에 성립하는 범죄로서 여기서의 폭행은 사람에 대한 유형력의 행사로 족하고 반드시 그 신체에 대한 것임을 요하지 아니하며, 또한 추상적 위험범으로서 구체적으로 직무집행의 방해라는 결과발생을 요하지도 아니한다.

㉡ 甲이 노조원들과 함께 경찰관 P 등이 파업투쟁 중인 공장에 진입할 경우에 대비하여 미리 윤활유나 철판조각을 바닥에 뿌려 놓았고, P 등이 이에 미끄러져 넘어지거나 철판조각에 찔려 다친 경우, 설령 甲 등이 그 윤활유나 철판조각을 P 등의 면전에서 그들의 공무집행을 방해할 의도로 뿌린 것이 아니라 하더라도 甲의 행위는 특수공무집행방해치상죄에 해당한다.

㉢ 야간 당직 근무 중인 청원경찰이 불법주차 단속요구에 응하여 현장을 확인만 하고 주간 근무자에게 전달하여 단속하겠다고 했다는 이유로 민원인이 청원경찰을 폭행한 경우, 야간 당직 근무자는 불법주차 단속 권한이 없기 때문에 민원인의 행위는 공무집행방해죄에 해당하지 않는다.

㉣ 집회를 주최하거나 참가하는 것이 형사처벌의 대상이 되는 위법한 집회·시위가 장차 특정지역에서 개최될 것이 예상되자, 경찰관 P가 이와 시간적·장소적으로 근접하지 않은 다른 지역에서 그 집회·시위에 참가하기 위하여 출발 또는 이동하는 행위를 제지한 경우, 이는 공무집행방해죄의 보호대상이 되는 공무원의 적법한 직무집행에 해당하지 않는다.

① ㉠ (O), ㉡ (O), ㉢ (X), ㉣ (O)
② ㉠ (O), ㉡ (X), ㉢ (X), ㉣ (O)
③ ㉠ (X), ㉡ (O), ㉢ (O), ㉣ (O)
④ ㉠ (O), ㉡ (X), ㉢ (O), ㉣ (X)

참가하는 사람을 처벌하고 있지만 그 미수행위 또는 예비·음모행위를 처벌하는 조항은 두지 않았고, 위 법률 제18조에서 집회·시위가 위 법률에 위반되는 일정한 경우 이를 이유로 사후에 그 집회·시위의 해산을 명할 수 있도록 하면서 그 위반자를 처벌하고 있을 뿐 그러한 집회·시위 자체를 사전에 미리 제지하거나 봉쇄할 수 있는 근거 조항은 따로 두지 않았다. 위와 같은 관련 법률 조항들의 내용과 취지를 종합하면, 비록 장차 특정 지역에서 구 집회 및 시위에 관한 법률에 의하여 금지되어 그 주최 또는 참가행위가 형사처벌의 대상이 되는 위법한 집회·시위가 개최될 것이 예상된다고 하더라도, 이와 시간적·장소적으로 근접하지 않은 다른 지역에서 그 집회·시위에 참가하기 위하여 출발 또는 이동하는 행위를 함부로 제지하는 것은 경찰관직무집행법 제6조 제1항에 의한 행정상 즉시강제인 경찰관의 제지의 범위를 명백히 넘어서는 것이어서 허용될 수 없으므로, 이러한 제지 행위는 공무집행방해죄의 보호대상이 되는 공무원의 적법한 직무집행에 포함될 수 없다(대판 2008.11.13. 2007도9794). ☞ 특수공무집행방해치상죄 불성립

정답 ②

27 성폭력범죄가 빈발하는 지역을 순찰하던 경찰관 P1과 P2는 심야에 주취자가 소란을 피우고 있다는 A의 신고를 받고 출동하여, 신고 지역 인근 A소유의 빌라 주차장에서 술에 취한 상태에서 큰소리로 전화를 걸고 있는 甲을 발견하고 불심검문을 실시하였다. 이에 甲은 P2에게 자신의 운전면허증을 교부하였고, P2가 甲의 신분조회를 위하여 순찰차로 걸어간 사이에 甲은 위 불심검문에 항의하면서 P1에게 욕설을 하였다. 이 욕설은 P1 이외에 인근 주민들도 들었을 정도로 큰소리였으므로 P1은 甲을 모욕죄의 현행범으로 체포하겠다고 고지한 후 甲의 어깨를 붙잡았고, P2는 허리를 붙잡으며 체포를 시도하였다. 그런데 甲은 이에 강하게 반항하면서 P1 및 P2를 순차로 폭행하였고 이 과정에서 P1에게 상해를 가하였다. 이에 관한 ㉠부터 ㉣까지의 설명 중 옳고 그름의 표시(O, X)가 모두 바르게 된 것은? (다툼이 있는 경우 판례에 의함) 2022년 제1차 경찰

㉠ P1과 P2가 「형사소송법」 제200조의5 및 제213조의2에 따른 체포절차를 준수하였다 하더라도 위 현행범 체포는 위법하다고 할 수 있다.
㉡ 甲에 대한 「형법」 제136조 제1항 공무집행방해죄 및 제257조 제1항 상해죄는 정당방위로 위법성이 조각된다.
㉢ 만약 甲에게 공무집행방해죄가 인정된다면, 2개의 공무집행방해죄가 성립되며 각 공무집행방해죄의 관계는 상상적 경합관계이다.
㉣ 만약 P1과 P2가 甲에 대한 불심검문 과정에서 신분증을 제시하지 않았다면, 제반사정을 종합적으로 고려하여 甲이 P1과 P2가 경찰관이고 검문하는 이유가 범죄행위에 관한 것임을 충분히 알고 있었다고 보이는 경우라 하더라도 위법한 불심검문에 해당한다.

① ㉠ (X), ㉡ (X), ㉢ (X), ㉣ (O)
② ㉠ (X), ㉡ (O), ㉢ (X), ㉣ (X)
③ ㉠ (O), ㉡ (X), ㉢ (O), ㉣ (X)
④ ㉠ (O), ㉡ (O), ㉢ (O), ㉣ (X)

해설

① **[O]** 甲은 경찰관의 불심검문에 응하여 이미 운전면허증을 교부한 상태이고, 경찰관뿐 아니라 인근 주민도 욕설을 직접 들었으므로, 피고인이 도망하거나 증거를 인멸할 염려가 있다고 보기는 어렵고, 甲의 모욕 범행은 불심검문에 항의하는 과정에서 저지른 일시적, 우발적인 행위로서 사안 자체가 경미할 뿐 아니라, 피해자인 경찰관이 범행현장에서 즉시 범인을 체포할 급박한 사정이 있다고 보기도 어려우므로, 경찰관이 甲을 체포한 행위는 적법한 공무집행이라고 볼 수 없다(대판 2011도3682 참조).

② **[X]** 상해죄는 정당방위에 해당하여 위법성이 조각되어 무죄가 되는 반면(대판 2011도3682 참조), 공무집행방해의 점은 구성요건해당성이 배제되어 무죄가 된다.

③ **[O]** 동일한 공무를 집행하는 여럿의 공무원에 대하여 폭행·협박행위를 한 경우에는 공무원의 수에 따라 여럿의 공무집행방해죄가 성립하고, 위와 같은 폭행·협박행위가 동일한 장소에서 동일한 기회에 이루어진 것으로서 사회관념상 1개의 행위로 평가되는 경우에는 여럿의 공무집행방해죄는 상상적 경합의 관계에 있다(대판 2009.6.25. 2009도3505 참조).

④ **[X]** 경찰관직무집행법 제3조 제4항은 경찰관이 불심검문을 하고자 할 때에는 자신의 신분을 표시하는 증표를 제시하여야 한다고 규정하고, 경찰관직무집행법 시행령 제5조는 위 법에서 규정하는 신분을 표시하는 증표는 경찰관의 공무원증이라고 규정하고 있는데, 불심검문을 하게 된 경위, 불심검문 당시의 현장상황과 검문을 하는 경찰들의 복장, 피고인이 공무원증 제시나 신분 확인을 요구하였는지 여부 등을 종합적으로 고려하여, 검문하는 사람이 경찰관이고 검문하는 이유가 범죄행위에 관한 것임을 피고인이 충분히 알고 있었다고 보이는 경우에는 신분증을 제시하지 않았다고 하여 그 불심검문이 위법한 공무집행이라고 할 수 없다(대판 2014.12.11. 2014도7976).

정답 ③

28 다음 설명 중 옳은 것을 모두 고른 것은? (다툼이 있는 경우 판례에 의함) 2018년 제2차 경찰

㉠ 경찰관이 도로를 순찰하던 중 벌금 미납으로 수배된 피고인과 조우(遭遇)하여 형집행장을 소지하지 아니한 채 급속을 요하여 그에게 형집행 사유와 더불어 형집행장이 발부되어 있는 사실을 고지하고 벌금 미납으로 인한 노역장 유치의 집행을 위해 구인하려 하였는데, 피고인이 이에 저항하여 그 경찰관을 폭행한 경우 공무집행방해죄가 성립한다.

㉡ 「형법」상 공무집행방해죄는 직무를 집행하는 공무원에 대하여 폭행 또는 협박한 경우에 성립하는 범죄로서 여기서의 폭행은 반드시 신체에 대한 것임을 요하지 아니하며, 또한 구체적 위험범으로서 구체적으로 직무집행의 방해라는 결과발생을 필요로 한다.

㉢ 피고인이 지구대 내에서 약 1시간 이상 경찰관에게 큰소리로 욕을 하고 의자에 드러눕거나 다른 사람들에게 시비를 걸고, 경찰관들이 피고인을 내보낸 뒤 문을 잠그자 다시 들어오기 위해 출입문을 계속해서 두드리는 등 소란을 피운 경우, 공무원에 대한 간접적인 유형력의 행사로 볼 수 있어 공무집행방해죄가 성립할 수 있다.

㉣ 피고인이 같은 장소에서 함께 출동한 경찰관들 중 먼저 경찰관 A를 폭행하고 곧이어 이를 제지하는 경찰관 B를 폭행한 경우, 위와 같이 동일한 장소에서 동일한 기회에 이루어진 폭행행위는 사회관념상 1개의 행위로 평가하는 것이 상당하므로 A와 B에 대한 공무집행방해죄는 포괄일죄의 관계에 있다.

① ㉠, ㉡
② ㉠, ㉢
③ ㉡, ㉢
④ ㉢, ㉣

> **해설**

㉠ **[O]** 사법경찰관리가 벌금형을 받은 이를 그에 따르는 노역장 유치의 집행을 위하여 구인하려면 검사로부터 발부받은 형집행장을 상대방에게 제시하여야 하지만(형사소송법 제85조 제1항), 형집행장을 소지하지 아니한 경우에 급속을 요하는 때에는 상대방에 대하여 형집행 사유와 형집행장이 발부되었음을 고하고 집행할 수 있고(형사소송법 제85조 제3항), 여기서 형집행장의 제시 없이 구인할 수 있는 '급속을 요하는 때'란 애초 사법경찰관리가 적법하게 발부된 형집행장을 소지할 여유가 없이 형집행의 상대방을 조우한 경우 등을 가리킨다. 따라서 설문의 경우 '형집행장이 발부되어 있는 사실을 고지'한 사정이 인정되므로 적법한 직무집행에 해당하여 이에 대항하여 폭행을 가한 피고인의 행위는 공무집행방해죄를 구성한다(대판 2017도9458 참조).

> 경찰관 乙이 도로를 순찰하던 중 벌금 미납으로 지명수배된 甲과 조우하게 되어 벌금 미납 사실을 고지하고 벌금납부를 유도하였으나 甲이 이를 거부하자 벌금 미납으로 인한 노역장 유치의 집행을 위하여 구인함에 있어 甲에 대하여 확정된 벌금형의 집행을 위하여 '형집행장이 이미 발부되어 있었으나 그 사실을 고지하지 않은 상태'에서 甲이 이에 저항하여 乙의 가슴을 양손으로 수차례 밀친 경우, 乙이 甲을 구인하는 과정에서 형집행장이 발부되어 있는 사실은 고지하지 않았던 사정에 비추어 乙의 위와 같은 직무집행은 위법하다(대판 2017.09.26. 2017도9458). ☞ 공무집행방해죄 불성립 (☞ 당해 사건에서는 형집행장 발부 사실을 고지하지 않은 이상 위법한 직무집행으로 보아 공무집행방해죄의 성립을 부정함)

㉡ **[X]** 형법 제136조에서 정한 공무집행방해죄는 직무를 집행하는 공무원에 대하여 폭행 또는 협박한 경우에 성립하는 범죄로서 여기서의 폭행은 사람에 대한 유형력의 행사로 족하고 반드시 그 신체에 대한 것임을 요하지 아니하며, 또한 '추상적 위험범'으로서 구체적으로 직무집행의 방해라는 결과발생을 요하지도 아니한다(대판 2018.3.29. 2017도21537).

㉢ **[O]** 피고인이 밤늦은 시각에 술에 취해 위와 같이 한참 동안 소란을 피운 행위는 그 정도에 따라 공무원에 대한 간접적인 유형력의 행사로서 형법 제136조에서 규정한 '폭행'에 해당할 여지가 있다(대판 2013.12.26. 2013도11050). ☞ 공무집행방해죄 성립

㉣ **[X]** 범죄 피해 신고를 받고 출동한 두 명의 경찰관 乙, 丙에게 욕설을 하면서 차례로 폭행을 하여 신고 처리 및 수사 업무에 관한 정당한 직무집행을 방해한 경우, 동일한 장소에서 동일한 기회에 이루어진 폭행 행위는 사회관념상 1개의 행위로 평가하는 것이 상당하다(대판 2009.6.25. 2009도3505). ☞ 두 개의 공무집행방해죄의 상상적 경합범 성립

정답 ②

29 공무집행방해죄 등에 관한 다음 설명 중 가장 적절하지 않은 것은? (다툼이 있으면 판례에 의함)

2014년 제2차 경찰

① 甲 정당 당직자인 피고인들이 국회 외교통상 상임위원회 회의장 출입문 앞에 배치되어 출입을 막고 있던 국회 경위들을 밀어내기 위해 경위들의 옷을 잡아당기거나 밀치는 등의 행위를 한 경우, 피고인들의 행위는 적법성이 결여된 직무행위를 하는 공무원에게 대항하여 한 것에 지나지 아니하여 공무집행방해죄가 성립하지 않는다.
② 피고인이 甲 시청 옆 도로의 보도에서 철야농성을 위해 천막을 설치하던 중 이를 제지하는 甲 시청 소속공무원들을 폭행한 경우, 도로관리권에 근거한 공무집행을 하는 공무원에 대하여 폭행을 가한 피고인의 행위는 공무집행방해죄를 구성한다.
③ 불법주차 단속권한이 없는 야간 당직 근무 중인 구청 소속 청원경찰에게 불법주차 단속을 요구하였으나 그 청원경찰이 현장을 확인만 하고 주간 근무자에게 전달하여 단속하겠다고 했다는 이유로 민원인이 청원경찰을 폭행한 경우, 그 민원인에게는 공무집행방해죄가 성립하지 않는다.
④ 자가용차를 운전하다가 교통사고를 낸 사람이 경찰관서에 신고함에 있어 가해차량이 자가용일 경우 피해자와 합의하는데 불리하다고 생각하여 영업용 택시를 운전하다가 사고를 내었다고 허위신고를 한 경우 위계에 의한 공무집행방해죄가 성립하지 않는다.

해설

① **[O]** 국회 경위들이 甲 정당 소속 외통위 위원들의 회의장 출입을 막은 행위는 외통위 위원장의 위법한 조치를 보조한 행위에 지나지 아니하여 역시 위법한 직무집행이다(대판 2013.6.13. 2010도13609). ☞ 공무집행방해죄 불성립
② **[O]** 도로관리권에 근거하여 적법하게 공무집행을 하는 공무원들에게 폭행 등을 가한 피고인들의 행위는 공무집행방해죄를 구성한다(대판 2014.2.27. 2013도5356).
③ **[X]** 야간 당직 근무자는 불법주차 단속권한은 없지만 민원 접수를 받아 다음날 관련 부서에 전달하여 처리하고 있으므로 불법주차 단속업무는 야간 당직 근무자들의 민원업무이자 경비업무로서 공무집행방해죄의 직무집행에 해당한다(대판 2009.1.15. 2008도9919). ☞ 공무집행방해죄 성립
④ **[O]** 이 사실만으로 공무원의 직무집행을 방해할 의사가 있었다고 단정하기 어렵다(대판 1974.12.10. 74도2841). ☞ 위계에 의한 공무집행방해죄 불성립

정답 ③

30 다음 설명 중 위계에 의한 공무집행방해죄가 성립하지 않는 경우는? (다툼이 있는 경우 판례에 의함)

2016년 법원직, 2018년 경찰 변형

① 불법체류를 이유로 강제출국 당한 중국 동포가 중국에서 이름과 생년월일을 변경한 호구부를 발급받아 중국 주재 대한민국 총영사관에 제출하여 입국사증을 받은 다음, 다시 입국하여 외국인등록증을 발급받고 귀화허가신청서를 제출한 경우
② 변호사가 접견을 핑계로 수용자를 위하여 휴대전화와 증권거래용 단말기를 구치소 내로 몰래 반입하여 이용하게 한 경우
③ 당사자가 법원에 가처분신청을 하면서 허위의 주장을 하거나 허위의 증거를 제출한 경우
④ 병역법상의 지정업체에서 산업기능요원으로 근무할 의사가 없음에도 해당 지정업체의 장과 공모하여 허위내용의 편입신청서를 제출하여 관할관청으로부터 산업기능요원 편입을 승인받고, 관할관청의 실태조사를 회피하기 위하여 허위서류를 작성·제출하는 등의 방법으로 파견근무를 신청하여 관할관청으로부터 파견근무를 승인받은 경우

해설

① **[O]** 출원인의 적극적인 위계에 의해 사증 및 외국인등록증이 발급되었던 것이므로 위계에 의한 공무집행방해죄가 성립하고, 귀화허가가 이루어지지 아니하였더라도 위 죄의 성립에 아무런 영향이 없다(대판 2011.04.28. 2010도14696). ☞ 위계에 의한 공무집행방해죄 성립
② **[O]** 통상적인 업무처리과정에서는 사실상 적발이 어려운 위계를 적극적으로 사용하여 그 업무집행을 하지 못하게 한 경우에 해당한다(대판 2005.8.25. 2005도1731). ☞ 위계에 의한 공무집행방해죄 성립
③ **[X]** 법원은 당사자의 허위 주장 및 증거 제출에도 불구하고 진실을 밝혀야 하는 것이 그 직무이므로, 가처분신청시 당사자가 허위의 주장을 하거나 허위의 증거를 제출하였다 하더라도 그것만으로 법원의 구체적이고 현실적인 어떤 직무집행이 방해되었다고 볼 수 없다.(대판 2012.04.26. 2011도17125). ☞ 위계에 의한 공무집행방해죄 불성립
④ **[O]** 이러한 파견근무의 승인 등은 관할관청의 불충분한 심사가 원인이 된 것이 아니라 출원인의 위계행위가 원인이 된 것이다(대판 2009.03.12. 2008도1321). ☞ 위계에 의한 공무집행방해죄 성립

정답 ③

31 공무집행에 관한 다음 설명 중 가장 옳지 않은 것은 모두 몇 개인가? (다툼이 있으면 판례에 의함)

2018년 법원직, 2017년 경찰 변형

㉠ 폭행·협박·위계가 아닌 방법으로 공무원이 직무상 수행하는 공무를 방해한 경우에는 공무집행방해죄는 물론 업무방해죄로도 처벌할 수 없다.
㉡ 민사소송을 제기하면서 피고의 주소를 허위로 기재하여 법원공무원으로 하여금 변론기 일소환장 등을 허위주소로 송달하게 하더라도 위계에 의한 공무집행방해죄가 성립하지 않는다.
㉢ 과속단속카메라에 촬영되더라도 불빛을 반사시켜 차량 번호판이 식별되지 않도록 하는 기능이 있는 제품(파워매직 세이퍼)을 차량 번호판에 뿌린 상태로 차량을 운행하여 교통단속 경찰공무원의 업무를 방해한 행위는 위계에 의한 공무집행방해죄를 구성한다.
㉣ 화물자동차 운송주선사업자인 피고인이 관할 행정청에 주기적으로 허가기준에 관한 사항을 신고하는 과정에서 가장납입에 의해 발급받은 허위의 예금잔액증명서를 제출하는 부정한 방법으로 허가를 받은 경우 위계에 의한 공무집행방해죄가 성립하지 않는다.
㉤ 위계에 의한 공무집행방해죄에서 공무원의 직무집행이란 법령의 위임에 따른 공무원의 적법한 공무집행인 이상 공권력의 행사를 내용으로 하는 권력적 작용뿐만 아니라 사경제주체로서의 활동을 제외한 비권력적 작용도 포함된다.

① 1개 ② 2개
③ 3개 ④ 4개

해설

㉠ [O] 형법이 업무방해죄와는 별도로 공무집행방해죄를 규정하고 있는 것은 사적 업무와 공무를 구별하여 공무에 관해서는 공무원에 대한 폭행, 협박 또는 위계의 방법으로 그 집행을 방해하는 경우에 한하여 처벌하겠다는 취지라고 보아야 한다. 따라서 공무원이 직무상 수행하는 공무를 방해하는 행위에 대해서는 업무방해죄로 의율할 수는 없다(대판 2009.11.19. 2009도4166 전원합의체).
㉡ [O] 법원공무원의 구체적이고 현실적인 어떤 직무집행을 방해한바 없어 위계에 의한 공무집행방해죄는 성립하지 않는다(대판 1977.9.13. 77도284).
㉢ [X] 통상적인 업무처리과정 하에서는 사실상 적발이 어려운 위계를 사용하여 그 업무집행을 하지 못하게 한 것이라고 보기 어렵다(대판 2010.4.15. 2007도8024). ☞ 위계에 의한 공무집행방해죄 불성립
㉣ [O] 위 신고는 행정청의 단순한 접수나 형식적 심사를 거친 수리 외에 신고에 대응한 어떠한 적극적·실질적 행정작용에 나아갈 것이 예정되어 있다고 볼 수 없을 뿐 아니라, 행정청이 신고내용의 진실성이나 첨부자료의 취지를 제대로 따져보지 않아 추가 조사를 통한 적정한 관리감독권의 행사에 나아가지 않았더라도 이를 신고인의 위계에 의한 방해의 결과로 볼 수 없어 위계에 의한 공무집행방해죄가 성립한다고 볼 수 없다(대판 2011.08.25. 2010도7033).
㉤ [X] 감척어선 입찰자격이 없는 자가 제3자와 공모하여 제3자의 대리인 자격으로 제3자 명의로 입찰에 참가하고, 낙찰받은 후 자신의 자금으로 낙찰대금을 지급하여 감척어선에 대한 실질적 소유권을 취득한 경우(대판 2003.12.26. 2001도6349). ☞ 비권력적 작용에 해당하는 입찰의 경우에도 위계에 의한 공무집행방해죄 성립을 인정

정답 ②

32 공무상비밀표시무효죄등에 관한 설명 중 틀린 것은? (다수설 및 판례에 의함) 2005년 법원행시

① 공무원이 실시한 봉인 등의 표시에 절차상 또는 실체상의 하자가 있으나 객관적·일반적으로 그것이 공무원이 그 직무에 관하여 실시한 봉인 등으로 인정할 수 있는 상태에 있는 경우, 공무상표시무효죄의 객체가 된다.
② 점유이전금지가처분 채권자는 가처분 채무자로부터 점유를 이전받은 제3자를 상대로 본안판결에 대한 승계집행문을 부여받아 가처분의 피보전권리를 실현할 수 있으므로 피고인이 점유이전금지가처분을 받아 그 고시문이 건물에 부착된 이후에 제3자로 하여금 영업을 할 수 있도록 무상으로 사용케 하였더라도 공무상표시무효죄가 성립하지 아니한다.
③ 채무자가 불가피한 사정으로 집행관의 승인은 얻지 못한 가운데 채권자의 승낙만을 얻어 압류물을 이동시켰다면 공무상표시무효죄가 성립하지 않는다.
④ 부동산강제집행효용침해죄의 객체인 강제집행으로 명도 또는 인도된 부동산에는 강제집행으로 퇴거집행된 부동산을 포함한다.
⑤ 공무상표시무효죄가 성립하기 위하여는 행위 당시에 강제처분의 표시가 현존할 것을 요한다.

해설

① [O] 대판 2001.1.16. 2000도1757
② [X] 이 사건 건물에 관하여 가처분결정 정본에 의하여 이를 집달리의 점유보관으로 하는 가처분의 집행이 되고 피고인등 피신청인은 위 건물의 점유이전 기타 일체의 처분을 하여서는 안된다는 등의 공시판을 붙이고 그 뜻을 피고인에게 고지하였는데 피고인은 방 2칸을 공소외인에게 빌려주어 입주케 하였다는 것이니 이는 집달리 대리의 가처분 집행한 강제처분의 표시의 효용을 해한 것이라고 할 것이다(대판 1972.9.12. 72도1441).
③ [O] 채권자의 승낙을 얻었다면 공무상표시무효죄는 성립하지 않는다(대판 2004.7.9. 2004도3029).
④ [O] 甲이 지상주차장을 운영하다가 법원의 강제집행으로 퇴거집행이 된 후 다시 그 지상주차장에 침입한 경우, 부동산강제집행효용침해죄의 객체인 강제집행으로 명도 또는 인도된 부동산에는 강제집행으로 퇴거집행된 부동산을 포함한다(대판 2003.5.13. 2001도3212). ☞ 부동산강제집행효용침해죄 성립
⑤ [O] 대판 1997.3.11. 96도2801

정답 ②

33 공무상비밀표시무효죄에 관한 다음 설명 중 가장 틀린 것은? (판례에 의함) 2008년 법원행시

① 가처분의 채무자가 아닌 제3자가 가처분상의 부작위 명령을 위반한 것은 가처분집행 표시의 효용을 해한 행위에 해당하지 아니한다.
② 공무원이 직권을 남용하여 위법하게 실시한 봉인 또는 압류 기타 강제처분의 표시임이 명백하여 법률상 당연무효라고 볼 수 있는 경우에는 그 봉인 등의 표시는 공무상표시무효죄의 객체가 되지 아니하여 이를 손상 또는 은닉하거나 기타 방법으로 그 효용을 해한다 하더라도 공무상표시무효죄가 성립하지 아니한다.
③ 압류물을 집행관의 승인 없이 임의로 그 관할구역 밖으로 옮긴 경우에는 압류집행의 효용을 해하게 된다고 할 것이므로 공무상비밀표시무효죄가 성립한다.
④ 집행관이 채무자 겸 소유자의 건물에 대한 점유를 해제하고 이를 채권자에게 인도한 후 채무자의 출입을 봉쇄하기 위하여 출입문을 판자로 막아둔 것을 채무자가 이를 뜯어내고 그 건물에 들어갔다면 집행의 효용을 해하는 것으로서 공무상표시무효죄에 해당한다.

해설

① (O) 대판 2007.11.16. 2007도5539
② (O) 대판 2001.1.16. 2000도1757
③ (O) 대판 1992.5.26. 91도894
④ (X) 이는 강제집행이 완결된 후의 행위로서 채권자들의 점유를 침범하는 것은 별론으로 하고 공무상표시무효죄에 해당하지는 않는다(대판 1985.7.23. 85도1092).

정답 ④

34. 도주와 범인은닉의 죄에 관한 다음 설명 중 가장 옳은 것은? (다툼이 있는 경우 판례에 의함)

2013년 경찰승진, 2016년 경찰 변형

① 형법 제151조 제2항은 친족 또는 동거의 가족이 본인을 위하여 전항의 죄를 범한 때에는 처벌하지 아니한다고 규정하고 있는데 여기서 말하는 친족에는 사실혼관계에 있는 자도 포함된다.

② 범인도피죄에 있어서 '죄를 범한 자'라 함은 범죄의 혐의를 받아 수사 대상이 되어 있는 자도 포함되므로 그가 나중에 혐의없음 처분을 받거나 무죄판결을 선고받은 경우에도 성립에 영향이 없으나 아직 수사기관에 포착되지 않아 수사대상이 되어 있지 않은 자는 포함되지 아니한다.

③ 범인이 기소중지자임을 알고도 범인의 부탁으로 다른 사람의 명의로 대신 임대차계약을 체결해 준 경우, 비록 임대차계약서가 공시되는 것은 아니라 하더라도 수사기관이 탐문수사나 신고를 받아 범인을 발견하고 체포하는 것을 곤란하게 하여 범인도피죄에 해당한다.

④ 도주죄의 범인이 도주행위를 하여 기수에 이르른 이후에 범인의 도피를 도와주는 행위는 도주원조죄에 해당할 수 있을 뿐 범인도피죄에는 해당하지 않는다.

해설

① **[X]** 사실혼관계에 있는 자는 민법 소정의 친족이라 할 수 없어 위 조항에서 말하는 친족에 해당하지 않는다(대판 2003.12.12. 2003도4533).

② **[X]** 형법 제151조 제1항의 이른바, 죄를 범한 자라 함은 범죄의 혐의를 받아 수사대상이 되어 있는 자를 포함하며, 나아가 벌금 이상의 형에 해당하는 죄를 범한 자라는 것을 인식하면서도 도피하게 한 경우에는 그 자가 당시에는 아직 수사대상이 되어 있지 않았다고 하더라도 범인도피죄가 성립한다(대판 2003.12.12. 2003도4533).

③ **[O]** 대판 2004.3.26. 2003도8226

④ **[X]** 도주죄는 즉시범으로서 범인이 간수자의 실력적 지배를 이탈한 상태에 이르렀을 때에 기수가 되어 도주행위가 종료하는 것이고, 도주원조죄는 도주죄에 있어서의 범인의 도주행위를 야기시키거나 이를 용이하게 하는 등 그와 공범관계에 있는 행위를 독립된 구성요건으로 하는 범죄이므로, 도주죄의 범인이 도주행위를 하여 기수에 이르른 이후에 범인의 도피를 도와주는 행위는 범인도피죄에 해당할 수 있을 뿐 도주원조죄에는 해당하지 아니한다(대판 1991.10.11. 91도1656).

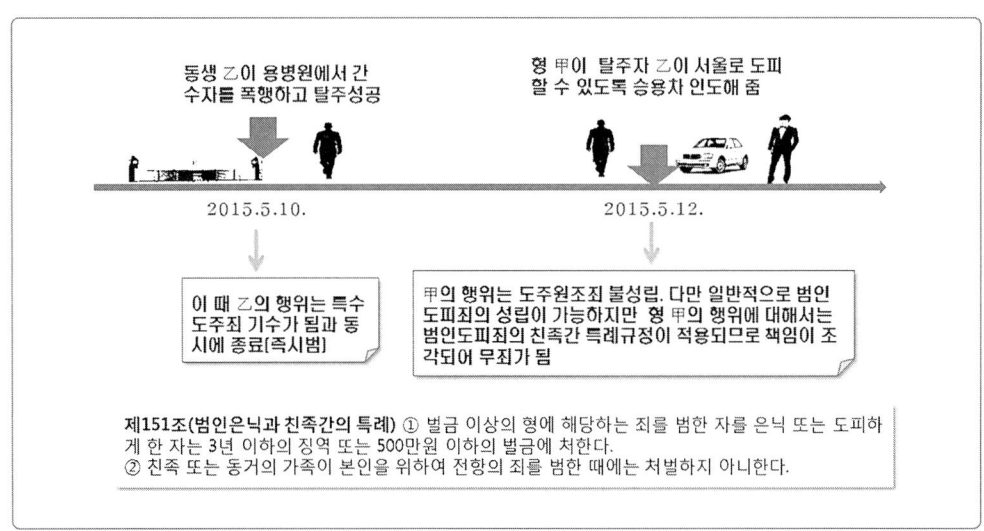

제151조(범인은닉과 친족간의 특례) ① 벌금 이상의 형에 해당하는 죄를 범한 자를 은닉 또는 도피하게 한 자는 3년 이하의 징역 또는 500만원 이하의 벌금에 처한다.
② 친족 또는 동거의 가족이 본인을 위하여 전항의 죄를 범한 때에는 처벌하지 아니한다.

정답 ③

35 범인은닉죄와 범인도피죄에 관한 다음 설명 중 가장 옳지 않은 것은? (다툼이 있는 경우 판례에 의함)

2016년 법원직

① 범인 아닌 자가 수사기관에 범인임을 자처하고 허위사실을 진술하여 진범의 체포와 발견에 지장을 초래하게 한 행위는 범인은닉죄 또는 범인도피죄에 해당한다.
② 참고인이 수사기관에서 범인에 관하여 조사를 받으면서 그가 알고 있는 사실을 묵비하거나 허위로 진술하였다고 하더라도, 그것이 적극적으로 수사기관을 기만하여 착오에 빠지게 함으로써 범인의 발견 또는 체포를 곤란 내지 불가능하게 할 정도가 아닌 한 범인도피죄를 구성하지 않고, 이러한 법리는 피의자가 수사기관에서 공범에 관하여 묵비하거나 허위로 진술한 경우에도 그대로 적용된다.
③ 범인도피죄는 범인을 도피하게 함으로써 기수에 이르지만, 범인도피행위가 계속되는 동안에는 범죄행위도 계속되고 행위가 끝날 때 비로소 범죄행위가 종료되므로, 공범자의 범인도피행위 도중에 그 범행을 인식하면서 그와 공동의 범의를 가지고 기왕의 범인도피상태를 이용하여 스스로 범인도피행위를 계속한 경우에는 범인도피죄의 공동정범이 성립한다.
④ 범인이 자신을 위하여 타인으로 하여금 허위의 자백을 하게 하여 범인도피죄를 범하게 하는 행위는 방어권의 남용으로 범인도피교사죄에 해당하나, 이 경우 그 타인이 형법 제151조 제2항에 의하여 처벌을 받지 아니하는 친족 또는 동거의 가족에 해당하는 경우에는 범인도피교사죄에 해당하지 않는다.

해설

① **(O)** 대판 1996.06.14. 96도1016 등
② **(O)** 대판 2013.01.10. 2012도13999
③ **(O)** 공범자의 범인도피행위 도중에 그 범행을 인식하면서 그와 공동의 범의를 가지고 기왕의 범인도피상태를 이용하여 스스로 범인도피행위를 계속한 경우에는 범인도피죄의 공동정범이 성립하고, 이는 공범자의 범행을 방조한 종범의 경우도 마찬가지이다(대판 2012.08.30. 2012도6027).
④ **(X)** 무면허 운전으로 사고를 낸 사람이 동생을 경찰서에 대신 출두시켜 피의자로 조사받도록 한 행위는 범인도피교사죄를 구성한다(대판 2006.12.07. 2005도3707).

정답 ④

36 범인도피죄에 관한 다음 설명 중 가장 옳지 않은 것은? (다툼이 있으면 판례에 의함) 2018년 법원직

① 범인 스스로 도피하는 행위는 처벌되지 않으므로 범인이 도피를 위하여 타인에게 도움을 요청하였고 실제 그 타인이 범인도피에 도움을 주었다 하더라도 타인에게 도움을 요청한 행위가 통상적 도피행위의 범주에 속하는 한 범인도피교사죄는 성립하지 않는다.
② 공범자의 범인도피행위의 도중에 그 범행을 인식하면서 그와 공동의 범의를 가지고 기왕의 범인도피상태를 이용하여 스스로 범인도피행위를 계속한 경우에는 범인도피죄의 공동정범이 성립한다.
③ 피의자가 사실은 게임장·오락실·피씨방 등의 실제업주가 아니라 그 종업원임에도 불구하고 자신이 실제업주라고 허위로 진술하였다고 하더라도 그 자체만으로 범인도피죄를 구성하는 것은 아니다.
④ 신원보증인이 수사기관에 대하여 피의자의 신분, 직업, 주거 등을 보증하고 향후 수사기관이나 법원의 출석요구에 사실상 협조하겠다는 의사를 표시한 신원보증서에 피의자의 인적 사항을 허위로 기재하여 제출한 행위는 범인도피죄를 구성한다.

해설

① [O] 벌금 이상의 형에 해당하는 죄를 범하고 도피 중이던 甲이 후배 乙에게 자동차를 이용하여 원하는 목적지로 이동시켜 달라고 요구하거나 속칭 '대포폰'을 구해 달라고 부탁함으로써 乙로 하여금 甲의 요청에 응하도록 한 경우, 甲의 이러한 행위는 형사사법에 중대한 장애를 초래한다고 보기 어려운 통상적 도피의 한 유형으로 볼 여지가 충분하다(대판 2014.4.10. 2013도12079). ☞ 범인도피교사죄 불성립
② [O] 대판 2012.8.30. 2012도6027
③ [O] [1] 게임산업진흥에 관한 법률 위반 혐의로 수사기관에서 조사받는 피의자가 사실은 게임장·오락실·피씨방 등의 실제 업주가 아님에도 불구하고 자신이 실제 업주라고 허위로 진술하였다고 하더라도 그 자체만으로 범인도피죄를 구성하는 것은 아니다.
[2] 다만, 그 피의자가 실제 업주로부터 금전적 이익 등을 제공받기로 하고 단속이 되면 실제 업주를 숨기고 자신이 대신하여 처벌받기로 하는 역할(이른바 바지사장)을 맡기로 하는 등 수사기관을 착오에 빠뜨리기로 하고, 단순히 실제 업주라고 진술하는 것에서 나아가 게임장 등의 운영 경위, 자금 출처, 게임기 등의 구입 경위, 점포의 임대차계약 체결 경위 등에 관해서까지 적극적으로 허위로 진술하거나 허위 자료를 제시하여 그 결과 수사기관이 실제 업주를 발견 또는 체포하는 것이 곤란 내지 불가능하게 될 정도에까지 이른 것으로 평가되는 경우 등에는 범인도피죄를 구성할 수 있다(대판 2010.2.11. 2009도12164).
④ [X] 신원보증서를 작성하여 수사기관에 제출하는 보증인이 피의자의 인적 사항을 허위로 기재하였다고 하더라도, 그로써 적극적으로 수사기관을 기망한 결과 피의자를 석방하게 하였다는 등 특별한 사정이 없는 한, 그 행위만으로 범인도피죄가 성립되지 않는다(대판 2003.2.14. 2002도5374).

정답 ④

37 범인은닉·도피죄에 관한 설명으로 가장 적절하지 않은 것은? (다툼이 있는 경우 판례에 의함)

2020년 제1차 경찰

① 주점 개업식날 찾아 온 범인에게 '도망 다니면서 이렇게 와 주니 고맙다. 항상 몸조심하고 주의하여 다녀라. 열심히 살면서 건강에 조심해라'고 말한 것은 단순히 안부를 묻거나 통상적인 인사말에 불과하므로 범인도피죄에 해당하지 않는다.
② 범인이 타인으로 하여금 허위의 자백을 하게 하는 등으로 범인도피죄를 범하게 하는 경우와 같이 그것이 방어권의 남용으로 볼 수 있을 때에는 범인도피교사죄에 해당할 수 있다.
③ 범인도피죄는 그 자체로 도피시키는 것을 직접적인 목적으로 하였다고 보기 어려운 행위를 한 결과 간접적으로 범인이 안심하여 도피할 수 있게 한 경우도 포함된다.
④ 범인도피죄는 범인을 도피하게 함으로써 기수에 이르지만 범인 도피행위가 계속되는 동안에는 범죄행위도 계속되고 행위가 끝날 때 비로소 범죄행위가 종료되며, 공범자의 범인도피행위 도중에 그 범행을 인식하면서 그와 공동의 범의를 가지고 기왕의 범인도피상태를 이용하여 스스로 범인도피행위를 계속한 자에 대하여는 범인도피죄의 공동정범이 성립한다.

해설

① [O] 안부나 인사말에 불과하여 범인을 직접적으로 도피시키는 행위를 하였다고 볼 수 없다(대판 1992.6.12. 92도736).
② [O] 방어권의 행사에 해당하는 것이 아니라, 방어권의 남용에 해당하므로 범인도피교사죄에 해당한다(대판 2014.4.10. 2013도12079).
③ [X] 범인도피죄에서 '도피하게 하는 행위'는 은닉 이외의 방법으로 범인에 대한 수사, 재판 및 형의 집행 등 형사사법의 작용을 곤란 또는 불가능하게 하는 일체의 행위를 말하는 것으로서, 직접 범인을 도피시키는 행위 또는 도피를 직접적으로 용이하게 하는 행위에 한정된다. 그 자체로는 도피시키는 것을 직접적인 목적으로 하였다고 보기 어려운 어떤 행위의 결과 간접적으로 범인이 안심하고 도피할 수 있게 한 경우까지 포함하는 것은 아니다(대판 2008.12.24. 2007도11137).

> 신원보증서를 작성하여 수사기관에 제출하는 보증인이 피의자의 인적 사항을 허위로 기재한 경우, 수사절차에서 작성되는 신원보증서는 체포된 피의자 석방의 필수적인 요건이거나 어떠한 법적 효력이 있는 것은 아니고, 다만 피의사건이 비교적 경미한 경우 피의자와 일정한 관계에 있는 신원보증인이 수사기관에 대하여 피의자의 신분, 직업, 주거 등을 보증하고 향후 수사기관이나 법원의 출석요구에 사실상 협조하겠다는 의사를 표시하는 것으로서 피의자나 신원보증인에게 심리적인 부담을 줌으로써 수사기관이나 재판정에의 출석 또는 형 집행 등 형사사법절차상의 편의를 도모하는 것에 불과하여 보증인에게 법적으로 진실한 서류를 작성·제출할 의무가 부과된 것은 아니므로, 그로써 적극적으로 수사기관을 기망한 결과 피의자를 석방하게 하였다는 등 특별한 사정이 없는 한, 그 행위만으로 범인도피죄가 성립되지 않는다(대판 2003.2.14. 2002도5374). ☞ 범인도피죄 불성립

④ [O] 범인도피죄는 범인을 도피하게 함으로써 기수에 이르지만, 범인도피행위가 계속되는 동안에는 범죄행위도 계속되고 행위가 끝날 때 비로소 범죄행위가 종료된다. 따라서 공범자의 범인도피행위 도중에 그 범행을 인식하면서 그와 공동의 범의를 가지고 기왕의 범인도피상태를 이용하여 스스로 범인도피행위를 계속한 경우에는 범인도피죄의 공동정범이 성립하고, 이는 공범자의 범행을 방조한 종범의 경우도 마찬가지이다(대판 2012.8.30. 2012도6027).

정답 ③

38 국가의 기능에 대한 죄에 관한 설명으로 가장 적절하지 않은 것은? (다툼이 있는 경우 판례에 의함)

2022년 제1차 경찰

① 범인도피죄는 타인을 도피하게 하는 경우에 성립할 수 있고 여기에서 타인에는 공범도 포함되므로, 공범 중 1인이 그 범행에 관한 수사절차에서 참고인 또는 피의자로 조사받으면서 자기의 범행을 구성하는 사실관계에 관하여 허위로 진술하고 허위 자료를 제출하는 행위가 다른 공범을 도피하게 하는 결과가 되는 경우 범인도피죄가 성립할 수 있다.
② 피의자 등이 적극적으로 허위의 증거를 조작하여 제출하고 그 증거 조작의 결과 수사기관이 그 진위에 관하여 나름대로 충실한 수사를 하더라도 제출된 증거가 허위임을 발견하지 못할 정도에 이르렀다면, 이는 위계에 의하여 수사기관의 수사행위를 적극적으로 방해한 것으로서 위계공무집행방해죄가 성립된다.
③ 사실의 증명을 위해 작성된 문서가 그 사실에 관한 내용이나 작성명의 등에 아무런 허위가 없다면 증거위조죄에서의 '증거 위조'에 해당한다고 볼 수 없는 것이고, 설령 사실증명에 관한 문서가 형사사건 또는 징계사건에서 허위의 주장에 관한 증거로 제출되어 그 주장을 뒷받침하게 되더라도 마찬가지이다.
④ 경찰공무원이 지명수배 중인 범인을 발견하고도 직무상 의무에 따른 적절한 조치를 취하지 아니하고 오히려 범인을 도피하게 하는 행위를 한 경우, 범인도피죄만이 성립하고 직무유기죄는 따로 성립하지 아니한다.

해설

① **(X)** 공범 중 1인이 그 범행에 관한 수사절차에서 참고인 또는 피의자로 조사받으면서 자기의 범행을 구성하는 사실관계에 관하여 허위로 진술하고 허위 자료를 제출하는 것은 자신의 범행에 대한 방어권 행사의 범위를 벗어난 것으로 볼 수 없다. 이러한 행위가 다른 공범을 도피하게 하는 결과가 된다고 하더라도 범인도피죄로 처벌할 수 없다. 이때 공범이 이러한 행위를 교사하였더라도 범죄가 될 수 없는 행위를 교사한 것에 불과하여 범인도피교사죄가 성립하지 않는다(대판 2018.8.1. 2015도20396).
② **(O)** 대판 2011.2.10. 2010도15986 등
③ **(O)** [1] 형법 제155조 제1항은 타인의 형사사건 또는 징계사건에 관한 증거를 인멸, 은닉, 위조 또는 변조하거나 위조 또는 변조한 증거를 사용한 자를 처벌하고, 여기서의 '위조'란 문서에 관한 죄의 위조 개념과는 달리 새로운 증거의 창조를 의미한다. 그러나 사실의 증명을 위해 작성된 문서가 그 사실에 관한 내용이나 작성명의 등에 아무런 허위가 없다면 '증거위조'에 해당한다고 볼 수 없다. 설령 사실증명에 관한 문서가 형사사건 또는 징계사건에서 허위의 주장에 관한 증거로 제출되어 그 주장을 뒷받침하게 되더라도 마찬가지이다.
[2] 변호인인 甲이 알선의 대가로 교부받은 금원을 모두 반환한 자료를 법원에 제출함으로써 양형에서 유리한 판단을 받고자, 의뢰인 측 은행계좌에서 A 측 은행계좌에 수차례에 걸쳐 금원을 송금하고 다시 돌려받는 과정을 반복한 후 금융거래 자료 중 A 측에 대한 송금자료만을 양형자료로 제출한 경우, 증거위조죄 및 위조증거사용죄가 성립하지 않는다(대판 2021.1.28. 2020도2642).
④ **(O)** 경찰공무원이 지명수배 중인 범인을 발견하고도 직무상 의무에 따른 적절한 조치를 취하지 아니하고 오히려 범인을 도피하게 하는 행위를 하였다면, 그 직무위배의 위법상태는 범인도피행위 속에 포함되어 있다고 보아야 할 것이므로, 이와 같은 경우에는 작위범인 범인도피죄만이 성립하고 부작위범인 직무유기죄는 따로 성립하지 아니한다(대판 2017.3.15. 2015도1456).

정답 ①

39 범인도피죄에 대한 설명 중 옳은 것만을 모두 고른 것은? (다툼이 있는 경우 판례에 의함)

2021년 경찰간부

가. 범인 아닌 자가 수사기관에서 범인임을 자처하고 허위사실을 진술하여 진범의 체포와 발견에 지장을 초래하게 한 행위는 범인은닉죄에 해당한다.

나. 범인이 기소중지자임을 알고도 그의 부탁으로 다른 사람의 명의로 대신 임대차계약을 체결해 주는 데 그친 행위는 범인도피죄에 해당하지 않는다.

다. 폭행사건 현장의 참고인이 출동한 경찰관에게 범인의 이름 대신 허무인의 이름을 대면서 구체적인 인적사항에 대한 언급을 피한 경우 범인도피죄가 성립하지 않는다.

라. 참고인이 수사기관에서 진범이 아닐지 모른다고 생각하면서도 특정인을 범인으로 지목하는 허위진술을 하여 그 사람이 구속됨으로써 실제 범인이 용이하게 도피하는 결과를 초래한 경우, 그 참고인을 범인도피죄로 처벌할 수 있다.

마. 범인이 자신을 위하여 타인으로 하여금 허위자백을 하게 하여 범인도피죄를 범하게 하는 행위는 방어권 남용으로 범인도피교사죄에 해당하는바, 그 타인이 「형법」 제151조 제2항에 의하여 처벌을 받지 아니하는 친족에 해당한다 하여 달리 볼 것은 아니다.

① 가, 나, 다
② 가, 다, 마
③ 가, 라, 마
④ 나, 라, 마

해설

가. **(O)** 대판 2000.11.24. 2000도4078 등

나. **(X)** 비록 임대차계약서가 공시되는 것은 아니라 하더라도 수사기관이 탐문수사나 신고를 받아 범인을 발견하고 체포하는 것을 곤란하게 한 경우에 해당한다(대판 2004.3.26. 2003도8226). ☞ 범인도피죄 성립

다. **(O)** [1] 원래 수사기관은 범죄사건을 수사함에 있어서 피의자나 참고인의 진술 여하에 불구하고, 피의자를 확정하고 그 피의사실을 인정할 만한 객관적인 제반 증거를 수집·조사하여야 할 권리와 의무가 있는 것이므로, 참고인이 수사기관에서 범인에 관하여 조사를 받으면서 그가 알고 있는 사실을 '묵비하거나 허위로 진술'하였다고 하더라도, 그것이 적극적으로 수사기관을 기만하여 착오에 빠지게 함으로써 범인의 발견 또는 체포를 곤란 내지 불가능하게 할 정도의 것이 아니라면 범인도피죄를 구성하지 않는다.
[2] 피고인이 피해자를 폭행한 사람의 인적사항을 묻는 경찰관의 질문에 답하면서, 단순히 '이언중'이라고 허무인의 이름을 진술하고 구체적인 인적사항에 대하여는 모른다고 진술하는데 그쳤을 뿐이라면 이를 가리켜 적극적으로 수사기관을 기만하여 착오에 빠지게 함으로써 범인의 발견 또는 체포를 곤란 내지 불가능하게 할 정도의 것이라고 할 수 없다(대판 2008.6.26. 2008도10559). ☞ 범인도피죄 불성립

라. **(X)** 그것만으로는 그 참고인에게 적극적으로 실제의 범인을 도피시켜 국가의 형사사법의 작용을 곤란하게 할 의사가 있었다고 볼 수 없다(대판 1997.9.9. 97도1596). ☞ 범인도피죄 불성립

마. **(O)** [1] 범인이 자신을 위하여 타인으로 하여금 허위의 자백을 하게 하여 범인도피죄를 범하게 하는 행위는 방어권의 남용으로 범인도피교사죄에 해당하는바, 이 경우 그 타인이 형법 제151조 제2항에 의하여 처벌을 받지 아니하는 친족, 호주 또는 동거 가족에 해당한다 하여 달리 볼 것은 아니다.
[2] 무면허 운전으로 사고를 낸 사람이 동생을 경찰서에 대신 출두시켜 피의자로 조사받도록 한 행위는 범인도피교사죄를 구성한다(대판 2006.12.7. 2005도3707).

정답 ②

40   위증과 증거인멸의 죄에 관한 설명 중 옳은 것은 모두 몇 개인가? (판례에 의함)

2011년 법원행시, 2008년 경찰 변형

㉠ 형법 제155조 제1항의 증거위조죄에서 '증거'라 함은 타인의 형사사건 또는 징계사건에 관하여 수사기관이나 법원 또는 징계기관이 국가의 형벌권 또는 징계권의 유무를 확인하는 데 관계있다고 인정되는 일체의 자료를 의미하고, 타인에게 유리한 것이건 불리한 것이건 가리지 아니하며 또 증거가치의 유무 및 정도를 불문하는 것이다.

㉡ 형법 제155조 제1항의 증거위조죄에서 '위조'란 문서에 관한 죄에 있어서의 위조 개념과는 달리 새로운 증거의 창조를 의미하는 것이므로 존재하지 아니한 증거를 이전부터 존재하고 있는 것처럼 작출하는 행위도 증거위조에 해당하며, 증거가 문서의 형식을 갖는 경우 증거위조죄에 있어서의 증거에 해당하는지 여부가 그 작성권한의 유무나 내용의 진실성에 좌우되는 것은 아니다.

㉢ 형법 제155조 제1항에서 말하는 '징계사건'이란 국가의 징계사건에 한정되는 것이 아니라 사인간의 징계사건도 포함한다.

㉣ 선서무능력자로서 범죄 현장을 목격하지도 못한 사람으로 하여금 형사법정에서 범죄 현장을 목격한 양 허위의 증언을 하도록 하는 것은 증거위조죄를 구성하지 아니한다 할 것이다.

㉤ 피고인 자신이 직접 형사처분이나 징계처분을 받게 될 것을 두려워한 나머지 자기이익을 위하여 증거가 될 자료를 인멸하였는데 그 행위가 동시에 다른 공범자의 형사사건이나 징계사건에 관한 증거를 인멸한 결과가 된다 하더라도 이는 증거인멸죄가 성립한다.

① 1개
② 2개
③ 3개
④ 4개

해설

㉠ **[O]** 대판 2007.6.28. 2002도3600
㉡ **[O]** 대판 2007.6.28. 2002도3600
㉢ **[X]** 증거인멸등죄는 위증죄와 마찬가지로 국가의 형사사법작용 내지 징계작용을 그 보호법익으로 하므로, 위 법조문에서 말하는 '징계사건'이란 국가의 징계사건에 한정되고 사인 간의 징계사건은 포함되지 않는다(대판 2007.11.30. 2007도4191).
㉣ **[O]** 대판 1998.2.10. 97도2961
㉤ **[X]** 증거인멸죄는 타인의 형사사건 또는 징계사건에 관한 증거를 인멸하는 경우에 성립하는 것이므로 피고인 자신이 직접 형사처분이나 징계처분을 받게 될 것을 두려워한 나머지 자기의 이익을 위하여 증거자료를 인멸한 행위가 동시에 다른 공범자의 형사사건이나 징계사건에 관한 증거를 인멸한 결과가 된다고 하더라도 피고인을 증거인멸죄로 다스릴 수는 없다(대판 1976.6.22. 75도1446).

정답 ③

41. 증거인멸의 죄에 대한 설명 중 옳은 것은 모두 몇 개인가? (다툼이 있는 경우 판례에 의함)

2021년 경찰간부

가. 「형법」 제155조 제1항의 증거인멸등죄에서 말하는 '징계사건'에는 국가의 징계사건은 물론 사인간의 징계사건도 포함된다.

나. 「형법」 제155조 제1항에서 타인의 형사사건에 관한 증거를 위조한다 함은, 증거 자체를 위조하는 것뿐 아니라 널리 참고인이 수사기관에서 허위의 진술을 하는 것까지를 포함하는 개념으로 보아야 한다.

다. 「형법」 제155조 제1항의 증거위조죄에서 '타인의 형사사건'이란 증거위조 행위시에 아직 수사절차가 개시되기 전이라도 장차 형사사건이 될 수 있는 것까지 포함하지만, 이후 그 형사사건이 기소되지 아니하거나 무죄가 선고된 경우 증거 위조죄는 성립하지 않는다.

라. 「형법」 제155조 제3항의 모해목적 증거인멸등죄에서 '피의자'라고 하기 위해서는 수사기관에 의하여 수사가 개시되어 있을 것을 필요로 하고, 그 이전의 단계에서는 장차 형사입건될 가능성이 크다고 하더라도 피의자에 해당한다고 볼 수는 없다.

① 1개
② 2개
③ 3개
④ 4개

해설

가. **[X]** 형법 제155조 제1항은 '타인의 형사사건 또는 징계사건에 관한 증거를 인멸, 은닉, 위조 또는 변조하거나 위조 또는 변조한 증거를 사용한 자'를 처벌한다고 규정하고 있는바, 증거인멸 등 죄는 위증죄와 마찬가지로 국가의 형사사법작용 내지 징계작용을 그 보호법익으로 하므로, 위 법조문에서 말하는 '징계사건'이란 국가의 징계사건에 한정되고 사인(私人) 간의 징계사건은 포함되지 않는다(대판 2007.11.30. 2007도4190).

나. **[X]** [1] 타인의 형사사건 등에 관한 증거를 위조한다 함은 증거 자체를 위조함을 말하는 것이고, 참고인이 수사기관에서 허위의 진술을 하는 것은 여기에 포함되지 않는다.
[2] 한편 참고인이 타인의 형사사건 등에서 직접 진술 또는 증언하는 것을 대신하거나 그 진술 등에 앞서서 허위의 사실확인서나 진술서를 작성하여 수사기관 등에 제출하거나 또는 제3자에게 교부하여 제3자가 이를 제출한 것은 존재하지 않는 문서를 이전부터 존재하고 있는 것처럼 작출하는 등의 방법으로 새로운 증거를 창조한 것이 아닐뿐더러, 참고인이 수사기관에서 허위의 진술을 하는 것과 차이가 없으므로, 증거위조죄를 구성하지 않는다고 할 것이다(대판 2011.7.28. 2010도2244).

다. **[X]** 형법 제155조 제1항의 증거위조죄에서 타인의 형사사건이란 증거위조 행위시에 아직 수사절차가 개시되기 전이라도 장차 형사사건이 될 수 있는 것까지 포함하고, 그 형사사건이 기소되지 아니하거나 무죄가 선고되더라도 증거위조죄의 성립에 영향이 없다(대판 2011.2.10. 2010도15986).

라. **[O]** 형법 제155조 제1항은 "타인의 형사사건 또는 징계사건에 관한 증거를 인멸, 은닉, 위조 또는 변조하거나 위조 또는 변조한 증거를 사용한 자는 5년 이하의 징역 또는 700만 원 이하의 벌금에 처한다"고 하고, 그 제3항은 "피고인, 피의자 또는 징계혐의자를 모해할 목적으로 제1항의 죄를 범한 자는 10년 이하의 징역에 처한다"고 규정하고 있는바, 그 문언 내용 및 입법 목적과 형벌법규 엄격해석의 원칙 등에 비추어 보면 형법 제155조 제3항에서 말하는 '피의자'라고 하기 위해서는 수사기관에 의하여 범죄의 인지 등으로 수사가 개시되어 있을 것을 필요로 하고, 그 이전의 단계에서는 장차 형사입건될 가능성이 크다고 하더라도 그러한 사정만으로 '피의자'에 해당한다고 볼 수는 없다(대판 2010.6.24. 2008도12127).

정답 ①

42. 위증과 증거인멸의 죄에 대한 설명으로 가장 적절하지 않은 것은? (다툼이 있는 경우 판례에 의함)

2018년 제3차 경찰

① 자신의 강도범행을 일관되게 부인하였으나 법원으로부터 유죄판결이 확정된 피고인이 별건으로 기소된 공범의 형사사건에서 선서 후 범행사실을 부인하는 증언을 하였다면, 피고인에게 사실대로 진술할 것이라는 기대가능성이 있으므로 위증죄가 성립한다.
② 피고인이 자기의 형사사건에 관하여 타인을 교사하여 위증죄를 범하게 하였더라도, 이러한 피고인의 행위는 방어권의 정당한 행사로 위증죄의 교사범이 성립하지 않는다.
③ 선서한 증인이 자기의 기억에 반하는 증언을 하였다면, 그 증언 내용이 객관적 사실과 부합한다 하더라도 위증죄가 성립한다.
④ 증거은닉죄에 있어서 '타인의 형사사건 또는 징계사건'에는 이미 수사가 개시되거나 징계절차가 개시된 사건만이 아니라 수사 또는 징계절차 개시 전이라도 장차 형사사건 또는 징계사건이 될 수 있는 사건도 포함된다.

해설

① [O] 대판 2008.10.23. 2005도10101
② [X] 자기의 형사사건에 관하여 타인을 교사하여 위증죄를 범하게 한 경우, 방어권을 남용하는 것이라고 할 것이다(대판 2004.1.27. 2003도5114). ☞ 위증교사죄 성립
③ [O] 위증죄에 있어서의 허위의 공술이란 증인이 자기의 (주관적) 기억에 반하는 사실을 진술하는 것을 말하는 것으로서 그 내용이 객관적 사실과 부합한다고 하여도 위증죄의 성립에 장애가 되지 않는다(대판 1989.1.17. 88도580).
④ [O] 대판 2003.12.12. 2003도4533

정답 ②

43 다음 위증죄에 관한 설명 중 가장 옳지 않은 것은? (다툼이 있으면 판례에 의함)   2014년 법원직

① 심문절차로 진행되는 가처분 신청사건에서는 증인으로 선서를 하고 허위 진술을 하였다 하더라도 위증죄로 처벌받지 않는다.
② 선서한 증인이 기억에 반하는 허위의 진술을 하면 그 신문이 끝나기 전에 그 진술을 철회·시정하더라도 위증죄의 성립에 지장이 없다.
③ 증언내용이 요증사실이 아니고 지엽적인 사항에 관한 것이어서 판결결과에 영향을 미치지 아니한 경우에도 위증죄가 성립한다.
④ 증인이 기억에 반하는 진술을 한 경우 그 내용이 객관적 사실과 부합한다 하더라도 위증죄가 성립한다.

해설

① [O] 가처분사건이 변론절차에 의하여 진행될 때에는 제3자를 증인으로 선서하게 하고 증언을 하게 할 수 있으나 심문절차에 의할 경우에는 법률상 명문의 규정도 없고, 또 구 민사소송법의 증인신문에 관한 규정이 준용되지도 아니하므로 선서를 하게 하고 증언을 시킬 수 없다고 할 것이고, 따라서 제3자가 "심문절차"로 진행되는 가처분 신청사건에서 증인으로 출석하여 선서를 하고 진술함에 있어서 허위의 공술을 하였다고 하더라도 그 선서는 법률상 근거가 없어 무효라고 할 것이므로 위증죄는 성립하지 않는다(대판 2003.7.25. 2003도180).
② [X] 증인의 증언은 그 전부를 일체로 관찰·판단하는 것이므로 선서한 증인이 일단 기억에 반하는 허위의 진술을 하였더라도 그 신문이 끝나기 전에 그 진술을 철회·시정한 경우 위증이 되지 아니한다(대판 2010.9.30. 2010도7525).
③ [O] 위증죄는 법률에 의하여 선서한 증인이 허위의 공술을 한 때에 성립하는 것으로서, 그 공술의 내용이 당해 사건의 요증사실에 관한 것인지의 여부나 판결에 영향을 미친 것인지의 여부는 위증죄의 성립과 아무런 관계가 없다(대판 1990.2.23. 89도1212).
④ [O] 위증죄에 있어서의 허위의 공술이란 증인이 자기의 기억에 반하는 사실을 진술하는 것을 말하는 것으로서 그 내용이 객관적 사실과 부합한다고 하여도 위증죄의 성립에 장애가 되지 않는다(대판 1989.1.17. 88도580).

정답 ②

44 위증죄에 대한 다음 설명 중 옳지 않은 것은 모두 몇 개인가? (다툼이 있으면 판례에 의함)

2015년 경찰간부, 2016년 법원직 변형

㉠ 증인이 선서를 하고서 진술한 증언내용이 자신이 그 증언내용사실을 잘 알지 못하면서도 잘 아는 것으로 증언한 것이라면 위증죄가 성립한다.
㉡ 이미 유죄판결이 확정된 증인이 증언에 앞서 증언거부권을 고지받지 못한 상황에서 허위진술을 하면 위증죄가 성립하지 아니한다.
㉢ 선서한 증인이 기억에 반하는 허위의 진술을 하였더라도 그 진술을 철회·시정하면 위증이 되지 아니하므로, 증인이 증인신문절차에서 허위의 진술을 하고 증인신문절차가 종료된 후, 다시 증인 신청 및 채택 절차를 거쳐 신문을 받는 과정에서 종전 신문절차에서의 진술을 철회·시정하면 위증죄가 성립하지 아니한다.
㉣ 민사소송의 당사자인 법인의 대표자가 선서하고 증언하였더라도 위증죄가 성립하지 아니한다.

① 1개 ② 2개
③ 3개 ④ 4개

해설

㉠ **[O]** 그 증언은 기억에 반한 진술이어서 위증죄가 성립된다(대판 1986.9.9. 86도57).
㉡ **[X]** 피고인 甲이 마약류관리에 관한 법률 위반(향정)죄로 이미 유죄판결을 받아 확정된 후 별건으로 기소된 공범 乙에 대한 공판절차의 증인으로 출석하여 허위의 진술을 한 경우, 甲에게 증언을 거부할 권리가 없으므로 증언에 앞서 증언거부권을 고지받지 못하였더라도 증인신문절차상 잘못이 없으므로 위증죄가 성립한다(대판 2011.11.24. 2011도11994).
㉢ **[X]** 증인이 1회 또는 수회의 기일에 걸쳐 이루어진 1개의 증인신문절차에서 허위의 진술을 하고 그 진술이 철회·시정된 바 없이 그대로 증인신문절차가 종료된 경우 그로써 위증죄는 기수에 달하고, 그 후 별도의 증인 신청 및 채택 절차를 거쳐 그 증인이 다시 신문을 받는 과정에서 종전 신문절차에서의 진술을 철회·시정한다 하더라도 그러한 사정은 형법 제153조(자백·자수특례)가 정한 형의 감면사유에 해당할 수 있을 뿐이다(대판 2010.9.30. 2010도7525).

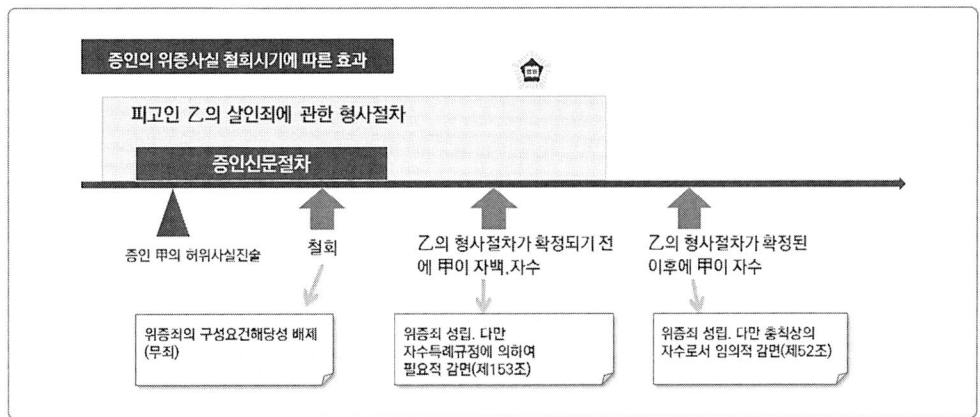

㉣ **[O]** 민사소송의 당사자는 증인능력이 없으므로 증인으로 선서하고 증언하였다고 하더라도 위증죄의 주체가 될 수 없고, 이러한 법리는 민사소송에서의 당사자인 법인의 대표자의 경우에도 마찬가지로 적용된다(대판 2012.12.13. 2010도14360).

정답 ②

45 무고죄에 관한 설명으로 틀린 것은? 2005년 경찰

① 공소시효가 완성된 사실을 공소시효가 완성되지 않은 것처럼 고소한 경우에는 무고죄가 성립한다.
② 도박자금으로 빌려줬으나 돌려받지 못하자 단순대여해준 것처럼 하여 돈을 갚지 않고 있으니 처벌하여 달라고 고소한 경우는 무고죄가 성립되지 않는다.
③ 위법성 조각사유가 있음을 알면서도 처벌되어야 한다고 고소한 경우에는 무고죄가 성립한다.
④ 친고죄로서 고소기간이 경과하여 공소를 제기할 수 없음이 그 신고내용 자체에 의하여 분명한 경우에는 무고죄는 성립하지 않는다.

해설

① **[O]** 사면 또는 공소시효완성이 명백한 사실을 신고한 경우에는 무고죄가 성립하지 아니한다. 다만 공소시효가 완성되었더라도 공소시효가 완성되지 않은 것처럼 고소한 경우에는 무고죄가 성립한다.
② **[X]** 무고죄에서 허위사실의 신고라 함은 신고사실이 객관적 사실에 반한다는 것을 확정적이거나 미필적으로 인식하고 신고하는 것을 말하는 것이므로, 신고사실의 일부에 허위의 사실이 포함되어 있다고 하더라도 그 허위부분이 범죄의 성부에 영향을 미치는 중요한 부분이 아니고, 단지 신고한 사실을 과장한 것에 불과한 경우에는 무고죄에 해당하지 아니하지만, 그 일부 허위인 사실이 국가의 심판작용을 그르치거나 부당하게 처벌을 받지 아니할 개인의 법적 안정성을 침해할 우려가 있을 정도로 고소사실 전체의 성질을 변경시키는 때에는 무고죄가 성립될 수 있다. 도박자금으로 대여한 금전의 용도에 대하여 허위로 신고한 것은 무고죄의 허위신고에 해당한다(대판 2004.1.16. 2003도7178).
③ **[O]** 위법성조각사유가 있음을 알면서도 "피고소인이 허위사실을 공표하였다."라고 고소한 경우(대판 1998.3.24. 97도2956). ☞ 무고죄 성립
④ **[O]** 대판 1998.4.14. 98도150

정답 ②

46 무고죄에 관한 설명 중 옳지 않은 것은? (판례에 의함)   2012년 경찰 변형

① 금원을 대여한 甲은 차용금을 갚지 않은 乙을 '乙이 변제의사와 능력도 없이 차용금 명목으로 돈을 편취하였으니 사기죄로 처벌하여 달라'는 내용으로 고소하면서, 대여금의 용도에 관하여 '도박자금'으로 빌려준 사실을 감추고 '내비게이션 구입에 필요한 자금'이라고 허위기재하였다. 甲이 차용금의 용도를 사실과 달리 기재한 사정만으로는 무고죄의 허위사실 신고에 해당하지 않는다.

② 피고인 자신이 상대방의 범행에 공범으로 가담하였음에도 자신의 가담사실을 숨기고 상대방만을 고소한 경우에 무고죄가 성립한다.

③ 피무고자의 교사·방조하에 제3자가 피무고자에 대한 허위의 사실을 신고한 경우에는 제3자의 행위는 무고죄의 구성요건에 해당하여 무고죄를 구성하므로, 제3자를 교사, 방조한 피무고자도 교사·방조범으로서의 죄책을 부담한다.

④ 피고인이 허위내용의 고소장을 경찰관에게 제출한 후 나중에 그 고소장을 되돌려 받았다 하더라도 무고죄의 성립에 아무런 영향이 없다.

⑤ 甲이 변호사 乙로 하여금 징계처분을 받게 할 목적으로 서울지방변호사회에 허위 내용의 진정서를 제출한 경우 甲에 대하여는 무고죄가 성립한다.

해설

① [O] 단순히 차용인이 변제의사와 능력의 유무에 관하여 기망하였다는 내용으로 고소한 경우에는 차용금의 용도와 무관하게 다른 자료만으로도 충분히 차용인의 변제의사나 능력의 유무에 관한 기망사실을 인정할 수 있는 경우도 있을 것이므로 그 차용금의 실제 용도에 관하여 사실과 달리 신고하였다 하더라도 그것만으로는 범죄사실의 성부에 영향을 줄 정도의 중요한 부분을 허위로 신고하였다고 할 수 없다(대판 2004.12.9. 2004도2212). ☞ 무고죄 불성립

② [X] 피고인의 고소내용이 상대방의 범행 부분에 관한 한 진실에 부합한다(대판 2008.8.21. 2008도3754). ☞ 무고죄 불성립

③ [O] 대판 2008.10.23. 2008도4852).

④ [O] 신고시에 무고죄가 성립한다(대판 2008.3.27. 2007도11153).

⑤ [O] 지방변호사회의 장은 무고죄에서 정한 '공무소 또는 공무원'에 포함된다(대판 2010.11.25. 2010도10202).

정답 ②

47 무고죄에 관한 설명으로 옳지 않은 것을 모두 고른 것은? (다툼이 있는 경우 판례에 의함)

2022년 제1차 경찰

㉠ 자기 자신을 무고하기로 제3자와 공모하고 이에 따라 무고행위에 가담한 경우 무고죄의 공동정범으로 처벌할 수 없다.
㉡ 신고사실의 일부에 허위의 사실이 포함되어 있다고 하더라도 그 허위부분이 범죄의 성부에 영향을 미치는 중요한 부분이 아니고 단지 신고한 사실을 과장한 것에 불과한 경우에는 무고죄에 해당하지 아니하지만, 그 일부 허위인 사실이 국가의 심판작용을 그르치거나 부당하게 처벌을 받지 아니할 개인의 법적 안정성을 침해할 우려가 있을 정도로 고소사실 전체의 성질을 변경시키는 때에는 무고죄가 성립될 수 있다.
㉢ 신고자가 진실이라고 확신하고 신고하였을 때에는 무고죄가 성립하지 않는다고 할 것이고, '진실이라고 확신한다.' 함에는 신고자가 알고 있는 객관적 사실관계에 의하여 신고사실이 허위라거나 허위일 가능성이 있다는 인식을 하면서도 이를 무시한 채 무조건 자신의 주장이 옳다고 생각하는 경우까지 포함되는 것은 아니다.
㉣ 무고죄에 있어서의 신고는 자발적인 것이어야 하고 수사기관 등의 추문에 대하여 허위의 진술을 하는 것은 무고죄를 구성하지 않는 것이므로, 당초 고소장에 기재하지 않은 사실을 수사기관에서 고소보충조서를 받을 때 자진하여 진술하였다 하더라도 이 진술부분까지 신고한 것으로 볼 수는 없다.
㉤ 타인에게 형사처분을 받게 할 목적으로 '허위의 사실'을 신고한 행위가 무고죄를 구성하기 위해서는 신고된 사실 자체가 형사처분의 대상이 될 수 있어야 하므로, 허위로 신고한 사실이 신고 당시에는 형사처분의 대상이 될 수 있었으나 이후 그러한 사실이 형사처분의 대상이 되지 않는 것으로 대법원 판례가 변경된 경우 무고죄는 성립하지 않는다.

① ㉠, ㉡
② ㉡, ㉢
③ ㉢, ㉣
④ ㉣, ㉤

해설

㉠ [O] 甲이 자기 자신을 무고하기로 乙과 공모하고 이에 따라 무고행위에 가담한 경우, 범죄의 실행에 가담한 사람이라고 할지라도 그가 공동의 의사에 따라 다른 공범자를 이용하여 실현하려는 행위가 자신에게는 범죄를 구성하지 않는다면 특별한 사정이 없는 한 공동정범의 죄책을 진다고 할 수 없다(대판 2017.04.26. 2013도12592). ☞ 甲에게 무고죄의 공동정범 불성립 (乙에게는 무고죄 성립)
㉡ [O] 경찰관이 甲을 현행범으로 체포하려는 상황에서 乙이 경찰관을 폭행하여 乙을 현행범으로 체포하였는데, 乙이 경찰관의 현행범 체포업무를 방해한 일이 없다며 경찰관을 불법체포로 고소한 경우, 무고죄가 성립한다(대판 2009.1.30. 2008도8573).
㉢ [O] 대판 2000.7.4. 2000도1908 등
㉣ [X] 당초 고소장에 기재하지 않은 사실을 수사기관에서 고소보충조서를 받을 때 자진하여 진술하였다면 이 진술 부분까지 신고한 것으로 보아야 한다(대판 1996.2.9. 95도2652).
㉤ [X] 허위로 신고한 사실이 무고행위 당시 형사처분의 대상이 될 수 있었던 경우에는 국가의 형사사법권의 적정한 행사를 그르치게 할 위험과 부당하게 처벌받지 않을 개인의 법적 안정성이 침해될 위험이 이미 발생하였으므로 무고죄는 기수에 이르고, 이후 그러한 사실이 형사범죄가 되지 않는 것으로 판례가 변경되었더라도 특별한 사정이 없는 한 이미 성립한 무고죄에는 영향을 미치지 않는다(대판 2017.5.30. 2015도15398).

정답 ④

48 무고죄에 대한 다음 설명 중 틀린 것은? (판례에 의함)   2008년 경찰

① 당초 고소장에 기재하지 않은 사실을 수사기관에서 고소보충조서를 받을 때 자진하여 진술하였다면 이 진술부분까지 신고한 것으로 보아야 한다.
② 신고한 사실이 객관적 사실에 반하는 허위사실이라는 요건은 적극적인 증명이 있어야 하며, 신고사실의 진실성을 인정할 수 없다는 소극적 증명만으로 곧 그 신고사실이 객관적 진실에 반하는 허위사실이라고 단정하여 무고죄의 성립을 인정할 수는 없다.
③ 무고죄를 범한 자가 그 신고한 재판 또는 강제처분이 확정되기 전에 자수 자백한 때에는 그 형을 감경 또는 면제한다.
④ 고소를 할 목적이 상대방을 처벌받도록 하는 데 있지 않고 시비를 가려 달라는 데에 있다면 무고죄의 범의가 있다고 할 수 없다.

해설

① [O] 대판 1996.2.9. 95도2652
② [O] 대판 2006.5.25. 2005도4642
③ [O] 형법 제157조
④ [X] 고소를 한 목적이 상대방을 처벌받도록 하는 데 있지 않고 시비(是非)를 가려 달라는 데에 있다고 하여 무고죄의 범의가 없다고 할 수 없다(대판 1995.12.12. 94도3271). ☞ 무고죄 성립

정답 ④

49 무고죄에 관한 판례의 설명 중 옳지 않은 것은 모두 몇 개인가? 2008년 2012년 2015년 경찰 변형

㉠ 경찰관이 甲을 현행범으로 체포하려는 상황에서 乙이 경찰관을 폭행하여 乙을 현행범으로 체포하였는데 乙이 경찰의 현행범 체포업무를 방해한 일이 없다며 경찰관을 불법체포로 고소한 경우 乙에게 무고죄가 성립한다.
㉡ 피고인이 먼저 자신을 때려 주면 돈을 주겠다고 하여 甲, 乙이 피고인을 때리고 지갑을 교부받아 그 안에 있던 현금을 가지고 간 것임에도, '甲 등이 피고인을 폭행하여 돈을 빼앗았다'는 취지로 허위사실을 신고한 경우 무고죄가 성립한다.
㉢ 피고인이 위조수표에 대한 부정수표단속법 제7조의 고발의무가 있는 은행원을 도구로 이용하여 수사기관에 고발을 하게하고, 이어 수사기관에 대하여 특정인을 위조자로 지목한 경우, 이는 사법경찰관의 질문에 답변으로 한 것이라 할지라도 자발성이 인정되어 무고죄가 성립한다.
㉣ 고소당한 범죄가 유죄로 인정되는 경우에 고소를 당한 사람이 자신을 고소한 사람에 대하여 '고소당한 죄의 혐의가 없는 것으로 인정된다면 고소인이 자신을 무고한 것에 해당하므로 고소인을 처벌해 달라.'는 내용의 고소장을 수사기관에 제출하였다면 자신의 결백을 주장하기 위한 것이라고 하더라도 방어권의 행사를 벗어난 것으로서 무고죄의 범의를 인정할 수 있다.
㉤ 피고인이 사립대학교 교수 甲, 乙로 하여금 징계처분을 받게 할 목적으로 국민권익위원회에서 운영하는 범정부 국민포털인 국민신문고에 민원을 제기한 경우에 무고죄가 성립한다.
㉥ 무고죄에서의 타인은 실제인임을 요하지 않으므로 사자에 대한 무고는 무고죄를 구성한다.

① 1개 ② 2개
③ 3개 ④ 4개

해설

㉠ **(O)** 대판 2009.1.30. 2008도8573
㉡ **(O)** 대판 2010.4.29. 2010도2745
㉢ **(O)** 피고인이 고발의무가 있는 은행원을 도구로 이용하여 수사기관에 고발을 하게 하고 이어 수사기관에 대하여 특정인을 위조자로 지목함으로써 자발적으로 수사기관에 대하여 허위의 사실을 신고한 것으로 평가하여야 한다(대판 2005.12.22. 2005도3203). ☞ 무고죄 성립
㉣ **(O)** 미성년자의제강간미수죄를 범한 피고인을 미성년자의제강간미수죄로 고소한 피해자의 아버지에 대하여 자신의 혐의가 없다고 밝혀질 경우 무고로 처벌해달라는 취지로 고소한 경우(대판 2007.3.15. 2006도9453). ☞ 무고죄 성립
㉤ **(X)** 사립학교 교원에 대한 학교법인 등의 징계처분은 형법 제156조의 '징계처분'에 포함되지 않는다(대판 2014.7.24. 2014도6377). ☞ 무고죄 불성립
㉥ **(X)** 사자나 허무인에 대한 무고의 경우, 존재하지 아니하는 자를 처벌할 수 없으므로 국가 형사사법권 내지 징계권의 적정한 행사를 그르칠 위험이 없어 무고죄를 구성하지 않는다.

정답 ②

50 무고죄에 관한 다음 설명 중 옳은 것은 몇 개인가? (다툼이 있는 경우 판례에 의함) 2017년 경찰간부

㉠ 무고죄는 부수적으로 개인이 부당하게 처벌받거나 징계를 받지 않을 이익도 보호하지만, 국가의 형사사법권 또는 징계권의 적정한 행사를 주된 보호법익으로 한다.
㉡ 허위의 사실을 신고하였더라도 신고 당시 그 사실 자체가 형사범죄를 구성하지 않으면 무고죄는 성립하지 않는다.
㉢ 허위로 신고한 사실이 무고행위 당시 형사처분의 대상이 될 수 있었던 경우라면, 이후 그러한 사실이 형사범죄가 되지 않는 것으로 판례가 변경되었더라도 특별한 사정이 없는 한 이미 성립한 무고죄에는 영향을 미치지 않는다.
㉣ 甲이 자기 자신을 무고하기로 乙·丙과 공모하고 이에 따라 무고행위에 가담하였더라도 甲을 무고죄의 공동정범으로 처벌할 수 없다.

① 1개
② 2개
③ 3개
④ 4개

해설

㉠ [O] 무고죄는 국가의 형사사법권 또는 징계권의 적정한 행사를 주된 보호법익으로 하고 다만, 개인의 부당하게 처벌 또는 징계받지 아니할 이익을 부수적으로 보호하는 죄이므로, 설사 무고에 있어서 피무고자의 승낙이 있었다고 하더라도 무고죄의 성립에는 영향을 미치지 못한다 할 것이다(대판 2005.9.30. 2005도2712).
㉡ [O] 대판 2008.1.24. 2007도9057 등
㉢ [O] 甲이 "채권담보로 부동산에 관한 대물변제예약을 체결한 채무자 乙이 대물로 변제하기로 한 부동산을 처분하였으니 배임죄로 처벌해 달라."는 취지로 무고하였는데 당시의 판례에 따를 경우 이와 같은 고소내용은 배임죄가 되는 것으로 판례가 해석하고 있었으나 이후 전원합의체 판결로 판례를 변경하여 이와 같은 경우에 배임죄가 성립하지 않는 것으로 변경된 경우, 특별한 사정이 없는 한 신고시를 기준으로 이미 성립한 무고죄에는 영향을 미치지 않는다(대판 2017.05.30. 2015도15398). ☞ 무고죄 성립
㉣ [O] 범죄의 실행에 가담한 사람이라고 할지라도 그가 공동의 의사에 따라 다른 공범자를 이용하여 실현하려는 행위가 자신에게는 범죄를 구성하지 않는다면 특별한 사정이 없는 한 공동정범의 죄책을 진다고 할 수 없다(대판 2017.04.26. 2013도12592).

정답 ④

51 다음 설명 중 가장 적절하지 않은 것은? (다툼이 있는 경우 판례에 의함) 2019년 제1차 경찰

① 신고자가 그 신고내용을 허위라고 믿었다 하더라도 그것이 객관적으로 진실한 사실에 부합할 때에는 허위사실의 신고에 해당하지 않아 무고죄는 성립하지 않는다.
② 범인이 자신을 위하여 타인으로 하여금 허위의 자백을 하게 하여 범인도피죄를 범하게 하는 행위는 방어권의 남용으로 범인도피교사죄에 해당한다.
③ 모해위증죄를 범한 자가 그 공술한 사건의 재판 또는 징계처분이 확정되기 전에 자백 또는 자수한 때에는 그 형을 감경 또는 면제할 수 있다.
④ 범인 아닌 자가 수사기관에서 범인임을 자처하고 허위사실을 진술하여 진범의 체포와 발견에 지장을 초래하게 한 행위는 범인은닉·도피죄에 해당한다.

해설

① [O] 무고죄는 타인으로 하여금 형사처분 등을 받게 할 목적으로 신고한 사실이 객관적 진실에 반하는 허위사실인 경우에 성립되는 범죄로서, 신고자가 그 신고내용을 허위라고 믿었다 하더라도 그것이 객관적으로 진실한 사실에 부합할 때에는 허위사실의 신고에 해당하지 않아 무고죄는 성립하지 않는다(대판 1991.10.11. 91도1950).
② [O] 대판 2014.4.10. 2013도12079
③ [X] 형법 제153조(자백, 자수) 본죄를 범한 자가 그 공술한 사건의 재판 또는 징계처분이 확정되기 전에 자백 또는 자수한 때에는 그 형을 감경 또는 면제한다.

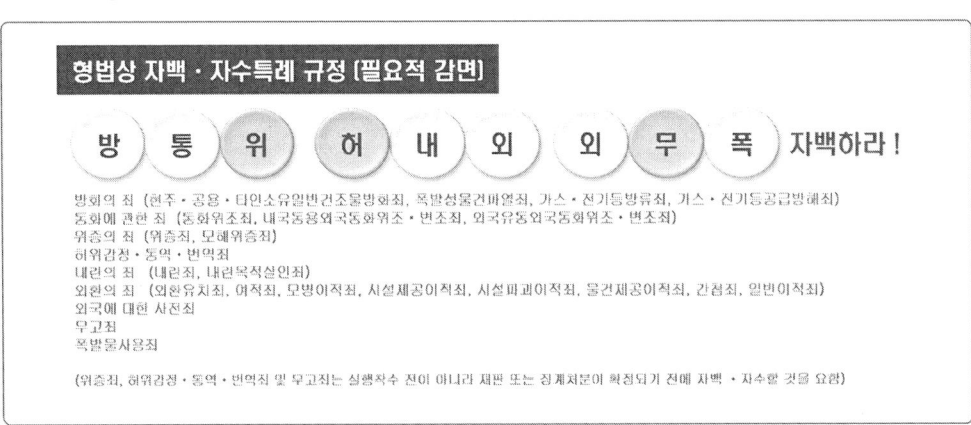

④ [O] 대판 2000.11.24. 2000도4078

정답 ③

진 신 형법 기출문제집 객관식 500제

경찰채용
경찰간부
경찰승진
검찰직 9·7급

발 행 일	2023년 4월 20일
발 행 처	마이패스북스
주 소	서울시 관악구 대학6길 51 3층
문 의	mypass@mypassjob.com
홈페이지	www.dokgong.com
정 가	25,000원

이 도서의 판권은 마이패스북스에 있으며, 수록된 모든 내용에 대해서는 발행처의 허가 없이 무단으로 사용하거나, 복제 및 변형할 수 없습니다.
Copyright © 2023 MYPASSBOOKS Co. All right reserved.

M 마이패스북스